国家哲学社会科学基金重大项目
"金融产业经济学研究"（11&ZD141）最终成果

金融产业经济学研究

冉光和 等著

中国社会科学出版社

图书在版编目（CIP）数据

金融产业经济学研究 / 冉光和等著. —北京：中国社会科学出版社，2021.2
　ISBN 978 – 7 – 5203 – 7614 – 3

　Ⅰ.①金…　Ⅱ.①冉…　Ⅲ.①金融业—产业经济学—研究　Ⅳ.①F830

中国版本图书馆 CIP 数据核字（2020）第 256093 号

出 版 人	赵剑英	
责任编辑	周晓慧	
责任校对	刘　念	
责任印制	戴　宽	

出　　版	中国社会科学出版社	
社　　址	北京鼓楼西大街甲 158 号	
邮　　编	100720	
网　　址	http://www.csspw.cn	
发 行 部	010 – 84083685	
门 市 部	010 – 84029450	
经　　销	新华书店及其他书店	

印　　刷	北京明恒达印务有限公司	
装　　订	廊坊市广阳区广增装订厂	
版　　次	2021 年 2 月第 1 版	
印　　次	2021 年 2 月第 1 次印刷	

开　　本	710×1000　1/16	
印　　张	37.5	
插　　页	2	
字　　数	598 千字	
定　　价	198.00 元	

凡购买中国社会科学出版社图书，如有质量问题请与本社营销中心联系调换
电话：010 – 84083683
版权所有　侵权必究

目　录

序　言 …………………………………………………………………（1）

第1章　金融产业经济学的研究框架 ……………………………（1）
  1.1　金融产业经济学的学科内涵 ……………………………（1）
    1.1.1　金融产业经济学的研究对象 ………………………（1）
    1.1.2　金融产业经济学的概念界定 ………………………（4）
    1.1.3　金融产业经济学构建的价值 ………………………（5）
  1.2　金融产业经济学的学科边界 ……………………………（9）
    1.2.1　金融产业经济学的学科属性 ………………………（10）
    1.2.2　金融产业经济学的学科差异 ………………………（10）
    1.2.3　金融产业经济学的理论架构 ………………………（12）
  1.3　金融产业经济学的学科规范 ……………………………（15）
    1.3.1　坚持学科的准确定位与研究思路明确的原则 ……（15）
    1.3.2　坚持马克思主义理论与博采众长相结合原则 ……（16）
    1.3.3　必须坚持静态剖析与动态研究相结合的原则 ……（16）
    1.3.4　务必强化理论研究同政策实践相结合的原则 ……（17）
    1.3.5　坚持不与其他学科重复以维护自身特色的原则 …（18）
  1.4　金融产业经济学研究方法论 ……………………………（19）
    1.4.1　金融产业经济学的研究假设 ………………………（19）
    1.4.2　金融产业经济学的研究范式 ………………………（20）
    1.4.3　金融产业经济学的研究方法 ………………………（23）

第2章　金融产业经济学的理论基础 ……………………………（27）
  2.1　金融产业经济学的金融经济学基础 ……………………（27）

2.1.1　金融经济学的产生与发展 …………………………………（28）
　　2.1.2　金融经济学的中国化状况 ……………………………………（30）
　　2.1.3　金融经济学相关理论的运用 …………………………………（31）
2.2　金融产业经济学的产业经济学基础 …………………………………（32）
　　2.2.1　产业经济学的产生与发展 ……………………………………（32）
　　2.2.2　产业经济学的中国化状况 ……………………………………（35）
　　2.2.3　产业经济学相关理论的运用 …………………………………（36）
2.3　金融产业经济学的管理经济学基础 …………………………………（36）
　　2.3.1　管理经济学的产生与发展 ……………………………………（37）
　　2.3.2　管理经济学的中国化状况 ……………………………………（37）
　　2.3.3　管理经济学相关理论的运用 …………………………………（38）
2.4　金融产业经济学的空间经济学基础 …………………………………（39）
　　2.4.1　空间经济学的产生与发展 ……………………………………（39）
　　2.4.2　空间经济学在中国的发展 ……………………………………（42）
　　2.4.3　空间经济学相关理论的运用 …………………………………（43）
2.5　金融产业经济学的数理经济学基础 …………………………………（44）
　　2.5.1　数理经济学的产生与发展 ……………………………………（44）
　　2.5.2　数理经济学的中国化状况 ……………………………………（46）
　　2.5.3　数理经济学相关理论的运用 …………………………………（47）

第3章　金融产业的形成机理 …………………………………………（48）
3.1　金融产业的概念界定 …………………………………………………（48）
　　3.1.1　金融产业的含义 ………………………………………………（48）
　　3.1.2　金融产业的特征 ………………………………………………（50）
　　3.1.3　金融产业的分类 ………………………………………………（51）
3.2　金融产业的形成条件 …………………………………………………（52）
　　3.2.1　实体产业金融需求旺盛和信用素质高 ………………………（53）
　　3.2.2　新的金融企业要达到市场准入条件 …………………………（53）
　　3.2.3　以商业金融为主导的金融体系的形成 ………………………（54）
3.3　金融产业的形成环境 …………………………………………………（55）
　　3.3.1　金融产业形成的经济环境 ……………………………………（55）

3.3.2 金融产业形成的政治环境 …………………………………… (55)
      3.3.3 金融产业形成的社会环境 …………………………………… (56)
      3.3.4 金融产业形成的自然环境 …………………………………… (56)
      3.3.5 金融产业形成的技术环境 …………………………………… (57)
      3.3.6 金融产业形成的法治环境 …………………………………… (58)
  3.4 金融产业的形成机理 …………………………………………………… (58)
      3.4.1 金融产业的形成过程 ………………………………………… (58)
      3.4.2 金融产业形成的原因 ………………………………………… (62)
      3.4.3 金融产业形成的调整 ………………………………………… (64)
  3.5 金融产业形成的壁垒及原因 …………………………………………… (66)
      3.5.1 金融产业形成的壁垒类型 …………………………………… (66)
      3.5.2 金融产业壁垒形成的原因 …………………………………… (72)
      3.5.3 降低金融产业壁垒的条件 …………………………………… (73)

第4章 金融产业的组织理论 ……………………………………………… (75)
  4.1 金融产业的主体构成 …………………………………………………… (75)
      4.1.1 银行产业经营主体 …………………………………………… (76)
      4.1.2 保险产业经营主体 …………………………………………… (77)
      4.1.3 证券产业经营主体 …………………………………………… (78)
      4.1.4 信托与租赁产业经营主体 …………………………………… (79)
      4.1.5 金融产业监管主体 …………………………………………… (79)
  4.2 金融产业的公司治理 …………………………………………………… (80)
      4.2.1 计划经济条件下的治理结构 ………………………………… (80)
      4.2.2 转型经济条件下的治理结构 ………………………………… (81)
      4.2.3 市场经济条件下的治理结构 ………………………………… (83)
      4.2.4 不同经济制度下治理结构的比较 …………………………… (86)
  4.3 金融产业的组织架构 …………………………………………………… (87)
      4.3.1 计划经济条件下的金融组织架构 …………………………… (87)
      4.3.2 转型经济条件下的金融组织架构 …………………………… (88)
      4.3.3 市场经济条件下的金融组织架构 …………………………… (90)
      4.3.4 不同经济制度下金融组织架构比较 ………………………… (91)

4.4 金融产业的主体行为 …………………………………………（93）
　　4.4.1 经营性主体的行为 ……………………………………（93）
　　4.4.2 监管性主体的行为 ……………………………………（97）

第5章 金融产业结构理论 ……………………………………（100）
5.1 金融产业结构的刻画方法 …………………………………（100）
　　5.1.1 戈氏刻画方法 …………………………………………（100）
　　5.1.2 其他刻画方法 …………………………………………（102）
5.2 影响金融产业结构的因素 …………………………………（103）
　　5.2.1 经济因素：结构与组织 ………………………………（104）
　　5.2.2 制度因素：法规和监管 ………………………………（105）
　　5.2.3 历史因素：路径依赖 …………………………………（106）
　　5.2.4 文化因素：金融认同 …………………………………（106）
　　5.2.5 区位因素：地理金融 …………………………………（107）
5.3 金融产业结构的演变规律 …………………………………（108）
　　5.3.1 金融产业结构的演变遵循由低级到高级的规律 ……（110）
　　5.3.2 金融产业结构伴随着金融市场的发展而不断演进 …（111）
　　5.3.3 金融产业结构的演变具有渐进性和阶段性特征 ……（111）
5.4 金融产业结构的优化理论 …………………………………（112）
　　5.4.1 中介主导型与市场主导型的金融结构 ………………（112）
　　5.4.2 金融产业结构合理性的主要评价标准 ………………（114）
　　5.4.3 关于发展中国家金融结构优化的理论 ………………（117）

第6章 金融产业的产品供求 …………………………………（119）
6.1 金融产品的性质 ……………………………………………（119）
6.2 金融产品的需求 ……………………………………………（120）
　　6.2.1 金融产品需求产生的原因 ……………………………（120）
　　6.2.2 金融产品需求的数量测算 ……………………………（125）
　　6.2.3 金融产品需求的变动规律 ……………………………（128）
6.3 金融产品的供给 ……………………………………………（132）
　　6.3.1 金融产品供给的概述 …………………………………（132）

6.3.2　金融产品供给的源起 ……………………………………… (136)
6.4　金融产品的供求平衡 ……………………………………………… (138)
　　6.4.1　宏观视角下的金融产品供求平衡 ………………………… (138)
　　6.4.2　产业视角下的金融产品供求平衡 ………………………… (142)
　　6.4.3　市场视角下的金融产品供求平衡 ………………………… (145)

第7章　金融产业的生产要素 ……………………………………… (147)
7.1　资本要素 …………………………………………………………… (147)
　　7.1.1　金融产业资本要素的主要统计口径 ……………………… (147)
　　7.1.2　资本要素促进金融产业发展的机理 ……………………… (148)
7.2　人力要素 …………………………………………………………… (150)
　　7.2.1　人力要素在金融产业生产中的作用 ……………………… (150)
　　7.2.2　人力要素促进金融产业发展的机理 ……………………… (152)
7.3　制度要素 …………………………………………………………… (153)
　　7.3.1　制度要素在金融产业生产中的作用 ……………………… (153)
　　7.3.2　制度要素促进金融产业发展的机理 ……………………… (155)
7.4　技术要素 …………………………………………………………… (157)
　　7.4.1　技术要素在金融产业生产中的作用 ……………………… (157)
　　7.4.2　技术要素促进金融产业发展的机理 ……………………… (160)

第8章　金融产业的市场竞争 ……………………………………… (162)
8.1　完全竞争的金融市场 ……………………………………………… (162)
　　8.1.1　完全竞争金融市场的概念 …………………………………… (163)
　　8.1.2　完全竞争金融市场的供求 …………………………………… (163)
　　8.1.3　完全竞争金融市场的均衡 …………………………………… (166)
8.2　寡头垄断的金融市场 ……………………………………………… (170)
　　8.2.1　金融产品供给竞争的寡头理论 ……………………………… (170)
　　8.2.2　金融市场价格竞争的寡头理论 ……………………………… (174)
8.3　完全垄断的金融市场 ……………………………………………… (177)
　　8.3.1　完全垄断金融市场的收益 …………………………………… (177)
　　8.3.2　完全垄断金融市场的均衡 …………………………………… (179)

8.4 垄断竞争的金融市场 (181)
8.4.1 垄断竞争金融企业的需求 (182)
8.4.2 垄断竞争金融市场的均衡 (183)
8.5 金融市场的政府干预 (184)
8.5.1 反对金融市场垄断 (185)
8.5.2 防止市场过度竞争 (187)
8.5.3 金融市场有效干预 (189)

第9章 金融产业产品的定价理论 (193)
9.1 银行产品定价理论 (193)
9.1.1 影响银行产品定价的因素 (193)
9.1.2 银行产品的定价方法 (199)
9.2 保险产品定价理论 (202)
9.2.1 保险产品定价理论模型 (203)
9.2.2 保险产品定价方法 (204)
9.3 债券产品定价理论 (207)
9.3.1 债券的基本定价公式 (207)
9.3.2 债券久期和凸性分析 (208)
9.3.3 算例：05国开20金融债 (209)
9.4 股票定价理论 (211)
9.4.1 基本估计模型 (211)
9.4.2 β值、风险与期望收益率 (212)
9.4.3 算例：天马股份的价值估算 (212)
9.5 期权产品定价理论 (215)
9.5.1 Black-Scholes期权定价法 (215)
9.5.2 二叉树期权定价方法 (217)
9.5.3 蒙特卡罗定价法 (219)

第10章 金融产业集聚与扩张 (222)
10.1 金融产业集聚的内涵 (222)
10.1.1 金融产业集聚的界定 (222)

10.1.2　金融产业集聚的特征 …………………………………（223）
　　10.1.3　金融产业集聚的动因 …………………………………（227）
10.2　金融产业集聚的机理 ……………………………………………（232）
　　10.2.1　金融产业集聚机制 ……………………………………（232）
　　10.2.2　金融产业集聚过程 ……………………………………（239）
10.3　金融产业扩张的动机 ……………………………………………（242）
　　10.3.1　金融产业扩张的路径 …………………………………（243）
　　10.3.2　金融产业扩张的动因 …………………………………（249）
10.4　金融产业扩张机制 ………………………………………………（254）
　　10.4.1　市场机制主导金融产业扩张 …………………………（254）
　　10.4.2　政府主导金融产业扩张 ………………………………（257）

第11章　金融产业的资本循环 …………………………………………（259）
11.1　金融产业资本循环的内涵 ………………………………………（259）
11.2　金融产业资本的内部循环 ………………………………………（262）
　　11.2.1　金融要素的购买阶段 …………………………………（262）
　　11.2.2　金融产品的开发阶段 …………………………………（264）
　　11.2.3　金融产品的营销阶段 …………………………………（265）
　　11.2.4　利润分配与再投资阶段 ………………………………（267）
　　11.2.5　金融产业资本内部总循环 ……………………………（268）
11.3　金融产业资本的部门循环 ………………………………………（269）
　　11.3.1　金融产业资本在企业部门的循环 ……………………（269）
　　11.3.2　金融产业资本在住户部门的循环 ……………………（272）
11.4　金融产业资本的国际循环 ………………………………………（275）
　　11.4.1　金融产业资本国际循环机理 …………………………（276）
　　11.4.2　金融产业资本国际循环途径 …………………………（278）

第12章　金融产业的运行机制 …………………………………………（281）
12.1　金融产业运行机制概述 …………………………………………（281）
　　12.1.1　金融产业运行机制的内涵 ……………………………（281）
　　12.1.2　金融产业运行机制的目标 ……………………………（282）

    12.1.3 金融产业运行机制的原则 ………………………………（284）
    12.1.4 金融产业运行机制的要素 ………………………………（286）
  12.2 金融产业的企业经营机制 …………………………………（287）
    12.2.1 金融企业的决策机制 ……………………………………（287）
    12.2.2 金融企业的激励机制 ……………………………………（289）
    12.2.3 金融企业的创新机制 ……………………………………（291）
  12.3 金融产业的内控机制 ………………………………………（294）
    12.3.1 金融产业内控机制的设计规范 …………………………（295）
    12.3.2 金融产业内控机制的设计思路 …………………………（296）
    12.3.3 金融产业内控机制的实施程序 …………………………（299）
  12.4 金融产业的外部约束机制 …………………………………（300）
    12.4.1 金融产业的政府约束机制 ………………………………（301）
    12.4.2 金融产业的社会约束机制 ………………………………（301）
    12.4.3 金融产业的市场约束机制 ………………………………（302）
    12.4.4 金融产业的国际约束机制 ………………………………（303）
  12.5 金融产业的自我调节机制 …………………………………（304）
    12.5.1 金融产业的组织结构调节 ………………………………（304）
    12.5.2 金融产业的社会关系调节 ………………………………（305）
    12.5.3 金融产业的经济关系调节 ………………………………（305）
    12.5.4 金融产业的行业自我约束 ………………………………（306）

第13章 金融产业的运行绩效 ……………………………………（308）
  13.1 金融产业绩效的内涵 ………………………………………（308）
    13.1.1 经济绩效的概念界定 ……………………………………（308）
    13.1.2 金融产业绩效的内涵 ……………………………………（311）
  13.2 金融产业的绩效管理 ………………………………………（317）
    13.2.1 绩效管理的基本概念界定 ………………………………（317）
    13.2.2 金融产业绩效管理的内涵 ………………………………（318）
    13.2.3 金融产业的绩效管理方法 ………………………………（318）
  13.3 金融产业的绩效评估 ………………………………………（321）
    13.3.1 金融产业绩效的评价标准 ………………………………（321）
    13.3.2 金融产业绩效的评价指标 ………………………………（323）

13.3.3　金融产业绩效的评价方法 ……………………………………（329）
　13.4　金融产业的绩效提升 ……………………………………………（332）
　　13.4.1　构建和谐的金融产业生态环境 ………………………………（333）
　　13.4.2　加快培育高素质金融产业主体 ………………………………（335）
　　13.4.3　建立市场主导的金融商品价格机制 …………………………（338）
　　13.4.4　完善金融产业主体的自我约束机制 …………………………（339）
　　13.4.5　尽快建立有效的金融产业监控体系 …………………………（344）

第14章　金融产业的风险控制 ……………………………………（347）
　14.1　金融产业的风险形成 ……………………………………………（347）
　　14.1.1　经济周期波动所造成的金融产业风险 ………………………（348）
　　14.1.2　金融市场上有限理性造成的金融产业风险 …………………（349）
　　14.1.3　囚徒困境与挤兑行为导致金融产业风险 ……………………（351）
　　14.1.4　逆向选择和道德风险导致金融产业风险 ……………………（352）
　14.2　金融产业的风险监测 ……………………………………………（356）
　　14.2.1　金融产业风险监测的基本思路 ………………………………（356）
　　14.2.2　金融产业风险监测的主要内容 ………………………………（359）
　14.3　金融产业的风险预警 ……………………………………………（365）
　　14.3.1　金融产业风险的信息与传导 …………………………………（366）
　　14.3.2　金融产业风险的感知与识别 …………………………………（367）
　　14.3.3　金融产业风险的度量与评价 …………………………………（369）
　　14.3.4　金融产业风险的控制与决策 …………………………………（370）
　　14.3.5　金融产业风险的预警与管理 …………………………………（371）
　14.4　金融产业的风险化解 ……………………………………………（372）
　　14.4.1　建立金融产业不良债权处置的长效机制 ……………………（372）
　　14.4.2　健全金融产业主体的法人治理结构 …………………………（374）
　　14.4.3　完善金融产业主体的保障机制 ………………………………（375）
　　14.4.4　构建金融产业主体的退出机制 ………………………………（376）

第15章　金融产业的发展战略 ……………………………………（380）
　15.1　金融产业的竞争战略 ……………………………………………（380）
　　15.1.1　树立以核心竞争力为本的金融产业观 ………………………（380）

金融产业经济学研究

　　15.1.2　构建充满活力的完善的金融市场体系……………（381）
　　15.1.3　优化金融产业运行的科学决策体系………………（383）
　　15.1.4　改善金融产业的金融企业经营管理………………（385）
15.2　金融产业的诚信战略………………………………………（386）
　　15.2.1　完善诚信制度化的法规体系…………………………（386）
　　15.2.2　建立完善的社会信用管理体系………………………（387）
　　15.2.3　尽快构建诚信的金融服务体系………………………（388）
　　15.2.4　强化诚信的激励和约束机制…………………………（389）
　　15.2.5　弘扬社会主义的诚信价值观…………………………（390）
15.3　金融产业的创新战略………………………………………（391）
　　15.3.1　金融制度创新…………………………………………（391）
　　15.3.2　金融产品创新…………………………………………（392）
　　15.3.3　金融技术创新…………………………………………（393）
15.4　金融产业的产权战略………………………………………（395）
　　15.4.1　构筑金融诚信的产权基础……………………………（395）
　　15.4.2　加快国有银行股权化改革……………………………（396）
　　15.4.3　实施政策性金融战略重组……………………………（397）
　　15.4.4　构建明晰化的金融产权制度…………………………（397）
　　15.4.5　加强金融产权交易的监管……………………………（398）
15.5　金融产业的市场战略………………………………………（399）
　　15.5.1　优化金融产业的市场结构……………………………（399）
　　15.5.2　强化金融产业规模化发展……………………………（400）
　　15.5.3　建立金融市场的开放机制……………………………（401）
　　15.5.4　优化金融市场的外部环境……………………………（402）
15.6　金融产业的人才战略………………………………………（403）
　　15.6.1　建立科学的人才评价体系……………………………（403）
　　15.6.2　构建人才职业化成长通道……………………………（403）
　　15.6.3　加强本土金融人才培养力度…………………………（404）
　　15.6.4　大力引进海外高端金融人才…………………………（405）

第16章　金融产业的空间布局……………………………………（407）
　16.1　金融产业空间布局的内涵及原则…………………………（407）

16.1.1 金融产业空间布局的内涵 …………………………… (407)
   16.1.2 金融产业空间布局的基本原则 ……………………… (409)
 16.2 金融产业空间布局的依据 …………………………………… (412)
   16.2.1 经济因素 ……………………………………………… (412)
   16.2.2 资源因素 ……………………………………………… (413)
   16.2.3 环境因素 ……………………………………………… (414)
   16.2.4 市场因素 ……………………………………………… (415)
 16.3 金融产业空间布局的方法 …………………………………… (415)
   16.3.1 金融产业空间分布评估方法 ………………………… (416)
   16.3.2 金融产业空间区位选择方法 ………………………… (417)
   16.3.3 金融产业空间效率评价方法 ………………………… (420)
 16.4 金融产业空间布局的规划 …………………………………… (422)
   16.4.1 银行业空间布局规划 ………………………………… (423)
   16.4.2 证券业空间布局规划 ………………………………… (427)
   16.4.3 保险业空间布局规划 ………………………………… (432)
   16.4.4 信托业空间布局规划 ………………………………… (436)

第17章 金融产业国际化发展 ……………………………………… (441)
 17.1 金融产业国际化发展的战略目标 …………………………… (441)
   17.1.1 提升金融产业国际竞争力 …………………………… (441)
   17.1.2 实现经济资源配置国际化 …………………………… (442)
   17.1.3 推动人民币成为国际货币 …………………………… (444)
 17.2 金融产业国际化发展的战略思路 …………………………… (445)
   17.2.1 减少国际资本流动的管制 …………………………… (445)
   17.2.2 推动金融产业的创新发展 …………………………… (447)
   17.2.3 引导金融企业的跨国经营 …………………………… (448)
 17.3 金融产业国际化发展的战略规划 …………………………… (449)
   17.3.1 金融企业的混业经营战略 …………………………… (449)
   17.3.2 金融企业集团化发展战略 …………………………… (451)
   17.3.3 金融产业的优化调整战略 …………………………… (452)
   17.3.4 金融产业监管国际化战略 …………………………… (454)
 17.4 金融产业国际化发展的战略实施 …………………………… (455)

17.4.1　推动金融企业混业经营改革 ……………………………… (455)
17.4.2　鼓励本国金融企业的海外并购 …………………………… (457)
17.4.3　培育多层次的资本市场体系 ……………………………… (458)
17.4.4　加强金融监管的国际化合作 ……………………………… (460)

第18章　金融产业的有效监管 …………………………………… (462)

18.1　金融产业监管的内涵 …………………………………………… (462)
18.1.1　金融产业监管的内涵 ……………………………………… (462)
18.1.2　金融产业监管与管制 ……………………………………… (465)

18.2　金融产业监管的目标 …………………………………………… (466)
18.2.1　保障金融产业组织体系的安全 …………………………… (466)
18.2.2　为金融企业创造公平的竞争环境 ………………………… (468)
18.2.3　保护债权人与消费者合法权益 …………………………… (470)

18.3　金融产业监管原则 ……………………………………………… (472)
18.3.1　依法监管原则 ……………………………………………… (472)
18.3.2　审慎监管原则 ……………………………………………… (474)
18.3.3　适度竞争原则 ……………………………………………… (475)
18.3.4　前瞻监管原则 ……………………………………………… (476)

18.4　金融产业监管体系 ……………………………………………… (478)
18.4.1　金融产业的中央银行监管体系 …………………………… (478)
18.4.2　金融产业的行业监管体系 ………………………………… (479)
18.4.3　金融产业的企业自律体系 ………………………………… (480)
18.4.4　金融产业的公众监督体系 ………………………………… (482)

18.5　金融产业监管机制 ……………………………………………… (483)
18.5.1　金融产业监管的系统操作机制 …………………………… (483)
18.5.2　金融产业监管的风险预警机制 …………………………… (484)
18.5.3　金融产业监管的风险减震机制 …………………………… (486)

第19章　金融产业的宏观调控 …………………………………… (488)

19.1　金融产业宏观调控的目标 ……………………………………… (488)
19.1.1　促进金融产业的可持续发展 ……………………………… (488)
19.1.2　实现金融产业的普惠性发展 ……………………………… (489)

  19.1.3 保持金融产业的均衡性发展 ……………………… (491)
 19.2 金融产业宏观调控体系 ……………………………………… (493)
  19.2.1 金融产业宏观调控的组织体系 …………………… (493)
  19.2.2 金融产业宏观调控的市场体系 …………………… (494)
  19.2.3 金融产业宏观调控的政策体系 …………………… (496)
 19.3 金融产业宏观调控的工具 …………………………………… (497)
  19.3.1 金融产业宏观调控的利率工具 …………………… (497)
  19.3.2 金融产业宏观调控的汇率工具 …………………… (499)
  19.3.3 金融产业宏观调控的税收工具 …………………… (501)
  19.3.4 金融产业宏观调控的法律工具 …………………… (502)
 19.4 金融产业宏观调控的机制 …………………………………… (504)
  19.4.1 金融产业宏观调控的利率传导机制 ……………… (504)
  19.4.2 金融产业宏观调控的产业联动机制 ……………… (505)
  19.4.3 金融产业宏观调控的结构转换机制 ……………… (507)
  19.4.4 金融产业宏观调控的政策引导机制 ……………… (508)

第20章 金融产业可持续发展 ………………………………… (511)

 20.1 金融产业可持续发展的内涵 ………………………………… (511)
  20.1.1 金融产业可持续发展的含义 ……………………… (511)
  20.1.2 金融产业可持续发展的标志 ……………………… (513)
  20.1.3 金融产业可持续发展的条件 ……………………… (515)
 20.2 金融产业可持续发展的机理 ………………………………… (518)
  20.2.1 中国金融产业化发展的历程回顾 ………………… (518)
  20.2.2 金融产业可持续发展的机理分析 ………………… (520)
 20.3 金融产业可持续发展的模式 ………………………………… (524)
  20.3.1 金融产业可持续发展的现代金融企业模式 ……… (524)
  20.3.2 金融产业可持续发展的有效金融市场模式 ……… (529)
  20.3.3 金融产业可持续发展的科学金融体系模式 ……… (532)
  20.3.4 金融产业可持续发展的规范有效政府模式 ……… (538)

参考文献 ……………………………………………………………… (544)

序　言

金融产业经济学研究是金融经济学、产业经济学、管理经济学等学科交叉研究中一项具有前瞻性、探索性、开拓性的研究。在世界经济一体化、市场化的发展过程中，一个国家国力强大的核心标志有四个：一是具有最大有效规模的实体经济；二是具有最高水平的科技力量；三是具有资本实力雄厚的强大金融产业；四是具有强大的国防力量。一国具有强大的金融产业的标志是：一是有强大的实体经济基础；二是有最强大的金融资本实力；三是有国际化的货币；四是有完善的产业金融制度。在经济全球化背景下以实体经济为基础聚集起具有雄厚金融资本实力的强大金融产业更加重要，雄厚的金融资本实力是科技力量和国防力量强大的基础和前提。要聚集起强大的金融资本实力，金融就必须朝着产业化、国际化发展。以实体产业为基础的金融产业化发展是金融可持续发展的核心，是国民经济可持续发展战略的重要组成部分。现代经济金融产业化发展的客观现实需要"金融产业经济学"研究。因此，本专著开辟了金融学研究的新领域，具有重要的理论与实践价值。

1. 研究的目标与基本思路

研究的总体目标是：用科学化、理论化、系统化的方法，探索市场经济条件下金融产业的形成机理，金融产业的微观运营管理、宏观运行调控和金融产业可持续发展战略，构建金融产业经济学的理论框架，为开拓和发展金融产业经济学学科奠定理论基础。为实现这一总体目标，本专著必须实现以下具体目标：①在综合运用经济学和管理学原理的基础上，科学构建金融产业经济学的理论框架，并由此研究金融产业的形成机理；②基于生产力的视角和交易范式界定金融产业的生产要素构成，弄清金融产业生产要素的经济属性（或生产力属性）、金融产业的产品供求和市场竞争规律；③对比不同经济体制构建的理论假设，探索开放经济条件下金融产业集聚、扩张与资本良性循环的规律及条件；④通过建立基于微观金融企业运行的数学模型，并结合整体福利改进在产品定价、风险控制、运行规制等方面进行推演，以明确金融产业运行的绩效及其影响因素；⑤立足于金融产业可持续发展层面，为科学布局金融产业、有效规范金融产业主体行为，进而实现金融产业与国民经济的协调发展提供全新的理论思路和战略指导。

本专著的基本研究思路是：首先，基于经济金融全球化发展的背景，以现代经济学和管理学理论为指导，围绕金融产业经济学的理论内涵与金融产业的良性运营、科学调控，广泛挖掘、科学吸收和充分利用已有的理论资源，以适合金融产业自身可持续发展及其与国民经济协调发展的理论结论为逻辑起点，在充分认识金融产业发展和金融产业经济学的内在属性基础上，联系客观现实深入剖析金融产业经济学及其相关概念，科学构建金融产业经济学的理论框架，并由此厘清金融产业的形成机理；然后，本专著基于国内外经验，从微观经济金融理论入手，通过建立具有微观基础的、结构严谨、论证规范的模型，对金融产业的运营管理做出规范意义上的研究；最后，本专著在充分认识金融产业与国民经济及其关系特殊性的基础上，从历史与现实、微观与宏观、经济和社会、理论演绎和数理验证相结合的视角，论证金融产业发展的现实与未来需求，构建基于建立强大金融产业、实现其自身可持续发展及其与国民经济协调发展目标取向的金融产业调控理论，并提出切实可行的、有针对性的金融产业发展战略理论体系。本专著的基本思路遵循了经济学基础理论研究由"理论框架建立→理论演绎→数理验证→理论总结"构成的一般思维轨迹和研究思路。

2. 本专著的理论与应用价值

在市场经济制度下，金融产业的可持续发展是维系实体产业可持续发展的前提和基础，没有金融产业的持续支持与可持续发展，实体产业的发展就会严重受阻，进而制约国民经济的发展。要促进金融产业的持续健康发展，就必须有系统的金融产业经济学理论做指导。本专著立足于国内外金融产业化发展的现实，深刻借鉴学界的科学理论结论，对现代金融产业发展理论进行深入系统的研究，构建金融产业经济学的理论体系，不仅可以弥补当前理论研究的不足，而且可以丰富金融学等学科理论体系的内涵。更为重要的是，可为促进金融产业的可持续发展提供十分必要而又急需的理论支持，为金融产业经济学学科的开拓和发展奠定坚实的理论基础，为金融学科开辟新的研究领域。

金融产业经济学研究既是一项理论性较强的学科性研究，又是一项以实用性为核心的应用研究。本专著立足于中国国情，高度重视研究成果的科学性、系统性、实用性，一方面能够在此基础上为经济学、金融学本科生、研究生、实业界提供一部高水平的参考书，为金融产业经济学学科的发展奠定基础，这是本专著的根本宗旨和研究出发点。另一方面能为政府进行金融决策提供理论知识和参考依据。

3. 本专著的主要内容与方法

本专著的主要内容是：基于框架设计、机理分析、数理演绎、规则确立与体系构建对金融产业经济学进行理论研究，主要由理论框架研究、微观管理研究和宏观调控研究三大部分20章所构成。其中，理论框架研究——"金融产业经济学的理论基础"是本专著的逻辑起点，微观管理研究——"金融产业的运营管理"是确保科学构建金融产业经济学的核心环节，宏观调控研究——"金融产业的发展战略与宏观调控"是本专著的归宿，体现出理论运用的主旨。为了实现研究目标，本专著的基本内容是：①理论框架研究——"金融产业经济学的理论基础"，包括第1章"金融产业经济学的研究框架"；第2章"金融产业经济学的理论基础"；第3章"金融产业的形成机理"；第4章"金融产业的组织理论"；第5章"金融产业的结构理论"。②微观管理研究——"金融产业的运营管理"，包括第6章"金融产业的产品供求"；第7章"金融产业的生产要素"；第8章"金融产业的市场竞争"；第9章"金融产业的产品定价"；第10章"金融产业集聚与扩张"；第11章"金融产业的资本循环"；第12章"金融产业的运行机制"；第13章"金融产业的运行绩效"；第14章"金融产业的风险控制"。③宏观调控研究——"金融产业的发展战略与宏观调控"，包括第15章"金融产业的发展战略"；第16章"金融产业的空间布局"；第17章"金融产业国际化发展"；第18章"金融产业的有效监管"；第19

章"金融产业的宏观调控";第 20 章"金融产业可持续发展"。

本专著采用的基本研究方法是:①在理论回顾与文献分析的基础上,以金融经济学、产业经济学、管理经济学、空间经济学、数理经济学的理论和分析范式为起点,遵循唯物辩证法的基本原理,从运动的、历史的、系统的和辩证的角度认识和把握其理论内涵。本专著尤其重视对马克思经济学、现代西方经济金融理论及其哲学思想的吸收,并依据"概念是反映客观现实本质属性的思维形式"这一哲学命题,以及"概念在其展开的过程中就表现为理论,对术语的不断加细的定义过程就是概念的展开过程"(Georg Wilhelm,Friedrich Hegel,1997) 的思想,坚持通过充分占有材料,分析其发展形式,探寻形式间的内在联系,发现研究对象的基本要素;再从基本要素之间的联系出发,渐次引入新要素,逐步贴近研究对象的具体形态,实现不断由感性到理性,从而最终构建金融产业经济学的研究框架和理论基础,并充分揭示金融产业的形成机理。②本专著在进行金融产业的微观运营管理研究时,主要以金融组织理论、金融效率理论、劳动分工理论、行为经济学理论、价格理论、机制设计理论等为基础,综合运用多种分析方法。本专著首先采用委托—代理理论方法,从效用函数和交易费用理论入手,基于生产力的视角和交易范式界定金融产业的生产要素构成,并弄清金融产业生产要素的经济属性(或生产力属性)、金融产业的主体行为、产品供求和市场竞争规律。其次,本专著对比不同经济体制构建理论假设,运用多种分析范式探索开放经济条件下金融产业的集聚、扩张与资本良性循环的规律及条件。最后,本专著通过建立基于微观企业能力和成本收益的数学模型,并结合整体福利改进在产品定价、风险控制、运行规制等方面进行数理推演,以明确金融产业运行绩效及其影响因素。③本专著在进行金融产业的发展战略与宏观调控研究时,主要以金融发展理论、金融调控理论、金融监管理论、产业布局理论、产业结构理论、战略管理理论等为基础,运用定性与定量、规范与实证相结合的分析方法。本专著通过定性分析对金融产业的整体发展与宏观调控进行结论性、抽象性、概括性的探究,以寻找其发展中普遍存在的"本质";定量分析则是利用宏观经济数据对金融产业可以量化的部分进行测量和研究,以检验关于该金融产业的某些理论假设;定量分析是定性分析的前提和基础,而定性分析只有建立在翔实的定量分析的基础上,才能揭示出金融产业的本质特征。而规范分析大都与理论和战略相关，实证分析则大都与理论演绎和事实相关；在部分研究中充分体现规范研究的基本要求、基本特点，在宏观理论体系的构建中运用制度经济学、政治经济学等分析工具与方法进行深入探讨，在对理论进行逻辑推理时，还运用行为经济学和信息经济学分析工具进行了论证。④本专著立足于金融产业可持续发展层面，运用战略管理理论分析方法为科学布局金融产业、有效规范金融产业主体行为，进而实现金融产业与国民经济的协调发展提供了全新的理论思路和战略指导。

4. 本专著的研究结论与重要观点

（1）主要研究结论

第一，金融产业化发展是金融产业经济学研究的基础。随着经济金融的全球化发展，"西方国家政府高度重视金融产业化发展，把金融作为一门独立的产业来发展，金融产业已经独立成为国民经济的核心产业，金融资源已经成为西方国家全球化发展的核心资源，金融产业资本流动已无国界，金融产业资本全球流动已经成为西方国家争夺全球资源、控制世界市场的重要手段。金融产业化程度、金融市场机制完善、金融产业资本实力和现代金融企业制度已经成为世界各国金融核心竞争力的重要标志"（冉光和，1995、1997、2004、2007）。目前的实体经济实力、市场机制与规模、金融发展规模、外汇资本储备规模、世界债权国地位、人民币国际化程度表明，中国已经进入了金融产业化发展的重要时期。当前是中国金融产业化、国际化发展的极好时期，审时度势地做好中国金融的产业化发展的长期规划，加快中国金融的产业化、国际化发展，因此，"金融产业经济学"研究既有实践基础，又有实践需要。

第二，中国金融体制改革发展需要金融产业经济学研究。随着我国市场经济的逐步深化和经济效率的逐步提升，虽然市场经济体制的力量不断增强，但计划金融制度的弊端也不断暴露出来，并日益成为影响我国金融产业健康发展的重要因素，进而阻碍着市场经济的健康发展。市场经济制度的核心是产业金融制度，健全的产业金融制度是经济产业化发展的前提，市场经济制度的建立与深化客观上要求发展与之相适应的以市场机制为主导的产业金融体系，实现金融的产业化发展。没有金融的产业化发展，国民经济产业化发展必然受到制约。而金融产业的可持续发展必须有金融产业经济学研究来提供理论保障，立足于现代金融产业发展实践建立金融产业经济学学科是推进金融产业健康发展的本质要求。虽然中国在实体经济实力、市场机制与规模、金融发展规模、外汇资本储备规模、世界债权国地位、人民币国际化程度方面取得了令世界瞩目的巨大成就，但中国金融发展所面临的核心问题，即金融产业化与金融运营行政化的矛盾并未得到根本改变，中国金融不稳定的根源在于金融没有形成相对独立的产业，没有健全的产业金融制度，金融运营行政化显著，金融发展没有形成应有的动力和压力。金融产业可持续发展的基础是培育符合现代公司治理制度的金融企业。培育适应市场化竞争的可持续的金融企业和实体企业以及构建良性互动的经济关系是国民经济可持续发展的基础（冉光和，2004）。我国金融体制改革进入了建立现代金融企业化制度和金融产业化制度的关键时期。这为研究金融产业经济学提供了重要的需求背景。

第三，全球金融经济危机化解需要金融产业经济学的理论支持。随着经济金融的全球化发展，由金融过度创新而监管失控所引发的金融危机已经成为影响世界经济发展的一个重大问题。回顾1998年亚洲金融危机的形成及蔓延，1999年巴西金融的强烈振荡，2001年阿根廷金融危机的爆发，2008年美国次贷危机所引发的全球金融危机，2010年欧洲主权债务危机，2011年美国国债信用危机和世界新兴经济体通货膨胀的蝴蝶效应，人们清楚地认识到金融产业可持续发展对世界经济稳定发展的重要性。当前世界债务危机既给中国实体产业和金融产业的发展带来冲击，又给中国金融产业化发展提供了千载难逢的战略机遇期。其冲击主要表现在两个方面：首先，中国持有的亿万美元的美国国债和3万多亿美元的外汇储备的安全深受影响；其次，大量国外"热钱"的涌入助推物价持续高涨，增加了宏观经济"硬着陆"的风险。其战略机遇主要表现在中国金融产业的国际化发展和人民币的国际化方面。金融产业的可持续发展对一国金融安全、经济安全、国家安全至关重要，全球也正在审视国际金融体制和金融自由化所带来的诸多问题和挑战，如何应对经济全球化和金融自由化所带来的经济金融风险，促进各国金融产业健康和可持续发展，已成为全球共同关注的重大问题。这既为金融产业经济学研究提供了重要的实践基础，又要求金融产业经济学研究为当今世界提供理论支持。金融产业经济学研究将在这样的背景下系统化、理论化、科学化地总结国际国内金融产业发展的理论与实践。研究金融产业经济学是一项重大的系统工程，但愿本专著能为金融产业经济学学科的开拓奠定基础。

第四，金融产业经济学研究将会开拓和发展金融产业经济学学科。业界和学界对金融发展的研究，受"工具金融观""机构金融观""政府金融观"等计划经济金融理论的影响，总是停留在"就事论事""分分合合"的层面上，基于适应市场经济发展的金融需求，以控制风险和可持续发展为目标的现代金融产业理论尚待系统研究。虽然近年来我国金融产业可持续发展问题开始受到关注（冉光和，2004；王定祥，2006；冉光和等，2007），但系统的金融产业经济学理论还远未形成，当前我国金融体制改革也急需现代金融产业经济学理论为改革实践提供理论和政策支持。因此，金融产业经济学研究，必将进一步丰富金融发展理论，为金融产业经济学的学科开拓和发展提供有价值的理论成果。

（2）重要的研究观点

第一，在转轨经济过程中要加快金融产业的发展、壮大。中国正处在经济转轨的过程中，金融产业是国民经济的核心产业，必须加快其发展、壮大。一是要加快实体经济的有效发展。实体经济的商品化、市场化、产业化和国际化发展是金融产业可持续发展、壮大的基础。二是金融产业要发展、壮大，必须构建现代金融企业体系，完善金融市场机制，创新多元化金融产品，完善征信及调控制度。三是金融产业要实现绿色化发展，要以绿色金融服务促进实体经济绿色化发展。四是要构建良好的金融产业发展环境。金融产业形成和发展必须创造良好的经济环境、政治环境、社会环境、自然环境、技术环境、法治环境。没有良好的外部环境，金融产业就不可能得到持续发展。

第二，金融产业必须以实体经济的可持续发展为基础。金融产业与实体经济是相互依存、相互制约、相互影响的关系。金融产业绝对不能脱离实体经济发展，实体经济必须依靠金融产业的支持，二者缺一不可，二者必须建立起平等互利的经济关系。在转轨经济时期要强化金融产业与实体经济的市场机制构建和完善；加快价格、利率、汇率市场化的综合配套改革；注重国有经济与民营经济协调发展；高度重视资源可持续开发，实现实体经济绿色化发展；强化资源区域均衡有效配置，促进区域经济社会协调发展；加快收入分配体制改革，构建公平合理的分配体系；尽快构建大众创业万众创新的长效机制，增强金融产业与实体经济的增长动力。

第三，按照市场经济的要求构建现代企业制度。构建符合市场机制要求的现代企业制度是金融产业可持续发展的基础。在转轨经济中，我国的金融企业和实体企业还带有明显的计划经济痕迹，企业经济运行行政化严重，企业的运营目标不明确，短视的急功近利现象严重，企业家精神和责任心缺失，国有企业经济与民营企业经济发展不协调，国民经济中的实体企业经济非常脆弱。因此，一是要高度重视企业经济的发展。国民经济发展不能只靠政府投资拉动，必须尽快转到高度重视企业经济发展上来，要明确只有企业经济的发展，才是推动国民经济可持续发展的真正动力。二是要为企业经济发展创造良好的环境。没有良好的发展环境，企业经济不可能得到健康发展，而信用环境和法治环境至关重要。三是要明确金融企业与实体企业的关系。实体企业是金融企业发展的基础，金融企业与实体企业必须建立起良好的相互融合、平等互利的经济关系。四是要构建科学的企业内控制度。完善企业的公司治理制度，科学构建符合市场机制的组织体系、产品创新机制以及激励机制。

第四，实体经济发展要求完善金融产业运行机制。实体经济是金融产业发展的基础，只有构建完善的金融产业运行机制，才能促进实体经济的可持续发展。要明确金融产业的运营目标。在社会主义市场经济条件下，金融作为相对独立的产业的发展，应该以追求利润最大化为基本目标，以追求企业价值最大化为长远目标，以追求社会利益最大化为最终目标。金融产业是一个复杂的经济系统，要保证其健康有效运转，实现金融产业运行的总目标，金融产业的运行就必须遵循合法性原则、安全性原则、一致性原则、协调性原则、竞争性原则。金融产业要实现可持续运行，就必须构建科学的企业经营机制、完善的金融产业内控机制、合规的外部约束机制以及合理的自我调节机制。

第五，金融产业绩效提升要求加强金融风险控制。金融产业运行的总体目标是最大化企业经济绩效，最小化企业经营风险。要实现这一目标，首先必须明确市场经济中金融风险是紧随着金融产业整个发展过程的，如何把金融产业风险控制在最低或可承受的范围内是金融企业、居民和政府都必须面对的问题。政府债务风险、实体产业风险与金融产业风险是相互交织、相互影响的。实体产业风险会导致金融产业风险和政府债务风险，金融产业风险和政府债务风险会加剧实体产业风险，必须严密防止这三种风险的相互影响，逐步消除三重风险所形成的"堰塞湖"。其次要弄清金融产业的风险形成机理，做好金融风险监测、风险预警，科学制定金融产业风险控制方案以化解风险。最后要认识到金融产业绩效是指金融产业资本运用与实体产业资本融合及循环后所产生的金融产业自身效益和效率以及实体经济提升的效益和效率的总和。要提高金融产业的绩效，金融企业就必须以服务实体经济为基础，实现持续稳健的经营，进而实现金融产业的可持续发展。要切实规范金融企业，使其服务于实体经济，这是提升金融产业绩效的关键。

第六，区域经济协调发展要求金融产业均衡集聚。在市场经济条件下，以追逐企业利润和企业价值最大化为根本目标的金融产业资本，总是从利润率较低的地区和部门流向利润率较高的地区和部门，这种资本运动会导致大批金融企业、金融机构在不同的地理空间出现非均衡集聚与扩张。因此，要缩小区域发展差距，金融产业发展必须在区域间均衡集聚。为使区域金融产业集聚均衡，政府产业政策就要促进区域经济特色化、差异化发展，防止区域产业趋同化发展，形成无序竞争，造成产能过剩和资源的极大浪费。金融产业资本投放及金融服务要促进区域产业差异化、均衡化发展。

第七，实体经济可持续发展要求金融产业国际化。金融产业国际化与实体经济是相互制约、相互影响的关系。实体经济是金融产业国际化的基础。实体经济的实力决定着金融产业国际化的速度和进程，实体经济实力越强，金融产业国际化进程就越快，金融产业国际化的效率高就能促进实体经济的可持续、健康发展，并形成良性互动循环。要加快金融产业国际化发展，首先需要夯实实体经济的发展基础，增强实体经济的国际竞争力。要构建国有经济与民营经济的协调发展机制，在市场机制基础上使其平等公平竞争。其次要尽快制定中国金融产业和人民币国际化发展规划；要明确金融产业化、人民币国际化的目标，就要建立起强大的资本雄厚的金融产业并使人民币成为首要的国际货币。加快培育金融产业化发展的现代金融企业，合理规划金融产业化发展的金融结构和市场体系，科学规划人民币国际化的结算货币、投资货币与储备货币发展阶段目标，筹划金融产业化发展的利率、汇率与价格协调改革进程，制定人民币国际化、金融产业化发展的有效监管规程。

5. 本专著创新与局限

本专著的主要创新是：①以全新视角，理论化、系统化、科学化地构建了金融产业经济学的理论框架。本专著针对目前国内关于金融产业发展的框架研究显得有些零乱和与现实需求联系不紧密的缺陷，对金融产业经济学的内容体系进行了新的划分，将其归纳为"金融产业形成理论""金融产业组织理论""金融产业结构理论""金融产业运行理论""金融产业发展理论""金融产业调控理论""金融产业监管理论"等部分，从而建立起金融产业经济学的理论框架。②探索研究金融产业化发展的实现机理。本专著将金融产业化发展和金融产业发展作为两个发展阶段与概念进行区分，在金融没有发展成为一个独立的产业部门之前，需要通过释放制度条件，推动金融的产业化发展。本专著结合金融发展的客观实际，探索金融产业化发展和金融产业发展各自的基本特征和发展机理，为金融向产业化发展提供了重要的理论与政策依据。③科学、系统地研究金融产业运行机理。着重研究解决金融产业运行的要素条件，金融商品需求演化规律，金融商品的生产、创新与供给规律，金融商品定价，金融产业组织如何展开市场竞争，运行绩效如何评价，金融产业组织如何实现资本积聚和扩张，如何实现国际化发展等重大问题；从数量方面对中国现有金融产业发展促进经济增长的贡献及其问题予以验证，为中国金融产业可持续发展提供实证支持。④多视角探索金融产业宏观调控与可持续发展的机理。本专著将在理论和实证基础上，分析金融产业宏观调控机理，提出中国金融产业可持续发展的机制、模式和实现路径，并揭示出这些路径所依赖的环境条件，提出中国金融产业可持续发展的监管与调控的政策思路。⑤对金融经济学、产业经济学、管理经济学、数量经济学、空间经济学进行多学科交叉研究，为金融产业经济学学科开拓和发展奠定坚实的基础。本专著以金融经济学、产业经济学、管理经济学、数量经济学、空间经济学等为理论基础，将金融产业经济学这一交叉学科提升到系统化、科学化、独立化与理论化的层面进行深入研究。本专著除用到传统常规分析方法外，还综合运用了多种前沿的研究方法。在理论研究中用了制度变迁与系统分析等方法；在实证研究中坚持定性分析与定量分析相结合，还运用了计量经济学中时间序列分析、因素分析等方法。多学科交叉研究方法的运用使本专著的研究成果科学性更强、可靠性更高。

本专著的主要局限有：①受到中国经济金融市场化实践的局限。中国经济金融市场化改革只有40多年的实践经验，经济金融市场化规模获得飞跃增长，为金融产业化发展奠定了坚实基础，创造了"中国经济奇迹"，但是，实体经济与金融经济融合不佳，市场经济体制机制不健全，转轨经济的市场经济规律难以得到充分展现。②受到计划经济体制转轨过程的局限。中国经济是转轨经济，是由计划经济向市场经济转轨的经济，在轨换过程中计划经济体制和市场经济体制两股力量始终相互制约、相互作用。加之转轨经济的终极目标有待长期探索，市场化的规律有待长期观察。③受到研究资料与数据的局限。关于金融产业经济学的理论研究较少，国内外研究文献十分有限，理论知识、实践知识、方法知识的局限，使得本专著的研究难度令人难以想象。

尽管受到这些局限的制约与影响，然而，我们依旧遵循科学与理性原则尽最大努力完成了金融产业经济学研究，但愿我们的成果能起到抛砖引玉的作用，开启金融产业经济学研究的新局面。

本专著是在冉光和主持的国家社会科学基金重大招标项目"金融产业经济学研究"的成果基础上，由冉光和主撰，王定祥、高云峰、温涛、李敬、吴永求、鲁钊阳、熊德平等参加著述完成的。胡士华、邵腾伟、张林、李晓龙、冉曦、杨守鸿、田庆刚、邓睿、杨果等参加了本项目的研究。在研究过程中得到了有关各方的大力支持和帮助，作者在此表示诚挚的谢意！需要指出的是，对研究中所存在的缺点和错误，由作者自负其责。

冉光和

2020年10月1日

第 1 章　金融产业经济学的研究框架

随着市场经济的不断深化，金融产业化加速发展，由此形成国民经济中与实体产业部门共生共荣的强大的金融产业部门，是市场经济对金融发展的客观要求和必然趋势。而金融的产业化发展、金融产业的形成与发展，不仅需要金融产业经济学的理论指导，而且其发展本身为金融产业经济学的构建与学科发展提供了珍贵的实践和事实依据。因而，适应当今金融产业化及其可持续发展的客观需要和时代潮流，加大金融产业经济学的研究，具有特别重要的理论意义和现实价值。本章将着重探究金融产业经济学的研究框架，主要包括金融产业经济学的学科内涵、学科边界、学科规范和研究方法论等内容，以便为金融产业经济学的研究提供清晰的学科研究边界和方法原则。

1.1　金融产业经济学的学科内涵

要研究金融产业经济学，首先需要界定什么是金融产业？什么又是金融产业经济学？对于金融产业，目前学术界普遍认同最早由冉光和等（2004）下的定义，即金融产业通常是关于以经营金融商品和服务为手段，以追求利润为目标，以市场运作为基础的金融组织体系及运行机制的总称。但对于金融产业经济学的界定，学术界至今没有出现一篇正式的文献。虽然如此，但我们仍然可根据多年的观察与研究积累来诠释金融产业经济学的学科内涵。

1.1.1　金融产业经济学的研究对象

要定义金融产业经济学（Economics of financial industry），首先必须明

确金融产业经济学的研究对象。因为研究对象的确定是一门新学科产生的前提和基础，是一门学科区别于另一门学科的根本标志。金融产业经济学作为一门新兴学科，需要明确其研究对象，以同其他学科区别开来。

毋庸置疑，金融产业经济学的研究对象必然是金融产业。那么，为什么要把金融产业作为研究对象，并使之成为一门具有明确学科边界的金融产业经济学？其原因主要有以下方面。

（1）金融产业经营的产品具有特殊性，其价值是虚拟的

金融产业部门生产经营的对象是货币资金及与此相关的金融产品，与实体产业部门生产经营的物质或精神产品不同，其价值不是由它们自身的生产价值（即凝结在商品生产中的一般人类劳动）决定的，它要么代表一种实物商品（例如黄金）的价值在市场上流通，要么取决于其原生产品的价值（例如，债券的价值取决于其抵押品的价值），金融产品的价值不具有独立性，是虚拟的，是代表性的，它极易受到其原生产品或代表物价值的影响。一旦其原生产品或代表物的价值下降，金融产品的价值就会随之下降。同时，金融产品的价值对市场信息具有高度的敏感性。任何利好或利差信息都可能会导致金融产品的价格出现异常波动，引发金融市场动荡，产生金融泡沫和风险，从而影响实体经济的健康发展。

（2）金融产业具有显著的外部性

在金融产业中，各金融产业组织间的对立与联系、竞争与垄断、金融产业发展的均衡与非均衡、金融产业发展政策的效率与公平、金融产业发展的风险累积等，都会在金融产业发展中产生长期作用。这些矛盾的对立、消长与转化，使得金融产业发展表现出极大的外部性。实体产业的风险一般都是独立的个体事件，不易在产业间广泛传递，因而会造成破坏性的影响。当某一金融产业组织出现危机时，就会传染给健康的金融产业组织，形成风险传染的"蝴蝶效应"和"多米诺骨牌效应"，最终可能导致金融产业陷入全面危机。金融产业危机的破坏性十分严重，胜过任何一个实体产业危机所带来的影响，最终可能引发严重的经济危机和社会危机。不过，金融产业的稳定和可持续发展，也会带来显著的正外部效应。例如，金融部门的健康发展，不仅能为实体产业的发展提供不可或缺的资本要素，而且是实体产业产品价值实现的最终传输者、储存者和保障者，能促进商品交换与贸易的顺利进行，并为经济主体带来广泛而稳定的预期，

激励投资和消费，促进实体经济增长。所以，与实体产业相比，金融产业的发展对国民经济的外部性影响更为深远。

（3）金融产业服务于实体产业不仅需要追求效率，也要兼顾公平

金融产业组织是金融产业的细胞，金融产业的内部矛盾及其与实体产业之间的矛盾运动，是通过金融产业组织的结构、功能及其与实体企业之间的动态关系体现出来的。例如，为了促进实体产业的快速发展，金融产业组织需要有效率地为其提供金融服务。而为促使实体产业部门的协调发展，金融产业组织也需要在牺牲一定效率的基础上，为实体产业部门提供趋于公平性的服务，促进金融资源在实体产业部门间的协调配置。但是，对发展滞后的产业部门的金融支持，可能会给金融产业组织带来风险，这不仅需要金融产业组织进行有效的防范，也需要政府进行有效的风险补偿。否则，若金融产业部门过度追求公平，就会通过风险的积累，形成对经济社会具有广泛负激励的金融危机。

（4）现有产业经济学以实体产业为研究对象，而不研究"金融产业"

产业经济学是建立在实体产业基础上的，它对实体产业组织、实体产业运行和实体产业调控进行了深入的理论与实证研究，其研究内容、研究方法和研究结论均与"金融产业"的特性及其实际运行状况有较大的差距。例如，现有的产业经济学理论无法解释金融产业的外部性、脆弱性、风险性、战略性，金融产业的可持续发展，需要特殊的产业政策引导和金融政策的调控与监管。

（5）现有金融经济学也不研究"金融产业"

金融经济学是以微观金融活动及产品定价为研究对象，对金融资产定价和微观金融决策进行了研究，但始终未从"产业"的中观层面对金融加以研究，导致金融产业的可持续发展至今尚缺乏具有自身特色和明确内涵边界的经济学理论的指导。

综上分析表明，正是由于金融产业与实体产业在经营产品的价值属性、产业外部性、产业风险、产业调控等方面存在巨大的差异，才更加需要对"金融产业"进行经济学意义上的专门研究。同时，以金融产业为研究对象建立和发展金融产业经济学，不仅是现实金融产业可持续发展的客观需要，也是推动金融学科全面发展的必然要求。

1.1.2 金融产业经济学的概念界定

根据金融产业经济学特有的研究对象,我们不妨给"金融产业经济学"下一个比较清晰的定义:金融产业经济学是一门以金融产业为研究对象的中观经济学,是一门研究金融产业的内涵、形成及其在服务实体产业中如何有效率和适度公平地配置金融资源、实现金融产业与实体产业协调、健康发展等基本规律的学科。或者说,金融产业经济学的基本任务是,研究如何发展稳健和有效率的金融产业组织体系,以动员稀缺的金融资源创造出尽可能多的金融产品与服务,从而满足实体经济发展的需要,最终实现实体产业与金融产业的良性互动和持续双赢发展。

这个定义的背后隐含着两大核心思想,即金融资源是稀缺的,社会必须有效率地使用它们。金融产业要在为实体产业服务中实现有效率的发展,而且发展还需要实现公平和协调的目标。

这里首先简要讨论一下金融资源的稀缺性(scarcity)。狭义的金融资源主要指货币、信用、资金资源(包括存款、贷款);广义的金融资源则包括金融人才、金融组织、金融管理经验、金融制度、金融技术等金融生产要素(白钦先等,2001)。如果金融资源能够无限量地被动员和开发,或者说实体经济的金融需要能够完全得到满足,那么会产生什么样的后果呢?企业拥有了想要的一切金融服务,就不必再担心融资成本和风险,企业想干什么就能够干什么。同样,公众也不必担心资金问题。金融机构拥有了丰富的金融资源,就不必担心其他金融机构抢占金融资源,也没有必要创新各种金融产品和服务,因而就不必担心风险问题了。于是,在这个金融资源丰富的世界中,也就不存在具有经济品(economic goods)属性的金融产品和服务。所有的金融产品与服务都将是免费的,就像沙漠里的沙和海里的海水。资金价格和金融市场互不相关,金融产业经济学将不再是有用的学科。但任何社会都不可能是无限可能的乌托邦(萨缪尔森,1999)。在现实世界里,金融资源总是有限的,而金融需求却是无限的。即使在当今金融最发达的美国,在经历了两个多世纪的金融成长后,其金融产业体系的金融服务能力也不能满足每个企业和每个家庭的融资欲望。更何况在发达经济体之外的非洲和亚洲,资金紧缺和融资困难一直是当地经济发展的首要瓶颈。

鉴于金融资源的有限性和实体经济金融需求的无限性，就需要组建金融产业组织体系，对金融资源进行有效率的开发与配置，并实现金融产业与实体产业有效、公平、协调的发展。

在金融资源配置中，我们不得不面对效率与公平这一对核心概念和目标。所谓效率，是指最有效地开发和配置金融资源，以满足实体经济发展的客观需要。更准确地说，就是在不会使其他人情况变坏的前提条件下，一项金融资源的重新配置如果不再有可能增进任何人的经济福利，那么，这项金融资源配置就是有效率的。

所谓公平，一是指所有经济主体在同等条件下都有平等获得金融资源的机会；二是指金融产业与实体产业在金融资源配置中有平等地获得发展的机会；三是指金融资源和物质资源开发要注重代际公平，不能损害下一代人的利益。更确切地讲，就是在同等条件下，人人都有同等的机会获得金融资源的支持，而且通过金融资源配置，能够使金融产业与实体产业实现互利互惠，合作共赢，金融资源能够得到可持续利用。

尽管金融产业主体——各金融组织都是理性经济人，都以追求利润最大化和降低风险为经营目标，因此，它们可能不会将金融资源配置给具有高风险的实体经济主体，如小微企业和贫困住户。但是，在符合最起码的信贷安全条件下的所有实体经济主体，无论是企业还是住户，都能够从金融机构获得无任何歧视的金融支持，所有金融机构都会对这些经济主体提供平等的金融服务。同时，金融产业存在和发展的目的与宗旨，必须是服务实体产业的发展。无论是实体产业部门，还是金融产业部门，都能够在现实中彼此相互依赖，互利双赢。那么，金融产业则实现了公平发展。而公平与效率又是对立统一的。一定程度上的金融公平可以促进金融效率的提高，但过分追求金融公平，反而会牺牲金融效率。这是因为金融产业在支持实体产业的发展中，只有实现了满足金融效率目标的互利共赢，才能够提高金融产业组织服务的积极性，反过来，实体产业也才会有更多的剩余金融资源，成为金融产业的资金来源，并通过资产的有效配置推动金融产业的快速发展。

1.1.3　金融产业经济学构建的价值

在金融市场化、自由化、国际化发展的现实背景下，加快构建金融产业经济学学科，具有现实的紧迫性、客观的必要性及其重要的学术价值。

(1) 构建金融产业经济学，是对国外金融产业化发展的经验与教训进行总结的需要

所谓金融产业化，是指在国民经济发展中，把金融作为相对独立的产业加以发展的过程（冉光和等，2004）。自从西方国家实行市场经济体制以来，金融发展就开始向以多元化、市场化、自由化、法制化、国际化为特征的产业化方向发展。同时，"西方国家政府也高度重视金融产业化发展，把金融作为一门独立的产业来发展，实体产业与金融产业关系十分密切，金融产业已经成为国民经济的一个独立的核心产业，金融资源已经成为西方国家全球化发展的核心资源，金融产业资本流动已无国界，金融产业资本全球流动已经成为西方国家争夺全球资源、控制世界市场的重要手段。金融产业化程度、金融市场机制完善、金融产业资本实力和现代金融企业制度，已经成为世界各国核心竞争力的重要标志"（冉光和，1995、1997、2004、2007）。实际上，金融产业化发展早已成为西方市场经济国家金融发展最显著的特征。可是，金融产业化发展并不是一帆风顺的。例如，从墨西哥金融危机（1997）到巴林银行破产（2001），从阿尔巴尼亚的金融风潮（1998）到亚洲金融危机（1998），从美国次贷危机（2008）到与金融高度关联的欧洲主权债务危机（2011—2012），均使全球经济遭受了沉重的打击，金融体系遭到了严重的破坏。虽然历次金融危机所产生的原因各有不同，但至少有一个共同原因，那就是各国在对待金融产业化发展的态度及其调控和监管上存在重大的分歧与疏漏。而金融危机的频繁爆发恰好暴露出西方国家在发展金融产业方面的软肋——严重脱离实体经济的金融创新和疏于金融产业的调控和监管，导致金融产业在自身领域空转与孤芳自赏，形成国民经济的虚假繁荣。总结西方金融发展史不难发现，只要是市场经济国家，其金融发展必然遵循着市场化、产业化的轨迹，以金融作为一个利益相对独立的产业部门，与实体产业部门进行着独立的信用交易。但当金融产业部门脱离实体产业的需求而在自身领域催生泡沫时，金融危机便不可避免。然而，令人十分遗憾的是，金融产业发展了多年的西方国家，至今都没有对金融产业的发展作过系统的经济学思考，更没有建立起一门独立的学科，为金融产业的科学发展提供必要的理论指导。因而，对西方金融产业化发展进行经验与教训总结和深刻的反

思，不仅能为建立金融产业经济学提供大量的素材和实践基础，而且需要通过金融产业经济学，回顾与总结金融产业发展史，以展望和指导金融产业全球化发展的未来。

（2）建立金融产业经济学，是中国金融产业与实体产业协调发展的现实理论需要

国民经济的产业部门总体上可以划分为实体产业和金融产业两大部门。在这两个产业部门的关系上，彼此应是相互促进、相互依赖的。实体产业部门通过积累储蓄资源而为金融产业部门的发展提供源源不竭的资本来源，金融产业部门通过提供金融产品和服务而为实体产业发展提供宝贵的支持。但是，金融产业部门也可能脱离实体产业而独立运行，并必然催生出金融泡沫，积累大量的金融风险，甚至最终爆发金融危机。尽管金融产业支持实体产业也存在着风险，但这类风险远不及金融产业部门内部空转的风险大。2008年以来，由美国次贷危机引发的全球金融危机就是明显的例证，这次危机所产生的负面影响至今还未完全消退。对于中国而言，这次金融危机既给中国实体产业和金融产业发展带来了冲击，又给中国金融产业化发展提供了千载难逢的战略机遇期。其冲击主要表现在两个方面：首先，中国持有的亿万美元的美国国债和3万多亿美元的外汇储备的安全深受影响；其次，大量国外"热钱"的涌入，助推物价持续高涨，增加了宏观经济"硬着陆"的风险。其战略机遇主要表现在中国金融产业的国际化发展和人民币的国际化方面。金融产业的可持续发展对一国的金融安全、经济安全、国家安全至关重要，全球也正在审视国际金融体制和金融自由化所带来的诸多问题和挑战，如何应对经济全球化和金融自由化所带来的经济金融风险，促进各国金融产业健康和可持续发展，已成为当今全球共同关注的重大问题。当前，中国不仅需要利用好此次危机所带来的战略机遇期，推动金融产业国际化和人民币国际化进程，而且需要从此次金融危机中吸取深刻的经验教训，协调处理好金融产业与实体产业发展的关系，促进金融产业始终不脱离实体产业的需求而稳健发展。而这也从客观上说明需要建立金融产业经济学，为实现中国金融产业与实体产业的协调发展提供必要的理论支持。

（3）构建金融产业经济学，是建立强大的中国金融产业部门的客观需要

随着我国市场经济的逐步深化和经济效率的逐步提升，过去我国计划

金融制度的弊端也不断暴露出来,并日益成为影响我国金融产业健康发展的重要因素,进而阻碍着市场经济的健康发展。产业金融制度是市场经济制度的重要组成部分,健全的产业金融制度是经济产业化发展的前提,市场经济制度的建立与深化,客观上要求发展与之相适应的以市场机制为主导的产业金融体系,实现金融产业化发展。没有金融产业化发展,国民经济产业化发展必然受到制约。而金融产业可持续发展必须有金融产业经济学研究提供理论保障。立足现代金融产业发展的实践,建立金融产业经济学学科,是推进中国金融产业健康发展的本质要求。经过40多年的改革开放,虽然中国在实体经济实力、市场机制与规模、金融发展规模、外汇资本储备规模、世界债权国地位、人民币国际化程度方面取得了举世瞩目的巨大成就,但中国金融发展所面临的核心问题——金融产业化与金融运营行政化的矛盾并未得到根本改变。中国金融发展质量低的根源在于,金融没有形成相对独立的产业,没有健全的产业金融制度,金融运营行政化显著,金融发展没有形成应有的动力和压力(冉光和,2004)。党的十八届三中全会指出:"要推进社会主义现代化,就必须毫不动摇地推进金融经济体制改革。"我国金融体制改革进入了建立现代金融企业化制度和金融产业化制度改革的关键时期。这不仅为研究金融产业经济学提供了重要的实践基础,也为构建金融产业经济学提供了需求背景。换句话说,构建金融产业经济学,也是提供理论指导、促进中国金融产业健康发展、最终建立强大的中国金融产业部门的需要。

(4) 构建金融产业经济学,是弥补金融产业研究缺陷、促进金融学科发展的现实需要

综观国内外学界,有不少学者对金融发展理论进行过研究和总结。诸如,Gurley and Shaw(1955)认为,经济发展在一定程度上取决于金融发展。Patrick(1966)提出了金融发展的"需求追随"和"供给领先"模式。Goldsmith(1969)认为,金融发展就是金融结构的变化,并创造性地运用FIR等指标确认了金融发展的路径和机制,提出了"金融结构论"。Mckinnon and Shaw(1973)以发展中国家为研究对象,从不同的角度提出了"金融抑制论"和"金融深化论",认为市场机制可以促进金融发展,并通过金融发展促进经济增长。此后,Kapur(1977)、Galbis(1977)、Fry(1978、1980)、Lee(1980)等基于Mckinnon and Shaw的分析框架,

相继提出了一些金融抑制模型，扩展其理论。他们认为，发展中国家之所以经济发展滞后，是因为其金融长期处于被抑制状态，市场机制在金融发展中的作用长期得不到释放，导致金融成为政府计划配置资源的工具。20世纪90年代以来，在Romer（1986）和Lucas（1988）的内生经济增长模型的影响下，内生金融发展理论兴起。Bencivenga and Smith（1991）、Levine（1992）、Boyd and Smith（1992）、Schreft and Smith（1998）、Dutta and Kapur（1998）等构建了内生金融中介模型，认为金融机构完全可以依赖市场机制内生出来，主张金融自由化。Greenwood and Jovanovic（1990）、Pagano（1993）、Boot and Thakor（1997）、Greenwood and Smith（1997）等构建了内生金融市场模型，认为内生的金融市场可以有效率地实现金融资源配置，不需要政府过多的干预。Hellmann（1996）等新凯恩斯主义者依据金融发展的事实，运用"有效需求理论"和信息经济学工具，对金融发展理论进行了新的探索，形成了"金融约束论"。他们认为，市场机制在金融发展中会因为信息不完全而出现失灵，政府对金融部门进行选择性的干预仍然有助于金融发展。但国内学者对金融产业的研究甚少，仅有冉光和等（1995、2004、2007）、王定祥（2006）、熊德平（2012、2013）对金融产业可持续发展理论进行过系统的研究，潘正彦（2004）从市场结构与市场行为角度对中国金融产业进行过研究，但都不能形成金融产业经济学的理论体系。

本专著立足于国内外金融产业化发展的现实背景，深刻借鉴学界科学的理论结论，对现代金融产业发展理论进行深入系统的研究，构建了金融产业经济学的理论体系，不仅可以弥补当前理论研究的不足，而且可以丰富金融学等学科理论体系的内涵，为金融产业经济学学科的开拓和发展奠定坚实的理论基础。

1.2 金融产业经济学的学科边界

在确定了金融产业经济学的学科内涵及其发展的必要性之后，就需要厘清金融产业经济学的学科边界，具体包括学科属性、学科差异和学科理论架构等内容。

1.2.1　金融产业经济学的学科属性

构建金融产业经济学，人们不禁会问，金融产业经济学到底属于什么样的学科？国务院学位办编制的国家学科目录规定：经济学分为理论经济学和应用经济学两大类。金融产业经济学作为一门新兴学科，毫无疑问，其学科领域归属于应用经济学。这是因为金融产业经济学要研究的内容十分广泛，主要包括金融产业形成、金融产业组织、金融产业结构、金融产业运行、金融产业风险、金融产业调控、金融产业发展、金融产业监管等问题，这些均是金融领域的实际应用性问题，是在继承经济学和金融学相关原理的基础上发展起来的一门新兴学科。金融产业经济学归属于应用经济学，还在于金融产业经济学是在反思和总结金融产业发展的历史、经验与教训的基础之上发展起来的。国外和中国的金融发展史，不仅为构建金融产业经济学提供了大量的事实、案例和数据，还隐藏着大量的金融产业发展规律需要我们去发现、挖掘和总结，最终形成金融产业经济学理论；同时，金融产业经济学构建的最终目的是指导未来中国金融产业发展实践，使金融产业的发展始终不偏离服务于实体产业这一主线，使它们在互惠互利中实现可持续发展。因此，其所具有的深刻地解决实际问题的应用性特征，决定了金融产业经济学属于应用经济学的学科范畴。

1.2.2　金融产业经济学的学科差异

从字面上看，金融产业经济学与金融经济学、产业经济学相近，它们之间有着千丝万缕的联系，但也有着显著的差异。

（1）金融产业经济学与金融经济学的比较

金融经济学是金融学的微观经济学，主要是从经济学的角度研究资产价格形成和确定，投资者与厂商的金融决策问题，主要涵盖资产定价和公司财务决策两大领域。一方面，资产定价理论旨在研究和决定具有不确定未来收益的索偿权（claims），包括股票、债券、衍生工具等的价值或价格的经济学理论。它是投资、风险管理等学科的理论基础，并且与市场微观结构密切相关。市场微观结构主要关心的问题是，金融市场参与者如何收集和处理信息，以及信息如何通过交易反映在资产价格中。另一方面，公司财务决策理论主要研究公司财务决策如何影响公司价值，以及公司在价值最大化目标下如何做出最优财务决策,包括资金筹集和资本结构问题、股利政策和策略、并购政策和策略、公司治理等问题。而金融产业经济学是金融学的中观经济学,主要从产业经济学的角度研究金融产业组织形成、金融产业组织运行、金融产业组织结构调控与金融产业风险监管等问题,相当于西方现代金融理论中的金融机构与金融市场理论所要研究的范畴。但前者是从产业经济学的角度研究金融组织结构及其运行与调控问题,而后者仅从经济学的角度探究金融组织的成本与收益问题。如果要谈金融经济学与金融产业经济学的关联,那么可以说,金融经济学是研究金融组织个体内部的产品定价与企业财务决策,而金融产业经济学则是研究金融组织群体之间的动态竞争关系及其风险防范问题。金融经济学主要为单个金融组织内部决策和企业投融资决策提供理论依据,而金融产业经济学则为金融产业组织的培育、金融产业群体的有效竞争和可持续发展提供理论依据。虽然不能简单地认为金融产业经济学包括了金融经济学,但是,金融经济学解决的是金融产业经济学微观领域的问题。这就是说,只要单个金融组织的理论与实践问题解决好了,就为整个金融产业群体问题的有效解决提供了基础条件。所以,金融产业经济学与金融经济学存在着密切的联系。

(2) 金融产业经济学与产业经济学的比较

尽管金融产业经济学与产业经济学在研究产业组织及其行为规律方面存在着显著的共同点,并且,产业经济学为金融产业经济学的研究提供了重要的理论源泉,甚至可以这样说,金融产业经济学就是研究产业经济学理论在金融领域如何运用和实践的问题。但是,金融产业经济学与产业经济学也有着明显的区别。产业经济学以实体经济部门的企业和市场为研究对象,其早期主要研究产业组织、产业的规模经济、产业内企业间的竞争关系,后来被经济理论界扩展到产业结构、产业关联、产业政策等方面。产业结构理论主要研究各实体产业之间的相互关系及其演进的规律。产业关联理论主要从技术经济的角度探究各实体产业之间的联系。产业政策理论主要关注实体产业的结构政策、组织政策、技术政策、布局政策等方面的问题。而金融产业经济学则是以虚拟经济部门的企业和市场为研究对象,主要探究金融产业的组织形成、金融产业组织的规模经济、金融产业组织之间的竞争关系、金融产业调控与监管政策。由于虚拟经济部门与实体经济部门经营的产品属性、财务结构和风险、社会影响等方面存在着明显的差异,单独套用产业经济学的理论来解释金融产业部门的发展现象和问题,必然具有严重的缺陷。只有借鉴产业经济学的基本理论,并结合金融产业部门的实际,构建起科学的金融产业经济学理论,才能够弥补金融产业部门发展的理论真空。图1-1简略地展示了金融经济学、产业经济学与金融产业经济学之间的联系与区别。从图1-1可见,金融经济学所研究的金融组织内部的定价与企业财务决策问题,都是金融产业经济学和产业经济学没有涉足的微观问题,这些问题的解决均为金融产业经济学和产业经济学的发展提供了扎实的组织根基。

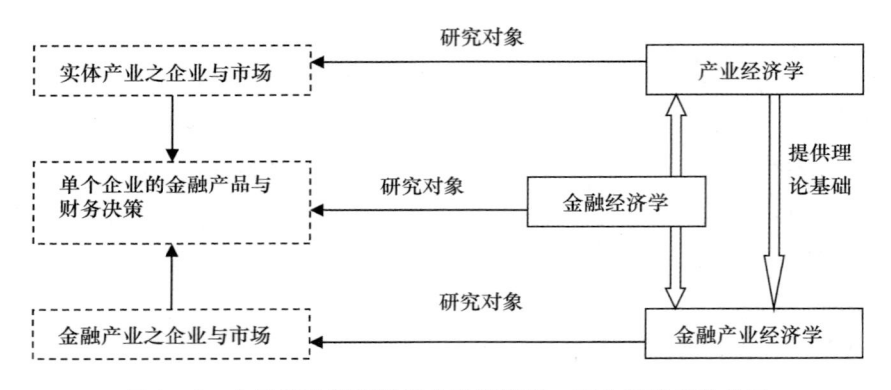

图1-1 金融产业经济学与金融经济学、产业经济学的关系

1.2.3 金融产业经济学的理论架构

金融产业经济学的精髓在于,承认金融资源稀缺性的现实存在,并研究社会如何构建和发展一个有效率的金融产业组织体系,在风险可控的前提下,如何有效率地开发和配置金融资源,以服务于实体产业的发展,并实现金融产业自身可持续发展的目标。具体说来,金融产业经济学要研究的理论内容十分丰富,概括起来讲,主要包括以下七个方面。

(1) 金融产业形成理论

金融产业的形成是由若干金融产业组织产生出来并经过一定的分工磨合以后,形成相互竞争和彼此联系的独立的产业部门体系促使的。金融产业的形成是金融产业化发展的结果,也是金融产业发展的必要条件。金融产业经济学在研究金融产业组织理论的基础上,自然就需要展开对金融产业形成规律的研究,包括金融产业形成的内涵、金融产业形成过程、金融产业形成模式、金融产业形成机理等理论内容。

(2) 金融产业组织理论

金融产业组织是金融产业的主体和细胞,没有具有有机联系和相互影响的若干金融产业组织,就无法形成金融产业。金融产业的生命力体现在组织的创新力和竞争力方面,金融产业组织结构优化是提升整体金融产业发展水平的基础条件。因此,金融产业经济学研究的首要理论内容是金融产业组织理论。金融产业组织理论是一个内容十分丰富的理论体系,主要包括金融产业组织的形成、金融产业组织的成长、金融产业组织体系结构、金融产业组织的准入政策等内容。

(3) 金融产业结构理论

金融产业结构主要是指金融产业内部的业态结构,包括金融产业组织类型及其相互之间的比例与发展关系。它是决定金融产业发展水平和质量的重要因素,对实体产业结构也具有重要影响,因而金融产业经济学无疑会把金融产业结构理论作为重要的研究内容。而金融产业结构理论,主要研究金融产业结构的功能界定、金融产业结构的演化动力和规律、金融产业结构对实体产业结构的影响和金融产业结构的调控政策等内容。

(4) 金融产业运行理论

金融产业的运行主要是通过金融产业组织的运营管理,向实体产业配置稀缺的金融资源,为实体产业服务,并从中获取服务收益而实现自身的发展。金融产业的运行虽然可以脱离实体产业而独立运行,但从社会经济发展的客观需要和金融发展的本身要求来看,金融产业运行必须以服务实体产业为根本任务。脱离了实体产业这个中心,金融产业就不可能得到可持续发展。所以,金融产业运行理论有着广泛的研究内容,具体包括金融生产要素、金融产品供求、金融产品定价、金融产业市场竞争、金融产业资本循环、金融产业运行绩效等内容。

(5) 金融产业发展理论

金融产业发展是指从历史纵向来看,金融产业服务于实体产业的市场范围和经营规模不断扩大,竞争能力、创新能力、盈利能力和风险防控能力不断提高,内部组织结构、产品与服务结构不断改善,从而使金融产业对实体产业的影响不断深化和自身发展具有可持续性的过程。金融产业可持续发展是金融可持续发展的基础，也是金融产业风险长期可控的一种发展状态。追求金融产业可持续发展是金融产业发展的根本目标。因此，从理论上研究金融产业的发展，必然涵盖广泛的内容，具体包括金融产业集聚与扩张、金融产业国际化、金融产业空间布局、金融产业发展战略、金融产业可持续发展。

(6) 金融产业调控理论

金融产业运行的主体是若干具有真正的市场主体地位的相互联系的金融产业组织，金融产业运行的机制是以市场机制为主导。金融具有嫌贫爱富的本性，如果只有市场机制发挥作用，必然会出现市场机制在金融资源配置中失灵的现象，诸如金融资源配置的地区间、产业间失衡，甚至出现脱离实体产业的需要而在虚拟经济系统内空转，从而不断累积金融风险。而在充分发挥市场机制的决定性作用的基础上，同时发挥好政府对金融产业的有效调控作用，无论是对金融产业服务于实体产业，还是对金融产业自身可持续发展和防范风险，都是极其必要的。因此，在金融产业的运行与发展中，必须引入必要的调控机制，协调处理好市场机制与政府调控的关系，建立以市场为基础、政府有效调控为补充的金融产业发展体制机制。因而，金融产业经济学必然需要研究金融产业调控理论，具体研究内容包括金融产业调控目标、调控体系、调控工具、调控机制与调控政策。

(7) 金融产业监管理论

金融产业运行与发展是一把双刃剑，一方面会促进实体产业的发展，但另一方面可能会不断积累金融风险。要促进金融产业在服务实体产业中实现可持续发展，就需要对金融产业的市场准入、业务运行和服务目标进行有效的监管。离开了有效的金融监管，不仅可能导致金融产业偏离服务实体产业的社会责任，而且可能出现金融产业过分追求盈利而冒险配置金融资源，形成大量的高风险金融资产，从而最终引发具有广泛社会影响的金融危机。可见，金融产业发展始终与风险相伴随，但风险是可以预警和防范的，降低金融风险是金融产业发展的基本条件。因此，金融产业经济学也必然需要对金融产业监管理论进行研究，具体内容包括金融产业风险、金融产业监管目标、金融产业监管体系、金融产业监管原则和金融产业监管机制等。

1.3 金融产业经济学的学科规范

要构建一门新学科，就必须遵循一些基本的学科规范。所谓学科规范，指的是构建一门学科所遵循的基本原则和总体要求。学科规范也是学科之间相互区别的重要标志。金融产业经济学隶属于应用经济学范畴的金融产业经济学学科，其构建自然需要遵循以下几个方面的学科规范。

1.3.1 坚持学科的准确定位与研究思路明确的原则

金融产业经济学是哲学社会科学的一个很小的分支，它必然受到哲学社会科学定位与研究对象的制约。哲学社会科学主要研究三个方面的问题（李悦，2007）：一是世界观、人生观、价值观问题；二是理论认识与科学思维问题；三是社会发展规律与社会管理规律的认识与运用问题。而金融产业经济学研究的对象是金融产业，金融产业既不是世界观、人生观、价值观的问题，虽然其发展带有人的价值思维，但它的客观存在是服务于实体经济。它也不是理论认识与科学思维问题。虽然金融产业经济学研究要上升到理论高度，进行科学思维，但它是研究社会经济中客观存在的金融产业，要从实际运行的金融产业中获取素材、总结理论规律，并最终指导金融产业更好的发展。因此，金融产业经济学是从属于哲学社会科学中第三类研究问题的，是揭示与运用金融产业发展规律的学科，属于研究社会经济发展规律的范畴。

同时，金融产业经济学应当有明确的研究思路。在金融分业经营、分业监管的运行体制下，归属于应用经济学的金融产业经济学需要研究的金融产业，涵盖银行、证券、保险和信托与租赁四大产业领域。据此，金融产业经济学的研究主要有以下两种思路可供选择：一是以个性为主、共性为辅，分别对金融产业经济学所涉及的四大领域展开研究，形成银行产业经济学、证券产业经济学、保险产业经济学、信托与租赁产业经济学。这种研究思路导致金融产业经济学构建的工作量十分庞大，任务十分艰巨，并难免出现重复。二是把四大领域的共性内容抽象出来，以共性为主、个性为辅，集中展开研究，形成大类金融产业经济学。这种研究思路可以有效节约时间，同时又能够集中归纳出金融产业发展的共有规律，对于总体把握金融产业发展和优化金融产业功能结构无疑具有重要的意义。比较而言，第二种研究思路更为恰当，它可以使理论更加宽泛，更有利于决策部门从宏观上协调好金融产业内部发展的关系。

1.3.2 坚持马克思主义理论与博采众长相结合原则

构建金融产业经济学需要坚持马克思主义理论的指导。《中共中央关于进一步繁荣发展哲学社会科学的指导意见》（2004）强调指出，哲学社会科学必须坚持马克思主义的指导地位，要用马克思列宁主义、毛泽东思想、邓小平理论、"三个代表"重要思想、"科学发展观"和习近平新时代中国特色社会主义思想统领哲学社会科学的发展。马克思主义经济学特别强调生产关系，特别强调通过体制机制改良去促进生产力发展。金融产业经济学的理论规律最终要指导中国金融产业发展，所以，金融产业经济学的研究需要始终立足中国国情，以马克思主义理论为指导，需要注重从体制机制角度研究金融产业经济学，系统地阐述马克思主义的金融组织理论、金融结构理论、金融资本理论、金融调控理论，为中国金融产业发展的体制机制创新提供科学的理论指导。

同时，构建金融产业经济学还应该采取开放的态度，大胆借鉴西方市场金融理论，博采众长，以我为主，融合提炼，自成一家。西方经济与金融理论以资源配置问题为核心，以追求经济效率为准绳，也在一定程度上注重公平性。而金融资源要素毕竟是稀缺的，客观上需要讲究经济效率，实现投入产出最大化，同时也要照顾到金融资源配置的包容性和金融发展的公平性。因此，只有将西方经济与金融理论与马克思主义理论有机结合起来，兼顾效率与公平，兼顾生产关系与生产力，才能构建起具有中国特色的金融产业经济学，为中国金融产业可持续发展提供科学的理论依据。

1.3.3 必须坚持静态剖析与动态研究相结合的原则

在构建金融产业经济学时，按照金融产业自身运动行程来设计理论体系，排列理论叙述的次序，不仅可以强化各章节之间的逻辑关系，展示各组成部分间的有机联系，而且可以在动态中展现规律，使动态分析与逻辑进程统一在一个完美的体系中（郑林，1991）。当然，这种动态分析必须同一定运行状态下的静态分析相结合，才能够使金融产业经济学的研究更加深化，才能使金融产业经济学学科体系更加丰满。

在进行静态剖析时，可以站在一个历史时点上，对金融运行的结果及其原因进行深入的探究。例如，2008年美国次贷危机的爆发，引发了全球性的金融危机。在金融产业经济学研究中，就需要聚焦危机爆发前后的历史时刻，深入分析金融危机爆发可能产生的蝴蝶效应，以及金融危机爆发的深层次原因和机理。再如，分析金融产业的结构与功能，也需要在静止状态下对某一个时点的金融产业进行考察，不同时点的金融产业结构不同，金融产业的功能可能会有差异。因此，进行金融产业经济学研究，特别需要注重对金融产业做静态剖析。

对金融产业经济学同时需要做动态的规律研究，因为理解金融产业发展规律，不仅要从一个时点看截面规律，也需要从一个完整的历史时期看运行过程的演化规律，从金融产业的历史运行中总结经验教训，为金融产业的未来发展提供可资借鉴的经验教训。例如，货币与金融机构的演化、金融制度的演化，这些动态变化就离不开历史的考察。只有从历史动态视角全面考察金融产业的发展规律，才能为构建金融产业经济学提供丰富的实践材料和坚实的理论规律。

所以，总体来看，在金融产业经济学研究中，静态剖析与动态分析缺一不可，只有将二者有机结合起来，才能构建完美的金融产业经济学理论体系。

1.3.4 务必强化理论研究同政策实践相结合的原则

实践是理论的来源，也是检验理论的重要标准。对金融产业理论的分析和规律的揭示，目的在于制定科学的金融产业政策，在构建金融产业经济学时，应当通过金融产业发展的经济规律同政策理论的有机结合，鲜明地再现金融产业经济学的应用性特点。同时，金融产业经济学必须以我国金融产业发展的实践为基础，以国情为依据，总结我国金融产业发展的经验，并把这些经验条理化、系统化。同时，还应当借鉴国外金融产业发展的经验，以其深刻的教训为镜，使金融产业经济学构建具有鲜明的国际化视野。

在金融产业经济学研究中，理论研究素材应立足于中国实际，大量取自于中国，总结中国金融发展的基本规律。但是中国金融市场化、产业化发展的历史不长，经验不足，仅仅依托中国案例进行理论研究，不可能构建出金融产业经济学；而西方发达国家金融市场化、产业化、法制化发展的历史较长，经验与教训较多。因此，充分考察国外金融产业发展的案例，深刻总结金融产业发展的国际经验和教训，对于构建具有普适性、国际化的金融产业经济学，无疑具有重要的现实意义。

同时，金融产业经济学理论研究的目的，最终是要指导中国金融产业发展实践的。而理论要指导实践，一个重要的渠道是将理论通过政策建议等形式，并通过政府和企业决策部门的采纳和运用转化为政策实践，从而最终体现金融产业经济学所具有的应用性特点。金融产业经济学的生命力在于指导实践。这就要求在金融产业经济学理论研究成熟后，不仅需要将理论研究成果进行普及推广，而且要将金融经济学理论研究成果应用于金融产业实践，促使相关部门发现、分析和解决金融问题，使金融产业始终保持服务于实体产业发展的本色，促进金融产业与实体产业的协调发展。

1.3.5 坚持不与其他学科重复以维护自身特色的原则

与金融产业经济学高度相关的学科有金融经济学、产业经济学等，同时，对应于银行、证券、保险和信托与租赁四大金融领域，分别有商业银行经营学、证券投资学、保险学、信托与租赁学等比较成熟的学科课程。金融产业经济学的研究内容不应与这些学科重复，这是金融产业经济学所应遵循的最基本的学科规范。与此同时，具有中国特色的金融产业经济学需要突出以下几个特点：

一是突出重点。金融产业经济学的核心理论框架由金融产业形成理论、金融产业组织理论、金融产业结构理论、金融产业运行理论、金融产业发展理论、金融产业调控理论及金融产业监管理论等构成。事物的性质是由其主要矛盾和矛盾的主要方面决定的，所以这一学科的研究重点应放在这些理论上，不应与其他学科重复。如金融调控属于中央银行学、金融监管属于金融监管学，应注意彼此的区别和重点。

二是突出宽口径、厚基础原则。为了把金融产业的理论内容研究好，还必须以宏观金融理论为指导。没有宏观理论的指导，就会失去宏观上的检验标准。金融产业本质上属于金融中观层次，但在整体金融产业运行与调控中，需要宏观理论的指导，这样才能实现宽口径、厚基础的要求。

三是突出以社会主义市场经济为立足点。中国特色的金融产业经济学的研究对象是建立在社会主义市场经济基础之上的中国金融产业。如果没有这个立足点，就无法确保金融产业经济学具有中国特色。金融产业经济学的研究，说到底是要借鉴国外金融产业发展的经验教训，来解决中国金融产业发展中的问题，促进中国金融产业的健康发展。所以，即便是对国外金融产业的借鉴，也需要处理好国外共性与中国特色的关系。以对中国金融产业发展有用、实用为基础，是建立金融产业经济学的根本要求。

四是突出科学发展的要求。金融产业经济学中金融产业发展理论的研究，必须体现科学发展的要求，突出"金融产业要在服务实体经济中实现自身可持续发展"的目标。金融产业虽然可以脱离实体产业而独立发展，但实践反复证明，只有服务于实体产业的金融产业发展，才能为社会积累财富，消除经济泡沫和风险。因此，金融产业经济学研究，始终应提倡"金融产业要不遗余力地服务于实体产业"，并贯穿于金融产业经济学理论研究的全过程。

1.4 金融产业经济学研究方法论

研究方法论（research methodology）是指一个学科理论体系构建所采用的研究假设与方法的总称。在一个成熟的学科中，这些研究假设与方法会形成特有的学科研究范式。通常，一个学科的研究范式具体包括研究假设、研究原则、工具或方法等，这些是该学科的研究方法论。目前金融产业经济学还处于发展的初级阶段，属于一门新兴学科，在其发展中还需要广泛借用其他学科的研究方法，并在长期的探索中逐渐形成自己特有的研究范式。

1.4.1 金融产业经济学的研究假设

研究假设是指理论构建中所依赖的假定条件，而这些条件在现实中是客观存在的，不是纯粹人为虚构。金融产业经济学理论体系的逻辑推导需要建立在严格的研究假设基础上，没有这些假设，其理论体系就不可能成立。具体说来，金融产业经济学理论的研究假设主要有以下几方面。

（1）金融企业是理性经济人

所谓理性经济人，是指以利润最大化为目标的经济主体。这既是传统西方经济学理论推导的逻辑假设，也是金融产业经济学研究必须依赖的假设条件。金融产业经济学研究是建立在市场金融制度框架中的，市场金融制度中金融主体的显著特征是追求自身利益最大化，而这一目标需要在服务于实体经济中去实现。在金融产业经济学中，对金融产业组织的形成、运行及其市场行为等的研究，实际上都是建立在这个研究假设基础之上的。离开了这个假设，金融产业经济学理论研究就缺少了必要的逻辑起点。

（2）金融资源是稀缺的

金融资源既是实体产业竞相争取的战略性资源，也是金融产业发展的基础。如果金融资源是取之不尽、用之不竭的，那么金融资源就如同大海里的海水一样，不需要对金融资源的开发与配置进行研究，也就没有必要建立金融产业经济学了。尽管一些金融资源可以再生，但在既定的时空范围内，金融资源的稀缺性是客观存在的。正因为如此，才决定了金融产业组织在金融资源配置中必须做出科学的决策，而金融产业经济学的理论研究也正是建立在"金融资源是稀缺的"这一假定基础之上的。

（3）金融产业组织的决策是独立的

在促进金融产业的健康发展中，金融产业组织的决策独立和利益独立至关重要。如果决策不独立，金融产业组织就无法对市场信号变化做出灵敏的反应；如果利益不独立，金融产业组织就不会关心市场获利机会，也就不会在市场上采取必要的资源配置行为。因此，要研究金融产业经济学，就必须假定所有的金融产业组织是决策独立的，利益也是独立的，只有这样，才能客观、准确地探寻金融产业组织的行为规律、运行规律和市场绩效。

1.4.2 金融产业经济学的研究范式

所谓研究范式（research paradigm），是指某学科研究所依赖的比较固定的哲学基础与思维定势。学科研究范式的形成是一门学科走向成熟的重要标志，它需要长时间的研究积累。尽管金融产业经济学还处于发展的初级阶段，还没有形成特定的研究范式，但是，它所依赖的哲学基础和研究路径仍然是十分明确的。

（1）金融产业经济学的哲学基础

金融产业经济学的构建，是在总结西方发达国家金融产业发展的实践，并结合中国金融产业化发展的实际基础上进行理论研究的，因而金融产业经济学研究，应坚持马克思主义的哲学思想，用辩证法与唯物史观对金融产业的形成与发展进行研究。例如，研究市场机制与政府机制在金融产业发展中的作用时，就需要运用辩证法思维，一分为二地看待市场机制和政府机制的作用，它们既有优点，也有缺陷，既不能全面肯定，也不能全面否定。同样，在金融产业发展目标上，效率与公平是对立统一的辩证关系，此时，需要用矛盾论的观点和方法来对待金融产业发展的目标。为了实体产业的健康发展，金融产业在追求目标价值取向时就不能只顾及某一方，金融产业在追求效率目标时必须兼顾一定的社会公平性，积极承担一定的社会责任，主动调节金融资源在实体产业间的配置结构，否则就会制约金融产业的可持续发展。此外，金融产业的形成也不是一蹴而就的，需要经过漫长的思维转变和战略转型过程，这就需要在历史唯物主义基础之上进行历史的考察和分析，而不能用现实的背景材料来佐证历史规律。同时，金融产业经济学又是一门理论性、实证性、应用性很强的学科，研究有中国特色的金融产业经济学，也要吸收西方先进的方法论哲学观，包括规范主义、实证主义和实用主义的哲学思想。规范主义是关于条件、状况、事物、行为的"好"与"坏"的认识的一种哲学主张，是价值性知识和规则性知识创造的理论基础。在金融产业经济学中，金融产业应该始终服务于实体产业，还是可以脱离实体产业而独立发展？金融产业运行绩效怎样？如何促进金融产业可持续发展？等等。对这些问题的回答，都需要在规范主义基础上进行客观判断。实证主义哲学认为，只有通过观察和计量所获得的知识，或被数据和事实所证明的知识才是可信赖的，逻辑实证主义信奉事实的逻辑延伸。它强调用数据和事实说话，因而特别强调实证性知识的重要性。金融产业经济学虽然主要是进行理论研究的，但作为一门学科，也必须对相关理论进行经验证据印证，防止理论与事实和实践完全脱节。同时，坚持用大量事实、数据、案例进行印证，既成的金融产业经济学理论也需要接受未来的证实或证伪检验，从而不断推陈出新，促进金融产业经济学理论不断向前发展。因而，金融产业经济学研究同样需要实证主义的指导，并进行必要的实证研究。实用主义哲学强调决策的实用性，认为只有解决实际问题的理论与决策才是有价值的。它重视对规则性知识的研究，认为知识的创造和形成要有助于解决现实问题。金融产业经济学要研究金融产业发展政策。金融产业发展战略与政策构想的生命力体现在实践过程中,要能解决实际问题,因而金融产业制度、战略与政策研究更需要接受实用性检验。可见,金融产业经济学研究需要广阔的哲学视野,这样才能形成更为科学的研究范式。

(2) 金融产业经济学的研究路径

构建金融产业经济学需要坚持的研究路径,第一是公理假设—发现问题—逻辑推论—建立解决问题的概念框架。金融产业经济学研究可以根据实证研究所发现的金融产业发展问题,借鉴产业经济学和金融经济学等多学科的研究工具和方法,从金融产业的公理假设出发,依据金融产业经济学学科的逻辑,研究问题的起因和影响因素,并构建相应的模型和理论体系,以得到解释和解决这些问题的途径。这个研究逻辑体现了应用经济学的一般思维,那就是"归纳现实,从特殊到一般提出理论;再演绎一般原则,从一般到特殊来验证理论",这个思维定势遵循了"发现问题—提出问题—分析问题—解决问题—验证解答"的逻辑过程。例如,在金融产业危机理论研究中,依据金融产业组织是理性经济人的假设,推导出其一味地将资本从效益低的项目向具有高风险的项目盲目转移,从而推出危机形成的原因和抑制这种行为的措施,就是这种研究逻辑的直接体现。第二是规范研究与实证研究相结合。规范研究回答"事物是什么""为什么那样""应该怎么样",带有研究者个人的价值判断。在金融产业经济学研究中概念的界定,金融产业运行与发展的原理分析,金融产业发展政策的提出等,都属于规范研究问题。这就是说,规范研究能够很好地解答金融产业组织、金融产业结构、金融产业政策的缘由和运行机理等金融产业经济学的理论问题。实证研究回答"事物如何那样"的问题,需要用事实和证据来证实或证伪理论。在金融产业经济学中,金融产业是如何形成的?金融产业是如何运行的?等等,就属于实证研究问题。实证研究能够很好地解答金融产业组织、结构与政策的实际运行绩效和风险评判等问题。如果只坚持运用规范而不结合实证或者以相反的范式来进行研究,就必然会导致金融产业经济学理论与政策实践的严重脱节,金融产业经济学的建立就无用武之地,也就毫无价值可言。所以,金融产业经济学研究必须坚持规范研究与实证研究相结合的原则。第三是定量分析与定性分析相统一。定量研究是用统计、计量、数据、模型等工具对社会经济现象运行的平均趋势进行研究，使人们能精确地理解和把握社会经济的运行规律。定性研究则是运用规范性的术语对社会经济现象进行一般性、概括性、本质性的研究，使人们能从中把握社会经济运行的本质特征。在金融产业经济学研究中，要精确地揭示金融产业的运行现状、绩效和风险等，就需要进行定量研究。对金融产业经济学的概念体系进行界定，对金融产业形成、运行、调控与监管的基本原理进行研究，并设计政策框架，这就需要进行定性分析。可见，金融产业经济学的研究只有坚持定量研究与定性研究的有机统一，才能够实现既定的学科建设目标。

1.4.3 金融产业经济学的研究方法

金融产业经济学可以从其他学科中借用并最终形成自己成熟的研究方法。这里仅列举几种常用的研究方法。

(1) 逻辑与数理推演法

逻辑分析法包括归纳推理与演绎推理。归纳推理是指从样本推断到总体特征，再到结论的逻辑思路。例如，如果观察到足够数量的样本商业银行，它们的资产质量都很低，那么就可以推断出总体商业银行所面临的信用风险都很高，这就是归纳推理。演绎推理是指从总体演绎样本，最后得出结论。例如，我们普遍感觉到微型企业融资困难，然后观察足够多的微型企业，发现融资都是困难的，最后就可得出"微型企业融资难的问题十分突出"的结论，这就是演绎推理。数理推演就是用严密的数学公式和经济逻辑，推导出金融产业运行与发展的基本规律，这种推演在经济学理论研究中十分常见。金融产业经济学的理论研究需要借助严密的逻辑推导。例如，从社会分工角度推导金融产业的形成，就需要借助演绎逻辑；研究金融产业组织的市场行为、结构、绩效等，就需要借用归纳逻辑；研究金融产业对实体经济的影响，就需要借助数理逻辑。因此，逻辑与数理推演法是金融产业经济学研究最基本的方法。

(2) 结构与功能分析法

结构与功能分析法是指从事物的内部要素构成结构角度，解释事物要素结构不同的功能，从而认清事物运行的本质属性的研究方法。例如，金融产业结构包括银行、证券、保险、信托与租赁产业，要分析为什么会形成四足鼎立的局面，不仅可以从分业经营、分业监管的体制要求来解释，还可以从金融结构与功能角度加以解释，通过分别解释银行、证券、保险、信托与租赁等产业的功能属性，证实四大产业结构存在的充分理由。这既是经济学常用的理论研究方法，也是金融产业经济学理论研究不可或缺的研究方法。

（3）本质特性分析法

本质特性分析法是指从事物运行的本质特性去解释事物存在理由的研究方法（林毅夫，2001）。例如，在金融产业经济学中，分析发展中国家为什么要大力发展中小银行，就需要运用本质特性研究方法，从中小银行的本质特性方面探寻中小银行发展的理由。利用本质特性方法，可以这样解释：因为在发展中国家的实体产业结构中，中小企业占了绝大多数，大企业毕竟只是少数，按照对等服务和"三性"经营原则，大银行基本只服务于大中型企业，小银行对等服务于小微企业。发展中国家小微企业之所以融资难，是因为小微企业金融服务主体——小银行缺失。所以，发展中国家要解决好小微企业融资问题，就需要大力发展中小银行，促进微型金融的发展。这实质上就是"经济结构决定金融结构"的本质体现，各种金融主体的存在都对应着自身的市场结构。所以，像这样通过事物的本质去解释事物的表象和原因，就是本质特性分析法。它在金融产业经济学理论研究中的应用十分广泛。

（4）"结构—行为—绩效"分析法

20世纪60年代，由贝恩（Joe Bain）、梅森（Edward Mason）、谢勒（Scherer）等经济学家发展的"结构（Structure）—行为（Conduct）—绩效（Performance）"分析方法，一直是产业经济学研究的最基本方法，在分析产业组织结构中得到普遍运用。该研究方法的基本观点是，市场结构决定市场中企业的行为，企业行为又决定着市场绩效的各个方面。后来，美国许多具体行业的实证研究和政府、国会的产业组织政策制定，都毫无例外地受到这一范式及其衍生模型的直接影响。从历史来看，"结构—行为—绩效"分析方法特别注重从经验观察中获取结论和命题，强调经验性的产业研究。但是，这一方法基本上依据松散的经济理论来研究线性的非常简单的"结构—行为—绩效"因果关系，而事实上，现实中的"结构—行为—绩效"因果关系远比线性关系更为复杂，在一定的需求和技术条件下，结构和行为相互决定，结构影响行为，行为（如策略性行为）也影响结构，结构和行为共同决定绩效，销售努力也是行为要素，绩效对技术和结构会产生反馈影响。动态效率创造了有效的技术。获利能力决定进入市场的吸引力大小，对市场结构具有动态效应（刘志彪、石奇，2003）。因此，"结构—行为—绩效"关系可能在大多数情形下表现为非线性关系。而在金融产业经济学研究中，金融产业组织的行为与绩效是在服务实体产业中实现的，它不仅受自身的组织结构和行为的影响，而且受到实体产业组织结构与行为绩效的影响，因而，金融产业组织的"结构—行为—绩效"因果关系可能更多的是非线性关系。同时，金融产业与实体产业具有高度的相关性和相互依存性，所以，金融产业经济学的理论研究同样可以借鉴产业经济学的"结构—行为—绩效"分析法，对金融产业组织的结构、行为和绩效之间复杂的因果关系，从简单的线性关系到非线性关系进行试探性的研究，从而达到对金融产业"结构—行为—绩效"的科学认识。

（5）环境分析法

又称PESTEL分析模型，是分析宏观环境的有效工具，它不仅能够分析外部环境，而且能够识别一切对组织有冲击作用的力量，是调查组织外部影响因素的有效方法。其每一个字母都代表一个因素，分别为政治因素（Political）、经济因素（Economical）、社会因素（Social）、技术因素（Technological）、环境因素（Environmental）和法律因素（Legal）。金融产业具有广泛的外部性，其影响远超实体产业，是国家经济安全、金融安全的重要组成部分。因而政治、经济、社会、环境和法律因素中的任何一个因素发生变化，都会对金融产业的形成、演化和发展产生重要的影响。所以，在金融产业形成、金融产业运行、金融产业发展的理论研究中，无不需要从政治、经济、社会、环境和法律等因素方面探究相关的作用机理及可能的应对策略。同时，基于金融产业系统及其外部环境的复杂性，将PESTEL分析模型和复杂的系统理论相结合，可以研究开放经济条件下的金融产业集聚、扩张与资本良性循环规律及条件。所以，环境分析法也是金融产业经济学研究的基本方法。

（6）其他研究方法

构建金融产业经济学是一项复杂的系统工程，除了上述研究方法外，还需要采用案例研究法、比较研究法、统计分析法、计量研究法等实证研究方法，甚至还可能需要借鉴博弈论、心理学、行为学、系统科学和生命科学等研究方法，这样才能构建起金融产业经济学的理论体系。因此，在金融产业经济学研究中，需要研究者在研究方法上博采众长，学习、借鉴和创新使用多种研究方法。

第 2 章　金融产业经济学的理论基础

任何重大的理论创新,都必须建立在前人研究的基础之上,离开前人研究的基础,创新往往难以实现。要全面、系统、深入地研究金融产业经济学的相关问题,就必须梳理金融产业经济学发展的相关研究基础。基于研究的实际需要,本章拟从金融经济学、产业经济学、管理经济学、空间经济学和数理经济学等视角着手,探究金融产业经济学的理论基础。对于理论基础的每一个组成部分,本章力求从其产生与发展、中国化及其在金融产业经济学中的运用三个方面展开。充分考虑到不同学科发展历史的差异及其引进中国时间的长短,本章在实际论述过程中,会根据文献资料的可得性有侧重地阐述金融产业经济学的理论基础。

2.1　金融产业经济学的金融经济学基础

对于什么是金融经济学,从现有文献资料来看,国内外学者的意见存在着较大的差异。比如,在西方金融学的整个教学体系中,金融经济学就可以很显然地分为广义金融经济学和狭义金融经济学。前者包括的内容极为丰富,主要有高级资本市场理论和高级公司财务理论,甚至以侧重方法论为主的数理金融学、金融市场计量经济学等也可以纳入广义金融经济学范畴内;与前者不同的是,后者包括的内容较为狭窄,仅以探讨如何建立适应金融市场的均衡机制为核心内容。与国外学者不同的是,国内学者如孙立坚(2004)就认为,所谓的金融经济学是研究金融资源如何有效配置的科学。无论国内外学者对于金融经济学概念的理解存在什么样的差异,都不排斥金融经济学的产生并非一蹴而就的这一事实。

2.1.1 金融经济学的产生与发展

作为经济学的一个独立分支,金融经济学是货币经济学发展到一定阶段的必然产物,是从理论的高度深入具体地研究金融与经济之间关系的一门科学,是学者在紧密结合金融市场发展实际的基础上开展的一系列研究,并以这些研究成果为基础所形成的相关理论体系。

第一,20世纪50年代以前:金融经济学的启蒙时期。在金融经济学的启蒙时期(1950年以前),以 Crammer(1728)和 Bernoulli(1738)为代表的学者对不确定性条件下的行为决策进行了研究,其结论与主流经济学所努力证明的只要给予适当的初始条件,则能够准确预言未来的论断是相违背的(王江,2006)。① 尽管如此,他们的研究仍具有很强的前瞻性,为后续研究夯实了基础。随后,Bachelier(1900)重点对股票价格波动的随机过程进行了深入研究,并将股票价格的变化描述为布朗运动。Fisher(1930)提出了著名的费雪分离定理,认为对公司而言,公司追求的目标是现值的最大化,而与所有者的个人偏好无关,换句话来说,公司可以交由其他人来管理,公司的所有权和经营权是可以分离的;Keynes(1936)提出了著名的流动性偏好理论,解释了人们持币的需求原因。Von Neumann-Morgenstern(1944)提出了著名的期望效用函数理论,该理论的重要贡献是奠定了复杂条件下(不确定环境下)经济活动参与者的偏好及其效用函数的基本理论体系。

第二,20世纪50—60年代:金融经济学的奠基时代。在金融经济学的奠基时期,学者的研究成果极为丰硕。比如,Markowitz(1952)在限制卖空和没有风险借贷的假设下,提出了"均值—方差组合模型",并以组合的期望均值和方差作为投资组合选择的标准。Arrow and Debreu(1954)证明了一般经济均衡的存在问题,即一般经济均衡存在定理,这直接丰富了一般经济均衡问题的研究,使得数学模型更贴近现实。Tobin(1958)提出了著名的"Tobin 分离定理",该定理说的是任何一种有效证券组合都是由无风险资产和有风险资产共同组成的。该定理为 CAPM 模型的直接建立奠定了基础。Modigliani and Miller(1958)基于无套利假设,首次研究

---

① 由于时间久远,Crammer(1728)、Bernoulli(1738)的原著无法查找到,此处文献转引自王江《金融经济学》(中国人民大学出版社2006年版)。

了"公司的财务政策是否会影响公司价值的问题",并以此为基础,提出了著名的 MM 定理,认为在完善的资本市场条件下,企业的资本结构与企业价值之间是没有关系的。也就是说,在完善的资本市场条件下,企业选择什么样的资本结构都不会对企业的市场价值产生影响。该研究可以说是开创了现代公司金融理论的先河,在很大程度上直接奠定了资本市场套利均衡和套利定价分析方法的基础。Debreu(1959)、Arrow(1964)分别将一般均衡分析模型推广应用到不确定性经济中,为金融理论的发展提供了更广阔的视野。Sharpe(1964)、Lintner(1965)、Mossin(1966)等的研究成果直接导致 CAPM 模型的提出,为现代资产定价理论的形成奠定了坚实的基础。该模型假设:(1)投资者对某资产组合的评价以某时间段内该组合的预期收益率和标准差为标准;(2)投资者是理性经济人;(3)投资者的资产持有期相同;(4)资本市场是完全的;(5)资产是无限可分的;(6)投资者的预期是相同的。在这些假设的基础上,可以认为,当资本市场处于均衡状态时,所有风险资产的预期收益率与市场风险呈线性函数关系。也就是说,所有风险资产的预期收益率与一个共同因素的风险之间存在线性相关关系。Samuelson(1965)、Fama(1965)提出了有效资本市场假说(EMH),认为有效金融市场是证券价格能够充分反映可获得信息变化影响的市场,依据反映程度的强弱,有效市场可以划分为三类,分别是弱势有效市场、半强势有效市场和强势有效市场。

第三,20 世纪 70 年代:金融经济学的快速发展和形成时期。随着时代的发展,世界金融经济形势发生了显著的变化,直接促进了金融经济学理论的发展。在这一时期,学者的研究更贴近实际,研究成果也极为丰富。比如,Black、Fisher、Scholes(1973)、Merton(1973)的期权定价理论,直接奠定了现代衍生金融工具和公司债券定价的理论基础。与以往的研究相比,他们的研究避免了以往学者在研究此类问题时,过于倚重对未来股票价格概率分布和投资者风险偏好的依赖,转而直接采用标的股票和无风险资产构造的投资组合的收益来复制期权收益,在无套利条件下,可以将复制的期权价格等同于购买投资组合的成本。进一步讲,好的期权价格更多地依赖于股票价格的波动状况、无风险利率、期权到期时间、执行价格、股票时价等,很显然,他们的研究更为贴近实际(吴恒煜,2002)。Ross(1976)的套利定价理论(即 APT 理论)直接克服了以往 CAPM 中模型检验的局限性问题。该理论的核心观点是，在均衡市场中，不存在套利的机会，或者说，在均衡市场中，投资者不可能获取无风险利润；套利定价理论的本质逻辑在于，套利之所以在均衡市场中不存在，主要是因为理性的投资者必然会要求具有相同的因素敏感性的证券或组合有着相同的预期收益，反之，套利机会就会存在，投资者将利用这些机会，使之最终消失。此外，Black（1972）的"零 βCAPM"，Rubinstein（1974，1975）、Kraus and Litzenberger（1976）的离散时间CAPM进一步发展了CAPM模型；Harrison and Kreps（1979）发展的证券定价鞅理论进一步丰富了EMH检验；Grossman and Stiglitz（1980）基于信息不对称问题提出的关于EMH的"悖论"，首次将信息不对称问题引入经典金融理论的分析框架之中；Jensen and Meckling（1976）、Myers（1984）、Ross（1977）、Leland and Pyle（1977）等在现代代理理论和信息经济学框架条件下发展了公司金融理论。

第四，20世纪80年代至今：金融经济学的"百花齐放"时期。20世纪80年代以来，随着经济社会的不断发展，现代金融理论也快速成长，在此过程中，金融经济学的研究进一步深入。从现有的理论来看，学者的研究主要体现在利率的期限结构理论、金融契约理论和证券设计理论、金融中介理论、资本市场理论、行为金融理论、法与金融理论、证券市场的微观结构理论等方面。这些与前期的研究相比，不仅内容更为丰富，而且所涵盖的范围也更广泛，跨学科研究不断增多。可以这样说，随着时代的发展，金融经济学不再仅仅局限于狭义金融经济学的研究范围，而是逐步朝着更为广义的金融经济学方向发展，逐步呈现出向其他学科渗透发展的态势，凡是能够用来科学地解决金融资源有效配置的理论、方法都逐步成为金融经济学借鉴、吸收和转化利用的资源，金融经济学的发展步入"百花齐放"时期。

2.1.2 金融经济学的中国化状况

1986年10月，钱学森在中国金融学会召开的第一次关于建立金融经济学会议上提出，要创立具有中国特色的金融经济学。钱学森认为，金融经济学属于基础科学，把金融经济学与政治经济学、生产力经济学放在同一层次，归结为金融、生产关系、生产力三大基础理论学科。此外，钱学森还认为，要通过科学有效的方式配置生产要素，促进地区经济发展，需要尝试发挥金融经济学的作用，将金融经济学的发展与解决不发达地区经济发展问题紧密相连。钱学森的倡议受到了我国金融学界的高度重视。1986年以后，我国对金融经济学进行了大量的研究工作。比如，在研究方法方面，将国外的客观经济分析方法引入货币银行学中，扩充传统的货币金融学的内容；在教材的撰写方面，相关学术专著开始出现（汪祖杰，1997）。

进入新世纪，随着中国经济金融市场的发展，金融经济学的研究成果越来越丰硕，曾康霖教授（2002）和陆家骝教授（2007）就在此方面做出了重要贡献。曾康霖教授（2002）以金融与经济的基本关系为研究对象，不仅研究了两者运行的互动机理，而且将金融业作为国民经济的一个产业进行考察，研究其作为经济重要组成部分的运行规律。与曾康霖教授（2002）不同的是，陆家骝教授（2007）以法玛的有效市场理论为中心线索，以传统金融经济学理论为起点，通过逐步放松传统金融理论中的假设，全面系统地介绍了现代金融经济学的重要脉络。此外，陈伟忠（2008）、张顺明和赵华（2010）、史永东（2012）、马孝先（2014）也都在紧密结合中国整体金融经济发展态势的基础上，充分借鉴国外学者最新的金融经济学理论，积极探索适合中国国情的金融经济学学科发展体系，并对金融经济学发展中的主要问题进行了全面系统的介绍。

2.1.3　金融经济学相关理论的运用

前一章的分析已经表明，金融产业经济学所要研究的理论体系主要包括这几个方面的内容：金融产业的组织理论、金融产业的结构理论、金融产业的形成理论、金融产业的运行理论、金融产业的发展理论、金融产业的调控理论及监管理论。上文对于金融经济学的基本理论和主要内容已经做了介绍。很显然，作为金融产业经济学的重要理论基础，现代意义上金融经济学的基础理论是可以在金融产业经济学中广泛使用的，甚至可以说，金融经济学的基础理论在金融产业经济学领域中将得到进一步发展。譬如，金融经济学中关于资产定价的相关理论知识，可以直接用来分析金融产业形成理论，也可以用于分析金融产业运行等方面的相关理论。再比如，金融经济学关于金融市场均衡机制的研究，可以为金融产业调控分析提供理论基础。此外，金融经济学的其他理论知识也将在很大程度上为金融产业经济学的发展夯实基础。从某种意义上可以这样说：金融经济学是从微观层面解决单个金融组织的发展问题，而金融产业经济学则是从相对宏观的角度探究金融产业发展的问题；单个金融组织发展的问题解决好了，就为整个金融产业群体问题的有效解决提供了基础条件，两者是密不可分的，前者是后者的基础。

2.2 金融产业经济学的产业经济学基础

作为一门比较成熟的学科，产业经济学在西方的研究已有近200年的历史，早在1890年，马歇尔就在其《经济学原理》中引入产业组织的概念，并指出其研究方向；从总体上看，学者对产业经济学基本问题的意见较为一致，绝大多数都认为产业经济学是应用经济学的新兴学科之一，其研究的侧重点是微观经济主体（如产业组织）直接参与市场交易和市场组织的行为理论。在产业经济学的理论体系中，产业组织理论是最核心的理论。

2.2.1 产业经济学的产生与发展

从史学的角度来看，一般都认为，马歇尔1890年的《经济学原理》是产业经济学的理论源头；20世纪20年代张百伦（Chamberlin）、罗宾逊（J. Robinson）等提出了著名的"垄断竞争理论"，这直接为后来的产业经济学研究提供了分析的理论基础，他们被认为是产业组织理论的先驱者；当然，有效竞争理论（Clark，1940）也对产业经济学的发展产生了重要的影响（马广奇，2000）。尽管如此，学术界还是较为一致地认为，真正意义上的产业经济学起源于美国，作为理论体系产生的时间是20世纪30年代，并随着经济社会的发展而不断发展，在此过程中，逐步形成了各具特色的产业经济学理论。

第一，哈佛学派的产业组织理论，即"市场结构（structure）—市场行为（conduct）—市场绩效（performance）"范式（通常又被称为SCP范式）。SCP范式的形成经历了两个阶段。第一阶段的代表作是Bain（1959）的《产业组织论》，该著作率先提出了"结构（structure）—绩效（performance)"范式,这标志着产业组织理论的基本形成。第二阶段的代表作是 Scherer and Ross(1970)的《产业市场结构与市场绩效》,该著作完整地提出了"结构(structure)—行为(conduct)—绩效(performance)"范式。在 SCP 范式中,市场结构可以看作直接决定市场行为和市场绩效的重要因素,其分析套路是市场结构决定着企业的市场行为,反过来,企业的市场行为又在很大程度上决定着市场绩效。因此,处于高集中度行业的企业通常会采取人为设置障碍、提高价格的方式获取更多的垄断利润。行业集中度高的企业往往会通过提高价格、设置人为障碍的方式,谋取更多的垄断利润。很显然,这会在一定程度上直接阻碍技术的进步和社会的发展,甚至在某些条件下会直接造成资源的浪费。因此,要想获得理想的市场绩效,最重要的手段就是通过制定和实施合理的公共政策对市场结构进行调整,最大限度地限制市场垄断力量的发展,从而杜绝资源浪费行为的发生,确保市场不同企业间的适度竞争。通过分析不难看出,哈佛学派的理论属于经验性研究,主张政府干预产业组织的发展,缺乏明确的理论基础和系统分析。作为哈佛学派产业组织理论的核心,SCP 范式标志着产业组织理论体系的初步成熟。也正是从这一时期起,产业经济学逐步成为一门相对独立的应用经济学学科。

第二,新产业组织理论。哈佛学派的 SCP 范式自创立以来,一方面不断得到进一步的发展,另一方面也面临着来自外界的批判。以此为基础,产业经济学的后续发展就分为两块:一块是继续沿袭原有 SCP 范式并逐步发展形成的"新产业组织理论",另一块是以芝加哥学派为首的产业组织理论学派,该学派注重对 SCP 范式的修订和补充。在研究内容方面,新产业组织理论不仅重视对市场上企业行为进行分析,还尝试不同学科知识的融合,积极探索将产业组织理论与新古典微观经济学结合起来研究现实问题,特别强调对经济福利问题的研究;在研究的方法方面,为突破传统 SCP 范式的检验性分析,新产业组织理论重视借鉴数理分析的思路,尝试运用数学方法和博弈方法来研究企业行为。在实际研究的过程中,新产业组织理论高度重视对企业行为的研究,甚至直接将市场的初始条件和企业的行为看作一种外生变量,而市场的具体结构则被看作内生变量,并且彼此之间是不存在反馈线路的(洪银兴,1998)。总体来看,新产业组织理论并没有完全脱离 SCP 的分析范式,只是更为强调通过对研究内容、研究方法等方面的补充修订完善SCP范式。

第三，芝加哥学派的产业组织理论。对哈佛学派的SCP范式，芝加哥学派更为注重从理论上进行分析。通过对"结构（structure）—行为（conduct）—绩效（performance）"范式的分析，芝加哥学派认为基础假定应该是价格理论，而不是其他的理论，其主要理论思想范式是竞争性均衡模型，强调市场的竞争效率。基于长期竞争效率的视角，芝加哥学派认为通过长期的竞争，市场能够达到效率水平状态，高集中度的产业必然带来高垄断利润，并认为政府无须对市场进行干预。总体上看，芝加哥学派沿袭了弗里德曼自由主义的传统，特别强调市场长期竞争的效率，这在很大程度上拓展了"结构（structure）—行为（conduct）—绩效（performance）"的分析视野，并且认为结构、行为、绩效之间不存在线性相关关系。当然，对于这三者之间的关系芝加哥学派也未给出令人信服的科学检验。

第四，新制度经济学派的产业组织理论，即"后SCP"流派。与以往的学派不同的是，新制度经济学派的产业组织理论，不仅仅关注宏观市场的发展，更为注重对企业内部的研究。可以这样说，新制度经济学派的产业组织理论，首次将产业组织的内部作为研究的重点，将研究的视角介入组织内部，从产业的企业内部诸如产权结构形式、组织结构形式等角度研究企业的行为及其对市场绩效的影响。实际上，从更为微观的视角来看，不同企业的产权结构、组织结构必然会对企业的行为产生影响，也会对企业的整体市场绩效产生影响，这是以往研究所忽视的。尽管新制度经济学派的分析更为注重对微观企业的研究，但是，研究的范式依旧基本上遵循着"结构（structure）—行为（conduct）—绩效（performance）"逻辑，因此，制度经济学派的产业组织理论也被称为"后SCP"流派。

此外，近些年来，行为不确定性和不完全信息问题、政府官员的行为问题、信息时代的产业结构问题等都已经成为现代西方产业组织理论新的研究领域。在实际研究过程中，产业组织理论的发展或者说产业经济学学科的发展，都离不开经济社会发展的现实土壤，现实情况的变化必然会推动产业经济学的进一步发展。以不完全信息为例，在激烈的市场经济竞争中，任何企业都不可能获取充分的信息，更不可能在完全了解竞争者真实情况的基础上决定自己的生产经营行为，不完全信息必然会导致不同的企业根据自身实际情况决定生产经营策略。

2.2.2 产业经济学的中国化状况

在西方产业组织理论的影响下，特别是改革开放以来我国经济的持续高速增长，产业组织理论已经成为我国学者的重点研究对象。根据其研究特点及时代背景的不同，可以将我国的产业组织理论划分为三个阶段：第一个阶段为 20 世纪 80 年代；第二个阶段为 20 世纪 90 年代；第三个阶段为 2001 年至今。第一阶段的产业组织理论主要表现为对国外大量原版著作的翻译与引进，这一时期，国内外的经典产业组织理论著作基本上都被翻译为中文，这为我国整个产业组织理论的发展提供了理论支撑。与第一阶段不同的是，第二阶段的产业组织理论发展不仅表现为大量引进西方产业组织理论，还表现在国内学者对中国大量现实问题的研究方面。

与前两个阶段不同的是，第三阶段特别是近些年来，国内学者对产业组织理论的研究呈现出全方位、多角度的视角。在对具体产业组织的研究方面，纪成君和刘宏超（2002）、刘宏杰（2005）、支燕和刘秉镰（2007）及洪银兴和郑江淮（2009）分别对煤炭产业组织、糖果产业组织、物流产业组织和农业产业组织进行了研究，认为任何产业组织的发展都需要与经济发展状况相适应，以更快更好地促进经济发展为目标，脱离现实的产业组织发展是不会成功的。在对产业组织及其制度绩效的研究方面，罗必良（2005）构建了一个由"产权结构→计量能力→环境特性→经济绩效"为分析路径的经济学模型，并将此模型用于分析农业产业组织，认为农业产业组织的经济绩效，不仅取决于组织内部的制度安排，还取决于组织制度安排与环境的相容性等因素；邵全权和陈月（2009）以中国财险产业组织的保险保障基金制度为例展开研究，认为中国财险业的市场结构与竞争行为是正相关的，市场结构与绩效是正相关的，竞争行为与绩效是负相关的；保险保障基金提取额与市场结构是正相关的，与竞争行为是正相关的，与绩效是负相关的。在对产业组织范式拓展的研究方面，杜传忠（2004）研究了新经济条件（经济全球化与网络经济）下的产业组织合作范式及其启示，认为中国产业结构的调整需要做好三个方面的工作，即加强与跨国公司之间的全方位合作、努力切入国际产业分工体系并实现广泛的产业分工协作、注重国内企业之间的合作并建立有效的战略联盟；李晓义和李建标（2007）对产业组织理论的实验研究范式进行了介绍；李海舰和魏恒（2007）、燕红忠和席晓军（2008）则重点研究了产业组织的模块化问题。在产业组织的案例分析方面，骆品亮和王安宇（2001）以微软为案例，分析了垄断与垄断链所导致的社会成本，探讨垄断性市场结构对技术创新的破坏问题等。此外，胡立君和石军伟（2005）研究了产业结构与产业组织间的互动关系，认为产业组织政策是产业结构变化的工具和内在动力，且产业结构政策是产业组织演化的向导和外部拉力。

2.2.3 产业经济学相关理论的运用

前一章已经对金融产业经济学的概念内涵进行了全面系统的分析，对金融产业经济学所要研究的主要内容也进行了阐述；在结合本节对产业经济学相关理论知识进行介绍的前提条件下，不难发现，产业经济学与金融产业经济学是紧密相关的，产业经济学的理论能够被广泛应用于金融产业经济学中。以产业经济学中的产业组织理论为例，产业经济学是以真实的产业组织为研究对象，全面、系统地探究产业组织发展的方方面面；而金融产业经济学则与之不同，更多的是以虚拟经济部门的企业和市场为研究对象，主要探究金融产业的组织形成、金融产业组织的规模经济、金融产业组织之间的竞争关系、金融产业组织调控与监管政策。很显然，产业经济学对于产业组织的研究，可以为金融产业经济学的研究夯实基础。作为产业组织的重要组成部分，金融产业经济学对金融产业组织的研究必须借鉴产业经济学对产业组织研究的成果。从某种意义上可以这样说，金融产业经济学本身就是产业经济学理论知识在金融领域的具体运用，金融产业经济学的发展是产业经济学深入发展的重要表现形式，产业经济学的相关理论是金融产业经济学发展的重要基石。

2.3 金融产业经济学的管理经济学基础

作为一门年轻的学科，管理经济学是第二次世界大战以后才在西方国家主要是美国逐步发展起来的。作为新兴经济学的分支学科，管理经济学是以综合运用现代经济学的方法和技术去解决企业具体的经营管理决策问题的学科。也就是说，管理经济学的学科基础既有经济学，也有管理学，是这两门学科基本理论、基本知识的融合运用，是经济学各种知识在解决企业管理方面的综合运用。

2.3.1 管理经济学的产生与发展

管理经济学是经济学基本理论和基本知识在企业管理领域的综合运用，因此，要追溯真正意义上的管理经济学的起源显然存在着困难。在此，本专著沿袭赵国杰和钟瑛（1999）等人的分析思路，将1951年Dean的《管理经济学》著作的问世看作管理经济学学科诞生的重要标志。随后，美国学者还出版了一系列有代表性的经典著作，比如，帕斯和布里格姆的《管理经济学》、海因斯的《管理经济学：分析和案例》、特鲁特夫妇的《现代美国管理经济学》等。①

尽管学者出版了不同的管理经济学类著作，但是，他们对于这门科学的研究对象和研究内容的看法则是大同小异的。从总体上说，有学者认为应该采用管理学的基本理论和运筹学的方法来解释管理经济学学科中的基本问题，也有学者认为所谓的管理经济学就是实用性的微观经济学，甚至有学者认为管理经济学无非为企业决策提供的基本思路等。尽管如此，学者仍然认为，所谓的管理经济学，就是经济学理论和方法在企业管理具体实践中的应用；管理经济学，准确地说，就是利用经济分析的工具和技术去分析和解决企业生产经营中的诸多现实问题。在管理经济学的具体研究内容方面，特鲁特夫妇明确指出：所谓管理经济学，就是综合运用现代西方经济学中的各种理论以及计量经济、概率论、控制论、弹性分析、边际分析、项目评估、线性规划等现代经济分析方法，以企业最优决策为重点，以企业利润最大化为主线，描述企业及其环境，论述成本、收益和利润的构成、变化规律及其相互关系，阐述在各种类型的市场环境下，使企业利润最大化的定量分析技术和决策技术（赵国杰、钟瑛，1999）。

2.3.2 管理经济学的中国化状况

1982年2月，国家经委、国家科委和教育部与美国商务部合作举办的大连企业管理培训中心开设了管理经济学课程。当时，为了满足教学的需

---

① 受条件的限制，笔者并未直接找到海因斯的《管理经济学：分析和案例》、帕斯和布里格姆的《管理经济学》以及特鲁特夫妇的《现代美国管理经济学》原著。本部分内容转引自赵国杰、钟瑛《构建适于中国应用的管理经济学新体系》，《天津商学院学报》1997年第19卷第4期。

要，美国纽约大学、加利福尼亚大学和夏威夷大学等高等院校专门编写了适应中国需要的管理经济学教材。与此同时，国内的高校如中国人民大学等也开始开设管理经济学课程。在1994年的MBA培养方案中，管理经济学成为MBA的必修课程，相应地，管理经济学教材也逐步增多。从国内学者所编写的管理经济学教材来看，学者对管理经济学的概念可以说是与时俱进的。一开始，国内学者对管理经济学的定义借鉴国外学者的研究成果的较多，而随着时代的发展，学者在界定管理经济学的概念时更多的是将西方的理论与中国的实际紧密结合起来，认为管理经济学是一门研究如何借鉴、利用西方传统的微观经济学理论和方法来解决中国企业管理如何决策的应用型学科。从管理经济学教材的具体内容来看，它主要包括消费者需求理论及其预测、企业的生产理论及成本理论、投资理论、布局理论、弹性理论等。从表面上看，管理经济学的这些具体内容似乎是经济学原理的重复，实际上，如果充分考虑到企业发展的现实情况，则管理经济学的内容与单纯的经济学内容还是存在较大差别的，在具体理论的介绍方面，管理经济学强调采用更科学客观的方法进行评价，比如，管理经济学在论述相同的问题时，可能会直接运用运筹学中的具体方法。

2.3.3 管理经济学相关理论的运用

与金融经济学和产业经济学不同的是，真正现代意义上的管理经济学是经济学基本理论和基本知识在企业生产经营管理领域的综合运用，充分考虑到金融产业经济学是以虚拟经济部门的企业和市场为研究对象，主要探究金融产业的组织形式、金融产业组织的规模经济、金融产业组织之间的竞争关系、金融产业组织调控与监管政策。因此，管理经济学的基本理论和基本知识是可以被大量运用于金融产业经济学领域的。对于具体的金融组织来说，要研究其成本、收益和利润的构成、变化规律及其相互关系，完全可以借用管理经济学中的诸如投入产出、计量经济、项目评估、线性规划、控制论、概率论、对策论、弹性分析和边际分析等方法，对金融组织的具体决策也可以借用管理经济学中的相关理论。从某种意义上可以这样说，管理经济学中几乎所有的理论都是可以直接用于分析金融产业组织问题的，管理经济学是解决金融产业组织发展中诸多现实问题的重要工具。

2.4 金融产业经济学的空间经济学基础

作为一门新兴的学科,空间经济学诞生于20世纪90年代末期。尽管空间经济学发展的历史不如其他学科悠久,但是,学者都一致认为空间经济学是当代经济学对人类的伟大贡献之一,空间经济学不仅对经济学领域的研究贡献突出,对于其他学科比如地理学科的发展亦具有重要的影响。作为在区位论基础上发展起来的新兴交叉学科,所谓的空间经济学是关于资源如何在空间优化配置及其经济活动区位选择问题的学科(郑长德、唐锐,2008)。

2.4.1 空间经济学的产生与发展

如果追根溯源的话,空间经济学的发展迄今已有180多年的历史,其最早可以追溯到德国经济学家所创立的古典区位论。对于空间经济学的基础,不同的学者有不同的看法。比如,著名空间经济学者克鲁格曼就认为,空间经济学有五个传统,分别是德国几何学、社会物理学、积累因果关系、当地外部经济、地租和土地利用。按照当前大多数学者的看法,可以把空间经济学的发展分为三个方面,即古典区位论、现代区位论和金融区位论。

(1)古典区位理论

19世纪到20世纪中叶,资本主义生产力迅速发展,地区间的经济联系空前扩大,如何合理布局产业已成为迫切需要回答的问题。最早从事这方面研究的是德国学者杜能和韦伯,他们通过运用比较成本学说、地租学说等研究成果,创立了古典区位理论。

杜能的农业圈层理论。1926年,德国经济学家杜能(Johann von Thünen)在《孤立国同农业和国民经济的关系》一书中,提出了著名的农业圈层理论。杜能认为,在农业布局上,什么地方种植何种作物最为有利完全取决于利润(P),而利润(P)又是由农产品的市场价格(V)、农业生产成本(E)、运费(T)三个因素决定的。

韦伯的工业区位理论。德国著名经济学家韦伯(Alfred Weber)在《工业区位理论:区位的纯粹理论》一书中详细阐述了工业区位理论。该理论的基本框架是：运用孤立化的分析方法，先研究运费对工业布局的影响，然后逐步放松影响因素的范围，研究聚集因素与劳动费用对工业布局的影响。

克里斯塔勒的中心地理论。克里斯塔勒（Walter Christaller）1933 年出版了《德国南部的中心地》，该书建立了中心地理论，详细论述了中心地的规模、数量和分布模式。中心地理论包括以下几个核心概念：其一，中心地（Central Place），可以将其表述为向周围地域（尤指农村地域）的居民提供各种服务和货物的地方。概括而言，中心地主要提供金融、行政、文化、贸易、手工业等服务。其二，中心货物与服务（Central Good and Service），分别指中心地为周围地域居民提供的货物与服务，亦可称为中心地职能（Central Place Function）。其三，"中心度"或中心性（Centrality），是指中心地所发挥的中心地职能的大小。其四，服务范围。中心地所提供的货物和服务的可变服务范围。廖什（August Lösch）是区位理论的集大成者，他利用克里斯塔勒的中心地理论框架，把市场需求作为空间变量来研究区位理论，进而探讨了市场区位体系和工业企业最大利润的区位，形成了市场区位理论。

除以上经典理论外，这个阶段较为著名的还有瑞典经济学家帕兰德在《区位理论研究》中提出的市场区位论，美国经济学家胡佛在《区位论与制鞋、制革工业》中系统阐述的运输区位论，以及瑞典经济学家俄林在《区域贸易与国际贸易》中提出的贸易区位论，这些理论都对区位理论的发展产生了重要影响。

（2）现代区位理论

二战后，世界经济格局发生了重大变化，第三次产业革命逐渐兴起，国民经济结构、生产力布局特点、城市体系都发生了深刻的变化。在此背景下，亟待从理论上探讨区位布局和区域经济发展的新趋势、新方向，因此，众多学者从不同领域、不同视角展开了广泛的研究，其中以艾萨德的区域经济学和克鲁格曼的新经济地理学为主要代表，二者共同构成了现代区位理论。

艾萨德的区域经济学理论。美国经济学家沃尔特·艾萨德（Walter Isard）作为西方区域科学和空间经济学的创始人，是现代区位理论中最为重要的代表人物。艾萨德于 1954 年创办了世界上第一个区域科学协会，

1956年出版了《区位与空间经济》,1960年出版了《区位分析方法》,以这三大事件为标志,区域科学作为一个新的学科领域正式确立(杨开忠,2010),从而开启了区位理论新的发展阶段。艾萨德摒弃了一些古典区位论中的不合理因素(如均质平原、均一化的运输成本假设),探索提出了"区位与空间集聚的垄断竞争论"。

克鲁格曼等的新经济地理学理论。针对主流经济学长期缺乏空间因素分析、区位论与经济理论模型之间割裂的现象,克鲁格曼、藤田昌久试图搭建一个新的模型框架,并形成空间分析与主流经济学之间的"桥梁"。他们在强调经济分析中的规模收益递增、外部经济、不完全竞争、空间集聚等的同时,也重视地理学所重视的区位、空间、距离等因素,其理论被称为"新经济地理学"。新经济地理学的主要模型有核心—边缘模型、城市与区域演化理论、产业集聚与贸易理论。新经济地理学理论出现后,在经济学、国际贸易经济地理学等领域都产生了广泛的影响,也进一步深入推进了有关经济活动区位、产业空间布局的研究。事实上,20世纪50年代以来涌现出了一大批著名的区位论专家,如阿隆索(William Alonso,1964)建立的地租模型(Alonso model)、苏联学者提出的地域生产综合体理论(Territorial Production Complex,TPC)、迈克尔·波特(Michael Porter,1990)提出的产业集聚理论等,均在学术界产生了重要影响。同时,随着知识经济、信息技术和各国服务业的不断发展,区位分析也逐渐渗透到经济体系的一些新兴领域,出现了商业区位论、旅游业区位论、金融与保险区位论、社会文化领域区位论等。

(3)金融区位理论

长期以来,在经济和金融理论体系中,对于货币金融的时间因素有着深入的探讨,而对于空间因素的考虑则是明显不足的。尽管货币是无形的,但金融业是具有经济地理属性的(蒂克尔,2010)。因此,无论是从货币金融在经济体系中重要作用,还是从金融体系的巨大规模等角度来看,都不能忽视金融的空间和区位因素。金融区位,是指金融资源、金融活动和金融产业的空间分布及它们相互之间、它们与外部环境之间的联系。金融区位理论是近年来一个新兴的、多学科交叉的研究领域,国内外学者开展了大量的研究,主要可以划分为金融地理学理论、金融产业集聚理论和金融中心理论。

2.4.2　空间经济学在中国的发展

对地域广阔、不同省级单位之间经济社会发展差异显著的发展中大国来说，空间经济学在中国拥有广阔的发展前景，以安虎森教授等为代表的国内学者为空间经济学在中国的推广做出了杰出的贡献。比如，2005年，安虎森教授在总结过去我国十多年来空间经济学理论的发展和成就的基础上出版了《空间经济学原理》一书；2006年，安虎森教授出版的《空间经济学教程》一书，较早地向国内从事区域经济学、地理学等不同学科研究的学者全面系统地介绍了空间经济学的核心思想和基本模型及其在经济政策分析中的应用，为研究提供了新的视角。学者不仅在推广空间经济学方面做出了努力，还运用空间经济学理论对中国的诸多现实问题进行了研究。比如，在区位选择的研究方面，王剑和徐康宁（2005）以江苏省吸收和使用FDI的事实为研究样本，系统分析了聚集过程中的空间演化模式问题。研究发现，江苏省吸收和使用FDI的总体空间分布经历了三个不同的演化阶段，分别是随机扩散阶段、扩散向集聚转化阶段和集聚演化阶段；从行业的角度来看，传统行业与新兴产业存在着显著差异，前者由最初的集聚逐渐向扩散演化，而后者则由最初的随机分布逐渐向集聚演化。在此过程中，对空间演化起决定作用的是成本因素、集聚经济的外部性和路径依赖作用。黄肖琦和柴敏（2006）对外商直接投资的区位选择问题进行了研究，运用新经济地理学的分析框架，通过对中国省际面板数据进行分析，结果发现，传统意义上能够影响FDI区位的劳动力成本和优惠政策等因素变量不能解释在华外商直接投资的区位选择问题。当然，东部沿海地区在竭力降低贸易成本、促进技术溢出、拓展市场规模等方面的努力在吸收和使用FDI方面有一定的成效。在城市化和城市研究方面，朱英明（2006）、王世营和蔡军（2006）对长三角城市问题进行了研究。其中，前者在构建数理模型的基础上，运用长三角城市群规模以上制造业行业部门的具体数据，分析了长三角地区制造业集聚经济结构和偏离经济结构对城市群产业增长的影响，并提出了相应的对策建议；与前者不同的是，后者以长三角地区中小城市为研究对象，从城市发展的角度研究了产业集群对城市空间形态的影响。与前面学者的研究不同，高鸿鹰和武康平（2007）从城市集聚效应视角，首先剖析了我国城市规模分布的结构性变化机制,在此基础上,构建了包含集聚效应的城市经济总量生产函数,并采用最小二乘法估算对我国不同规模等级城市的平均集聚效率指数与平均集聚效应指数进行了测算,对比分析了集聚效应对城市规模分布变化的影响。在区域经济发展研究方面,陆大道(2002)基于空间扩散和空间聚集导致"点—轴系统"空间结构的形成机理,系统阐述了"点—轴系统"理论与网络开发模式及增长极理论之间的复杂关系。范剑勇(2004)利用长三角地区的数据,通过构建测度行业集中度和地区专业化水平的指标,实证了新经济地理学关于"一体化必然带来制造业的空间转移和地区结构的差异性增强"的理论预期。梁琦和詹亦军(2006)利用长三角16座城市1998—2003年的数据,分析研究了地区专业化问题,研究表明,地方专业化在很大程度上是可以弱化垄断、强化竞争的,区域的产业升级与区域的经济一体化并不矛盾。国内相关研究分为定性和定量分析两类。定性研究主要从制度、政策及国际比较等方面进行探讨。唐旭(1996)在对世界金融中心进行历史考察的基础上,分析了金融中心形成的条件和金融中心的作用,并指出金融中心的形成模式。胡坚和杨素兰(2003)对影响国际金融中心形成和运行的因素进行分类研究,认为这些因素包括经济因素、金融因素和政治因素。王力和黄育华(2004)在对国际金融中心的作用、我国发展金融中心的内在要求和条件等问题进行研究后提出,我国已经具备了一定的基础和条件,目前除香港已经成为区域性金融中心之外,北京和上海也能成为国际金融中心。王朝阳和刘东民(2009)则提出,金融中心和金融发达城市是两个不同的概念。定量分析大多通过建立指标体系展开分析。如香港学者饶余庆(1997)以香港作为研究对象,对国际金融中心进行持续研究,提出用五类指标衡量国际金融中心发展水平。任英华、徐玲、游万海(2010)构建了金融集聚的影响因素空间计量模型,对我国28个省域金融集聚影响因素进行了实证研究。

2.4.3 空间经济学相关理论的运用

有关金融产业经济学的概念内涵,上一章已经做了介绍。金融产业经济学所要研究的金融产业、金融组织都不是孤立存在的,而是置于整个经济社会发展的宏观经济环境中的,金融产业经济学研究的目标之一是探究金融产业、金融组织如何在一定的空间范围内科学合理地配置金融资源,力求实现金融资源配置效率的最大化。很显然，金融产业经济学的研究是离不开空间经济学理论支持的。空间经济学是关于资源如何在空间优化配置及其经济活动的区位选择问题的学科，金融资源在不同地域之间的科学合理配置无疑也是空间经济学所要研究的。换句话来说，空间经济学的所有理论基本上都可以在金融产业经济学学科中得到进一步发展。以空间经济学的区位选址理论为例，对任何金融产业、金融组织来说，要在有限资金的约束条件下，实现自身经营的效益最大化，就必须充分考虑自身经营网点的选址问题，地址选得好，往往能够在短期内获取更多的收益，反之，则可能带来直接损失。

2.5 金融产业经济学的数理经济学基础

所谓的数理经济学，就是以数学作为经济分析方法论基础的经济学（武康平、张国胜，1996）。很显然，数理经济学与经济学和数学是天然地具有紧密联系的。在此需要特别注意的是，尽管数理经济学与经济学和数学的关系密切，但是，不能将数理经济学简单地看成是经济学的数学化，在本质上它是需要借助抽象的数学语言来表达对事物本身的共性把握。为此，数理经济学的发展不仅要揭示经济活动的内在本质，还必须不断地充实、丰富和发展其方法论。

2.5.1 数理经济学的产生与发展

从史学的角度来看，数理经济学的发展经历了三个重要阶段，分别是边际分析阶段、集论与线性分析阶段和汇合阶段。与其他学科发展阶段不同的是，尽管数量经济学发展历史悠久，但是，不同阶段的划分比较明晰，每一个阶段的侧重点区分度较大。

（1）边际分析阶段（1838—1947年）

1838—1947年，经济学家开始大量使用数学领域的诸如偏导数、全微分和拉格朗日乘数法等工具，边际分析方法开始产生，并以此为基础形成了边际效用学派。边际分析阶段的数理经济学内容可以概括为形成和发展了一套比较完整的微观经济活动者行为理论，提出了一般经济均衡的理论分析框架，创立了消费者理论、生产者理论、垄断竞争理论以及一般经济均衡理论的数学基础（武康平、张国胜，1996）。具体来说，一是厂商理论。19世纪末，随着生产函数概念的产生，Cournot（1838）利润最大化的思想被广泛运用于分析厂商生产行为，探究厂商应该以什么样的方式安排生产以求达成利润最大化的目标，最终形成了一套关于投入需求与产出供给的厂商理论（Walras，1874）。二是消费理论。自从 Gossen（1854）、Jevons（1871）、Walras（1874）建立消费理论以来，Marshall（1890）、Slutsky（1915）、Hicks 和 Allen（1934）进一步发展了消费理论。特别要说明的是，Fisher（1892）、Pareto（1896，1909）采用序数效应替代了基数效用，Alt（1936）提出了基数效用公理，Samuelson（1937）提出了显示性偏好理论。三是一般均衡理论。一般均衡理论认为，所有的市场都是相互联系的，不存在完全孤立的市场，因此，经济均衡是所有市场上供给与需求的相等。Walras（1874）、Pareto（1896，1909）还深入研究了竞争均衡所能够达到的最优境界。四是均衡的稳定性理论。Cournot（1838）、Marshall（1890）分别独立讨论过单一市场上均衡的稳定性问题，Hicks（1939）和 Samuelson（1937）第一次提出市场均衡的稳定性问题并给予研究。五是资源最优配置理论。Dupuit（1844）率先提出了消费者剩余和生产者剩余的概念，并以此为基础探究收益与成本之间的关系；Pareto（1896，1909）则从最优性的角度出发，全面论述了福利经济学中的最优性与次优性问题。六是一般交易理论。一般交易理论将讨价还价的"钱货两清"交易纳入研究中来。Edgeworth（1881）不仅首次探讨了经济系统的一般交易问题，还对经济交易的后果问题进行了研究。

（2）集合论与线性分析阶段（1948—1960年）

第二次世界大战以来，随着经济危机的频繁出现，现有经济学理论难以科学地解释经济危机现象，并为解决危机问题提供切实可行的办法，这就迫使经济学家必须创新研究方法。集合论具有广泛性和普遍性，可以为解释复杂经济现象提供帮助，而线性模型也可以用来很好地解释经济现象。因此，这两者成为经济学家分析问题的重要工具，以此为基础，数理经济学的研究内容主要就是一般经济均衡理论。其研究成果主要表现在两个方面：第一，一般经济均衡的严格理论体系。虽然 Walras（1874）提出了一般经济均衡问题，但对于一般经济均衡是否存在则缺乏严格意义上的证明。Kakutani（1941）论证了角谷静夫不动点定理，这为一般经济均衡存在的证明创造了条件。从总体上看，Wald（1934）可以被看作第一个对一般经济均衡做出严格分析的人，但对这一问题取得突破性进展的是 Arrow 和 Debreu（1954），他们从数理的角度对 Walras（1874）的一般经济均衡问题进行了严格的数学证明。以此为基础，Debreu（1959）的《价值理论》的出版，正式宣告了公理化经济学的诞生。第二，线性经济模型。与以往的分析相比，线性模型分析方法采用线性方程组，有效替代了边际分析中的导数、偏导数等微积分问题，Leontief（1966）的投入产出模型就是其中的典型代表。投入产出模型实质上就是依据一般经济均衡模型理论来处理复杂的经济活动之间的关系问题，具体是通过一套线性方程组来描述经济系统内部的各种结构关系。

（3）汇合阶段（1961年至今）

数理化经济学的诞生，为经济学家和数学家之间的沟通创造了条件。随着数学思想向经济学领域的渗透，经济学界也不断创新着经济学分析方法，各种经济学分析方法出现汇合状态。从1961年至今，数理经济学研究的重要议题主要有经济连续统①（Aumann，1964；Brown，1975；Anderson，1978）、均衡的计算（Scarf，1967）、经济学中的不确定性与信息（Radner，1968）、大范围经济分析（Debreu，1970）、税收最优理论（Diamond and Mirrlees，1971）、总需求理论（Mantel，1974；Debreu，1974）等。

2.5.2 数理经济学的中国化状况

数理经济学在中国的发展可以追索到20世纪初。唐庆增在其著作《经济学中之算术学派》中，比较全面系统地介绍了国外学者在数理经济学方面的研究进展，对国外学者研究成果的不足之处也进行了概述。随后，国内学者开始关注数理经济学的研究。20世纪30年代，国内数理经济学的研究出现小高潮；40年代由于战乱而出现停滞；50年代以后，随着苏联相关数理经济学研究成果的引进，国内数理经济学有了进一步的发展。"文化大革命"期间，数理经济学的发展受到了极大的冲击和影响。

改革开放以来，特别是20世纪90年代以来，中国数理经济学研究取

---

① 需要特别说明的是，连续统是数学概念。

得了显著进步。1991年，全国数理经济学会正式成立，该学会成立的初衷是致力于促进数学与经济学的紧密联系，团结全国从事数理经济学研究的学者，构建具有中国特色的数理经济学学科体系。以此为契机，国外各种经典的数理经济学教材陆续被引进中国，国内学者的研究逐步深入。需要特别说明的是，为促进数理经济学的发展，《数量经济技术经济研究》杂志也逐步转型，通过刊登高质量的数理经济学论文的方式加快数理经济学在中国的发展。以最近十年来《数量经济技术经济研究》杂志刊登的论文为例，一般来说，能够被录用并刊发出来的论文基本上都是运用了数理研究方法的研究成果，定性分析的论文刊发得极少。从国内整个经济学的研究来看，尽管仍然有不少学者运用定性分析方法研究经济学问题，然而，新生代学者基本上在研究经济学问题时都会或多或少地运用数理经济学的相关理论知识，数理经济学在中国的发展尤为迅速。

2.5.3 数理经济学相关理论的运用

作为现代经济学的重要分析工具，数理经济学的所有理论都是可以直接用来分析诸如金融产业组织理论、金融产业形成理论、金融产业结构理论、金融产业运行理论、金融产业发展理论和金融产业调控理论的，数理经济学可以直接为金融产业经济学所要研究的各部分内容提供新的分析思路。比如，金融产业形成理论可以使用定性分析的方法来进行阐述，也可以运用数理经济学的需求理论来进行分析；金融产业运行理论也是可以采用数理经济学的分析方法来进行研究的，对金融组织到底应该以什么样的方式运行才能够实现运行效率的最大化这一问题，采用数理分析的思路来进行阐述可能会更加科学合理；关于金融产业协调发展的问题同样可以运用数理经济学的信息不对称与博弈论的相关知识来进行分析。总之，金融产业经济学的发展可以为数理经济学基础理论的运用提供广阔的空间，数理经济学自身的发展也可以为金融产业经济学的发展提供方法论基础。

第 3 章　金融产业的形成机理

由于金融产业经济学的研究对象是金融产业,而金融产业又是一国或地区最核心的产业,对实体产业的发展和产业结构变迁无不起着引领作用。但什么是金融产业?金融产业是如何形成的?清晰地回答这两个问题,自然成为金融产业经济学研究的逻辑起点,因为这直接关系到金融产业经济学的学科边界和研究内容的确立。本章将着重讨论金融产业的概念界定与形成机理。

3.1　金融产业的概念界定

3.1.1　金融产业的含义

在定义金融产业之前,需要明确产业(industry)的内涵。学界对产业的定义有多种多样。例如,在历史学中,产业主要指"工业",如"产业革命""产业工人"等;在法学中,产业主要指个人所拥有的土地、房产、工厂等具有明确私人产权界定的"不动产",如"私有产业""私人产业"等。在政治经济学中,产业主要指物质生产部门,每个物质生产部门负责生产和制造某种独立的产品,并因此在某种意义上成为一个相对独立的产业部门,如"工业""交通运输业""农业"等。

在产业经济学中,产业具有特定的内涵与外延,既有现象上的广狭义理解,也有本质上的内涵界定。从现象来看,广义的产业包括国民经济中的各行各业,从生产、流通到服务以至于文化,大到部门,小到行业均可称之为产业。狭义的产业通常是指工业部门。这是因为工业在产业发展中占有特殊位置,国民经济发展和工业化过程紧密相关。从本质上看,产业是指国民经济中具有同一性质,承担着一定社会经济功能的生产或其他经济社会活动单元,具有相当规模和社会影响的组织结构体系(戴伯勋等,2001)。或者说,是"具有使用相同原材料、相同工艺技术,或生产同类或有密切替代关系的产品、服务的企业集合"(杨公朴、夏大慰,2008)。

可见,不同学科对产业有着不同的理解。但从产业经济学的定义可知,构成一个产业至少需要四个条件:一是企业数量和产出量需要达到一定的规模。二是产业内的企业之间高度相关,或具有竞争(替代)关系,或具有互补关系。三是工人要职业化。产业是社会分工的产物,在社会分工中逐渐形成了一批专门从事这一产业活动的职业人员。四是社会功能明确。即产业内的企业在经济社会活动中必须承担一定的功能,而且不可缺少。满足上述条件和特质的企业集合体可被称为产业。于是,根据产业的定义和特点,学界对金融产业(financial industry)给出了如下定义:

金融产业是指以经营金融商品和服务为手段、以追求利润为目标、以市场运作为基础的金融组织结构体系及其运行机制的总称。(冉光和等,2004)

金融产业是以经济金融资源为利用对象,通过提供金融商品与服务,以实现金融功能,并从中获得净收益的金融组织的集合。(孙伟祖,2006)

金融产业作为以经济金融资源为利用对象,提供金融商品与服务为手段,实现一定金融功能为目的,从中获得净收益的金融企业集合体,是一个具有生命性、竞争性、自适应性等生态特征的系统。(葛敏、许长新,2007)

上述定义道出了由若干金融企业构成的"金融产业"所具有的基本标准。那就是以市场机制为主导,以盈利为目标,为实体经济履行金融服务职能。而构成金融产业的金融企业包括银行业、保险业、证券业、信托业等金融机构,或者上述业务混业经营的金融机构。这些金融企业既有可能存在明显的竞争关系,又有可能存在一定的互补关系,其总体产出量具有相当规模,并且为实体经济提供金融服务的功能保持稳定不变。金融企业的运行与管理以市场机制为基础,市场机制在金融产业资源配置和价格形成中起决定性作用,金融产业存在于市场经济制度中。

从发展过程来看,金融产业是金融产业化发展的必然结果。所谓金融产业化发展,是指在国民经济运行中,以市场机制为主要依托,把金融作为一个相对独立的产业部门加以发展的过程。现代市场经济的不断深化必将导致国民经济的产业化发展，而国民经济的产业化发展又必然要求金融产业化发展。在市场经济深化的过程中，把金融作为独立的产业部门，实行产业化经营与管理，建立产业化经营管理的运行机制，待金融产业化经营发展到一定程度后，便会形成具有相当规模和服务功能健全的金融产业（冉光和等，2004；王定祥，2006）。

3.1.2 金融产业的特征

金融产业作为国民经济中为实体经济服务的产业部门，具有五个方面的特征（冉光和等，2004；王定祥，2006）。

第一，金融产业以金融商品和服务为经营对象与实体产业部门经营的实物商品与劳务不同，金融产业部门经营的对象，是金融商品与服务。这既包括传统的货币借贷、股票、债券等有价证券发行、代销、流通、商业票据贴现和保险等，还包括现代的期权、期货、互换、承诺、咨询、代理、信托等金融工具。这些金融商品和服务本身没有价值，在市场上流通时是一种"代表价值"或"价值化身"，其价值具有虚拟性。而实体产业部门经营的商品和劳务，在生产过程中凝结了一般人类劳动，因而其本身具有价值，而且其价值还直接决定着金融商品和服务的价值。

第二，金融产业运营以市场机制为基础。金融产业虽可能在商品经济中萌芽，但只在市场经济制度中才会走向成熟。因为金融产业运行需要遵循价值规律，只有在供求、价格、竞争和风险等市场机制的共同作用下，各金融企业才会根据实体经济发展的需要，主动谋求自身的发展战略，并通过创新微观经营机制实现可持续发展。同时，各金融企业才会按照现代企业制度的要求和市场经济原则进行治理，最终成为"产权清晰、权责明确、政企分开、管理科学"的金融产业组织。

第三，金融产业以利润最大化为经营目标。在金融产业运行中，各金融企业均坚持自主经营、自负盈亏、自我发展、自我约束的经营原则，在注重安全性、流动性的前提下实现盈利最大化。随着市场竞争程度的日益加剧，坚守"三性"（盈利性、安全性、流动性）原则逐渐成为金融产业运行的基本特征。在由计划经济向市场经济转型的国家，金融产业化发展的首要任务是将金融组织转化为真正的金融企业，承认其企业属性的"利己性"，从体制上激励所有商业性金融机构，在服务实体经济的发展中实现自身利益的最大化。唯有如此，转型国家的金融业才可能向产业化发展。

第四，金融产业具有风险性和脆弱性。这是由金融产业经营的金融商品性质决定的。由于金融产业经营的金融商品本身没有价值，这些商品的本体是货币资金，而无论是银行、证券，还是保险、信托等金融企业，其自有资本都较少，资金多是依靠负债筹集的。这就决定了金融企业抵御经营风险、市场风险和偿债风险的能力极其脆弱。一旦出现实体经济运行不佳，股市暴跌，投资和消费减少，失业率升高，居民收入下降，储户挤兑现象，金融企业就会面临无力偿债的风险，在"多米诺骨牌效应"的作用下，金融危机必然会爆发，金融产业必然会崩溃；加之金融风险的隐蔽性极强，一旦经济出现持续衰退，金融风险就会不断积聚，并在全球范围内传递和扩散，产生极具破坏力的"蝴蝶效应"，最终演变为全球性的金融危机和经济危机。

第五，金融产业是现代经济的核心产业。现代经济由实体产业和金融产业构成，实体产业是基础，但金融产业是核心产业。因为如果没有金融产业的资金支持，实体产业就可能没有足够的资金去新建企业，发展生产。资金在实体产业发展中发挥着"第一"和"持续"的推动力作用，促使技术、生产资料、劳动力等潜在生产要素不断结合，实现社会再生产。金融产业为实体产业服务，主要是为实体产业提供资金融通。如果没有金融产业的资金支持，实体产业部门的生产就可能难以为继，甚至会倒闭破产。所以，随着金融对实体经济的影响日益加深，金融产业必然会成为现代经济的核心产业。

3.1.3 金融产业的分类

虽然在混业经营体制下，金融产业没有明确的专业边界划分，但在分业经营体制下，金融产业的专业边界和主体定位十分明晰，且大致可分为四类。

（1）*银行产业*

银行产业是由商业银行、合作银行、储蓄信贷机构等以盈利为目标的银行机构所组成的有机整体。该产业扮演着社会信用中介的角色，并通过吸收存款、发放贷款等经营形式，将社会储蓄资源动员起来，通过信贷转化为实体产业部门的投资,形成间接性的社会储蓄投资转化机制。

(2) 证券产业

证券产业是由证券交易所、证券交易商、经纪机构、证券发行者、证券投资者共同构成的市场集合。证券产业的发展,同样需要实体经济具有丰富的储蓄资源,它通过证券交易,将证券投资者手中的储蓄资源直接转化为证券发行者的生产性投资,构成社会直接性的储蓄投资转化机制。此外,证券产业的发展,还可通过证券市场的价格发现、信息传播以及资金筹措,引导社会经济资源向效率高的行业转移与配置,并通过控制权的再配置对企业生产经营活动和公司治理产生重要影响。

(3) 保险产业

保险产业是由各类盈利性保险机构、保险产品、保险市场组成的有机整体。保险产业发展的前提同样是社会必须有一定的储蓄资源,并且这些储蓄资源被实体经济主体计划用于规避其面临的各种风险,通过向保险机构购买保险产品,从而将储蓄资金转移至保险机构,保险机构再通过金融投资活动,将这些资金转化为实体产业的投资,从而形成储蓄投资转化的新途径。一旦风险发生,保险机构便会根据合同条款进行理赔。因此,保险产业实质上是一种风险社会化分摊机制和实体经济发展的稳定机制。

(4) 信托与租赁产业

信托与租赁产业是由各类盈利性信托与租赁机构及其市场构成的有机整体。信托与租赁产业的具体运作是,委托人将其闲置的资产委托给信托机构,租赁给承租人,并从承租人手中获取租金收入,从而实现闲置资产的保值增值。信托机构也从中获取各种形式的收入。因而信托与租赁产业实质上仍是一种社会储蓄投资转化机制,只不过它动员的是实物性储蓄资源——闲置的资产设备。

3.2 金融产业的形成条件

金融产业的形成(formation of financial industry),是指某国或某地区商业性金融组织体系的培育和发展,最终演化到具有完整的产业特性时的发展状态。此时,金融产业组织体系健全,金融机构竞争比较激烈,金融创新和金融风险控制能力显著增强,社会成员有着浓厚的金融意识和较高的诚信素质，金融在国民经济中已成为支柱产业。这种状态的形成需要具备以下必要的内在条件。

3.2.1 实体产业金融需求旺盛和信用素质高

市场需求是促进金融产业形成的核心因素。在金融市场上，实体产业部门是金融需求者，金融产业部门是金融商品与服务的供给者。尽管在金融产业发展的初级阶段，可通过金融供给领先发展模式（金融供给先于金融需求而存在）引领实体产业的发展，但在市场机制起决定作用的金融产业发展中后期，需求导向的金融发展模式将发挥基础作用。此时，实体产业部门的金融需求将引领金融产业的形成与发展。金融需求的形成，可以内生性地引导金融产业部门的服务创新，从而扩大金融供给，促进金融产业的内生性发展。

当然，这关键还取决于实体经济部门的金融需求是否有效。只有有效的金融需求才会成为金融产业形成的积极因素。而金融需求的有效条件包括：一是在特定时期实体产业的金融需求数量大，以致可以达到金融机构供给的规模经济要求；二是实体产业部门有良好的信用条件支撑，这包括需求主体诚信素质高，或有相应的抵押担保物，或有相当长的守信史和相当可观的收入预期保障。如果实体经济有旺盛的金融需求，同时又能确保按期偿还，使金融部门有利可获，那么，金融产业部门就会有不竭的动力，为实体经济提供各种金融商品和服务，并进一步吸引新的金融机构加入，从而加快金融产业的形成。

3.2.2 新的金融企业要达到市场准入条件

金融企业是金融产业的基本单元。形成金融产业，需要有相当规模和广泛联系的若干金融企业。金融企业的组建一般有两个出资主体：政府和私人经济主体。出资形式有四种类型：一是由政府全额出资，如国有金融机构；二是由民间资本出资，如民有金融机构；三是政府与民间共同出资，如混合所有制金融机构；四是外国资本出资，如外资金融机构。

在经济发展初期，居民收入水平低，民间资本实力较弱，组建金融企业的资本门槛高，此时，往往只有政府出资组建的国有金融机构的存在和发展。要形成金融产业，必须有大量金融企业和民间资本的参与，而民间资本出资组建金融企业,必须在经济上满足两大条件:一是有较大规模的资本和投资能力,以满足不同类型金融企业最低资本金的要求。例如,在我国,组建大型商业银行需要 10 亿元的资本金;组建城市商业银行至少需要 1 亿元的资本金;组建农村商业银行至少需要 5000 万元的资本金。① 二是投资者要有较强的经营管理能力,能满足经营的基本技术和能力条件。随着经济快速发展和居民收入水平的提高,居民受教育程度和金融意识不断增强,将会有越来越多的民间资本具备进入金融产业投资与经营的管理能力。这为内生性金融企业的培育和金融产业的形成提供了重要的经济基础。

但是,民间资本要成立金融企业,还需要达到政府监管部门设定的市场准入条件。只有突破金融企业市场准入中的经济壁垒(最低资本金要求)和行政壁垒(行政审批),民营资本才能够真正进入金融产业,培育出众多适合社会经济发展需要的民营金融企业,最终形成强大的金融产业。

3.2.3 以商业金融为主导的金融体系的形成

一个强大的金融产业,需要健全的金融组织体系和金融市场体系作为支撑。其健全的标志在于,不仅适应社会经济发展的需要,还要有组织规模、专业种类不同的金融机构,诸如行政金融组织、政策金融组织、商业金融组织、合作金融组织、民间金融组织等,而且商业金融组织在金融组织体系中占据主导地位,金融市场结构合理,竞争比较充分,金融机构创新与风险管理能力较强。在金融产业组织体系中,尽管商业金融体系和金融市场体系是金融产业发展的基石,但是,倘若只有商业金融组织体系和金融市场体系,金融产业也无法形成。这是因为金融产业的发展一方面需要行政金融组织体系的调控、引导和监管;另一方面也需要政策金融、合作金融、民间金融等其他金融组织分摊一部分金融产业发展的风险,并填补商业金融服务的空缺,更好地服务于实体经济的发展。可见,其他金融组织体系对金融产业的发展仍然是不可或缺的,金融产业的健康发展,要依赖一个健全的、以商业金融为主导的、分工协作的金融组织体系,以及

---

① 参见《中华人民共和国商业银行法》(2003) 第十三条。

一个直接金融与间接金融协调发展的金融市场体系。

3.3 金融产业的形成环境

金融产业形成和发展必须有良好的经济环境、政治环境、社会环境、自然环境、技术环境、法治环境。没有良好的环境，金融产业就不可能形成和得到可持续发展。

3.3.1 金融产业形成的经济环境

经济环境主要是指实体经济增长、劳动力就业、居民收入、市场物价等的运行状态。经济环境对金融产业的形成、扩张和收缩有着重要的影响。例如，在景气指数较高的经济环境中，经济增长较快，通货膨胀适中，居民收入持续增长，实体经济对信贷需求较旺盛，金融政策和监管部门会维持稳健的金融政策。这不仅为金融产业部门的利润增长与可持续发展提供了广阔的市场空间，而且实体经济主体对金融部门的发展会形成一个未来被看好的预期，在政府放宽市场准入的条件下，就会有更多的民间资本参与金融部门投资，从而孵化出各种金融组织，形成更强大的金融产业。更为重要的是，经济环境向好，居民收入增长，储蓄资源增加，金融企业吸收的存款资金增多，为金融企业通过信贷等途径将资金转化为实体经济部门的投资，维持较高的行业收益率，提供了基本的发展条件。相反，在经济衰退的宏观经济条件下，实体经济部门的利润和收入减少，不仅金融需求萎缩，储蓄资源下降，金融企业信贷投放能力下降，而且金融部门的投资能力也会下降。这不仅使金融产业部门既有的金融企业陷入经营困境，并最终退出金融产业部门，而且没有新的金融企业进入，从而导致金融产业整体萎缩。可见，一个良好的宏观经济运行环境，是金融产业形成的必不可少的经济基础。

3.3.2 金融产业形成的政治环境

政治环境主要是指政局是否稳定、政治决策是否民主、腐败现象是否严重、民众参与政治的热情、政府对金融的干预程度等因素。在政局稳定和腐败指数不高的国家，投资者对实体产业的投资信心和收益预期稳固，实体产业运行前景被看好，经济发展速度较快。在开放经济条件下，也会吸引大批外资金融机构进入该经济体，从而加快其金融发展进程，促进金融产业快速形成。但在政局持续动荡和腐败指数较高的国家，投资者的信心会遭到严重打击，资本抽逃现象严重，实体企业破产倒闭概率升高，金融生态环境趋于恶化，这将阻止金融行业对外开放的步伐，也无益于金融产业的形成与发展。因此，保持政局稳定和清正廉洁的社会风尚，不仅有益于激发市场主体的活力，促进实体产业的健康发展，而且有益于促进金融产业的形成。此外，政府对金融发展的态度与干预程度，对金融产业的形成有着决定性的影响。如果政府过度厌恶金融风险，就会对民间资本进入金融产业采取压制政策。同时，出于服务于自身政绩目标的需要，通常会直接控制金融，并对国有金融采取深化政策，从而无助于具有竞争性、效率性的金融产业的形成。

3.3.3　金融产业形成的社会环境

社会环境主要包括社会大众对金融发展的支持与参与程度、社会福利与保障水平等民生指数、社会治安状况、诚信守法风尚等。社会环境越好的国家，社会大众的文化素质和诚信程度相对比较高，守信用的社会风气良好。这种社会环境是金融生态环境的重要组成部分。它可以显著降低金融产业部门发展的社会成本和金融违约概率，从而提高国内外经济主体投资金融的积极性，有助于培育和发展若干民营金融机构，健全金融产业组织体系。如果社会环境不好，金融违约概率高，金融产业部门的经营成本和风险增大，导致盈利能力下降，不仅可能导致原有金融企业出现破产倒闭现象，而且没有新的金融企业加入，将严重阻碍金融产业的形成与发展。

3.3.4　金融产业形成的自然环境

自然环境主要是指某地区的水资源、矿产、气候、地势、地理位置等自然资源禀赋和生态条件。在土壤肥沃、水资源丰富、物产富足、矿产资源丰富、区位优势突出的地区，投资者就会在逐利动机的推动下，将社会经济资源向该地区大量集聚，发展实体经济。这将吸引大量金融机构进驻该地区，开设多家营业机构网点，形成金融产业集群，为当地资源优势转化为经济优势提供各种金融服务，由此带动当地经济的发展。例如，北京、上海、深圳等地所存在的区位优势，极大地降低了经济与金融发展的成本和风险，吸引了大量的实体企业和金融企业的集聚。在该地区实体经济发展起来后，就会积累大量的储蓄资源，这会进一步推动金融企业的集聚，促进金融产业的发展，最终使该地区经济与金融进入良性互动发展状态。

相反，如果一个地区地理、区位优势不突出，土壤、水资源、矿产等自然资源禀赋稀薄，生态环境恶劣，地区经济发展的成本过高，就无法吸引实体经济主体投资，社会经济资源无法向该地区集聚，同样也无法吸引金融机构入驻，金融产业也就不可能形成。例如，在我国西北黄土高原地区，缺水现象十分严重，自然生态环境十分恶劣，严重制约着当地实体经济的发展。在这些地区，经济与金融长期陷入恶性循环发展状态，即经济越贫困，金融支持越少，反过来将导致经济更加贫困。金融产业必须以绿色化金融支持实体经济的绿色化发展。

3.3.5 金融产业形成的技术环境

技术环境是指某地区金融产业发展所需的数字化、网络、通信、交通、电力等金融基础设施和人才培养、人才集聚状况。技术环境的好坏，直接关系到金融机构的营业风险和技术风险。如果技术环境差，金融机构不仅将面临较高的经营风险，还将面临难以招聘到优秀人才的困境。同时，一旦在经营中遇到网络信息技术难题，也不便于快速解决。金融产业发展的技术环境具有明显的正外部效应，会同时惠及多家金融企业，因而金融公共基础设施通常由政府提供。例如，在我国的北京、上海、广州、深圳等一线城市，政府提供了网络、通信、交通和电力等大量优质金融基础设施，并且集聚了大批的科研院校和优秀人才，为这些城市金融产业的发展提供了优良的技术环境，也因此吸引了金融企业和金融要素的广泛聚集，从而使金融产业逐步发展成为该地区的支柱产业。而在技术环境比较差的西藏、贵州、宁夏、甘肃等西部省区，高校分布稀少，人才培养滞后，经济发展与金融基础设施落后，因此，金融企业集聚程度低，金融产业的形成也十分缓慢。

3.3.6　金融产业形成的法治环境

法治环境是指某国家或地区金融法律体系的完整性、司法的严肃性、法律维权的保障性等发展状况。金融发展是建立在诚信的道德基础之上的,一旦出现违约、冲破道德底线等现象,就需要法律约束,以维护金融产业部门的正当利益。具体而言,金融机构的准入和退出,需要清晰的法律约束和司法体系,合理有序的准入与退出的法律约束是保障金融产业有效竞争的基本条件;金融机构经营中出现信用纠纷和违法案件,需要有法可依,严肃执法。如果没有法律约束,金融机构将面临巨大的经营风险。凡是在金融产业发达的国家和地区,如美国、欧盟等,一定是金融法律体系比较健全、执法严格的。因此,法律环境是金融产业健康发展的基础条件,金融产业的发展需要法律环境保驾护航。

金融产业法治环境的核心是市场金融制度。以商业金融和市场金融为主导的金融产业,客观上需要适度的金融竞争机制、灵敏的金融供求机制、有效的金融价格形成机制,为其提供市场保障,这就需要具备健全的市场金融制度。而市场金融制度的核心是实现国债收益率、利率、汇率形成的市场化。只有让国债收益率、利率、汇率由市场供求关系自主决定,并真正反映资源的稀缺性,才能引导金融企业按照真实的市场价格信号变化做出灵敏的反应,促进金融资源的合理配置,推进金融产业的健康发展。而金融风险的分散与有效的金融监管,是市场金融制度发挥作用的基石,建立包括"存款保险制度"和"审慎监管体制机制"在内的风险防控机制,是金融产业形成和发展的重要保障。

3.4　金融产业的形成机理

3.4.1　金融产业的形成过程

从资本的视角来看,金融产业的形成,是在资本的社会分工演进中逐步实现的。社会分工不仅体现在劳动中,也体现在资本主体的投资中。而投资需要资本,资本又是在社会分工中形成的。这是因为剩余产品是商品交换的前提和基础,有了社会分工,才有不断产生的剩余产品。为了提高商品交换的效率,商品交换的自然演化,最终产生了货币。当货币进入并服务于商品生产时,货币就变成了资本(王定祥、李伶俐、冉光和,2009)。这时的货币不仅被看作一个价值额,具有一般等价物的作用,而且被看作一个价值额的独立表现(杨志,2002),它具有资本的功能,能够自行增值。这样,货币除了具有自身的使用价值以外,还取得了一种追加的使用价值,那就是"作为资本来执行职能的使用价值"[①]。当货币被当作资本来使用时,资本社会化分工的历史序幕,就开始在各产业之间展开了。

资本的社会化分工,是从农业资本开始的。在原始的农业社会,社会资本基本上都投向了农业,而且农业生产和销售在相当长的时期内集于一体,资本分工仅在农业内部展开。为了满足人们日益增长的"温饱"需要,就要提高农业生产效率,加快发展农业。于是,一部分农业资本就从农业中分离出来,专门投向农业生产工具的发明、制造领域,从而加快了农业生产工具的探索、发明和创造,逐步出现了石器时代和铁器时代,进而产生了现代意义上的工业部门。此时,产业资本的完整形态就出现了。在社会分工机制的推动下,产业资本由原始的农业资本分化裂变出了工业资本,此时,社会资本体系就由农业资本与工业资本构成。

在产业资本运营中,资本的运动是指资本价值遵循一定的时间与空间顺序,不断转换自身的物质存在形式。在这一转换过程中,资本价值总是先从货币资本(G)出发,经过购买生产资料(Pm)和劳动力(A)阶段,然后经历生产商品($\cdots P \cdots$)和售卖商品(W')阶段,最终带着一个增值额($\triangle G$),又回到货币形态(G')上,从而完成最后一个阶段,并且周而复始地继续下去。

图3-1揭示了产业资本运动的三个阶段。与市场购买、企业生产、市场售卖三个阶段的特点和任务相适应,产业资本分别采取了三种不同的职能资本形式,即货币资本、生产资本和商品资本形式。在这里,货币资本不仅起着"第一"推动力和"持续"推动力的作用,而且是联结产业资本连动运动的纽带(王定祥,2006;冉光和等,2007)。在产业资本的运动过程中,"货币表现为资本价值的第一个承担者,而货币资本就表现为资本的预付形式"[②],价值增值是产业资本运动的最终目的,因此,预付的货币资本必然要

[①] 《资本论》(第3卷),人民出版社2004年版,第378页。
[②] 《资本论》(第2卷),人民出版社2004年版,第35页。

回收。预付资本回收所需时间的长短以及回收数额的大小,是衡量各产业资本运动绩效的关键指标。而要实现这些指标,确保预付资本顺利回收并增值,就要依赖有效的生产过程、流通过程以及经营管理过程。

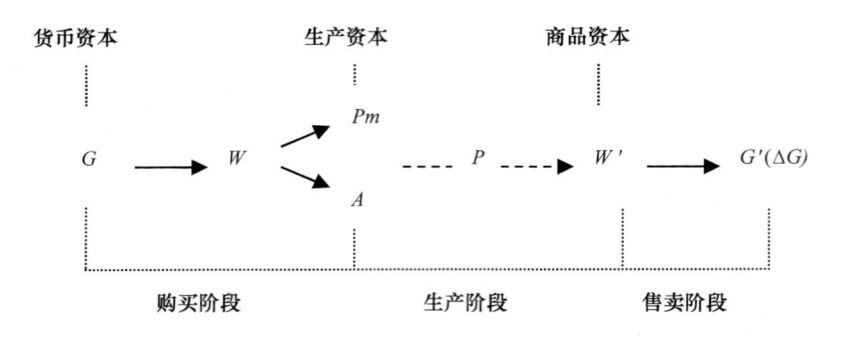

$$货币资本 \quad\quad 生产资本 \quad\quad 商品资本$$

$$G \rightarrow W \begin{array}{c} \nearrow Pm \\ \searrow A \end{array} \dashrightarrow P \dashrightarrow W' \rightarrow G'(\Delta G)$$

$$购买阶段 \quad\quad 生产阶段 \quad\quad 售卖阶段$$

图 3-1　产业资本运动过程的三阶段和三种资本形态

在上述产业资本的运动过程中,商品资本（W'）是包含剩余产品的资本,属于商品形态,其职能是实现剩余价值。随着产业资本规模的不断扩大,单个产业资本的价值实现过程变得烦琐起来,客观上要求从产业资本中分离出商业资本,由专业化的商业资本（即商业企业）来完成商品资本的职能（王定祥等,2009）。在社会总资本运动中,某一个单个资本的价值实现过程,即 $W'-G'$ 的过程,恰好是另一个单个资本的使用价值补偿过程,即 $G-W$ 的过程。于是,在市场上,以货币为媒介的商品流通,就成为相辅相成的、各个单个资本正常运动的条件（杨志,2002）。为了加快商品销售的速度,提高产业资本的循环效率,一部分对商品营销具有专业特长的人格化资本,就把其经营资本投资于商品流通部门,把商品买卖作为国民经济体系的一个特有部门,这时,产业资本中的商品资本就分化出来,成为专业化的商业资本,并最终形成国民经济中的一个独立的商品流通部门（王定祥等,2009）。

当商业部门从工农业部门中分离出来以后,资本的社会分工运动并未停止。此时,以分工为基础产生的工业资本、农业资本、商业资本都需要货币资本作为其经营的基础,并且,随着经营规模的不断扩大,固定资本的折旧、流动资本的沉淀、产品售卖后的货币回流等,致使货币的流入和流出不仅在规模上越来越大,而且在速度上也越来越快。再加上货币资本在社会总资本运动中所起的独特作用,货币资本从农、工、商等实体产业部门的资本运动过程中独立出来,就不仅有可能而且完全有必要了(冉光和等,2007;王定祥等,2009)。所以,马克思指出:"产业资本的一部分,进一步说,还有商品经营资本的一部分,不仅要作为货币资本一般,而且要作为正在执行这些技术职能的货币资本,不断处于货币形式。现在,从总资本中有一定的部分在货币资本的形式上分离出来并独立起来,这种货币资本的资本职能,是专门替整个产业资本家和商业资本家阶级完成这些活动。"[1] 当它们独立起来,成为一种特殊职能的资本,而这种资本"把它们并且只把它们当作自己特有的活动来完成的时候,就把这种资本转化为货币经营资本了"[2]。当大量货币经营资本被独立出来,并在市场机制的主导下,专门服务于实体产业部门而获取收益时,就形成了一国的金融产业部门(王定祥等,2009)。

可见,以货币经营资本为基础所形成的金融产业部门,实际上是从商品生产的工农业部门和商品流通的商业部门中演化出来的,是一种"作为资本的生产过程和流通过程延续的,同时又是为它们服务的那样一种二重性的资本形态"。从工农业资本和商业部门资本运营中逐渐分离出来的货币经营资本,最终发展成为金融产业部门,虽然具有职能资本的属性(王定祥,2006),但是,"货币经营者所完成的各种活动,只是他们作为中介所实现的商人和产业家的活动"[3],这就使得金融产业部门的货币经营资本还具有非职能资本的属性。它可以不直接参与实体经济的生产过程和流通过程,而只是为这些过程服务,并使这些服务专业化、产业化(杨志,2002),从而使得金融产业部门的资本运行,有可能脱离实体产业部门的需求,而在自身内部发生空转。这正是金融产业资本的一个特殊性所在,也是一个风险隐患。2008年之前的美国华尔街,严重脱离实体经济部门的需求,创新了大量次级债券,最终引发了影响深远的全球金融危机。可见,正是资本的社会分工机制,才使得金融产业部门逐渐脱离实体产业部门而独立地发展起来,促进了金融产业的形成。

---

[1] 《资本论》(第3卷),人民出版社2018年版,第352页。
[2] 《资本论》(第3卷),第352页。
[3] 《资本论》(第3卷),第359页。

3.4.2　金融产业形成的原因

归根结底，金融产业的形成是与实体经济发展密切联系在一起的，实体经济是金融产业形成的基础，金融产业的成长制约着实体经济的发展。概括说来，实体经济的商品化、市场化、产业化和国际化发展，是金融产业形成的根本原因。

（1）实体经济的商品化

实体经济最先是从自给自足的自然经济开始的，随着私有制的出现和社会分工的发展，实体经济才逐渐产生了剩余产品，并出现了商品交换，并最终促进实体经济从自然经济演化到商品经济形态。实体经济的商品化发展，不仅极大地丰富和发展了社会产品，满足了人们日益增长的多元化需求，而且在商品交换中逐渐诞生了货币。货币的出现，不仅使社会经济部门逐步分离出了专门经营货币业务的机构——货币经营业（即古代钱庄），这正是金融产业组织的雏形；而且，货币本身作为流通与支付手段，也不断为商品交换服务。在商品交换中，买者通过不断地把货币支付给卖者来获取商品，并在自己是卖者时，通过出售商品从其他买者手中收回货币。此外，商品的交换方式不同，货币的支付方式也可能有差异，于是，将货币收付与结算工作独立出来，由专业经营货币业务的金融产业组织来经营就完全有必要了，因为这样可以帮助农、工、商业等实体产业部门节省大量的流通费用，促进实体经济的发展。

（2）实体经济的市场化

实体经济商品化是其市场化的前提，实体经济市场化是其商品化发展的结果。实体经济市场化，首先使得实体经济主体变成了具有理性经济人特征的市场主体，他们以追求利润最大化作为自己的经济目标。其次使得实体经济主体主要按照市场需求和价格信号变化决定自己的资源配置。最后使得实体经济主体所生产的产品必须接受市场的检验。如果其产品在市场上销售不出去，市场检验就不合格，那么实体经济主体就可能会破产倒闭。因此，市场在实体经济的生产经营行为和资源配置中无不起着决定性作用。实体经济的市场化，必然要求金融部门的服务市场化。其原因是除了经济的金融性质与功能上的对应外，更重要的是，在金融资源配置中，还需要市场发挥决定性作用。只有市场决定的金融资源配置才是有效率的，才是符合金融企业"三性"原则的。金融企业是理性经济人，既需要在安全性前提下追求利润最大化，也需要根据市场供求状况、价格信号和风险等级来决定自己的金融资源配置行为。而市场化本身也是金融产业化发展的重要特征。因此，实体经济的市场化发展必然催生出众多具有市场行为特征的金融企业，最终形成金融产业。

(3) 实体经济的产业化

产业是由若干具有相互联系的企业构成的整体。在现代市场经济运行中，同行业的实体企业，为了满足持续增长且不断升级的市场需求，应对变化无常和难以预料的市场风险，获得尽可能多的利润，必然会顾忌彼此之间的竞争关系，或者通过采取各种不合作的市场行为，加剧市场竞争，或者通过各种形式的合作行为，使所有企业从中受益。这种企业间的行为联系，使实体经济日益表现出强烈的产业化特征。实体经济的产业化，必然会引导金融部门的产业化发展，最终形成金融产业。首先，实体经济企业化是实体经济走向产业化的重要基石。实体经济产业化，是通过若干相互联系的实体经济企业化形成的。而实体经济企业化会诱使金融机构企业化，实体经济主体按现代企业制度的要求进行治理和经营，必然会吸引更多的金融机构引入现代企业经营制度。因为现代企业经营制度，会显著提高金融机构的治理效率和金融资源配置效率，促进金融部门的快速发展。其次，实体经济产业化使产品在一个行业里的生产分工更加精细化，企业之间的联系加深，金融需求规模增加，金融服务风险在各生产环节高度分散化。这也促使若干金融企业在服务实体经济时，需要进行必要的服务分工和市场合作，例如信贷、保险、证券、信托的分工分业经营和银团贷款式的市场合作等。当这种联系日益加强时，金融产业也就逐步形成了。

(4) 实体经济的国际化

当实体经济的生产分工跨越国界时，就出现了实体经济的国际化。实体经济的国际化，不仅表现为商品生产的国际化，还表现为商品交换的国际化、国际经济一体化。在现代经济运行中，生产基地建在哪里，商品流向哪里，金融资源就会向哪里流动。在商品生产的国际化中，生产要素的采购环节会产生大量的融资需求，产品的生产与销售环节会产生大量的保险需求，在风险可控和有盈利预期的条件下，必然会引诱金融企业建立跨国性的经营机构，提供国际性金融服务。当有若干金融企业参与国际化金融服务，并获得大量收益时，国际化的金融产业就会形成。在商品交换的国际化中，各国使用的货币是不同的，这就产生了本国货币与外国货币的兑换问题。同时，国际商品交换也会产生国际货币信贷、支付与结算等国际性金融服务需求，这也需要由金融产业部门进行专业化经营，以降低国际商品流通费用，为实体经济国际化分摊部分成本和风险。可见，国际贸易的发展所带来的国际资本的流动和国际货币结算，也是引致金融产业形成并向国际化发展的重要原因。

3.4.3 金融产业形成的调整

在社会资本体系中，工业资本与农业资本属于资本的"基本形式"，商业资本属于资本的"次要形式"，而金融产业部门的金融资本是资本的"派生形式"[1]（王定祥等，2009）。工业资本、农业资本、商业资本与社会再生产过程的联系非常紧密，工业资本与农业资本的核心职能是生产和再生产剩余价值；商业资本的核心职能是实现和再实现剩余价值。与这三种资本不同的是，金融产业部门的金融资本既不直接参与剩余价值的生产和再生产，也不直接参与剩余价值的实现和再实现。它的职能是通过吸收存款等形式从实体产业部门集中货币资本，并通过贷款或投资，授信给需要资本的实体产业部门，然后通过这种信用交易，分享再生产过程中的剩余价值。因此，对于社会再生产而言，金融产业部门始终是实体产业部门的派生形式，是为社会再生产过程服务的一个特殊部门。

金融产业的形成，需要完善的信用制度提供保障。信用制度不断深化，金融产业才能不断获得发展的动力。在现实的经济社会里，实体产业部门要持续发挥生产和实现剩余价值的职能，必须持续地获取资本。而在现实的社会经济运行中，实体产业部门与金融产业部门的"全部联系都是以信用为基础的"[2]，实体产业部门的再生产过程所需要的货币资本，大部分都是从金融产业部门通过"信用交易"获得的。

以信用为基础的金融产业资本，除了具有推动实体产业部门再生产和起到商品交易媒介的作用外，还可以为金融产业部门带来利息收入。从表面上看，金融产业资本的运动形态是 $G-G'$，和实体产业资本的运动相分

---

[1] 《资本论》（第3卷），人民出版社2004年版，第59页
[2] 《资本论》（第3卷），第555页。

离,但实际上,金融产业资本运动的利息收入来自于对实体产业部门剩余价值的分割。这种对剩余价值的分割,正是金融产业部门获取利润和实现发展的动力之源(王定祥,2006;冉光和等,2007)。

在没有政府干预、资本自由流动、制度富有弹性的条件下,资本就可能从农、工、商等实体产业中分离出来,投资金融机构,加快金融产业的形成与发展。或者,资本也有可能从金融产业部门脱离出来,再次投向实体产业,在使金融产业投资下降的同时,也推动了实体产业的发展。这种调整过程如图3-2所示。假定农业、工业、商业等实体产业部门,其内部结构是合理的,并有超额利润可获取(如图3-2中的Kb所对应的F点),实体产业投资收益率高于此时金融投资收益率G点,说明金融产业投资过度,实体产业投资不足。此时,金融产业部门就会有部分资本转移出去,投资到实体产业部门,最终使实体产业部门出现资本边际生产力递减,平均投资收益率下降,直到与金融产业部门的平均投资收益率相等(如图3-2中的Ka所对应的E点),金融产业部门的资本流出和向实体部门的转移才会停止。反之,如果金融产业部门的资本有大量的超额利润可以获取(如图3-2中Kc所对应的H点),金融产业投资收益率高于此时实体投资收益率I点,说明实体产业投资过度,金融产业投资不足。此时,实体产业部门的部分资本就会转移到金融产业部门,在竞争态势加剧的情况下,金融产业部门资本边际生产力出现递减,超额利润率逐渐趋于消失,其收益率最终会下降到社会平均投资收益率的水平,实体产业部门的资本转移过程,也会停止下来,实体产业与金融产业之间处于结构稳定状态。

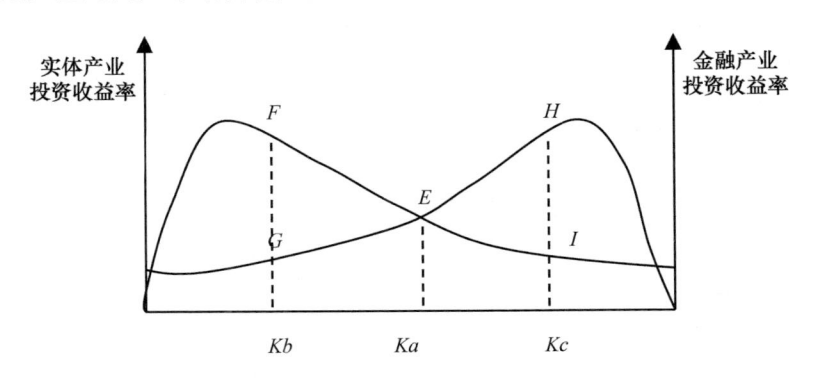

图3-2 实体产业与金融产业的偏离与资本动态调整

可见，社会平均投资收益率的形成，是金融产业与实体产业实现动态均衡的基本条件。社会平均投资收益率的形成，是通过资本在各产业之间的自由竞争和自由转移实现的，而且金融产业的存在可以加快这一形成过程。实体产业部门借助信用可推动资本的转移。以银行信贷为例，借助银行贷出的大量资本，实体产业部门的资本，就会转移至利润率更高的生产经营部门。长期持续转移的结果就是，促进了各产业部门之间的收益平均化。产业部门之间的收益率平均化，只是一个相对概念。伴随着技术进步和制度环境的改变，新的产业部门收益率平均化过程又会在全社会生产经营部门重新展开。金融产业的形成，始终会受到资本因追逐利润而发生转移的影响，要么金融产业规模缩小，要么金融产业规模扩大，直到新的社会平均投资收益率在实体产业与金融产业之间形成为止。这时，金融产业的调整过程结束，实现了稳态均衡。

3.5 金融产业形成的壁垒及原因

金融产业的形成，需要发育若干相互联系的金融产业组织。虽然金融产业组织既有外生，也有内生，但金融产业组织的市场结构，并非自由进出的完全竞争市场，而是一种有着严格的"进入壁垒"的垄断竞争市场。新的金融产业组织欲进入，就不得不和已有的金融产业组织进行竞争，并在竞争上面临着若干不利因素，这些因素甚至会阻止其进入，被称为"进入壁垒"。合理的进入壁垒，不仅会降低现存金融组织失败的可能性，还会减少金融组织破产对经济社会所造成的危害，而且使既定的金融产业结构保持稳定状态，促进金融产业的有序形成。但不合理的进入壁垒，则会阻碍金融产业的形成。

3.5.1 金融产业形成的壁垒类型

作为金融产业单元的金融企业，不仅有一般企业的经济性进入壁垒和一般法律、政策性进入壁垒，还有其特有的高社会性进入壁垒（王颖捷，2004）。

（1）经济性进入壁垒

金融产业的经济性进入壁垒，主要有以下五种形式：第一，资本壁垒。金融企业的建立和发展，需要大量的资本金投入。其原因在于：无论是营业分支网点建设，还是金融技术设备和信息网络建设，都需要投入大量的资金。这些资金都来自于金融企业的资本金。此外，金融产业的发展建立在良好的信用基础之上。雄厚的资本金实力，有助于金融企业应付挤兑危机，增强信用和抗风险的能力。因此，较高的资本要求和巨大的资本投入，大大提高了新的金融企业的进入门槛，从而形成资本壁垒。第二，金融产品差异壁垒。如果消费者对金融市场现有产品和服务已形成偏好，新的金融企业就必须花费大量的时间和资金来对其产品和服务进行宣传和推销，这就形成了金融产品的差异壁垒。金融产品的差异化，是指同其他经营同类产品的金融企业相比，某金融企业在提供的产品实体要素上，或在提供产品的诸条件上，存在显著的差异，足以引起购买者产生特殊的偏好，从而使自身处于有利的市场竞争地位。它主要体现在发展战略、产品种类及其定价、服务等方面。如果在金融产业发展中，金融产品和服务的差异化非常突出，那么，一方面将造成金融企业利润率难以平衡，处于竞争优势地位的金融企业可以凭借其产品和服务的价格、成本等优势，获取较高的利润率；而处在竞争劣势地位的金融企业就只能获得较低的利润率。另一方面，对想要进入的金融企业来说，金融产品差异化程度越高，金融机构进入的壁垒就越大，金融产业结构调整的难度就会加大。第三，金融产品的非兼容性壁垒。在金融市场未实现互联互通的状态下，不同的金融企业的产品和服务之间存在着非兼容性。例如，在现实生活中，在未到期之前，客户若将一家银行的定期存款转移到另一家银行，原有的存款利息就会面临损失；如果客户将购买的保险产品从一家保险公司转换到另一家保险公司，原有的保险契约就会随之结束。金融产品和服务的非兼容性，增强了既有金融企业的竞争优势，提高了新的金融企业的市场进入壁垒。第四，技术壁垒。20世纪是科学技术空前辉煌的世纪，20世纪90年代以来，科学技术在金融产业中也得到了广泛运用。例如，全球计算机技术和互联网技术的快速发展，推动了金融产业的信息化发展。尤其是1995年以来，网络银行的诞生，引发了金融产业的根本性变革。在全球范围内，金融创新技术不断深化，提高了金融企业的竞争力。这主要表现在如下方面：金融企业可以利用信息技术，研发出许多新的金融产品，能更好地满足客户多样性的金融需求；信息网络技术，能改变金融企业的营销理念、营销方式和营销渠道，促使金融企业由粗放经营向集约经营转型；信息技术革命使金融机构从资金中介,变成投资理财企业,从产品导向变成客户导向。技术进步已成为金融产业组织的一种重要竞争力。所以,众多金融企业投入了大量的资金,用于技术研发。显然,拥有技术的金融企业,必然会阻止新的金融企业的竞争。第五,信息优势进入壁垒。在金融市场上,已有的金融企业会积累有关客户的大量信息。银行、证券和保险企业都离不开对大量信息进行分析并做出科学的决策。以银行为例,在日常运营中,银行有很多机会和渠道获得客户私人信息,其中,有些私人信息由客户直接提供,但有些私人信息来自银行的比较优势。例如,对借款人进行贷款后监管可以获得私人信息。当银行与借款人建立了长期关系,银行就会拥有借款人的大量存量信息,在与其他潜在银行竞争时,就会形成较大的竞争优势。而新的银行要想获取这些私人信息,提高自身竞争力,就需要耗费大量的时间成本和沉淀成本。所以,潜在企业要想进入银行传统的存贷领域,就会面临很高的壁垒。

(2) 法规、政策性进入壁垒

法规和政策性壁垒主要是指监管部门设定的必要的监管规定,包括对进入者的要求;对金融企业经营的地域、业务等方面的要求。第一,市场进入的法律规定。各国对金融企业的进入,一般要由法律规定,由监管部门批准。法律规定的内容大致包括金融企业的进入资格、提供的资料、最低资本等。例如,英国1987年的《银行法》提出了银行进入应遵循的原则,时至今日,这些原则在世界范围内都具有一定的代表性。这些原则主要包括三个(李豪明,1998):一是适当与适合标准(fit and proper),也即金融机构的控制者、董事或经理等高级管理人员,不仅要与其担任的位置适当和适合,而且要善于判断,富于竞争性,作风正直,认真履行职责,能够保护好存款人的利益。同时,在过去的经营管理中,没有欺诈、不诚实或暴力的犯罪行为,没有因玩忽职守而造成机构损失或倒闭,没有违法违规的业务活动记录。二是"四只眼原则"。20世纪70年代以来,英国就一直禁止"一人银行"进入市场。所谓"四只眼",就是要求银行业务应交由至少两个管理经验丰富、决策能力强的专业人才进行有效管理。三是"谨慎行为"标准。也即银行要谨慎经营其业务。其谨慎表现在银行要有充足的资本(adequate capital),能适应银行业务的性质和所需规模要求,能保护存款人和潜在存款人的利益,以抵御经营的内在风险;有充足的流动性（adequate liquidity），流动资产与负债在数量和时间上要相匹配，并在一段时期内，有能力提供流动性；有充足的坏账准备（adequate provision），以应付银行资产的贬值或损失，包括坏账和对问题贷款的准备金；有充足的会计记录和内控制度，能完成其履行《银行法》的责任和作用；有完整的专业技巧性（Entegrity and skill）来适应经营业务的性质和规模；有最低资本或净资产（即实缴资本和准备）要求（Minimum net assets），以抵御各种风险。第二，地理竞争上的法律限制。国外对金融企业之间在地理上的竞争也有一定的法律限制，即跨地理边界壁垒。例如，20世纪30年代至80年代中期，美国银行在不同区域的选择与扩张，就受到了严格的法律限制。很多州禁止或限制美国银行在州内设立分支银行，严格禁止跨州分支银行业务。州和联邦的特许限制与合并指南，也严格限制了银行跨地理边界的进入。还有存款利率上限和不收取风险溢价的存款保险制度等管制，基本上禁止了银行相互进入对方的市场，以及在存款利率或安全性上的竞争。然而，到了20世纪80年代后期，银行经营在地理范围上的限制开始放松。到1991年，所有州都允许银行跨州经营，除了蒙大拿州和夏威夷州外，还允许银行持股公司跨州经营业务。1991年美国财政改革提案建议，推行设立全国范围的分支机构。同期，欧洲也取消了金融机构的地理限制。1992年欧共体达成协议，允许金融企业跨边界进入。进入的间接障碍也减少了。到1986年，美国几乎取消了对存款利率的所有限制。在某种程度上，银行也开始面临着与其所承担风险相关的更多成本。根据巴塞尔协议国际风险资本指导准则，银行必须拥有与其信贷风险相对应的资本。第三，经营范围的限制。设立禁止银行进入传统银行业务以外的产品线，也禁止非银行公司进入银行业，禁止金融机构混业经营。从20世纪30年代以来，《格拉斯—斯蒂格尔法案》禁止美国银行进入投资银行业。商业公司也被禁止收购商业银行。然而，这两类障碍在1998年被解除了。在其他国家，包括1992年统一后的欧盟，也允许全能银行业务。目前，很多发展中国家包括中国在内，还存在银行进入产品线的限制，不允许混业经营。第四，规定银行在提供某些服务方面，要维持竞争优势（阿伦·N. 伯格尔，2000）。一些国家还通过法律规定银行在提供某些产品上，比非银行具有竞争优势。例如，银行存款保险制度。在银行资产端，很少有监管性的限制，多种类型的金融公司都能合法地从事各种贷款业务。但在负债端，只有银行和其他被保险的存款机构，可向存款者提供与联邦存款保险相联系的保护。即使银行未保险的负债，也有一些事实上非金融公司所没有的保护，因为这些未保险的负债，对金融体系构成了外部成本，监管部门对大银行实施的"大则不倒"的政策，能够为这些银行未保险的负债提供实质上的保护。银行和其他被监管的存款机构，通常比非银行公司有更好的途径进入支付体系，使它们能向存款者提供更优越的交易服务。尽管银行具有存款保险和支付体系的优越性，非银行企业还是渗透到了存款市场，但它们无法成功地突破支付方面的障碍。它们一般不能提供交易密集的账户，只好通过银行进行结算支付。

（3）高社会性进入壁垒

它是指一国是否允许外国资本和私人资本进入本国金融行业，及其进入的程度等法律和政策壁垒。金融产业关系到一国的经济自主权，关系到一国经济社会的持续稳定发展。长期以来，大多数国家对国外资本和私人资本进入本国金融产业，以及进入的程度都有严格的规定，而且与其他产业相比要严格得多，这导致金融产业具有较高的社会性进入壁垒。这种社会性进入壁垒，虽然是以法律和政策性壁垒的形式存在的，却又不同于一般的法律和政策性壁垒，因为其要受制于金融的社会属性，反映着一国的金融产业发展战略（王颖捷，2004）。国际上对金融产业高社会性进入堡垒的妥协性结果，集中体现在世界贸易组织（WTO）的金融服务协议（FSA）中。该协议于1997年12月13日签署，内容包括了当时的102个成员所做出的开放金融产业的承诺，并于1999年初生效。对WTO而言，FSA具有里程碑意义。因为WTO的大部分成员就跨境贸易与金融服务的市场准入法律框架以及争端解决机制达成了一致。"乌拉圭回合协定"议定的服务贸易总协定（GATS），将服务贸易拓宽到世界贸易组织（WTO）规章范围内。但《金融服务贸易协议》的达成并不顺利，就是1997年12月签署的最后协议，也是发达成员与发展中成员最终妥协的结果，太多的免除条款、例外条款及关于市场准入和国民待遇的特定义务，都极大地削弱了该协议的效力。尽管如此，我们仍然可通过该协议，理解各国进入金融产业的社会性壁垒。GATS在开放各成员的服务贸易中，对服务提供者的数量、服务贸易总额、资产总额、服务贸易的次数或供给总量、服务提供者雇佣自然人、服务提供者的法人形态、投资总额七个方面做出了限制性规定，从而形成国际性服务贸易市场准入的基本准则。金融产业准入的国际规则集中体现在《有关金融服务承诺的谅解书》中。该谅解书的市场准入条款规定（王颖捷，2004）：每一成员方应在其金融服务的时间表中列出现存的垄断权，并努力消除或缩小其范围；每一成员方应确保其他成员方在其境内设立的金融服务企业，在公共机构金融服务的购买与获取方面享受最惠国待遇和国民待遇；每一成员方应允许非居民金融服务提供者作为本人，通过中间人或者作为中间人，根据国民待遇条款，提供一定的保险和再保险服务；每一成员方应允许其居民，在其他成员方境内购买一定的金融服务；每一成员方应允许其他成员方在其境内建立的金融服务企业，在其境内提供任何新的金融服务；每一成员方应允许正在境内或已在境内设立商业机构的其他成员方，其金融服务提供者的特定人员①暂时进入境内；每一成员方应努力消除或限制特定措施②对其他成员方提供者的不利影响。中国金融产业的对外开放是渐进式展开的。1979 年，我国拉开了银行业对外开放的序幕，允许外资银行到中国设立代表处。1981 年后，正式允许外资银行设立营业性机构，并逐步扩大到全国范围。到 2012 年底，外资银行在我国有 197 家代表处，42 家营业机构，其中，分行有 95 家；外资银行总资产高达 24582.4 亿元，外汇贷款总额也达到 9163 亿元。截至 2013 年底，我国已批准 105 家外资银行从事人民币业务。中国证券业对外开放尚处于起步阶段，外国证券公司在华只能设立代表处，不能设立分公司。中国保险业也在 1980 年开始开放，外资保险公司从上海试点逐步扩大到全国，到 2012 年底设立的外资保险公司共 52 家。2001 年我国加入 WTO。根据有关协议，我国逐步开放了外资银行在外币业务、人民币业务、营业许可等方面的限制，并对保险、证券、金融租赁和汽车信贷做出了开放承诺，加快了我国金融产业对外开放的步伐。经过 30 多年的发展，外资金融机构的数量和业务规模不断扩大，已成为我国金融产业组织的重要组成部分，对我国经济建设发挥了重要作用。在民营资本进入方面，改革开放以来，允许民营资本进入金融产业一直只停留在理论研究层

---

① 特定人员是指对金融服务提供、控制与运行所必需的信息享有独占权的高级管理人员，及经营中的计算机服务、电信服务、财务、保险计算、法律等专家。

② 特定措施是指阻碍金融服务提供者在成员方境内，以成员方决定的方式提供各类被许可金融服务的措施，及限制金融服务提供者的业务活动扩及该成员方全部境内的措施等。

面，在实践层面采取了十分谨慎的态度，最初只允许民营资本参股一些保险公司、证券公司、租赁公司，而允许建立民营银行只是多年来热议的话题。直至2013年国务院发布金融改革十条措施①，才放开了民营资本进入金融产业的准入限制。这是我国金融产业组织体系由封闭走向开放，由产权主体单一走向多元，由功能狭窄走向健全完善的重要开端。

3.5.2 金融产业壁垒形成的原因

金融产业壁垒的形成，主要有两个原因。

(1) 外资金融企业与国内金融体系的控制权

金融对经济具有重要作用，是国民经济的血脉，因此，一国金融体系的控制权，对一国政府显得十分重要。在发展中国家，一国金融体系的控制权体现为金融要支持国民经济发展和政治稳定。发展中国家的资金较为短缺，需要引导资金流向，发展国民经济急需的项目，是发展中国家实现经济发展的重要保障。发展中国家可能会担心外国金融企业有与本国不同的优先考虑支持项目，这些项目又不利于本国实现政策目标。例如，外国金融企业很可能不会偏好那些社会效益较大的项目。同时，一些发展中国家还有可能会担心外国保险商不愿意承担系统性风险，而这些风险的规避又具有显著的社会效益，如个人的赔偿金、农业保险等。为了控制外资银行的国别来源分布，及其在国内金融产业中所占比例，通过规章制度等形式设定外资银行进入壁垒及其程度的高低，对发展中国家就显得十分必要。例如，发展中国家普遍的做法是，用国内的规章制度限制外国银行对零售银行业的介入，大多数外国银行都从事批发银行业务，如商业融资、向公司客户出售先进的金融产品，而不是从事零售银行业务。如花旗银行，通过持股公司制控制若干小银行，从而成为唯一一家能在许多国家成功开展零售银行服务的国际性银行。因此，一方面要考虑到外国金融企业进入，可能会与发展中国家实现社会整体经济发展目标的做法不完全一致，另一方面也应该认识到金融开放的积极作用，不能简单地认为外资介入只会损害国内金融产业的控制权。如果能处理好进入壁垒及其程度的问题，积极消除不利影响，发展中国家就可以获得尽可能多的金融开放

---

① 引自《国务院办公厅关于金融支持经济结构调整和转型升级的指导意见》(2013年)，共有十条措施，其中第九条为："扩大民间资本进入金融业"。

收益。

(2) 金融产业开放与金融危机

在过去的金融开放实践中，由于金融产业开放顺序选择的失误、宏观经济不稳定和金融监管不同步增强，使得一些发展中国家的金融开放引发了金融危机。例如，20世纪70年代，阿根廷、巴西和智利推行的政策放开和国际化改革，便以银行业危机（大批银行破产倒闭）和更广泛的金融危机（国外资本外逃、资本流向倒转、货币大幅贬值）而告终。1994—1995年爆发的墨西哥比索危机、1998年爆发的东南亚金融危机、2008年爆发的次贷危机，无不与一些国家的汇率制度和金融过度创新密切相关。所以，发展中国家一般会通过渐进性地降低金融产业准入壁垒来发展国内金融产业。

3.5.3 降低金融产业壁垒的条件

金融开放的显著经济社会效应是促使各国逐步降低金融产业的进入壁垒，实行金融开放，成为一种必然趋势。而金融开放可能带来的风险，又使得金融产业进入壁垒的存在不可避免。因此，深刻理解发展中国家降低进入壁垒的前提条件，正确处理好金融产业进入壁垒与金融开放的关系，对于实现金融产业可持续发展的意义重大。在一般情况下，发展中国家降低进入壁垒的前提条件主要有四个方面（王颖捷，2004）。

(1) 国内金融产业的竞争程度

如果一国金融产业的市场结构处于高度垄断状态，即便实行金融对外开放，外资金融机构进入后，也难以为本国提供有效的金融服务，该国通过金融开发所获得的收益也是极为有限的。相反，如果一国金融产业的市场结构处于有效竞争状态，金融对外开放所带来的经济金融效益就十分显著，可以为金融消费者带来许多质优价廉的金融产品和服务，提高消费者的福利水平。因此，改善本国金融产业市场的竞争状况，是降低金融进入堡垒的前提。

(2) 本国金融企业的产权状况

在经济发展初期，大多数发展中国家因金融资源极为稀缺，而选择由国家出资组建金融机构，以集中动员和配置金融资源，实现经济赶超目标。于是导致了金融企业产权以国有为主，金融企业发展目标与政府发展目标趋近，而不是利润最大化。此时，引进外国金融企业，对国有金融企业参与竞争的促进作用不太显著。只有建立起适应市场经济要求的金融企业产权，形成金融企业竞争与发展的内在动力，金融开放才是有意义的。

（3）本国金融监管能力

要降低金融进入壁垒，实行金融开放，就必须有维护金融体系稳定的监管能力。这就要求一国有较为健全的监管法律，并具有较高的金融执法技术和水平，能有效开展金融监管的国际合作与交流。

（4）稳定的宏观经济环境

金融发展与经济发展密切相关。如果宏观经济不稳定，通过实施金融开放引入更多的竞争者，只会加剧国内金融的不稳定，甚至诱发一些金融企业倒闭，从而引起一连串的"多米诺骨牌效应"，对经济发展带来巨大的冲击。所以，在降低金融壁垒、促进金融开放的时候，需要宏观经济保持稳定。

第4章 金融产业的组织理论

产业组织理论的实质就是研究在生产要素投入既定的前提条件下，既要充分利用规模经济性，避免过度竞争所带来的低效率，又要保持市场机制条件下的竞争活力，使产业内企业提高自身的经营动力，有足够的激励进行技术创新、降低成本，实现有效的竞争。因此，产业组织理论的核心在于优化资源配置，提高资源配置效率。在市场经济条件下，资源存在着政府和市场两种配置机制，市场配置资源的主体是企业和个人（含家庭），它所依赖的机制是供求机制、价格机制和竞争机制，实现的目标是效率，市场配置资源的机制是主要的，是起决定性作用的。政府资源配置机制的目标是实现社会公平，提供公共产品和公共服务，预算机制是为解决"市场失灵"而存在的，是必不可少的。从金融产业组织理论来看，就是要研究市场机制主导的金融资源优化配置目标下的金融产业组织的结构、主体行为与治理机制。金融产业既是国民经济的核心产业，也是联系市场体系的纽带，是连接政府、企业和居民金融经济活动的有效中介。因此，本章的金融产业的组织理论研究，就需要研究金融产业的主体构成、公司治理、组织架构和主体行为等。

4.1 金融产业的主体构成

在金融产业中，构成产业集合的经营主体是众多为社会提供金融商品和服务的金融企业，例如银行、证券、保险、信托等，这些金融企业不仅总体产出量具有相当的规模，而且为社会提供金融商品和服务的社会经济功能保持稳定不变（王定祥，2006）。金融产业的各个经营主体——金融企业，都是理性经济人和重要的市场主体，金融企业是按照市场原则和公司制度组建的，是具有产权明晰、权责明确、政企分开、管理科学的现代企业制度特征的企业；金融企业必须按照自主经营、自负盈亏、自我约束、自我发展的原则，在保证安全性的前提下，追求盈利性目标（李军，2012）。追求利润最大化，源于金融产业主体是真实意义上的企业，并由此形成了以利润最大化为经营目标的企业集群——金融产业。一般说来，金融产业主要分为银行产业、保险产业、证券产业、信托与租赁产业（王定祥，2006）。

4.1.1 银行产业经营主体

银行产业主要是由商业银行、政策性银行、储蓄信贷机构等组成的产业集群，它们通过吸收存款、发放贷款等经营形式，集中社会闲置资源，优化社会资源配置。其中的商业银行不仅开展存贷款业务、结算业务，还具有存款货币创造作用。银行业金融机构的职能主要体现在如下方面：一是信用中介。就是动员储蓄，并通过贷款等形式，将储蓄转化为企业投资。银行作为信用中介，不仅可以动员和集中闲散的货币资本，而且可以把这些货币资本投向国民经济各部门，促进资源优化配置与经济增长。信用中介是银行最基本的职能。二是支付中介。支付中介是指通过存款在账户上的转移、兑付现款，或代理客户支付等。商业银行借此可成为工商企业的货币保管者、出纳员和支付代理人。三是信用创造。就是在贷款过程中创造大量的存款货币，这是建立在支付中介和信用中介基础之上的。四是金融服务。商业银行凭借其信息优势，运用电子计算机等先进手段和工具，为客户提供其他服务（安烨，2006）。

同一般工商企业一样，银行业金融机构也是直接从事经营活动的，具有一定的自有资本，自负盈亏、自担风险、自求平衡、自我发展，追求利润。但是，银行业金融机构也有特殊之处，主要表现在这些方面：其一，银行的特殊风险。银行与客户之间以借贷为核心形成的信用关系，表现为以信用为基础、以还本付息为条件的借贷。也即银行以存款的形式向社会公众吸收资金（表现为对社会公众的负债）、以银行贷款方式向企业提供资金（表现为对企业的资产），因此，这种特殊性容易产生信用风险。其二，资本高杠杆率的特殊收益。商业银行在进行业务经营时，其自身的财务杠杆率相当高，即商业银行在自有资本比例相当低的条件下即可进行经营，并能够在业务经营活动中创造出丰厚的收益。

由于各国政治经济制度等方面存在的差异，银行业金融机构的外部组织形式也有所不同，主要有：（1）单一银行制，是指不设任何分支机构的银行制度。这种制度的特点是经营自主灵活，地方性强，便于鼓励竞争，限制银行垄断。（2）总分行制。它是指在某一大城市设立总行，在国内外各地普遍设立分支行并形成庞大的银行网络制度，存在总行制、管理处制两种类型。总行制就是总行主要负责管理和控制职责，其自身也经营一些具体的业务。管理处制就是总部负责管理下属分支机构的业务活动，总行自身不经营业务。总分行制的优势在于资金调度灵活，能够分散风险，分工细化，经营规模大，市场竞争力较强。（3）连锁银行制。就是指由某一个集团（一个人）购买多数独立银行的大部分股票，进而对这些银行进行控制的组织形式，其业务和经营管理由这个集团或这个人决策控制。（4）控股公司制。是指由一家控股公司持有一家或多家银行的股份，或者是控股公司下设多个子银行金融机构的组织形式。

4.1.2 保险产业经营主体

保险产业，就是由各类保险机构组成的产业集群，它能够使有风险的社会闲置资源活动起来，并且分散与降低要素市场的各种风险，为国民经济的健康发展与社会的稳定服务。保险产业的经营主体就是各类保险机构，是收取保费并承担风险补偿责任，从事风险管理技术的机构组织，承担着重要的经济功能和社会功能。从其承担的经济功能上看，保险金融机构不仅向投保人提供风险管理服务，而且对保险资金加以运用。因为保险资金稳定性较好，从而保险金融机构可以进行多元化投资，在这个投资过程中，保险机构促进了储蓄资金向生产性资金的有效转化。从其特有的社会功能上看，一是强化了投保人的风险意识，使其积极防范风险。二是提供了有形的经济补偿，即当投标人在意外事故中遭受人身伤害和经济损失时，保险机构按合同规定给予投保人经济补偿，进而实现少数人损失由多数人共同分担的目的。三是提供精神上的"安全保障"，即签订保险契约后，保险金融机构在精神上为投保人提供了安定保障。

保险类金融机构在经济运行中发挥着重要的作用：（1）融通长期资金、促进资本形成、重新配置资源，信贷资金、资本市场融资和保险资金之间保持密切联系，尤其是保险机构在资本市场上作为重要的机构投资者，对社会融资和资源优化配置产生了重要的影响。（2）积聚风险、分散风险、降低个体损失。作为风险的管理者，保险公司可以将众多投保人的风险集中起来，然后运用风险管理技术分散或者转移这些风险，同时，按照事先的合同约定，保险金融机构给予投保人一定的经济补偿，这就降低了投保人的风险和损失（王广谦，2003）。（3）提供经济保障、稳定社会生活，保险金融机构为社会再生产的各个环节提供经济保障，充当了社会经济与个人生活的稳定器。

4.1.3 证券产业经营主体

证券产业是由证券交易所、证券交易商、证券发行者、经纪机构、证券购买者共同构成的市场集合，它也是储蓄向投资转化的一个重要机制（王定祥，2006）。通过资金筹措、价格发现和信息传播等机制，影响或决定着社会经济资源的转移与流动。证券产业的经营主体就是通过有价证券等金融工具为社会经济发展提供直接融资服务的金融机构。证券类金融机构对金融产业资本的运营，往往构成一国主要的资本市场。在资本市场上，存在着众多收益率较高的金融工具，因此能够吸引众多的投资者，这些投资者购买金融工具，就意味着向金融市场提供了巨额资金。

在证券市场上，首先，其资金来源不受资本数量的限制，这就使得个别资本有条件也有可能进入某一产业部门，打破了个别资本有限且难以进入一些产业部门的障碍，实现了资源的有效配置。其次，在资本市场上，企业产权的证券化极大地降低了生产要素在部门间转移的障碍，加速了资产的流动性。一些有发展前途的企业，可以通过控股、参股方式实行兼并和重组，开辟新的经营领域（吴晓求，2012）。再次，企业可以借助资本市场发行股票组建股份公司，或者在金融市场上转让股份实现企业重组，并实现公司的经营结构和治理结构的调整。最后，金融市场有利于产业结构优化。在资本市场上，筹资者为了筹集资金，他们相互之间进行直接或间接竞争，竞争的结果是：只有发展前途良好的企业才能在资本市场上筹集到资金，因此，资本市场的竞争机制可以筛选出效率较高的企业。另外，资本市场的筛选机制也可以激励上市公司改善经营管理，进而促成资源的有效配置和高效利用，使产业结构得以优化。

4.1.4 信托与租赁产业经营主体

信托与租赁产业,就是由各类信托与租赁机构构成的产业集群,信托与租赁产业也是对社会的一部分闲置资源进行信托或租赁,以实现资源配置(李军,2012)。信托与租赁产业的经营主体就是各种信托与租赁金融机构,是指融通资金,进行财产管理、社会投资服务的特殊金融机构。信托与租赁金融机构本身就负有调剂资金余缺之功能,通过调剂资金供求关系,为一国经济建设筹集资金。由于财产中的一部分可以以货币资金形态存在,于是对这类货币化的信托与租赁财产的管理和运用,就必然伴随着货币资金的融通。但信托与租赁和信贷相比,具有更多的优势和更鲜明的特点。信托与租赁中的信托关系体现了委托人、受托人和受益人之间的多边关系;在融资对象上,信托既融资又融物;在融资形式上,信托形式实现了直接融资与间接融资相结合(彭贵敏,2006)。财产管理职能是信托与租赁机构的基本功能。财产管理就是指信托机构受委托人之托,为其管理或处理财产,无论是金钱信托还是实物信托,都归属于财产管理的功能。信托机构作为受托人,必须按委托人的要求,进行投资或资金运作,为受益人谋取经济利益,而信托机构只能按契约所规定的收取相应手续费。社会投资职能是指信托与租赁机构运用信托与租赁业务参与社会投资活动的功能。随着信托与租赁业务范围的拓展,必然导致信托与租赁机构从事投资,反过来讲,也只有信托与租赁机构拥有投资权,其财产管理职能才得以有效发挥。

4.1.5 金融产业监管主体

金融产业的发展离不开金融监管,通过对金融产业各经营主体行为的监督和管理,能够有效防范和化解金融产业运行所面临的金融风险,维护广大存款人、投资者、投保人和委托者的利益,维护正常的信用秩序和金融产业发展秩序,促进金融产业的持续健康发展,因此,金融产业的主体构成还包括监管主体。由于各国金融产业发展程度不同,金融产业经营主体结构不相同,选择的监管制度模式也不相同,由此决定了各国金融产业监管主体也有所区别。但在开放的市场金融条件下,分业监管仍具普遍性,而统一监管缺乏分业监管模式下的行业监管主体。因此,本部分以金融产业分业经营、分业监管的模式为例，说明金融产业监管主体的构成。

在分业监管模式下，其监管主体包括：（1）中央银行（或货币监管部门）。目前，美国等西方国家和我国的中央银行均按经济区划设立央行分支机构，这是淡化地方政府干预，提高金融产业监管效率以及完善金融产业监管系统的一项重要举措。以此为契机，逐步形成了中央银行调控系统：第一，总行与分支行之间有明确的监管职权，各分支机构在总行授权下按统一标准行使监管职能；第二，中央银行金融监管与金融服务实行双轨运行，并在监管职能部门之间逐步形成了定期联系制度和重要事项通报制度，既各司其职，又通力合作；第三，中央银行实行本外币、内外资、境内境外金融企业、表内表外业务、现场非现场的统一监管，扩大金融产业监管的覆盖面；第四，建立起包括日常监管制度、风险预警制度、举报查处制度、资信评级制度、监管责任制度和报告报表制度等等。（2）金融行业自律监管主体。在分业监管模式下，银行产业由银监会负责监管，证券产业（市场）由证监会负责监管，保险产业（市场）由保监会负责监管等，这样就形成了各自行业的行政监管主体。不同的金融监管主体彼此之间基本上没有什么业务上的冲突，各监管主体各司其职、各负其责。这种多元化分业的金融产业监管体制与分业经营相适应。（3）金融行业互律监管主体。这主要是指金融同业公会或协会，如银行同业协会、证券同业协会、保险同业协会等，同业公会（协会）可以制定同业公约，加强行业管理，协调多方面的关系，从而有效沟通监管部门与金融企业之间的信息，促进金融企业之间的协作和共同发展。

4.2 金融产业的公司治理

4.2.1 计划经济条件下的治理结构

改革开放以前（1949—1978 年），我国的金融体系是一个典型的国家完全垄断的中央集权体系，主要金融机构包括中国人民银行、中国人民保险公司、农村信用社，并且它们还不具有独立的企业"法人资格"，国家完全依赖行政手段动员和分配金融资源，不是完全按照效率原则进行经营，那时的金融机构不是真正意义上的公司或企业。因此，现代公司治理结构理论不能有效地解释其独特的治理结构。参照苏联金融模式，当时我国的金融组织实行了"大统一"的垂直管理体制。图 4-1 显示了计划经济体制下的金融产业组织治理结构。

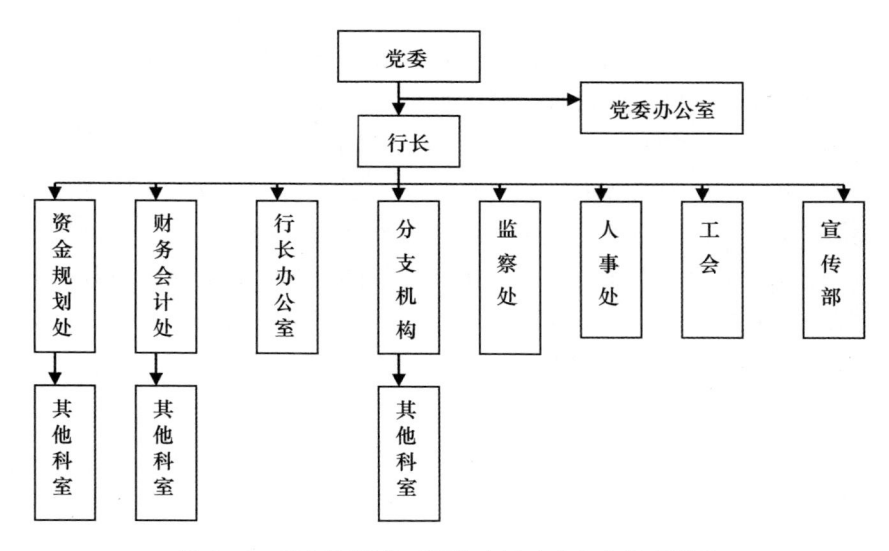

图 4-1　计划经济体制下的金融产业组织治理结构

在图 4-1 中，直线—职能制的治理结构是当时常见的金融组织治理形式。计划经济体制下的金融组织，其治理结构类似于国家机关，政府（党委）任命行长，行长是行政职务，掌握着企业的经营权，行长下设各职能部门，而各职能部门协助行长进行管理，服从党委和行长的领导，各处下设相关科室，根据上级的指示从事具体工作，从而实现国家制订的计划目标；国家政权及其代表直接行使国有金融资产的所有、占有、使用和经营权，通过这种机制，政府直接经营国有资产；金融产业经营主体仅仅依据直接的行政指令，从事相关的业务经营，其行为选择是充当"政府司库"，是政府的出纳和代理人，实际经营过程不存在激励约束机制、监督机制，以及权力制衡机制等等，这必然导致出现一系列的问题，如所有权缺位、内部人的自利行为、预算软约束问题，等等。

4.2.2　转型经济条件下的治理结构

在转型经济时期，我国的金融组织治理大致可分为两个阶段。

(1) 行政化治理阶段（1978—1995年）

改革开放后，国家控制和干预的力度开始减弱，在"信贷额度切块包干""放权让利"等政策的推动下，金融组织也发生了比较大的变化：金融组织在产权上逐步增强，经营权受到上级干预的程度逐步减弱；国家相继成立或恢复了中国农业银行、中国银行、建设银行和工商银行四大专业银行；逐步诞生了信托、证券等行业，打破了"大一统"的金融体制格局，呈现出多元化的金融主体。这个阶段，金融组织一般属于国务院的直属经济实体，行长由国务院任命，是副部级官员，自成体系，其治理结构与计划经济时期没有出现较大的变化，只是在经营业务上往外放权。其治理特征表现为产权单一、机构设置行政化，内部组织结构不科学、政企不分，没有有效的内部控制规范和激励约束监督机制，责、权、利不明确，粗放经营，风险防范意识差，等等。

(2) 向公司化治理方向转型阶段（1996年至今）

在计划经济体制下，金融组织体系被完全行政化，金融内生于财政和国家战略，形成了计划金融体制。但是，当计划金融使金融生产力达到极限而无法调和金融生产力继续增长与金融生产关系落后的矛盾时，就成为阻碍金融与经济发展的瓶颈。此时，随着计划经济向市场经济转型，计划金融向市场金融转型成为必然选择。由于计划金融体制下的金融组织体系内部所具有的行政化治理结构严重阻碍了金融组织的活力。因此，随着经济市场化改革的不断深入，金融组织不断向商业化、企业化方向迈进，不断淡化自身的行政色彩，金融组织内部治理结构也逐渐向现代企业治理结构方向转变，并催生了大量市场化金融主体，极大地促进了我国金融产业的快速发展。这一阶段，国有银行改革的重点是实现专业化经营向企业化经营转变，即银行成为独立的法人金融企业，实行自主经营、自负盈亏、自担风险、自求平衡、自我发展。但是，国有银行还要"执行国家产业政策，承担经济调控职能"，因此，银行既要根据市场因素做出决定，又要代表政府的利益服务于宏观经济的稳定。同时，国家颁布了法人治理方面的相关法律，把金融机构的控制权授予金融机构自身，授予其排他性法人财产权，使其成为独立的市场竞争主体，增设了监管机构，政府采用以经济手段为主、行政手段为辅的方式，对金融机构进行监督和干预，对金融机构进行机构撤并、精减人员，从源头上控制金融风险。可见，在转型经济下，金融产业组织的治理结构兼有现代企业与政府机构的性质，金融产业经营主体具有政治金融家的双重特点。一方面，银行行政等级式治理，主要是服从国家发展战略的需求，承担国有企业的职责，为政策导向的领域提供金融服务，以服务于政府调控经济的目标；另一方面，金融机构所具有的现代企业去行政等级的治理，是为了适应市场经济体制的需要，是为了适应自身成为真正的市场主体的需要，最终实现向标准企业的经营模式迈进。在后者治理模式主导下，金融机构协调盈利性、流动性和安全性的经营目标，向市场主体供给金融产品与服务，实现富有效率的发展。显然，在转型经济时期，金融机构所具有的行政化、等级治理模式，一方面是由计划金融惯性沿袭下来的还没有退化完毕的计划治理模式的遗留，另一方面也承载着满足政府宏观调控经济对金融的需求，因而带有历史必然性；而金融组织治理的市场化、公司化模式，则是顺应市场经济体制和金融生产力发展的客观需要而进行的有效率的治理模式改进，是符合时代发展潮流的治理演进。客观来讲，在转型时期金融组织治理的双重模式特征，也是与转型时期的经济体制相匹配的。因为由计划经济向市场经济转型是一个渐进的过程，国有金融虽然有着低效率等一系列弊端，但是，由于在计划经济体制下长期支撑着国民经济的发展，其作用一时间还无法完全被尚未发展成熟的民营金融企业所取代。若计划金融向市场金融转型过于激进，则有可能导致俄罗斯"休克疗法"式的经济金融改革所带来的经济崩溃的风险。随着市场经济转型的深入，市场在资源配置中开始起决定性作用。一方面，完全市场化运作的民营金融企业经过培育发展，逐渐成为市场中强大的金融主体；另一方面具有行政化色彩的金融企业，由于其低效率而无法满足市场要求，必然需要进行现代企业模式的股份制改造，政府也会逐步从市场中退出。在这样的情况下，金融组织治理模式就会逐渐摆脱行政管理的束缚，完全遵循市场规律来进行经营管理活动，其治理结构也会出现完全意义上的现代金融企业治理特征。

4.2.3 市场经济条件下的治理结构

对于金融产业的经营主体——金融企业而言，其公司治理结构必然蕴含着所有者、董事会和公司管理层三者所形成的一种相互制衡的组织机制，或者通过一定的治理手段，在企业内形成科学的自我约束和相互制衡机制，从而协调企业相关利益者和权力关系（吴敬琏，1994）。事实上，金融企业的公司治理结构存在着两种理解：一是公司内部正式制度安排，通过这些内部制度安排合理配置所有者与经营者的责、权、利，或者通过股东大会、董事会、监事会及管理层的机构设置，实现公司权力制衡；二是有关公司组织方式、内控机制、利益分配方式，以及公司利益相关者之间关系的所有法律、组织、文化和制度安排。可见，在市场经济条件下，其治理结构完全按照现代企业制度来构建，金融产业经营主体成为真正意义上的金融企业家。金融企业一般治理结构如图4-2所示，其有效的治理机制包括以下几种。

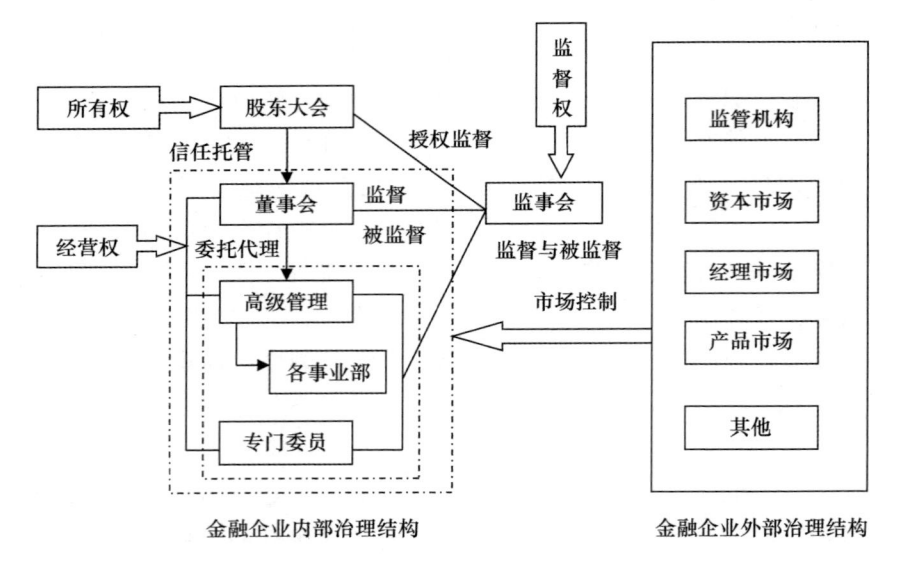

图4-2 市场经济体制下金融企业一般治理结构

（1）内部治理机制

金融企业的内部治理机制即指股东及其他参与者利用公司组织机构、程序和制度，保证参与公司治理的一系列制度安排。这种内部治理机制可以从决策系统、执行系统、监督系统角度进行解释。第一，决策系统主要包括股东大会和董事会，股东大会的主要责任就是决定经营方针、投资计划、变更董事或监事以及修改公司章程等，股东大会是金融企业的最高权力机构。董事会主要对金融企业经营管理活动进行组织、指挥、监督，对金融企业的管理人员进行任免等，董事会是由股东大会选举产生的决策机构。第二，执行系统由总经理、副总经理及其领导的各业务部门组成。总经理或副总经理是金融企业的最高行政负责人，其主要职责是：组织实施董事会的决议并定期反馈；拟定金融企业的发展规划和年度财务预算结算方案等，部门经理主要协助总经理通过部门目标的实施，实现金融企业的最终目标。第三，内部监督系统主要是监事会，代表股东对金融企业的业务经营和内部管理进行监督。可见，现代金融企业的治理结构主要由股东大会（董事会）、经理层、监事会三大机构之间的权力责任及制衡关系组成，形成三权（所有权、经营权、监督权）分离态势和产权清晰、权责明确、管理科学的企业制度。

（2）外部治理机制

外部治理机制主要是指通过外在市场①的倒逼机制，市场的竞争迫使公司要有适应市场的治理制度安排（邢婷婷，2013）。外部治理机制主要包括：第一，产品市场。产品市场是金融企业面临的比较重要的市场，其提供的产品（理财产品、理财服务、投资咨询等）能否为市场所接受，决定其能否在竞争中胜出，且一个规范的、竞争的产品市场能有效激励公司管理人员提高业绩。第二，经理市场。人力资源是金融企业最重要的生产要素，完善的经理市场能够对人才进行合理估价、促进人才合理流动，从而对公司内部管理人员形成有效激励和约束。第三，资本市场。规范的资本市场为股东、潜在股东及利益相关者提供有效的进入和退出机制，从而对经理层的治理形成潜在的压力（邢婷婷，2013）。第四，监管机构。我国针对金融企业所设立的一系列监管机构、法律体系也是金融企业治理机制的一个重要的外生变量。金融企业的外部治理机制是内部治理机制的有效补充。外部治理机制的强化可以更多地担负起公司治理的监督职能，不仅能够提高内部治理机制的决策职能，而且能够提升企业优化资源的能力（王欢，2006）。

当然，世界上不存在适合于每个金融企业的一套具体的内部治理结构，金融企业应结合自身的规模大小、经营属性、不同的时期和本国国情等因素，根据外部环境及时调整自己的治理结构，根据特殊情况增减经营

---

① 当然在我国还包括政府的监督管理，针对我国金融企业存在国有控股的现象，可以把政府因素归结为市场因素。

部门，以实现自身利益最大化目标。

4.2.4 不同经济制度下治理结构的比较

比较来看，从计划经济到转型经济，再到市场经济，金融产业的经营主体，不仅在金融组织性质、金融组织负责人属性、金融组织产权、金融组织决策、金融组织利益、金融组织预算约束等方面存在着较大差异，而且在金融组织治理目标、内部治理机制、外部治理机制、金融资源配置原则上也存在着较大不同（如表4-1所示）。总之，在计划经济下的金融组织，其治理结构类似于国家机关；在转型经济下，其治理结构兼有现代企业与政府机构的性质，在市场经济下的金融组织才具有完全意义上的现代企业治理结构。另外，从计划经济到转型经济，再到市场经济，金融产业的经营主体，其行为选择遵循着从"政府司库"到"政治金融家"，再向"金融企业家"方向转变。

表4-1　　　　　　　不同经济制度下金融产业组织治理比较

	计划经济制度	转型经济制度	市场经济制度
金融组织性质	政府附属机构	准金融企业	金融企业
金融组织负责人	政府司库官员	政治金融家	金融企业家
金融组织产权	产权国家集中垄断	国有产权一股独大	产权主体多元化
金融组织决策	政府决策、领导决策	政府放权下自主决策增强、领导决策	独立决策、科学民主管理
金融组织利益	利益不独立	利益有一定的独立性	利益完全独立
金融组织预算约束	预算软约束	预算软约束	预算硬约束
金融组织治理目标	政府利润最大化	利润最大化，兼顾政府、社会利益目标	企业价值最大化
金融组织内部治理机制	所有权、经营权、监督权三权合一，具有准政府机构的特点	所有权、经营权、监督权逐步分立，兼有企业和政府机构的特征	所有权、经营权、监督权完全分立，具有现代企业制度特征
金融组织外部治理机制	政府管制	国家审计、资本市场、金融监管	经理人市场、产品市场、资本市场、国家审计、金融监管
金融组织的金融资源配置原则	公平原则	效率为主、兼顾公平	效率优先原则

4.3 金融产业的组织架构

金融产业的组织架构是指金融组织主体结构及其相互联系的统一整体，它是由若干相互联系、充满竞争的金融组织所构成的一个行业或产业系统。作为金融产业的基本单位——金融企业组织，它通过自身接受的存款、发放贷款、提供经纪、交易、承销、信托和咨询等服务，以满足市场经济主体不断发展所引致的多元化金融需求。而在既定的市场范围内，这些金融需求需要多家金融组织分工合作，才能得到有效满足，于是就衍生了若干功能不一、种类繁多的金融组织，从而构成了规模庞大的金融产业组织体系。从世界范围来看，主要有三种类型的金融产业组织架构：一是以中央银行为核心的金融产业组织架构（大部分国家都是这种模式）；二是高度集中的金融产业组织架构（苏联和改革开放前的我国都实行这种模式）；三是没有中央银行的金融产业组织架构。

4.3.1 计划经济条件下的金融组织架构

在计划经济体制下，金融产业组织体系十分弱小，金融组织不仅数量少，而且金融治理完全行政化。金融组织体系基本上由一家或少数几家金融机构组成，没有金融市场，只有银行组织、保险公司两种类型（如我国的中国人民银行和中国人民保险公司）（如图4-3所示）。并且与财政部关系紧密，或直接由财政部管辖，通过计划金融与财政计划配置，共同实施国家战略。此时，金融组织体系完全内生于国家财政与国家发展战略，执行的几乎是财政功能，属于典型的财政主导的金融产业组织架构，完全服从于国家计划，金融组织体系自身本应该有的独立运作的金融功能被剥离掉，在整个国家的经济运行中，金融这一不可或缺的要素彻底消失了。在金融完全内生于财政和国家战略的大背景下，一国所有的金融机构全部划归一家银行（如中国人民银行）管辖，并由财政部统领金融发展。此时，这家金融机构（如我国的中国人民银行）并非完全意义上的中央银行，因为它集货币发行、商业金融、政策金融于一身，实现了国家金融组织体系的大一统，成为一个国家唯一的金融机构，是具有政府机构特点的行政部门。它把仅有的信用合作社作为基层机构，因而垄断了一国所有的金融业务，所开展的信贷、结算、现金出纳等业务活动，全都服从于实现国家统一计划的任务和目标，其对象为国家发展战略下的国有企业。可见，在计划经济体制下，内生于经济发展战略的金融组织体系在结构和功能上都是非常单一的，与国家实施的经济发展战略也不相协调和匹配（曾国平、王燕飞，2007）。就监管层面而言，大一统的金融组织架构导致了银行自身监管自身的局面，应该说，金融监管环节是缺失的。

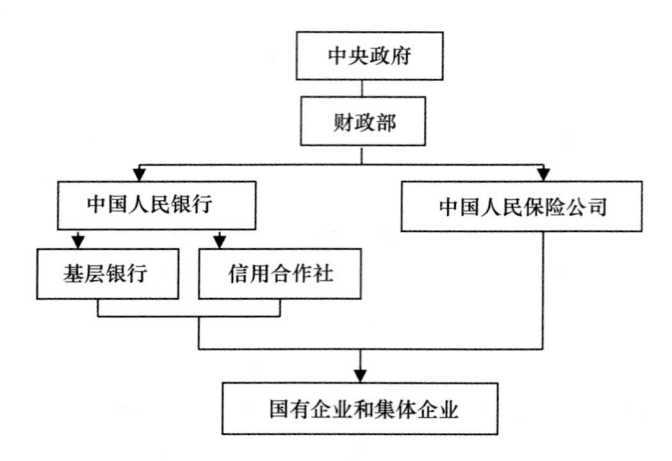

图4-3 计划经济体制下的金融产业组织架构

4.3.2 转型经济条件下的金融组织架构

在转型经济时期，国家从原有的计划经济体制向市场经济体制转变。此时，国家的经济同时存在着计划经济和市场经济两种形态，民营企业开始成长，外资企业开始涌进来，国有企业开始改革，向真正意义上的独立自主企业模式转变，配置国家资源的计划成分逐步下降，市场机制配置资源的作用逐步增强，并衍生出多样化的金融需求，既有政策层面的金融需求，也有商业层面的金融需求，还有互助合作层面的金融需求。于是，在金融体制层面，不仅有必要成立中央银行，使其专司央行职能，而且成立各种专业银行以满足经济发展的多样化、专业化金融需求也成为历史的必然，因而顺应经济转型的需要，金融产业组织架构开始发生嬗变，从原有的大一统的金融组织构架形成以银行为主导的金融产业组织架构（如图4-4所示）。

此时，金融产业组织体系不再单一地执行国家的发展战略，也不再内

第4章 金融产业的组织理论

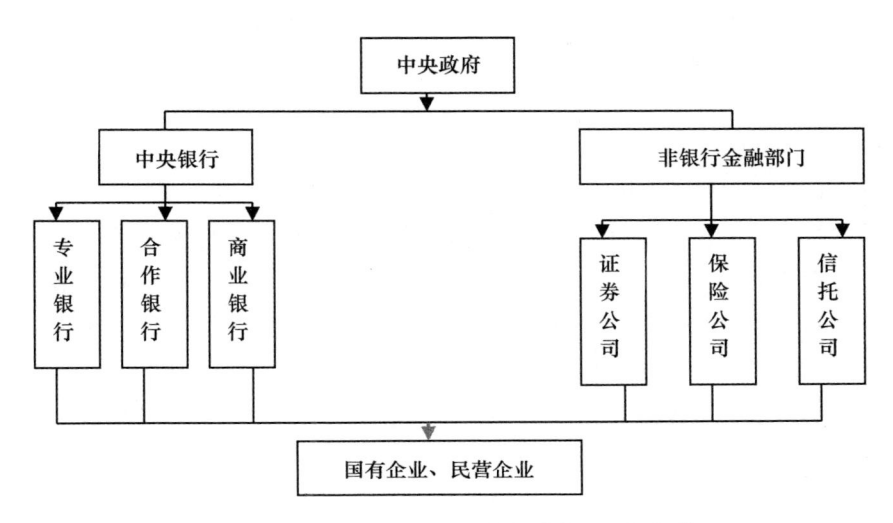

```
                    中央政府
                   /        \
              中央银行        非银行金融部门
             / | \            / | \
         专业 合作 商业      证券 保险 信托
         银行 银行 银行      公司 公司 公司
             \ | /            / | /
              国有企业、民营企业
```

图4-4 转型经济体制下的金融产业组织架构

生于国家财政。中央银行从原来的独家银行中分离出来，并通过法律形式确立下来，专司中央银行职能。为了承接原有独家银行的政策性和商业性业务，国家逐步成立少数几家国有专业银行和商业银行，垄断国家大部分银行业务。同时，合作金融机构也逐步走向独立发展的道路。在计划经济体制下被禁止的直接融资组织开始培育和发展，但是在金融产业组织体系中的力量十分薄弱，融资规模很小，金融产业组织体系由银行占主导地位，在社会融资中，银行间接融资比重高达95%以上，经济发展中的风险几乎全都压在银行业的头上。对于涉及不盈利、风险太高或投资期限长，但是对社会经济发展非常重要的领域，由专业银行承担金融支持任务。因为在转型时期，既存在市场体制又存在计划体制，所以金融产业组织体系服务的对象也从单一的国有企业变成了国有企业和民营企业。但在转型初期，一国经济仍由政府主导，金融产业组织体系仍主要对国有企业提供服务。而随着市场经济体制的健全，专业银行向商业银行转型，民营企业逐渐壮大，此时金融产业组织开始更多地向民营企业提供服务。就监管层面而言，由于在转型初期，国有银行业金融机构在一国金融组织体系中占据着垄断地位，它们都直接受到政府的控制，所以在监管上仍然主要是由政府授权的中央银行和非银行类金融监管机构实施监管。这些监管机构在某种程度上只是政府意志的执行者,并非完全独立的监管机构。并且以行业分工为基础的金融组织监管模式,也容易出现混合业务监管真空和各自为政的混乱局面。

4.3.3 市场经济条件下的金融组织架构

在市场经济体制条件下,实体经济层面高度开放,高度发达,不仅存在国有企业,而且民营企业快速发展壮大,大量外资企业也得到发展,实体经济的金融需求不仅种类多,而且规模大,并具有多层次性,客观上要求有发达的金融产业组织体系及其提供的服务与之相适应。于是,从转型经济演变过来的金融产业组织体系构成日益庞大(如图4-5所示):从金融组织类型来看,总体上包括两类:一类是以间接融资为主要特征的银行业金融机构,包括商业银行、政策性银行、合作银行、民营银行、外资银行,表现出内生银行和外生银行相互竞争、分工并存的发展局面;另一类是以直接融资为主要特征的金融市场组织机构。如证券机构、保险机构、信托机构、租赁机构和投资银行等,这些金融机构业务功能多样,基本上是多种金融业务的混合经营,往往是金融百货公司。

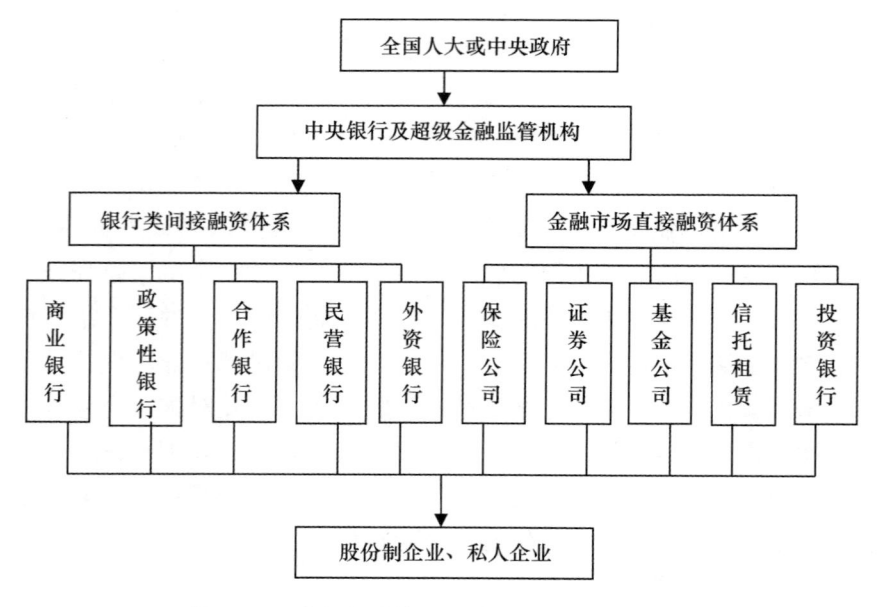

图4-5 市场经济体制下的金融产业组织架构

在市场经济条件下,金融产业组织完全遵循市场机制规律参与市场竞争,为市场经济主体平等地提供多种金融产品和服务。这是因为市场机制在社会资源配置中起着决定性作用,政府只起弥补市场机制缺陷的作用;金融组织及其运行也开始完全内生于市场需求和按照市场机制运行,民营金融开始崛起,并逐步成为金融组织体系中的中坚力量,金融组织体系广泛为股份制企业和私人企业提供服务。此时,在金融组织体系中,民营金融、外资金融、合作金融与国有金融组织并存,银行类金融和非银行类金融组织协同发展。在金融组织体系中,国有金融机构在转型时期作为金融组织体系的垄断力量,对整个金融组织体系拥有绝对的控制力。但是在经济进入发达的市场经济阶段,市场机制对资源配置起着决定性作用,民营金融逐渐壮大,而民营金融的崛起会导致国有金融机构垄断地位的下滑,垄断利润会逐渐消失,进而同样会进行股份化和市场化改革;银行金融和非银行金融之间的实力对比也会出现变化,作为主导金融组织体系的银行类金融,随着金融市场的发展,银行业金融机构在金融资源配置中逐渐失去主导地位,非银行类金融组织会逐步成长并最终超过银行业金融机构,使经济体系中的金融资源配置从原来的以银行间接融资为主导转变为以金融市场直接融资为主导。就监管层面而言,由于金融业务经营体制已从分业经营转变为混业经营,金融监管部门也必然会顺应混业经营体制的现实而采用混业监管模式,将原有的分业监管部门合并为一个超级金融监管,归属到中央银行,由其统一执行金融监管职责。

4.3.4 不同经济制度下金融组织架构比较

按照政府与市场在资源配置中的主体地位和关系划分,经济制度变迁先后经历了计划经济制度、转型经济制度和市场经济制度三种类型。与此相对应,金融组织制度也先后经历了计划金融组织制度、转型金融组织制度和市场金融组织制度。综合来看,三种不同的经济金融制度下的金融组织架构也具有显著的差异性,主要表现在金融组织架构的性质、金融组织架构成员数量、金融组织架构成员的性质、金融组织体系成长机制、金融组织体系发展的政策环境、金融组织体系业务经营与监管体制、金融组织体系成员业务经营属性、金融组织体系资源配置机制、金融组织体系服务目标及金融组织体系自身发展目标等方面(具体差异见表4-2所示)。

表4-2　　　　　　　不同经济制度下金融产业组织架构比较

	计划经济制度	转型经济制度	市场经济制度
金融组织架构的性质	财政主导的金融组织架构	银行主导的金融组织架构	金融市场主导的金融组织架构
金融组织架构成员数量	由一家或几家金融组织构成	由较多的金融组织构成	由数量庞大的金融组织构成
金融组织架构成员的性质	政府机关	准企业组织	现代企业组织
金融组织体系成长机制	以政府出资建立的国有金融组织为主，即外生型金融组织	以外生型金融组织为主，以民营资本组建的内生型金融组织为辅	以外生型金融组织为辅，以内生型金融组织为主
金融组织体系发展的政策环境	金融抑制政策	国有金融深化、民营金融抑制政策	金融深化政策
金融组织体系业务经营与监管体制	集政策性、商业性、行政性业务于一身	分业经营、分业监管	混业经营、混业监管
金融组织体系成员业务经营属性	大一统的金融组织	专业性的金融组织	金融百货公司
金融组织体系资源配置机制	计划机制	计划与市场混合机制	市场机制，有脱离服务实体经济的风险，需要政府的有效引导
金融组织体系服务目标	服务工业化，促进国有企业发展	促进国有企业发展，兼顾民营经济发展	促进多种所有制企业协同发展
金融组织体系自身发展目标	服务国家战略，自身保本微利	商业利益目标强化，政府与社会利益目标弱化	商业目标价值取向与金融可持续发展

总之，金融产业组织架构经历从计划金融制度向转型金融制度，再到市场金融制度的转变，顺应了经济制度变迁的基本需要。三个阶段的金融组织制度演变，既是金融发展政策从金融抑制逐步到金融自由化的过程，也是金融资源配置机制逐步由政府机制主导向市场机制主导演变的过程；既是金融资源配置效率逐步由低向高提升的过程，也是金融风险不断由小变大的过程，还是一国金融产业由弱变强的制度变迁过程。

4.4 金融产业的主体行为

4.4.1 经营性主体的行为

在一般情况下,追求利润最大化是理性经济人最基本的特征和内在要求。作为理性经济人的金融产业经营主体同样遵循着这个符合内在逻辑的假定,在其经营活动(例如,供给什么金融产品,供给多少,怎样供给)中,总是将利润优化作为目标选择,最终目的是实现金融产业盈利能力和利润最大化。正是因为有利润的驱动,金融经营主体才不断进行金融创新,更新技术和设备,改善劳动组合,提高劳动生产率,进而推动金融产业的增值与发展(王定祥,2006)。

金融产业的良性发展依赖于金融产业经营主体行为最优目标——利润最大化的确定和实现。在这里,如果我们把金融企业的行为最优目标设定为利润最大化,即金融企业选择行为 $(a_1, a_2, \cdots, a_n)$,以便使 $R(a_1, a_2, \cdots, a_n)$ 减 $C(a_1, a_2, \cdots, a_n)$ 的余值最大化。其中,R 为金融企业的收益水平,$R(a_1, a_2, \cdots, a_n)$ 是基于一系列金融产业资本运用行为 $(a_1, a_2, \cdots, a_n)$ 的收益函数,C 为金融企业的成本水平,$C(a_1, a_2, \cdots, a_n)$ 是金融企业基于金融产业资本运用行为 $(a_1, a_2, \cdots, a_n)$ 的成本函数,则金融企业利润最大化目标函数可记为:

$$\max_{a_1, a_2, \cdots, a_n} \pi = R(a_1, a_2, \cdots, a_n) - C(a_1, a_2, \cdots, a_n) \quad (4.1)$$

金融企业要实现利润最大化,必须具备两个条件:

第一,若一个最优的决策行动集记为 $a^* = (a_1^*, a_2^*, \cdots, a_n^*)$,则满足条件:

$$\frac{\partial R(a^*)}{\partial a_j} = \frac{\partial C(a^*)}{\partial a_j}, \quad j=1, 2, \cdots, n \quad (4.2)$$

式(4.2)表明,只有边际收益等于边际成本时,金融企业的利润才是最优的。如果边际收益大于边际成本,增大金融产业资本的运用是有利的;如果边际收益小于边际成本,减少金融产业资本的运用是合算的。这个基本条件隐含着两层意义:一是金融企业在选择其产出水平时,应按增加一个单位产出所获收益必须等于其边际成本的原则进行决策;二是金融企业在选择其资本要素投入时,应按增加一个单位资本要素投入所获的收益必须等于其引起的新增成本的原则进行决策（王定祥，2006）。

第二，长期利润相等。对于拥有相同收益函数 R 和成本函数 C 的金融企业来说，它不可能有不同的利润，因为每个金融企业都可以模仿对手的行为选择。这个条件隐含着深刻的意义。为了分析方便，我们把收益（R）和成本（C）拆分为数量和价格两个因素。因此，金融企业利润最大化问题就变成：第一，金融企业希望按什么价格出售金融产品或购买所需要的投入要素和储蓄资源；第二，金融企业按何种水平进行投入和产出决策。显然，金融企业是不可能独立决定价格和活动水平的，其经营决策常面临着两个约束：一是技术约束。金融企业的产出集合只有建立在现有可资利用的技术水平上才是其生产可能性集。超过现有技术水平，产出水平不可能再增长。二是市场约束。即指其他金融企业的营销行为对本企业的影响约束。如果金融企业是价格接受者，可将价格作为外生变量处理，此时，金融企业只会关心产出和投入的规模水平。在利率尚未市场化的国家尤其如此（王定祥，2006）。

若令 Y 为金融企业生产可能性集。y 为一种要素投入组合（x_1，x_2，…）的产出水平，则 $y \in Y$。另设 P 代表金融企业投入和产出的价格向量，则金融企业的利润最大化目标函数可表达为：

$$\pi(P) = \max Py \text{ s.t. } y \in Y \tag{4.3}$$

由于产出（y）是以正数度量，投入（$-x$）以负数度量，从而 $Py = \sum_{i=1}^{n} p_i y_i$ 等于总收益减去总成本，也即利润水平。

所以，金融企业的生产集和生产函数可表示为：

生产集：$Y = \{(y, -x_1, -x_2, \cdots)\}$ （4.4）

生产函数：$y = f(x_i) = f(W_f, L_f, K_f)$ （4.5）

在式（4.5）中，W_f 表示金融企业投入的物质要素，L_f 表示金融企业投入的人力资源要素，K_f 表示金融企业投入的资本要素。一种投入组合形成一种产出水平 y，其中 $y \in Y$。

需要指出的是，金融企业大多数金融产业资本是通过转化并参与实体产业资本的循环实现价值增值的，即作为金融企业投入要素（以 K_f 或 G_f 表示），其价值增值是在社会再生产过程中实现的，其实现的保障程度主要取决于实体经济部门的资本边际产出率。如果实体经济部门各投入要素的边际产出率高，金融产业资本就会竞相流向这些部门，以追逐有安全保障的价值增值，实现自身的利润最大化。所以，金融企业的利润最大化目标存在一定的外部依赖性与被动性。例如，当从银行借款的企业经营管理不善和投资失败时，金融产业资本就无法实现保值增值，金融企业的利润最大化目标预期就会破灭（王定祥，2006）。

上文从一般意义上分析了金融企业的经济行为，以及行为选择的决策依据。然而，由于各国金融系统构成、演化差异较大，在某一个具体金融系统中金融企业以及在不同发展阶段，其经营行为存在极大差异。这里以中国金融组织（银行）为例来厘清从计划经济到转型经济，再到市场经济下金融组织行为的差异。

(1) 计划经济时期

中国人民银行在中央政府的领导下，建立起统一的国家银行体系。1955年，全国的公私合营银行并入了当地人民银行储蓄部；根据对农业实行社会主义改造的总政策，在农村打击高利贷活动和改造旧的信贷关系的基础上，按照农民自愿互利和平等的原则，逐步建立起农村信用合作社（陈金明，2002）；1956年成立了中国农业银行，1957年又将中国农业银行撤销并入中国人民银行内，并设立农村金融管理局，全面负责全国农村金融业务。到1957年前后，我国已基本建立了以中国人民银行为核心，少数专业银行和其他金融机构为辅助的中国金融组织架构。在这一时期，中国人民银行既是管理金融的国家机关，又是全面经营金融业务的国家金融机构；中国人民银行的信贷、结算、现金出纳等业务活动，全部服从于实现国家统一计划的任务和目标；同时它还担负着组织、调节和监督货币流动的职能。因此，"司库"是中国人民银行所履行的最基本的职能。所谓"司库"就是用来保存公共收入，以应对政府支出所需，起着政府"出纳"的功能（参见图4-6）。

(2) 经济转型阶段

党的十一届三中全会召开以后，我国政府着手恢复金融、重构金融组织架构的工作。总体上经历了几个重要阶段：第一阶段（1978—1984年）。计划经济下"大一统"的银行体制被以中央银行和四大专业银行配套为主的银行体制所取代。然而，在这一阶段，高度垄断的国有金融架构仍占主导地位，政府只是扩展了国有金融产权边界来为国有经济部门服务。第二阶段（1985—1994年）：多层次银行架构的形成与充实，一方面

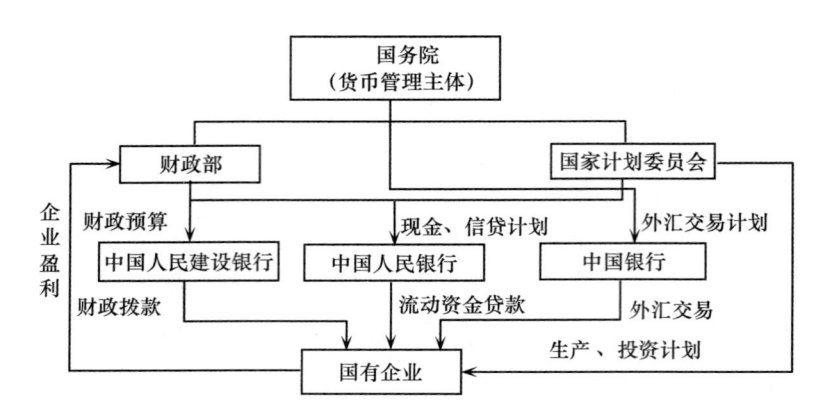

图 4-6　计划经济时期的中国金融组织体系及行为

资料来源：李志辉《中国银行业的发展与变迁》，格致出版社、上海人民出版社 2008 年版，第 12 页。

对体制内专业银行进行改革与调整，并组建三家政策性银行，以保障体制内经济发展所需要的资金，并且仍然强调体制内银行要占主导地位。另一方面，进行体制外银行的增量改革，组建股份制银行、城市商业银行，以及充实与完善农村金融组织等，以此满足体制外经济发展所需的资金；这一阶段，国有银行改革的重点是实现专业化经营向企业化经营的转变，即银行应成为独立的法人金融企业，实行商业化经营，自主经营、自负盈亏、自担风险（强化"进行企业管理"），但是，国有银行还要"执行国家产业政策，承担经济调控职能"，因此，银行既要根据市场因素做出决定，又代表着政府利益。第三阶段（1995—2002 年）：积极推进中国银行业商业化改革。在这个期间，虽然银行从其利益最大化出发，具有规模和利润的偏好，但是政府对银行运营的干涉仍然较多。因此，为了推进银行商业化改革，这期间的重点是进行转变经营机制、健全管理制度、变更业务范围、调整营业网点等较浅层次的改革，为下一步银行的产权改革（商业化改革的攻坚阶段）提供准备。总之，在 1978—2002 年的中国银行业转型阶段，中国的银行尤其是国有银行，是一种介于"司库"和银行家之间的特殊经理人（即"政治银行家"），配合经济转型时期制度安排的需要，它们既代表政府利益，又根据市场因素做出行为决定，身兼政治家与银行家的双重身份与职能。

(3) 市场转型阶段

进入 21 世纪以来（尤其是中国加入 WTO 后），中国银行业全面融入国际化、现代化发展的趋势中，同时，中国的市场经济建设已进入攻坚阶段，2003 年党的十六届三中全会《关于完善社会主义市场经济体制若干问题的决定》，明确提出完善市场经济体制，并明确了金融商业化改革的方向。这就要求对商业银行进行根本性变革，必然要求"政治银行家"从幕后走出来，转变为与市场经济经营要求相一致的"银行家"，进而发展现代的中国银行业。所谓银行家就是一种具有特殊人力资源禀赋和风险偏好的企业家，他们拥有提供专业化银行服务的能力，是履行银行的金融功能、提升银行效率、推动银行金融创新的载体。银行家的培育必然要求：第一，银行要按照产权明晰、权责明确、政企分开、管理科学的现代企业制度要求，实现全面的商业化运作；第二，构建多元化、多层次的银行架构，以满足社会多样化的需求；第三，加强与完善金融监督。自 2003 年以来，通过改革和完善银行产权、公司治理结构和内部管理制度，以及重塑银行、政府和企业之间的关系，我国的主要商业银行（国有商业银行、股份制商业银行）在资产规模、盈利能力和风险抵御能力等方面有了极大的提高；通过发展与改革政策性银行、城市商业银行、农村信用社和外资银行等，我国已建立起适应市场经济需要的多层次、多元化的银行经营体系；"一行三会"的金融监管架构业已得到确立。

因此，配合中国经济转型的需要，中国银行业也选择了渐进式的增量改革，改革程度由浅至深，从产权改革及市场结构调整两个角度入手，逐渐完成从"司库"到"政治银行家"，再向银行家方向发展的转变，从而构建多元化多层次的现代银行体系。

4.4.2 监管性主体的行为

金融产业发展离不开有效的监管。防范与化解金融风险是金融产业监管的根本任务，金融产业在运行过程中，可能面临着诸多的金融风险。因此，一个权威、公正的金融监管部门是必要的，依据法律法规，金融监管部门维护广大投资者的利益，维护金融产业运行的稳定和安全，维护公众稳定和社会稳定，维护正常的信用秩序和金融秩序，促进金融产业的持续发展。金融产业的持续发展离不开金融企业的稳健经营和持续发展，因此，在金融产业的监管过程中，具体到对各金融企业的监管，就是"要促进各金融企业不断改善经营，加强管理，提高效益，增强自身实力，防范和化解风险，确保金融体系安全"（刘文林，2002），维护金融产业的持续发展。《中国人民银行法》第30条规定："中国人民银行依法对金融机构及其业务实施监督管理，维护金融业的合法、稳健运行。"其中"维护金融业的合法、稳健运行"是金融监管的基本目标。金融产业监管统属于金融监管，但它同时又具有产业运行的目标群。其总体目标是通过金融产业监督，维持一个稳定、健全、高效的金融产业组织制度，促进金融产业各部门的协调和整体持续发展。具体可将金融产业监管的目标分为三个层次：一是保证金融企业的正常经营，保护存款人、投资者、投保者、委托者的利益，维护金融产业组织体系的安全；二是创建公平的竞争环境，保持金融企业高度竞争的活力，鼓励金融企业在竞争的基础上提高效率，从而提升金融产业的运行效率；三是确保金融企业的经营活动符合金融产业运行的总体目标，即促进金融产业的可持续发展，并与中央银行的货币政策目标保持一致。

要促进金融产业的健康可持续发展，就必须进行有效的金融监管。在金融监管过程中，需要遵循以下四个原则：①依法监管原则。其含义是指对金融经营主体的监管，必须依据各项法律和制度规定进行。只有严格依法经营和守法经营，各金融经营主体（或企业）才能尽量减小风险，同时只有依法监管才能确保金融企业的经营安全。这当然取决于金融产业立法的完整性与完善性。首先，要做到"有法可依"，即各项法律、制度健全完整，才能对金融产业中各个经营主体进行监管；其次，要做到"有法必依、违法必究、执法必严"，也即在对各类金融组织进行审批、检查和处罚时，要严格依法办事、依法行政，依据客观事实处理各种违法问题。②审慎监管原则。该原则意味着，在对被监管者进行监管检查过程中，监管主体要根据经济金融环境，以及金融企业所面临的经营环境条件，对问题做出符合情况的判断，从而提出切实可行的处理意见。坚持审慎监管原则，监管主体就需要有效监管金融企业所面临的信用风险、流动性风险、市场风险、操作性风险等等，督促金融企业加强内部控制机制建设，使用有效、科学方法监测与评估被监管主体的资产质量。③全面监管原则。其含义是：第一，对金融经营主体经营业务的合规性、风险性等进行全面的监测、预警和处理。第二,对被监管主体的监管,需要现场监管和非现场监管的有机结合,以消除监管者与被监管者之间信息不对称现象,现场监管是一种能够有效促使被监管者提供准确信息的手段,从而最大限度地解决信息不对称问题,约束金融企业的经营行为。第三,合规性监管和风险性监管相结合。合规性监管是监督和检查金融经营主体是否依据法律法规、各种监管规章进行业务经营活动;风险性监管就是结合金融经营主体的经营管理情况,判别金融经营主体监测、识别、测量、控制和化解各种经营风险的能力。④全程监管原则。其内容包括:第一,对金融经营主体的市场准入、持续经营、市场退出等进行全程监管。例如市场准入管理、日常性变更管理、市场退出管理等。第二,对包括金融产业成长、发展、成熟等在内的各阶段金融产业的生命周期进行控制和管理,促进金融经营主体利润的持续稳定增长,保证金融资源的代际公平,延长金融产业的发展周期。⑤综合监管原则。该原则是指在监管过程中,综合运用行政、经济、法律等各种手段,行政手段主要包括检查、行政审批、窗口指导等,它具有时间短、效率高等优点;经济手段主要包括建立金融监管指标体系,健全金融监管奖惩机制,采取经济激励机制对各类金融经营主体进行监督管理。法律手段主要包括制定各项监管法律、法规,检查法律、法规的执行情况,并依法追究违法、违规行为的责任。

第 5 章 金融产业结构理论

金融产业结构是指一国或地区金融行业构成及金融资源在各金融行业间的配置状态，各金融行业发展水平及各金融行业所占比重，以及各金融行业之间的技术经济联系及相互依存、相互作用方式的总和。从纵向来看，一国或地区在不同经济发展阶段，其金融产业结构不尽相同。从横向来看，不同的国家或地区有着不同的金融产业结构，并且金融产业结构的发展程度也存在着差异。影响金融产业结构的因素，既有经济因素，包括经济发展水平、实体经济产业结构以及实体经济组织结构；又有法律体系和监管系统等制度因素。此外，金融产业结构还受历史政治因素的路径依赖效应、社会文化因素诱生的认同感金融、区位因素生发的地理金融效应的影响。本章的金融产业结构理论旨在揭示金融产业结构的形成机理、演变规律及其优化路径。

5.1 金融产业结构的刻画方法

5.1.1 戈氏刻画方法

戈德史密斯（1969）认为，金融结构的发展程度可以从这样几个方面来量化：一是金融相关比率，它是一国金融上层结构与其经济基础结构的关系，这也是影响金融结构最主要的因素，金融相关比率的分子为某一时期现有的金融资产总值，分母为国民财富（有形资产总值加上国外存款净值）。二是全部金融上层结构的构成，包括主要类型的金融工具在全部金融工具中所占份额，包括主要经济部门资产在金融总资产中所占份额，如长短期债券的比重、股票的比重、流通票据及其他具有价格流动性与风险性票据的比重。三是各种金融工具总额和金融资产总额在各个经济部门之间与子部门之间的分布,它可以使我们了解不同金融工具在国民经济偏好中的普及程度及各经济部门与子部门对各种金融工具的偏好。四是不同类型金融机构的相对重要性,可用金融中介机构在全部金融机构总资产中所占的份额以及在主要金融工具中所占份额来衡量。五是考察一国金融结构的机构化程度,即一国金融机构在金融工具总额中所占的份额,其衡量方法是分别对各种主要金融资产类型进行同样的计算,即求得表明各主要金融机构持有各种金融资产份额的数字。六是金融工具总量、结构矩阵。把按金融工具类型划分的金融资产和按部门划分的金融资产结合起来,可得出一种金融相关矩阵,能识别各类金融工具的发行者和持有者。七是金融结构的流量分析。不同的金融资产与国民生产总量及负债之间的存量关系也有流量上的反映,通过存量分析能求出流量。八是不同部门及子部门在全部资金来源中所占的份额,主要有内部融资和外部融资比重,各种类型金融机构融资和全部金融机构融资的比重,间接融资和直接融资的比重。

戈德史密斯认为,在这八个定量分析金融结构的指标中,最重要的是金融相关比率,它的变化反映的是金融上层结构与其经济基础之间相对规模的变化,这说明以金融相关比率所表示的金融结构层次的提高,就意味着金融发展水平的提高,从而对经济发展的促进作用也会增强。随着 20 世纪以来金融市场自由化的发展,发展中国家出现了金融资产、金融机构在数量上的爆炸性增长。如表 5-1 所示,以广义货币①（M2）与国内生产总值（GDP）之比为代表的金融相关比率,巴西在主要年份中波动比较大;日本的金融相关比率整体呈现出上升的趋势,并保持着较高水平,而美国的金融相关比率保持着较为平稳的状态,但以中国和泰国为首的发展中国家的金融相关比率自 1990 年起就超过了以美国为代表的发达国家,这说明用以金融相关比率为代表的金融结构来反映各个国家的金融发展水平并不完全准确,出现偏差的原因在于,戈德史密斯的金融结构理论必须具备一定的假设前提,也即不同经济体中的金融结构、金融工具有着相同的性质。实际上,不同经济体中的金融结构和金融工具在性质上存在着差异,而且它们在金融功能效率方面也存在着较大差距,因此,研究金融结构除了从金融工具结构、金融机构结构等数量方面进行研究外,更应该着

---

① 货币和准货币（M2）包括银行外的通货、除中央政府外的活期存款,以及除中央政府外的居民定期、储蓄和外汇存款的总和。

眼于金融结构的质量。

表 5-1　　部分经济体的金融相关比率（M2 与 GDP 的比值）

年份	巴西	中国	印度	日本	泰国	美国	南非
1979	15.0519	32.6835	34.7849	140.5708	40.7219	70.5478	58.1796
1981	11.2873	40.4305	33.8629	147.8215	42.3701	71.7060	54.3070
1983	10.2483	45.4962	35.6115	160.5215	53.3963	75.6065	54.0320
1985	13.5915	54.0694	38.8471	164.9465	62.0899	77.2129	54.8640
1987	19.8847	65.9894	41.8994	181.0641	68.4805	78.2692	52.1230
1989	111.3253	67.0486	42.0784	189.3124	71.3503	76.0408	55.3916
1990	30.3945	78.6483	41.4568	187.3644	76.1647	73.8534	53.8041
1991	35.0296	85.3885	42.6696	186.5373	79.2160	72.6877	55.0078
1993	93.6589	100.9818	44.1099	195.2466	86.2277	65.7759	46.8615
1995	32.4647	99.9174	42.7948	207.1610	84.9683	63.3124	50.0173
2000	47.2595	137.0366	53.9203	240.5606	114.5322	70.9516	54.0924
2004	50.6723	151.6316	63.5218	205.6930	114.7283	73.7602	64.2671
2008	15.0519	32.6835	34.7849	140.5708	40.7219	70.5478	58.1796
2011	11.2873	40.4305	33.8629	147.8215	42.3701	71.7060	54.3070
2012	10.2483	45.4962	35.6115	160.5215	53.3963	75.6065	54.0320

资料来源：世界银行网站数据库，http：//data.worldbank.org.cn。

5.1.2　其他刻画方法

继戈德史密斯之后，更多的学者着眼于企业外源融资，通过各国股票市场与银行信贷间的比率大小，将金融结构划分为金融市场主导型的金融结构和金融中介主导型的金融结构。在银行主导型的金融结构中，银行在动员储蓄、资源配置、监督公司经理的投资决策、提供风险管理工具方面起着主要作用，而在市场主导型的金融结构中，证券市场和银行在集聚社会资金、发挥公司控制力、控制风险方面均处于中心地位（Kunt and Levine，1999）。为了衡量金融中介机构的发展，金和莱文（King and Levine，1993）用四个指标来衡量金融产业结构，即负债与 GDP 的比率，普通银行和中央银行在分配国内信贷时的份额，非金融机构的贷款与总信贷的比值和非金融机构的贷款与 GDP 的比值。肯特（Kunt）和莱文（Levine，1999）的《金融结构和经济增长》按照三个方面的指标对金融结构综合指数进行了构建：一是相对规模指标，指一国或地区银行占资本市场总值的比率；二是业务活动指标，用一国或地区存款货币银行发行的私人贷款与国内交易所股票交易总值的比率来表示；三是功能效率指标，指一国或地区的股票市场交易与经济规模的比值。他们根据这个金融结构综合指数对世界 160 个国家和地区做出测评，将相关国家和地区分为金融不发达经济——银行导向型、市场导向型，以及金融发达经济——银行导向型、市场导向型。其中金融结构综合指数为负值的国家或地区为银行导向型金融结构，金融结构综合指数为正值的国家或地区则是市场导向型金融结构。

中国学者关于金融产业结构的研究成果目前也不少。王广谦（2002）提出，应当采用分层次的结构比率分析法来考察金融产业结构。第一层次是货币性金融资产占金融资产总值的比率、证券类金融资产占金融资产总值的比率和保障性金融资产占金融资产总值的比率；第二层次是在三大金融资产基础上分析各自内部的比率，如货币、证券、保障类金融资产的内部结构比率；第三层次是在第二层次基础上再加以细分，如货币结构中存款货币又可以按居民储蓄存款、企业单位存款、政府存款进行分析，证券类金融资产又可以根据证券期限分为货币市场和资本市场加以分析，保障类金融资产可以按保障性质进行分析，依次还可以列出第四层次、第五层次的指标来分析。

5.2 影响金融产业结构的因素

金融产业结构是一国或地区在金融发展过程中由内部和外部因素共同作用而逐渐形成和演变的结果。从纵向来看，一国或地区在不同经济发展阶段，其金融产业结构的发展程度不尽相同。从横向来看，不同的国家或地区有着不同的金融产业结构，并且金融产业结构的发展程度也各不相同。影响金融产业结构的因素，既有经济因素，包括经济发展水平、实体经济产业结构以及实体经济组织结构；又有法律体系和监管系统等制度因素。此外，金融产业结构还受历史政治因素的路径依赖效应、社会文化因素诱生的认同感金融、区位因素生发的地理金融效应的影响。

一个金融产业结构模型可表述如下：

$$FS(S_1, S_2, S_3, \cdots) = F(GDP, IS, OS; SY, HP, SC, LS, \varepsilon_t) \quad (5.1)$$

FS 表示一国或地区的金融产业结构，S_1，S_2，S_3，…表示金融产业结构的各个维度；GDP，IS，OS 分别表示经济增长水平、实体经济产业结构以及实体经济组织结构；SY 表示法律体系和金融监管等制度因素，这些因素往往会限制或促进金融产品的创新，从而影响金融产业的结构；HP，SC，LS 分别表示历史政治因素的路径依赖效应、社会文化因素诱生的认同感金融和区位因素生发的地理金融效应；ε_t 表示时间维度上的干预因素。

5.2.1 经济因素：结构与组织

金融与经济存在着密切的内在关联。金融的本质功能就是服务实体经济的发展。金融产业结构自然会受到实体经济发展水平、实体经济产业结构和实体经济组织结构的制约。卡尔德隆和刘（Calderon and Liu，2003）、巴德和克恩（Bader and Qarn，2008）通过实证得出金融发展和经济增长互为因果关系，经济增长能够促进金融发展，金融市场的扩大、金融的发展，又会加速经济的增长。戈德史密斯（Goldsmith，1969）认为，金融相关比率的变动反映了金融上层结构与经济基础结构之间在相对规模上变化的关系，随着经济和金融的发展，金融结构会发生相应的变化；并指出经济欠发达国家的金融相关比率大大低于欧洲或北美地区。实践证明，商品经济的发展使得货币作为一般等价物，并促使银行等金融中介机构的形成来从事在商品交换中兑换、储存、汇款、融资等业务。在商品经济发展的初期，经济水平低，金融需求结构单一，金融产业结构也就单一。同时在商品经济发展的初期，实体经济结构、商品流通结构和经济组织结构相对单一，商品交易额和金融需求都比较小，金融市场上只有少量简单的金融交易活动，并且金融机构种类少、经营范围窄，金融工具比较单一。随着商品经济的不断发展，商品交易额和金融需求不断增加，由此就需要多样化的金融机构和金融工具、多种融资途径和金融业务来向社会提供更多的金融产品与服务，因而随着商品经济的发展，金融产业结构变得日益复杂。

"门槛效应"可以比较好地解释经济发展对金融产业结构的影响。格林伍德和史密斯（Greenwood and Smith，1997）及罗斯·莱文（Levine，1992）在金融发展模型中引入了金融中介体系中的固定进入费用和固定交易成本，指出正是这种较高的固定成本使得金融发展与经济增长之间具有明显的"门槛效应"。"门槛效应"模型反映出，当经济发展处于早期阶段时，金融中介少，金融产品或金融服务比较单一，并且人均收入和财富占有很低，人们支付固定进入费的能力不足，即使有能力支付，也会因为单位交易所负担的交易成本太高而退缩，从而没有动机参与金融市场活动；当经济发展到一定水平时，部分群体的人均收入和财富占有达到"门槛"的临界值，此时才有动机去利用各种金融中介和金融市场为自己服务，随着有能力支付进入费和交易成本的人数的增加，金融交易次数也随之增加，单位交易所负担的交易成本就会降低，金融中介和金融市场也就随之发展起来。莱文（Levine，1992）指出，固定的进入费用或固定的交易成本会随着金融服务复杂程度的提高而提高，简单的金融结构会随着人均收入和人均财富的增加而演变为复杂的金融结构。

5.2.2　制度因素：法规和监管

政府干预对于一国金融产业结构的形成和演变有着重要的影响。法律法规和监管措施能以阻碍所有其他金融机构发展为代价来促进特定金融机构的发展。例如德国政府的法律法规在促进大型全能银行发展的同时限制了证券市场发展的空间，而美国关于银行经营的一些限制性法律法规和监管措施又促进了金融证券市场的发展。以拉波尔塔等（LLSV，1996）为代表的学者认为，法律制度对外部投资者的保护程度是导致各国金融结构差异的重要原因，他们认为一国或地区在法律上对债权人的不同处理方式、法律系统的效率、金融中介在公司年报中披露信息的全面性和质量高低，都和一国法律渊源存在直接的相关性。莱文（Levine，1997）认为法律和监管因素能保证债权人在维权方面有更大的权利，从而有更为发达的金融结构。随后，肯特和莱文（Kunt and Levine，1999）在他们合作发表的《银行主导型与市场主导型金融体系：跨国比较》中指出国家的金融结构与法律、管制政策具有密切关系，如果一国有民法传统，对股东权利保护力度很大，拥有好的会计准则和低水平的腐败贪污现象，即使对收入进行控制也能保证有一个发达的金融结构。

5.2.3 历史因素：路径依赖

历史因素是影响金融产业结构发展的一个重要因素，弗林·卡洛琳（Fohlin and Caroline，2000）认为，现代金融结构往往植根于历史并且存在着很高的路径依赖，特别是高度发达的西方国家的金融结构都形成于一战前。历史上法国的密西西比泡沫与英国的南海泡沫大约在同一时期发生，这两个国家都在股票市场上进行严厉的管制。可是，英国在19世纪初就废止了《泡沫法》，而法国直到1980年才废除了对股票市场的限制，这两个国家对于金融危机应对的不同政策反应导致了两种不同的金融结构。

一国或地区金融产业结构在形成过程中，历史因素中必然包含着一定的政治因素，例如，政府关于支持金融机构增长的政治因素就是决定金融发展的一个重要原因，维迪尔（Verdier，1997）认为，政治体制决定了金融产业结构的形成，比如全能银行的形成要同时具备两个条件：一是分散的存款市场由非盈利性的省级银行控制；二是拥有一个值得信赖的最后贷款人或机构来保证银行体系的流动性，而这两个前提条件要促使全能银行的出现必须基于中央集权能够提供一个足够强大的中央银行。一国金融产业结构在很大程度上受到政府行为或政治因素的影响，当金融产业结构的模式一旦形成，便会存在路径依赖。从学术界对金融结构标准的划分也不难发现，政治因素是影响金融产业结构形成的重要原因，目前学术界对银行主导型金融结构和市场主导型金融结构的区分是以二战后形成的金融体系为标准的，主要是以美国、英国、德国、日本为代表的金融结构，其中英美两国在20世纪拥有重要的国际金融市场，避开了与全能银行或正式银行的关系，支持市场主导和专业、独立的金融中介，是市场主导型金融结构；德国和日本则相反，它们利用大量的银行、广泛的网络客户端和内部银行关系来引导银行主导型、全能型和关系型金融机构，是银行主导型金融结构。另外一种比较典型的划分方法是参照肯特和莱文（Kunt and Levine，1999）的金融结构划分法，将金融结构分为以美英为代表的市场主导型金融结构和以法德为代表的金融中介主导型金融结构。

5.2.4 文化因素：金融认同

在同一种文化体制下，能形成人们对某一种观念的认同感。这种认同感对金融工具的选择和金融产业结构的形成具有重要的影响,从而形成"金融认同感"。例如,美国是一个移民国家,民众意识对于权力集中存在着恐惧和反感,所以建立分散的银行体制、避免金融权力过大成为社会的主流意见。学术界对宗教与金融发展进行了相关研究。托尼(Tawney,1998)认为,禁止高利贷是中世纪教堂的一个基本信条,收取贷款利息可以被称作高利贷,因此进行高利贷这样的金融活动会被逐出教会。1274年的里昂大公会议甚至规定,出租房屋给高利贷者的任何人,都会被逐出教会。在加尔文教的改革中,把支付利息作为合法的商品交易,这使得现代债务市场的发展成为可能,在加尔文教改革后,在新教和天主教国家中债权差异很大。因此托尼认为,对债权人权利的态度不同足以解释为什么20世纪末国家间有各种不同的债权人权利。史图兹和威廉逊(Stulz and Willianmson,2003)认为,文化差异能解释各国对投资者保护程度不同的原因。在控制了国家法律起源因素和人均GNP因素的条件下,天主教国家的债权人利益明显比其他国家的债权人权益要低。同时,对外开放能减少宗教对于债权人权益的影响,因此,在开放程度越高的天主教国家,对债权人权益的保护力度就越大。卡非(Coffee,2001)认为,文化特征的不同能解释国家间控制权私有收益性质不同的原因。尽管有着斯堪的纳维亚民法传统的国家的控制权收益要低于普通法的国家(Nenova,2003),但是具有斯堪的纳维亚民法传统和具有其他民法传统的国家一样,都不能用法律制度的差异来解释斯堪的纳维亚国家的低控制权收益,因此他得出斯堪的纳维亚的社会规范能阻止或控制公司的掠夺性行为这一结论。

5.2.5 区位因素:地理金融

地理区位的差异能导致跨国间或是一国内部经济发展的区域差异,从而有着不同路径的金融发展。一般来说,金融活动会向经济发达地区或中心城市聚集,这些区域的金融运行效率高、规模大,金融发展比较成熟;而欠发达地区的金融活动较少,金融运行相对落后,金融发展处于较低的水平。蔡(Tsai,2004)通过对中国和印度农村非正规金融组织运行机理的研究发现,地方市场的经济与政治分割和区域信息是制约农村信贷的重要因素,农村金融发展水平严重落后于城市金融发展水平,农村经济发展面临着明显的信贷约束。除此之外,关于地理区位的政治优势、信息优势等方面,学术界也进行了相关研究，莱森（Leyshon，1995）将地缘政治优势作为已知条件，分析一国投资组合结构、信用流动、币种选择等因素，并讨论了金融的排斥性，即穷国和穷人不能在金融市场上获得服务，或他们至少得支付比别人高的价格，才能获得较好的服务。然而，劳拉詹南（Laulajaine，2001）指出，一国或地区的特殊区位分布形成了国际金融中心（纽约、伦敦、东京），这些中心集聚着主要的银行、证券公司、证券交易所、投资基金和保险公司等金融机构，这个核心功能的周围又围绕着大量的支持性服务行业，如会计、律师、出版商等。同时，随着通信技术和网络技术的普及与更新，这些国际金融中心在贸易、政治决策信息的区位优势方面得到了巩固，此外，主要的金融中心旁边可形成次中心，如离岸金融中心，它们依靠主要金融中心的溢出金融而生存，也可以低税收、宽松的法规和严格的保密条款来吸引业务，不同的地理区位使得一国不同地区的金融产业结构也不同。李敬（2008）基于劳动分工视角对中国金融发展的区域差异进行了研究，发现中国各地区金融发展水平与功能、金融产业和金融资源分布结构均存在差异，同时各地区金融发展还具有空间影响效应。

5.3　金融产业结构的演变规律

在现实的经济金融运行过程中，不同国家或地区由于有着不同的经济发展水平、不同的政治因素、不同的法律法规和监管系统、不同的历史文化因素以及不同的区位优势，因而有着不同的金融需求，从而会形成不同的金融产业结构。金融产业结构受到各种基本因素的影响，并随之不断发生变化和调整以适应实体经济的发展需要，因而金融产业结构处于一种动态的演进过程中。帕特里克（Patrick，1966）认为，金融结构的发展遵循着从"供给导向"向"需求导向"演变的路径。"供给导向"金融结构是指向市场提供金融产品和服务，引致经济主体对金融产品和服务产生需求；"需求导向"金融结构是指经济发展到一定程度，市场对金融产品和服务产生主动需求，而金融结构因出现的各种需求而不断做出调整，以适应实体经济发展之需。由于"供给导向"金融结构的发展先于对金融产品和服务的需求，在经济发展的早期，"供给导向"金融结构引导着金融需求的产生，能促进滞留在传统部门的资源转移到生产效率高和经济增长快的现代部门,在确保将资金投资于最有活力和效率高的项目上起着基础性作用,因此"供给导向"的金融发展对早期的经济发展有着支配和引导作用。随着经济的发展、市场的不断拓宽和产品服务的不断增长,市场产生了对金融产品服务的新需求,要求更有效地分散风险和控制交易成本,因此"需求导向"的金融发展是在经济发展的成熟阶段才会有的金融结构模式,是实体经济部门发展的结果。兹尔贝克和咖瑞特(Dziobek and Garrett,1998)认为,以美国为代表的市场主导型的金融结构将会变迁为全能型银行,以德国为代表的银行主导型的金融结构会加强市场主导型的金融结构的功能,说明金融结构的变迁将会趋于银行和金融市场的混合,他们提出了金融结构的趋同问题。白钦先(2003)认为,在过去二三十年里金融结构的变迁是从短期金融与间接金融同长期金融与直接金融发展的不均衡、不平衡(即"金融倾斜")到直接金融与长期金融的发展快于间接金融与短期金融,并且长期金融与直接金融的市场占有率将逆转为接近或超过短期金融与间接金融的市场占有率(即"金融逆转")。这大体反映了由传统金融向现代金融,由以银行机构为主体的金融到以非银行金融机构为主体的金融,以银行为主导的简单金融到以金融市场为主导的复杂金融,由以国别经济体为单元的相对封闭的国别金融到高度开放的流动性充分的真正的全球金融的结构变迁。史龙祥和马宇(2007)通过实证发现,20世纪80年代以来各国金融结构指数明显增长,在经济全球化条件下各国金融结构越来越趋向以金融市场为主导,并认为全球投资组合收益率提高是导致金融结构变迁的原因。劳平(2003)认为,金融体系的基本功能包括储蓄的动员和转移、项目评估、企业风险的监控和管理等方面,这些功能的发挥对应着一定的交易成本,金融结构的演进取决于交易成本的大小,并将一国金融结构的演进大致描述为从银行主导型到市场主导型再到相互融合。劳平和白剑眉(2005)以金融结构的基本功能为突破口展开的研究认为,金融功能的重心在不同的经济发展阶段会发生转移,银行系统和证券市场的功能差异决定着金融结构变迁的方向,并提出金融体系在推动经济发展的同时,也必须适应经济发展不同阶段对金融的要求,趋向于更加自由的分权的由市场主导的金融结构。

已有的研究在一定程度上从不同的角度揭示了一国或地区的金融产业结构演变的规律,影响各国或地区金融产业结构形成的因素各不相同,以及在金融产业结构形成后导致演变的因素也不同，一国或地区金融产业结构的演变都遵循着由简单到复杂、由低级向高级，具有渐进性和阶段性的变迁特征。

5.3.1 金融产业结构的演变遵循由低级到高级的规律

戈德史密斯（1969）认为，金融结构的发展情况就是各类金融机构和金融工具的相对规模。虽然各国的金融发展水平不相同，但是金融发展的基本趋势是一致的，各国的金融发展都是通过金融结构由简单到复杂、由低级向高级的变化来实现的。经济增长与金融发展之间存在着明显的正相关关系。他将金融结构分为三个基本类型：第一类金融结构主要存在于18世纪到19世纪中叶的北美和欧洲，属于金融发展的早期阶段。该类金融结构的特征是金融相关比率低，债券的比例远远大于股票的比例而处于统治地位，金融机构在金融资产发行总额中占比较小以及商业银行在金融机构中处于统治地位。第二类金融结构普遍存在于20世纪前半叶的非工业化国家，金融相关比率同样较低，债券对股票的比率较高，银行在金融机构中处于支配地位。第二种类型与第一种类型的差别在于其国内储蓄率和资本形成率较低，金融中介比率较高；政府和国有金融机构发挥的作用更大。第三类金融结构广泛存在于20世纪初期至今的工业化国家。股票所占比重大于债券，全部金融资产中金融机构所占份额较高，金融机构多样化导致银行业在金融体系中的比重下降，储蓄机构及公司保险组织的重要性提高。20世纪90年代，一些金融发展理论家把内生经济增长理论并入金融发展模型中，形成了内生金融经济增长理论金融结构观。具有代表性的观点体现在富兰克林·艾伦和道格拉斯·盖尔（2002）发表的《比较金融系统》中，他们将金融结构发展过程归纳为三个阶段：一是初级阶段。其特征是金融工具局限于贵重金属或金属货币，贷款被用于农业生产、个人消费需要和贸易融资，金融中介局限于货币兑换、货币借贷者和银行。二是发展阶段。其特征是金融工具更为多样化，并且包括抵押、贸易信贷、政府及公司证券等。三是成熟阶段。政府通过机构，如中央银行，更多地涉足金融市场。方贤明（1999）按一定所有制条件下资源配置方式的不同，将金融结构划分为发达的资本主义市场经济的金融结构、不发达的社会主义计划经济体制的金融结构和社会主义初级阶段由计划经济向市场经济转轨过程中的金融结构三种类型。白钦先（2005）从金融功能角度研究金融结构理论，提出金融功能的扩展与提升即金融演进，金融功能的演进即金融发展的观点。

5.3.2　金融产业结构伴随着金融市场的发展而不断演进

近年来，随着金融结构功能观研究的深入，学术界开始从功能的角度研究金融结构的动态变化和比较不同金融结构之间的功能差异。默顿和波迪在《全球金融体系：功能观点》（1995）中第一次全面系统地用金融功能来研究金融结构。他们认为，金融机构和金融市场具有相互促进、相互补充的关系。金融产品和服务会随着社会的发展而发展，以满足企业和各类投融资者的金融需求。随着金融机构所提供的新的金融产品和服务规模的扩大，金融产品逐渐被市场接受并实现标准化发展。由于金融市场在大规模、标准化生产金融产品的阶段交易成本比较低，就出现了金融市场对金融机构某些功能的替代。因此，最后金融产品就会由金融机构转向金融市场，而金融机构提供了创造新的金融产品的专利性功能，金融市场实现了新的金融产品标准化生产、降低交易成本的功能，这种机构和市场之间既竞争又互补和相互促进的关系被解释为金融创新螺旋。雷布津斯基（Rybczynski，1988）从金融的基本功能、金融机构的类型、公司治理等角度认为，金融结构的发展逐步经历了银行主导型阶段、弱市场主导型阶段、强市场主导型阶段和证券化阶段。孙伍琴（2004）认为，一国金融结构不是固定不变的，而是随着其经济发展、产业结构优化而动态演进的，是金融与经济互动发展的结果。金融结构是与实体经济相适应的，其演进趋势为由银行中介为主导向金融市场为主导转变，最后达到金融中介与金融市场的融合。

5.3.3　金融产业结构的演变具有渐进性和阶段性特征

劳平（2003）将美国的金融结构变迁轨迹划分为三个阶段：第一个阶段（1930年以前）是银行主导型金融结构。该阶段贷款类资产的比重大于证券类和基金类。第二个阶段（1940—1960年）是市场主导型金融结构，该阶段贷款类资产的比重大幅低于证券类，市场的增长势头超过了银行。第三个阶段（1960年以后）是银行和市场相融合的阶段，该阶段贷款类资产的比重虽仍低于证券类，但是比重有所回升。此外，基金类资产的比重也稳步上升。中国学术界更多地把研究重心放在了本国的金融发展上，陆文喜和李国平（2004）对中国各省市区之间以及东、中、西部地区金融发展的收敛性做了实证检验，发现各地区金融发展存在着阶段性和区域性收敛的特征。李敬（2008）认为，发展中国家的区域金融发展差异变动呈现出"草帽"形特征，可以分为四个阶段：第一阶段是直接政策干预期，第二阶段是市场化的趋异期，第三阶段是市场化的趋同期，第四阶段是效率差异稳定期，而中国在1978年到1991年是处于"草帽"形路径特征的第一阶段，即直接政策干预期；1992年后，中国经济体制开始由计划向市场转变，金融运行中的市场化机制开始起作用，因此这一时期为"草帽"形路径中的第二阶段，认为中国区域金融发展差异变动所表现出的"U"形特征只不过是市场化趋异期的片段特征。

金融产业结构处于一种动态的演进过程中，随着经济发展和环境的改变，金融产业结构也不断发生变化。即使各国经济发展程度、经济体制、社会文化、历史发展、法律监管等影响金融产业结构的因素各不相同，但是可以形成类似的金融结构，如德国和法国的金融结构是银行主导型，也可以形成不同于德法的金融结构，如美国和英国的金融结构是市场主导型。在现实的经济中，不同经济体由于有着不同的经济环境、历史因素和政治因素，因此它们具有自身特有的金融产业结构演变过程。然而，一国或地区的金融产业结构的演变规律都遵循着由低级到高级，从简单到复杂，阶段性、缓慢地发生着变迁。金融机构、金融工具、金融市场、融资方式、金融制度等都将会随着经济发展而不断调整和发生变迁。因此，金融产业结构的演进既是经济结构的调整，也是对金融发展趋势的总结。

5.4 金融产业结构的优化理论

5.4.1 中介主导型与市场主导型的金融结构

由于金融发展受多方面因素的影响和制约，金融产业结构有时会与经济发展的要求不相匹配。因此，基于不同的经济发展情况，如何优化金融产业结构，是理论界研究的重要课题。研究者对金融产业结构的优劣标准具有明显不同的看法。因此，在理论界，将一国金融结构划分为银行中介主导型和市场主导型两种金融结构，并试图比较这两种金融结构的优势和劣势。

银行中介主导论认为，以银行为主导的金融结构具有三个优势：第一，以银行为代表的金融中介机构，能够迅速获得公司或代理人的信息，从而提高资源配置和公司治理的效率；第二，银行能提供资产分散化投资的风险共担机制，能够跨时期跨地区地控制、管理流动风险，从而提高投资效率和促进经济增长；第三，银行具有金融中介的功能，能充分聚集投资者闲散的资金来扩大经济规模，实现规模经济。同时，斯蒂格利茨（Stiglitz，1985）认为，发达的金融市场能迅速地公布信息，但却降低了对个人投资者获得信息的激励机制。银行可以缓解这个问题，因为它们与公司建立了长期的稳定关系，并且不会即时在公开市场上公布信息。布特和塔克尔（Boot and Thakor，1997）认为，银行作为投资者的协调者，在监管公司和减少道德风险方面比不受约束的市场要好得多，因为银行的行为不受管制，它们能利用规模经济进行信息处理，通过有效监控来改善道德风险和与公司建立长期关系来减缓信息不对称，进而促进经济增长。

金融市场主导理论的支持者认为，以市场为主导的金融结构有显著优势：一是更容易从大的流动市场的交易中得到信息并从中获得利润，从而促进对公司的研究；二是因为市场是充分竞争的，金融机构能通过并购来加强公司治理和将工资薪酬与公司绩效联系得更紧密，并促进风险管理。同时，金融结构主导论认为，强大的银行系统可以提取信息租金和通过使现有公司与银行建立密切关系来保护公司免受竞争，从而阻碍了创新。除此之外，强大的银行系统规制自身活动的监管措施比较少，这使得银行与一些公司代理人相互勾结来抵制其他债权人，从而阻碍了有效的公司治理。相反，具有竞争性的市场在信号传递方面发挥着积极作用，经济信号能够顺利地传递给投资者，这有利于公司融资和提高经济效益。

银行中介主导型金融结构和市场主导型金融结构这两种金融结构之间的差异反映在不同的金融工具、金融市场和金融机构的相对规模、相对增长速度与对不同经济部门的渗透和适应程度方面，实际上，这两种金融结构并无严格的优劣之分，学术界考察这两种金融结构优劣的最终落脚点是寻求一个与实体经济相适应的金融结构。Levine（2002）将金融功能观运用到金融结构分析框架中，从而把分析的焦点放到了怎样创造一个具有良好功能的银行和市场上，这就将银行中介主导论和市场主导论之争推到了一个不起眼的角落。在现实中，每个经济体的金融产业结构都有其特殊性，不存在完全一样的金融产业结构，只是某一种金融产业结构更偏向于某种金融功能机制而已，如银行中介主导型金融结构更偏向于金融中介的功能机制，市场主导型金融结构更偏向于市场的功能机制。在这两种金融结构中，银行和市场在资源配置方面的重要性各不相同。富兰克林·艾伦和道格拉斯·盖尔（2002）从金融功能的角度对不同国家的金融结构进行了比较，表 5-2 为"二分法"下金融结构比较的基本框架。

表 5-2　　　　　　　　"二分法"下金融结构比较的基本框架

	美国	英国	日本	法国	德国
金融市场	最重要	最重要	发达	相对不重要	不重要
银行	竞争性集中度 →				
外部公司治理	敌意接管	敌意接管	主银行系统		开户银行系统

资料来源：富兰克林·艾伦和道格拉斯·盖尔《比较金融系统》，中国人民大学出版社 2002 年版，第 4 页。

如表 5-2 所示，美国是典型的以金融市场为主导的金融结构，即金融市场在资源配置上起着重要作用，对于银行业强调竞争性，公司的控制权转移到市场，敌意接管的可能性被视为约束管理者的手段。德国是以银行为主导的金融结构，即银行业相对集中，德国三家主要的全能银行——德累斯顿银行、德意志银行和商业银行控制了企业部门的资源配置，银行的监督起到了外部监督作用，不难看出，美国和德国是两种极端的情形，英国、日本、法国则处于这两种极端形式之间。

5.4.2　金融产业结构合理性的主要评价标准

坚持金融功能观的学者认为，评价一个金融产业结构的合理性，应该从金融功能入手。考察一国或地区金融产业结构是否合理，就是看金融产业结构是否有利于金融功能的发挥。默顿（Merton，1995）提出的金融功能观，为从功能的角度研究金融结构的优劣程度及金融发展提供了基础，他认为金融结构有六项功能：基于货币作为支付储藏手段的资金聚集功能；基于货币作为交换媒介手段的结算和支付功能；基于期限结构差异假设的管理不确定性、控制风险功能；允许投资分散配置的价格发现功能；处理金融交易双方信息不对称的功能；基于储蓄与投资可分离假设的资金在时间、空间上的配置功能。李健（2003）认为，金融功能可以分为投融资功能、金融服务功能和风险管理功能。白钦先（2003）把金融功能列为功能性高层金融资源，提出金融功能有客观性、稳定性、稀缺性和层次性四大特征，并将金融功能划分为基础功能、主导功能和派生或衍生性功能三大层次。然而，现实生活中即使一国金融产业结构的功能非常强大、完善，金融功能得到了充分发挥，也会存在金融资源没有得到最有效配置和利用的现象，因为金融功能的发挥和实现伴随着金融资源的浪费、交易成本的增加、各类金融风险的爆发以及金融监管难度加大等，单独从金融产业结构的功能来考察金融产业结构的合理性是单一的，而金融效率从金融资源配置的角度出发确定金融产业结构是否合理，因此有一部分学者坚持金融效率的观点。沈军和白钦先（2006）认为，金融结构、运行机制与金融环境共同决定着金融功能与金融效率，而金融发展与经济发展之间的弹性关系可形成金融适应效率。孟钊兰和邵洪选（2008）认为，金融效率的提高与否可以作为金融产业结构优化合理与否的一个标准。

李建（2003）综合各项因素，根据金融产业各行业（证券、银行、信托、保险、租赁等）的分布、相对规模、相互关系与配合状态，对金融产业结构的合理性设置了一个比较完整的评价依据和判定标准（如表5-3所示）。表5-3是分别从微观层次、中观层次和宏观层次来考察金融产业结构优劣的评价指标体系。其中微观与中观层次主要分析金融机构（主要是银行业、证券业、保险业、信托业）的市场份额结构、所有制结构、区域结构、业务结构与收入结构，并细化到各个结构的内部指标；宏观层次是从金融行业结构的角度来考察，其主要指标为各类金融机构持有的金融资产与全部金融机构资产总额之比和各类金融机构的机构数与全部金融机构的机构数的比值这两个指标。这个金融产业结构评价体系从金融产业结构的功能和金融效率的角度出发，涵盖了金融市场上具有代表性的金融机构的业务能力、盈利效率、市场份额、发展潜力等方面的评价指标，这个评价指标体系在目前学术界是一个比较完整又具有参考价值的体系。

表 5-3　　　　　　　　金融产业结构合理性的评价指标体系

			微观与中观层次	宏观层次	
	考察角度		主要指标	考察角度	主要指标
金融产业结构	市场份额结构	银行业	前N家商业银行资产额（存款额、贷款额、利润额）/商业银行资产总额（存款总额、贷款总额、利润总额）	金融业行业结构	各类金融机构持有的金融资产/全部金融机构资产总额
		证券业	前N家证券公司资产额（代理交易额、承销业务额）/证券公司资产总额（代理交易总额、承销业务总额）		
		保险业	前N家保险公司保费收入额/保险公司保费收入总额		
	所有制结构		国有金融机构数量/金融机构总数		
			国有银行资产/银行总资产		
			国有证券机构资本/证券机构总资本		
			国有保险机构保费收入/保险机构保费总收入		
	区域结构	地区结构	各类金融机构在东部、中部、西部地区的机构数/金融机构总数		各类金融机构的机构数/全部金融机构的机构数
		城乡结构	农村信用社贷款额/金融机构贷款总额		
			农户储蓄存款额/城乡储蓄存款总额		
			农业贷款额+乡镇企业贷款额/各项贷款总额		
	业务结构与收入结构	银行业	存款额/负债总额		
			贷款额/资产总额		
			利息收入（手续费收入）/营业总收入		
		证券业	经纪（自营、承销）业务收入/营业总收入		
		保险业	财险保费收入/寿险保费收入		
			财险各险种及其相对规模		
			寿险各险种及其相对规模		
			保险资金运用结构		
		信托业	信托业务种类及其相对规模		
			经营业务收入/收入总额		
			投资收益/收入总额		

资料来源：李建、贾玉革《金融结构的评价标准与分析指标研究》，《金融研究》2005年第4期。

5.4.3 关于发展中国家金融结构优化的理论

发展中国家金融发展一般比较落后，其金融产业结构往往不适应经济发展的水平。麦金农（1973）和肖（1973）分别从"金融压制"和"金融深化"两个角度定性分析了发展中国家金融结构和金融深化的问题，他们认为，发展中国家金融结构的扭曲总是与金融市场受抑制相伴随的，并把发展中国家的经济不发达的原因归咎于金融抑制，而金融深化能有效消除金融抑制所带来的一系列问题，即重视货币金融在经济中的作用，政府应当减少对金融市场的干预，通过金融自由化来改善货币供应条件和提高社会货币化程度（M2/GDP），从而促进金融市场和金融体制的不断完善，而健康的金融市场和健全的金融体制一方面能促使闲置的资金更容易转化为生产资本，另一方面又能促进经济的健康发展，实现金融结构与经济发展之间相互促进的良性循环；同时他们也对企业的内源融资和外源融资这两类融资方式做了详尽的分析，提出发展中国家应由内源融资占主导转向外源融资占主导的发展政策。然而，林毅夫（2009）认为，麦金农和肖虽然提出落后国家产生金融抑制的现象及其对经济发展的制约作用，但是并没有解释发展中国家存在金融抑制现象的原因，他认为，发展中国家的各种金融抑制现象大都源于这些国家隐性或显性地实施的某种经济赶超战略，如果不改变这些发展落后国家的经济赶超战略，仅仅改变作为内生变量的金融政策，金融自由化的预期目的就不可能达到，或即使放弃赶超战略，单纯地依靠金融自由化改革，而不改变没有自生能力的企业的现状，则可能导致赶超产业中大量没有自生能力的企业破产，最终导致产业链条断裂，引起社会的不稳定和加剧金融结构风险，因此发展健康有效的金融结构需要政府放弃经济赶超战略，同时金融深化应当与本国经济发展阶段相适应。根据林毅夫对最优金融结构理论的初步探索，一国经济在一定发展阶段或处于不同经济发展阶段的实体经济的要素禀赋决定着该阶段具有比较优势的产业和技术结构的性质，以及具有自生能力的企业的规模和风险特性，从而形成对金融服务的特定需求，因此，处于不同经济发展阶段的实体经济对于金融服务的需求存在着系统性差异。只有金融结构与实体经济结构相互匹配，金融体系的基本功能才能得到有效发挥，进而推动实体经济的发展。基于此，他认为政府应遵循要素禀赋结构所内生决定的比较优势来制定产业技术发展战略，并尊重市场在资源配置中的基础作用及对金融机构和金融市场进行合理的监管，以形成反映社会偏好结构和要素稀缺程度的价格体系，促使微观经济主体自主选择适宜的产品和技术，实体经济对金融服务的多样化需求又会诱发相应的金融制度变迁，久而久之，与要素禀赋结构所决定的最优产业结构相适应的最优金融结构就会形成。

怎样的中国金融产业结构是最优的？如何对金融产业结构进行优化？国内学术界对此展开了热烈的讨论。李健（2003）认为，中国的金融产业结构不合理集中表现在行业结构失衡和银行业务结构及收入结构不合理两个方面，并提出从改善形成金融结构的基础性条件、加快金融体制改革、以金融创新为内在推动力和注重提高中国金融发展中技术含量这几个方面优化中国金融结构的建议。孙伍琴（2004）就中国的金融结构与实体经济不相适应的现状，提出了实现金融市场化、积极发展包括货币市场和资本市场在内的金融市场以及发展非国有中小银行和完善相关的监管法规、制度的措施。巴曙松（1997）认为，中国目前以居民储蓄、银行负债为主导的单一的垄断性金融制度不适应提高社会资金配置效率的需要，提出要建立充分市场化的间接金融与直接金融并存的储蓄—投资转化机制。林毅夫（2008）通过实证得出国有银行的所有制偏向和银行业不合理的规模结构是造成中国银行业低效率的重要因素，并认为中国现阶段的最优银行业结构应以区域性中小银行为主体，因此国有商业银行市场份额的下降和中小金融机构市场份额的上升意味着中国实际的银行业结构向最优银行业结构的趋近，因为这会提高信贷资金的配置效率，促进经济增长。

第 6 章　金融产业的产品供求

产品的供给与需求，是一个产业市场化的根本前提。金融产业的产品供求是指金融产业的金融产品供给与需求。金融作为现代经济的核心，金融产业与其他实体产业存在着很大的差异。金融产业的金融产品供给与需求十分复杂，且变动不居。直观来看，金融产品需求产生于经济运行中人们对资源配置效率提升的渴望和对财富风险规避的动机。而这一切似乎都是由劳动分工引起的。本章从金融产品的特征分析入手，基于劳动分工理论，构建金融产品需求动因模型，并分析金融产品需求的数量测算方法。金融产品种类繁多，其供给与需求存在着多样化特征。但这些金融产品的供求平衡均受到三个重要因素的影响：一是宏观货币供给是否均衡；二是中观的产业金融供给是否均衡；三是微观的市场竞争是否均衡。本章从宏观货币供给视角、中观产业金融视角和微观市场竞争视角对金融产品的供求平衡进行理论分析。

6.1　金融产品的性质

金融产品是虚拟经济的主体经营产品，与实体经济产品有着很大的不同。余波等（2003）认为应该从三个层面认识金融产品：一是货币以及作为货币相关职能延伸的结算和支付工具；二是基础金融产品，主要包括以商业银行为中介的债券、存贷款和股票等证券类资产；三是金融衍生产品，建立在基础产品或基础变量之上，是随着基础金融产品价格（或数值）变动的派生金融产品，主要有资产证券化、远期和期货合约、金融期权以及金融互换。管仁勤（2003）认为，金融产品只不过是一系列具体规定和约定的组合，一个金融产品区别于另一个金融产品的地方就在于其具体的构思、法律规定和具体的运动方式，因此，金融产品的创造在原则上不受具体的物质条件如原材料、生产设备等的限制。相对于实体经济产品来说，在金融市场上供求双方进行交易的金融产品，实际上是一种虚拟的价值符号或者价值载体，即所有权的一个凭证，具有非物质化特性。购买者通过这种价值载体出让自己的资金占用与使用权，而不是所有权，而这种行为模式形成的条件则是一定的预期的收益回报。这也就决定了金融产品与普通商品有着不同的市场交易原则，普通商品的交易法则是一锤定音，一次性完成。金融产品并不是买卖关系，而是一种"租借"关系，需要考虑时间跨度、收益回报等。同时，金融产品作为价值符号载体的同质性决定其具有很强的相互替代性，能够减少实体商品在流通过程中所耗费的资源，提高其在金融市场上的流通性。实体经济商品的价值是由其生产所花费的社会必要劳动时间决定的。而金融产品只是权益凭证，某一金融资产的内在价值取决于其将来的现金收入流，是未来全部现金收入流的贴现值（管仁勤，2003）。因为未来诸多因素都存在着不确定性，所以难以对未来的现金收入流进行准确的预期，因此，金融资产内在价值具有不确定性。由于金融资产价值本身具有模糊性和不确定性，进而造成金融资产价格具有极大的不确定性，跌宕起伏是金融资产价格运行的基本态势。

6.2 金融产品的需求

6.2.1 金融产品需求产生的原因

金融产品是怎样产生的呢？人类为什么会需要金融产品呢？这一切都要追溯到金融产业的源头，要从整个金融产业蓬勃发展的大背景来分析和讨论。直观来看，金融产品需求产生于经济运行中人们对资源配置效率提升的渴望和对财富风险规避的动机。而这一切似乎都是由劳动分工引起的。亚当·斯密1776年在《国富论》中提出：劳动分工是经济增长和促进生产率提高的最主要的动力要素，用货币为代表的价值符号代替直接物物交换能够降低交易成本，进而使劳动分工的专业化程度和水平得以提高，广度与深度得以提升。Allen and Santomero（1997）描述了专业化和金融中介产生之间的必然联系；Levine（1997）则从交易成本的角度探讨了金融体系和专业化分工的关系：专业化的进步意味着需要更多的交易，适当的金融安排（包括金融产品创新）可以降低交易成本并增进专业化和改善市场交易条件，其结果是提高了生产率，而生产率的提高又会促进金融的发展，专业化进步和金融发展形成良性互动；李敬等（2007）从金融交易视角论证了金融通过促进劳动分工进而推动经济增长的内在机制。

人类从自给自足的社会生产模式发展到一个具有分工组织结构的社会，就必然要求交易常态化、必须化来满足其多样化的需求。分工起因于交换能力、分工的程度，因此总要受交换能力大小的限制，换言之，要受市场广狭的限制（余波等，2003）。如果市场范围过于狭小，专业化的分工就会失去保障。在这种状态下，他们不能用自己因劳动分工而生产的超出自己消费量的劳动产品，通过交易得到自己需要的别人同样通过劳动分工而生产的超出其消费量的劳动产品。因此，只有更加广阔的市场才能使劳动分工的优越性得以体现。但是，问题由此而来，在广阔的市场中，人们用自己与众不同的天赋而生产的劳动产品，种类纷繁复杂，所需要的社会必要劳动时间是不同的，自己需求的劳动产品种类也纷繁复杂。那么，怎样才能保证人们能够及时高效且在可承受的范围内交易到自己真正需要的劳动产品呢？生产的劳动产品和需求的多样性与复杂性决定了分工的零碎化、市场交易关系的复杂性和交易链条的脆弱性，于是，怎样保证分工协作的可靠性，以降低交易失败的潜在风险？专业化报酬递增与交易费用之间，以及专业化经济与分工合作可靠性之间的两难冲突是社会分工的两类基本冲突。

基于分工经济的金融产品的产生可以协调上述两类冲突，提高资源配置的效率、促进分工的演进。其一，降低交易成本与复杂度。当货币不存在时，人们只有在交换双方都需要彼此的劳动产品时才能保证交换的成功，而这种双向的需求性决定了交易效率非常低，而用货币为代表的价值符号代替直接的物物交换，则建立起了交易双方都认可的桥梁性工具，消除了物物交换在时间上和空间上的限制，市场的范围得以扩大，货币交易效率大大提高，因此有利于经济增长。货币所具有的贮藏手段，使分散的小额资本积累成为可能。金融的作用就是把储蓄者的非生产性资本转化为投资者的生产性资本，以提高全社会的生产性投资水平。以商业银行为中介的存贷款、以股票和债券等证券类资产为代表的基础金融产品的出现，使得分散的小额资本积累形成大规模的资本积聚。债券和股票市场的壮大、银行资本的扩张、保险产品的出现与普及，与资本主义生产关系的形成和确立基本同步进行，基础性金融产品为资本主义的发展壮大提供了资本支持，极大地促进了生产力的发展。金融衍生产品通过对基础产品的流动性缺陷进行弥补而改善交易成本和间接提高效率。其二，分工经济由于分工零碎化、市场交易关系的复杂性和交易链条的脆弱性而存在着巨大的交易风险，引入金融产品则可以较好地规避这种风险。金融产品可以有效转移和分散商品市场和金融市场的不确定性风险。

下面我们在杨小凯（1999，2003）新兴古典投资与储蓄模型基础上引入金融需求，从金融交易效率的角度建立金融需求模型。[①]

假定一个经济系统分为两个相连的时期，系统中的生产者—消费者都是具有同质性的。我们设定经济系统中含有金融元素，例如，有一个外生性的银行专门从事各项存贷款业务。在经济系统中，人们通过向外生性银行申请贷款来满足个人的资金需求，这就形成了正规金融，也可以货币形式在经济系统内的个体之间开展借贷活动，这种形式的金融服务可称为民间金融。这个系统中的消费品可以只用劳动进行生产，也可以用劳动与一种投资品来共同生产。经济系统中的个体既可以在市场上通过支付货币购买任何产品，也可以自给自足生产任何一种产品。时期 T 个体使用的消费品和投资品的数量可用 y_t 和 x_t 表示。时期 T 的消费品销售量和从市场购进量分别是 y_t^s 和 y_t^d，而投资品的销售量和从市场购进量分别是 x_t^s 和 x_t^d，x 和 y 在交易市场上表现的交易效率系数为 k_1（k_1 大于零而小于 1）。如果拥有金融产品，直接从交易市场上买进自给不足的各种消费产品，则 T 时期（$t=1,2$）的效用函数公式是：

$$u_t = \ln(y_t + k_1 y_t^d) \tag{6.1}$$

如果没有金融产品，则需要到银行去贷款，或从经济系统中的其他人那里借取金融产品，然后再从交易市场上买进短缺的相关消费品。设从其他人那里即民间金融渠道的贷款为 ω，从银行正规金融系统的贷款为 $1-\omega$，银行正规金融贷款的效率系数为 k_2，民间金融渠道的交易效率系数是

---

① 李敬、冉光和、温涛：《金融影响经济增长的内在机制——基于劳动分工理论的分析》，《金融研究》2007 年第 6 期。

k_3，则 T 时期（$t=1,2$）的效用函数可表示为：

$$u_t = \ln \left[y_t + k_1 k_2 (1-\omega) y_t^d + k_1 k_3 \omega y_t^d \right] \quad (6.2)$$

决策的目标函数可以通过总贴现的公式计算得到：

$$U = u_1 + \frac{u_2}{1+r} \quad (6.3)$$

其中 U 表示一个人的总贴现效用，u_1、u_2 分别表示时期 1 和时期 2 的效用，r 为设定的主观贴现率，且假定没有个体的差异。

假如在生产投资品和消费品时均有固定学习成本，生产投资品的固定学习成本为 A，并用劳动表示，生产消费品的固定学习成本为 B。生产中假定有专业化经济的存在，则生产函数和约束函数为：

$$y_t^p = y_t + y_t^s = Max \left\{ (x_t + k x_t^d)^a (L_{yt} - \delta B), (L_{yt} - \delta B) \right\}$$

$$a \in (0,1), B \in (0,l) \quad (6.4)$$

$$x_t^p = x_t + x_t^s = Max \left\{ (L_{xt} - \delta A)^b, 0 \right\}$$

$$b > 1, A = l \quad (6.5)$$

$$l_{yt} + l_{xt} = l \quad l_{it} \in [0, l] \quad (6.6)$$

$$L_{it} = L_{it-1} + l_{it} \quad l_{x0} = l_{y0} = 0 \quad (6.7)$$

根据模型设定和文（Wen，1992）定理，可行的市场结构有两种：第一种是所有生产者都在两个时期通过自给自足的形式进行生产，这里没有交易，将其命名为市场结构 C。第二种是基于劳动分工的、有投资品和消费品贸易的市场结构，将其命名为市场结构 D。在这两种情况下其结果存在很大差异。

在市场结构 C 的情况下，不存在消费品和投资品的交易，生产者的总贴现效用值为：

$$U(C) = u_1 + \frac{u_2}{1+r} = \ln(l-B) + \frac{\ln(2l)}{1+r} \quad (6.8)$$

在市场结构 D 中有两类生产者：一类生产者只生产投资品，另一类生产者只生产消费品。市场均衡的结果是两类生产者的效用要一致。只生产投资品的生产在时期 1 进行投资品生产学习，但没有任何产出，在时期 1 此类生产者的投资品生产量（x_1^s）、投资品自用量（x_1）、投资品需求量（x_1^d）、消费品供应量（y_1^s）、消费品自用量（y_1）及消费品生产上投入的时间耗费（l_{y1}）都是零，则：

$$x_1^s = x_1 = x_1^d = y_1^s = y_1 = l_{y1} = 0 \qquad (6.9)$$

只生产投资品的生产者在时期 2 专门进行投资品生产，并将生产的投资品全部在市场上出售，将所得到的货币收入的一部分用于归还前期的贷款，另一部分用于购买时期 2 的消费产品。在时期 2 此类生产的投资品自用量（x_2）和需求量（x_2^d）、消费品供应量（y_2^s）和自用量（y_2）及生产消费品的投入时间（l_{y2}）均为零，即有：

$$x_2 = x_2^d = y_2^s = y_2 = l_{y2} = 0 \qquad (6.10)$$

针对只生产投资品的生产者而言：

$$\underset{y_t^d}{\text{Max}} U_x = \ln[k_1 k_2 (1-\omega) y_t^d + k_1 k_3 \omega y_t^d] + \frac{\ln(k_1 y_2^d)}{1+r} \qquad (6.11)$$

$$s.t.\ x_1^s = 0\ 且\ x_2^s = (l_{x1} + l_{x2})^b,\ l_{x1} = l_{x2} = l,\ p_{x2} x_2^s = y_1^d + p_{y2} y_2^d \qquad (6.12)$$

其中 p_{x2} 是用时期 1 的消费品所反映的商品在时期 2 的价格水平，y_1^d 是只生产投资品的生产者在时期 1 的借款数量。运用最优化问题求解方法，可得：

$$x_2^s = (2l)^b\ y_1^d = (1+r)(2l)^b p_{x2}/(2+r)\ y_2^d = (2l)^b p_{x2}/[(2+r)p_{y2}]$$
$$U_x = \{(2+r)[\ln k_1 + b\ln(2l) + \ln p_{x2} - \ln(2+r)] - \ln p_{y2} +$$
$$(1+r)\ln[k_2(1-\omega) + k_3\omega]\}/(1+r) + \ln(1+r) \qquad (6.13)$$

同理，对于只生产消费品的生产者：

$$x_2^d = (2ak_1^{\ a} l p_{y2})^{1/(1-a)} \qquad (6.14)$$

$$y_1^s = \{l - B - (1+r)(1-a)$$
$$[2p_{y2} l (ak_1/p_{x2})^a]^{1/(1-a)}\}/(2+r) \qquad (6.15)$$

$$y_2^s = \{(1+a+r)[2l(p_{y2} ak_1/p_{x2})^a]^{1/(1-a)} -$$
$$(l - B)/p_{y2}\}/(2+r) \qquad (6.16)$$

$$U_y = (2+r)\{\ln[l - B + (1-a)[^2 p_{y2} l (^a k_1/p_{x2}) a]$$
$$1/(1-a)] - \ln(2+r)\}/(1+r) + \ln(1+r) -$$
$$\ln p_{y2}/(1+r) \qquad (6.17)$$

假如两类生产者可以没有成本地决定自己的生产数量和模式，市场均衡结果必然是两类生产者的总贴现效用一致：

$$U_x = U_y \qquad (6.18)$$

假定 M 表示售买商品的人数。将 M 乘以生产者的需求和供给，则可得到市场总需求和总供给的结果。其市场出清条件便是：

$$M_x x_2^s = M_y x_2^d \qquad M_x y_t^d = M_y y_t^s \qquad t = 1, 2 \qquad (6.19)$$

由以上两式可以计算出市场结构 D 的角点解，人均真实收入的总贴现值为：

$$U(D) = \ln(l - B) + \frac{\ln(2l)}{1+r} + ab \times \frac{\ln(2l)}{1+r} +$$

$$[(2 - a + r) \ln(2 - a + r) - (2 + r) \ln(2 + r) + a \times$$

$$(\ln a + 2\ln k_1 + \frac{1+r}{2+r} \ln[k_2(1-\omega) + k_3\omega])] / (1+r) \qquad (6.20)$$

因此，要实现劳动分工的市场结构，需要有 $U(D) - U(C) > 0$：

$$U(D) - U(C) = ab \times \frac{\ln(2l)}{1+r} + [(2 - a + r) \ln(2 - a + r)$$

$$- (2 + r) \ln(2 + r) + a \times (\ln a + 2\ln k_1 + \frac{1+r}{2+r}$$

$$\ln[k_2(1-\omega) + k_3\omega])] / (1+r) \qquad (6.21)$$

经整理，可得：

$$2\ln k_1 + \frac{1+r}{2+r} \ln[k_2(1-\omega) + k_3\omega] > \ln(^2 l) - b +$$

$$\frac{(2+r) \ln(2+r) - (2 - a + r) \ln(2 - a + r)}{a} + \ln a^{-1} \qquad (6.22)$$

由自给自足的市场结构 C 和有劳动分工的市场结构 D 的均衡结果，要实现劳动分工并促进经济增长，必须保证（6.22）式成立，即要求包含 k_1、k_2、k_3 的左边项大于右边项。因此，在一个有金融产品的经济系统中，商品交易效率、银行正规体系的贷款效率以及民间金融的交易效率对经济增长产生着重要的影响和制约作用。正是有经济增长的动力驱使，金融需求才会产生。然而，这些活动的产生依赖于劳动分工的演进。而劳动分工又受制于交易成本。在经济不发达的阶段，交易成本太高，没有分工的条件，自然不会产生有效的金融需求。

6.2.2 金融产品需求的数量测算

上节从劳动分工理论的角度分析了金融需求产生的动力机制。那么金融需求的数量如何测算呢？在此，以凯恩斯货币需求理论模型为例进行分析。凯恩斯认为，人们对货币的需求主要来源于交易动机、谨慎动机和投机动机。令 M_1 代表为满足交易动机以及谨慎动机所持有的现金数，M_2 为满足投机动机所持有的现金数。与此对应，则有两个灵活偏好函数：L_1 及 L_2。L_1 主要决定于收入水平，L_2 主要决定于当前利率与当前预期状态之间的关系。故有：

$$M = M_1 + M_2 = L_1(Y) + L_2(r) \tag{6.23}$$

其中，L_1 代表所得 Y 与 M_1 之函数关系，L_2 代表利率 r 与 M_2 之函数关系。

中国利率市场化的进程推进较缓慢。我们仅对中国货币需求和收入水平的关系进行实证。在中国金融体系中，货币供应量为三个层次：一是 M0，为流通中的现金，是指银行体系以外各个单位的库存现金和居民的手持现金之和。二是 M1，是 M0 与非金融性公司的企业活期存款之和，通常为 M0 加上企业、机关、团体、部队、学校等单位在银行的活期存款。三是 M2，为广义货币供应量，是指 M1 加上企业、机关、团体、部队、学校等单位在银行的定期存款和城乡居民个人在银行的各项储蓄存款以及证券客户保证金。我们构建以下检验模型：

$$M_t(M_0, M_1, M_2) = \alpha(CSSR_t) + \beta(NMSR_t) + AR(1) + \varepsilon_t \tag{6.24}$$

式中 $CSSR_t$ 表示 T 时期的城镇居民收入，$NMSR_t$ 表示 T 时期的农民收入水平。α 和 β 分别为城镇居民收入和农民收入对货币供给的影响系数。$AR(1)$ 为一阶自回归，以控制自相关的影响。

我们选择 1978—2013 年的年度数据进行回归分析。首先对相关变量进行平稳性检验，发现都是一阶单整的。我们直接进行回归分析，并对残差进行平稳性检验，发现残差是平稳的。所以货币供给量和城镇居民收入与农民收入之间具有稳定的协整关系。但城镇居民收入与农民收入的影响系数在各模型中的表现不一样。对于 M0 的影响，农民收入比城镇居民收入的影响要显著一些，说明农民有"钱"后以现金的形式保存得要多一些（见表 6-1）。对于 M1 的影响，城镇居民收入比农民收入的影响要显著一些，说明农民有"钱"后以现金的形式保存得要多一些（见表 6-2）。而对于 M2，城镇居民收入与农民收入都对其有正面影响，但影响系数不显著（见表 6-3）。

表6-1　　　　　M0与城镇居民收入和农民收入的回归分析

因变量：M0			
调整后的样本区间：1979 2013			
自变量	回归系数	标准误差	T值	概率值
CSSR	18.11417	15.09677	1.199871	0.2393
NMSR	83.84393	42.98644	1.950474	0.0602
C	-151340.8	76236.07	-1.985160	0.0560
AR（1）	0.915374	0.067041	13.65396	0.0000
R-squared	0.996440	Mean dependent var		204976.1
Adjusted R-squared	0.996096	S. D. dependent var		304387.5
S. E. of regression	19019.56	Akaike info criterion		22.65153
Sum squared resid	1.12E+10	Schwarz criterion		22.82929
Log likelihood	-392.4018	Hannan-Quinn criter.		22.71289
F-statistic	2892.422	Durbin-Watson stat		1.650874
Prob（F-statistic）	0.000000			

表6-2　　　　　M1与城镇居民收入和农民收入的回归分析

因变量：M1			
调整后的样本区间：1979 2013			
自变量	回归系数	标准误差	T值	概率值
CSSR	17.80831	6.008875	2.963668	0.0058
NMSR	-14.69520	18.50193	-0.794252	0.4331
C	-17124.33	8762.706	-1.954228	0.0597
AR（1）	0.773421	0.124892	6.192703	0.0000
R-squared	0.993577	Mean dependent var		74276.01
Adjusted R-squared	0.992956	S. D. dependent var		98930.23
S. E. of regression	8303.275	Akaike info criterion		20.99390
Sum squared resid	2.14E+09	Schwarz criterion		21.17165
Log likelihood	-363.3932	Hannan-Quinn criter.		21.05526
F-statistic	1598.521	Durbin-Watson stat		1.535428
Prob（F-statistic）	0.000000			

表 6-3　　　　M2 与城镇居民收入和农民收入的回归分析

因变量：M2

调整后的样本区间：1979 2013

自变量	回归系数	标准误差	T 值	概率值
CSSR	8.155782	6.320230	1.290425	0.2064
NMSR	-19.96546	19.68904	-1.014039	0.3184
C	11600.04	7744.010	1.497937	0.1443
AR (1)	0.710032	0.142948	4.967073	0.0000
R-squared	0.767734	Mean dependent var		21140.80
Adjusted R-squared	0.745257	S. D. dependent var		18033.22
S. E. of regression	9101.744	Akaike info criterion		21.17753
Sum squared resid	2.57E+09	Schwarz criterion		21.35528
Log likelihood	-366.6068	Hannan-Quinn criter.		21.23889
F-statistic	34.15592	Durbin-Watson stat		2.020179
Prob (F-statistic)	0.000000			

6.2.3　金融产品需求的变动规律

（1）随着经济持续增长，金融产品需求持续增加

生产力的发展，经济的进步，使各国政府逐渐放松金融管制以及通信技术、信息处理技术的飞跃，使金融产品包括基础和衍生金融产品经历了从无到有、从种类功能单一到样式功能多样化的发展。这可以从侧面反映对金融产品的需求正在经历从无到有、从不熟知到信任、从单一到多层次和多元化的大发展。改革开放之前，经济发展水平较低，市场经济体制不完善，人均可支配收入低，企业发展融资机制缺乏，资本经营企业屈指可数，金融产品的供给与需求都处于低水平。在 1979 年后，我国的经济体制逐步走向市场经济体制，金融逐渐在经济资源配置中起主导作用，市场活力被激发，金融产业成为推动国民经济发展的重要动力，并与生产效率提高、经济进步形成良性互动，市场主体也对金融产品产生了多层次、多元化需求，金融市场日渐活跃。图 6-1 展示了 1996 年 1 月至 2014 年 9 月中国 M0、M1 和 M2 的走势。虽然其增长速度有差异，但增长的态势是十分明显的。

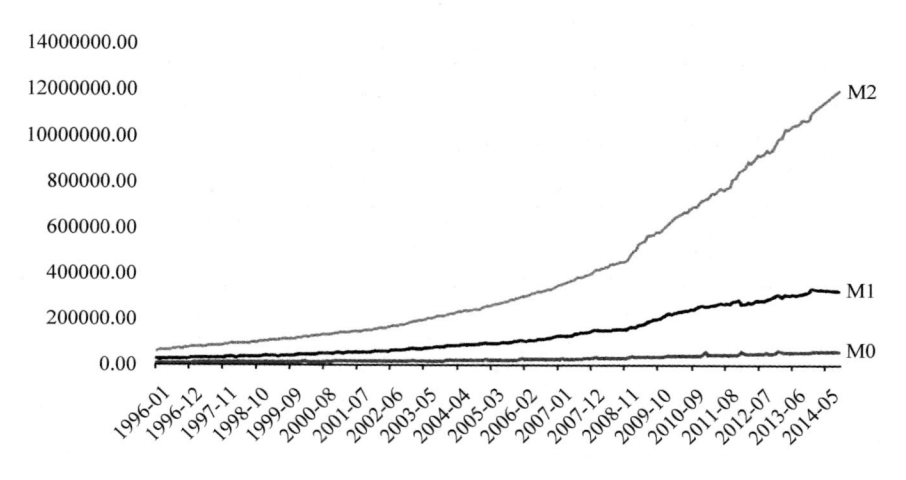

图 6-1　1996 年 1 月至 2014 年 9 月 M0、M1、M2 走势图（亿元）

表 6-4 显示的是中国建设银行统计的中国个人可投资资产规模。居民储蓄、银行理财产品、股票流通市值、信托资产、商业养老保险、基金净值、流通中货币、离岸资产等金融产品都急剧增大。2008—2011 年居民储蓄、银行理财产品、股票流通市值、信托资产、基金净值、流通中货币、离岸资产年均增长分别为 20.20%、63.03%、35.72%、71.00%、25.99%、25.99%、44.22%。表 6-5 显示的是中国高净值家庭数量。2012 年，中国高净值家庭数量达 174 万户，2008—2012 年，中国高净值家庭数量年均增长 30.52%。

表 6-4　　　　　　　　中国个人可投资资产规模　　　　　　　单位：万亿元

年份	居民储蓄	银行理财产品	股票流通市值	信托资产	商业养老保险	基金净值	流通中货币	离岸资产
2008	19.00	3.00	2.00	1.00	2.00	1.00	1.00	1.00
2009	23.00	4.00	5.00	2.00	2.00	2.00	1.00	2.00
2010	30.00	7.00	6.00	3.00	3.00	2.00	2.00	2.00
2011	33.00	13.00	5.00	5.00	2.00	2.00	2.00	3.00
年均增长（%）	20.20	63.03	35.72	71.00	0.00	25.99	25.99	44.22

资料来源：中国建设银行 2013 年数据。

表6-5　　　　　　　　　　中国高净值家庭数量　　　　　　单位：万户；元

年份	中国高净值家庭数量	资产 600万—1000万	资产 1000万—5000万	资产 5000万—1亿	资产＞1亿
2008	51.00	25.00	23.00	2.00	1.00
2009	78.00	37.00	36.00	3.00	2.00
2010	114.00	55.00	53.00	4.00	2.00
2011	148.00	71.00	69.00	6.00	3.00
2012	174.00	79.00	84.00	8.00	3.00
年均增长（%）	30.52	29.82	31.61	31.61	31.61

资料来源：中国建设银行2013年数据。

（2）随着劳动分工水平的提高，金融产品的需求越来越大

根据前面的分析，金融产品的需求产生于劳动分工。因此，随着劳动分工水平提高，金融需求增多。劳动分工依赖于市场交易。因此，劳动分工水平的提高，市场交易量必然提高（杨小凯，2001）。在此，我们用社会消费品零售总额代替劳动分工水平来分析劳动分工与金融产品需求的关系。我们构建以下检验模型：

$$\log[M_t(M_0, M_1, M_2)] = \alpha\log(XF_t) + AR(1) + \varepsilon_t \quad (6.25)$$

式中 $\log(XF_t)$ 表示 T 时期的劳动分工水平的对数值。α 是劳动分工水平对货币供给的影响系数。$AR(1)$ 为一阶自回归，以控制自相关的影响。

我们选择1996—2014年的月度数据进行回归分析。首先对相关变量进行平稳性检验，发现都是一阶单整的。我们直接进行回归分析，并对残差进行平稳性检验，发现残差是平稳的。所以货币供给量和劳动分工水平之间具有稳定的协整关系。实证结果见表6-6至表6-8所示。劳动分工水平对于M0的影响最突出，劳动分工水平每提高1%，M0增长0.76%。劳动分工水平对于M1的影响也是显著的，但不如对M0的影响那样突出，劳动分工水平每提高1%，M1增长0.12%。劳动分工水平对于M2也有正向影响，但影响不显著，劳动分工水平每提高1%，M2大约只增长0.02%。

表6-6　M0与劳动分工水平的关系

因变量：LOG（M0）			
调整后的样本区间：1996M02 2014M04			
自变量	回归系数	标准误差	T值	概率值
LOG（XF）	0.755813	0.019273	39.21616	0.0000
C	3.476964	0.167635	20.74132	0.0000
AR（1）	0.638966	0.053246	12.00018	0.0000
R-squared	0.983480	Mean dependent var	10.00934
Adjusted R-squared	0.983327	S. D. dependent var	0.597068
S. E. of regression	0.077096	Akaike info criterion	-2.273930
Sum squared resid	1.283855	Schwarz criterion	-2.227505
Log likelihood	251.9954	Hannan-Quinn criter.	-2.255180
F-statistic	6429.498	Durbin-Watson stat	2.282757
Prob（F-statistic）	0.000000		

表6-7　M1与劳动分工水平的关系

因变量：LOG（M1）			
调整后的样本区间：1996M02 2014M04			
自变量	回归系数	标准误差	T值	概率值
LOG（XF）	0.124771	0.022341	5.584868	0.0000
C	15.30752	4.961569	3.085218	0.0023
AR（1）	0.997904	0.002084	478.8464	0.0000
R-squared	0.999266	Mean dependent var	11.48102
Adjusted R-squared	0.999259	S. D. dependent var	0.796671
S. E. of regression	0.021681	Akaike info criterion	-4.811196
Sum squared resid	0.101530	Schwarz criterion	-4.764770
Log likelihood	529.8260	Hannan-Quinn criter.	-4.792446
F-statistic	147070.0	Durbin-Watson stat	2.422797
Prob（F-statistic）	0.000000		

表 6-8　　　　　　　　　M2 与劳动分工水平的关系

因变量：LOG（M2）

调整后的样本区间：1996M02 2014M04

自变量	回归系数	标准误差	T 值	概率值
LOG（XF）	0.016983	0.012047	1.409713	0.1601
C	26.89459	14.88921	1.806313	0.0723
AR（1）	0.999071	0.000949	1052.716	0.0000
R-squared	0.999811	Mean dependent var		12.52085
Adjusted R-squared	0.999809	S. D. dependent var		0.847386
S. E. of regression	0.011699	Akaike info criterion		-6.045010
Sum squared resid	0.029564	Schwarz criterion		-5.998585
Log likelihood	664.9286	Hannan-Quinn criter.		-6.026261
F-statistic	571747.3	Durbin-Watson stat		2.120597
Prob（F-statistic）	0.000000			

6.3 金融产品的供给

6.3.1 金融产品供给的概述

金融产品的供给主体是一个历史的范畴。古巴比伦、古希腊的寺庙已经有了经营保管金银、收付利息、发放贷款的机构。近代银行则产生于中世纪的意大利，威尼斯是当时的贸易中心。1171 年，威尼斯银行成立，这也是世界上最早的银行。此后，荷兰、德国的一些城市先后成立了银行。我国在宋朝时期的四川地区也出现了最早的纸币——交子，清朝时期的晋商创办了网点遍布全国的钱庄。这些金融机构的先后诞生可以在一定程度上展示人类的金融发展史。根据前文我们对金融产品的三层次划分，可以把金融产品的供给主体分为三个层次：（1）中央银行；（2）商业银行、信用社等金融机构主体；（3）保险公司、期货公司、信托公司、投资公司、证券公司等其他金融主体。

中央银行作为货币发行金融机构,与商业银行等金融机构共同创造货币供给。这是金融产品供给的基础模式。商业银行在运用信用扩张方式吸收活期存款时,只是在一定时期内暂时占有货币(资源)的支配权,而不是占有权。此时,商业银行实质上就是一个中介机构,将暂时拥有的资源有条件地在不同的需求主体之间进行具体的配置来提高资源的利用效率。不同利益主体在具体微观层面上追求各自利益最大化的货币资源配置过程,在宏观上加速了实现社会生产资源从潜在生产力转变为实质生产力的过程,加快了整体经济增长。金融产品、金融机构的出现就是为了实现货币支配权的高效配置,从而带动相关生产要素的高效配置,激发社会潜力(爱德华·夏皮罗,1985)。政府部门、企业等非金融机构则是以债券基金等金融产品为媒介,实现重新配置货币资源的支配权,加速潜在社会生产资源从储蓄者手中流向投资者手中并转化为实质性的生产资源,实现生产资源从分散走向集中,由潜在转化为实际。中央银行货币创造模型可以较好地刻画以上机制。假设:(1)流通中现金(C)和支票存款(D)保持固定的比率:$C/D = c$;(2)非交易存款(TD)和支票存款也保持固定的比率:$TD/D = t$;(3)支票存款的法定准备金率为rr,非交易存款的法定准备金率为rr_t;(4)银行持有的总准备金为R,其中超额准备金占支票存款的比率为e;R = 支票存款的法定准备金 + 非交易存款的法定准备金 + 超额准备金,则:

$$\begin{aligned} R &= rr \times D + rr_t \times TD + e \times D \\ &= rr \times D + rr_t \times (t \times D) + e \times D \\ &= (rr + rr_t \times t + e) \times D \end{aligned} \quad (6.26)$$

进一步用Ms表示货币供给量,则:

$$Ms = C + D = (c+1) \times D$$
$$B = C + R = (c + rr + rr_t \times t + e) \times D$$
$$D = \frac{1}{c + rr + rr_t \times t + e} \times B$$
$$Ms = \frac{c+1}{c + rr + rr_t \times t + e} \times B \quad (6.27)$$

表6-9是2001—2014年中国基础货币余额与货币乘数季度数据。中国货币乘数在3.68—5.12,平均值为4.28,说明货币供给存在波动性。

表6-9　　2001—2014年中国基础货币余额与货币乘数季度数据

指标名称	基础货币余额（亿元）	货币乘数（倍）
2001—03	35000.00	4.10
2001—06	34400.00	4.30
2001—09	35700.00	4.25
2001—12	40000.00	3.96
2002—03	41000.00	4.00
2002—06	40300.00	4.21
2002—12	45000.00	4.11
2003—03	43900.00	4.43
2003—06	43000.00	4.77
2003—09	46000.00	4.64
2003—12	52300.00	4.23
2004—03	50500.00	4.59
2004—06	51300.00	4.65
2004—09	53200.00	4.58
2004—12	59000.00	4.29
2005—03	58000.00	4.56
2005—06	57000.00	4.84
2005—09	61000.00	4.71
2005—12	64000.00	4.67
2006—03	63000.00	4.93
2006—06	63000.00	5.12
2006—09	66000.00	5.03
2006—12	78000.00	4.43
2007—03	77000.00	4.73
2007—06	83000.00	4.55
2007—09	88000.00	4.46
2007—12	102000.00	3.97
2008—03	104000.00	4.06

续表

指标名称	基础货币余额（亿元）	货币乘数（倍）
2008—06	115000.00	3.84
2008—09	117000.00	3.87
2008—12	129000.00	3.68
2009—03	124000.00	4.27
2009—06	124000.00	4.59
2009—09	133000.00	4.39
2009—12	147000.00	4.11
2010—03	150000.00	4.35
2010—06	154000.00	4.37
2010—09	161000.00	4.32
2010—12	185000.00	3.92
2011—03	193000.00	3.94
2011—06	203000.00	3.84
2011—09	212000.00	3.71
2011—12	225000.00	3.79
2012—03	227000.00	3.95
2012—06	228000.00	4.06
2012—09	236000.00	4.00
2012—12	252000.00	3.86
2013—03	254000.00	4.08
2013—06	258000.00	4.09
2013—09	263000.00	4.09
2013—12	271000.00	4.08
2014—03	275000.00	4.22
2014—06	280000.00	4.32

资料来源：中国人民银行 2014 年统计数据。

这是中央银行调控的结果，同时也受金融产品供给规律的制约。货币供给的波动会波及整体金融产品市场的供给。衍生金融产品是金融产业发展到较高阶段产生的。衍生金融产品颠覆了传统交易的时间与空间约束，把未来的不确定性与风险以时间价值的方式"转化"为当前契约来交易，从而帮助人们把不确定性在风险偏好者与风险规避者之间进行交易，目的是规避交易风险，实现风险转嫁渠道和承担主体的多样化与多元化。金融衍生工具产生于 20 世纪 70 年代。2005 年我国金融衍生产品起航，4 月 8 日，沪深 300 正式推出，股指期货等一系列衍生产品出现也成为可能，6 月 15 日银行间债券市场正式推行债券远期交易，7 月 21 日，中国人民银行宣布对人民币汇率实施改革，我国汇率市场化步入实质阶段，为外汇衍生品的推出铺平了道路。近年来，我国金融衍生市场快速成长，但是我们仍处于不成熟的初级阶段，体制不完善，信息不透明，金融衍生产品的层次、种类难以满足多元化、多层次投资者的需求。

6.3.2　金融产品供给的源起

在前 21 世纪的夏王朝，海贝成为商品交换的支付手段；在前 17 世纪的商朝时期，铜铸货币逐渐流行；在前 6 世纪的希腊半岛出现第一批私人银行；在 6 世纪南北朝时期的寺庙不仅接受施舍，而且办理存款、放贷等信用业务；12—14 世纪，银行交易迅猛发展，热那亚、佛罗伦萨、威尼斯是欧洲金融的中心；16 世纪以来，金融发展与欧洲资本主义兴起、壮大及其在世界范围的传播扩散齐头并进。而这一切都源于分工经济，对金融产生、发展和创新有着巨大的推动作用。

从经济学的基本观点来看，有需求就应该有供给。任何产品的出现都是为了满足人们的某种需求，这正是经济学所要解决的首要问题，即"生产什么"的问题。当经济社会对金融产品的需求与相关金融机构具备创造这些产品的愿望并具备必要的条件相耦合时，金融产品的诞生就成为必然。从最早的货币——天然海贝的产生，再到铁币、铜币、纸币、电子货币，金融产品产生并发展了数千年，货币的形态不断演变，金融产品创新层出不穷。而股票等基础和期权等衍生金融产品更是将人类的金融产业发展推上了新的台阶。

罗纳德·麦金农（1997）的《经济发展中的货币和资本》和爱德华·肖（1988）的《经济发展中的金融深化》两本专著的出版标志着金融发展理论的形成。约翰·格利和爱德华·肖从专业化和劳动分工的角度考察了金融在经济中的作用,做出了"外部货币"(outside money)和"内部货币"(inside money)的分类。

美国耶鲁大学经济学家休·T. 帕特里克(1966)继续推动金融发展理论内容的不断丰富,他在《欠发达国家的金融发展和经济增长》一文中指出,研究金融发展与经济增长的关系,可以使用两种方法:一是"需求追随"模型,强调的是金融服务的需求一方,即金融机构的创设、金融资产与负债和相关金融服务产生的诱因是现实经济过程中投资者、储蓄者等经济主体的需求。金融体系的进化式发展是金融发展普遍过程中的一个继承性结果。也就是说,经济主体的需求,促使金融服务的进步和金融体系的不断完善与发展。而这种需求实质上依赖于产出的增长和农业等传统生产部门的商品化和现代化。二是"供给领先"模型,强调的是金融服务的供给一方。供给领先有两大功能:其一,促使资源从传统(非增长)部门向现代部门转移;其二,能够提升和刺激现代部门中间商的反应。由于理论界对后一种方法的相对忽视,帕特里克认为应该把这两种方法结合起来,在实践中,供给领先现象和需求追随现象通常是交织在一起的。在主动供给型金融和需求诱导型金融之间存在着一个最优顺序问题,通过建立顺序假设:在现代产业持续增长之前,主动供给也许能够诱发创新性投资;当真正的增长进程出现时,供给领先就会逐渐变得不再那么重要,而在需求追随模式下金融的反馈占据主导地位;同时,一种产业在最初的发展阶段可能受到供给领先型金融的刺激,而随着其发展,有可能转向需求追随模式下的金融支持,而另一种产业却仍然处于供给领先模型阶段,这种现象与产业发展的时间顺序相关,特别是政府政策比私人领域的需求压力更能对时间节点起决定性影响的产业。

此后,帕特里克又考察了金融发展和经济增长的关系,认为其实质也许可以从某种不同的途径来考察。他主要观察金融资产与负债存量、实际资本存量的关系——其最佳构成、增长率及分配利用的效率。并假定在资本存量和实际产出之间有着强烈的、直接的、单调相关关系。帕特里克认为,金融体系对用于增长目的的资本存量有三个方面的影响:一是通过金融中介在各类资产持有者之间实现所有权和构成的变化,提高既定数量的有形财富或资本的配置效率;二是通过金融中介使新资本从具有较低生产性的所有者转向具有较高生产性的所有者及从储蓄者向投资者转移,提高了新资本的配置效率和增加了资本存量；三是通过持续激励使人们更加愿意储蓄、投资和工作，诱发资本积累率的增长。

6.4 金融产品的供求平衡

金融产品的供给与需要是否平衡直接影响着金融市场的稳定、可持续发展，并进一步影响到实体经济乃至整个国民经济的稳定、可持续发展。金融产品种类繁多，其供给与需求存在多样化特征。但这些金融产品的供求平衡均受到三个重要因素的影响：一是宏观货币供给是否均衡；二是中观的产业金融产品供给是否均衡；三是微观的市场竞争是否均衡。下面从宏观货币供给视角、中观产业金融视角和微观市场竞争视角对金融产品的供求平衡进行分析。

6.4.1 宏观视角下的金融产品供求平衡

基于专业化分工所导致的劳动产品交换媒介的需求，货币产生了。现代市场经济是商品经济发展的高级阶段，经济货币化、资本货币化已成为市场经济发展的基本特征。全球经济一体化的发展以及金融产品形式、规模的极大丰富，大大加深了经济货币化的程度，更使金融成为现代经济的核心。货币是金融产业的核心金融产品。货币政策是金融调控的重点，是现代经济宏观调控的重要内容。货币政策是指政府或中央银行为影响经济活动所采取的控制以及调控利率、货币供应的各项措施，用以达到特定或维持政策目标，其调节的主要对象是货币供应量。国内学者对我国货币政策的最优度量指标有着几种不同的看法：①M0，即在银行体系外流通的现金；②M1，即狭义货币供应量，由 M0 加上企事业单位活期存款；③M2，即广义货币供应量，由 M1 加上企事业单位定期存款、居民储蓄存款和其他存款；④M2 和金融机构贷款余额；⑤利率指标。王曦等（2012）通过使用格兰杰因果检验与方差分解方法，比较了金融机构信贷总额、基础货币、银行间 7 天拆借利率、货币供应量 M1 和 M2 对社会消费总额、实际工业增加值、物价水平以及固定资产投资总额的预测能力，又借助脉冲响应分析了 M1 和 M2 对上述指标的作用方向是否符合理论预期，最后汇总比较指标的预测能力以及实际经济效果，甄别确定我国货币政策的最优度量指标。他们认为，货币供应量等数量指标比利率指标更适合作为中国货币政策的度量指标；在研究货币政策对实体经济（消费、投资和产出）的作用时 M2 是最优的货币政策度量指标；在研究货币政策对通货膨胀的作用时 M1 是最优的货币政策度量指标。

图 6-2 显示，从 1990 年到 2012 年的 23 年间，我国的名义国内生产总值（GDP）从 18667.82 亿元增至 519322 亿元，年均增长率为 15.6%；广义货币（货币和准货币）供应量（M2）从 15293.4 亿元增加到 974200 亿元，年均增长率为 19.8%。将 1990 年以来的 M2 和 GDP 画在同一张图上，不难发现，两者的走势基本一致（见图 6-2）。我们可以观察到，当广义货币供应量增幅较大时，经济增长速度也较快，反之亦然；广义货币供应量增速波动幅度较大时，经济增速的波动幅度也较大，反之亦然。简单地对名义 GDP 和 M2 做年际变化量统计（见图 6-3），可以观察到国民经济的波动期比广义货币存量的波动期会滞后一段时间。此外，大量学者对广义货币供应量和经济增长的关系也展开了研究。普遍认为货币供应在短期内对经济产出有实质性的影响，也即货币是非中性的，而对货币供应从长期来看是否会影响经济增长，仍然有着不同的看法与观点。Friedman and Schwartz 在其合著的《美国货币史（1867—1960）》（1963）中，通过

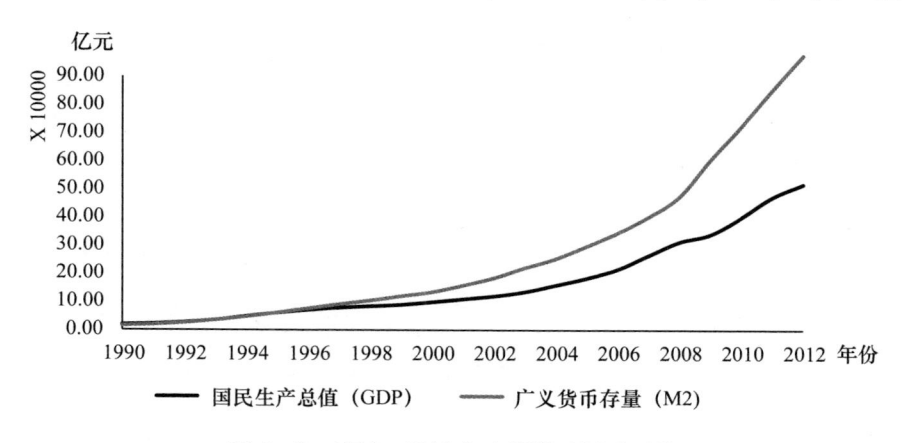

图 6-2　1990—2012 年中国的 GDP 与 M2

资料来源：历年《中国统计年鉴》。其中，货币供应量已包含住房公积金中心存款和非存款类金融机构在存款类金融机构的存款。自 2001 年 6 月起，将证券公司客户保证金计入货币供应量（M2），含在其他存款项内。

对美国 1867—1960 年数据的研究，发现货币存量的周期变动与实际国民收入或商业活动的周期变动存在着密切关系，认为在短期内货币呈非中性，从长期来看货币呈中性。刘金全等以 1992 年一季度至 2000 年三季度的实际 GDP、狭义货币供应量（M0）、广义货币供应量（M2）、名义利率和价格指数五类数据为基础，对货币—产出之间的因果关系和影响关系进行了理论和实证研究，发现货币是非中性的（刘金全等，2002）。McCandless 和 Weber（1995）对 110 个国家近 30 年的产出增长率、平均通货膨胀率和货币供应量增长率之间的关系进行实证分析，得出从长期来看产出增长率和货币供应量增长率之间没有相关性的结论，即从长期来看呈中性。

图 6-3 显示，经济货币化的持续深入，货币需求量不断增加，货币供应量也高速增长，M2/GDP 波动提高。货币供应的增长速度持续高于 GDP 的增长速度，2012 年我国的 M2/GDP 已经达到 187.6%，大大高于与我国发展水平相近的发展中国家，而且高于美国、欧盟和日本等主要发达国家和地区。当货币供给增长率超过实际经济增长率，使流通中的货币量超过了实际需要量，即现实购买力大于产出供给，就会使物价上涨，通货膨胀由此形成。通常造成货币超额供给有三种原因：一是财政赤字。政府向中央银行透支是主因；二是金融赤字，银行贷款超过了储蓄存款，这是扩张性的货币政策；三是中央银行扩大货币发行收购过剩的外汇，这属于对外贸易和金融政策（G. T. McCandless et al.，1995）。

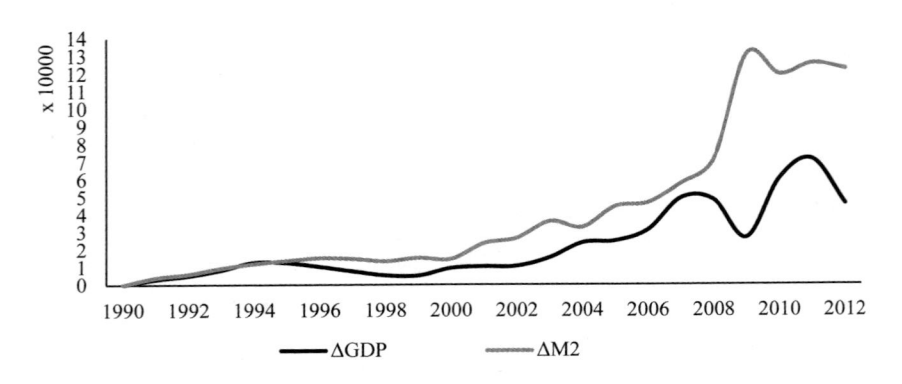

图 6-3 1990—2012 年 △GDP 与 △M2

资料来源：历年《中国统计年鉴》。

张文（2008）通过货币供求均衡分析探讨了我国高 M2/GDP 比率的原因：从货币需求的角度看，由于中国处于经济转型深化阶段，随着经济货币化进程的逐步深入，产品的货币化基本结束，但企业资产、土地、房地产和其他一些生产性要素的货币化仍在进行之中，导致货币需求不断增长，从长期来看会引起 M2/GDP 水平的持续上升；从货币供给的角度看，我国基础货币的供应具有较强的被动性质，基础货币投放快速增长，货币乘数也大幅提高，引起货币供给量的快速上升；并认为货币供求相互作用，使得货币存量在快速增长的同时没有出现严重的通货膨胀。汪同三（2008）认为，我国 2007—2008 年存在的通货膨胀主要表现在以下几方面：从上游产品价格向下游产品价格传导的成本推动、货币增发过快造成需求拉动、过高投资和过快经济增长造成经济结构恶化、节能减排造成本上涨、国际商品价格上涨的影响等。

世界银行的研究指出，通货膨胀并非一种用来调节经济的宏观政策，而是某种宏观政策或者政策失败的后果；主要是由财政赤字和货币化引起的，它是一种被扭曲的税收，还会因降低投资生产率（生产能力）而降低经济增长率，它的不确定性降低了真正投资者的信心；通货膨胀的代价是随着时间的推移而逐渐上升的：当通货膨胀加速时，必须采取严厉的稳定性措施，而这些措施不可避免地会使经济和政治两方面都付出沉重的代价；发达国家和发展中国家实施通货膨胀政策的目的不同：在发达国家，通货膨胀总是被用来刺激总需求、引诱投资以对付经济衰退、实现充分就业，即服务于短期经济稳定目标，在发展中国家，通货膨胀被用来动员储蓄、增加资本积累以加速经济增长，解决生产力不足，即服务与长期经济增长目标（徐长生，1995）。

上面提到的发展中国家和发达国家实施通货膨胀政策的目的都是服务于经济。许多学者也对通货膨胀和经济增长两者之间的关系进行了研究。目前，主要存在几种不同的论点：①经济增长与通货膨胀之间存在长期负相关性。De Gregorio（1992）通过对 12 个拉美国家 1951—1985 年的通货膨胀率和经济增长率之间的关系进行研究，发现持续的通货膨胀减缓了经济增长，两者呈现出长期负相关性。Fox 研究了美国 1961—2005 年总需求与总供给的关系，发现从长期看，当经济增长有小幅降低并且在自然增长基础上稳定时，通货膨胀率升高；反之，通货膨胀率降低。②经济增长与通货膨胀之间存在短期负相关性。Faria 和 Carneiro（2001）对巴西 1980 年 1 月到 1995 年 7 月的月度通货膨胀率和实际国内生产总值两组变量进行实证分析，发现两者从长期来看不存在相关性，从短期来看则呈现出负相关性。③经济增长与通货膨胀之间存在正相关性。中国经济增长与宏观稳定课题组（2008）通过对 1994 年一季度至 2007 年四季度影响中国通货膨胀的外部冲击因素进行了研究，发现两者具有正相关关系。④经济增长与通货膨胀之间存在非线性关系。Bruno and Easterly（1998）对世界上 127 个国家 1961—1992 年发生的通货膨胀危机（年通货膨胀率高于 40%）的经济增长与通货膨胀之间的关系进行了研究，认为如果排除发生通货膨胀危机的国家，在任何时段都不能证明经济增长与通货膨胀之间存在一致的关系。

6.4.2 产业视角下的金融产品供求平衡

关于产业视角下的金融产品供求平衡，以农村金融为例进行研究。在现代产业发展中，舒尔茨（T. W. Schultz，1987）首次正式提出农业重要的理论。在舒尔茨之前，经济学家普遍认为工业化是发展经济的中心，只有通过工业化、以工业化带动的城市化才是实现经济腾飞的根本途径。与工业的巨大经济推动作用相比，农业经济的发展是缓慢的，甚至是停滞的，它对国民经济的发展难以有明显的贡献，最多也就是提供工业发展所需要的劳动力、市场和资本。这种以牺牲、损害和忽视农业经济发展，而优先集中力量发展工业的经济发展模式被二战后许多百废待兴、亟待改善国民经济状况，提高人民生活水平的发展中国家奉为圭臬。一直到 20 世纪 50 年代后期，这种工业化优先的发展模式逐渐暴露出种种问题，才引起人们的反思。舒尔茨考察了欧洲和日本等发达国家和地区的经济发展历程，发现发展中国家的传统农业确实不能对经济增长做出贡献，但只要针对农业进行现代化的改造，农业同样可以推动一个国家经济实现快速增长；舒尔茨的研究着重回答了三个问题：传统农业的基本特征是什么？传统农业为什么不能成为经济增长的动力？如何改造传统农业？在批判隐蔽失业论和生产要素配置低效论的基础上，舒尔茨提出了收入流价格理论，即传统农业的资本收益率低下，收入流来源的价格偏高，也就不可能增加储蓄和投资，使传统农业保持了一种长期停滞的均衡状态。

第6章　金融产业的产品供求

金融是现代经济的核心，没有金融的支持与推动，经济发展将会遇到前所未有的困难和挑战。我国中西部农村地域偏远，自然环境较为恶劣，物资缺乏与贫困是普遍现象。但是根据舒尔茨的理论，偏远农村地区由于自然和农民自身素质较低而导致资源利用及产出率较低，导致农民收入水平较低，获得一定单位的价格成本偏高，进而使农民和农村地区就不可能增加储蓄及利用储蓄进行投资或自我教育。如此，便形成了一个恶性循环，而破解这个恶性循环魔咒的关键就在于资金。在农民储蓄能力较弱造成的资金积累有限的情况下，资本信贷是农村经济发展所需资金的主要来源。改革开放后，农村产业结构调整进程加快，作为国民经济三大产业中的基础产业，农业的健康可持续发展需要金融的大力支持。

自20世纪90年代中期以来，我国农村金融市场初步建立了集商业金融、合作金融、政策性金融于一体的农村金融组织体系，形成了农业银行、农村信用社、邮政储蓄银行、农业发展银行、农村商业银行之间适度竞争、相互补充的农村金融经营格局，在经济与金融互动机制的作用下，我国农村经济获得了较快的增长（丁忠民，2008）。1990—2011年，农业生产总值从5062.0亿元增长到47486.2亿元，农民人均纯收入从686.3元增长到6977.3元；农村金融交易量有了较快速的增长。当前，我国农村金融市场中的金融产品需求主体有农户、农村中的中小企业及基层政府组织；供给主体有农村信用合作社、中国农业银行、中国农业发展银行、农村合作银行、保险公司、邮政储蓄银行、农村商业银行等以及各种民间借贷组织等。我国农村金融市场经过一段时间的成长，取得了可喜的成就，但因体制、成本、信息等诸多因素的制约，农村金融的发展仍面临着许多挑战。存在供需失衡及较为严重的金融抑制现象，这都严重影响和制约了农业的可持续发展。

在供给方面：第一，资金存贷之间差额巨大。农村金融组织体系中的农业银行、信用社等金融机构的存款远大于贷款，且大部分存贷款差额都流向了城市和非农产业，每年净流出农村的资金量是非常大的。朱守银（2003）通过实地调查发现，伴随着农村经济发展及结构调整，农民发展高效农业和非农产业的积极性逐步提高，农村地区对信贷资金的需求规模和依赖性增大；以"联保贷款""小额贷款"为主体业务的农村信用社，贷款"期限短""规模小"，难以满足农民的信贷需求。此外，农户借贷资金用途的广泛，农村信用社受信贷资金用途的限制，不能满足农民对资金的多样化需求。林毅夫（2003）研究发现，农村邮政储蓄只吸收储蓄而不发放贷款，估计导致净流出农村的资金达 6000 亿元以上，农业银行投向农村的贷款比例也大幅度下降，这些都造成了农村资金的大量流失。第二，资源配置效率基础上的单位供给不足。这里我们可以用金融支持度指标来表示，即单位产业增加值所获得的贷款支持，具体可以用金融机构全部贷款/GDP 获得单位 GDP 的金融支持与产业产值/GDP 的比值加以比较。另有学者还引入了金融扭曲度的概念，它是指国民经济中某部门对经济增长所做出的贡献与其从金融部门所获得的金融资源供给不相匹配。史晋川等（2001）提出了衡量金融扭曲度的方法，用某一部门对经济增长的贡献率去除该部门贷款占全社会总贷款的比例，会得出一个比值并在各部门之间进行比较，最优的金融供给安排要求这个比值在不同的部门间不存在差异。对于不同的部门而言，如果该比值的差异越大，则金融扭曲的程度也就越大。以温州为例，该地区 1998 年国有部门的产值不到总产值的 6%，其贷款占合法金融机构贷款总额的比率却在 80% 左右，占 90% 以上产值的非国有部门所得到的融资相当少。第三，缺乏产品创新。2008 年中国人民银行、银监会联合发布《关于加快农村金融产品和服务方式创新的意见》，但是其成效甚微。农村金融服务具有"高成本""高风险"的特点，又缺少相关的激励政策，国有商业银行参与农村金融服务的积极性不高。2003 年 6 月，国务院下发了《深化农村信用社改革试点方案》，明确提出：按照"明晰产权关系、强化约束机制、增强服务功能、国家适当支持、地方政府负责"的总体要求，把农村信用社办成"三农"服务的社区和地方金融机构，同时也确认了农业银行服务"三农"的定位，但农业银行在支持"三农"模式与机制上仍处于探索前进阶段，需要一定的适应时间。如信贷产品的创新，推进多种抵押品创新，大力推进农户的土地经营权和林权抵押，以及房屋、生产工具等固定资产抵押。第四，制度性歧视造成的供给缺陷。张杰（2003）认为，在我国农村正规金融组织演进与制度变迁过程中，政府的行政力量是关键的推动力，为了实现赶超战略，政府不得不加强对资源的控制，进行工业的原始资本积累，这样，就必须进行强制性的金融制度变迁和金融组织的建立、调整，来转移农村的经济资源和经济剩余，这就从根本上决定了金融制度变迁的外生性。在改革开放后，国家无法直接剥夺农村经济剩余，农村金融制度和金融组织恰恰就承担了这一新的任务。四大国有银行在制度约束下经营重心偏移，为应对1997年亚洲金融危机和2003年的新一轮金融改革而在欠发达地区撤并的基层分支机构尚未完全恢复，金融产品的及时供给更是困难重重。安翔（2005）研究认为，四大国有商业银行已逐步从县域金融市场撤出，作为为农业和农村经济发展服务的农业银行，为了实现利润最大化，市场定位和经营策略均发生了本质性变化。由于农村金融市场是个小额的、分散的、个性化的市场，不适合大型商业银行大额的、集中的、共性化的管理和服务方式，导致农业银行的信贷资金投放已从以农业为主转变为农业与工商业并举，竞争领域也从农村转向城市。当前，农业银行的经营业务和范围已与其他国有商业银行基本相同，长期保持的农村金融主导地位正在逐步弱化。农村金融产品和服务的供给不足，制度歧视是不可否认的历史原因，而这种局面尚未完全被打破。

在需求方面，农村金融需求日益旺盛。截至2009年末，全国以县（市）为单位组建的具有法人资格的农村信用社有2054家，农村合作银行有195家，农村商业银行有43家，金融机构涉农贷款余额达9.14万亿元，同比增长32.3%；共有172家新型农村金融机构开业，其中，村镇银行148家，贷款公司8家，农村资金互助社16家；中国人民银行对农村信用社发行专项票据共计1695亿元，对农村信用社兑付专项票据共计1641亿元，对新疆等四省（区）发放专项借款达21亿元（李德，2010）。许多学者也对农村金融需求进行了研究和探讨。金融需求呈现出分散化、多样化及由生存型需求转向生产型需求的特点。从家庭生活开支（盖房和婚丧嫁娶等）转向规模化、专业化的农业生产需求。金融服务需求种类也由过去简单的存款、贷款需求逐渐转变为覆盖结算、汇兑、金融咨询、保险、信用卡、股票、基金等金融服务和产品的多样化、多层次需求。

6.4.3 市场视角下的金融产品供求平衡

古典经济学认为，在交易市场中只要供给恰好满足需求，就会达到均衡状态，而当供给与需求不平衡时，市场会自动调节相关要素来实现均衡。金融市场是一个特殊的商品市场，交易的商品是金融产品，把利息率或交易回报看作供求价格，金融市场将由利率或交易回报所决定的价格调节供给与需求以达到均衡。当金融产品供给大于需求时，价格下降会促使需求增加，最终达到供需均衡；反之，当金融产品供给小于需求，价格提高，会促使需求减少，实现均衡。所以，金融市场具有自我调节实现供求均衡的能力。古典经济学的理论实际上是建立在两个假设之上的：一是在金融市场上产品的供求主体各自掌握的信息是相同的，不存在信息不对称；二是金融产品与普通商品交易遵循的交易原则是一致的。然而，这两个假设都是不能成立的。20 世纪 90 年代东南亚和一些拉美发展中国家相继爆发金融危机，人们再次认识到金融市场的完全市场化机制是存在问题的，为了稳定金融市场，政府有必要像干预实体经济市场一样，对金融市场进行干预。因此，理论界提出了不完全竞争市场理论。

不完全竞争市场理论的代表人物斯蒂格利茨（Stiglitz，1981）总结了导致东南亚国家金融市场失败的七大因素：贷款外部性问题；市场的不完善和缺乏问题；对公共物品监控存在问题；竞争性市场的帕累托无效率；不完全竞争问题；金融机构破产的外部性问题以及投资者缺乏信息等问题。斯蒂格利茨还认为，在发展中国家，无论是城市金融市场还是农村金融市场，都是非完全竞争市场，借贷双方信息不对称现象较严重，作为贷款方的金融机构根本无法准确获取借款人的信息，如果完全依赖市场机制可能无法培育出一个经济社会发展所需要的金融市场。为了弥补市场失灵，有必要采取诸如借款人的组织化以及政府适当介入等非市场措施。不完全市场理论的主要政策建议有：①在金融市场发育到一定程度之前，相对于利率自由化，政府更应注意用政策手段将实际存款利率控制在正数范围内，并抑制存、贷款利率的增长，若因此产生过度信用需求和信用配给等问题，可由政府在不损害金融机构储蓄动机的同时从外部供给资金。②为防范金融市场上的信息不对称所导致的不良贷款率较高的问题，可采取联保小组和互助合作的形式对借款人进行监督，政府对这种组织形式的形成亦应给予相应的鼓励和支持。在小组贷款模式下，同种类型的借款人聚集在一起，能有效解决因信息不对称所引起的逆向选择和道德风险问题。③利用担保融资、使用权担保以及互助储金会等办法是有效的，可以改善信息的非对称性。④融资与实物买卖（肥料、作物等）相结合的方法是有效的，可以确保贷款的回收。⑤为促进金融机构的发展，应给予其一定的特殊政策，如采取限制新参与者等保护措施。⑥非正规金融市场一般效率较低，政府应适当介入并对其加以引导（肖东平，2006）。

第7章 金融产业的生产要素

金融产业发展实质上体现的是一项复杂的投入产出活动及其关系,其投入要素主要包括技术要素、资本要素、人力(劳动)要素和制度要素等。如果以 Q 代表金融产业的产出或发展水平,A、K、L、I 分别代表技术、资本、人力(劳动)、制度等要素投入,那么反映金融产业的投入与产出关系就可以用生产函数表示为:$Q = A \times f(K, L, I)$。其中,金融产业的技术要素(A)是支持金融产业的一项必备要素投入,不仅成为优化经济资源配置的有效途径,而且成为金融产业的资本、人力等要素投入规避边际报酬递减规律发生作用的基本手段。金融产业的资本要素(K)主要包括货币资源量与货币资本资源量,货币资源与货币资本资源构成了金融产业发展的躯体,并直接影响着经济增长与发展。人力资本要素(L)主要是指劳动者通过接受教育、培训、实践经验等方面的投资而获得的知识和技能的积累,人力资本的投入对提高金融产业劳动生产率、促进金融产业发展具有决定性作用。金融制度要素(I)包括金融组织治理和金融制度结构,决定着金融产业运行效率和发展空间,从而决定着金融产业发展绩效。因而金融产业发展进程在很大程度上取决于金融制度要素的适应性。

7.1 资本要素

7.1.1 金融产业资本要素的主要统计口径

我国金融产业主要分为银行、证券、保险和信托与租赁四大类,金融产业资本要素统计口径主要以各类金融机构的营运资本为主。统计口径主要由以下几个部分组成:

(1) 银行业金融机构资本要素

银行业金融机构资本主要包括自有资本、吸收存款、同业拆借、向中央银行借款以及在国内外资本市场发行股票或债券而筹措的营运资本。这些资本可以归结为债权和股权两个渠道,分别为债务资本和权益资本,形成银行业金融机构可以运营的资本要素总量。在这两个渠道中,债务资本占比一般接近90%左右,权益资本在10%左右。在债务资本中,吸收居民、企业和政府的存款是最主要的资本来源,对银行可持续经营具有决定性的影响。

(2) 证券类金融机构资本要素

证券类金融机构资本主要来源于增资扩股或公开发行股票、进入银行间同业拆借市场进行短期拆借、在银行间同业拆借市场或证券交易所市场进行国债回购、用自营证券进行股票质押贷款等。在成熟的资本市场上,证券公司通过这些渠道所筹集的营运资本占总负债的比例一般在30%以上(王彤彤,2009)。此外,通过发行中长期金融债券进行融资已成为国际惯例。国外证券类金融机构通过中长期金融债券融资一般占综合资本的70%左右。

(3) 保险类金融机构资本要素

保险类金融机构资本主要来源于四部分:一是投保人按法定费率和其他费用缴纳的保费;二是保险公司的注册资本和在资本市场上发行股票收集的股本;三是保险公司投资的留存收益;四是向其他金融机构或资本市场的债务融资。

(4) 信托与租赁类金融机构资本要素

信托与租赁类金融机构的资本主要来源于自有资本、发行金融债券、向金融机构借款、外汇借款等方面。在我国,发行金融债券、向金融机构借款、外汇借款是信托与租赁公司最主要的资本来源渠道(郝艳洁,2012)。

7.1.2 资本要素促进金融产业发展的机理

关于"资本"一词,马克思(1876)将其定义为能够创造剩余价值的"价值",其物质形态具有多样性,既包括投入生产过程的物质资本,如固定资产和存货,也包括投入生产过程的货币资本(冉光和等,2007)。实际上，所有生产过程中的物质资本都需要先期货币资本的大量投入，这样才能够通过货币资本的购买推动物质资本的形成。因此，金融产业的资本要素（K）主要包括实物资本（K_1）与货币性营运资本（K_2）。

实物资本（K_1）包括金融基础设施和营业场所，是金融产业发展的躯体，是金融产业发展的条件和基础。通过各种渠道筹集的货币性营运资本（K_2）是金融产业发展的关键生产要素。它主要通过服务于实体经济，并参与社会再生产过程及其资本循环而实现价值增值。金融产业的货币性营运资本（K_2）包括两个方面：一是报告期的动态累积量及存置状态（k_{2x}）；二是决策期的需求增量与配置结构（k_{2y}）。这是实体经济社会发展对货币资本需求的客观要求，并且存在着 $K_2 = f(k_{2x}, k_{2y})$。金融机构货币性资本的配置过程存在着两种效应：一种效应是通过金融机构的信贷等途径的资金运用，对社会货币供应量、利率、物价和宏观经济波动产生直接作用和影响；另一种效应是通过自身的交易功能为实体经济主体动员生产要素，促进再生产过程，生产出产品并创造价值，通过销售实现剩余价值，促进实体经济主体的发展，并通过对实体经济主体利润的分割和本金的偿还，实现金融产业自身的发展。当货币性营运资本以货币形式存在时，其功能形式主要表现为以价值手段与交易媒介等作用于经济社会系统，同时利用市场交易制度，达到提高交易效率并降低经济交易成本，这也是经济货币化通常会促进经济增长与发展的原因。另外，通过金融产业组织的储蓄转化投资机制，货币性营运资本会转化为实体产业部门的投资资本状态，进而成为经济发展中的"血液"，如果储蓄投资转化机制不畅，以及金融制度存在缺陷，则金融产业组织的货币性营运资本就难以实现向实体产业部门的资本转化而继续以货币状态存置于金融产业组织内部①，这将严重制约金融产业的健康可持续发展。

当然，金融产业的营运资本要能够实现保值增值，关键取决于借贷实体经济部门应用金融资本后能否通过实体产品的生产销售获得可靠和高额的利润。如果实体经济部门的生产项目决策失误、市场出现巨大波动，或遇到不可抗拒的自然灾害等等，使实体借贷部门无法偿还金融机构的营运资本，金融机构的营运资本就会受损，从而制约金融产业的健

---

① 金融机构中的高额储蓄存款实际上相当部分已经是以货币资源形态存在的资本资源，但由于投资效率环境的不完善，还不能成为真正的资本资源而继续披上货币资源的外衣。

康发展。可见，依靠实体经济部门的金融产业发展具有一定程度的被动性和依赖性。

7.2 人力要素

7.2.1 人力要素在金融产业生产中的作用

人力要素通过培训、教育、健康保健等方面投资形成人才资本，是金融产业可持续发展的重要因素。人们在从事生产的过程中，在不断将大量资源投入制造资本品的同时，还以各种方式对自身进行投资，如通过物质投资、时间投资、资本投资等提高自身的智力、技能、体力和道德素质等，使自身具备更高的生产能力。从这一角度看，人力资本的形成与物质资本并无本质的区别。因而，人力也可视为一种资本，即人力资本。人力资本概念的提出进一步深化了人们对于自身潜力与劳动能力的认识。人力资本是通过劳动力市场上的工资和薪金机制进行间接市场定价的，并通过家庭教育、学校教育、职业培训、劳动力迁移、劳动力就业信息收集与扩散和卫生保健等途径而获得的，这些途径能够提高投资接受体的道德水平、学识、技能、组织管理水平和健康。人力资本是在后天通过耗费一定量的稀缺资源而形成的，其目的在于增加未来收益。所以，金融产业的人力资本要素是指金融产业中从业人员通过对自身技能、健康等方面的投资而使技能提高，以期获得更高的收入和形成更高的生产能力。

本节引入人力资本的扩展性索洛模型，对影响金融产业产出的人力资本要素进行分析，建立分析模型。

本模型沿袭索洛模型、拉姆塞模型与戴蒙德模型的分析，将技术进步视为外生。此外，由于分析的目的是研究人力资本的不同对金融产业产出的区别。为了便于分析，将模型设定为柯布—道格拉斯生产函数，并考虑下面的一种最简单的模型，将储蓄率和人力资本的分配视为外生的。这将使我们能够在模型中应用可观察数量，而非不可观察的偏好参数。

本模型确立在连续时间中，t 时刻的金融产业产出为：

$$Y(t) = K(t)^\alpha [A(t) H(t)]^{1-\alpha} \tag{7.1}$$

Y、K 和 A 的含义与索洛模型中相同：Y 为金融产业产出，K 为金融产业资本，而 A 为金融劳动的有效性。H 为金融人力资本所提供的总的生产性服务，它是不同技能水平的金融从业人员对金融产出的总贡献。因此 H 包括自然劳动（即个人天生的技能）和人力资本（即后天获得的技能）的贡献。K 和 A 的变化同索洛模型中相同，我们令储蓄率为 s，资本折旧率为 δ，金融劳动的效率以外生速度 g 增长，则实际金融产业资本和实际金融劳动率分别为：

$$K_1(t) = sY(t) - \delta K(t) \qquad (7.2)$$

$$A_1(t) = gA(t) \qquad (7.3)$$

模型（7.1）给出了在储蓄率 s 和资本折旧率 δ 外生的条件下，金融人力资本与金融产业产出的关系，下面我们再对金融人力资本的生产进行讨论。Lucas（1988）的研究证明了人力资本增长率由投入的时间决定。如果把人力资本积累的溢出效应考虑在内，可将金融人力资本的生产函数设定为：

$$H = A_0 k^\sigma [\mu h]^{1-\sigma}, \ 0 < \mu < 1 \qquad (7.4)$$

A_0 为金融从业人员的初始技术水平，Lucas（1988）视其为外生变量。k 为每个金融从业人员所使用的物质资本。h 为每个金融从业人员的人力资本。μ 代表每个金融从业人员投入生产人力资本的时间。与之前的模型一样，根据 Lucas 的假设，金融产业资本的增长率 $I = sy$，那么金融人力资本的增长率就为：

$$\frac{\dot{h}}{h} = \alpha(1-\mu), \ \alpha > 0 \qquad (7.5)$$

这样，我们就证明了长期的金融人力资本增长率为 $\alpha(1-\mu)$，金融人力资本增长率以及金融产业资本与人力资本初始存量成正比。由于 Lucas 考虑的是单个工人的情况，这里我们假设整个金融产业的从业人数为：$L(t) = nL(t_0)$。$L(t_0)$ 为金融产业初始人数，n 为金融从业人数的增长率。那么整个金融产业的人力资本生产函数则为：

$$H(t) = nL(t_0)A_0 k^\sigma [\mu h]^{1-\sigma} \qquad (7.6)$$

将（7.6）式带入（7.1）式，就得到金融人力资本生产函数与金融产业总产出的关系：

$$Y(t) = K(t)^\alpha [A(t) nL(t_0) A_0 k^\sigma (\mu h)^{1-\sigma}]^{1-\alpha} \qquad (7.7)$$

众所周知，在完全竞争的均衡条件下，金融企业人力资本投入可能会通过人才流失等途径产生外溢效应，导致金融企业对人力资本投资的积极性不高。外部效应的存在，使得金融企业产出的均衡增长率低于最优增长率，而最优增长率取决于金融企业人力资本投资率。如果金融从业人员在最初的人力资本禀赋上，通过自身时间、物质资本的投入，提升自己的人力资本水平，此时人力资本对其所在的金融企业就不会产生外部效应，进而可以提高金融人力资本对整个金融产业的产出率。

7.2.2 人力要素促进金融产业发展的机理

20世纪60年代，美国经济学家舒尔茨、贝克尔和阿罗创立了"人力资本理论"。该理论认为，人力资本要素（L）是不同于物质资本的，主要是指劳动者通过接受教育、培训、实践经验等方面的投资而获得的知识和技能的积累（丁惠炯，2013），人力资本的投入对推动技术进步、提高劳动生产率、促进经济发展和人类社会进步具有决定性作用。同时，马克思主义政治经济学曾把人力资本要素作为整个生产要素中最为活跃的因素，没有人力资本要素（L）参与到金融活动中，金融创新将失去灵魂，各种物化的要素只有在人力资本要素（L）的作用下才能转化为现实的生产力。

在现代社会中，先进生产力和现代文明的一个重要体现就是知识密集型和技术密集型。金融产业是现代经济的核心，也是现代文明的重要组成部分，同其他产业相比，计算机和网络通信技术等先进科技手段率先被广泛应用在金融产业，相应地，总体上金融产业的知识与技术含量高。因此，现代金融产业是知识密集型产业，从而就需要具有相当水平和层次的复合型人才与之相适应，即人力资本禀赋要求高；特别是在金融创新日益增强的趋势下，从事金融产业的金融人力就需要新的理念去面对现实，寻找有效的发展途径。随着我国金融产业的不断发展壮大，金融产业各行业对金融人才的需求正在日益扩大，从金融产业自身的角度看，未来金融产业的发展与竞争将集中在金融创新能力和风险控制方面。例如，金融风险的度量与管理、金融产品的设计、外汇与证券交易技术、金融市场的创新等，因而，提升金融竞争能力的前提就是提高金融产业从业人员的创新能力和管理水平，以及遴选出大批人力资本禀赋较高的金融专业技术人才。另外，对于大量的工商企业而言，其现代企业管理方面的一些业务必然涉及提高资金运营效率、有效选择投融资工具、参与资本市场和规避资金运用风险等等，这就导致了大量工商企业对现代金融管理人才的巨大需求，通过这些专业化现代金融管理人才的运作与管理，可以极大地提高工商企业参与国际市场竞争的能力。总之，金融人力资本要素在金融产业的经营活动中主要是以先进技术的研发者、传播者、运用者，或是以金融企业的组织管理者等身份出现的，对金融产业的整体发展起着至关重要的作用。

从人力资本价值理论看，通过教育、培训及健康保健等投资形成了金融人力要素的知识、风险管理能力、技能及创新等基本素质。因此，这种通过投资而形成的金融人力资本价值就表现为一种内在价值（赵旭，2006）。另外，从劳动价值论角度看，金融专业人才是从事复杂劳动的劳动力，金融人才的人力资本作为一种生产要素投入时，它将创造出数倍于自身价值的价值，而且在"创造性劳动"中产生出经营绩效并承担着特定的职责，因而，这种"创造性劳动"的金融人力资本价值不仅表现为一种外在价值（经营绩效、承担责任、分担风险），而且表现为一种内在价值（经验、资历等）（赵旭，2006）。因此，关于金融人力要素的定价（人力资本价值）问题，需要考虑以下一些因素：基本素质要素、品质要素、职责要素、能力要素、绩效要素、资历和工作经验要素和知识要素等。只有合理的薪酬定价，才会充分发挥金融人力资本的积极性，推动金融产业的健康发展。

总之，金融人力资本通过经营管理、技能提升、劳动生产率提高、成本耗费下降、风险较少等途径，实现了金融组织更优的资本有机构成和生产要素组合，进而能在风险较低的水平上实现金融产业发展目标。

7.3 制度要素

7.3.1 制度要素在金融产业生产中的作用

制度最一般的含义是要求大家共同遵守的办事规程或行动准则，是实现某种功能和特定目标的社会组织乃至整个社会的一系列规范体系。从这一定义不难看出，制度的第一含义就是成员共同遵守的、按一定程序办事的规程。制度是人们有目的建构的存在物，包括可辨识的正式制度和难以辨识的非正式制度。建制带有价值判断，从而规范、影响着建制内人们的行为（陈建军，2007）。金融产业的制度要素是指金融产业中自身形成的一套办事规程或行为准则，它主要由内部组织治理结构、金融家才能、外部制度框架三个方面构成。

自科斯于1937年发表《企业的性质》一文后，制度经济学开始逐渐兴起，制度对于产出的作用也逐渐被纳入生产函数分析框架里。为了分析的简便，我们假定技术水平不变，在加入了制度要素以后，金融产业生产函数变为：

$$Y = F(K, L, I) \tag{7.8}$$

为了考察对金融总产出增长的影响，我们对金融产业总生产函数进行微分，有：

$$\frac{dY}{dt} = \frac{\partial Y}{\partial K}\frac{\partial K}{\partial t} + \frac{\partial Y}{\partial L}\frac{\partial L}{\partial t} + \frac{\partial Y}{\partial I}\frac{\partial I}{\partial t} \tag{7.9}$$

再对上式两端同时除以 Y，得：

$$\frac{\frac{dY}{dt}}{Y} = \frac{\partial Y}{\partial K}\frac{K}{Y}\frac{\frac{dK}{dt}}{K} + \frac{\partial Y}{\partial L}\frac{L}{Y}\frac{\frac{dL}{dt}}{L} + \frac{\partial Y}{\partial I}\frac{I}{Y}\frac{\frac{dI}{dt}}{I} \tag{7.10}$$

令 $G_Y = \frac{\frac{dY}{dt}}{Y}$ 表示金融产业的产业增长率，$G_K = \frac{\frac{dK}{dt}}{K}$ 表示金融产业资本的增长率，$n = \frac{\frac{dL}{dt}}{L}$ 表示金融劳动增长率，$G_I = \frac{\frac{dI}{dt}}{I}$ 表示金融制度的增长率。再令 $\alpha = \frac{\partial Y}{\partial K}\frac{K}{Y}$，$\beta = \frac{\partial Y}{\partial L}\frac{L}{Y}$，$\gamma = \frac{\partial Y}{\partial I}\frac{I}{Y}$ 分别表示金融产出对金融产业资本、劳动和制度的弹性。则上式变为：

$$G_Y = \alpha G_K + \beta n + \gamma G_I \tag{7.11}$$

我们假定金融产业生产函数是一次齐次的，根据欧拉定律，有：

$$Y = \frac{\partial Y}{\partial K}K + \frac{\partial Y}{\partial L}L + \frac{\partial Y}{\partial I}I \tag{7.12}$$

再对两边同时除以 Y，得：

$$1 = \frac{\partial Y}{\partial K}\frac{K}{Y} + \frac{\partial Y}{\partial L}\frac{L}{Y} + \frac{\partial Y}{\partial I}\frac{I}{Y}, \text{即 } 1 = \alpha + \beta + \gamma \tag{7.13}$$

将 $1 = \alpha + \beta + \gamma$ 带入（7.11）式，得：

$$G_Y = \alpha G_K + \beta n + (1 - \alpha - \beta)G_I \tag{7.14}$$

在对整体金融产业产出水平进行研究以后，我们再对人均水平上的金融产出进行探索。对于人均金融产出 $y = \frac{Y}{L}$，有：

$$\frac{\frac{dy}{dt}}{y} = \frac{\frac{dY}{dt}}{Y} - \frac{\frac{dL}{dt}}{L} \tag{7.15}$$

令 $G_y = \frac{\frac{dy}{dt}}{y}$，则有：

$$G_y = G_Y - n \tag{7.16}$$

同理，对金融产业资本要素进行推导，得到人均金融产业资本增长率为：

$$G_k = G_K - n \tag{7.17}$$

同理，对金融产业资本要素进行推导，得到人均金融制度增长率为：

$$G_i = G_I - n \tag{7.18}$$

将（7.14）式、（7.16）式、（7.17）式、（7.18）式进行联立，得到：

$$G_y = \alpha G_k + \gamma G_i \tag{7.19}$$

在此，我们可以看出，在整体水平上与金融总产出相关的是金融产业资本、劳动力的增长和金融制度的进步，而在人均金融产出水平上，与总产出相关的增长仅为金融产业资本增长和金融制度的进步。

7.3.2 制度要素促进金融产业发展的机理

一般而言，一国金融发展的空间取决于该国特定的金融制度框架，一国金融制度（I）决定着该国金融发展的绩效，金融发展的进程在很大程度上取决于金融制度的适应性（罗松山，2003）。因此，金融产业发展的必备要素之一就是金融制度（I）供给状况，金融制度供给对于金融发展的进程及深化程度起着关键性的作用。金融制度（I）的供给也面临着一些约束因素：一是金融领域就业人员的总体素质；二是某时期内金融领域对现代科学技术的驾驭能力；三是已开发的金融制度资源的功能状态；四是金融决策者对金融运行环境的把握能力和程度。

金融制度供给状态不仅影响着金融产业的运行效率，而且影响着经济社会的发展。一般来说，金融制度的效应包括两个方面：（1）以自然资源和其他社会资源重新配置为目标的效应，这种效应是金融制度效应的直接目标，并表现为一定时期内经济投资的数量与质量的提升（崔满红，

2002)。(2) 以营造效率环境为目标的效应。该效应是金融制度创新、金融资源配置和金融开发的基本目标。但是，这一效应受到以下因素的影响：一是不同金融制度要素的直接目标实现及其过程中的功能辐射，以及直接目标之间形成的互动影响所构成的动力系统；二是金融制度要素与影响社会、经济发展的制度性环境因素之间互动影响所构成的动力系统（崔满红，2002）。金融制度两个效应的总体目标是：通过改进金融资源配置效能，提升社会经济发展的速度和质量。

金融制度要素（I）的效应传导主要体现在：在整个金融体系中，构建货币要素、金融商品资源的流动效率环境和资本资源的投资效率环境。第一，如果货币要素开发、配置及提高流动效率的要求，满足了金融制度要素的效应传导所构建的初始条件，则货币要素的配置状态、流动取向就会符合经济发展要求，使得货币要素进入消费领域或转化为资本；反之，就会扭曲货币资源的配置状态和结构（崔满红，2002）。第二，如果资本要素配置及提高投资效率的要求，达到了金融制度要素的效应传导所形成的初始条件，则必然形成良好的产业结构，从而推动经济增长；反之，就会不利于产业结构及其调整，从而对经济增长起制约作用。

金融制度（I）对金融产业的运作起着指导和约束作用，金融制度（I）是否合理在很大程度上影响着金融组织及其架构的发展。目前，我国已初步建立起相对完善的金融制度体系，例如金融组织制度、金融市场制度、金融调控制度和金融监管制度；为了促使整个金融产业的发展，金融制度的建立与完善还应当重点突出以下三个方面：第一，公平的金融准入制度。实践证明，不合理的金融准入门槛或隐性的准入限制是不利于实现金融产业的公平和充分竞争的，造成金融市场的长期低效率运行。因此，需要建立公平的金融准入制度，以促进金融产业的竞争，使金融真正服务于实体经济。要适度降低金融机构的市场准入门槛，建立起包括政策性银行、商业银行、农村合作银行、农村信用社、民营金融以及民间资本等在内的多元化金融组织机构网络，以实体经济部门的金融需求为导向，逐步培育和形成一个能够实现有效竞争的多元化金融产业体系。为实现金融产业的公平竞争，政府要确保对国有控股大型金融机构和其他区域型中小金融机构在政策倾斜方面的公平，根据其对实体经济服务的力度来差别化地实行优惠政策。第二，完善的金融退出机制。随着金融市场的放开，市场间竞争力度的加大，对于金融企业来说，因经营失败，以及突发事件的冲击导致的清偿能力不足而最终退出市场在所难免。为了保护存款人的利益、减少因其退出而对金融市场造成的震荡，维护金融市场的稳定，必须完善金融企业市场退出机制。建立由央行主导、政府控股、各金融组织入股的存款保险公司来专营存款保险业务，各金融机构向其缴纳保费，设立保险基金。当金融企业发生信用危机时，可由其予以资金援助；金融企业依法破产或业务终止，可由存款保险公司对存款人进行限额补偿。同时可通过完善风险投资退出机制，在高新科技企业创业过程中引入风险投资，分散由过度依赖间接融资而引发的风险。第三，多元化经营的业务拓展模式。目前，多数存款类金融机构的经营多为单一的信贷业务经营，而这一经营方式必然会使得风险集聚。同时，为了满足一些"边缘化"客户群体对金融服务需求的多样化，客观上要求金融企业进行金融创新，开展多元化的经营：一是在信贷服务领域内，对效益较好的工商企业，除流动资金贷款外，提供票据贴现、存货质押贷款等服务；以其风险程度为依据，对大型项目的贷款提供由政策性银行、商业性银行等多家金融组织共同参与的银团贷款。二是开展重型设备租赁服务。允许金融机构出资设立机械租赁公司，专司生产用机械设备租赁业务，通过与工商企业协商，购买设备，再将机械租给工商企业使用。

7.4 技术要素

7.4.1 技术要素在金融产业生产中的作用

技术可以指人类对机器、硬体或人造器皿的运用，但它也可以包含更广的架构，如系统、组织方法学和技巧。它是知识进化的主体，由社会形塑或形塑社会，如电脑等新技术的增生使人们相信技术是社会进化的决定性力量，换句话说，它是驱动改变的自发性动力（李蕊，2011）。金融产业的技术要素是关于在金融产业中，为获得更大的市场范围和更高效的金融产出而运用的技术手段和系统性方法的总称。

我们依然沿用新古典生产函数，对技术要素在金融生产中的作用进行理论解释。我们用 Y 表示利率差既定下的金融产出，用 K 和 L 表示金融资本和金融劳动力两项投入，则金融产业总产出为：

$$Y = F(K, L) \tag{7.20}$$

首先，我们沿用增长因素分析法对金融产出增长因素进行考察，对金融生产函数进行微分，有：

$$\frac{dY}{dt} = \frac{\partial Y}{\partial K}\frac{\partial K}{\partial t} + \frac{\partial Y}{\partial L}\frac{\partial L}{\partial t} \tag{7.21}$$

再对上式两端同时除以 Y，得：

$$\frac{\frac{dY}{dt}}{Y} = \frac{\partial Y}{\partial K}\frac{K}{Y}\frac{\frac{dK}{dt}}{K} + \frac{\partial Y}{\partial L}\frac{L}{Y}\frac{\frac{dL}{dt}}{L} \tag{7.22}$$

令 $G_Y = \frac{\frac{dY}{dt}}{Y}$ 表示整个金融产业产出增长率，$G_K = \frac{\frac{dK}{dt}}{K}$ 表示金融资本投入增长率，$n = \frac{\frac{dL}{dt}}{L}$ 表示金融劳动投入增长率。再令 $\alpha = \frac{\partial Y}{\partial K}\frac{K}{Y}$，$\beta = \frac{\partial Y}{\partial L}\frac{L}{Y}$ 分别表示金融产业产出对金融产业资本的弹性和金融劳动力的弹性。则上式变为：

$$G_Y = \alpha G_K + \beta n \tag{7.23}$$

我们假定金融生产函数是一阶齐次的，根据欧拉定律，有：

$$Y = \frac{\partial Y}{\partial K}K + \frac{\partial Y}{\partial L}L \tag{7.24}$$

再对两边同时除以 Y，得：

$$1 = \frac{\partial Y}{\partial K}\frac{K}{Y} + \frac{\partial Y}{\partial L}\frac{L}{Y}, \quad 即\ 1 = \alpha + \beta \tag{7.25}$$

将 $1 = \alpha + \beta$ 带入（7.23）式，得：

$$G_Y = \alpha G_K + (1 - \alpha)n \tag{7.26}$$

在此基础上，我们再将金融产业的技术进步纳入生产函数，假定技术进步所表现出的技术水平为时间的指数函数。金融技术进步可以表示为：

$$A = A_0 e^{bt} \tag{7.27}$$

其中，A 是金融技术水平，A_0 是初始金融技术水平，e 是自然数，b 是金融技术进步率，t 是时间。在定义了金融技术水平的函数以后，我们用 $L^* = AL$ 表示金融劳动投入率，则有：

$$L^* = A_0 e^{bt} L_0 e^{nt} = A_0 L_0 e^{(b+n)t} \tag{7.28}$$

令 $L^* = A_0 L_0$，$n^* = n + b$ 则有：

$$L^* = L_0 * e^{n*t} \tag{7.29}$$

再将 L^* 带入生产函数，则有金融产业生产函数：

$$Y = F(K, L^*) \tag{7.30}$$

因为金融劳动投入效率是劳动量与技术水平之积，所以新的金融生产函数包含了技术进步的因素。我们仍然假定该生产函数为新古典生产函数并为一阶齐次。在增加了技术进步因素以后，金融产业总产出增长则变为：

$$\begin{aligned} G_Y &= \alpha G_K + (1-\alpha) n^* \\ &= \alpha G_K + (1-\alpha)(n+b) \\ &= \alpha G_K + (1-\alpha) n + (1-\alpha) b \end{aligned} \tag{7.31}$$

上式表明，金融产业总产出的增长取决于金融产业资本增长率、金融劳动增长率和金融技术进步率。

在对整体金融产出水平进行研究以后，我们再对人均水平上的金融产出进行探索。对于人均金融产出 $y = \dfrac{Y}{L}$，有：

$$\frac{\frac{dy}{dt}}{y} = \frac{\frac{dY}{dt}}{Y} - \frac{\frac{dL}{dt}}{L} \tag{7.32}$$

令 $G_y = \dfrac{\frac{dy}{dt}}{y}$，则有：

$$G_y = G_Y - n, \tag{7.33}$$

将（7.26）式带入（7.33）式并整理，则有：

$$G_y = \alpha(G_K - n) \tag{7.34}$$

同理，对金融资本要素进行推导，得到人均金融资本增长率：

$$G_k = G_K - n \tag{7.35}$$

并有：

$$G_y = \alpha G_k \tag{7.36}$$

即在没有金融技术进步的条件下，人均金融产出的增长只取决于人均金融资本的增长。

我们对（7.33）式、（7.34）式、（7.35）式、（7.36）式进行联立，则可以得出：

$$G_y = \alpha G_k + (1-\alpha) b \tag{7.37}$$

即在有金融技术进步的条件下，人均金融产出的增长取决于人均金融资本增长率和金融技术进步率。金融产业的技术要素不仅能够在整体水平下推动金融产业总产出的增长，也是决定人均金融产出的两大因素之一。

7.4.2 技术要素促进金融产业发展的机理

金融产业及其发展建立在一定的科技基础之上，因此，技术要素（T）的投入是支持金融产业的一项必备要素投入。技术成果是人们在科学技术活动中通过复杂的智力劳动所得出的具有某种被公认的学术或经济价值的知识产品（覃璇，2013）。它必须得到法定部门的认可，是无形资产的重要组成部分，具有一次支付、重复利用的特点。在金融产业发展的全球化、资产证券化、风险不断增大的背景下，必然要依靠现代科技，实现科技成果在现代金融产业中的转化与运用，这不仅成为优化经济资源配置的有效途径，降低金融交易中的风险，而且成为金融产业的资本、人力等要素投入规避边际报酬递减规律发生作用的基本途径。

在信息与计算机等技术被运用于金融产业的诸多经营活动中，例如信息及应用系统技术、金融交易技术、银行卡与电子支付技术、金融标准化技术、电子金融信息挖掘技术、电子金融专业仿真技术、网络技术等技术成果要么通过技术指导、服务、教育和培训让金融活动过程中的劳动者最终掌握该技术，提高劳动者的技能；要么物化为生产设备的改良，提高劳动生产率；要么通过教育培训转化为组织管理能力；要么通过改进支付或交易技术，提高交易或支付效率；要么衍生出金融风险工具，分散或化解金融风险，降低金融交易的不确定性，等等。总之，科技成果作为一种潜在的生产力，只有当其被金融产业主体采用并投入经营活动领域时才能发挥其价值；技术创新成果的投入通过克服金融产业要素边际产量下降的途径，成为促进金融产业发展的源泉之一。

当然，技术要素被运用于金融产业，其成功与否及效率高低还取决于技术要素所处的环境因素。一般来讲，技术环境包括技术研发与创新、技术推广、技术服务三个构成要件。这三个要件统一在一个主体中，共同构成技术供给方，金融产业主体便成为创业技术需求方。在大多数情形下，这三个要素是分离的，分散在三个不同的主体中，共同构成技术供应方，只是技术供给方式不同而已。为了确保金融产业主体能够迅速地获得所需要的技术，不仅需要技术供给者，而且需要信息收集成本和价格低廉的技术转让市场，还需要健全的技术专利制度对技术研发者给予法律保护。从技术创新的角度来看，技术创新的动力来源于需求，需求是技术创新的基本出发点和最终归宿；只有将（金融）技术研究与金融产业的科技需求市场相结合，才能减少成果研制的盲目性，科技成果的产品化、商品化才能得以实施，技术成果的转化推广才能有强大的依托，同时也能为金融产业发展提供良好的技术支撑。

第8章 金融产业的市场竞争

金融产业的市场竞争是指金融产业的金融企业所面临的金融市场竞争，其实质是指在市场经济条件下金融企业在金融市场上通过价格、服务、成本等方面的策略与手段，实现企业利润最大化和金融资源优化配置的竞争。市场经济条件下的金融产业要健康发展，必须有金融企业之间的市场竞争，但是既必须控制过度竞争，又要防止过度垄断，只有适度竞争，才有利于金融产业的可持续发展。按照新古典经济学理论，金融市场的竞争激烈程度可以从四个方面进行判断：金融市场上金融企业的数量、所提供的金融产品①的差异化程度、单个金融企业对金融产品价格的控制能力、投资者进入或退出某金融行业的难易程度。金融产业与其他产业虽然在产品形式、成本结构、客户群体上有所差异，但金融产业的金融市场结构也可以按照上述四个标准进行划分。因此，可以将金融产业的金融市场竞争划分为四大类型：完全竞争的金融市场、垄断竞争的金融市场、寡头垄断的金融市场和完全垄断的金融市场。

8.1 完全竞争的金融市场

完全竞争的金融市场是市场经济中的理想市场。现实经济生活中金融市场的发展要向完全竞争目标推进和规范。系统地研究完全竞争金融市场的内涵、供求关系、均衡原理至关重要。

---

① 本章所讲的金融产品指金融市场的买卖对象，包括货币、黄金、外汇、有价证券等各种载体，也包括金融服务。

8.1.1 完全竞争金融市场的概念

按照新古典经济学理论对完全竞争市场的假设条件,完全竞争的金融市场必须满足以下条件:一是金融市场上有无数的资金需求者和资金提供者,任何一个参与者都无法决定或者影响金融市场的价格,每一个参与者都是金融产品价格的被动接受者;二是在同一个金融行业中,每一个金融企业所提供的金融产品或者服务是完全无差别的,对客户来说,从任何一个金融企业购买金融产品或者接受金融服务的结果是一样的,因此价格是金融企业之间进行竞争的唯一方式;三是现有的金融企业能够自由地退出某一行业市场,外部的社会资本也可以随时进入完全竞争的金融市场,没有任何制度性阻碍与额外交易成本;四是金融市场上信息是完全完美的,金融企业与客户都能完全掌握关于金融产品和市场的全部信息,这一假设排除了因为市场信息不完全而可能导致的套利行为。

8.1.2 完全竞争金融市场的供求

(1) 完全竞争金融市场的供给

在完全竞争的金融市场上,金融企业为客户提供无差异的金融产品;对于同质的金融产品,单个金融企业无法影响市场价格,只能是价格的接受者。如果市场价格越高,金融企业基于利润最大化的目标,就愿意提供更多的金融产品。比如,在信贷市场上,如果市场利率高,银行和其他非银行金融企业都愿意提供更多的信贷资金;如果市场利率较低,金融企业就会收缩信贷规模。因此,在完全竞争的金融市场上,金融产品的供给量与价格之间是正相关关系,金融产品供给函数可以描述为金融产品价格的增函数:

$$s = F(p) \quad 且 \quad F'_p > 0 \tag{8.1}$$

上式中,s 表示整个市场上金融产品的供给量,p 为金融产品的价格水平,F' 为供给量关于价格的一阶导数,$F'_p > 0$ 表明金融产品的供给随着价格的提高而增加。完全竞争金融市场的供给曲线可以描述为一条向上倾斜的曲线(如图 8-1 所示)。

(2) 完全竞争金融市场的需求

对于金融产品的需求者来说,金融产品的价格越高,则金融市场的客

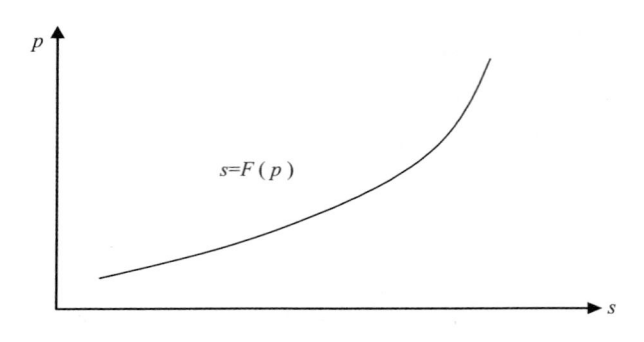

图 8-1 完全竞争金融市场的供给曲线

户愿意且能够购买的金融产品数量就越少,如银行的信贷产品,如果银行贷款利率越高,则愿意向银行申请并获得贷款的客户就越少,信贷产品需求就会减少,所以在完全竞争的市场上,金融产品的需求与价格之间是负相关关系。金融产品需求函数可以被描述为金融产品价格的减函数:

$$d = G(p) \quad 且 \quad G'_p < 0 \tag{8.2}$$

上式中,d 为金融产品的需求,p 为金融产品的价格,G 为需求函数。G' 为需求函数关于价格的一阶导数,$G'_p < 0$ 表明价格越高需求量越少。完全竞争金融市场的需求曲线可以被描述为一条向下倾斜的曲线(如图 8-2 所示)。

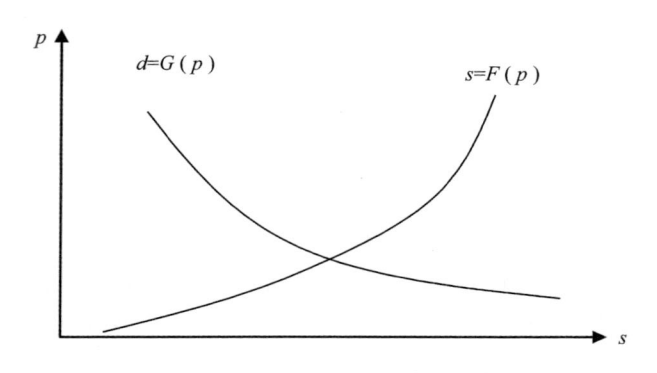

图 8-2 完全竞争金融市场的需求曲线

图 8-2 的需求曲线是针对整个金融市场而言的,从单个金融企业的

需求来看，由于市场上有无数个提供同样金融产品的金融企业，如果单个金融企业所制定的金融产品价格高于市场价格的话，在完全信息市场假设条件下，市场上所有客户都会到其他的金融企业去购买同质的金融产品，该金融企业的市场需求为 0；而如果该金融企业所制定的金融产品价格低于或等于市场价格，则所有客户都会来购买，市场的需求就是无穷的。所以，对于单个金融企业来讲，其需求曲线是一条水平的直线。

（3）金融企业的利润和收益

金融企业的利润等于经营收入减去经营成本的余额。经营成本包括了因为各种要素投入所付出的代价，金融企业的经营成本主要有员工薪酬福利、融资成本、固定资产折旧、行政办公费用等。金融企业的经营成本可以按照其与金融产品供给数量之间的关系划分为不变成本和可变成本，不变成本是指与金融产品供给数量无关的成本，如固定资产折旧、管理信息系统开发、无形资产摊销等；而可变成本一般会随着金融产品供给数量的增加而上升，如金融机构的融资成本、差旅费等。虽然有些金融企业的成本支出，如员工薪酬等与金融产品供给数量之间呈现出非线性的正相关关系，但在理论上可以视之为固定成本与变动成本的组合。

在完全竞争的金融市场上，由于金融企业只是产品价格的接受者，所以金融企业只能通过控制提供金融产品的数量以实现利润最大化的目标。令 $tr(q)$ 表示金融企业的总收入、$tc(q)$ 表示提供金融产品的总成本，金融企业的利润函数可以表示为金融产品数量的函数：

$$\max_q \pi = tr(q) - tc(q) \tag{8.3}$$

上式中，q 为金融产品的数量。利润最大化的一阶条件是：

$$\frac{\partial \pi}{\partial q} = \frac{\partial tr}{\partial q} - \frac{\partial tc}{\partial q} = 0 \tag{8.4}$$

令 $mr = \frac{\partial tr}{\partial q}$ 表示金融企业提供金融产品的边际收益，$mc = \frac{\partial tc}{\partial q}$ 表示金融企业提供金融产品的边际成本，金融企业利润最大化的一阶条件是边际收益与边际成本相等：$mr = mc$。由于在完全竞争市场中，金融企业只是价格的接受者，对于任何一个金融企业而言价格都是外生的，且边际收益又等于金融产品的价格，所以金融企业提供金融产品数量的均衡条件是：$mr = mc = p$。

8.1.3 完全竞争金融市场的均衡

(1) 完全竞争金融市场的短期均衡

在完全竞争市场条件下，对金融企业而言，短期内不仅金融产品的价格是外生的，而且经营中的不变要素（如固定资产等）的投入量是无法改变的，即短期内金融企业只能按既定的规模进行经营，企业只能通过对产量的调整来实现 $mr = mc$ 的目标。在图 8 – 3 中，有金融企业的短期边际成本（smc）、短期平均成本（sac）和平均变动成本（avc）三条曲线。由于规模效益，企业短期的边际成本是下降的；但在不变要素投入在短期内无法改变的情况下，当金融产品的供给达到一定规模之后，又会导致可变要素价格的上升，进而使得边际成本上升。以银行贷款业务为例，在短期内，银行如果适度增加贷款规模，刚开始可以利用规模效益带来边际成本的下降；但随着贷款供给的不断扩大，必然导致短期融资成本的快速上升，使得贷款的边际成本慢慢上升。所以金融企业的短期边际成本曲线 smc 是一条先向下倾斜，后又向上提升的曲线；由于金融企业肯定不要在边际成本 smc 下降阶段进行供给，所以在图 8 – 3 中只画出了边际成本曲线 smc 的上升阶段。由于边际成本的这一特征导致了短期平均成本 sac 和平均变动成本 avc 也是向下弯曲的曲线，并且 smc 与 sac 相交于 sac 的最低点，smc 与 avc 相交于 avc 的最低点。

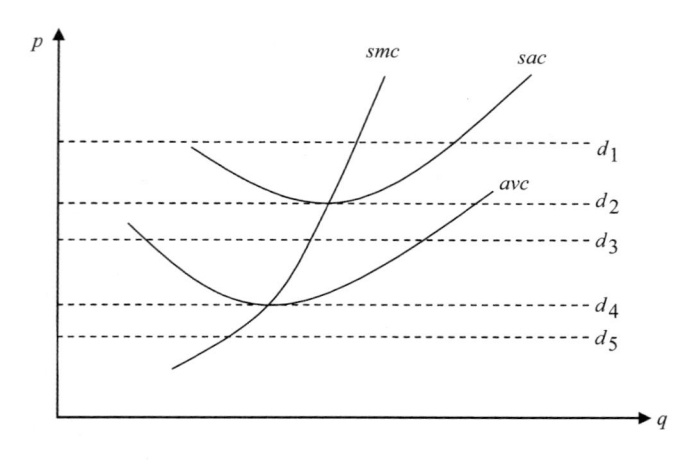

图 8 – 3 完全竞争金融市场的短期均衡

在图 8-3 中，d_1、d_2、d_3、d_4、d_5 分别代表五个不同市场价格水平下金融企业的收益情况。在市场价格 p 处于 d_1 位置时，金融企业的平均收益 ar（也就是 p）大于平均成本 sac，此时金融企业存在超额利润；在完全竞争市场条件下，由于社会资本可以自由地进入与退出，且不考虑交易成本，所有会有更多的社会资本进入这一行业，导致金融产品供给不断增加，市场价格不断下降。在市场价格 p 等于 d_2 的情况下，金融企业的平均收益 ar 等于短期平均成本 sac，此时市场中的金融企业无法获得超额利润，也没有外部的社会资本愿意进入这一市场，就会形成一种均衡状态。而在市场价格 p 等于 d_3 的情况下，金融企业平均收益 ar 小于短期平均成本 sac、大于平均可变成本 avc，此时金融企业经营处于亏损状态，但经营收益超过了可变成本，且可以弥补部分不变成本，所以金融企业短期内会继续经营以减少总损失，但从长期来看会减少固定成本的投入，退出金融市场。而在市场价格 p 等于 d_4 的情况下，金融企业平均收益 ar 刚好等于平均可变成本 avc，金融企业处于经营与不经营一样的亏损临界点。在市场价格 p 等于 d_5 的情况下，金融企业平均收益 ar 小于平均可变成本 avc，金融企业无论从短期还是从长期来看都处于亏损状态，所以会退出市场。

综上所述，在短期的完全竞争金融市场中，金融企业提供金融产品的均衡条件是价格 p 与平均可变成本 avc、短期边际成本 smc 的交点。此时有如下的均衡条件：

$$smc = ar = mr = p \tag{8.5}$$

在均衡点上，金融企业可以获得最大的利润或者遭受最小的损失，如果 $p > smc$，由于超额利润的存在，就会有大量的社会资本进入完全竞争的金融市场，导致金融产品供给增加和市场价格 p 下降；如果 $p < smc$，则金融企业就会退出市场。

根据式（8.5），完全竞争的金融企业在短期内为了获得最大利润，其最优的金融产品提供数量应该是使得金融产品价格和边际成本相等，因此可以基于均衡点上不同市场价格与最优产量之间的关系得到供给函数：

$$q^s = H(p) \tag{8.6}$$

上式中，p 是完全竞争市场上金融产品的价格，且 $p = smc$，q^s 表示最优的供给量。对于单个金融企业来说，当金融产品供给比较少时，随着供给量的增加，边际成本会逐渐下降。但当供给量增加到一定程度后，如果要进一步增加供给，边际成本 smc 就会上升。比如银行信贷产品在刚开始客户的贷款需求比较少时，由于人力资本、固定资产的规模效应原因，贷款量的增加会减少平均成本，即初期的边际成本是递减的；当信贷规模增加到一定程度后，就会导致市场上的信贷资金紧缺和存款利率上升，人力资本与固定资产的规模效率也开始降低，甚至因为短期内固定投入要素无法改变而导致出现规模不经济，进而使得边际成本递增。因此，完全竞争市场的金融企业所面临的边际成本曲线是先向下倾斜，然后又上升的。对于单个金融企业而言，短期边际成本 smc 曲线上等于和高于平均可变成本 avc 曲线最低点的部分，就是完全竞争市场上金融企业的短期供给曲线。完全竞争金融市场上整个行业的供给是单个金融企业的加总，在需求量比较小的时候单个金融企业供给的增加必然会使得其他金融企业供给减少，因为存在相互抵消效应，所以整个金融行业的供给曲线是向上倾斜的。

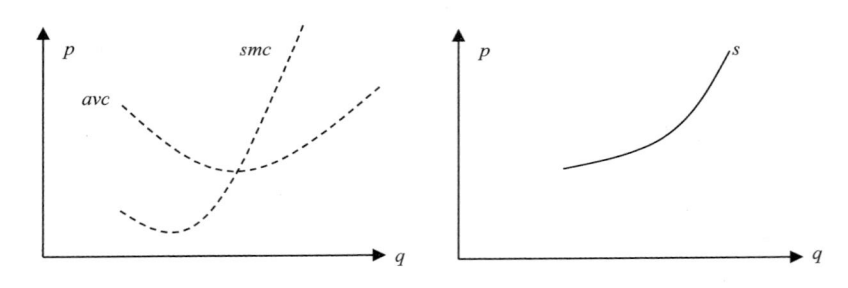

图 8-4 完全竞争市场短期供给曲线

（2）完全竞争金融市场的长期均衡

从长期来看，金融企业可以通过对固定资产、人力资本等固定要素投入量的调整或者退出市场来实现利润最大化或损失最小化，就长期而言，任何金融企业利润最大化的基本条件是：

$$mr = lmc \tag{8.7}$$

上式中，mr 为金融企业的边际收益，lmc 为长期边际成本。从长期来看，完全竞争市场上金融企业对全部要素的调整可以表现为两个方面：一方面表现为企业的进入或者退出某一市场，即行业内金融企业数量的调整；另一方面表现为金融企业通过资本金、人员、设施等要素的调整改变金融产品的供给。

从长期来看，如果行业内的金融企业能够获取超额利润，就会吸引外部社会资本不断进入这一行业，导致市场上金融产品供给不断增加，以及金融产品价格持续下降，直到行业中所有金融企业的超额利润为 0，从而达到均衡状态。同样，如果某一行业中的金融企业处于亏损经营状态，就会有部分金融企业退出市场，金融企业数量的减少会导致金融产品供给减少，使市场价格上升，留在市场上的金融企业的亏损就会减少直到均衡。所以，从长期来看完全竞争市场上金融企业既不会有超额利润，也不会长期亏损。对于单个金融企业，由于金融产品价格 p 是外生的，每销售一个单位金融产品的收益（即边际收益 mr）就等于市场上的价格水平 p，在长期均衡条件下边际收益 mr、长期平均成本 lac 具有如下关系：

$$mr = lac = p \tag{8.8}$$

在图 8-5 中，lmc 和 lac 分别表示金融企业的长期边际成本和长期平均成本，d_1、d_2、d_3 分别代表单个金融企业在三种不同市场价格水平下的需求曲线。当市场价格处于 d_1 位置时，市场上金融产品的价格 p 大于长期平均成本 lac，金融企业有超额利润存在，会吸引社会资本不断进入这一行业。当市场价格处于 d_2 位置时，市场上金融产品的价格 p 等于长期平均成本 lac，单个金融企业没有超额利润，达到了市场的均衡。当市场价格处于 d_3 位置时，市场上金融产品的价格 p 小于长期平均成本 lac，企业处于亏损状态，会有金融企业退出市场直至均衡。因此完全竞争市场上的长期均衡条件是：

$$mr = lac = lmc = p \tag{8.9}$$

此时，金融企业的平均成本降到长期平均成本的最低点，金融产品的价格等于长期平均成本。

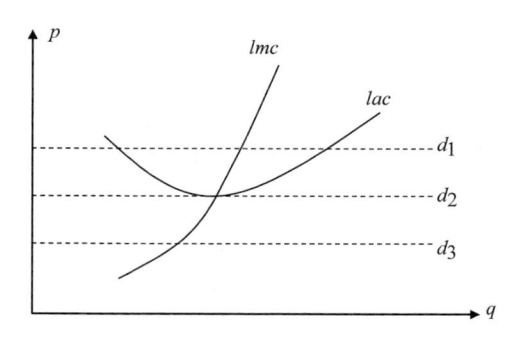

图 8-5　完全竞争金融企业的短期均衡

8.2 寡头垄断的金融市场

寡头垄断市场指少数几个金融企业控制了整个市场的金融产品供给，其主要特点，一是市场上金融企业数量极少，每个金融企业对金融产品的市场价格都具有重要的影响力；二是金融企业之间相互依存，每一个金融企业的产品策略、价格策略及其经营行为都会对其他金融企业的经营产生影响。在寡头垄断的金融市场上，金融企业主要从两个方面开展竞争：一是金融产品的供给策略，即通过增加或减少金融产品的供给量来影响市场，实现利润最大化；二是金融产品的价格策略，通过自身金融产品的定价来影响市场，实现利润最大化。由于金融行业的特殊性，短期内金融企业对金融产品的供给能力很难做出灵活调整，所以寡头金融企业之间在短期内以价格竞争为主；而从长期来看则可以通过对金融产品的供给进行调节，所以从长期来看金融市场上的寡头竞争以金融产品供给调控为主。这里借鉴现代微观经济学的博弈理论模型分析寡头垄断金融市场中金融企业的竞争行为。

8.2.1 金融产品供给竞争的寡头理论

根据新古典经济学的市场竞争理论，从长期来看，寡头市场上的金融企业基于金融产品进行竞争，假定寡头金融企业所提供的金融产品是同质的，市场上的信息是完全的，且市场上只有两家寡头垄断的金融企业，则可以用 Cournot 模型和 Stackelberg 模型分别从静态与动态两个角度考察寡头市场中垄断金融企业的竞争行为。

（1）寡头金融企业的静态竞争 Cournot 模型

假定金融市场上只有两个寡头金融企业，其产品和服务都是同质的，每个金融企业通过改变金融产品的供给量以实现利润最大化目标。用 q_1、q_2 表示两个企业金融产品的供给，p 表示金融产品的市场价格，价格 p 由两个企业所提供的金融产品总量决定，供给越多，价格就越低。为了简化分析，进一步假定市场价格与金融产品供给之间有如下的线性函数关系：

$$p = A - b \times (q_1 + q_2) \tag{8.10}$$

上式中，A 和 b 为外生参数，A 表示市场上金融产品供给为 0 时的最高价格，b 表示市场上金融产品供给每增加 1 个单位对市场价格的影响。

两个金融企业的利润函数分别为：

$$\pi_1 = pq_1 - (\alpha_1 + \beta_1 q_1) \tag{8.11}$$

$$\pi_2 = pq_2 - (\alpha_2 + \beta_2 q_2) \tag{8.12}$$

上两式中，π_1、π_2 分别表示两个金融企业的利润，α_1、α_2 分别表示金融企业 1 和企业 2 的不变成本，β_1、β_2 分别表示两个金融企业的单位可变成本。两个金融企业利润最大化的目标函数是：

$$\max_{q_1} \pi_1 = pq_1 - (\alpha_1 + \beta_1 q_1) \tag{8.13}$$

$$\max_{q_2} \pi_2 = pq_2 - (\alpha_2 + \beta_2 q_2) \tag{8.14}$$

将金融产品市场价格的决定函数式（8.10）代入式（8.13）和式（8.14）中，得到：

$$\max_{q_1} \pi_1 = (A - bq_1 - bq_2)q_1 - (\alpha_1 + \beta_1 q_1) \tag{8.15}$$

$$\max_{q_2} \pi_2 = (A - bq_1 - bq_2)q_2 - (\alpha_2 + \beta_2 q_2) \tag{8.16}$$

分别对两个金融企业求解利润最大化目标的一阶条件：

$$\frac{d\pi_1}{dq_1} = A - 2bq_1 - bq_2 - \beta_1 = 0 \tag{8.17}$$

$$\frac{d\pi_2}{dq_2} = A - 2bq_2 - bq_1 - \beta_2 = 0 \tag{8.18}$$

由于两个金融企业是同时进行决策的，基于市场信息完全的假定，即金融企业 1 知道金融企业 2 是按照式（8.18）的策略来决定其金融产品供给的，而金融企业 2 也知道金融企业 1 是按照式（8.17）的策略来决定其金融产品供给的，所以可以通过联立式（8.17）和式（8.18）得到市场竞争的均衡解，进而求出均衡状态下两个金融企业的最优金融产品供给量：

$$q_1 = \frac{A + \beta_2 - 2\beta_1}{3b} \tag{8.19}$$

$$q_2 = \frac{A + \beta_1 - 2\beta_2}{3b} \tag{8.20}$$

式（8.19）和式（8.20）的均衡解表明，寡头金融企业的供给与市场能接受的最高价格 A（供给为 0 时的市场价格）、金融寡头双方的单位变动成本、金融产品的价格弹性相关，而与金融企业的不变成本无关。寡头金融企业的产品供给与市场能接受的最高价格 A、竞争对手单位变动成本呈正相关,与自身单位变动成本、价格弹性 b 呈负相关。如果两个金融寡头的单位变动成本是一样的,即 $\beta_1=\beta_2$,则两个金融企业对金融产品供给数量也是一样的,都是 $q_1=\dfrac{A-\beta_1}{3b}$。

以上模型的分析结论也可以拓展到多个寡头金融企业的情形,如果市场上有 n 个金融企业,且进一步假定每个企业的成本函数都是一样的,那么利润函数可以描述为:

$$\pi_i = pq_i - (\alpha + \beta q_i) \tag{8.21}$$

市场的需求函数还是式(8.10)的线性函数,则均衡条件下每个寡头金融企业对金融产品的供给数量为:

$$\begin{cases} \bar{q}_i = \dfrac{A-\beta}{(n+1)\ b} \\ \bar{p} = A - \dfrac{n\ (A-\beta)}{(n+1)} \end{cases} \tag{8.22}$$

从式(8.22)可以看出,均衡产量 $\bar{q}_i$ 和均衡价格 $\bar{p}$ 都与市场上金融企业的数量呈负相关,n 越大,每个企业的均衡产量 $\bar{q}_i$ 就越低,均衡价格 $\bar{p}$ 就也越小。

若市场上有无数个金融企业,即 $n\to\infty$;此时相当于一个完全竞争的金融市场,其均衡价格水平为:

$$\lim_{n\to\infty}\bar{p} = \lim_{n\to\infty} A - \dfrac{n\ (A-\beta)}{(n+1)} = \beta \tag{8.23}$$

从式(8.23)可以看出,在完全竞争的市场上,市场的均衡价格为常数 β,即均衡市场价格相当于企业的变动成本,这与前文分析的完全竞争市场均衡条件完全一致。

(2)寡头金融企业的动态竞争 Stackelberg 模型

前文借鉴 Cournot 模型描述了两个金融企业同时进入一个市场情况下的金融产品供给竞争行为,但在现实中可能存在金融企业 1 先进入这个市场,金融企业 2 后进入这一市场的情况。先进入市场的金融企业 1 制定其产品的供给水平,后进入市场的金融企业 2 根据金融企业 1 的产品供给情况决定其最优金融产品的供给水平。当寡头金融企业在进入某一市场领域具有先后顺序时,可以采用 Stackelberg 模型来描述寡头垄断市场竞争的均衡过程及结果。

用 q_1、q_2 表示金融企业 1、金融企业 2 的产品供给,两个金融企业的利润函数分别为:

$$\max_{q_1} \pi_1 = pq_1 - (\alpha_1 + \beta_1 q_1) \tag{8.24}$$

$$\max_{q_2} \pi_2 = pq_2 - (\alpha_2 + \beta_2 q_2) \tag{8.25}$$

上两式中,π_1、π_2 分别表示两个金融企业的利润,α_1、α_2 分别表示金融企业 1 和金融企业 2 的不变成本,β_1、β_2 表示金融企业 1 和金融企业 2 的单位变动成本。p 表示市场价格,价格 p 由整个市场金融产品的供应量来决定,供给越多,价格越低,与前文一样,假定市场的需求函数为如下的线性函数:

$$p = A - b \times (q_1 + q_2) \tag{8.26}$$

上式中,A、b 是外生参数,A 表示市场能够承受的该金融产品最高购买价格,b 表示市场每增加一个单位供给所导致的金融产品价格的下降水平。

虽然金融企业 1 先进入市场并对本身金融产品的供给水平进行决策,但在完全信息假定条件下,金融企业 1 将预期到金融企业 2 将会跟随着进入该金融市场,并知道金融企业 2 将根据金融企业 1 的策略进行决策。所以,此时寡头竞争的均衡问题求解的基本思路是采用逆向归纳法,金融企业 1 要先预测金融企业 2 的行动策略(规则),然后利用金融企业 2 的行动策略(规则)求解自己的最优行动策略。

因为金融企业 1 先于金融企业 2 进入市场,所以对于金融企业 2 而言,当进入某一市场后,金融企业 1 的产品供给 q_1 已经是既定的,所以在求解金融企业 2 的最优行动策略时,要把 q_1 视为外生变量。将金融企业 2 的利润函数式(8.25)对其决策变量 q_2 求一阶导,得到利润最大化的一阶条件:

$$\frac{d\pi_2}{dq_2} = A - 2bq_2 - bq_1 - \beta_2 = 0 \tag{8.27}$$

由式(8.27)解出金融企业 2 的最优行动策略(规则):

$$q_2 = \frac{A - \beta_2 - bq_1}{2b} \tag{8.28}$$

上式表明,金融企业 2 最优金融产品供给水平与金融企业 1 的供给水平相关，金融企业 1 产品供给越少，则金融企业 2 的产品供给会越多。

在完全信息的假设条件下，金融企业 1 知道金融企业 2 将按照式（8.28）的策略进行决策，所以金融企业 1 需要将式（8.28）代入其式（8.24）的利润函数中进行决策，由此得到新的金融企业 1 的利润最大化目标函数：

$$\max_{q_1} \pi_1 = (A - bq_1 - bq_2)q_1 - (\alpha_1 + \beta_1 q_1)$$
$$= (A - bq_1 - \frac{A - \beta_2 - bq_1}{2})q_1 - (\alpha_1 + \beta_1 q_1) \quad (8.29)$$

对式（8.29）中的 q_1 求一阶导，得到金融企业 1 的最优供给水平：

$$q_1 = \frac{A + \beta_2 - 2\beta_1}{2b} \quad (8.30)$$

将式（8.30）代入式（8.26）中，得到金融企业 2 的最优供给水平：

$$q_2 = \frac{A + 2\beta_1 - 3\beta_2}{4b} \quad (8.31)$$

根据以上均衡结果，可以得出如下结论：一是如果金融企业的单位变动成本越低，则该金融企业均衡状态下的产品供给量就越大；二是无论谁先进入市场，如果竞争对手的单位变动成本越高，则该金融企业最优的产品供给水平就会越高；三是如果两个金融企业的单位变动成本不变，假定（$\beta_1 = \beta_2 = \beta$），则金融企业 1 的最优供给水平为 $q_1 = \frac{A - \beta}{2b}$，而金融企业 2 的最优供给水平为 $q_2 = \frac{A - \beta}{4b}$，也就是说，先进入者供给量是后进入者的两倍，这表明先进入市场的金融企业具有"先发优势"。

8.2.2　金融市场价格竞争的寡头理论

前文介绍的两种寡头金融企业市场竞争行为都是基于金融产品供给数量的策略展开的，金融产品价格由金融市场决定，金融企业只是金融市场价格的接受者。最终的均衡结果是如果金融市场上的金融企业越少，则金融产品的价格就会越高。但现实中也存在着另外一种可能，即寡头金融企业对金融产品的供给可能是无限的，此时价格策略也是为金融企业之间主要的竞争手段。Bertrand 模型从价格竞争策略的角度推导出了另外一种均衡结果，如果两个寡头金融企业提供无差异的金融产品，且客户可以无成本地在不同金融企业之间进行选择；同时假定边际成本不变。Bertrand（1883）认为，任何一家企业所制定的产品价格都会高于其边际成本，否则企业只要减少供给水平就可以提高利润。在两个寡头金融企业价格决定的过程中，金融企业 1 制定的价格只要稍微低于竞争对手金融企业 2 一点点 ε（$\varepsilon \to 0$），那么金融企业 1 就会吸引全部的客户，而金融企业 2 就会丧失全部的客户；显然，只要价格大于边际成本（$p > mc$），这种定价策略必然会带来利润的增加，因此金融企业 1 的定价策略是稍微低于金融企业 2；而金融企业 2 显然也面临着同样的选择，其最优的定价策略也是要略低于竞争对手。最终，两个金融企业在竞争过程中会不断降低价格，直到价格等于边际成本 $p = mc$，这时候双方都没有降价的空间了，于是最终的均衡结果是两个金融企业都选择了按照边际成本价格 $p = mc$ 销售金融产品，双方都没有超额利润。这一结论与前文的理论分析结果存在极大的差异，与寡头金融企业往往能够获得超额利润的现实也不相符，被理论界称为"Bertrand 悖论"。

导致"Bertrand 悖论"的一个重要原因在于两个寡头金融企业所提供的金融产品完全同质化的假定，如果考虑到两个金融企业所提供的产品的差异性，则寡头竞争金融市场的均衡结果可能就会不一样。这里借鉴 Hotelling 模型①分析两个金融企业在客户购买金融产品时交通成本上存在着差异的均衡结果。在该模型中，两个金融企业的产品在功能上没有区别，比如两家银行都可以提供存款服务，并且服务态度等都是相同的，但客户距离银行不同网点的路程不同，所付出的交易费用（包括交通成本、时间成本）也不同。假定在一条长为 l 的大街上，客户的地址 x 均匀地分布在大街内，$x \in [0, l]$，客户的分布密度为 $\frac{1}{l}$，客户总需求为 1。现有两个金融企业的网点 A、B 分别位于大街的两端，进一步假定网点 A 在 $x = 0$ 处、网点 B 在 $x = l$ 处。这两个网点所提供的金融产品（服务）是完全相同的，每个网点提供金融产品的单位成本为 c，客户获得金融产品的交易成本（含交通成本、时间成本等）与离网点的距离成正比，单位距离的交易成本为 t，这样位于 x 位置的客户如果到网点 A 购买同样的金融产品，交易成本为 tx；如果到网点 B 购买，交易成本为 $(l-x)t$。

---

① 参考张维迎《博弈论与信息经济学》，上海三联书店、上海人民出版社 1996 年版。

```
A        tx              (l–x)t           B
●━━━━━━━━━┼━━━━━━━━━━━━━━━━━━━●
0         x                              1
```

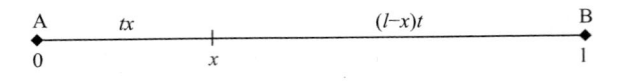

图 8-6　Hotelling 模型示意图

与 Bertrand 模型一样，两个金融企业之间的竞争是基于价格展开的，即两个网点通过不同的定价策略以实现自己利润的最大化，令 p_A、p_B 分别表示两个金融企业对金融产品的定价。假定住在 x 位置的客户到 A、B 两个网点购买金融产品是无差别的，则 x 需要满足如下的条件：

$$p_A + tx = p_B + t(l-x) \tag{8.32}$$

即住在 x 位置的客户到网点 A 购买所付出的价格加上交易成本与到网点 B 购买所付出的价格及交易成本是一致的，解式（8.32）得到：

$$x = \frac{p_B - p_A + tl}{2t} \tag{8.33}$$

由于 x 位置的客户到 A、B 购买金融产品是无差别的，住在 x 位置左边的客户必然都会选择去网点 A 购买，金融企业 A 的需求为：

$$D_A = \int_0^x \frac{1}{l}dz = \int_0^{\frac{p_B-p_A+tl}{2t}} \frac{1}{l}dz = \frac{p_B - p_A + tl}{2tl} \tag{8.34}$$

同样，住在 x 位置右边的客户必然都会选择去网点 B 购买，企业 B 的需求为：

$$D_A = \int_x^l \frac{1}{l}dz = \int_0^{\frac{p_B-p_A+tl}{2t}} \frac{1}{l}dz = 1 - \frac{p_B - p_A + tl}{2tl} \tag{8.35}$$

企业 A 的利润函数为：

$$\max_{p_A} \pi_A = (p_A - c) \cdot \frac{p_B - p_A + tl}{2tl} \tag{8.36}$$

企业 B 的利润函数为：

$$\max_{p_B} \pi_B = (p_B - c) \cdot \left(1 - \frac{p_B - p_A + tl}{2tl}\right) \tag{8.37}$$

企业 A 利润最大化的一阶、二阶条件为：

$$\begin{cases} \dfrac{\partial \pi_A}{\partial p_A} = p_B - 2p_A + tl + c = 0 \\ \dfrac{\partial^2 \pi_A}{\partial p_A^2} = -2 < 0 \end{cases} \tag{8.38}$$

企业 B 利润最大化的一阶、二阶条件为：

$$\begin{cases} \dfrac{\partial \pi_B}{\partial p_B} = p_A - 2p_B + tl + c = 0 \\ \dfrac{\partial^2 \pi_B}{\partial p_B^2} = -2 < 0 \end{cases} \quad (8.39)$$

联立式（8.38）和式（8.39）得到均衡解：

$$p_A = p_B = tl + c \quad (8.40)$$

企业 A、B 的利润为：

$$\pi_A = \pi_B = \frac{tl}{2} \quad (8.41)$$

以上的理论分析结论表明：第一，寡头金融企业的定价与金融产品的单位成本 c、单位交易成本 t 呈正相关，如果把单位交易成本 t 视为两个金融企业产品的差异，则式（8.40）的均衡价格表明，在寡头竞争中，如果金融企业的产品差异越大，则定价就会越高。第二，由式（8.41）可知，寡头金融企业的利润水平与交易成本 t 和总距离 l 呈正相关，同样，如果交易成本 t 和总距离 l 代表着产品差异的话，说明金融企业之间的产品差异越大，寡头金融企业的利润水平就会越高。第三，与 Bertrand 模型不同，Hotelling 模型表明了如果两个金融企业之间的产品存在差异，则寡头金融企业不会按边际成本进行定价，其价格水平要高于边际成本，并获得超额利润。

8.3 完全垄断的金融市场

如果市场上只有一个金融企业提供某类金融产品，而拥有众多的需求客户，便形成了完全垄断的金融市场。完全垄断金融市场一般具备三个典型特征：一是金融市场上只有唯一一个金融企业提供此类金融产品；二是该金融企业所提供的金融产品没有任何接近的替代产品；三是其他金融企业进入该行业极为困难或不可能，所以垄断金融企业可以控制和操纵市场价格。

8.3.1 完全垄断金融市场的收益

在完全垄断的金融市场上，垄断金融企业所面临的需求就是整个市场的需求，所以金融企业的需求与市场的需求是一致的。金融产品与其他普通商品一样，价格定得越高，需求就会越小；价格越低，需求就会越大。所以完全垄断市场上金融企业的需求曲线是向下倾斜的，需求量与价格成反比。为了便于分析，假定市场的需求曲线是直线的，并用如下的函数描述市场的需求函数：

$$p = \beta_0 - \beta_1 \cdot q \tag{8.42}$$

上式中，p 为市场价格，q 为金融产品供给，β_0、β_1 为外生参数，且 $\beta_0 > 0$、$\beta_1 > 0$。

在式（8.42）线性需求曲线的假定下，在完全垄断市场上，金融企业的总收益函数为：

$$tr = p \cdot q = \beta_0 \cdot q - \beta_1 \cdot q^2 \tag{8.43}$$

从式（8.43）可以看出，总收入 tr 是关于 q 的二次函数，由于二次项系数为负，一次项系数为正，所以总收益曲线是一条向下弯曲的抛物线（如图 8-7 所示）。

由式（8.43）的总收益曲线对产品供给 q 求一阶导，可以得到边际收益 mr 的函数：

$$mr = \frac{\partial tr}{\partial q} = \beta_0 - 2\beta_1 q \tag{8.44}$$

从式（8.44）可知，垄断市场上金融企业的边际收益是一条向下倾斜的直线，与横坐标 q 相交在 $\frac{\beta_0}{2\beta_1}$ 处（如图 8-7 所示）。

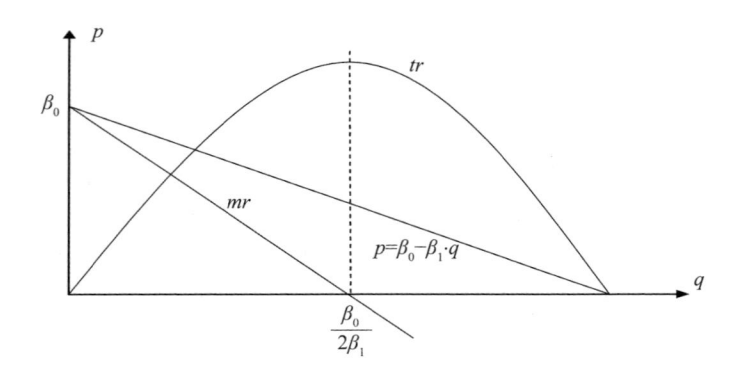

图 8-7 完全垄断金融市场收益曲线

8.3.2 完全垄断金融市场的均衡

（1）完全垄断金融市场的短期均衡

前文已经分析，短期内由于金融企业所面对的市场需求的变化比较有限，由此带来的规模效应以及对要素价格的影响都比较小，所以在短期分析中，可以将金融产品供给的边际成本视为不变。金融企业成本构成可以分为三类：一是与金融产品供给数量无关的不变成本，如设备折旧、办公物业租金、与员工业绩无关的人员基本工资等；二是与金融产品数量呈等比例变动的完全变动成本，如与业绩挂钩的奖金、金融资产买入成本、利息等；三是与金融产品相关但不呈线性变化的半变动成本，如差旅费、行政办公经费等，这些费用会随着金融产品供给的增加而相应有所增加，但呈非线性关系。在理论分析中，一般假定企业第三类非线性相关的半变动成本可以分解为不变成本与完全变动成本，最后将金融企业的总成本构成简化为固定成本和完全变动成本两类，总成本函数可以用如下线性方程描述：

$$tc = k - v \cdot q \tag{8.45}$$

上式中，tc 为总成本，k 表示与金融产品供给数量无关的固定成本，v 表示每单位金融产品的变动成本，q 表示金融产品供给量。

将式（8.45）中的总成本函数 tc 对金融产品供给量 q 求导，得到如下的短期边际成本函数：

$$smc = \frac{\partial tc}{\partial q} = v \tag{8.46}$$

根据式（8.43）的总收益函数和式（8.45）的总成本函数，二者相减得到金融企业的利润函数：

$$\max_q \pi = tr - tc$$
$$= \beta_0 \cdot q - \beta_1 \cdot q^2 - k - v \cdot q \tag{8.47}$$

将式（8.47）中的目标利润函数对控制变量——金融产品供给量 q 求一阶导和二阶导，得到目标利润最大化的条件：

$$\frac{\partial \pi}{\partial q} = \beta_0 - 2\beta_1 \cdot q - v = 0 \tag{8.48}$$

$$\frac{\partial^2 \pi}{\partial q^2} = -2\beta_1 < 0 \tag{8.49}$$

由于 $\beta_1 > 0$，所以式（8.49）中利润最大化的二阶条件必然得到满足。由式（8.48）得到利润最大化条件下的垄断金融企业供给水平 q：

$$q = \frac{\beta_0 - v}{2\beta_1} \quad (8.50)$$

式（8.50）表明，如果单位变动成本 v 比市场能够接受的最高价格 β_0 高的话，金融企业就会退出市场；金融企业对产品的供给与市场能够接受的最高价格 β_0 正相关、与单位变动成本 v 负相关、与消费者需求对价格的敏感度 β_1 负相关。

图 8-8 是垄断市场金融企业短期均衡曲线，与其他市场结构一样，垄断市场的短期均衡条件是 $mr = smc$，在 mr 与 smc 的交点处，金融产品的供给水平为 $q = \frac{\beta_0 - v}{2\beta_1}$，市场均衡价格为 $p = \frac{\beta_0 + v}{2}$，短期均衡价格与市场能够接受的最高价格 β_0、单位变动成本 v 正相关；短期均衡价格 p 与边际收益 mr、边际成本 smc 之间的关系是 $p > mr = smc$。

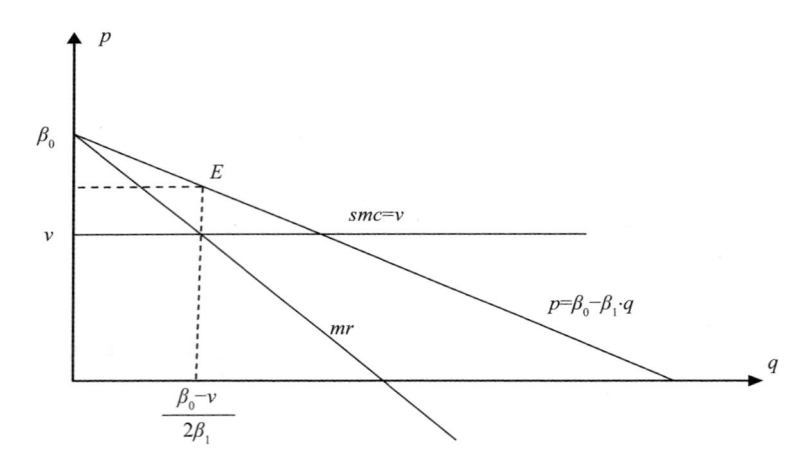

图 8-8 垄断市场金融企业的短期均衡曲线

（2）长期均衡

完全垄断金融市场从长期来看，垄断金融企业可以调整全部要素的投入规模，如增加网点、新增设备等，在供给较少时，由于规模效应的存在，垄断企业的长期边际成本曲线是向下倾斜的；随着供给的不断增加，规模效应递减，而由于要素需求增加所带来的要素成本上升，会导致长期边际成本上升。因此，完全垄断金融企业的长期边际成本曲线 lmc 会随着产量增加而先向下倾斜后又不断上升，即一条向上的抛物线。根据 lmc 可以画出金融企业总成本 ltc 随着产量 q 增加先递减后又递增的曲线（如图 8-9）。而长期平均成本 lac 则是一条先减少后又上升的曲线；与前文一样，mr 是一条向下倾斜的直线。完全垄断金融市场长期均衡的条件是 mr = lmc，从图 8-9 中可以看出，在完全垄断的金融市场上，均衡点 E_0 不一定就是 lac 的最低点。由于垄断金融企业对市场拥有绝对控制权，如果均衡点 E_0 所对应的价格 p > lac，此时垄断企业能够保持超额利润，就会继续经营；而如果均衡点 E_0 所对应的价格 p < lac，此时垄断企业处于亏损状态，它就会退出市场，所以垄断企业的均衡价格 $\bar{p}$ 要大于等于平均成本。在均衡点上，市场价格 $\bar{p}$ 高于长期平均成本 lac，也高于长期边际成本 lmc，即 $\bar{p}$ > lac > mr = lmc。与短期均衡结果一样，在垄断的金融市场上，金融企业能够获得超额利润，在均衡条件下金融产品的供给水平要低于完全竞争市场上的供给水平。

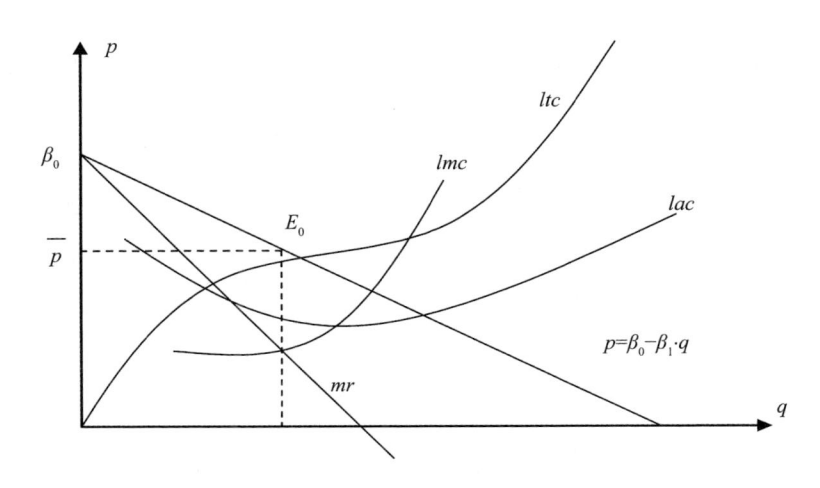

图 8-9 完全垄断市场的长期均衡

8.4 垄断竞争的金融市场

新古典经济学理论（高鸿业，1996）认为，垄断竞争市场是介于完全竞争和完全垄断市场之间的一种市场结构。垄断竞争的金融市场应该具备如下四个方面的特征：一是金融企业之间提供的是有差别的金融产品，但是这些金融产品的功能、质量非常接近，并能相互替代；二是金融市场上提供类似产品的金融企业有很多，每个金融企业对市场的影响比较小，其供给水平或者价格的变化不会对市场造成显著的冲击，也不会引起其他竞争对手的反应；三是每个金融企业所占的市场份额比较小，进入或者退出市场比较容易；四是因为金融产品之间存在差异，所以垄断竞争企业可以在一定程度上控制自己产品的价格。

8.4.1 垄断竞争金融企业的需求

由于垄断竞争金融企业可以在一定程度上控制自己所提供金融产品的价格，垄断竞争金融企业与完全垄断金融企业一样，需求曲线是向下倾斜的。但由于垄断竞争企业产品的替代性特别强，客户对金融产品的需求对价格特别敏感，价格需求弹性特别大，所以与完全垄断的市场相关，垄断竞争金融企业的需求曲线比较平缓，介于完全垄断和完全竞争市场之间。如果市场竞争越激烈，相互之间产品的替代性越强，就越接近完全竞争市场的需求曲线（如图 8-10 所示）。图 8-10 描述的是单个金融企业的市场需求曲线：对于单个金融企业而言，如果降低价格，而其他金融企业的金融产品价格都保持不变，就会把原来其他金融企业的客户吸引过来，从而带来需求的增加；同样，如果单个金融企业提高价格，而其他金融企业类似产品的价格不变，就会使客户流到其他企业去，导致需求的下降。

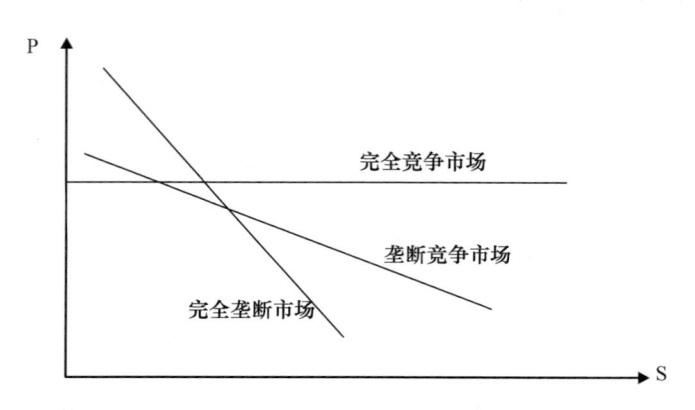

图 8-10 不同市场类型下单个金融企业的需求曲线

整个金融市场的需求曲线与单个金融企业的需求曲线略有不同。单个金融企业降低了产品的价格,一方面会导致价格没有变化的其他金融企业的客户需求转移到价格下降的金融企业中,但这种客户在不同金融企业之间的流动不会改变市场的总需求;另一方面由于市场平均价格下降,单个金融企业的降价行为会创造一些外部的潜在客户需求,从而带来整个市场需求的增加。显然,整个金融市场总需求的增加量要小于降价的单个金融企业的需求增加量,因此整个金融市场对价格的需求弹性要小于单位金融企业的需求弹性,因此垄断竞争市场的需求曲线要比单个企业的需求曲线更加平缓(如图 8-11 所示)。

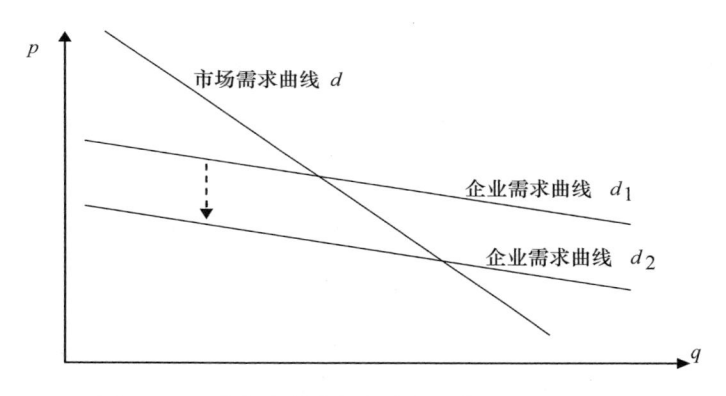

图 8-11 垄断竞争市场需求曲线与企业需求曲线

如果单个金融企业价格调整策略导致市场上其他金融企业同时跟进,此时原有的客户不会在不同金融企业之间进行流动,但由于整个市场价格的下降,仍然会导致潜在客户进入市场,增加了总需求。由于垄断竞争市场上金融企业相对较多,这种引致需求分摊到单个金融企业中所带来的需求增量较小。所以,在垄断竞争的市场中,其他企业价格下降对单个企业来说并不会导致需求的变化,也就是导致单个企业需求曲线的向下平移(如图 8-11 所示)。

8.4.2 垄断竞争金融市场的均衡

在短期内,垄断竞争市场上金融企业可以通过对金融产品的供给与价格的调整,达到 $mr = smc$ 利润最大化的一阶条件,同时,在短期均衡的金融产品供应量上，必然存在一个单个金融企业需求 d 与整个市场需求 D 的交点（如图 8-12 所示）。在短期均衡点上，市场均衡价格 $\bar{p}$ 要高于平均单位成本 sac，而平均单位成本 sac 也高于边际收益 mr 和短期边际成本 smc，即 $\bar{p} > sac > mr = smc$。这表明，在垄断竞争的金融市场上，金融企业仍然存在一定的超额利润。

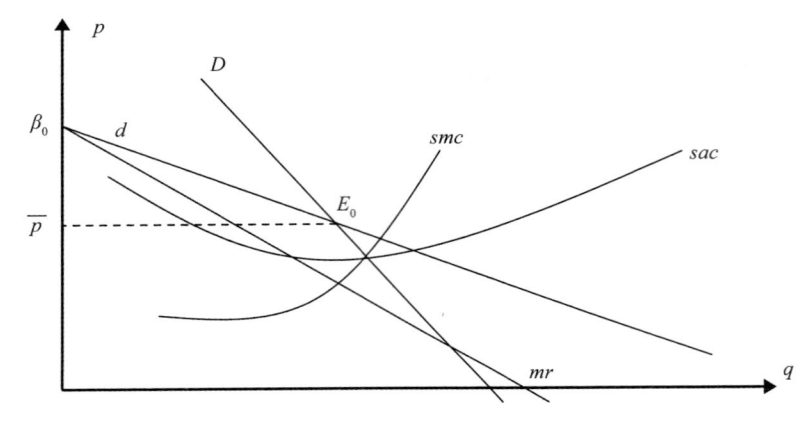

图 8-12 垄断竞争市场短期均衡

从长期而言，垄断竞争金融企业不仅可以改变整体经营规模，还可以自由进入或者退出市场，所以垄断竞争企业在长期均衡下没有超额利润，即需求曲线 d 与平均成本曲线 lac 相切；垄断竞争企业的均衡条件是（高鸿业，1996）：

$$\begin{cases} mc = lmc \\ ar = lac \end{cases} \quad (8.51)$$

即边际收益 mr 与长期边际成本 lmc 相等，平均收益 ar 与长期平均成本 lac。

8.5 金融市场的政府干预

前文的理论分析表明，在完全竞争的市场上，企业的供给水平最高，而价格水平最低，是一种最有效率的理想的市场结构。但金融领域的过度竞争又会阻碍创新、抑制发展，造成金融秩序混乱，甚至引发金融风波，因此政府对金融市场竞争的干预,既要反对金融市场垄断所造成的效率低下,也要防止过度竞争影响金融产业的可持续发展。

8.5.1 反对金融市场垄断

竞争是被视为市场经济秩序中最重要和不可取代的调节机制,然而在现实中,由于门槛、制度等原因都会导致金融市场存在垄断问题。因此,需要通过政府的干预来促进市场的竞争、提高市场效率、维护市场公平。美国国会通过《抵制非法限制与垄断保护贸易及商业法》(也称《谢尔曼法》),成为世界上最早的反垄断法。随后日本、德国等国家也先后出台了反对市场垄断相关的法律法规。金融反垄断则成为规范金融秩序的重要手段。我国2008年8月1日正式出台的《中华人民共和国反垄断法》也有着规范金融行为、营造良好金融秩序、保持货币币值稳定、促进经济发展、保护投资者合法权益的作用。根据各国的实践经验,政府能够采取的反对金融市场垄断的主要措施包括如下几个方面。

(1) 禁止经营者滥用市场支配地位排除、限制竞争行为

就是防止具有市场支配地位或优势地位的金融企业利用自身的优势地位与特殊资源,恶意地排除、限制其他金融企业参与竞争,形成对市场的垄断地位,并导致客户的利益受到侵害。市场支配地位是指金融企业在金融细分行业领域内具有能够控制金融产品价格、数量或者其他交易条件,或者具有阻碍、限制其他金融企业进入相同市场能力的市场地位。虽然金融企业通过自身的发展壮大从而占据市场的优势地位并不违法,但如果金融企业利用这一优势地位,对金融市场合理竞争行为进行限制则属于违法行为。政府要禁止经营者滥用市场支配地位排除、限制竞争行为,以保护市场竞争机制不受扭曲,从而促进金融市场的有序竞争来提高市场的效率和公平。

(2) 控制金融企业合并

通过立法,禁止金融企业之间通过合并形成垄断地位,进而排除、限制公平的市场竞争。王晓晔(2006)认为,合并可以消灭在经济上和法律上独立的企业,减少一定经济部门以及整个国民经济中企业的数目,从而会影响市场竞争。对金融企业的合并行为进行控制与监督,并非源于合并行为违法,而是因为金融企业的合并会迅速提高行业的集中度,行业过度

集中则会影响市场竞争和经济秩序，加大社会资本进入特定金融领域的障碍，影响市场潜在的竞争行为。因为金融机构的合并对金融市场结构会产生长期性的深远影响，所以金融机构的合并也是政府监管与干预的重要内容。但与生产型企业不同，金融机构的合并重组往往具有比较显著的正面效应，通过金融企业合并重组可以提高金融企业的抗风险能力，提高企业参与国际竞争的能力。考虑到我国的特殊国情，有些金融机构之间的并购虽然会削弱竞争，但如果并购行为有利于整体经济发展和社会公共利益，如濒临破产的金融机构整合等，则应允许其进行整合，以降低金融风险和提高国际竞争力。

（3）禁止行政垄断

行政垄断是指政府及其所属部门以及法律法规授权的社会组织滥用行政权力排除、限制竞争的行为。如政府通过颁布法律法规或者行政授权，使个别金融企业就某些金融领域的经营行为处于垄断地位，人为地排除或限制其他竞争对手的参与，在金融市场上形成优势和支配地位。行政垄断是行政机构（或授权的组织）利用其所掌控的行政权力干预市场的不合理行为，行政垄断会限制市场的公平竞争，给市场秩序带来不良影响。我国关于行政垄断的法律法规比较分散，主要包括《中华人民共和国反不正当竞争法》第7条、《关于禁止在市场经济活动中实行地区封锁的规定》等。反对金融市场垄断，首先要禁止行政垄断。通过加强立法，禁止行政机构（或组织）滥用政府授予的行政权力，禁止行政机构指定金融企业提供金融产品（服务），加快制定规范行政行为的规则，减少行政权对市场机制的干预，维护市场的公平竞争。完善现行的行政垄断的法律责任体系，清理中国人民银行、银监会、保监会、证监会等行业主管、监管部门制定的行业法律法规，对可能产生限制、排除金融市场竞争的法规进行清理，避免行政垄断阻碍市场竞争。

（4）禁止垄断协议

垄断协议是指行业内主要企业之间的合谋行为，通过签订协议以限制或者排除竞争，实现行业垄断与获得超额利润（康宏亮等，2005）。垄断协议的形式可能是书面的，也可能是口头的。垄断协议按内容可以分为横向垄断协议和纵向垄断协议（黄颖丽，2008）。横向垄断协议国际上又称"卡特尔"，是指经营同样业务的金融企业签订的关于金融产品数量、价格、市场分割等方面的限制或排斥竞争的协议；纵向垄断协议是指金融产业链上下游企业之间签订的限制或排斥竞争的协议。纵向、横向垄断协议剥夺了金融企业根据金融市场供求变化调整自己经营策略的自主权，高效率的金融企业无法将其金融产品服务于更多的客户，而低效率的金融企业仍然留在市场上。因为垄断协议削弱了金融企业之间的竞争和金融市场的活力，所以需要反垄断法加以规制，禁止垄断协议是世界上各国反垄断法的核心内容之一。

（5）设立独立的反垄断部门

国际上对反垄断机构的设置可以概括为四种模式（李红娟，2006）：一是以美国为代表的法院与行政主管机关并存的法院主导模式，反垄断执法权被赋予司法部反托拉斯局（AD）、联邦贸易委员会（FTC）和州政府。二是以德国为代表的多个行政主管机关并存的行政主导模式，执法机构包括联邦卡特尔局、联邦经济部、州卡特尔局和反垄断委员会。三是以日本为代表的国会制约下的专门化单一机关模式，公平交易委员会主要负责实施反垄断法的竞争政策，是隶属于首相而独立于内阁行使职权的政府行政机关的。四是以俄罗斯为代表的行政主导型，由联邦反垄断政策与企业扶持部承担反垄断的立法、执法和行政裁决。目前，我国金融企业的监管主要由"一行三会"来实施，但《禁止垄断协议行为的规定》等反垄断法律法规是由工商总局和国家发改委等机构颁布并实施的。由于金融行业具有较强的专业性且关系着国家的经济命脉，导致现行的金融领域反垄断存在执法机构级别较低，执法能力有限等问题。因此，设立一个权威、独立、专业的反垄断执法机构是我国未来反垄断立法的基本方向。

8.5.2 防止市场过度竞争

在国内外，过度竞争又被称为"自杀式竞争""毁灭性竞争"或"破坏性竞争"。贝恩（1951）在SCP理论的基础上，认为过度竞争在形式上的表现，一是产品价格与边际收益长期低于平均成本，使得行业中的企业只得到低水平的利润或者亏损；二是要素回报率长期低于正常的合理水平，且要素无法退出该行业；三是对经济周期反应迟钝。两角良彦（1966）把过度竞争归结为由竞争所造成的国民经济损失大于由竞争所获得的国民经济利益的竞争形态。小宫隆太郎等（1988）认为："如果某个产业内部相互竞争的企业已经过多,使得全行业处于低利润甚至是亏损状态,但是企业和要素仍然无法从这个行业中退出,从而使全行业的低利润甚至亏损长期持续下去,则可以认为这个行业就处于过度竞争状态。"(小宫隆太郎等,1988)日本通产省在20世纪60年代从金融产业与实体产业之间相互关系的角度对过度竞争进行了分析,认为过度竞争是由于企业规模过小和间接融资方式所引起的"非有效竞争";规模过小与过度竞争互为因果,银行对企业贷款的竞争提高了企业投资的积极性,反过来又增强了企业对银行的依赖程度,形成了恶性循环,从而造成了过度竞争状态。

金融行业的适度竞争有利于提高金融企业的活力与竞争力,提高效率,促进发展。但金融业是一个特殊的行业,具有高负债、高风险、外部性强等特征。如果过度竞争则会造成金融企业经营成本上升,影响金融企业的创新与发展。过于激烈的竞争甚至会使一些金融企业破产倒闭,不利于金融体系的稳定,并且可能引发金融危机和社会风险。所以,金融行业的竞争不应当过于激烈,特别要避免金融企业之间发生价格战、资源战、广告战、人情战等过度竞争的行为。对于金融产业,过度竞争主要是指金融企业违反金融法规,超出实际承受能力开展竞争,最终导致企业亏损甚至破产,破坏正常的经济金融秩序,影响了金融稳定,提升了金融风险。长期持续的过度竞争会对金融业产生不利影响,金融行业特别是银行业和保险业几乎涉及每一个实体企业的利益,具有较大的特殊性。为了保证存款人和被保险人的利益,银行和保险公司不能像一般生产性企业或商业企业那样轻易地宣告破产,如果金融业存在过度竞争而导致银行与保险公司破产,就会带来一系列连锁反应,影响整个金融系统的安全与社会稳定。从另外一个角度看,金融行业的适度垄断还可以带来规模经济、提高金融企业的创新能力等。大部分金融垄断属于自然垄断,自然形成的垄断具有福利效应;而且企业在竞争中通过正当手段取得的优势地位,政府也应该给予相应的尊重和保护,从反垄断价值理念出发,打击其自然形成的垄断地位,实际上就从根本上取消了竞争机制。

避免金融市场过度竞争的主要措施包括:一是建立适应现代金融发展的金融制度和金融体系。在我国现行的金融体系中,"一行三会"主要承担"裁判员"的角色,要通过提高监管能力促使金融企业开展合理竞争,维护金融市场秩序。各类金融企业作为市场竞争的主体按照自主经营、自担风险的要求实现自我发展。政府监管机构应健全金融相关的法律法规，促使金融行业的市场竞争行为有法可依。健全完善的金融法律法规是保护适度竞争、抑制过度竞争、维护良好稳定金融秩序的前提（李学武，1999）。二是提升金融业的市场准入门槛。"一行三会"等金融监管部门要对金融企业的经营理念、管理能力、发展规划等进行重点审核与监督，提高市场准入门槛，减少未来发生金融风险的可能性（聂勇，2011）。同时，要把那些规模小、管理不规范、服务水平低的金融企业清理出市场。由于金融业是特殊行业，对社会经济的影响巨大，金融企业破产退出应制定单独的细则或相应的特殊政策。三是加大对恶意竞争的金融执法力度。政府监管部门应该依照金融法规的规定，对金融企业不正当竞争行为进行严肃查处，保护市场的合理有序竞争，通过加大不合理竞争的惩罚力度，促进金融产业繁荣发展。通过严格执法，树立起执法机构的权威性，使金融企业自觉服从监管，维护公平适度的金融竞争环境。四是避免金融产品的同质化。追求差异化经营是规避过度竞争的主要途径。以银行业为例，从国外商业银行的发展经验来看，商业银行按照经营规模大小可以划分为跨国银行、全国性银行、区域性银行和社区银行四个类别。不同类型的银行可以采取不同的业务发展模式以实现差异化发展（马春园，2011），如汇丰银行重点发展公司银行业务、零售银行业务和银行卡业务，渣打银行和德意志银行重点发展公司银行业务和资产管理，东亚银行重点发展零售业务。银行之间可以在产品、规模、客户、品牌、地域等方面寻求差别，即用不同的方式满足客户对金融服务的多样化需要。这种差异化竞争策略也是银行培育核心竞争力的重要途径，因此，采用差异化竞争策略的银行在激烈的市场竞争中更容易获得成功。

8.5.3 金融市场有效干预

金融市场干预政策是一个国家基于整个经济与社会发展的需要，对金融产业进行定向干预，以促进金融功能发挥的政策。保持金融产业适度的竞争活力，既要防止市场垄断，又要防止过度竞争。各国的实践经验表明，政府对金融市场的干预在不同的时期和经济发展阶段，应该实施不同的金融产业政策。虽然各国政府干预金融市场的手段、政策、工具、方式各不相同，政策实施效果也不尽相同，但都要遵从金融市场演变与发展的普遍规律。孙伟祖和黄宁（2007）认为，各国政府干预金融市场发展的产业政策经历了三个阶段：无意识干预阶段、有意识干预阶段和自觉适用干预阶段。

一是在金融产业形成初期的无意识干预阶段。在金融产业还不发达的早期阶段，民间借贷比较普遍，许多私营的银行、保险等金融机构普遍面临着信誉危机和风险困境，金融产业的发展无法满足社会经济发展的需求，迫切需要政府的干预，通过行政手段设置准入门槛、以国家信用作为金融机构的信誉保证，促进金融产业的健康发展。这一阶段政府对金融市场的干预还是非自觉性的，金融产业政策工具、手段等都处于无意识的运用阶段。政府虽然认识到了金融产业的重要性，但其对金融市场的调控还是被动进行的，主要目的是维护金融市场秩序，防止发生系统性的金融风险，影响经济发展与社会稳定。

二是金融产业成长期的有意识干预阶段。在这一阶段，纸质的货币大量发行与使用导致货币价值的不稳定，以银行为主体的金融组织体系面临着被挤兑、破产等系统性风险。为了避免系统性风险的爆发，政府开始有意识地干预金融市场。尽管各个国家对政府干预金融市场的深度、模式各不相同，但都对主体资格、信息公开、风险防范等金融市场重要的组成要素进行重点干预，逐渐形成了完整的金融产业政策体系，促进了金融产业的健康发展。

三是金融产业成熟期的自觉适用阶段。在这一时期，金融产业对实体经济的作用充分显现出来。金融产业政策也成为政府宏观调控的常规手段。凯恩斯学派为政府干预金融市场提供了理论支撑，特别是20世纪70年代金融危机爆发后，各国对金融市场的干预更加全面而具体。随着世界经济一体化的发展，主要发达国家对金融产业的干预政策发生了巨大转变，政府对金融产业的定位由过去支撑实体经济的"辅助产业"逐渐变成"重要产业"；政府干预的目的已经由防止金融市场发生系统性风险转变为提高本国金融产业的国际竞争力。所以在新的发展阶段，各国政府都对金融产业采取了大力扶持的政策，通过放松管制、实现金融自由化等举措，强化本国金融市场功能、提高金融产业核心竞争力、主导全球的资源配置。

金融市场干预政策主要包括金融市场主体干预、金融市场结构干预、金融市场价格干预和金融市场监管干预。

(1) 对金融市场组织的干预

金融产业组织政策是政府干预金融产业政策的核心，主要目的是维护金融产业内部的有效竞争以提高市场的效率。前文已经分析了金融产业与其他实体产业不同，既不宜完全垄断，也不宜过度竞争，金融产品具有虚拟性特征，金融产品（特别是金融衍生产品）对外部市场信息的反应极为灵敏，价格波动频繁、传染性强；过度竞争容易导致金融产品价格的过度反应，影响金融市场的稳定。同时，金融企业的负债率较高，金融机构之间的关联性也比较强，金融产业整体上呈现出一种与之强大控制力和重要地位不相称的脆弱性。具有重要的对外影响力和本身的脆弱性的双重属性决定了金融产业只能实行适度竞争，具体表现为以下两种形式：一是单个细分产业的高度垄断与整个产业高度细分的结合；二是整个产业低度细分与寡头金融组织的组合。从世界范围来看，第二种形式是金融自由化浪潮中的一种趋势。在我国金融资源配置结构不合理的情况下，重点是要降低金融业的准入门槛，建立更多的中小金融产业主体，积极吸引民间资本参与金融机构的改造重组，提高金融业的竞争程度，为不同规模的企业提供融资服务。

(2) 对金融市场结构的干预

合理的市场结构与市场规模是保证市场效率的关键性因素，市场结构与市场规模也是推动产业持续发展的前提。金融产业市场结构政策的重点要围绕市场的功能这一根本出发点，通过政府干预与政策倾斜完善金融市场功能，发挥金融市场在资源配置中的作用，促进信息沟通与交易双方协调。金融市场必须打造出多元化的价格、渠道和产品，才能够更好地提高资金的配置效率，更好地服务于实体经济。我国金融市场存在的主要问题包括：市场梯度与层次比较单一，以原生金融市场为主，衍生金融市场落后；市场空间分布的不合理性，特别是农村金融市场发展滞后。完善我国金融市场结构，重点是推进金融市场由单一银行体系向多元市场体系转变，提高直接融资比重，建立多层次的资本市场，多渠道地推动股权融资，规范发展债券市场、货币市场等，逐步形成直接融资与间接融资功能互补、结构合理、协调发展的金融市场体系。

(3) 对金融市场价格的干预

完善的金融市场体系的最根本特征就是充分发挥价格的调节作用，让市场决定金融产品价格，同时让价格引导金融产品的供给与需求。只有建立由市场决定价格的机制，才能提高金融资源配置效率和公平性，发挥市场在资源配置中的决定性作用。而利率和汇率就是金融市场价格的根本体现，利率市场化和汇率市场化能够使这两种金融资源实现一种市场整合和统一的价格机制，是整个金融体系市场化建设的基础。目前我国实行的是市场经济下多层次的利率管理体制和有管理的浮动汇率制度，利率与汇率的决定都没有实现真正意义上的市场化。健全金融市场体系，必须建立由市场供求决定金融机构存、贷款利率水平的利率和人民币汇率形成机制，中央银行通过运用货币政策工具调控和引导市场利率，才能使市场机制在金融资源配置中发挥主导作用。

（4）金融市场监督管理政策

金融产业市场化要求从准入到退出环节全部按照市场机制运作，包括金融产品的定价、金融机构的准入、金融机构的运作、市场行为的规范化等。但金融产业本身存在着脆弱性、外部性、产品公共性、信息不对称性、风险传染性等问题，并导致市场失灵、降低资金配置效率、引发经济危机。所以需要政府加强金融市场监管，通过一定的手段避免、消除或部分消除由金融市场机制本身所引起的金融产品和服务价格信息扭曲，以实现社会资金的有效配置。金融监管与金融市场机制之间并不矛盾，它们是一种相互补充的关系，凡是实行市场经济体制的国家，都存在政府对金融市场的管制。金融市场的监管体系一般包括三个方面的内容：金融监管的法律制度体系、金融监管的组织体系和金融监管的执行体系。我国现在很多的金融监管还是依靠行政化手段直接干预金融市场的行为，如窗口指导、信贷额度等，制约了市场机制对金融资源配置的作用；特别是监管部门通过市场准入限制、牌照限制、对创新业务的管制、直接对金融活动实施严格的行政审批等手段，影响金融服务的有效供给，阻碍了金融结构的灵活调整，制约了金融功能的发挥与资本市场的发展（巴曙松、沈长征，2013）。近年来，随着金融全球化、自由化和金融创新的迅猛发展，政府也要转变金融监管方式，适应金融经济发展转型的需求，从注重控制单个金融企业风险的微观审慎监管转向注重防范和化解系统性风险的宏观审慎监管，从注重事前准入环节的行政审批监管转向行为监管、过程监管以及事后的惩戒相结合监管，建立适合中国实际的宏观审慎监管框架。

第9章 金融产业产品的定价理论

随着市场经济的不断发展和金融产业的日益全球化以及利率市场化的深度推进，金融产品定价逐渐成为热点话题。要加快推进利率市场化，鼓励金融创新，丰富金融市场层次和产品，对金融产品的定价提出了新的需要。本章对国内外金融产品定价策略和模型进行梳理和归纳，总结近年来提出的金融产品定价的理论观点、定价策略，基于中国金融市场的现状，给出相关的定价操作实践和算例。根据金融市场的现实情况，本章将重点对银行、保险、债券、股票、期权五大金融领域的产品分别展开论述。由于信托产品是根据委托资产的特性进行专门定价，同时可能涉及实物资产，往往遵循一种复合定价策略，本专著不对信托产品进行专门分析。

9.1 银行产品定价理论

银行产品的价格直接关系到社会融资的规模和市场资金的供求，同时也关系到银行自身的经营。因此，对银行产品进行定价时，需要充分考虑国家的宏观经济金融运行情况以及运行成本、市场竞争和客户需求等众多因素。

9.1.1 影响银行产品定价的因素

（1）宏观经济因素

金融是现代经济运行的核心，一国或地区往往会根据宏观经济运行的情况，调整金融市场的基准利率，以达到调控经济的目的。当经济增长过热时，通常为了抑制经济的过快增长，则会提高基准利率，以增加社会融资的成本。而当经济增长乏力时，则会降低基准利率，减少融资成本，促进经济增长。对此，凯恩斯在其著名的《就业利息和货币通论》中就银行利率与经济增长的关系进行了深刻论述。表9-1和图9-1列出了中国1992—2012年金融机构人民币贷款基准利率以及CPI的走势。发现基准利率与反映经济增长热度的CPI具有高度的关联性，相关系数为0.7281。如表9-2所示，通过控制一阶自回归，我们估计了基准利率相对CPI的弹性系数。结果发现，CPI每增长1%，基准利率会增长2.0172%。说明基准利率是富有弹性的。这表明CPI的变动会剧烈影响银行产品的价格。

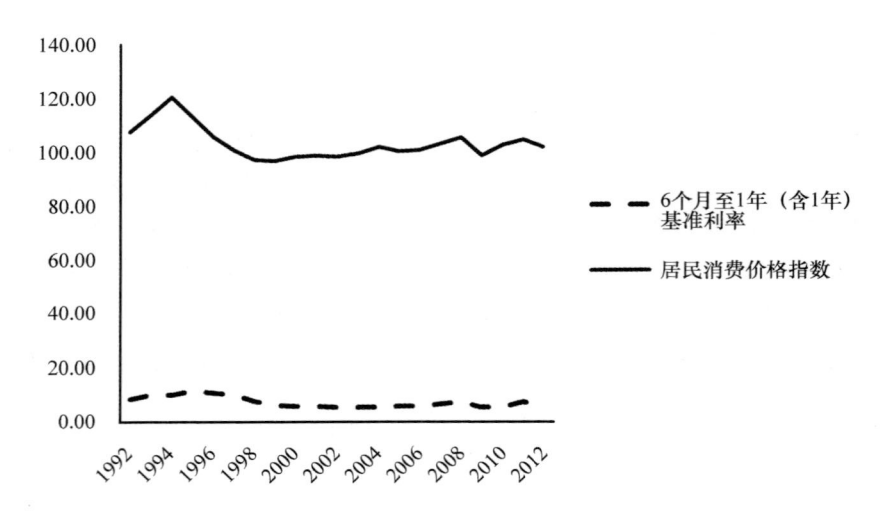

图9-1 1992—2012年基准利率与CPI走势

表9-1　　　　　　　　　金融机构人民币贷款基准利率　　　　　单位：年利率%

调整时间	6个月以内（含6个月）	6个月至1年（含1年）	1年至3年（含3年）	3年至5年（含5年）	5年以上
1991.04.21	8.10	8.64	9.00	9.54	9.72
1993.05.15	8.82	9.36	10.80	12.06	12.24
1993.07.11	9.00	10.98	12.24	13.86	14.04
1995.01.01	9.00	10.98	12.96	14.58	14.76
1995.07.01	10.08	12.06	13.50	15.12	15.30
1996.05.01	9.72	10.98	13.14	14.94	15.12

续表

调整时间	6个月以内（含6个月）	6个月至1年（含1年）	1年至3年（含3年）	3年至5年（含5年）	5年以上
1996.08.23	9.18	10.08	10.98	11.70	12.42
1997.10.23	7.65	8.64	9.36	9.90	10.53
1998.03.25	7.02	7.92	9.00	9.72	10.35
1998.07.01	6.57	6.93	7.11	7.65	8.01
1998.12.07	6.12	6.39	6.66	7.20	7.56
1999.06.10	5.58	5.85	5.94	6.03	6.21
2002.02.21	5.04	5.31	5.49	5.58	5.76
2004.10.29	5.22	5.58	5.76	5.85	6.12
2006.04.28	5.40	5.85	6.03	6.12	6.39
2006.08.19	5.58	6.12	6.30	6.48	6.84
2007.03.18	5.67	6.39	6.57	6.75	7.11
2007.05.19	5.85	6.57	6.75	6.93	7.20
2007.07.21	6.03	6.84	7.02	7.20	7.38
2007.08.22	6.21	7.02	7.20	7.38	7.56
2007.09.15	6.48	7.29	7.47	7.65	7.83
2007.12.21	6.57	7.47	7.56	7.74	7.83
2008.09.16	6.21	7.20	7.29	7.56	7.74
2008.10.09	6.12	6.93	7.02	7.29	7.47
2008.10.30	6.03	6.66	6.75	7.02	7.20
2008.11.27	5.04	5.58	5.67	5.94	6.12
2008.12.23	4.86	5.31	5.40	5.76	5.94
2010.10.20	5.10	5.56	5.60	5.96	6.14
2010.12.26	5.35	5.81	5.85	6.22	6.40
2011.02.09	5.60	6.06	6.10	6.45	6.60
2011.04.06	5.85	6.31	6.40	6.65	6.80
2011.07.07	6.10	6.56	6.65	6.90	7.05
2012.06.08	5.85	6.31	6.40	6.65	6.80
2012.07.06	5.60	6.00	6.15	6.40	6.55

资料来源：中国人民银行货币政策司。

表 9-2　　　　　　　　　　基准利率与 CPI 的回归分析

因变量：LOG（RATE）			
方法：Least Squares			
样本区间：1993 2012			
变量	回归系数	标准误	t - 统计量	概率值
LOG（CPI）	2.017277	0.885988	2.276869	0.0360
C	-7.449777	4.110809	-1.812241	0.0876
AR（1）	0.776393	0.157991	4.914143	0.0001
R-squared	0.780147	Mean dependent var		1.936976
Adjusted R-squared	0.754282	S. D. dependent var		0.268969
S. E. of regression	0.133328	Akaike info criterion		-1.054527
Sum squared resid	0.302198	Schwarz criterion		-0.905167
Log likelihood	13.54527	Hannan-Quinn criter.		-1.025371
F-statistic	30.16219	Durbin-Watson stat		1.700547

（2）成本因素

成本是影响产品定价的最基本因素。按其流动性，成本通常可分为固定成本和流动成本。固定成本由直接成本和日常管理成本组成。直接成本是银行提供服务的基本金融设施的投入。其特点是在短期内相对稳定。但从长期来看，它会因银行业务创新而可能带来很大变化，比如新的技术运用、新产品的开发、金融结构和市场结构的变动，都会对直接成本产生冲击。而日常管理成本则是管理银行日常经营活动所发生的成本。如推出新产品的广告宣传费、管理人员的薪酬津贴。流动成本通常被称为变动成本，会随着银行金融服务关系的变动以及国家政策的变动而发生变化。需要注意的是，随着金融衍生产品的增多和金融产品定价的不断自主化，影响成本定价的因素也会随之发生急剧变化。

（3）竞争因素

随着银行股份化和银行数量的增加，竞争因素也成为银行定价的一个重要因素。近年来，通过股份化和机构创新，银行类金融机构数量增长迅速、规模不断壮大。表 9-3、图 9-2、图 9-3 显示了银行类金融机构的分布情况。我们可以十分明显地看出，中国金融的发展速度很快，银行类金融机构的数量明显增多，行业间的竞争必然会加剧，原有的"工、农、中、建"一统江湖的格局已经被打破。2010 年，五大商业银行有贷款功能的营业网点数已降至42%,其他有贷款功能的银行类金融机构占58%。就从业人员来看,五大商业银行的从业人员已降至58%。

表9-3　　　　　　　　2010年银行类金融机构分布　　　　　　　　单位:个

机构名称	法人机构	营业网点	有贷款功能的营业网点	银行从业人员
五大商业银行	87	64544	47632	1426176
股份制商业银行	42	5207	4913	184395
政策性银行	9	2125	2044	54632
邮政储蓄银行	12	36537	12769	265778
农村信用社	2242	56944	45674	600951

资料来源:中国银行业监督管理委员会。

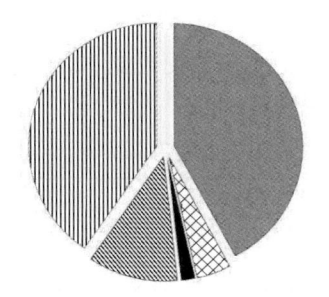

图9-2　银行类金融机构有贷款功能营业网点分布

资料来源:中国银行业监督管理委员会。

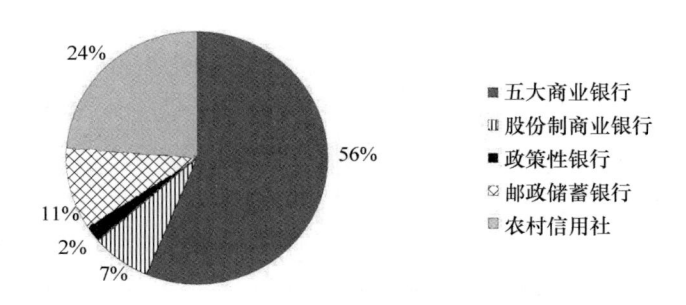

图9-3　银行类金融机构从业人员分布

资料来源:中国银行业监督管理委员会。

各家银行为了争取顾客,提高市场占有率,以便在竞争中获得有利地位,或明或暗的价格战必然成为它们的一种重要策略。随着银行间竞争的增强,竞争因素在银行产品定价中的作用必然会越来越凸显。

(4) 客户需求因素

在市场条件下,需求主体对商品价值具有重要影响。因此,银行产品的定价必须充分考虑客户的需求。根据供求原理,客户的需求对产品价格有着十分重要的影响。在考虑需求影响的作用时,应该先考察顾客的需求价格弹性,即价格变动所引起的需求量的变化程度。用公式表示是:需求的价格弹性 = 需求量变动的百分比/价格变动的百分比。如果需求价格弹性较大(大于1),则说明顾客对价格的变动较为敏感。如采取降价策略,则有助于提高产品的需求量。如果需求价格弹性较小(小于1),那么说明客户对价格变化的反应并不大。此时提高价格并不会对产品需求产生太大影响,从而增加了总收入,提高了银行利润。表9-4显示的是2013年1—12月金融机构人民币贷款利率区间占比。发现与基准利率持平的贷款

表9-4　　　2013年1—12月金融机构人民币贷款利率区间占比　　　单位:%

月份	下浮	基准	上浮					
			小计	(1.0, 1.1]	(1.1, 1.3]	(1.3, 1.5]	(1.5, 2.0]	2.0以上
1月	10.62	25.08	64.30	19.84	25.23	7.87	8.28	3.07
2月	11.69	25.05	63.26	19.57	23.96	7.88	8.83	3.02
3月	11.44	23.79	64.77	19.55	24.71	8.15	9.28	3.09
4月	10.56	23.53	65.91	18.96	25.52	8.96	9.23	3.24
5月	11.89	22.45	65.66	19.65	25.92	8.84	8.46	2.79
6月	12.55	24.52	62.93	19.47	24.95	7.95	8.04	2.52
7月	10.54	23.32	66.14	19.99	27.07	8.61	7.96	2.51
8月	10.23	21.95	67.82	19.70	27.33	9.46	8.60	2.73
9月	10.70	23.31	65.99	19.59	26.58	9.33	8.03	2.46
10月	9.81	24.23	65.96	19.85	26.26	8.86	8.41	2.58
11月	10.41	24.09	65.50	19.13	26.15	8.90	8.45	2.87
12月	12.48	24.12	63.40	17.89	24.66	9.64	8.55	2.66

资料来源:中国人民银行。

占 1/4，而在基准利率之下的贷款只有 10% 左右。接近 2/3 的贷款是高于基准利率的，其中利率上浮 1.1—1.3 倍的情况比较普遍，占总贷款的比例超过 1/4。这说明客户的资金需求比较旺盛，从而抬高了贷款利率。

9.1.2 银行产品的定价方法

（1）成本导向定价法

成本导向定价法是以产品成本为基础，并加入对利率、风险、市场预期等因素的考虑来确定一定比例的利润额，从而确定银行产品的价格。这里所说的成本包括资金成本、营运成本、风险成本、管理成本等。资金成本主要是针对银行贷款业务而言的。它是商业银行为筹集贷款所需资金而付出的成本，是银行为该笔贷款从资金市场筹资的利率，也就是我们通常所说的银行存款利率。有时候银行还会以银行内部资金的转移价作为资金的成本。目前我国商业银行发放的人民币对公贷款中，浮动利率贷款已经占到了 80% 以上。对于浮动利率的贷款，银行一般会随之调整每笔贷款的利率。调整时，贷款利率一般以放款日的利率为基准，按一定的频率进行调整，调整频率可以是按日、按月、按季或按年。营运成本又称非货币性经营成本，它既包括公司员工的薪金支出，也包括对客户信用度调查、抵押物估价及维护所耗费成本，还有一些税金、广告宣传费用等等。常用的计算营运成本的公式是：营运成本率＝（上年总营运成本×上年对公人民币贷款利息总收入）/上年总收入×上年日均本外币对公贷款规模。但是，因为目前我国银行的管理会计系统还处在试用阶段，所以营运成本估算的准确度还有待提高。好在营运成本在银行产品价格中所占比重并不大，所以影响也不会很大。风险成本在产品定价中所占份额随着金融衍生产品的出现也不断增大。风险成本主要范围包括市场风险、操作风险和信用风险。其中市场风险和操作风险在银行风险成本中的占比较小，计算复杂，且可控性较强，所以银行在风险成本方面主要考虑信用风险。信用风险是由于交易双方未能履行合约义务而造成一定经济损失的风险。信用风险成本是以违约方在违约时的重置成本来衡量和计算的。信用风险的存在期较长，它从合约签订日起产生，一直到结算日都是存在的，几乎贯穿了产品的整个生命周期。构成产品价格的另一个成本因素是管理成本。管理主要是银行各级管理层通过提供实时、可靠的管理信息及意见，以及对员工业务表现的评估、产品进度的追踪等手段来对日常经营业务进行有效的管理、组织和领导,从而促进银行内资源的优化配置,规范企业经营,提高银行利润。而管理成本主要是针对管理人员和管理过程中所耗费的一切成本和费用,以及其他与产品有关但无法归结为产品直接成本的费用支出。由于管理成本的特殊性,无法直接将管理成本计入各项产品成本中,于是会按比例分摊于每种产品里。

常用的成本导向定价方法有以下几种:一是成本加成定价法。这是由彼得·S. 罗斯提出的,是银行产品定价中最基本的定价方法。成本加成定价法的基本公式是:单位银行产品价格 = 单位产品总成本 × (1 + 成本加成率)。即银行根据同行业平均利润或者银行以往的经验确定一个加成率与单位产品总成本相加来确定产品的价格(张金林等,2006)。但这种方法有一定的局限性,因为在此方法中,确定成本加成率是关键。而对于还不太成熟的金融产品,市场上目前还不具有满足其定价公式的条件。此外,银行要计算出每项成本的具体数额,操作难度也很大。而对于一些较成熟的金融产品,一般都已形成固定额度的利润,倘若加成率过高的话,将导致产品在市场上丧失竞争力;倘若加成率过低,也会影响企业利润。二是目标利润定价法。即根据预期的目标利润来确定产品价格。单位产品价格由产品总成本、目标利润总额和预计销售量决定。其优点在于操作简单,收入稳定。但是该方法主观性较强,适用范围较为局限。对于稳定性较差且需求量不确定的金融衍生产品来说,该方法不太适用。三是收支平衡定价法。收支平衡定价法又名盈亏平衡定价法,它是以保本价格作为基本价格,再引入预期利润对保本价格进行修正而得到最终的实际价格。其计算公式为:保本价格 = 固定成本/盈亏平衡时的余额 + 单位可变成本。引入预期利润,调整后的价格为:实际价格 = (固定成本 + 预期利润额)/盈亏平衡时的余额 + 单位可变成本。这种方法的优点在于它的实用性和易操作性。该种定价法既保证了银行产品不受亏损,又会给银行带来预期利润。而当实际业务额未能达到银行的预期目标时,上述两种价格差便有助于银行合理地调整价格。

(2) 客户导向定价法

客户导向定价,是以消费需求为基础,根据消费者对金融产品和服务的认知度、满意度进行价格投票,从而确定价格。客户需求导向定价的营销模式与其他定价法较为不同，它遵循以顾客需求为定价出发点，即从需求方面入手，而非遵循成本导向以产品供给为出发点的定价理念。银行较多地使用非价格手段进行其产品的销售。例如使用赠送礼品或免费试用、提升产品的附加值、产品使用方法多样化等方式来提高客户对产品的满意度。因为该类方法的操作成本较高，较适用于高端客户的营销。为了适应市场需求，还可以根据不同目标群体需求的不同，对同一产品制定不同的价格，划分出不同的细分市场，最大限度地满足客户需求。这便是目前市场上使用率较高的差别定价法，又名客户盈利性分析定价。客户的需求差别会因地点、时间和市场的不同而不同。具体而言，首先，客户需求会因不同的地点、不同的季节而导致对产品需求量的不一致。比如不同的地理环境会造成人们生活习惯的不同，从而导致客户对银行产品的需求产生较大差异，银行在为不同地区产品定价时也应将其考虑在内。再者，客户需求也会因收入水平、年龄的不同而产生不同的需求，故即使针对同一产品定价，也应区别对待。差别定价不仅有助于银行根据客户对银行贡献的大小来进行客户评级，还有助于银行进行绩效考核，从而改善银行评价制度，提高银行的效率，增加银行的利润。但是，由于该方法实施过程复杂且成本高昂，很难真正实行。

（3）竞争导向定价法

市场竞争导向定价，主要考虑市场竞争状况和企业在市场竞争中的地位，对顾客需求和自身产品的成本因素考虑较少。该方法主要适用于竞争型的金融市场。近年来，金融自由化趋势加强，特别是国家对存贷款利率逐渐放开，使客户对金融产品有着更大的自主权，金融产品的种类也日益丰富。客户在购买产品时，可以"货比三家"，去购买最廉价、最优质的那部分金融服务或产品。这种定价模式表面上看来是有利于消费者的，但实际上它并不能真实地反映银行产品的成本。因为银行为了争取客户，会不断降低产品价格，甚至出现欺瞒消费者等恶性竞争后果。不过，对于因技术原因而很难测算成本的产品，这种竞争导向定价法不失为一种好的方法。这种定价法较为典型的有随行就市定价法，即在对产品进行定价时，银行方面首先会考虑同业现行平均价格水平或有主导地位银行的价格水平，以此为基准确定产品的价格。在我国，这种定价方法还比较常用，中小银行在制定一些产品的价格时，往往会以中国银行的产品价格为基础。

(4) 组合定价模式

近年来，随着中国人民银行对存贷款利率管制的逐步放松，利率市场化以及各种金融衍生产品层出不穷，各金融机构在金融产品定价上的竞争也日趋增大（王继红，2013），甚至在某些领域的竞争已达到了白热化的程度。各商业银行在对产品进行定价时，除了考虑上述影响因素外，还要综合考虑产品本身变化以及市场对产品需求多样化等因素。在灵活运用传统定价策略的同时，也对其进行改进与组合创新，这样才能提高本行产品在市场上的吸引力和竞争力。产品组合定价策略是银行在综合考虑一系列产品或服务的基础上，制定一个总的价格。这种定价法较为注重产品组合整体的利润最大化，而对于单个产品的成本则不太关注，所以会出现组合内部有些产品的价格低于成本的现象。组合产品定价法不再只是从产品、市场本身或客户本身去考虑，它的制定综合了以上各种方法的优势，克服了只单独考虑某一因素所固有的劣势。随着我国经济的发展与金融自由化趋势，客户对金融产品的需求日益多样化，产品组合定价策略的实施有利于银行最大限度地满足客户对产品多种多样的需求。此外，随着各家股份制银行的建立和发展，国内金融业竞争力增强，银行已逐步失去了垄断的有利竞争地位。在这样的背景下，银行推出这种定价模式更能满足社会需求，也更富有竞争力。

9.2 保险产品定价理论

保险产品定价是伴随着保险的出现而出现的，它是保险公司存在和发展的基础和关键。保险产品的合理定价对于保险公司的生存和发展起着至关重要的作用。就保费来说，保费定得过高，尽管保险公司可获得较高的收益并增强了债务偿还的能力，但客户会因为投保成本过高而放弃该保险产品。久而久之，保险公司在激烈的保险市场竞争中会逐渐失去竞争优势，最终被市场所淘汰。反之，若保险费定得过低，尽管增加了客户的数量，获得了暂时的竞争优势，但其潜在的偿还风险可能会使公司由于资金匮乏而没有足够的抵御能力，从而面临倒闭。因此，保险产品定价备受关注。

与一般商品定价相比，保险产品定价具有其特殊性和复杂性，所以定价相对比较困难。比如，在一般情况下，产品的价格是随着供求关系而不断变化的，它们的区别仅仅在于价格随供求变化的敏感度不同。但是保险费一经确定，在整个保险期内是不能调整更改的。此外，就保险标的本身来说，它的风险具有不可预知性，是不断变化的。所以，给保险产品定价实质上是给一个不断变化的风险对象确定一个相对固定的价格。既要兼顾企业利益最大化，又要考虑不断变化的风险对象，还要以低价获取消费者的青睐，因此如何决定出一个最优保险价格仍然是摆在保险公司面前的重大难题。

9.2.1 保险产品定价理论模型

（1）*传统保险产品定价模型*

传统的保险产品定价主要建立在 James Dodson 于 18 世纪提出的均衡保费方法的基础上，即客户所支付的保费一定要能够弥补承保风险所带来的损失。由于这个时期资本市场的发展还处在初始时期，传统保险产品定价模型更为关注对损失和费用的估计与计量，而对投资收益的方面则较少考虑。可以说，传统保险产品定价的主要目标是风险最小化。较为典型的传统保险产品定价理论主要有期望损失论和期望效用论。期望损失论是所有定价模型的基础，这类模型数量较多，但它们的共同之处是将保险产品的定价分为两部分：期望损失与附加保费。期望效用论是因卡尔·博尔奇于 1981 年首次将效用理论引入保险领域而产生的。该理论一经提出便受到了人们的认可，在保险产品定价理论中占据着重要地位。但是，期望效用论实践性较差，难以操作。在实践中，为了方便，一般只要简单地将纯保费与附加保费相加即可。

（2）*新型保险定价模型*

在保险业飞速发展的今天，各种新险种不断涌现，传统的保险产品定价模型已不能满足需要，于是，出现了传统保险产品定价模型向金融型保险产品定价模型的过渡和转型。随着各国逐渐放开对保险行业的监管，金融业与保险业的深度融合，使得与金融相关的保险产品层出不穷。面对传统型保险向金融型保险转型的趋势，以及风险管理技术的快速发展，以往保险产品的定价模型也随之发生了很大改变。金融型保险是在金融市场高度发达的背景下，保险业与金融业相融合，既可以转嫁风险，又具有融资功能的一种新型保险（赵正堂，2008）。目前现代保险市场上较为常用的几种新型保险产品定价模型有资本资产定价模型（CAPM）、套利定价模型等。

资本资产定价模型起源于20世纪60年代初，该模型从提出到现在一直被视为金融市场定价领域中的一个基本模型。这一模型假设投资的预期收益仅仅受市场上系统风险的影响。也就是说，风险越大，所能获得的收益就越大。当资本资产定价模型被运用于保险产品定价时，该模型包括了众多变量。其保险定价模型为（赵正堂，2008）：

$$E(\gamma_u) = -k(1-y)\gamma_f + \beta_u[E(\gamma_m) - \gamma_f] \quad (9.1)$$

其中，k 表示净保费可投资的期限，y 表示业务费与保费比，γ_f 表示无风险收益率，γ_m 表示市场收益率，$E(\gamma_u)$ 为预期收益率，β 为系统风险，也就是资产价格与市场价格是否具有一致性。

套利定价模型（APM）是在CAPM基础上提出的。相比较于CAPM研究静态下的均衡情况，APM研究的是相对动态下的均衡。该模型不要求每个投资者的投资组合都是最优的，因为投资者可以通过套利来使其所持有的投资组合收益最大化，所以在APM下，投资者对投资品的组合拥有更多的自主权和选择权。套利定价模型在保险定价中的公式如下：

$$E(\gamma_u) = -k(1-y)\gamma_f + \sum_{j=1}^{n} b_{ij}\lambda_j \quad (9.2)$$

其中，b_{ij} 表示证券对要素的敏感度，而 λ_j 则相当于CAPM中的 $E(\gamma_m) - \gamma_f$ 部分。由9.2式可以看出，APM相较于CAPM具有更加广泛的适用性。也就是说，CAPM只是APM在放宽某些因素后的一个特例。APM在CAPM基础上增加了对系统风险的进一步细化分析。APM根据系统性风险产生的不同原因，将其分成若干种类。比如市场性风险、心理预期产生的风险、政策因素产生的风险等等。在保险产品定价上，便会带来一个问题，即怎样将这些因素运用到会计核算上。此外，这一模型放宽了一些限制因素，并且对使用方法也不加以限制，所以导致该模型因使用方法不同而会产生不同的结果。

9.2.2 保险产品定价方法

如何对保险产品进行合理定价，这是每一家保险公司都要面临的考验。定价准确与否，决定着保险公司经营的成败。经过多年的发展，在国内外保险业中已形成了一些习惯性的定价方法。常用的保险产品定价法主要有成本利润定价法、市场供求平衡法、宏观定价法（毛钟红，2008）。

（1）保费的成本加利润定价法

保险业是通过提供保险产品聚积个体风险来达到分散社会风险的金融产业。由于保险行业是市场的产物，保险公司的经营目的也具有盈利导向性。因此保险公司在制定保险费率时必定会考虑保险成本和利润。成本加利润定价法是保险行业中出现最早且使用率最高的定价法。并且该方法一般在保险公司的寿险业务中使用较多。

成本加利润定价法是属于成本导向性的定价方法。其基本原理是保险公司在纯保费的基础上，加入对公司运行管理费用、偶发事故费用及赔偿率、保险业务员佣金、手续费等费用的考虑，再在此基础上给定一个利润率，按时间价值折现后得出保费。在整个保费构成因素中，偶发事故发生率则是保险产品定价中的关键因素，也是最难预测的因素。保险公司的一般做法是假设个体的风险同质（损失的概率相同），当个体数目足够大时，个体偶发事故的风险不确定性便可以通过整体的可能损失来表示（毛钟红，2008）。保险公司只要预测损失发生的概率及其严重程度，便可以确定保费的金额了。

当然，这种定价法有其不合理性。对于保险产品的利润率、保费率一般都是建立在以往经验和同行业相似产品定价基础上的，对于新的险种，由于其历史资料匮乏，难以根据以往数据进行定价，再加上大树定理在个体层面的失灵，保险公司不得不增加对保险定价的人力物力投入，进而导致更高的保险费用分摊。加上源于交易双方信息不对称而导致的道德风险的存在，也会增加保险成本。此外，面对新险种，保险公司在定价的过程中会面临更大的风险，由于保险公司对于产品风险的不确定性，进而导致风险较大的投保人将风险较小的投保人挤出保险市场的"逆向选择"现象的产生。

（2）保险的市场供需平衡定价法

保险的市场供需平衡定价法是建立以市场导向为主的保险定价法。通俗来说，这种保险产品的价格是建立在保险市场供求平衡状态下的保险产品均衡价格。保险产品价格主要由保险市场上的供求关系所决定。当保险市场上需求大于供给时，保险公司可以通过提高保费来增加企业收入；反之，保险公司就应该降低费率，来增加保险产品的销售量，从而扩大市场占有率。

以市场需求为导向的产品价格能最大限度地使保险产品适应客户的需求，有利于产品的创新和保险企业核心竞争力的加强，从而增加了企业的利润，促使保险行业整体竞争力的提升。但是，这种看似完美的根据市场需求进行保险产品定价的方法，也有其固有的缺陷。例如，这种依赖于市场需求产生的定价法使得其保险产品需求具有不稳定性。如何规避由于市场周期性的需求乏力所造成的保险产品销量递减的问题便成为决定保险公司成败的关键所在。

从另一角度来说，这种保险产品定价法是不合理的。且不说市场调节的自身缺陷，保险产品本身就是一种特殊商品，它的销售渠道不像零售商品那样通过专柜或代销方式销售，而是靠保险业务员直接向广大客户销售。所以保险产品的销售不仅仅与市场需求有关系，它与业务员个人的能力、企业文化以及奖惩措施等都有关。这就使得保险产品的供需曲线缺乏规律性，而且很难对某种保险产品的供需曲线进行准确估计。也就是说，通过市场的供求平衡所进行的产品定价，会存在较大的误差，影响保险产品定价的准确性。

（3）保险产品的宏观定价法

鉴于传统保险产品定价法的局限性，近年来，国内外学者提出了一种新的保险产品定价法——宏观定价法。宏观定价法是在原有的传统定价法的基础上进行进一步的改进而形成的一种新型定价法。相比较于传统的保险定价法，宏观定价法更具有全局性和综合性。具体来说，宏观定价法不仅仅是对单位保险产品利润的考量，而是以整个保险产品总体利润的最大化为出发点来进行保险产品的价格厘定。对于影响产品定价的因素，宏观定价法会在综合考虑产品性能、用途、同行已有产品特点以及管理费用与佣金等方面，给出一个价格集合，并对集合内每一价格制定多种销售预算方案，再对每种预算方案进行加总求和比较后，从中选取利润最大化的一组方案为最优产品价格。

保险产品的宏观定价法较其他定价方法更为严谨和综合，有利于保险公司在制定产品价格上达到最优，从而实现企业的利润最大化。但是其操作过程比较烦琐，计算量大，使得产品在投入市场前的时间相对延长。此外，宏观定价法对保险公司的技术要求更为严格，这些因素都会增加保险产品成本，减少企业利润率。

9.3 债券产品定价理论

债券是一种债权债务凭证。债券作为一种重要的融资手段和金融工具，具有偿还性、流通性、安全性、期限性和收益性五大特点。债券产品的定价在金融产品的定价体系中具有基础性作用。债券的价格通常作为其他风险资产定价的重要参考。

9.3.1 债券的基本定价公式

债券是一种让渡流动性而获得固定收益并返还本金的有价证券。债券的价格受让渡时间的约束、回报的约束和期望的约束。受投资者让度偏好多元化的影响，市场上往往有多种债券产品类型。

对于按年付息债券的定价公式为：

$$P = \frac{I}{(1+R)^T} + \frac{I}{(1+R)^{T+1}} + \frac{I}{(1+R)^{T+2}} + \frac{I}{(1+R)^{T+Y-1}} + \frac{M}{(1+R)^{T+Y-1}} \tag{9.3}$$

其中，P 代表债券价格；I 代表每年定期支付的固定票面利息；M 代表债券百元面值；R 代表投资期望收益率；$T = D/365$ 天；Y 代表债券交割日距该债券到期日的整数年限（如不足一年时，则以满一年进行计算）。[①]

对于到期一次还本付息债券的定价公式为：

$$P = \frac{M + TC}{(1+R)^{Y+\frac{D}{365}-1}} \tag{9.4}$$

其中，P 代表债券价格；M 代表债券百元面值；T 代表债券偿还期限；C 代表每年定期支付的固定票面利息；D 代表债券交割日距最近一次付息日的天数；R 代表投资期望收益率；Y 代表债券交割日距该债券到期日的整数年限（如不足一年时，则以满一年进行计算）。

---

① 参见中央国债登记结算有限公司、全国银行间同业拆借中心《关于公布债券现值计算公式的公告》，2000 年 12 月 7 日。

9.3.2 债券久期和凸性分析

（1）债券久期

债券的价格相对利率极为敏感。为了测度债券这种利率敏感性，1938年 F. R. Macaulay 提出了债券久期的概念。久期是以未来时间发生的现金流为基础，按照目前的收益率折现成现值，再用每笔现值乘以现在距离该笔现金流发生时间点的时间年限，然后进行求和，以这个总和除以债券当前的价格所得到的数值。实际上，久期就是测度债券发生现金流的平均期限。此外，因为债券价格的敏感性会随着到期时间的延长而增加，实际上久期就是用来测度债券对利率变化的敏感性。

麦考莱的久期假设收益率曲线是平坦的，用于所有未来现金流的贴现率是固定的。如果市场利率是 Y，本金为 X_0，现金流为 X_i，期限为 N，麦氏久期的计算公式为：

$$D(Y) = \frac{\sum_{i=1}^{N} i \times \frac{X_i}{(1+Y)^i}}{X_0 + \sum_{i=1}^{N} \frac{X_i}{(1+Y)^i}} \qquad (9.5)$$

对于给定的到期收益率的微小变动，债券价格的相对变动值与麦氏的久期值呈现出一定的比例。为了更精确地描述债券价格对于到期收益率变动的灵敏性，又引入了修正久期模型（Modified Duration Model）。修正久期等于麦氏久期除以（1+到期收益率 Y）；修正久期是债券价格对于利率变动灵敏性的更加精确的度量。修正久期显示了与债券到期收益率变动相关的价格百分比变化。

（2）债券凸性

如果债券市场价格等于债券的面值，债券的到期收益率就等于债券息票利率；如果债券市场价格高于（低于）债券面值，债券到期收益率就会低于（高于）债券息票利率。由此可知，债券定价具有两个显著的特点：一是如果债券价格上涨，则债券收益率必然下降；反之，如果债券价格下降，则债券收益率必然上升；二是债券收益率的下降会引起价格的上升，且价格上升的幅度要超过债券收益率以同样比率上升所引起的债券价格下降幅度。因此，债券价格与收益率呈反向关系。同时，债券价格与收益率的关系是非线性的，而且债券价格与收益率呈凸关系，这种关系即为债券价格的凸性（convexity）。因此，凸性描述的是价格—收益率曲线的弯曲程度。从数学特征来看，凸性实际上是债券价格对收益率的二阶导数，是对债券久期利率敏感性的测量。无论债券收益率是上升还是下降，凸性所引起的修正都是正的。在其他条件不变时，到期收益率越高，则凸度越小；利率越低，则凸度越大。

9.3.3 算例：05 国开 20 金融债

以 05 国开 20 ［050220. IB］金融债为例，其票面金额为 100 元，年利率为 4.0100%，在银行间债券市场上交易，到期年份为 2035 年，2035 年支付票面金额。该债券每年 4 月 11 日和 10 月 11 日分别起息一次。假如债券交割日为 2014 年 12 月 30 日，起息期数为 42 期，每期的原始现金流为 2.005 元。假定其收益率为零，根据债券定价公式，则 05 国开 20 ［050220. IB］金融债的理论价值为 184.21 元。而根据市场收益率 5.0626% 计算，其市场价值为 87.4402 元。麦氏久期为 13.6461，修正久期为 12.9886，其凸性为 233.3297。根据这些指标分析发现，这只国债的整体风险较低，属于稳健型投资产品（具体数据见表 9-5、表 9-6、表 9-7）。

表 9-5　　　　　　　05 国开 20 金融债各期期限与原始现金流

序号	发生日	期限（年）	原始现金流（元）
1	2015/04/11	0.2795	2.005
2	2015/10/11	0.7808	2.005
3	2016/04/11	1.2822	2.005
4	2016/10/11	1.7836	2.005
5	2017/04/11	2.2822	2.005
6	2017/10/11	2.7836	2.005
7	2018/04/11	3.2822	2.005
8	2018/10/11	3.7836	2.005
9	2019/04/11	4.2822	2.005
10	2019/10/11	4.7836	2.005
11	2020/04/11	5.2849	2.005

续表

序号	发生日	期限（年）	原始现金流（元）
12	2020/10/11	5.7863	2.005
13	2021/04/11	6.2849	2.005
14	2021/10/11	6.7863	2.005
15	2022/04/11	7.2849	2.005
16	2022/10/11	7.7863	2.005
17	2023/04/11	8.2849	2.005
18	2023/10/11	8.7863	2.005
19	2024/04/11	9.2877	2.005
20	2024/10/11	9.7890	2.005
21	2025/04/11	10.2877	2.005
22	2025/10/11	10.7890	2.005
23	2026/04/11	11.2877	2.005
24	2026/10/11	11.7890	2.005
25	2027/04/11	12.2877	2.005
26	2027/10/11	12.7890	2.005
27	2028/04/11	13.2904	2.005
28	2028/10/11	13.7918	2.005
29	2029/04/11	14.2904	2.005
30	2029/10/11	14.7918	2.005
31	2030/04/11	15.2904	2.005
32	2030/10/11	15.7918	2.005
33	2031/04/11	16.2904	2.005
34	2031/10/11	16.7918	2.005
35	2032/04/11	17.2932	2.005
36	2032/10/11	17.7945	2.005
37	2033/04/11	18.2932	2.005
38	2033/10/11	18.7945	2.005
39	2034/04/11	19.2932	2.005
40	2034/10/11	19.7945	2.005

续表

序号	发生日	期限（年）	原始现金流（元）
41	2035/04/11	20.2932	2.005
42	2035/10/11	20.7945	102.005

表9-6　　　　　　　05国开20金融债理论价值与市场价值

指标	全价（元）	收益率（%）	净价（元）
理论	184.2100	0	183.3287
市场	87.4402	5.0626	86.5589
差值	96.7698	-5.0626	96.7698

表9-7　　　　　　　05国开20金融债久期与凸性分析

指标	市场	理论
收益率（%）	5.0626	0
麦氏久期（元）	13.6461	16.1058
修正久期（元）	12.9886	16.1058
凸性	233.3297	318.4227

9.4　股票定价理论

股票是股份公司为筹集长期资金而公开发行的一种有价证券。股票是一种有价证券、要式证券、资本证券、综合权利证券。股票具有不可返还性、风险性、收益性、流通性和投机性等特征。作为一种风险资产，股票定价理论的难点在于价格中的风险补偿估计。

9.4.1　基本估计模型

股票定价理论是对股票的内在价值进行估计的理论。股票内在价值可以用股票每年的股利收入现值之和来评价。常见的股票定价模型是股利贴现估价模型，即DDM模型。假如公司的股利是固定的，即公司支付的股利增长率为零，则零息增长的股利贴现估值模型为：

$$V = \sum_{t=1}^{\infty} \frac{D_0}{(1+k)^t} = \frac{D_0}{k} \quad (9.6)$$

式中，V 为股票的估值，D_0 为公司支付的固定股利，k 为期望收益率。

假如公司的股利是增长的，但增长率是固定的 g，则不变增长条件下的股利贴现估值模型为：

$$V = \sum_{t=1}^{\infty} \frac{D_t}{(1+k)^t} = \frac{D_0(1+g)}{k-g} \quad (9.7)$$

9.4.2 β 值、风险与期望收益率

在估值模型中，最关键的变量为期望收益率 k。由于股票作为风险资产，期望收益率 k 实际上等于无风险收益率与风险收益率之和。风险收益率为股票的风险补偿。股票的风险可用 β 值来刻画。设定某股票 i 的风险 β_i，则：

$$\beta_i = \frac{\text{cov}(r_i, r_m)}{\delta_m^2} \quad (9.8)$$

式中，$\text{cov}(r_i, r_m)$ 为股票 i 与市场组合的协方差，δ_m^2 为市场组合的方差。β_i 实际上是股票 i 对市场组合的风险贡献大小的相对度量。如果 β_i 大于 1，则说明该股票风险大于市场组合的风险；如果 β_i 小于 1，则说明该股票风险小于市场组合的风险。

股票的收益来源有两个部分：一是无风险收益，即为时间价值；二是风险补偿。对于股票 i 而言，其风险补偿等于市场组合的风险补偿与 β_i 之乘积。因此，股票 i 的期望收益率 $E(r_i)$ 为：

$$E(r_i) = r_f + [E(r_m) - r_f]\beta_i \quad (9.9)$$

式中 $E(r_m)$ 为市场组合的期望收益率，r_f 为无风险收益率。

9.4.3 算例：天马股份的价值估算

浙江天马轴承股份有限公司系经浙江省人民政府企业上市工作领导小组浙上市（2002）73 号文批准，由天马控股集团有限公司（原浙江滚动轴承有限公司）和沈高伟、马伟良、沈有高、吴惠仙、马全法、陈建冬、罗观华、施议场 8 位自然人发起设立，于 2002 年 11 月 18 日在浙江省工商行政管理局登记注册。公司现有注册资本 1188000000.00 元，股份总数 1188000000 股（每股面值 1 元）。其中限售条件的流通股份（A 股）为

13085.07 万股，无限售条件的流通股份（A 股）为 105714.93 万股。公司股票于 2007 年 3 月 28 日在深圳证券交易所挂牌交易，公司代码为天马股份（002122.SZ）。

表 9-8　　　　天马股份（002122.SZ）Beta 值估算

代码	002122.SZ
简称	天马股份
标的指数	000300.SH
计算周期	周
时间范围	2013/01/15—2014/12/31
收益率计算方法	普通收益率
原始 beta	0.5046
调整 Beta	0.6681
Alpha	0.2172
R 平方	0.2994
误差值标准偏差	4.664
Beta 标准偏差	0.1624
观察值点数	100

资料来源：Wind 资讯。

我们以沪深 300 作为市场组合标的，计算周期为周，时间范围为 2013/01/15—2014/12/31，共 100 周。通过回归分析方法，我们可以计算出调整后的 Beta 值为 0.6681，说明天马股份（002122.SZ）的波动性小于沪深 300，其风险小于市场组合的风险，比较适合稳健型的股票投资者。

进一步对天马股份（002122.SZ）期望收益率与理论价值进行估计。2013/01/15—2014/12/31 沪深 300 收益率为 28.79%。无风险收益率取一年期存款利率 2.75%，则可计算出天马股份（002122.SZ）的期望收益率为 20.20%。我们分三种情况进行估值。假如预期红利增长率为 8%，在年化每股红利为 0.95 元的情况下，则根据估计模型，可算出理论价格为 7.96 元，相对于成本 7.63 元，涨幅 4.31%；在年化每股红利为 0.50 元的情况下，则根据估计模型，可算出理论价格为 4.19 元，相对于成本 7.63

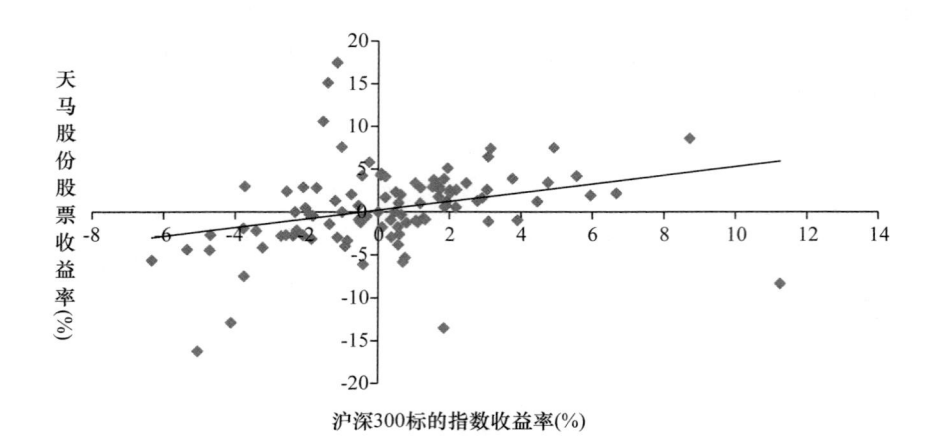

图 9-4　天马股份（002122.SZ）与沪深 300 收益率关系图

元，跌幅 45.1%；在年化每股红利为 0.30 元的情况下，则根据估计模型，可算出理论价格为 2.51 元，相对于成本 7.63 元，跌幅 67.06%。在这三种情况下，内部回报率分别为 20.45%、14.55%、11.93%。

表 9-9　天马股份（002122.SZ）期望收益率与理论价值的估计

指标	情景一	情景二	情景三
成本（元）	7.63	7.63	7.63
无风险收益率（%）	2.75	2.75	2.75
市场收益率（%）	28.79	28.79	28.79
Beta	0.67	0.67	0.67
期望收益率（%）	20.20	20.20	20.20
年化每股红利（元）	0.95	0.50	0.30
预期红利增长率（%）	8.00	8.00	8.00
理论价格（元）	7.96	4.19	2.51
相对于成本涨跌幅（%）	4.31	-45.10	-67.06
内部回报率（%）	20.45	14.55	11.93

资料来源：Wind 资讯。

9.5 期权产品定价理论

在金融市场上存在着一种特殊的衍生工具，它既能够保护产品的买方在产品价格出现不利变动时避免最坏的结果，又可以使产品价格在趋于有利变动时增强其获利能力。这种趋利避害的优势使得它近年来取得了突飞猛进的发展，这个后来居上的金融衍生工具便是期权。期权是在期货基础上发展而来，将权利义务分开定价的金融工具。按期权的标的资产来划分，期权可以分为股票期权、股指期权、期货期权、商品期权、外汇期权以及近年来出现的利率期权、可转债期权等。然而，由于期权自身趋利避害的特征，外加期权价格及其标的资产价格关系呈非线性，并且未到期的期权还具有时间价值，这些都使其估值和定价变得非常困难和复杂。

9.5.1 Black-Scholes 期权定价法

Black-Scholes 期权定价模型可以说是期权定价史上最伟大的成果。该期权定价理论及其模型是由 Black 和 Scholes 于 1993 年提出的，他们因此于 1997 年获得诺贝尔经济学奖。它的理论及其模型推导异常复杂，但实用性非常强。Black-Scholes 期权定价方法的提出对金融领域做出划时代的贡献。它除了在股票期权、股指期权、期货期权、利率期权定价等金融衍生工具定价、金融风险防范方面具有重要意义，还可以用于风险管理方法的设计、融资和投资策略决策等方面。

Black-Scholes 期权定价模型的创新之处在于：首先，该模型建立在无风险偏好的假设下，简化了对金融衍生工具定价的技术分析。其次，该模型的创立在一定程度上使得金融衍生工具成为投资者的一种风险防范手段。此外，Black-Scholes 期权定价模型还将数学引入金融领域，有利于创立更多的控制风险的工具。在该理论提出后不久，在美国芝加哥成立了世界上第一个期权交易场所。Black-Scholes 期权定价模型开始由理论走向实践。之后，随着大量证券机构和投资银行纷纷在各国建立，Black-Scholes 期权定价模型被大量运用，可以说，该模型在相当大程度上影响了期权市场的发展（张宗成，1999）。

Black-Scholes 期权定价模型的基本思想是：衍生资产的价格及其标的

资产价格在受到同一种不确定因素影响的基础上,投资者可以连续通过调整衍生资产和标的资产的头寸,使得二者的盈亏相抵,从而产生一个无风险的资产组合。

以欧式看涨期权为例,Black-Scholes 的期权定价公式为:

$$P(x,t) = x\Phi(d_1) - k\Phi(d_2)exp[-r(T-t)] \quad (9.10)$$

式中,σ^2 为单位时间股票价格对数变化的方差。

$$d_1 = \frac{\ln(x/k)+(r+\sigma^2/2)(T-t)}{\sigma\sqrt{T-t}} \quad d_2 = \frac{\ln(x/k)+(r-\sigma^2/2)(T-t)}{\sigma\sqrt{T-t}}$$
$$(9.11)$$

其中,r 为股票连续复利收益率,为常数;E 表示风险中性世界中的期望值;T 为期权到期的时间;t 为当前时刻;X 是当前时刻 t 的股票价格,即期权标的物的协议价格;$\Phi(\cdot)$ 是标准累积正态分布函数。

同理,可以得到欧式看跌期权的定价公式:

$$P(x,t) = -x\Phi(-d_1) + k\Phi(-d_2)exp[-r(T-t)] \quad (9.12)$$

期权定价公式具有较强的实用性,是各种金融衍生产品价格制定的依据。Black-Scholes 期权定价方法提出之后,考克斯、默顿、鲁宾斯坦等一批学者在此基础上相继对这一理论进行了不同程度的探究和推广。但是 Black-Scholes 期权定价模型并没有考虑交易成本和投资者的风险偏好等因素,以及不断调整头寸所带来的不可操作性,使得该模型在实际中逐渐很少被采用了。

我们以上证 50 股指期权 HO1501 - P - 2600. CFE(中金所)为例。其标的为 000016. SH,标的价格为 2581.5665 元,行权价格为 2600.00 元,历史波动率为 33.48%,欧式看跌期权,到期日 2015 年 1 月 16 日;测算日期为 2015 年 1 月 1 日。具体测算数据见表 9 - 10 和图 9 - 5。期权理论价格为 83.9455 元。

表 9 - 10　上证 50 股指期权 HO1501 - P - 2600. CFE(中金所)期权估值

期权代码	理论价格	Delta	Gamma	Vega	Theta	Rho
上证 50 股指期权 HO1501 - P - 2600. CFE(中金所)	83.9455	-0.5332	0.0022	2.1402	-2.3599	-0.6402

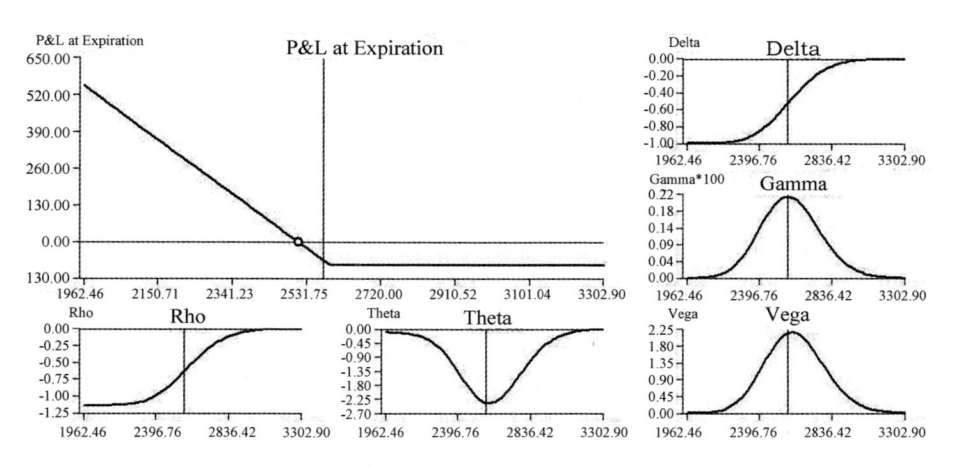

图 9-5　上证 50 股指期权 HO1501-P-2600.CFE（中金所）期权估值相关参数

9.5.2　二叉树期权定价方法

Black-Scholes 期权定价模型虽然有很强的实用性，但是它的推导过程较为复杂。1979 年，约翰·考克斯（John Carrington Cox）、斯蒂芬·罗斯（Stephen A. Ross）、马克·鲁宾斯坦（Mark Rubinstein）和威廉·夏普（William F. Sharpe）等人提出了另一种期权定价模型，即二叉树法（Binomial tree）。相比较于计算欧式期权的 Black-Scholes 期权定价法，二叉树法主要用于计算美式期权的价值。此外，二叉树法比 Black-Scholes 定价法推导更加简单，并且增加了公式的直观性，它不仅可以为无收益资产定价，也可以为有收益资产定价，应用十分广泛，因此深得证券公司的青睐。

二叉树期权定价模型是建立在一个基本假设基础上的，即把一个给定的时间段细分为许多小的时间单位，在每一个小的时间单位内，股价的变动方向只有两个，上涨或者下跌。假设股价初始价格为 s_0，时间为 $\triangle t$ 时，我们给定一个上升率 u，一个下降率 d，变化后的股价为 s_u 或者 s_d。其中，u 和 d 依赖于股价的波动和所选时间间隔的长短。Rubinstein 将其定义为：

$$u = e^{\sigma \sqrt{\triangle T}} \quad d = 1/u = e^{-\sigma \sqrt{\triangle T}} \tag{9.13}$$

又假定股价从 s_0 上升到 s_u 的概率为 p，下降到 s_d 的概率则为 $1-p$。如果我们把给定的时间无限细分，那么股价变动率便服从正态分布。我们在假设风险中性、无套利的条件下，可以求得：

$$p = \frac{e^{\Delta t} - d}{u - d} \tag{9.14}$$

我们假设在 $i\triangle t$ 时刻，股价便有 $i+1$ 种可能。假设是看涨期权，其价值应为 max（$s-k$，0），这样，在已知到期日的股价之后，可求出二叉树的 $M+1$ 个末端期权的价格。假设在风险中性定价条件下，$T-\triangle t$ 时刻每个节点上期权的价格都可由 T 时刻期权价格的期望值乘以无风险利率 r 折现求出（刘海龙、吴冲锋，2002）。以此类推，可以把期权的未来值贴现到期权的初始值。

假设一个不付红利股票的美式期权，我们将给定的时段分成 N 个长度为 Δt 的小段。设 c_{ij} 为 $i\Delta t$ 时刻的期权价值，也可以说是结点（i，j）的期权值（刘海龙等，2002）。且该美式看涨期权在到期日的价值为 max（$s-k$，0），可得：

$$cN_j = \max [s_u^j d^{N-j} - k, 0] \quad (j = 0, 1, \cdots, N) \tag{9.15}$$

由上文的论述可知，股价在 $i\Delta t$ 时刻从结点（i，j）向（$I+1$）Δt 时刻结点（$I+1$，$j+1$）移动的概率为 p，所以向结点（$i+1$，j）移动的概率则为 $1-p$。假设不提前执行，可以得到公式：

$$c_{ij} = e^{-r\Delta t}[pc_{i+1,j+1} + (1-p)c_{i+1,j}] \quad (0 \leq i \leq N-1, 0 \leq j \leq i) \tag{9.16}$$

若提前执行，可得：

$$c_{ij} = \max\{s_u^j d^{i-j} - k, e^{-r\Delta t}[pc_{i-1,j+1} + (1-p)c_{i+1,j}]\} \tag{9.17}$$

由于计算结果是从 T 时刻倒推得出的，该结果不仅反映了在未来某时刻提前执行期权对期权价值所带来的影响，同时也反映了在之后时间里提前执行该期权对期权价值的影响。由于二叉树方法是把期权的未来值贴现到期权的初始时刻，而美式期权可以提前行权，因此可以用于美式期权计算。如果不提前执行，得出的便是欧式看涨期权价值。由于二叉树期权定价法把给定的时间无限细分为更小的一段，近似于点。所以它适合处理复杂的证券。

以沪深 300 指数期权 IO1501 - C - 3450. CFE（中金所）为例。其标的为 000300. SH，标的价格为 3457. 5538 元，行权价格为 3450. 00 元，历史波动率为 25. 95%，欧式看涨期权，到期日为 2015 年 1 月 16 日，测算日期为 2015 年 1 月 1 日。具体测算数据见表 9 - 11 和图 9 - 6 所示。期权理论价格为 78. 2555 元。

表9-11 沪深300指数期权 IO1501-C-3450. CFE（中金所）期权估值

期权代码	理论价格	Delta	Gamma	Vega	Theta	Rho
沪深300指数期权 IO1501-C-3450. CFE（中金所）	78.2555	0.5245	0.0021	2.8767	-2.3039	0.7612

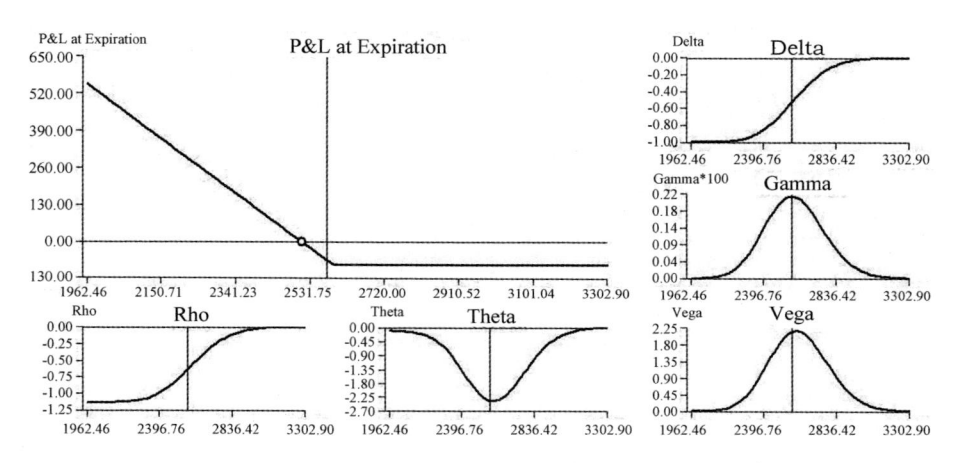

图9-6 沪深300指数期权 IO1501-C-3450. CFE（中金所）期权估值相关参数

9.5.3 蒙特卡罗定价法

蒙特卡罗定价方法的理论基础是概率论与数理统计，其实质是通过模拟标的资产价格路径来预测并得到期权价格估值。蒙特卡罗定价方法的最大优势是其误差收敛率不依赖于问题的维数，可以处理较为复杂的情况且计算的相对效率较高，从而非常适宜为高维期权定价。近年来，随着高维衍生证券的发展，有限差分、二叉树等方法的应用将会受到越来越多的限制，而蒙特卡罗定价方法必将在金融衍生工具中发挥重要的作用，特别是在高新技术行业的投资决策方面起着尤为重要的作用（马俊海、张维，2000）。其主要思想是：在已知标的资产价格分布函数的情况下，首先，把给定的期限划分为若干个小的时间间隔，并利用计算机对样本进行随机抽样，模拟股价在每个时间间隔下可能的运行路径，以此计算期权在某时段的价格。如此重复，一直到得到T时刻期权的价格。其次，计算上述随机样本的算术平均值，求出期权在T时刻的预期收益X^T。最后，利用无风险利率对期权在T时刻的预期收益X^T折现就能够得到期权的最终价格。

$$P = e^{-rT}E(X_T) \qquad (9.18)$$

其中，P 为期权的现价，r 为无风险利率，$E(X_T)$ 即为期权在 T 时刻的预期收益。

表 9-12　　　　　　用蒙特卡罗定价法模拟计算期权价格

假定 ST 为未来 T 时刻金融资产的市场价格，$S0$ 为金融资产的现价，U 为金融资产的预期收益，Q 为金融资产年度波动率。假定金融资产的价格服从几何布朗运动，则可推导出：

$$\text{LN}(ST) \sim N[\text{LN}(S0) + (U - Q^2/2)T, Q \times T^{0.5}] \qquad (0-1)$$

式（9.18）表明，标的金融资产在未来 T 时刻的市场价格服从对数正态分布，因此可以用大量的数据基于蒙特卡罗定价法能模拟出标的金融资产在 T 时刻的市场期望价格 ST，然后用 T 时刻的市场期望价格 ST 减去金融资产的执行价格，就可得出到期日的期权价格，再用无风险利率加以折现，就可得到现在的期权价格。

如果标的资产的现价 $S0$ 为 50 元，执行价格为 52 元，预期收益率为 20%，资产年度化波动率 Q 为 20%，假定该资产期权的执行时期是 6 个月后，则根据式（9-18），得：

$$\text{LN}(ST) \sim N[\text{LN}(50) + (0.20 - 0.2^2/2) \times 0.5, 0.2 \times 0.5^{0.5}] \qquad (0-2)$$

运用 STATA 软件，编写如下程序，可模拟出看涨期权的价格：

```
clear
set mem 400m
set obs 10000
local U = 0.2
local Q = 0.2
gen ln_ds = log(50) + (`U´-`Q´^2/2)×0.5 + `Q´×sqrt(0.5)×invnorm(uniform)
gen ST = exp(ln_ds)
gen CT = max(0, ST-52)×exp(-`U´×0.5)
sum CT
local CT = r(mean)
disp `CT´
4.4586277
```

结果显示，期权价格为 4.4586277 元。改变预期收益率和资产年度化波动率，可以模拟出不同预期收益率和资产年度化波动率对期权价格的影响。在其他条件一定的情况下，预期收益率和资产年度化波动率越高，则看涨期权的价格越高。

运用 STATA 软件，编写如下程序，可模拟出看跌期权的价格：

```
clear
set mem 400m
set obs 10000
gen ln_ds = log(50) + (0.20-0.2^2/2)×0.5 + 0.2×sqrt(0.5)×invnorm(uniform)
gen ST = exp(ln_ds)
gen PT = max(52-ST, 0)×exp(-0.2×0.5)
sum PT
local PT = r(mean)
disp `PT´
1.5249821
```

结果显示期权价格为 1.5249821 元。

蒙特卡罗定价方法的模拟运算较为简便，而且效率高，适用于函数形式比较复杂的期权定价。但是，该方法也有很大的局限性，它不能被用于美式期权的估价，只能用于欧式期权，最终结果的准确度也往往依赖于模拟运算的次数（具体计算方法见表9-12）。

第 10 章　金融产业集聚与扩张

在市场经济条件下,以追逐利润最大化为根本目标的金融产业资本,总是从利润率较低的地区和部门流向利润率较高的地区和部门,这种资本运动会导致大批金融机构在不同的地理空间出现非均衡集聚与扩张,从而使一国的金融产业表现出两种基本的空间运动:一种是金融产业组织集体向某一中心汇聚,称为金融产业集聚;另一种是金融产业组织集体从某中心向外围扩张,称为金融产业扩张。本章将深入探究这两种金融产业组织集体运动形式。

10.1　金融产业集聚的内涵

10.1.1　金融产业集聚的界定

金融产业集聚(agglomeration of financial industry)是金融产业组织在地理空间上的一种运动形式,其内涵丰富而深刻。从动态角度来看,金融产业集聚是指若干金融产业组织主动适应区域经济发展的金融需求,并从中捕捉市场盈利机会,而持续地将金融组织网点、金融要素和金融资源,向地区不断集聚的过程。而金融产业组织营业网点布局的地域选择和落实、金融效率的空间调整与提高,是这一集聚过程的核心,是众多金融组织、金融资源要素与特定地域实体经济之间联系不断加深的过程。从静态角度来看,金融产业集聚则是指经过上述过程所形成的状态,即金融产业组织和金融要素在某经济区域通过聚集,达到一定规模和密集程度时,这些金融产品、金融机构、金融市场、金融制度法规,在一定地域空间有机组合的金融发展状态。这种状态就是"金融中心"的形成。所谓金融中心(financial centre),是指某城市或地区金融设施先进,金融机构大量集聚,金融体系健全，金融信息运转流畅，金融市场开放自由，金融服务高效，具有一定的资金辐射和资金的吸引功能，是资金融通的中心和资金集散地。

金融产业集聚一般需要实体产业集聚作为牵引。凡是实体产业集聚多的地区，经济发展速度和水平高，金融机构集聚得多，金融产业规模比较庞大。相反，在实体产业集聚稀少的贫困地区，金融机构集聚得少，金融产业便处于穷困状态。实体产业集聚表现为若干相关或不相关的企业向某地理空间持续聚集。这些地理空间要么资源要素禀赋充足，要么产品市场需求空间大，要么经营成本和风险低，要么规模经济和范围经济性显著，从而不断吸引实体企业向该地区集聚，最终形成"经济中心"。由于经济决定金融，金融服务经济，金融产业会追随实体产业集聚的步伐，在相同的地理空间展开集聚。由于不同的区域客观上存在着资源禀赋、区域优势、经济发展条件、技术水平和市场规模上的差异，导致实体产业与金融产业集聚存在相似的区域性特征，实体产业集聚最终会在不同地区形成不同级别的经济中心，而金融产业集聚则表现为金融机构数量、金融运行效率和金融发展水平在不同地区呈现出不同的等级，即不同层次的金融支点、金融增长极、金融中心（冉光和，2007）。所以，金融产业集聚是金融产业组织与地域地理环境的有机结合，它促成了人文环境、金融资源与实体产业的相互融合、相互促进。金融产业在地理空间上的快速集聚，是金融支点、金融增长极和金融中心形成的重要条件和根本途径。沿着这一逻辑可以发现，金融产业集聚的基本路径是：实体产业集聚→金融资源集聚→金融产业组织集聚→金融人才与市场集聚→金融支点、金融增长极、金融中心。

10.1.2 金融产业集聚的特征

根据金融产业集聚的理论内涵不难发现，金融产业集聚有其自身的运行特点。

（1）动态成长性

金融产业的集聚，实际上是若干金融产业组织向某地区或某城市持续汇聚，使得该地区或该城市的金融产业在量和质上同时成长的过程。量性成长表现为若干金融产业组织聚集在这一区域，导致该区域内的金融机构、金融产品、金融交易规模、金融增加值等金融统计量持续增长。质性的成长则表现为在市场竞争机制作用下，金融产业组织不断向该地区汇聚，使得该地区金融产业结构得到显著改善，金融产业运行效率得到显著提升。由于金融产业跟随实体产业而集聚，实体产业和金融产业在某地区集聚是一个渐进过程，使得这一地区经济和金融发展出现时间上的递进性和成长性。如图 10-1 所示，同一个地区可能会因为实体产业集聚向经济支点、经济增长级、经济次中心、经济中心逐步推进，而金融产业向该地区集聚，也会使得该地区从金融支点（A1）向金融增长极（A2）、金融次中心（A3）、金融中心（A4）逐步升级。这就是金融产业集聚的动态成长性特征。

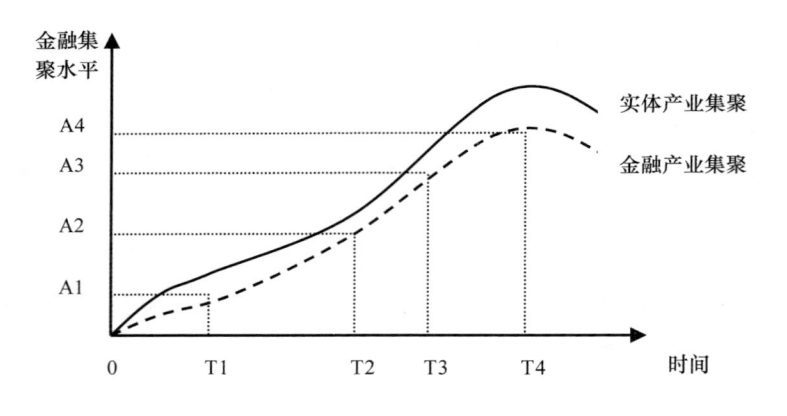

图 10-1　同一地区金融产业集聚动态

（2）地域空间性

基于资源禀赋、获利机会与投资回报率的地域差异，市场导向下的现代经济发展自然会展现出与"地理空间"相联系的特征，使得各区域经济呈现出一种非均衡、有层次性的发展态势。随着实体经济的地域化发展，以利润最大化为目标的金融产业组织，也会紧随经济发展的区域化步伐，在不同的地理空间形成有差异化的网点布局，并提供有差异化的金融服务，进而反过来强化实体经济的区域化发展。实际上，无论是金融市场发育与地域整合，还是金融机构设置、选址、布局，都蕴含着以实体经济为支撑的和较为稳定的金融产业地域运动，一定的地域空间在吸纳、动员、引导、传输、配置金融资源上具有不同的能力和初始条件（张凤超，2003；冉光和，2007），那就是资源禀赋、金融机构经营能力和实体产业发展的状况。这些能力和初始条件决定了在各地集聚的金融产业客观上会形成盈利上的差异，金融机构总会从低效地区向高效地区集聚，从而使各地金融产业的发展表现出量和质上的显著差异。在开放经济条件下，金融产业集聚还具有跨地区、跨国界、跨洲的极高流动性，具有国际化的地域性特点。

（3）层次多样性

从国家的空间经济结构来看，经济发展水平、经济资源分布和社会分工在不同地域上具有明显的非均衡性，使得国民经济在运行与发展过程中表现出较强的区域性。作为国民经济的核心，金融系统也必然会表现出明显的区域性和层次性。这在客观上导致了金融产业集聚的层次性（张冰等，2012）。基于金融产业组织在不同地域之间集聚量的显著差异，金融产业集聚层次最终体现在国际、国家和区域三个层次：一是国际层次。在开放经济条件下，金融产业组织会向金融效率较高的国家集聚，从而引导金融资源的国际重组与格局分布，体现出国家之间金融发展的差异性。二是国家层次。金融产业组织主要在一个国家内部，从金融效率低的地区向金融效率高的地区集聚，从而引导金融资源在国家内部出现非均衡的层次性分布格局。三是区域层次。若在地方保护主义下，金融产业集聚过程将局限在一个省内区域或一个经济区域，通过金融产业组织在区域内不同经

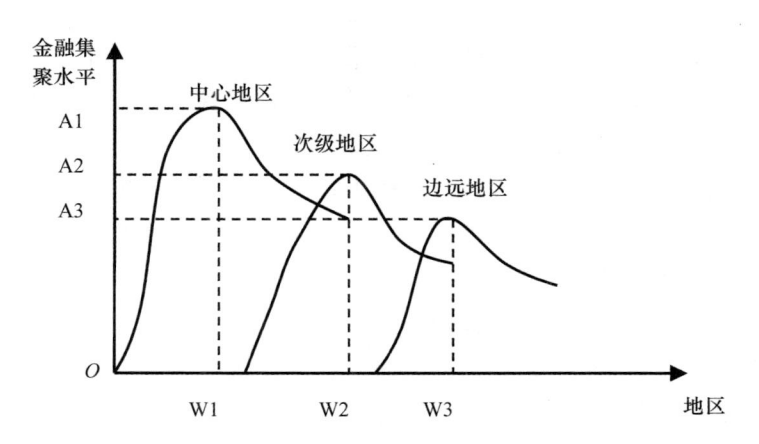

图 10-2 同一时期不同地区金融产业集聚的层次

济支点和增长极的差异化集聚，引起区域内金融产业出现不同地理空间有层次性的成长。如图 10-2 所示，在同一时期，金融产业在中心地区、次级地区、边远地区集聚水平由高到低递减，即 A1＞A2＞A3，体现出层次性的特征。金融产业集聚的层次性，其动力还来自于金融资源具有区际禀赋差异性、高度流动性和信息高速扩散性，由于各地集聚效益存在差异，金融产业集聚的区域层次性，会通过金融资源的迅速流动和调整而达成。

(4) 空间递进性

金融产业集聚是由金融要素、金融机构向某一经济地理空间集中汇聚的过程。这一运动过程会在不同的地理空间同时展开。经济优势、技术水平和基础设施条件越好的地区，所蕴含的储蓄资源和金融需求越多，金融机构向该地区汇聚得就越多，金融产业集聚水平就越高；反之亦反是。如图 10-3 所示，人口集聚与产业分布是金融产业集聚的决定性因素，由于人口和产业分布，存在着从城市外围向中心逐级增多的空间递进性，城市群存在着村镇（经济支点）—县城（经济增长极）—中心城市（经济次中心）—大城市（经济中心）的地域层级分布与演化轨迹，金融产业集聚也会表现出从城市外围向中心逐级递增的趋势，即由金融支点（A1）、金融增长极（A2）向金融中心（A4）演进。金融产业集聚的空间递进性，归因于各地资源禀赋、经济发展水平、金融需求、金融风险和规模经济的差异。显然，大城市与中小城市相比，这些差异是十分显著的，它们在地域空间的初始分布上都表现出非均质或不连续的特点。中心城市不仅是经济发展的节点，也成为金融产业地域集聚的节点。金融产业集聚的地域空间差异，最终形成了金融支点、金融增长极和金融中心等城市类别，发挥着各自的金融功能（黄解宇、杨再斌，2006）。可见，金融产业的集聚遵循着一定的地域空间运动规律，在相当长的周期内，与地域空间结合而形成了有机整体，即金融产业地域系统。金融产业地域系统表现为：以单极的金融中心、多极的金融支点、金融增长极为依托组成一个空间网络体系，金融产业集聚始终以开放和动态的方式，与经济地理保持着密切的联系。随着地区经济环境和市场需求的变化，金融产业地理空间集聚将沿着一定的变化轨迹进行不断调整，使得金融结构或简单或复杂，金融规模或扩展或收缩，金融功能或提升或降低。与此同时，金融发展空间被各金融产业集聚中心"相对分割"，从而形成了功能定位各异而又不断演进的金融产业地域系统的分工格局。

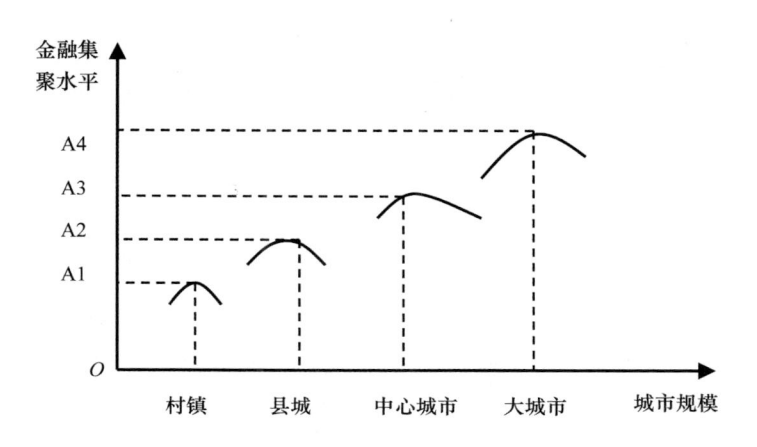

图 10 - 3　金融产业城市集聚的空间递进

10.1.3　金融产业集聚的动因

金融产业集聚是一个无止境的过程，是适应经济发展的需要而不断演变的过程。那么，到底是哪些因素不断驱动着金融产业的集聚呢？

(1) 实体产业集聚决定和引领着金融产业集聚

无论是实体产业集聚，还是金融产业集聚，都客观地表现出与地理条件和地域空间的高度相关性，但在二者的关系和动因上，则是实体产业集聚占主导地位，实体产业的地理空间集聚是金融产业集聚的重要诱因。这是因为：首先，实体产业集聚为金融产业集聚提供市场需求动力和发展空间。金融产业不会盲目地在某地集聚，实体产业向哪里集聚，金融产业也会跟着向哪里集聚。因为金融产业本质上是为实体产业发展服务的，金融服务不能与金融需求者的距离相隔太远，否则会引起金融服务成本急剧上升。实际上，实体产业高度集聚的地区，如我国的长三角、珠三角地区，往往也是金融资源快速形成和富集的地区，以利益为导向的金融产业，必然会向这些地区集聚，最终形成竞争较为充分的金融产业组织体系。其次，实体产业集聚能不断地积累金融资源，从而诱发金融产业集聚。实体产业集聚不仅会通过规模经济效应和技术溢出效应发展和繁荣当地经济，而且会提升企业的资本积累水平，增加当地居民收入，最终形成丰富的储蓄资源。而储蓄资源是金融机构竞相争取和经营的核心资源，关系到自身能否有足够的资金进行不断的放贷或投资而盈利。为了争夺这些储蓄资源，金融产业必然会向实体产业集聚区域集聚。正如约翰和爱德华所指出的那样："如果离开实际经济发展的来龙去脉，金融发展就难以理解。"可见，实体产业集聚对金融产业集聚具有决定性作用。然而，实体产业集聚与金融产业集聚的因果关系并非单向的。反过来，金融产业集聚也可能会成为实体产业集聚的原因和动力性条件，成为推动实体产业集聚的启动器和神经中枢（黄解宇，2011）。金融产业集聚会通过储蓄投资转化、金融服务功能、信息与技术溢出效应等机制，影响实体产业集聚，进而促进实体经济的增长。实践证明，发达的经济中心必然是金融产业高度集聚的金融中心。例如，上海、北京、深圳既是我国的经济中心，也是我国的金融中心。实体产业集聚与金融产业集聚的双向关系，只在发展的中后期才会强烈地表现出来，此时，金融产业的集聚会主动引导实体产业的集聚。而在发展初期，实体产业集聚对金融产业集聚起着单方面的决定作用。

（2）空间外在性为金融产业集聚提供基本动力

"空间外在性"概念是由马歇尔于1890年提出来的，用以解释产业在空间上集聚的现象。马歇尔（1890）认为，产业的空间集聚，不仅可以提供不可交易的特殊投入品，还能为具有专业技能的工人提供集中的劳动力市场；其非正式信息扩散的方式，有助于知识的外溢，使得企业能够从知识溢出和技术溢出中获得大量收益（冉光和、王定祥、温涛等，2007）。金融产业的集聚同样具有"空间外在性"，这为其自身的集聚提供了基本的动力：第一，金融产品的生产和新的金融产品开发，都需要与其配套的专门化服务行业的发展，这些行业通常包括信用评级、资产评估、投资咨询、技术培训等中介机构。当大量的金融中介机构聚集在某一区域时，就自然产生和扩大了对上述专门化服务的需求，从而激励和诱导市场分工，形成提供上述专业化服务的中介体系，形成金融的附属产业。这些专门化服务中介越密集，竞争就越充分，金融机构就容易获得这些专门化服务，并且质优价廉。金融机构的聚集与这些服务中介体系的集聚是高度关联的，金融机构的集聚是专门化服务中介的诱因，反过来，专门化服务中介的集聚，可以通过提供专业化的服务，使得金融机构变得更有效率。第二，金融产业的空间集聚能够产生大量的非正式信息，这些信息是金融机构创新的重要源泉。E. Von Hipple（1994）将其中产生的非正式信息区分为两种：一是"缄默"信息；二是"黏性"信息。"缄默"信息是指在信息传播中，不易留下任何痕迹的信息；"黏性"信息是指不确定的信息，或有高度语境限制的信息（冉光和、王定祥、温涛等，2007）。虽然属于两种不同的信息，但它们有一个共同的特点，那就是在最好的传播方式方面十分相近。即面对面的沟通、连续重复的联络，这种传播方式不容易与个人、社会环境相脱离，所以具有明显的知识溢出效应，并带有鲜明的地方性特征。这种知识溢出效应既包含同一产业内部各企业之间的专业性知识溢出，也包含不同产业之间差异性知识的相互溢出，这两种知识溢出效应在促进金融机构创新方面都发挥着重要作用。第三，金融产业的空间集聚能够促进金融劳动力市场的充分发育。资产规模和经营管理水平不同的金融机构，对人才的需求层次和数量也是有显著差异的。金融产业在某地区的集聚，可以促进金融人力资源在各金融机构之间的余缺调剂，促进金融人力资源的共享。所以，金融产业空间外在性的持续存在，也为各类金融机构向同一空间地域集聚提供了不竭的动力。

（3）信息不对称及其外在性会激励金融产业的集聚

所谓信息，是指对事物确知或不确知的一种状态。金融地理学认为，不对称信息、信息的外溢效应、信息腹地[①]是促使金融产业空间集聚和形成各类金融中心的重要动因（X. B. Zhao，2003）。信息不对称及其外在性促进金融产业聚集的动力机理在于：首先，金融产业组织本质上依靠信息赚取利润。由于信息具有外在溢出性、高速传播性、低成本性，它在某种程度上便具有公共品的属性（王保庆、李忠民，2012）。在金融产业聚集区，各金融产业组织之间的互动和竞争会产生大量的有利信息。这些信息存在大量的套利机会，促使金融机构从事套利行为并从中获益。同时，信息往往是不对称的，这又成为金融产业集聚的关键原因。此外，现实中大部分信息都是非标准化的"默示"信息[②]，在其传递过程中，随着传递距离的延长，其歧异性效应和边际成本具有递增性的特点。一般而言，传递

[①] 所谓"信息腹地"，是指智能和信息活动综合的货物和服务生产地，一般都是信息的生产地、收集地或是传播的源头，是信息成本最低，同时又能以最快速度和最高可信度流动的地区（黄解宇，2005）。

[②] 默示信息一般是意义含糊、不明确和难以理解的，并且具有广阔的文化和社会背景。

距离与信息不对称所造成的空间效应具有正相关关系,金融机构越接近信息腹地,就越可能以更低的成本、更快速、更准确地获得和解读有价值的信息。因此,要想准确理解和充分发挥"默示"信息的内在价值,就需要金融机构尽可能地接近"信息源"地区,因而地理因素和物理距离是影响金融产业集聚的重要因素。在非标准化的金融产品市场上,信息不对称能够产生较大的空间效应,银行与借款人在距离和关系上的邻近,可以明显地减小非标准化贷款的风险(Porteous,1995)。所以,为了更好地了解和获取更多的信息,金融机构总是设法集聚到"信息源"所在地,从而在信息腹地形成金融产业的集聚区。

(4) 规模经济性推动金融产业集聚

金融产业组织存在显著的规模经济性(Kindleberger,1974)。规模经济性在金融行业有两个层面的含义:一是在金融企业层面,是指金融企业的长期平均成本随其经营规模的不断扩大而逐渐减小的经济现象,称为金融企业内部规模经济性。二是在金融产业层面,是指在一个或几个地点金融产业组织联合起来集中为实体经济部门提供金融服务,可以降低整个金融产业运行成本。在这种情况下,金融产业中单个金融企业的经营规模仍然可能很小,此为金融企业外部的规模经济性,或产业规模经济性。这主要是由金融企业决策的相互影响而引起的外部经济性(黄解宇,2011)。金融企业内部规模经济又可区分为三种类型:金融企业规模经济、分支机构规模经济、金融产品规模经济。通过金融产品生产的分工、专业化与创新,金融企业可以获得产品的规模经济;金融企业在不同的区域设立分行,可以将金融运营成本分散在不同区域,可以获得分支机构的规模经济性。通过收购、兼并、上市、增资扩股等,金融企业可以进行规模扩张,降低经营成本,获得金融企业的规模经济。金融企业内部的规模经济主要来源于金融机构的专业分工和协作,技术开发的规模效应,规模管理效应,金融营销与融资成本的节约,技术装备效应,以及金融机构共享基础设施,金融中介和投资者之间会更加临近,使得流通环节减少,信息沟通更便捷(Park and Musa,1989)。

金融产业组织内外部规模经济性可通过三条途径激励金融产业的集聚:第一,金融产业内部金融机构之间的协作与合作机会增加。当大量金融机构集聚在较小的区域空间时,这些金融机构有更多的机会加强协调配合，降低经营成本，提高经营管理能力，降低经营风险。如银团贷款业务，批发市场贷款业务，就是众多银行联合的佐证。由于贷款数额大、风险高，特别要求银行间密切配合。金融机构还可通过建立联合票据结算中心，降低清算或结算成本。第二，金融企业共享金融基础设施。金融企业在同一地区集聚，可以共同建设和使用同一基础设施，从而减少固定投资，降低基础设施成本。同时，还可促进多样化的金融劳动力市场的形成，方便各金融企业的人才招聘与交流。第三，加速金融辅助性产业的发展。威廉姆森（Williamson，1975、2004）运用"资产专用性"原理，阐述了中介行业的产生与发展过程。"资产专用性"原理认为，资产专用性的高低，决定了一个行业进入和退出壁垒的高低。在一个行业发展初期，由于整体规模太小，没有人愿意为其所需的辅助性中介业务的专用性资产进行投资。只有在该行业发展到一定阶段，其所带来的辅助性业务的发展空间足以抵消专用性资产较高的投资成本，并可在一定程度上实现利润，其所需要的辅助性业务，才能逐渐形成独立的产业。律师、会计、资产评估、信用评估、技术培训、投资咨询、外语等金融辅助中介机构的发展，同样遵循这一原理。随着大量金融企业的集聚，金融辅助产业也因其分享到外部规模经济的好处而得到快速的发展。

此外，金融企业的外部规模经济，还可通过其他产业，迂回地促进金融产业的集聚（冉光和等，2007）：一是提供投融资便利、节约周转资金，促进其他产业的发展。随着金融集聚区高效支付体系的形成与发展，实体企业可以更加方便地利用银行业的转账支付和结算功能，从而达到节约大量周转资金的目的。达到一定规模的企业，还倾向于在金融企业集聚区设立财务公司，利用当地健全的金融交易与支付设施，实体企业可以利用较少的周转资金余额，完成大规模的支付交易。Kindleberger（1937）的研究表明，金融企业的外部规模经济，不仅存在于货币的交易媒介和价值贮藏功能之中，就贷款、贴现和债券而言，还存在于延期支付标准功能之中。二是提高市场的流动性，降低投融资成本与风险，促进其他产业的发展。一般说来，金融市场的规模越大，证券的流动性就越强（潘英丽，2003）。这会吸引其他地区的资金借贷者，把他们的金融需求和供给转移到规模庞大的金融市场上来（冉光和等，2007）。借款人可以支付较低的利率，得到更多的贷款；贷款人则可获得性质不同的投资，这些投资能在规模更大的金融市场上进行交易。而其他产业的发展则会进一步增加金融需求，从而诱导金融产业的集聚。

10.2　金融产业集聚的机理

10.2.1　金融产业集聚机制

从金融发展的实践来看，金融产业的集聚主要建立在需求导向和供给领先两种机制上。

(1) 需求导向集聚机制

金融产业集聚作为金融产业发展的一种过程、现象和结果，从根本上说，是社会经济发展对金融本身的一种客观需求（王保忠等，2013）。不同经济区域实体产业集聚的规模和结构不同，对金融需求的总量和结构也各异，这就诱导着金融产业组织在不同经济区域进行非均衡性集聚，这就是需求导向型金融产业集聚。换句话说，就是金融产业的产生、变化与集聚产生于实体产业发展的需要，实体产业的金融需求诱发了金融产业的集聚，随之制度层面的金融政策与法规也会发生变化。即实体产业的成长与集聚→带动金融产业的萌芽与集聚→诱发金融制度的演变。在这一自然演进过程中形成的金融增长极，即为金融产业的集聚中心。例如，伦敦国际金融中心就是国际金融产业在伦敦自然集聚的典型范例。17世纪末18世纪初，伦敦成为英国的国际贸易中心，英国70%的出口商品和80%的进口商品，都是通过伦敦进出的（冉光和等，2007）。国际贸易的发展产生了大量的跨国资金支付和结算需求，刺激了大小银行的陆续诞生和发展。接着，伦敦货币市场也实现了快速发展，票据贴现交易活动开始变得极为频繁，待英法战争结束后，伦敦便利用国际汇票交易机制，将自身发展成为世界上最重要的贸易融资中心。此外，英国政府的战略贷款不断增加，也刺激了银行业的参与，并发展形成证券市场，到18世纪末，金融产业的大量集聚使伦敦初步成为国际金融中心。进入19世纪后，随着英国成为世界上最重要的贸易大国，伦敦银行体系便日趋完善，各类金融市场逐步健全，国际金融业务也逐渐占据了主要地位。到"一战"前夕，伦敦作为世界上最主要的国际金融中心地位便得以确立。

在一个固定地区，依赖于实体经济体系和市场机制自然集聚的金融产业，有一个从量变到质变的过程，即随着实体产业的不断集聚，该地区金融产业集聚可能表现为逐步从金融支点、金融增长极、金融次区域中心向金融中心演化发展：首先，在某一地区实体产业和贸易发展的金融需求引导下，金融产业便开始向这一地区集聚，形成具有一定规模的金融支点；其次，随着实体经济的进一步发展和金融企业的进一步集聚，该地区便逐渐演化成为区域性金融增长极；最后，伴随着实体产业和商业贸易的广泛发展，金融资源积累能力和水平得到快速提升，加速了金融产业的集聚进程，此时，该地区就发展成为区域性金融中心，并经过进一步发展逐步演变为全国性金融中心。在开放经济条件下，随着对外贸易的广泛开展，国际金融企业也会向该地区集聚，并最终向国际经济主体提供各种金融服务。此时，具有国内金融中心地位的该地区就会逐渐发展成为国际金融中心。这种金融中心形成模式又称历史累积自发形成模式。它是顺应贸易和经济发展的需要，在某一地区自然吸引金融机构集聚，形成金融产业基础，然后凭借其竞争优势，对外资金融机构形成强大的吸引力，进而促使该地区金融产业向更高水平集聚，再加上政府的推动和金融制度的完善，最终发展成为国际性的金融中心，如伦敦、纽约等。

需求导向集聚的运行机制如图10-4所示。该机制是以实体经济主体的发展对金融服务的内在需求作为推动力的。实体经济主体的发展对金融产业集聚的作用路径可归纳为：一是实体经济发展，带动了城乡居民收入水平不断提高，并积累了大量的金融资源，金融资源的积累为金融机构向这些地区集聚奠定了良好的金融资源基础；二是实体经济发展，能够促进

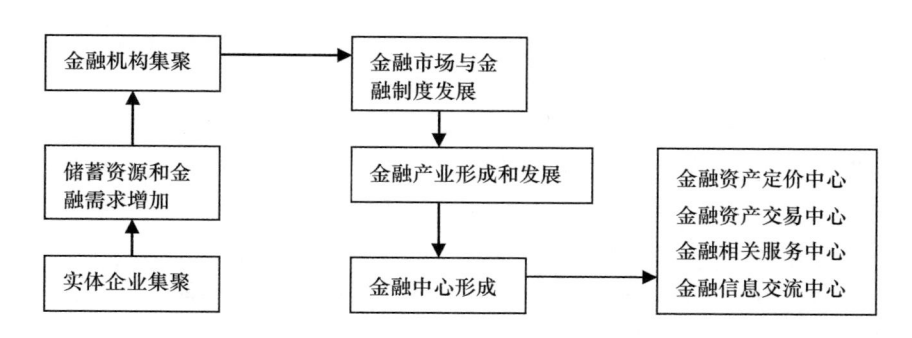

图10-4 金融中心历史累积自发形成模式

实体企业、城乡居民对金融服务需求的增加，扩大投融资服务的市场空间，增加金融企业在该地区的获利机会，从而刺激金融机构竞相向该地区集聚。当众多的金融机构在该地区的集聚达到一定规模后，并在一个完善的金融市场制度下规范运行，金融中心便得以形成。所以，实体经济部门的金融需求，始终是金融产业集聚的重要诱因。

（2）供给领先集聚机制

从金融产业的集聚到某地区金融中心的形成，从根本上说，是实体经济发展所产生的金融需求诱致的，这是一个渐进式的金融制度变迁过程。然而，并非所有的金融产业集聚都是由实体经济需求的内生性诱导的，其发生和发展可能有一定的政策性、人为性和超前性。例如，供给领先型金融产业集聚就是如此。在金融产业落后的地区，金融发展往往不能满足区域经济发展的客观需要，政府会通过制定各种政策优惠，强力引进或组建金融机构，并支持金融业超前发展，通过金融业的超前发展，以支持区域经济发展（王保忠等，2013）。这一机制作用的路径为：政府主导设计→国有金融机构发育→金融产业集聚→经济发展→金融中心逐步形成，即金融中心的形成提高了金融资源的配置效率，刺激了投资和储蓄，反过来推动了经济发展（冯邦彦、彭薇，2012）。在国际金融中心的形成过程中，由供给领先集聚机制形成的金融中心，主要产生于"二战"之后，东京和新加坡就是典型的代表。"二战"后新兴工业国家，其实体经济发展刚刚起步，金融组织体系非常落后。此时，这些国家的政府意识到，金融已日益成为一国经济发展的发动机、催化剂。发达国家的经济发展水平之所以高，主要是因为其拥有发达的金融产业，为其实体经济的发展提供了强有力的资金支持。充足的资金供给，以及高效、灵活的金融服务，能够促进实体经济健康持续发展。作为世界顶级城市的纽约和伦敦，其竞争力无不与其发达的金融服务和由此决定的较高的资本生产力高度相关。可以这样说，一个国家、一个地区、一个城市的实体经济发展，在一定程度上是由其金融深化度、金融产业资本及其控制能力决定的。面对老牌西方国家的激烈竞争，以日本、新加坡为代表的新兴工业国家急需发展金融，以实现实体经济的跨越式发展。为了实现这一目标，它们采取了以政府的力量来推动金融产业发展进程的方式，引导金融产业向一定空间区域集聚，努力建设本国的金融中心。可见，供给领先集聚模式（又称政府主导嵌入发展模式）是在经济尚未发展到特定水平的情况下，政府利用该地区的某一优势，根据经济战略进行空间布局，给予宽松灵活的金融产业政策，以推动形成金融中心（其运行如图10-5所示）。

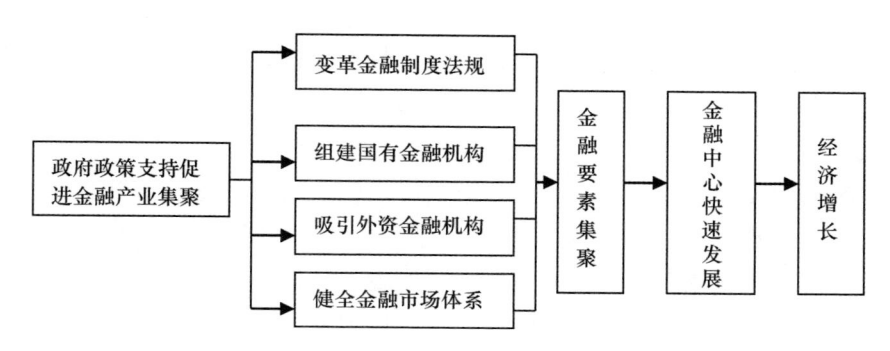

图 10-5　金融中心政府主导嵌入发展模式

当前，无论是发达国家还是发展中国家，加快发展金融产业，抢占金融发展的新高地，都到了白热化的竞争程度。而政府推动，为供给领先型金融产业集聚提供了根本动力，国有金融体系当属供给领先型金融产业集聚最显著的标志，其显著特点如表10-1所示。政府推动金融产业集聚主要依赖以下四个手段：第一，政府规划。即指明金融产业聚集的未来目标与方向，同时制定金融中心的未来构建规划，再向社会进行广泛宣传。金融产业发展规划的主要内容包括金融产业发展的中短期目标，以及金融改革与发展的各个阶段及其具体措施等。金融产业发展规划虽然不是法律文件，但却具有政府承诺的性质。它向社会传达了政府发展金融产业和构建金融中心的态度与决心。显然，金融产业的政府扶持政策，是金融机构大规模向某一区域聚合的重要支撑（陈颖，2009）。

第二，政府立法。政府推动金融产业的集聚，并形成金融中心，是一项重大的系统性工程。这需要健全的经济金融制度和法律做保障，为此，政府将会督促或建议立法机构修改旧法，出台新法律，在立法权限内修改过时的法规，以便从制度上保障金融产业的集聚过程。

第三，政府推动。区域金融体系和金融环境的落后状况，单纯依靠政府承诺和立法，仍然不能达成金融产业集聚和金融中心形成的目标。因此，需要政府出台和利用各种政策，为金融中心的建设提供驱动力。这些政策主要包括：一是金融市场与业务政策。其着力点在于鼓励金融企业开辟新的市场空间和新的金融增长点，发展新的金融业务，取得金融业务创新优势。二是税收优惠政策。主要通过低税或免税政策，吸引外资金融机构拓展本国金融市场，带动本国金融产业的发展。在不少发展中国家，金融企业的组建都是由政府直接出资的。例如在我国，为了动员金融支持经济发展并控制风险，由国家出资组建金融机构，并控制了金融发展的主导权。

第四，政府监督。金融风险和金融市场化，与国际化进程相伴随，对经济的破坏性作用巨大。这就要求政府对金融市场进行全面的有效监督，维护公平的市场竞争环境，严厉打击违规操作，防范金融风险，促进金融产业有序集聚。因而，金融产业集聚往往也需要政府监管。

表 10-1　　　　　供给领先型金融产业集聚的特点

金融产业集聚环境与行为项目	金融产业集聚的特征描述
金融产业集聚条件	不是由实体经济发展水平决定的，而是政府有意识、人为推动的必然结果
金融产业集聚的经济背景	实体经济处于起步发展的阶段，金融组织体系十分欠缺
金融产业集聚行为	以政府的力量组建金融企业，启动金融市场化进程；政府引导金融企业向某一区域集聚，着眼于带动本区域的实体经济发展
金融产业集聚干预机制	在金融运行中，政府干预程度较高，将国内与国际金融活动严格区分开来，坚持"境内管制、境外自由"的原则，保护本国经济金融活动免受国际金融市场动荡的影响
金融产业集聚目标	政府尽力推进金融产业集聚，促进金融外生性成长和经济快速增长

近年来，随着我国社会主义市场经济体制改革不断深入推进，金融产业的区域性集聚趋势逐渐强化，由于东、中、西部地区资源禀赋、经济实力、金融制度、交通地位等因素不同，我国金融产业逐步形成了以香港为全球性金融中心，以北京、上海为全国性金融中心，以深圳、天津、西安、重庆等为区域金融中心的体系，金融中心的空间密度由沿海到内陆逐渐减少，其功能地位也逐渐降低。目前，香港已成为国际金融中心，内地也在积极打造国际性金融中心，而最具潜力的城市莫过于北京和上海。这

三个金融中心的发展历程有诸多不同之处（见表10-2所示）。

香港国际金融中心的地位，是在市场需求导向和历史累积中自发形成的。第二次世界大战摧毁了上海作为远东金融中心的地位，香港则利用其得天独厚的地理位置、频繁的商贸活动、自由开放的营商环境、健全的基础设施等优势，逐渐开始了金融产业的集聚过程。20世纪70年代西方经济的滞胀局面，促使大量国际金融资本涌入东南亚，为香港金融产业发展注入了崭新的活力；布雷顿森林体系崩溃之后，各国纷纷解除或放弃外汇管制，又进一步促进了国际金融资本流向香港，在短短几十年里香港就快速跻身为继伦敦、纽约之后的世界第三大国际金融中心。然而，在香港国际金融中心形成初期，香港主要扮演贸易枢纽的角色，金融体系以银行为主体，发展相对单一，还谈不上区域性金融中心，于是港府通过提供政策优惠和制度环境，鼓励金融机构前来投资，加快了香港金融中心自然的形成过程。因此，香港国际金融中心快速形成离不开金融部门的人为设计和强有力的政策支持。

上海作为全国性金融中心，正朝着纽约、伦敦等国际性金融中心目标发展，我国政府计划到2020年，将以上海—深圳资本市场为轴心的中国金融市场建成全球最具影响力的金融增长极，并将上海建成新的国际金融中心（吴晓求，2010）。目前，上海的金融产业集聚主要以市场为导向，并集聚了大批具有国际竞争力和行业影响力的金融机构，其国际金融中心地位逐步显现。但其金融产业在集聚初期，主要得益于国家政策的支持，具有市场与政府共同推动的特征。1992年以来，我国政府给予上海各种优惠政策，吸引中外金融机构入驻上海。同时以上海证券交易所为核心和载体，先后成立货币市场、资本市场、外汇市场、黄金市场、期货市场和上海自贸区等，推动了上海金融产业集聚和健康发展。2009年4月，国务院出台《关于推进上海加快发展现代服务业和先进制造业、建设国际金融中心和国际航运中心的意见》，表明上海金融中心建设已提升至国家层面来推动。应当说，选择上海建设国际性金融中心，既是长三角洲实体经济实力的必然体现，又是我国政府出于历史的、全局的战略考虑（夏斌，2009），以此带动国民经济的健康发展。

北京作为我国的政治中心，其金融产业集聚既有历史自发形成的产业基础，又有政府的政策支持。国家金融决策机构、金融监管部门和大部分金融机构总部都落户于此,这使得北京拥有独一无二的优质金融资源和政策红利,同时也能对全国产生强大的辐射能力,释放资本聚合效应。按照"各有侧重、突出特色、互补发展"的思路,北京打造了金融街、中央商务区(CBD)、中关村西区三个金融功能区。随着中央商务区(CBD)的建设与发展,北京的高端产业集聚效应日益增强,吸引了包括普华永道、麦肯锡等在内的200余家世界级高端服务企业,国际金融机构达到252家,同时聚集了像惠普、三星等在内的近100家跨国公司研发机构,以及包括壳牌、丰田、通用等在内的近50家跨国公司地区总部(李芳芳,2013)。由于独有的政治优势,北京成为名副其实的中国总部金融中心。

表10-2　　香港、上海、北京金融中心形成与发展概况比较

城市	形成时间	驱动模式	比较优势	经济区位	地位作用	发展定位
香港	20世纪70年代	市场主导型	自由开放的营商环境、健全的基础设施及配套设施	珠三角经济区	国际金融中心	亚洲国际金融中心
上海	21世纪初	市场与政府共同推动	经济中心地位、长江三角洲经济腹地、政府政策支持	长三角经济区	准国际金融中心、国际金融中心	亚洲金融贸易中心
北京	21世纪初	政府推动为主、市场推动为辅	地缘优势、信息优势、总部优势、政策福利优势	环渤海经济区	准国际金融中心、国际金融中心	国际金融中心

除了上海、北京争夺国际金融中心地位之外,建设CBD和区域金融中心,也成为我国许多城市竞争的焦点。天津、广州、武汉、重庆、成都等40多个城市和区域相继提出了建设CBD金融服务区的规划。这些发展规划几乎都是政府主导的,这使得我国CBD和区域金融中心的建设已暴露出诸多问题,如国际化人才缺乏、金融资源分散、条块监管体系等,但最严重的问题是金融资源竞争激烈和同质化建设现象突出。而在市场经济十分发达的国家,如美国、加拿大、日本等国,并不存在像中国这么多城市争先恐后地建设区域金融中心的现象,这无不值得我们深思(夏斌,2009)。为了解决这些问题,中国区域金融产业集聚更应该遵循市场经济规律,坚守市场需求主导型金融中心的形成模式(夏斌,2009;吴晓求,2010;冯

邦彦、彭薇，2012）。

10.2.2 金融产业集聚过程
金融产业集聚的过程不仅具有地理范围性，而且具有历史阶段性。

（1）金融产业的区域集聚过程

一国区域经济的非均衡、非同步发展，导致该国的金融产业在地理空间的集聚过程中，同样表现出显著的阶段性和非同步性：第一，以农业为主的经济区域。农业在区域经济中占主导地位，劳动分工程度很低，商品交换基本上只出现在一些条件较为优越的地方。随着商品经济的逐步发展，城乡逐渐分化，金融产业组织也开始少量地向该区域集聚，形成原始意义上的金融支点。

第二，处于经济起飞前积累时期的经济区域。随着通信、交通、市政等基础设施的逐步改善，区域内实体产业的社会分工程度明显加深，商品的生产和交换规模也逐渐扩大，商品交易的效率得到大幅度提升，实体经济金融资源积累能力显著增强，因而吸引了大批金融企业向该区域集聚，出现了"中心"与"边缘"区域金融并存的格局。

第三，处于工业化阶段的经济区域。伴随着新技术在实体经济部门的广泛采用，工业经济得到快速发展并开始在这一地区占主导地位，第三产业也逐渐涌现，从而吸引了更多的金融产业组织向该区域集聚，并服务于社会再生产，区域内产业和产品分工能力进一步提高，交通、通信等基础条件进一步改善，物流通畅无阻。在大城市集聚区，金融企业密度大幅度提高，区域金融的"次级"和"三级"中心得到巩固，金融产业的非均衡集聚加剧了区域金融发展的不平衡状态。

第四，处于信息化与高消费阶段的经济区域。区域内的实体经济发展水平和消费水平差异明显缩小，金融企业在区域范围内可以自由集聚，金融功能显著增强，相互依赖的金融体系开始形成，区域金融在地域空间上呈现出有序的发展状态。可见，金融产业的区域集聚是金融发展区域性特征的重要表现。金融产业集聚的区域差异具有先趋异、后趋同的长期演变趋势。在集聚的初级阶段以及集聚的极化阶段，依赖市场机制集聚的金融产业，其集聚的差异倾向往往十分明显。随着区域间经济与金融联系的不断加强，金融产业资本的边际生产率开始递减，金融产业集聚的区域差异会呈现出由大到小的变化趋势。总体来看,一国金融产业的集聚与金融发展的区域差距之间存在倒"U"形的相关关系(如图 10-6 所示):其一,金融产业的区域趋异集聚,不仅是区域实体经济非均衡发展的必然结果,也反映了金融产业资本在空间的优化配置取向,这种取向以效率和逐利为目标。其二,金融产业的区域趋异集聚,可能存在着一个"效应界限"。例如,发达地区的金融产业资本对落后地区的资源配置产生溢出效应时,说明金融产业趋异集聚已达到临界点,并开始走向"趋同集聚"阶段。其三,在落后地区,以市场机制为主导的金融产业集聚,并不能达到趋同状态。因为受市场分割、信息不完全、知识积累水平低下等因素的影响,金融产业在区域内存在进入障碍,这时,主要借助于政府的推动,实现金融产业的区域趋同集聚。其四,在金融产业集聚的初期和后期,如果人为设置一些制度性障碍,就会使金融产业的集聚机制出现扭曲,区域金融产业发展趋同,导致实体经济陷入低效率运行状态。

第五,政府的介入(如国家倾斜性政策)使得金融产业集聚的差异曲线,有可能变得平缓,曲线的正常状态随之转变为"修正"状态。图 10-6 中的两条差异曲线之间的面积,便是政府介入后收敛的金融份额。无论怎样,政府介入后的收敛,只能修正区域差异曲线的弯曲程度,但不能改变这种趋势(冉光和等,2007)。

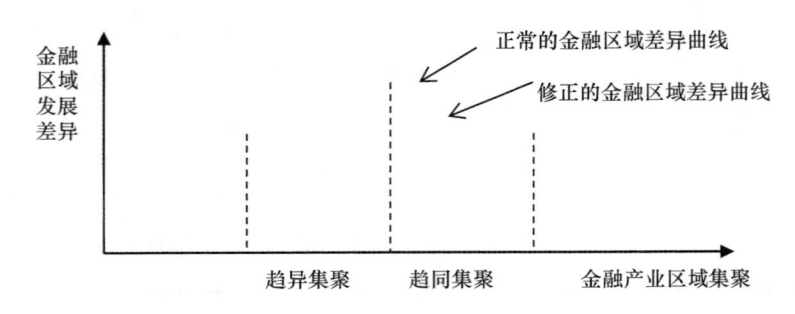

图 10-6 金融产业的区域集聚与金融区域差异变化

(2)金融产业集聚阶段

金融产业在同一区域的集聚过程大致可划分为初期阶段、中期阶段、后期阶段和扩散阶段四个阶段,其运行轨迹大致呈 S 形走势(如图 10-7 所示)。

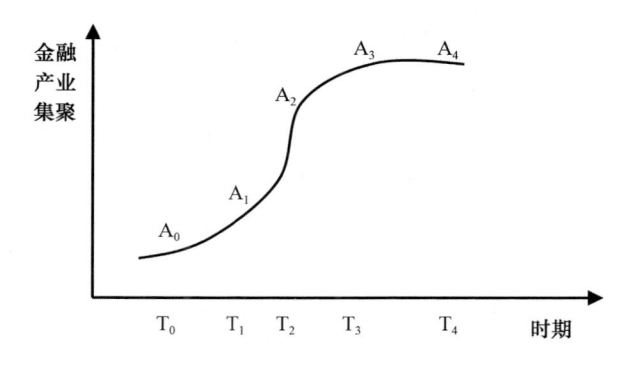

图 10-7　同一区域内金融产业集聚曲线

第一，初期阶段，即 T_0-T_1 段。由于该区域社会生产力发展水平极低，企业和城乡居民的收入水平不高，金融资源极度稀缺，金融有效需求不足，资金和信息的交换速度较慢，储蓄和投资不具有规模经济性，对金融机构吸引力不强，仅有少量金融机构向该区域集聚，整个区域金融产业发育迟缓。此时，反映金融产业集聚速度的量 dA/dT 值很小，金融在经济发展中还没起决定性作用，只是发挥了作为基础性质的兑换及信用创造功能，来辅助服务于区域经济发展。同时，反映金融产业集聚水平的函数 A 的二阶导数 $d_2A/dT_2>0$，曲线下凹，预示着函数 A 的加速度处于上升趋势，金融产业的集聚将加快推进。这就是说，该区域可以不断累积和创造条件，创办和引进各类金融企业，形成功能互补的金融企业链，以加速金融产业的形成。

第二，中期阶段，即 T_1-T_2 段。经过实体经济发展的积累过程，区域内企业和城乡居民收入逐步提高，金融资源开始增长，金融投资机会增多，对周边地区吸引力增大，金融机构加快进入，金融产业集聚便进入中期阶段。此时，曲线由 A_1 点陡升至 A_2 点。该区域的实体经济总量提高，企业和居民的收入增长快速，资金流动加快，金融机构加快集聚，金融集群效应升高，产业链不断完善，更多的辅助性、补充性企业，以及服务性中介机构也应运而生，并在经济中发挥着越来越重要的作用。此时，反映在区域金融产业集聚速度的量 dA/dT 值变大，$d_2A/dT_2>0$，曲线保持下凹的发展趋势，直至 A_2 点。这表明金融产业在该区域集聚已进入高速增长的阶段。

第三，后期阶段，即 T_2-T_3 段。随着区域经济的进一步发展，区域经济与金融将逐步进入良性互动发展状态，此时，金融产业向该区域的集聚也进入后期阶段，储蓄与投资已形成规模，金融产业集聚效应达到顶点。如果再集聚，就会带来规模不经济。这时的曲线由陡升转为平缓，dA/dT 值减小。随着竞争的加剧，规模的增加，金融产业资本的边际效应开始递减，金融集聚的极化效应开始小于扩散效应，金融产业向其他地区扩散的趋势逐渐增强。

第四，扩散阶段，即 T_3-T_4 段。由于金融资本的逐利性，金融产业在某一区域达到市场饱和后，将寻找新的市场和区域，金融产业集聚的离心力明显大于向心力，金融产业集聚将转向周围区域，各种溢出该区域金融中心的金融产业资本，将流向边缘地带。此时，dA/dT 值很小，该中心的金融发展减慢，金融深化已达极高的水平。随着金融机构的四处扩散，周边金融产业开始加速发展，区域金融产业的差异逐渐缩小，金融产业在区域之间，逐步趋向有序协同发展的态势。

10.3 金融产业扩张的动机

随着市场经济的深入发展，金融不再是实体产业的依附部门，而是在社会化专业分工基础上形成的独立运行的产业部门。当某一个地区（或金融中心）集聚的金融产业组织体系，为当地实体产业提供服务而出现市场饱和，或其平均利润率低于其他地区时，该地的金融产业组织就可能以单个组织或集体的形式向外地市场扩张，以扩大市场势力和范围。这就是金融产业的扩张（expansion of financial industry）。显而易见，与金融产业组织集体向某区域集聚的"金融产业集聚"现象相比，"金融产业扩张"则是一个相反的运动过程，即金融产业组织集体从某区域中心向外围的扩张运动，以扩大市场范围。如果说金融产业集聚是金融产业组织集体遵循了"外围向中心"集聚的运动路径，那么，金融产业扩张，则是金融产业组织集体遵循了"中心向外围"扩张的路径。随着经济全球化、金融自由化的加快推进，一个地区或一国的金融产业，就会逐步突破地区限制，实现跨区域或跨国经营，努力扩大市场范围，从而服务于更大范围的实体经济，并从中获得更多的利润和更广阔的发展空间。

10.3.1　金融产业扩张的路径

在市场经济条件下，一国或某地区金融产业要扩大市场规模和势力范围，必然会通过金融产业组织个体或集体，向周边区域甚至是海外金融市场扩张，甚至还有部分金融产业组织选择直接控股实体产业，从而实现更广泛意义上的经营业务扩张。概括来讲，金融产业扩张的路径主要有三个方面。

（1）市场扩张路径：向海内外金融市场扩张

如果某国或某地区的金融产业在本地服务趋于市场饱和，降低了部分金融产业组织的盈利空间，这些金融产业组织就会积极向海内外拓展新市场，寻找新的利润增长点，从而推进金融产业扩张。其基本的扩张方式主要有三种：一是营业机构不变，扩张业务市场。金融产业组织的营业场所不变，只扩大业务覆盖的市场范围，这属于小范围的市场扩张。例如，在我国，随着城市经济的快速发展，金融要素不断在城市聚集，城市金融产业发展迅速，使得城市金融服务也逐渐趋于饱和，于是，部分金融产业组织不得不寻找新的业务市场，将金融服务向周边农村地区扩张。这成为金融机构市场扩张的首要方式。然而，在一些偏远农村地区，由于幅员面积大、人口密度小、金融需求量相对较少，金融产业组织可能会采取不在农村新设营业网点，而在农村集贸市场和固定的时间内，以具备安全条件的"金融服务流动车"向农村居民提供流动性金融服务。目前浙江、四川、安徽等地的农村信用社就是如此，这样做一方面缓解了偏远地区农民融资难现象，增加了农村金融的有效供给；另一方面也扩大了农村信用社自身的业务发展空间。

二是新建机构网点，市场与机构同步扩张。金融产业组织在向外围市场扩张时，如果外围市场实体经济金融需求量较大，人口较密集，业务市场成长潜力较大，新建营业机构网点的预期收益大于建设成本，金融产业组织就可能采取在外围市场新建营业网点，并通过该营业网点，向该市场提供服务。例如，我国一些城市金融机构顺应城市郊区发展的需要，不断将新的营业网点布局到郊区，从而促进了城市金融产业的扩张。新设金融机构网点，不仅是某地金融产业向农村地区扩张的方式，也是金融企业跨国经营、海外扩张的主要途径。以美国为例，在 20 世纪 70 年代，美国金融业国际化处于起步阶段，美国跨国银行和海外分支附属机构分别为79家和532家。随着美国对外投资和国际贸易的发展，80年代初期，美国跨国银行和海外分支附属机构数量分别上升至163家和890家，同时海外分支机构的资产也由原来的500亿美元增长至3450亿美元（隋启炎，1987）。随着经济全球化的进一步发展，大国金融产业向国际市场扩张的潮流还将持续下去。当前中国金融产业海外扩张还停留在初期阶段，金融机构国际业务主要是贸易结算、担保融资和批发性质的存贷业务。加快在海外市场设立分支机构，有利于我国金融产业组织充分了解当地的行业信息和政策法规，逐步引导和满足外国客户的金融需求，并最终实现本土化经营，扩大竞争能力。

三是采取兼并收购方式。它主要包括：第一，金融机构参股。由于金融产业组织在外围市场设立分支机构并非法人，其金融业务规模扩张在很大程度上受到制度的限制。为了加速金融产业的发展，实力雄厚的金融机构可能会采取参股国外金融机构的方式向海外扩张。然而，出于对本国金融产业发展的保护，许多国家规定，外资金融机构持股比例不得超过该机构股份的20%，多家外资金融机构持股合计不得超过该机构股份的25%。在我国，汇丰银行持有交通银行19.9%的股份，而荷兰国际集团持有北京银行19.9%的股份，国际金融公司（IFC）、恒生银行和新加坡政府直接投资有限公司（GIC）合计持有兴业银行24%的股份（夏辉、苏立峰，2009）。参股外国金融机构，有利于扩展海外金融业务，包括存贷、保险、租赁、投行等业务，有利于发展与当地企业的经济交流和合作，融入当地经济发展浪潮。第二，金融机构之间建立战略联盟。如花旗银行与上海浦发银行建立信用卡业务战略合作伙伴关系，通过战略合作，能够学习国外先进的金融和管理经验、风险控制和业务技术，达到互助互利的目的。第三，跨国并购。当前跨国并购已成为发达国家金融产业扩张的主要形式。通常能够进行跨国并购的金融产业组织，往往是金融业务发展水平较高、管理经验丰富、产品技术发展成熟、风险控制能力较强的大型金融机构集团。随着经济的全球化发展，新兴市场国家逐渐开放金融市场，跨国并购为金融产业扩张带来了新的契机。20世纪90年代，中东欧经济转型国家为提高本国金融体系的运行效率，加强金融业内部竞争，大力开放本国金融市场，一时掀起了当地金融跨国并购的热潮。在我国，花旗银行以241

亿元购入广东发展银行85%的股权,成为其控股股东和实际的经营管理者。国际金融机构并购扩张,往往选择在东道国放松金融管制、金融资产价格大幅下降、海外扩张的并购成本低之时,经验丰富、发展水平较高的金融集团,通过购买全部或大部分股份而获取控制权。与新建分支机构和代表处相比,海外并购能有效节约扩张的资金成本和时间成本,便捷地获取客户资源和战略渠道。

(2) 业务扩张路径:金融创新和金融寡头

金融业务创新导致多元化混业经营。随着金融国际化的不断推进,金融监管不断放松,金融创新层出不穷,业务多元化已成为当代金融产业发展的潮流。金融产业组织通过业务上的创新和扩张,走多元化混业经营模式,一方面能有效分摊金融产业组织在扩大市场规模时所产生的固定成本,从而降低业务的平均成本,实现扩张中的规模经济与范围经济;另一方面,通过混业经营能提高金融产业组织的业务能力,提升金融产业整体水平和竞争力。从国际经验看,金融产业主要通过三种模式进行混业经营扩张:

第一,银行控股公司模式。银行控股是以商业银行为母公司,通过成立控股子公司的形式,向证券、保险、信托等金融领域进行渗透和扩张,凭借其控股地位,参与非银行金融业务的经营决策(如图10-8所示)。以银行控股方式进行的业务扩张,适合于经营水平和风险管理能力相对较低的机构,它们可在不打破原有组织结构的基础上灵活开展混业经营,参与证券、保险、信托等金融领域的经营活动。在母公司的银行业务与子公司的非银行金融业务之间存在着天然的防火墙,子公司的业务风险和经营不善,不会威胁到母公司的正常运转。在20世纪90年代的金融混业经营浪潮中,英国的巴克莱银行业务水平和竞争力相对较弱,因此,采用银行

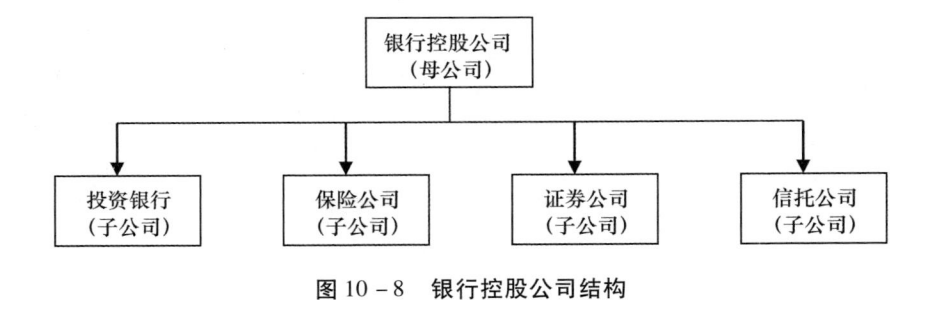

图10-8 银行控股公司结构

控股模式参与全球化的混业经营，成为集银行、保险、投行、资产管理等金融业务于一身的全球性金融集团。

第二，金融控股公司模式。在《对金融控股集团的监管原则》[①]中，金融控股公司被定义为：在同一控制权下，完全或主要在银行业、证券业、保险业中，至少有两个不同的金融行业大规模地提供服务的金融集团。与银行控股不同，金融控股是通过设立金融控股公司，使其全资拥有并控制从事不同金融业务、提供不同金融服务的子公司，同时各子公司都具有独立的法人资格和营业执照，能够独立开展各自业务，承担相应的民事责任（其组织结构如图10-9所示）。实际上，金融控股公司是以股权为纽带，将各金融企业集团结合起来，作为控股股东，享有下属子公司的两项权利：一是包括剩余控制权、剩余索取权和股份转让权等在内的基本权利；二是包括资本结构、收益分配、投融资决定和人事变动等在内的决策控制权。美国花旗集团是金融控股公司最典型的代表，1968年花旗银行通过成立花旗公司，将银行的股票置换为其控股公司的股票，后于1998年与旅行者集团合并，间接并入了美邦经济公司和所罗门兄弟公司，从而正式成立了花旗集团，成为美国第一家从事银行、证券、保险、信托、基金等多种金融服务的金融控股公司，并在全球散户业务、资产管理业务以及公司业务市场，获得较高的收益和市场竞争力。可见，以金融控股公司方式进行金融业务扩张，将银行、证券、保险、信托等金融机构结合起来，使其在多层次金融市场上不断渗透，最终建立起联合经营和审慎管理的金融体系，对提高金融产业的整体竞争力无疑具有重要意义。

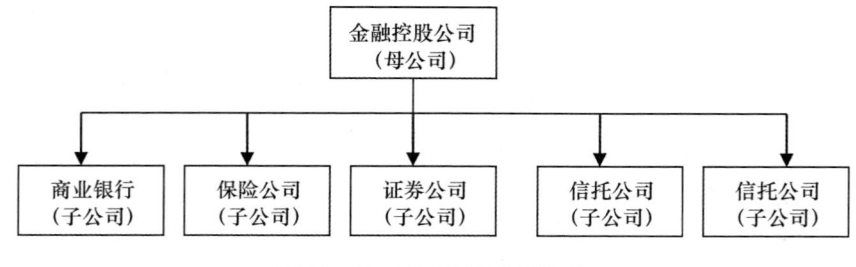

图10-9　金融控股公司结构

[①] 1999年2月，巴塞尔银行监管委员会、国际证监会组织、国际保险监管协会联合发布《对金融控股集团的监管原则》。

第三，全能银行模式。全能银行是指能够全面提供银行和非银行金融服务的法人实体，其服务范围涉及银行、证券、保险、信托等领域，同时提供存贷款、金融衍生产品、证券和保险承销以及投资管理等业务。与银行控股公司和金融控股公司不同，全能银行是银行类金融机构发展到一定规模后，为进行全面的金融业务扩张而内设多个职能部门，涉足多个金融领域，提供多元化的业务服务。同时，各职能部门的资金运作采用独立核算的方式，不存在横向资金调度（其组织结构如图10-10所示）。全能银行的多元化业务扩张，有利于提高银行业对市场的应变能力和抗风险能力，有利于金融服务的均衡发展和创新。然而，由于制度和法律背景的不同，以全能银行方式进行业务扩张，大多在德国等以银行为主导的金融体系和以混业经营为制度基础的国家发展迅速。如成立于1870年的德意志银行，是德国最大的银行集团，为德国经济发展提供存贷款、证券、保险等一系列金融服务，在拥有稳定的国内市场后，于20世纪50年代开始进行海外扩张，发展合资银行，建立海外分行和控股公司，逐步成为世界上主要的金融机构之一。

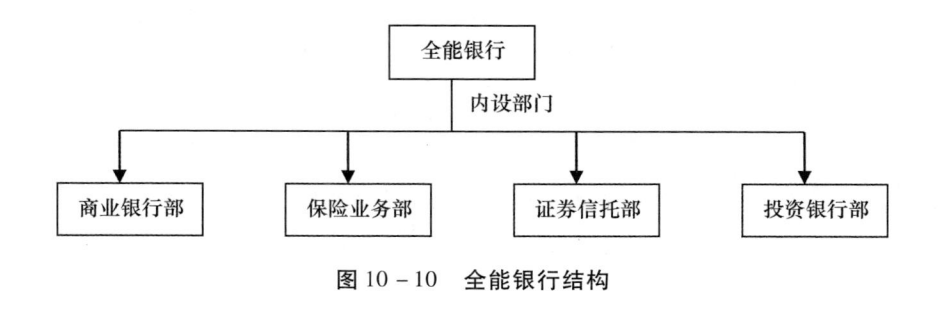

图10-10 全能银行结构

（3）参股控股实体企业促使产融结合

金融产业扩张的另一个路径是向实体产业渗透，以产融结合的方式实现扩张。产融结合一般是指实体产业与金融产业实现资金、资本、人事等方面的相互渗透和结合，最终形成产融实体的经济过程。这里产融结合式的金融产业扩张，主要指的是金融产业向实体产业的渗透：由大型金融机构和金融集团利用其垄断地位，通过直接投资、购入股票、证券包销等方式控制实体企业，实现二者的相互渗透和融合。具体又可分为两种方式：第一，市场主导模式。工商企业的资金主要是通过商业银行提供的贷款和在资本市场上通过发行股票、债券等筹集。市场主导模式是以资本市场为基础的，资金在金融业与工商企业之间的转化，可以通过银行、证券、信托、投资等多种途径进行。因此，实体产业的资金需求不会依赖某一家金融机构。然而，由于存在禁止银行与工商企业之间直接持有股权的法律限制，商业银行等金融机构只能通过组建银行控股公司或金融控股公司，通过借贷资本、股权参与等控制工商企业的经营决策，实现金融产业向实体产业的扩张。1986年花旗银行为了进行产业扩张，率先将自身的金融资产置换成其控股公司——花旗公司的资产，并通过花旗公司投资于军火、航空、化工、机电、建材、石油、食品、交通等工业部门，而参股的公司主要有 IBM 公司、可口可乐公司、大西洋福田公司、菲利普斯石油公司、联邦百货公司、柯达公司、中央店里公司等（舒志军，1998）。另外，商业银行信托部门的信托基金可直接参与企业债券和股票的购买，以这种方式参与和控制工商企业，已成为金融产业扩张的重要方式之一。

第二，银行主导模式。在银行主导模式下，银行通过债权—股权的方式将金融产业资本渗透到实体产业中，从而影响和控制工商企业经营决策权。银行拥有大量的储蓄资金，能够与工商企业保持长期稳定的交易合作关系。在法律法规方面，也没有银行与企业之间股权和人事渗透的限制。在这样的市场环境下，金融产业向实体产业扩张，往往通过全能银行或主办银行①为企业提供信贷资金、承销和认购企业债券和股票，还可直接向企业注入资本，从而通过参股和控股掌控工商企业的经营决策权。在德国，金融产业向实体产业扩张就是典型的银行主导模式，金融集团不仅从事金融业务，还可以大量购买实体企业的股权，成为其大股东。德意志银行集团拥有股权25%以上的公司有戴姆勒—奔驰汽车公司、卡尔施塔百货公司、霍尔登百货公司、菲利普·赫尔茨曼建筑公司、哈巴克—劳伊德建筑公司等，还控制了德国钢铁、机器等制造业部门，还有像西门子、克吕克内以及曼奈斯曼等以德意志银行为核心的企业财团（舒志军，1998）。

以产融结合的方式进行金融产业扩张，一方面使金融集团能够深入了解合作企业的财务和信用状况，在其企业经营困难时能够及时采取风险控制措施，保证信贷资金的稳定；另一方面，可以降低监督成本，参与企业

---

① 即拥有同一家企业的债权或股权的多家银行中，担任监督企业职能的一家银行。

的经营决策,有利于金融机构对企业提供长期和稳定的资金支持,有利于金融产业和实体产业的共同发展。

10.3.2 金融产业扩张的动因

在经济全球化和金融自由化背景下,为了追求更大的利润空间,金融产业组织必然会寻求更大范围的市场空间和获利机会,从而展开对外扩张。金融产业扩张的基本动因主要表现在微观和宏观两个方面。

(1) 微观动因

金融产业扩张在本质上是通过若干金融产业组织个体的扩张来实现的,因而金融产业扩张的动因首先需要从微观层面去理解。微观动因具体包括:其一,追求规模经济和范围经济。金融机构市场扩张在实质上是扩大金融产品与服务营销规模,降低成本,实现规模经济。Shaffer(1993)对欧洲大型金融机构的研究发现,大型银行可通过市场扩张获取更大的规模经济。Zardkoohi and Kolaris(1994)分析了芬兰135家银行,发现规模经济对中等规模的银行同样适用。Allen、Linda and Anoo(1996)选取世界上15个国家的银行进行实证研究发现,小微银行通过市场扩张更容易获得规模经济。由于金融产品和服务具有高流动性,与其他产业相比,金融产业的市场扩张所带来的规模经济效应更加明显。例如,从2005年到2012年,交通银行业务经营和资产规模扩张了2倍,但人员只增加了三分之一。这说明金融机构在业务扩张的同时并不要求人员、设备等呈同水平的增长,即长期平均成本递减。凡是处于规模经济上升区间的金融机构都倾向于通过向更大市场范围扩张,迅速扩大资产总量和经营规模,提升市场地位和声誉。金融产业组织在同一市场或不同市场开拓多种业务,甚至参股控股实体企业,均属于追求范围经济的目标范畴。所谓的范围经济,是指企业通过扩大经营范围,增加产品或业务种类而引起的经营成本降低的现象。这是由于通过扩张经营范围和业务广度,能够分摊固定成本和享受信息互补。随着金融自由化的发展,证券业务在国际金融市场上的地位逐渐攀升,成为主要的金融业务。在20世纪80年代,国际信贷在国际融资中的比重为60%,而现今证券业务在融资中的比重为80%(楼跌江,2002)。在利益机制的驱动下,银行、保险、证券等混业经营成为金融产业发展的必然趋势。各大金融机构在法律允许的范围内,通过新建和兼并等方式向保险和证券等业务领域进军,最终形成大型金融集团,其目的之一就是追求范围经济性。

其二,降低交易成本、规避经营风险。经济学家科斯于1937年提出的交易费用理论认为,企业和市场是两种可相互替代的资源配置机制,由于存在有限理性、机会主义、不确定性和小数目条件,使得市场交易费用高昂;为节省组织经济活动和配置经济资源的成本,企业家通过内部交易方式来代替市场,从而形成新型交易形式。与企业外部组织经济活动相比,其内部组织能力更强,通过交易活动内部化能有效地降低交易成本,从而推动企业进行扩张(Williamson,1975)。同样,作为企业的金融机构扩张,也有降低交易成本和费用的目的。美国大通银行和纽约化学银行过去在业务上多有交叉,而在1985年宣布合并后,双方通过精简机构、压缩人员等方式显著降低了经营成本,从而极大地改善了盈利情况。随着金融国际化和自由化的发展,金融产业所面临的风险不断增加,各金融机构往往通过业务多元化扩张的方式避免风险集聚,保持其经营组织能力和财务能力。金融产业组织业务扩张是金融机构通过扩展多元化业务的实力、技能、目标,从而形成与原来业务相关联的新的活动方式。其实质是现有领域的壮大、拓展新的领域以及培植新的竞争优势(R. P. Rumelt,1974)。从历次经济危机可以看出,凡是分支机构多、业务范围广的金融集团,抵御危机的能力就强,就能赢得客户的信任和信心(Calomiris,1996)。同时,金融企业的资产具有较高的通用性,其资产可用于多种金融产品和服务。因此,为了充分利用金融通用性资产,在深化自身传统业务的同时,积极扩大经营领域,满足客户对金融产品和服务的多样化需求,避免客户流失,对降低经营成本和风险具有重要的作用,尤其是通过兼并方式扩张的金融机构,能够有效减少由于信息不对称和机会主义所造成的外部交易成本。

其三,追求协同效应。协同效应又称"1+1>2"效应,是指整体效应大于各个组成部分效应的简单加总。安德鲁·坎贝尔等(2000)在《战略协同》中指出:"通俗地讲,协同就是'搭便车'。当从公司一个部分中积累的资源可通过横向关联被同时且无成本地应用于公司的其他部分的时候,协同效应就发生了。"金融产业组织在兼并扩张过程中,通过整合各方拥有的独特优势,强化核心技术,形成新的技术;或构成更加优化的有机整体，形成更强的核心竞争力，这就是金融产业扩张所带来的协同效应，主要表现在两个方面：第一，经营管理协同效应。一方面，单个金融机构在成长过程中，员工对设备的熟练程度和业务的操作技能都获得提高，机构规模、业务范围以及人员数量都不断增加，员工的知识水平和经验也不断积累。在这种情况下，金融企业向外扩张能够充分利用自身现有的人才和资源，降低机构经营的单位成本，有利于机构获取新的客户和信息，从而提高自身的竞争力。而且，金融机构通过兼并扩张还能在研发产品以及经营服务等方面实现优劣互补，比如美国的摩根大通集团，在2000年由曼哈顿大通银行和JP摩根银行合并而成，其中曼哈顿大通是从事工商业贷款的领先者，其业务优势主要是信贷服务；而JP摩根则是世界投资银行的先驱，是资产证券化的前沿。二者的合并能充分利用双方的优势，补充彼此的劣势，进而产生"双赢"的经营管理协同效应。此外，金融产业扩张还可以减少市场中相关业务的重置，有利于金融机构开拓新的市场，降低经营和交易成本，提升核心竞争力。第二，财务协同效应。财务协同效应的取得与经营无关，是由会计惯例和税法规定而获得的收益。首先，金融企业通过扩张能够降低资本成本。这是由于机构扩张使得原本属于对外的投资活动内部化了，同时提高资金使用率的条件和手段也增加了，因此，降低了获取资本的成本。例如，当一家资金实力雄厚的金融机构在并购一家资金相对薄弱的机构后，机构整体的资本将被重新调配，从而实现低廉的内部投资成本（Nielsen and Melicher，1973）。其次，在避税方面，金融机构扩张能有效提升机构整体的负债能力，而债务增加能带来税务的减少。另一方面，金融机构以兼并的形式扩张，在盈利机构并购亏损机构时，利用亏损递延条款可使盈利方合理避税。最后，金融机构通过合并能有效提高原有机构的资本充足率。在美国大通银行和纽约化学银行合并之前，大通银行的资本充足率为5.95%，化学银行为6.46%，都低于最低监管标准，而在合并之后，其资本充足率都满足甚至远超过《巴塞尔协议》的要求（童文俊，2005）。

其四，利润驱动。资本的本性在于追求自身价值的不断增长，同样，金融产业资本对利润追求的本性要求金融产业不断扩张。夏辉和苏立峰（2009）在对我国外资银行的研究中指出，虽然推动金融产业扩张的动机有很多，但追逐利润是最基本的原因。一国经济增长情况与该国吸引国外金融机构直接投资的能力呈高度正相关（Goldberg and Saunders, 1981; Brealey and Kaplanis, 1996）。自金融市场化、产业化发展以来，金融业就处于不断扩张的过程中，在20世纪80年代以前，各发达国家金融产业扩张以新建分支机构为主，之后为加速扩张进程，降低扩张成本和时间，海外并购成为金融产业扩张的主要形式。通过并购，在获得被并购机构各种资产的同时，还能获得其经营管理经验以及业务客户和信息，从而提高经营水平和国际竞争力。从1954年开始，世界上20多个资本主义国家的银行一共拥有和控制着1200家国外分行，其中美国占10%；到1977年，世界排名前50的银行共有3000家海外分支机构，而美国银行的海外分支机构也由原来的120家增至1100家，占世界的37%；在20世纪70年代末期，美国用于新建和合并企业的资产总额中，有43.3%被用于银行业，比制造业的资金投入多出2倍（龚维敬，2004）。一方面，当地宽松的金融和外汇管制，以及部分国家的低税率和高收入都成为金融产业海外扩张的动力因素，尤其是开展欧洲货币存款业务，通过吸收离岸存款并向分支机构借款，在增加资金来源的同时还能免缴准备金，从而降低资金成本，避免机构出现资金短缺等信用危机。另一方面，内部扩张尤其是涉农金融能够有效利用一国的农村金融政策，获取优惠收益。在我国，涉农金融机构总体税率不超过30%，营业税税率不超过2.8%（熊鹭，2010）。因此，利润机制是推动金融产业向国内落后地区和海外扩张的动力因素之一。

（2）宏观动机

宏观动机主要表现在以下方面。第一，必须有稳定的国家金融体系。金融体系的稳定性与金融体系的脆弱性相对应，通常是指金融体系内的信用风险、债务风险和股权风险等分散而不会发生金融危机的状态（童文俊，2004）。由于金融产业组织是以信用为基础建立起来的，经营风险高，一旦风险积累到一定程度并公开化，整个金融产业将面临巨大的风险传导性。例如，某商业银行流动性风险积累并公开化，大量储户将会提前挤兑存款，银行将会因流动性危机而濒临倒闭。虽然遭受危机的是一家金融企业，但是却会使人们对整个金融体系失去信心，从而引发系统性支付危机。因此，建立合理的金融产业扩张和退出机制，是稳定金融体系所要解决的一个重要问题，而兼并问题机构是一个重要的金融产业退出机制。从实践来看，大型金融机构或集团兼并危机金融机构，已成为解决金融危机的最有效手段。这是由于以倒闭破产的方式处理危机金融机构无法保障债权人的利益，不能维护金融产业的信誉，无法保证金融服务的连续性，同时还会使社会公众对整个金融机构失去信心。因此，大型金融机构以兼并的形式扩张有利于维护一国金融体系的稳定与安全。1997年，由于泰铢贬值引发的东南亚金融危机，其负外部性遍布整个亚洲国家，其中，韩国的金融产业遭受沉重的打击。为了摆脱金融危机的阴影，重建韩国金融体系，以商业银行和证券公司为首的大型金融机构积极进行兼并扩张。一方面，通过对资本充足率不符合规定且又无力改造的金融机构进行兼并；另一方面，发展较好的金融机构通过合并的方式稳定危机金融机构的经营，扩张自身势力，从而摆脱了金融危机困境，就是有力的例证。

第二，必须有优化的金融体系结构。金融产业扩张与建立本国经济发展结构相适应的金融产业组织体系密切相关。江其务（2002）研究发现，由于中小金融机构所特有的产权结构优势、市场效率优势，较低的经营成本和灵活的经营方式等特点，不论是发达国家还是发展中国家，在大型金融集团主导的背后，众多地方性中小金融机构也在积极扩张，以满足整个金融体系对不同金融市场的层次性需求。例如，美国有23123家正规银行，除了加入美国联邦保险存款公司的9143家银行外，其余13980家独立的地方性中小银行主要服务于当地客户，如果算上当地11500多家信用社、2500家储蓄贷款协会以及500家互助储蓄机构，事实上，美国为当地居民和小企业服务的金融机构有28000多家，其中中小金融机构占全部金融机构的75%（宋立，2003）。我国金融产业扩张也应与经济结构相适应，不仅要注重城市大型金融机构的扩张，还应重视和发展中小金融机构，以满足微观经济主体多层次、多样化的金融需求：一方面，当前我国农业技术研发、农产品加工以及农业生产结构的调整需要中等金融机构来提供资金支持；另一方面，农村民营经济的发展，使得农村中小企业和农户金融需求增加，需要小微金融机构的资金支持。因此，经济结构变迁所创造的金融需求和国家金融体系优化是推动金融产业扩张的重要动因。

第三，提升金融产业国际竞争力、满足国际贸易需求。提升本国金融产业的国际竞争力是金融产业扩张的主要动力之一。金融产业的发展是市场竞争的结果，激烈的竞争终将使国内金融业务发展趋于饱和，经营成本不断上升，业务收入不断下降，获利空间不断缩小，因而向国际市场扩张成为金融产业发展的必经之路。随着经济全球化的深入推进,各国金融市场逐步开放,国际大型金融集团仍不断利用其丰富的国际金融经验、优秀的企业管理水平和金融技能,向海外金融市场扩张自身势力,使得各国金融产业的国际竞争压力不断增加。在国际竞争的白热化阶段,赢得竞争时间对金融机构来说至关重要,最终赢得竞争优势的往往是那些最先开辟国际金融市场、占领业务领域以及迅速为客户提供金融服务的机构和集团。金融产业的海外扩张最初是为了满足本国跨国企业的金融需求。随着经济全球化的发展、贸易壁垒的减少甚至消除,越来越多的金融企业参与到对外贸易的经济交往中。随着对外贸易的深入发展,贸易双方的经济融合程度不断加深,不论是双边贸易额还是直接投资额都不断增长,为金融机构带来更多的业务机会。同时,跨国公司的建立为海外金融提供了巨大的需求空间,部分规模较大、发展稳定的金融机构为追随原有客户也参与到海外扩张的进程中。因此,国际经济交往成为国际金融集团跨国投资和业务扩张的重要动力因素。

10.4 金融产业扩张机制

金融产业扩张在本质上是金融产业组织的经营范围和市场势力扩大的过程,是金融产业组织由中心向外围拓展的过程,是金融产业整体规模和市场竞争范围扩大的过程。概括来讲,主导金融产业扩张主要有两个机制。

10.4.1 市场机制主导金融产业扩张

市场机制主导金融产业扩张主要包括实体经济需求诱导和金融产业资本逐利两个方面。

(1) 实体经济需求诱导机制

实体经济是一国经济发展的基础,金融产业最早是为了服务实体经济而从农、工、商业经济中分离出来的,金融产业的建立和发展是支撑一国经济发展的主要力量。在市场经济条件下,金融产业的扩张与实体经济的金融需求息息相关(这一机制如图 10 – 11 所示)。随着国内外实体经济的迅速发展,地区或国家经济交往与贸易的频繁推进,一方面,一些地区或国家对投资、信贷、支付结算等金融服务的需求大幅度增加，大量的金融需求引导金融机构向该地区扩张市场和业务，甚至新建机构以满足其不断增长的金融需求。由金融需求而引起的扩张是金融产业海外扩张的最初形式，金融机构的跨国经营往往是从与本国经济贸易往来密切的邻国或者贸易双边国家开始的，有实体经济需求做支撑的金融产业扩张不但风险小，同时其业务扩展也具有"顺势而为"的优势。另一方面，随着该地区经济的发展，居民收入水平提高，在一定程度上增加了储蓄资源，由此吸引金融机构通过市场扩张建立营业网点来吸收储蓄资源。这种由资源供给推动的金融产业扩张在我国农村地区比较常见。当农村地区存在储蓄资源可以吸取时，金融机构也会采用流动性金融服务的方式，或在人口聚集较密的农村地区新设金融机构网点，在扩张市场的同时实现机构总体规模扩张。

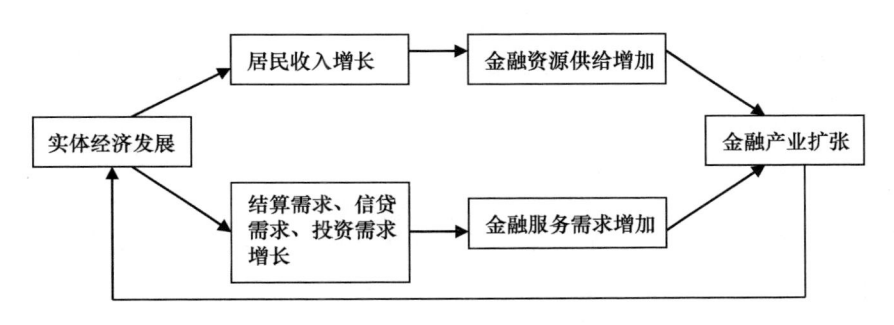

图 10-11　实体经济需求诱导下的金融产业扩张

（2）金融产业资本逐利机制

出于对利润的追求，金融机构会不断积累资本、扩张规模。金融产业资本在市场机制和利润的驱动下，总是倾向于从收益低的地区向收益高的地区扩张。而利率是金融资本最基本的收益率，早在重商主义时期人们就意识到利率对金融产业流动、扩张的重要性。根据利率平价理论，在资本自由流动的前提下，金融产业资本倾向于从低利率国家和地区朝着较高利率的国家和地区扩张。

图 10-12 描述了在一个由两个地区组成的经济系统中，金融产业在利润机制的驱动下是如何进行扩张的。两条曲线分别是 A、B 地区的金融产业收益率。当 A、B 两个地区的金融产业资源配置处于 Z 点时，A 地区的金融产业收益率为 X，B 地区的金融产业收益率为 Y。可以看出，此时 A 地区的

金融产业收益率远高于 B 地区，在没有金融资源流动壁垒的情况下，在逐利机制作用下，金融产业会沿着收益率曲线由 B 地区向 A 地区扩张，即 B 地区的金融资源减少、金融产业萎缩，A 地区的金融资源增加、金融产业发展。当两地区的金融产业资源配置达到 K 点时，A、B 两地区的金融产业不再向彼此扩张，此时两地区的金融产业收益率为均衡状态 R。利润驱动的金融产业扩张在金融机构跨国并购、海外扩张中表现得尤为明显。欧洲的银行就是受美国金融市场丰厚的利润回报和巨大的盈利所吸引，而不断向美国金融市场扩张（李石凯，2006）。如 2004 年，全球银行 1000 强中有美国银行 217 家，并以 26% 的资产、34% 的资本获得了全球 49% 的利润，同时花旗银行和美洲银行的收益额都超过了 200 亿美元，花旗银行甚至连续 5 年盈利超过 200 亿美元。汇丰控股、苏格兰皇家银行和瑞银集团是最早由欧洲向美国扩张的金融机构，它们从美国市场上获得的利润已超过总利润的 1/3，瑞银集团的比例甚至高达 46%，与来自瑞士本土的利润相当（李石凯，2006）。一国金融产业的海外扩张，一方面主要是为本国企业服务，即当本国客户到国外从事投资贸易活动时，银行也会到国外设立分行；另一方面为东道国企业服务，拓展国际市场。金融产业组织在进行海外扩张时，主要考虑两个因素：一是该国家或地区金融网络客户及业务规模；二是该国家或地区设立金融机构的资本回收率。追随实体产业客户，是银行业海外扩张的一个基本路径。例如，广东、上海、江苏是我国实体产业分布最密集的区域，我国 90% 以上的外国银行分行都汇聚在该地区，就是外国银行业海外扩张的结果。

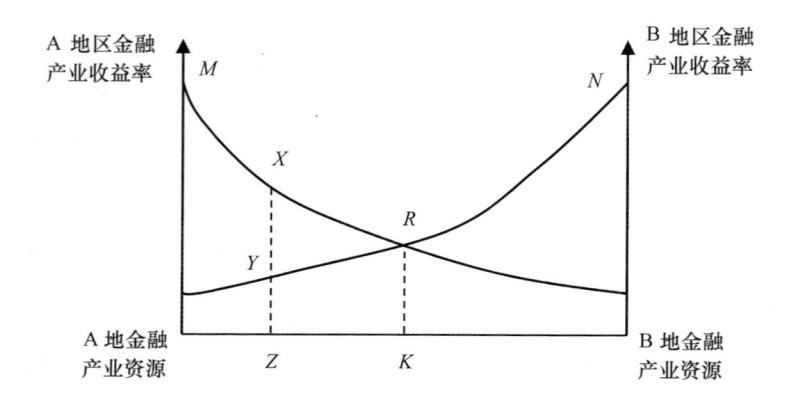

图 10–12 逐利驱动下的金融产业扩张

10.4.2 政府主导金融产业扩张

金融市场是一个复杂多变的市场,在学术界,不论是"自由市场论"还是"政府干预论"都有其合理的地方。政府干预论认为,在市场机制作用下,金融产业不可避免地会出现资源配置的方向性错误,陷入盲目追求利润的状态,仅仅依靠金融产业自身的力量无法使市场回复到正确的经营轨道上,因此,需要借助政府干预的外界力量,通过利用政策性金融的引导和对国家金融产业的适当干预使金融产业朝着有利于国家经济可持续发展的方向扩张。

(1) 政策性金融引导

政策性金融是在政府的支持和鼓励下,以国家信用为基础,利用特殊的融资手段,以国家法律法规限定的业务范围为经营对象,采取优惠性的经营条件,直接或间接地为贯彻和配合国家特定经济社会发展战略,不以利润最大化为经营目标而进行的一种特殊性资金融通行为和活动。政策性金融的引导—虹吸—扩张机制,则是通过政策性金融的活动引导商业性金融机构的扩张方向和投资规模,达到扩张初始投资的整体效果,进而实现特定经济社会发展战略目标(谭庆华,2004)。政策性金融机构以促进国家产业政策顺利实施和经济社会的持续健康发展为目标,通过对某一地区或者行业进行金融资源投入,向社会表明该国未来经济发展的重点和目标,以此引导商业性金融机构的发展和扩张方向。在这一阶段,如果政策性金融机构具有较高的资信度或者较强的资金实力,往往能够使商业性金融机构和其他投资者认同其业务活动所要表达的国家战略目标和政策意图,进而有利于增加金融产业组织向该地区扩张的信心和收益预期。如果商业性金融机构和投资者同时具有完善的内部机制,那么在优惠政策和利润的驱动下,将会不断有商业性金融资源被吸引,而随着发展前景日益明朗,商业性金融的扩张力度将不断加强,其投资规模将超过政策性金融,成为该行业或地区的金融主体,从而完成整个引导—虹吸过程。政策性金融的引导作用往往表现在国家对弱势产业的资金扶持方面,引导商业金融向弱势行业和地区扩张,以协调国家经济的全面发展。

(2) 政策干预机制

在收益和利润机制的驱动下,金融产业倾向于朝着经济发展状态良好、金融资源丰富的发达地区扩张。随着大型金融机构的扩张，金融产业的市场份额和产业集中度逐渐提高，市场上80%的金融资源将由少数机构控制，并逐渐形成"三的法则"[①]。但是，大型金融机构在国际竞争压力下可能会更积极地进行海外扩张，而忽视国内部分市场的金融需求。为了完善金融市场体系，满足国家全面发展的金融需求，特别是农村和贫困地区的金融需求，政府往往通过建立相关的扶持政策，鼓励和引导金融机构向金融资源稀缺地区扩张。为了顺应我国经济发展战略向中小企业倾斜，金融体制的改革也需朝着有利于中小企业的方向发展，中小金融机构对宏观经济发展的作用逐渐凸显（林毅夫，2002）。与大型金融机构相比，中小金融机构具有产权结构、交易成本、市场效率以及灵活性和适应性等优势，建立大型金融机构服务于大型企业、中小金融机构服务于中小企业的经济金融关系，成为政府政策干预我国金融产业结构性扩张的重要内容。因此，在国有大型金融机构为主导，中小金融机构共同发展的金融产业发展目标下，政府可通过对中小金融机构给予政策扶持，提供降低税率、减免税收、提高起征点等财政方面的优惠；中央银行可通过给予利率优惠和降低存款准备金的限制等，积极引导金融产业扩张方向，鼓励金融机构在优惠地区扩展业务和新建机构。在我国，国有银行的商业化与股份制改革，使得农村等经济落后地区的金融服务减少，但在国家对金融机构涉农金融服务比例的严格控制以及农村金融激励政策的引导下，当前中小金融机构、地方性银行与农村经济的联系正在逐步增强，农村金融产业正朝着有利于农业农村经济发展的方向扩张。

[①] "三的法则"是指在所有权和管理权高度分离的市场中，在没有大的政策限制下，一个行业最终都会形成三巨头鼎立的局面，同时由专业企业来填补细小的细分市场。

第 11 章 金融产业的资本循环

金融产业资本不断地实现良性循环,是金融产业可持续发展的基础。金融产业资本在不断反复的循环过程中实现最大化增值,是金融产业可持续发展的保障。如果金融产业资本的循环受阻,就会给金融机构沉积大量的不良资产,进而引发金融危机与经济危机,从而制约国民经济健康发展,威胁金融产业部门的稳定和可持续发展。因此,确保金融产业资本良性循环和有效增值,无论是对金融产业还是对国民经济,都具有重要的现实意义。本章将着重探究金融产业的资本循环规律,包括金融产业资本循环的内涵界定、金融产业资本的内部循环、金融产业资本的部门循环和金融产业资本的国际循环等内容。

11.1 金融产业资本循环的内涵

金融产业资本是指金融产业部门运营的资本的总称,是一国金融资本的主体部分,是按市场经济规律运行的商业性金融资本,是金融产业发展的核心要素。无论金融产业部门经营的金融产品有多么丰富,这些金融产品最终都可以还原为以货币形式表现的金融产业资本。金融产业资本不仅是金融产业部门的经营要素,也是参与社会再生产过程的先导性要素。由于金融产业资本主要来源于金融企业吸收的储蓄资金,这些储蓄资金最终需要还本付息,因而金融产业资本参与社会再生产过程需要一个基本条件,那就是金融产业资本的本金不仅能按时回收,而且能实现价值增值,使金融企业获得一个适度的资本运用与来源之间的净利差,这样才能够实现金融企业的财务可持续目标。这种金融产业资本从运用到价值增值,再到回收的不断反复的连续运动过程,就是金融产业资本循环(capital circle of financial industry）。可见，维护金融产业资本良性循环和最大化增值，是金融产业规避风险、获得可持续发展的根本保障。总体来看，金融产业资本循环有三种途径：

第一，以金融产品为载体的金融产业资本内部循环。金融产业资本的内部循环，是指金融产业资本在金融产业组织内部，通过参与金融产品的再生产过程而进行的循环现象。金融企业要获得持续发展，需要迎合市场的各种需要，设计、开发和经营多种金融产品。这不仅可能包括传统的金融产品，诸如存单、贷款合约、保险单、股票、债券等原生金融工具，还可能包括期货、期权、互换等衍生金融工具，甚至还包括代理、咨询、承诺、担保、托管等金融服务类产品。这些金融产品的开发与经营，如同实体企业的商品生产经营，也需要消耗大量的资本、劳动力、技术等生产要素，需要经历金融要素的购买、金融产品开发与设计、金融产品营销三个阶段，总体体现为生产过程与流通过程有机统一的循环过程（其循环总公式如图 11-1 所示）。在图 11-1 中，以金融产品为载体的金融产业资本内部循环，需要依次经历四个阶段，包括金融要素的购买、金融产品的开发、金融产品的销售、营业利润的分配与再投资等。其中，金融产品的生产资料（P_{mf}）和金融从业人员（A_f）等要素的购买，以及金融产品的销售，都是在市场流通领域中实现的，而金融产品的开发和生产则是在金融企业生产领域中实现的。因而，金融产业资本的内部循环，仍然与实体企业的产业资本循环一样，是生产过程与流通过程的有机统一。这在 11.2 节中将予以详细介绍。

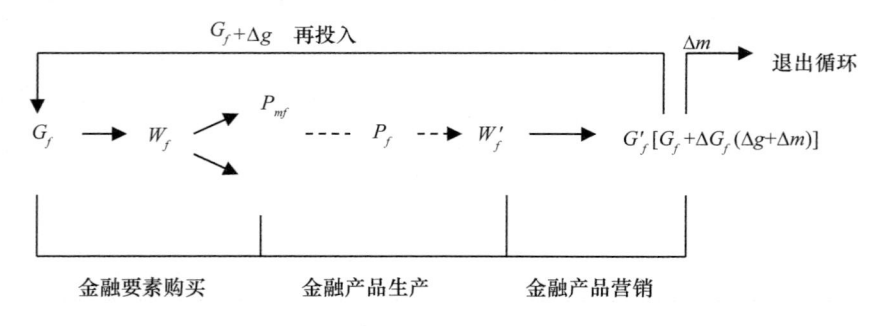

$$G_f \rightarrow W_f \begin{Bmatrix} P_{mf} \\ \end{Bmatrix} \cdots P_f \cdots \rightarrow W'_f \rightarrow G'_f[G_f + \Delta G_f(\Delta g + \Delta m)]$$

其中上方标注：$G_f + \Delta g$ 再投入，Δm 退出循环

下方阶段：金融要素购买 | 金融产品生产 | 金融产品营销

图 11-1　金融产业资本的内部循环过程

第11章 金融产业的资本循环

第二，以信用交易为载体的金融产业资本部门循环。金融产业的核心功能是，通过各种金融产业组织，运用吸收存款、销售保险单、基金券等手段，把社会储蓄资源集中起来，形成金融产业资本，并通过其资金运用业务，将积聚起来的金融产业资本转化为实体经济部门的投资。这就是金融产业具有的储蓄投资转化功能。这种功能是金融企业与实体经济中的融资主体之间通过"信用交易活动"来进行和体现的。在封闭的经济条件下，金融需求主体包括企业部门、住户部门和政府部门。其中，以住户和企业部门为核心的商品劳务贸易系统，被称为实体经济系统（real economy system）。随着金融的深化发展，国民经济系统又分离出以金融市场（包括股票市场、债券市场、外汇市场、金融衍生市场）为核心，并形成独立的价值运动的系统，即虚拟经济系统（fictitious economy system）。金融市场出现后，金融产业资本可能会脱离实体经济，进入金融市场并展开独立的价值运动，形成自身的循环运动过程。在封闭的经济条件下，金融产业资本的部门循环如图11-2所示。

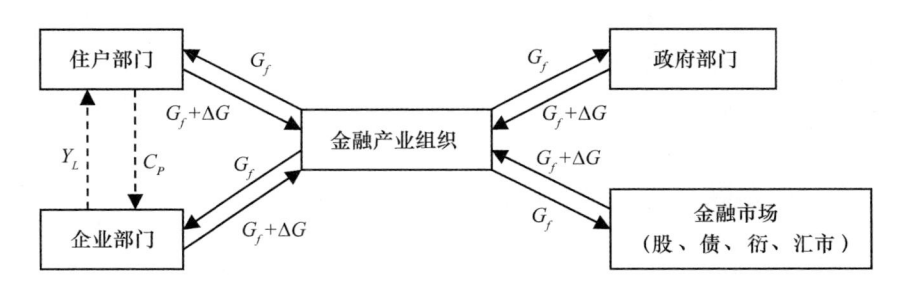

图11-2 金融产业资本的部门循环系统

图11-2表示的是金融产业资本的部门循环过程。金融企业与实体经济主体之间的资本联系，是金融企业通过贷款或投资等信用交易方式，将金融产业资本 X 提供给这些实体经济主体，经过约定的期限后，又从这些实体经济主体手中收回金融产业资本 G_f，并附带利息收入（$\triangle G$），从而形成一种新的循环模式，称为金融产业资本的部门循环。在实体经济部门中，家庭部门以购买商品的消费（C_p）形式与企业发生交易关系，企业部门又以雇佣家庭部门的劳动力、资本、土地等生产要素，与家庭部门发生着要素交易联系，并通过支付工资、利息、地租等，成为家庭部门的收入

(Y_L)。与金融产业资本的内部循环相比，金融产业资本的部门循环对社会的影响更为深远。内部循环的影响主要局限在金融机构内部。部门循环不仅对金融机构自身产生影响，对整个国民经济系统也将带来巨大的外部效应。此外，在金融产业资本的部门循环中，金融产业资本在政府部门的循环不可轻视。随着政府干预经济的程度不断加深，金融产业资本参与政府部门的循环将不断上升，并可能对金融产业资本在其他部门的循环产生重要影响（详见本章11.3节的讨论）。

第三，金融产业资本的国际循环。资本天生具有逐利的本性，金融产业资本也不例外。在经济全球化、金融自由化、市场国际化、全球信息化的背景下，金融产业资本的循环自然会跨越国界，在国际实体经济和金融领域实现循环增值。现代经济的全球化、开放化为金融产业资本的跨国、跨地区循环流动创造了基本的经济条件，全球互联互通的金融交易和结算市场的建立和完善，以及计算机技术被广泛应用于经济领域，为金融产业资本的国际循环创造了必要的技术条件。因此，在信息化和经济全球化时代，金融产业资本的国际循环已变得越来越普遍。在国际上，金融产业资本总会从收益低的国家或地区流向收益高的国家和地区，从而对资本输出国和资本输入国带来不同的影响（详见本章11.4节的讨论）。

11.2 金融产业资本的内部循环

金融产业资本的内部循环，主要是金融企业通过开发和经营多种多样的金融产品而实现的。这些金融产品既包括存款、贷款等传统产品，也包括或有资产以及或有负债等表外产品，还包括没有任何风险的代理、咨询、结算等中间产品。基于金融产品的开发与经营载体，金融产业资本的循环需要依次经历金融要素的购买、金融产品的开发、金融产品的营销、金融企业利润分配与再投资四个运动阶段。

11.2.1 金融要素的购买阶段

金融产业组织向社会各阶层提供优质、高效的金融产品和服务，可以获得丰厚的利润，但这需要不断开发和营销多种多样的金融产品。金融产品的经营与实体产品的经营在资金循环上没有本质的区别（如图11-1所示)。首先,它们都需要有一定数量的货币资本(G_f)投入,然后用于购买金融生产要素(W_f),包括劳动力(即金融人才,以A_f表示)和生产资料(即金融设施和条件,以P_{mf}表示)。无论是劳动力要素,还是生产资料要素,都有自然特性和质量等级之分。它们的自然特性需要与拟开发出的金融产品类属有机匹配。例如,与开发一般的存款品种的要素特性相比,开发衍生金融产品所需的人力和物力等生产要素,就存在明显的差异。后者对生产要素的质量需求远胜过一般的存款品种开发。在货币资本向金融生产要素[$G_f \rightarrow W_f(A_f, P_{mf})$]的转换过程中,$G_f$转化为$A_f$,实际上就是金融企业支付给职工的工资,在$G_f$一定的条件下,金融企业给职工支付多少工资($A_f$),不仅关系到金融企业能否为其职工提供足够的正向激励,调动职工的生产积极性,还关系到金融物质生产资料(P_{mf})投入量的多少。在这里,货币资本(G_f)只是执行了一般的货币职能,即购买与支付手段职能,为开发金融产品做了必要的人力和物力要素准备。

在生产要素购买和搭配过程中,关键问题是要在既定的预算约束(G_f)情况下,如何使金融人力资本(A_f)与金融生产资料(P_{mf})要素在数量和质量上保持合理的结构,最终使这两类要素得到充分利用,以尽可能多地开发出社会所需的金融产品。这与马克思所讲的"质的分割"和"量的关系"[①] 相类似。质的分割,就是指金融机构须决定将预先确定的货币资本(G_f),一部分用作支付职工的工资(A_f),另一部分则用作购买金融生产资料(P_{mf}),从而形成了金融要素的组合比例结构;量的关系,是指支付工资的资本与购买金融生产资料的资本,有一定的数量比例。这种量的比例,决定了金融再生产的"资本有机构成"状况,所谓资本有机构成,就是不变资本(C_f)与可变资本(V_f)的结构比例。因此,欲使金融产业资本在内部能顺利循环,就需要保持金融人力资本投入与金融生产资料投入的合理比例。在货币资本转化为金融生产要素的过程中,属于生产资料的金融物质要素数量,必须能够满足吸收金融人力资本要素数量的要求,能通过这个人力资本量转化为金融产品。也就是在两种要素的投入上,既不存在浪费,也不存在不足,两者刚好满足各自对对方的需要。只有这样,货币资本(G_f)在转化为金融产品时,人力资本和生产资料这两

---

① 马克思:《资本论》(第2卷),人民出版社2004年版,第33页。

类金融要素投入才能得到更加充分的利用，才能保证金融产业资本在其内部实现顺利循环。

11.2.2 金融产品的开发阶段

在货币性资本（G_f）向金融生产要素 W_f（A_f，P_{mf}）的转化过程结束时，金融产业资本的内部循环就进入第二阶段，即金融产品的开发与设计阶段。此时，由货币性资本转化而来的金融人力要素和生产资料要素有机结合起来，形成现实的金融生产力，实现金融产品（W_f）的开发与设计。在金融产品开发中，虽然耗费了劳动力和生产资料等金融要素成本，但经过金融人力要素与生产资料要素有机结合的金融技术转换过程，创造出了价值增值的金融产品。其公式为：$W_f \cdots P \cdots X$，金融产业资本即由原来的金融要素资本形态（W_f）向金融生产资本形态，并最终向金融产品资本（即 W_f'）形态转化。

在激烈的市场竞争中，金融产品的创新开发是金融企业获得可持续发展的基础，金融产品创新能力越强，金融产业资本的内部循环过程就越顺畅。但是，要将创新的金融产品转化为现实的市场竞争力，就必须保证金融产品特征和种类符合实体经济的金融需求。尽管早已有学者（Thakor，1996；Pagano，1993）证明了金融产品供给可以诱导金融需求的产生，但这种效应的产生是需要严格条件的。如果没有一定数量的金融需求，没有一个传导上述效应的市场渠道，金融产品供给对需求的诱导作用就无法奏效。正如张杰（2005）所指出的那样，我们不可能事先创设一批在理论上能够提供标准金融供给的金融企业，然后耐心地等待潜在的金融需求被慢慢地诱导出来。所以，要使金融产业资本在金融产品开发阶段就被有效地利用，形成富有效率的金融产品供给，金融机构就需要立足市场需求，开展好市场调研和评估工作，基于金融需求促进金融产品的开发。这就是说，金融产品的开发与创新在本质上是由实体经济的金融需求决定的。适应复杂多变的实体经济的金融需求，是金融产品开发和创新的根本。一旦金融企业运用金融生产要素，开发出了适销对路、质优价廉的金融产品，它就是"一个具有更高价值的产品量"[①]，或包含着一个较大剩余价值的商

---

① 马克思：《资本论》（第2卷），人民出版社2004年版，第45页。

品，这个剩余价值就是金融机构可获取的利润。

11.2.3 金融产品的营销阶段

当金融产业资本在金融产品开发结束时，它就进一步转化为商品性金融产业资本（W_f）。这时，金融产业资本的理论价值已经增值。但这个增值了的商品性金融产业资本要转化为现实的利润，还需要接受市场的检验。金融企业开发的金融产品，只有迎合了实体经济部门消费者的现实需要，才能转化为现实的货币，完成净营运效率比率 $= \frac{总营业收入-总营业费用}{总资产} \times 100\% \rightarrow$ 人均创收利率 $= \frac{税后净利润}{在职职工人数} \times 100\%$（$G_f + \triangle G_f$）的转化过程。

金融产品转化为现实的货币资本，既属于商品流通问题，也属于商品性金融产业资本的价值实现问题。对于金融企业来讲，金融产品向货币资本的顺利转化是金融产业资本能否顺利循环的关键。在金融产品转化过程中，不仅有一个转化速度的问题，而且有一个转化数量的问题，还有一个转化的技术手段问题（王定祥，2006；冉光和等，2007）。

首先，由于金融产品转化为货币资本的速度不同，同一金融产业资本的价值就会以极不相同的程度作为产品和价值的形成要素，对金融企业的利润产生影响，金融企业再生产的规模同样会以极不相同的程度扩大或者缩小。这就是说，只要加快金融产品在市场上的流通速度，同一金融产业资本就可以对金融企业发挥更大的效用，使金融企业的经营规模扩大；反之，如果降低金融产品在市场上的流通速度，同一金融产业资本给金融企业所带来的效用就会降低。

其次，作为金融机构部分利润的物质承担者，金融产品还需要完成形态的变化 $W_f' \rightarrow G_f'$。"在这里，出售商品的数量，成为决定性的事情。"[1] 金融产品的销售数量如果很少，或许仅能收回成本，或许只能实现很少的利润；不像实物产品售完就结束，金融产品可以永续地售卖；只有将金融产品不断地售卖，金融企业的利润目标才能达到。因此，金融产品通过售卖的价值实现问题，是金融产业资本循环过程的关键环节，它对金融产业资本在金融企业内部的顺利循环起着决定性作用。

---

[1] 马克思：《资本论》（第2卷），人民出版社2004年版，第49页。

最后，从转化的技术手段来看，商品性金融产业资本实现向货币资本的转化，既可以依赖传统的有形市场营销，也可以依赖无形的"网络营销"，即网络金融业务。现代金融企业的营销活动，是一个从研究潜在客户的金融需要开始，最后又回到以满足客户金融需求为终结点的、不断循环的经营过程（王定祥，2006）（如图 11-3 所示）。无论是有形金融市场营销，还是网络金融营销，都可以将金融企业的营销活动归纳为"11P"组合。其中，营销战略组合有"4P"：首先，探查（Probing）客户需求及消费金融产品的动机及购买行为；然后，根据市场需求层次和不同类型的客户群体进行市场分割（Partitioning）；在此基础上，优选（Prioritizing）自己的目标客户群市场，并对自己的金融产品和企业形象进行明确的市场定位（Positioning）。而属于营销战术的组合有"7P"：首先，根据市场目标定位设计与开发金融产品（Product），然后综合考虑市场需求、竞争状况和监管要求等因素，对金融产品进行合理定价（Price）；在此基础上，建立和实施包括网络营销、实体营销在内的多种分销（Place）渠道，并运用广告、公共关系、营业推广等多种促销（Promotion）手段，遵循既定的政治法律环境，巧妙地利用行政机构的政治权力（Political Power），协调好与客户、政府、央行、新闻媒体等各方面的关系（Public Relations）。同时，在金融企业内部塑造好以人（People）为本的企业文化，充分调动员工的积极性，从而最大限度地销售自己的产品，以满足客户不断增长的金融需要。

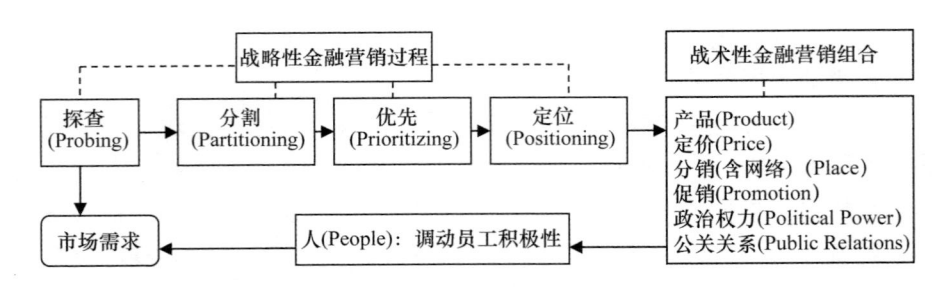

图 11-3　金融产品营销过程"11P"组合

近年来，随着网络技术的迅猛发展，金融企业的网络营销得到了快速成长。网络金融营销颠覆了传统金融营销狭隘的市场范围，它可以利用信息传输和现代网络支付系统，在更广泛的市场上甚至在全球范围内实现金融商品营销。并且,金融商品买卖双方并非像在传统营销中可进行面对面的交易,而是通过信用信息和声誉等进行身份与条件的识别,并且货币支付也是通过网络在线支付。因而,在网络金融发展中,对信息收集、识别、风险评估与防范而言,金融产品供需双方都将面临更大的挑战,需要更高的营销技能。

如果金融企业能利用巧妙的营销手段,就可以加速商品性金融产业资本(不良资产比率 = $\frac{有问题资产}{资产总额} \times 100\%$)向货币性金融产业资本($G_f'$)的转化。在贷款对存款的弹性系数 = $\frac{贷款增长率}{存款增长率} \times 100\% \rightarrow$ 投资储蓄弹性 = $\frac{投资率}{储蓄率} \times 100\%$ 的流通转化过程结束时,已实现的货币性金融产业资本(G_f'),既包括了金融企业原有的垫支货币性金融产业资本(G_f),又包括了金融产业资本的增值额($\triangle G_f$)。这就意味着,金融产业资本在第二个运动阶段实现了既定的目标,金融产业资本又回到了原来的货币资本(G_f)形态上,并实现了价值的增值。

11.2.4 利润分配与再投资阶段

当货币性金融产业资本经过商品性金融产业资本,又回归至增值了的货币性金融产业资本时,金融产业资本的运行过程,就进入利润分配与再投资的阶段。如果金融企业只是维持简单再生产,就只是将 X 中的原有资本投入(G_f)抽取出来,再次投入下一个金融产业资本的循环过程。而产生的金融产业资本增值额($\triangle G_f$),将全部被分配给国家、金融企业、投资者个人用于各种消费。然而,这种现象在现实中几乎不可能存在。这是因为在当今经济全球化、金融自由化的推动下,金融企业之间的市场竞争更加激烈。如果各金融企业不竞相追加投资,不进行资本的重组和扩张,小型金融企业就无法实现规模经营和多元化经营,就有可能被实力雄厚的金融企业挤出市场。所以要想在激烈的市场竞争中持久获胜,各金融企业就需要在利润分配阶段将其中的一部分利润以公积金和公益金的形式留存于企业,并投入下一个循环过程,从而实现金融产品的扩大再生产;将另一部分利润通过上缴税金和股份分红的形式,支付给国家与股东个人,从而使这部分资本增值额($\triangle m$)最终退出金融产业资本的循环过程。

11.2.5 金融产业资本内部总循环

上述对金融产业资本的运行阶段分析,揭示了金融产业资本循环的基本特性,其资本存在形式表现为三个阶段和三种职能。三个阶段和三种职能分别为:货币性金融产业资本的任务在于购买人力资本与生产资料等金融要素,为金融产品及其剩余价值的生产做好必要的人力物力准备;生产性金融产业资本的任务在于生产金融产品及其剩余价值;商品性金融产业资本的任务在于实现金融产品的价值(包含了一定的剩余价值)。但是,上述的阶段性分析只能揭示出各个阶段的孤立特性。而要想揭示出金融产业资本循环的总体特性,就需要把三个阶段连贯起来,加以总体考察,这就是金融产业资本的内部总循环(如图 11-1 所示),其循环的总公式可表示为:$G_f - W_f(A_f, P_{mf}) \cdots P_f \cdots \mu(W_f + w_f) - v(G_f + \triangle G_f)$。

在金融产业资本的内部总循环中,金融产业资本作为一个价值量,不断地发生着物质形态的变化,进而形成金融产业资本总循环过程的一系列阶段。在上述三个阶段中,金融要素购买和金融产品营销两个阶段属于市场交易领域,在这一领域主要采取了货币资本和商品资本的普遍形式,金融产品生产阶段属于商品生产领域,在这一阶段主要采取了金融生产资本的形式。

金融产业资本的内部循环只有连续地从一个阶段转入下一个阶段,才能正常进行下去。金融产业资本如果在第一阶段($G_f - W_f$)停顿下来,它就会凝结为不发挥任何效用的储备性资本。由于 $G_f - W_f$ 的转化是相继进行的,因而 G_f 中的一部分暂时作为储备性货币(例如准备金)是正常而必须的;但如果在 $G_f - W_f$ 和 $W_f' \rightarrow G_f'$ 的转化过程中,因外部条件发生变化而产生意外的中断,则是非正常的储备。如果在金融产品的开发阶段停顿下来,金融产业资本不仅属于生产资料的金融资源会闲置起来,而且作为资本资源金融人力也会失业;如果在最后阶段 $W_f' \rightarrow G_f'$ 被停顿下来,金融产品就无法实现其价值增值,利润就无法获取,金融企业就会亏损或破产。显而易见,金融产业资本的内部循环,以交易过程($G_f - W_f$)开始,经过生产过程后,又以交易过程($W_f' \rightarrow G_f'$)结束。要使 $G_f - W_f$ 和 $W_f' \rightarrow G_f'$ 能够顺利转化,促进金融产业资本的顺利循环,金融产业部门的金融供给与实体经济部门的金融需求,就需要在总量和结构方面保持必要的对称和均衡。同时，适应于实体经济的金融需求，并为此创新金融产品和服务，而进行适度的货币性金融产业资本的投入，是保持金融产业资本正常循环的必要条件。

11.3 金融产业资本的部门循环

在金融企业的内部，尽管金融产业资本通过开发金融产品或服务而实现循环，并与"实体产业资本循环"有相似的运行过程，但金融企业的大部分资本是直接通过信用交易而转移到其外部的实体经济部门的，并加入实体经济的资本循环中。因而，这部分货币性金融产业资本就不会完全遵循前述循环过程，而有其独特的循环机理。这类金融产业资本的循环，被称为金融产业资本的部门循环。金融产业产生和形成的最终目的是服务于实体经济部门。实体经济是由企业部门、住户部门的经济活动及其经济关联所形成的一个有机体系，其收入、投资、储蓄和消费活动都会产生金融需求，需要金融产业组织予以提供。鉴于银行在金融产业组织中的主导地位，在此着重考察以商业银行为代表的金融产业资本的运动规律。

11.3.1 金融产业资本在企业部门的循环

在现代市场经济条件下，通过信用交易，运用外部资本促进实体企业健康发展，已成为实体企业发展的重要途径。在发展中国家，如在我国，由于实体企业的资本积累能力不足，多数企业处于成长阶段，资本需求量较大。即使是在发达国家，实体企业也始终是金融市场的净资金需求者。在实体企业急需资本时，就必然会向外部的金融机构和资本市场融资，其融资量的大小直接取决于利率等融资成本和项目预期投资收益率的高低。在项目投资收益率较高、融资成本较低的条件下，企业的外部融资愿望就会提高。融资愿望能否实现，还要由社会融资的难易程度决定。通常而言，企业部门可选择的融资渠道有银行贷款、债券融资和股票融资等。在金融市场较为发达的西方资本主义国家，债券和股票融资等直接融资比较容易，而银行贷款等间接融资的比重就会降低。[1] 而在金融体系以银行为

---

[1] 例如20世纪80年代，美国、英国、德国、法国和日本5国的银行贷款在企业全部资金来源中的比重平均仅为25.6%。

主导的发展中国家,银行信贷融资将是企业融资的主要渠道。同时,贷款是发展中国家银行业金融机构的主要盈利性资产业务。如在我国,信贷资产业务占银行业金融机构资产业务的比重,至今仍高达90%左右。这使得银行与企业的经济联系,对发展中国家金融产业资本的循环绩效有着决定性的影响。由于银行的信贷资本主要是从实体经济中分离出来的货币资本,而且是相对独立运行的,在银行与实体企业的信贷交易中,银行将资本贷给实体企业后,原来以信贷资本存在的金融产业资本就会立即进入企业实体,参与产业资本的循环过程。由于信贷交易需要以还本和付息为条件,在信贷资本参与实体产业资本的循环结束后,将带回增值价值额,即利息,信贷资本又回流到银行手中,这就是银行信贷资本的循环过程。即"在社会再生产的前提下,通过银行为出发点和归流点的货币借贷,以偿还和收取利息为条件,获得最优经济效果为目标的特殊价值运动。实体产业的再生产,是信贷资金运动的基础。信贷资金运动是一个二重支付与二重归流的特殊的价值运动过程"(刘福仁、蒋楠生等,1991)。其基本的运动公式可用图11-4加以描述。

$$G_f \rightarrow G_r \begin{matrix} G_0 \\ G_f \end{matrix} \rightarrow W \begin{matrix} A \\ P_m \end{matrix} \rightarrow P \rightarrow W' \rightarrow G'_r \begin{matrix} G_r \begin{matrix} G_0 \\ G_r \end{matrix} \\ \triangle G_r \begin{matrix} \triangle G_f \\ \triangle G_0 \end{matrix} \end{matrix} \rightarrow G'_f$$

第一重支付:银行向企业贷款
第二重支付:企业购买生产要素
第一重回流:企业出售实物商品
第二重回流:企业归还贷款本息

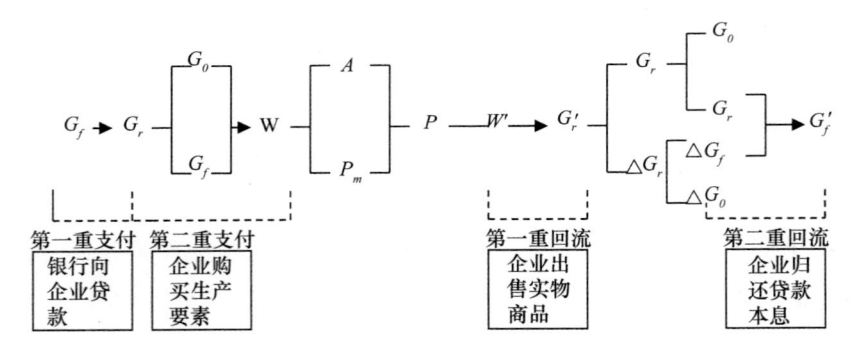

图11-4 企业借贷与银行信贷资本循环

在图11-4中,G_f为银行信贷资本,G_r为实体企业投入社会生产过程的总资本。它包括两个组成部分:一是实体企业自身拥有的资本 G_0;二是从银行等金融机构借入的资本 G_f。实体企业将它们有机地组合在一起,用于购买生产要素(W),包括人力要素(A)和物力要素(P_m)。当实体企业在生产要素市场上买到人力要素 A 和物力要素 P_m 后,就将其投入产品的再生产过程(P)。在产品生产的过程结束后,生产出的新商品 W',其物质形态不仅发生了变化，而且其价值也发生了增值。但新商品 W' 最终还需要借助销售以实现其价值。从商品资本（W'）完成向货币资本（G'_r）的转化，就是商品的价值和剩余价值的实现。实体企业经过销售所得到的货币资本（G'_r）就是其总资本（G_r）投入的一种回流。它包括原有投入的货币资本（G_r）和新增加的价值（$\triangle G_r$）。由于在 G_r 中，既有自有资本（G_0），又有银行信贷资本（G_f），而银行的信贷资本是要偿还的。因此，G_r 可以分解成 G_0 和 G_f。对于新增的价值部分（$\triangle G_r$），实体企业既要将一部分作为使用信贷资本的代价——利息，支付给银行，又要留下一部分增加值，作为其生产经营得到的报酬，也就是自有资本 G_0 应得到的回报。$\triangle G_r$ 也需要分为 $\triangle G_f$ 和 $\triangle G_0$ 两个部分，$\triangle G_f$ 为利息付出，$\triangle G_0$ 为利润留成。当实体企业从 G_r 中分离出 G_f，又从 $\triangle G_r$ 中分离出 $\triangle G_f$ 后，将两者合并为 G'_f 还给银行。此时，整个银行的信贷资本循环运动结束。

显然，参与实体产业的资本循环，甚至其自身也要转化为实体产业资本，并进行循环，是银行信贷资本开展循环的重要形式（王定祥，2006）。这种价值运动具有特殊性，以"两重支付、两重归流"为其典型特征：首先，由银行将信贷资本支付给实体企业，形成第一重货币支付；实体企业将其转化为生产经营资本，购买原材料和支付工资，形成第二重货币支付。在信贷资本流至企业时，银行只是作为债权人的身份，对企业进行有效监督，以维护信贷资本的安全。其次，信贷资本在实体企业生产商品，并完成商品流通后，货币资本回到实体企业手中，构成了第一重回流。最后，实体企业将信贷本金和利息偿还给银行，就实现了信贷资本的第二重回流，完成了信贷资本的一次循环。该过程表明，要实现信贷资本的良性循环，其关键在于确保信贷资本能在实体产业部门实现良性循环和增值。这里关键又取决于资本在实体企业中是否有到位的技术与管理，最终获得较高的投资收益回报率。

银行信贷资本的"两重支付、两重回流"揭示了信贷资本循环和增值的本质，那就是实体企业再生产过程中所创造的价值或剩余价值。它也明确了信贷资本是一种所有权与使用权有效分离并通过契约证明的经济现象，说明了保持流动性、安全性、效益性，是信贷资本实现良性循环的根本保障。它还表明，当银行信贷资本从产业资本中通过存款分离出来后，银行就不再直接介入现实的生产过程和流通过程。实体企业的资本循环成为一种相对独立的运动过程，但银行仍可通过"两重支付、两重回流"对实体企业的生产过程与流通过程施加影响，甚至制约企业的治理行为。在第一重支付（$G_f \rightarrow G_r$）阶段，银行能否向实体企业贷款，与银行对企业的资讯掌握、企业信用条件和项目投资效益预期有关。在信贷资本的回流（$G_r' \rightarrow G_f'$）阶段，实体企业在信用到期时，必须还本付息。否则，银行有权处置实体企业的抵押财产，作为对其信贷损失的一种补偿。因而最终的结果是，银行的信贷资本与实体企业的产业资本自二者分离起，就逐渐形成了各自互相独立但又彼此依赖的两种价值运动：一方面，实体企业为了获得更多的信贷资本支持，降低企业融资成本，总是希望与银行建立起稳定而持久的信贷联系；另一方面，银行利润来自实体产业资本的循环，银行必然会对实体企业形成利益上的依赖，或者从根本上说，信贷资本运动中的银企关系是一种典型的利益共同体。这种利益共同体必然会长期化、稳定化、固定化，这使得银行在实体企业公司治理中的作用越来越大。正如青木昌彦等人（1997）的研究表明，银行必然会通过事前筛选、事中监督和事后清算来有效治理企业，以确保信贷资本的保值、增值和安全回归。由于存在银行对企业的监督和还本付息的压力，实体企业必然会设法提高信贷资金运用效率，进而抑制大股东的隧道行为①（刘玲玲，2012）。在不发达国家的金融市场中，企业治理因素更为关键。据此，银行和企业便形成了以治理为纽带的合作关系，并创造出附加值。这是因为合作关系可以增加合同的弹性，未来租金或者类似租金则保持了激励兼容（黄纯纯，2003）。可见，正是由于信贷资本的循环增值是在实体产业资本的循环中实现的，才促成了现代银行业参与实体企业治理的日益加深。

11.3.2　金融产业资本在住户部门的循环

所谓住户部门，通常指的是一国居民群体（包括家庭和个人）。居民借贷的主要目的是，满足生产性投资和消费需求。如果居民向银行借贷的目的是满足生产性投资，则银行信贷资本的运动与贷给实体企业的信贷资本没有任何区别，都需要经历"两重支付、两重回流"的运动过程。只是信贷资本的使用者，由具有法人资格的企业变成了具有自然人属性的私营

---

① 隧道行为（Tunneling）是指上市公司或控制上市公司的大股东通过种种正当和非法的手段侵蚀中小投资者利益这一类行为。也就是说，上市公司的大股东总是会通过种种手段挖掘见不得阳光的地下隧道，挖走中小股东手中的财富，转移上市公司资产或利润、掏空上市公司。

业主、个体工商户或家庭、个人。因而这里只讨论用于消费的金融产业资本循环，即消费信贷。

所谓消费信贷，是指银行为消费者个人购买消费品而向其提供的贷款。作为一种信用资源的配置形式，消费信贷的实质是银行为消费者提供的一种超前消费条件，以刺激居民消费。在商品过剩和有效需求不足的宏观经济条件下，消费信贷是刺激有效需求的一个重要途径。中国消费信贷正是在这样的经济背景下从无到有迅速发展起来的。

如果按照马克思的观点，只有参与社会再生产过程，并带来剩余价值的价值才是资本，因而也就排除了参与个人消费的货币被称为资本的可能性。如果按照这种解释，银行信贷资本贷给居民用于消费，银行信贷资本本身就不能成为资本，而只能成为普通的货币。事实上，银行将信贷资本贷给居民用于消费，经过约定的时间后，收回来的贷款仍然产生了价值增值，即既回收了本金又获取了贷款的利息。因此，根据实际运行状况，我们仍可将用于消费的信贷资金称为资本[①]，并认为，参与消费信贷的金融产业资本有其独特的循环形式（其运动公式如图11－5所示）。

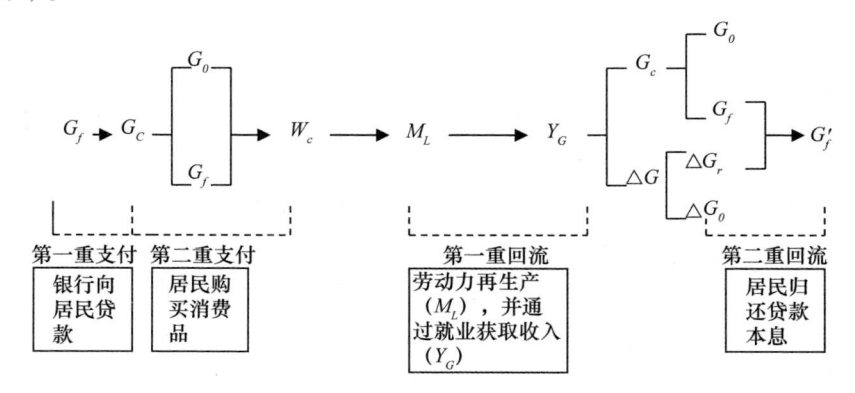

$$G_f \rightarrow G_c \genfrac{[}{]}{0pt}{}{G_0}{G_f} \rightarrow W_c \rightarrow M_L \rightarrow Y_G \genfrac{[}{]}{0pt}{}{G_c \genfrac{[}{]}{0pt}{}{G_0}{G_f}}{\Delta G \genfrac{[}{]}{0pt}{}{\Delta G_r}{\Delta G_0}} \rightarrow G_f'$$

第一重支付：银行向居民贷款 ｜ 第二重支付：居民购买消费品 ｜ 第一重回流：劳动力再生产（M_L），并通过就业获取收入（Y_G）｜ 第二重回流：居民归还贷款本息

图 11－5 居民借贷与银行消费信贷资本循环

在图 11－5 中，G_f 为银行向消费者供给的信贷资本，G_c 为消费者投入消费中的总资本。它包括消费者的自有资本（G_0）和从银行借入的消费信

---

① 需要指出的是，狭义的社会再生产过程通常指物质资料的再生产，广义的社会再生产过程还包括劳动力的再生产。

贷资本（G_f）。消费者将这两种资本结合在一起，用于购买消费品（W_c），消费者在实物商品市场上购买汽车、住房、教育、医疗等消费品后，将其投入消费，其消费过程本质上是为消费者及其后代改善生产生活条件，提高身心健康素质，进行劳动力的再生产，从而为社会生产出劳动力资源（M_L）；当劳动力资源投入社会生产过程中，就可以创造出新的价值，实现居民收入（Y_G）的增长。消费者通过再生产出来的劳动力所创造的收入（Y_G），就是全部的消费资本（G_c）的回流。它包括原来投入的资本（G_c）和新增的价值（$\triangle G$）两个部分。由于在 G_c 中，既有消费者的自有资本（G_0），也有向银行借来的信贷资本（G_f），而信贷资本（G_f）需要偿还。因此，G_c 也可分解为 G_0 和 G_f 两个组成部分。对于新增的价值 $\triangle G$，消费者要将一部分付给银行，作为利息支出；另一部分作为自有资本（G_0）的消费增值而留存。因而，对 $\triangle G$ 也要分成两个部分：$\triangle G_f$ 和 $\triangle G_0$。当消费者从 G_c 中分离出 G_f，又从 $\triangle G$ 中分离出 $\triangle G_f$ 后，将二者合并为 G_f' 还给银行。于是，整个消费信贷资本的循环过程结束。从图 11-5 还可以看出，消费信贷资本循环仍需要经历"两重支付和两重回流"的运动过程，这种过程实际上体现了"消费者用自己明天才能挣到手的钱来享受今天的生活"（江世银，2000），也体现了消费信贷资本同样可以创造价值、增加价值的本质特征。

消费信贷资本的循环还可以用"持久收入假说"和"生命周期理论"进行解释。该理论是用跨时期的或终生的预算约束来对消费者一生的消费行为进行考察。该理论[①]认为，理性的消费者的消费支出，取决于其一生的预期可赚得的收入，包括劳务报酬、资产收益和其他所得，尤其是稳定性的收入。为了获得一生消费的最大效用，即便在不同时期，消费者的收入有所差异，他们也会将收入在不同的时间里加以平均分配，以用于各种各样的消费。因而，在某一具体的时点上，消费可能超过其当期收入水平。这时，消费者在没有储蓄可以弥补其收入不足的情况下，也就只能利用消费信贷来平滑自己的消费曲线。通过消费信贷，消费者就可以把不同时间点上获得的收入转化为持久性的收入。

消费信贷本质上是把消费与消费者毕生的财富紧密联系起来的一个重

---

① 持久收入假说是由弗里德曼提出的，认为决定消费支出的收入既不是绝对收入，也不是相对收入，而是持久收入，并强调了储蓄的作用。

要因素，是消费者理性安排消费数量，缩短即期消费与远期消费的时间差，使个人或家庭的消费能够不受收入波动的影响，而保持相对稳定的必要手段（王定祥，2006；冉光和等，2007），它能够显著提升消费者一生的消费效用。不过，虽然消费信贷资本成为家庭理财的重要工具，但它也会产生家庭债务负担①，是家庭债务中不可忽视的组成部分。当因消费信贷而使家庭债务负担增加到一定限度时，家庭可预期的未来的消费信贷会减少，消费也会随之下降。与此同时，家庭的高负债比率，还会使家庭违约率和破产率增加；如果债务损失比想象中的要大，就会严重损害银行的利益。因而家庭借贷增加，家庭债务负担随之增加，违约风险也会增加。银行如果考虑到这一点，家庭面临的信贷约束就会随之增加，从而最终会缩小消费信贷资本持续循环的规模。可见，消费信贷资本的循环存在着一个内在的规模经济和约束机理。

11.4　金融产业资本的国际循环

在20世纪70年代以前，为了防范金融风险，各国政府普遍对金融行业采取了严格的管制措施，极大地阻碍了金融与经济的快速发展。在此之后，各国以麦金农（Mckinnon，1973）和肖（Shaw，1973）的"金融深化理论"作为理论信条，深刻地吸取金融过度管制的教训，推行了"金融自由化"的政策。不仅发展中国家，而且发达国家也都希望借助金融自由化来提高金融资源的配置效率，促进投资和刺激经济增长。② 于是，在此背景下，经济与金融高度开放的国家，其金融产业资本必然会通过各种形式参与国际流动、循环与增值的过程。③

---

① 家庭债务负担被定义为家庭的债务与他们可支配收入的比率，是对家庭每个月所偿还债务与收入关系的衡量。

② 根据麦金农（Mckinnon，1973）和肖（Shaw，1973）的开创性研究，金融自由化通过较高的实际利率提高储蓄率，从而有利于资本积累；另有学者（Sikorski，1996；Levine，1997；Ariff & Khalid，2000）也强调金融自由化允许金融市场以及金融中介更好地发挥分散和规避风险、监督代理人和实施公司治理、动员储蓄、甄别并监督贷款申请人等方面的作用。

③ 通常地，金融产业资本的流出发生在发达国家向发展中国家的输出中。发展中国家主要是金融资本输入者（东道国），而非金融资本输出者，但也有少数金融资本由发展中国家流向发达国家。

11.4.1 金融产业资本国际循环机理

现代市场经济是全球一体化经济，在 WTO 制度框架下，各国的开放经济得到了规范化发展。在开放经济条件下，金融产业资本的逐利本性必然会驱使其突破国境，在全世界范围内循环，这就是金融产业资本的国际循环。它本质上是一国的储蓄资源在不同的国家生产体系中转化为投资，并实现价值增值的运动过程。金融产业资本国际循环过程如图 11-6 所示（王定祥，2006；冉光和等，2007）。

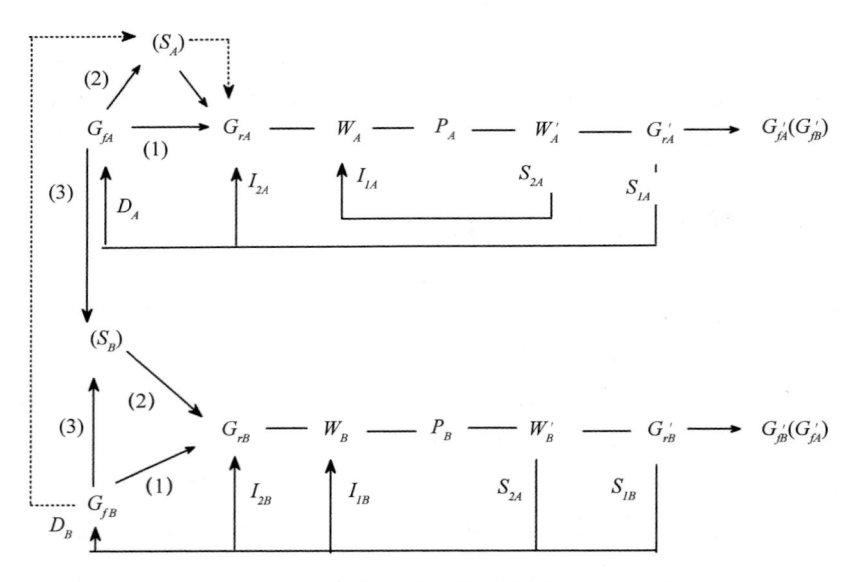

图 11-6 金融产业资本的国内循环与国际循环

注：(1)(2) 为金融产业资本国内循环路径；(3) 为金融产业资本国际循环路径。

假定只有 A 和 B 两个国家。首先，考察 A 国的金融产业资本在其国内的循环，A 国的金融产业资本（G_{fA}），既可以凭借信贷方式，又可以在资本市场上凭借购买证券的方式，注入国内的实体产业部门，转化为该国的实体产业资本（G_{rA}），并参与实体产业的社会再生产循环过程。其中，A 国新生产的实物商品（W_A'），一部分可以转化为实物性储蓄（S_{2A}），并转化为实物性投资（I_{1A}），形成新的实物投入要素（W_A），其余可通过市场销售，转化为增值了的货币性资本（G_{rA}'）。这些资本在对金融企业还本付息（G'_{fA} 或 G'_{fB}）后，若还有剩余资本，则可作为货币性储蓄（S_{1A}）。这部分货币性储蓄中的一部分又通过投资（I_{2A}），形成该国社会再生产的货币性投入（G_{rA}），另一部分则会存入金融企业，转化为可供利用的金融产业资本（G_{fA}）。

与此相似，B 国的金融产业资本（G_{fB}），在其国内的循环运动过程也遵循上述相同的运动规律。所以，我们就可借助图 11-6 来进一步考察金融产业资本的国际循环机理。假定 A 国的金融产业资本所面临的市场竞争十分充分，或实体经济利润下降、投资机会不多，致使金融产业资本的循环效率下降，甚至低于 B 国的循环效率。并且，A、B 两国之间的资本（K_{fA}/K_{fB}）能自由流动，在资本逐利最大化的机制作用下，A 国的金融产业资本（G_{fA}）就会进入 B 国，在 B 国的金融市场上，要么购买有价证券（S_B），要么向 B 国的实体企业发放贷款，从而把 A 国的金融产业资本（G_{fA}）投入 B 国的社会再生产体系中，并参与 B 国的实体产业资本的循环，从而实现其价值的增值。同样，当 A 国的金融资本循环效率高于 B 国时，则 B 国的金融资本（G_{fB}）就会进入 A 国的社会再生产体系，参与 A 国的实体产业资本循环，进而实现其跨国性的盈利目标。

从马克思主义的经济理论来看，金融产业资本循环的国际化，是资本主义生产方式必然向国际扩张的结果。当资本生产力积聚在一个地区或整个国家，到了无法盈利的地步时，金融产业资本的触角必然要伸向国外，在更大的国际投资市场范围内，寻求更广阔的循环增值的空间。从资本的供给方来看，金融产业资本的国际化循环本质上是将一国的国内储蓄转化为国外投资的过程，其宗旨是实现金融产业资本的良性循环和价值增值；从资本需求方来看，金融产业资本的国际化循环也是一国利用外资发展实体经济的过程。其宗旨和目的在于借助国际性的金融产业资本来促进本国经济的持续快速发展，提高国民收入和生活水平。

在世界经济发展的历史进程中，不论是发达国家的发展早期，还是当代发展中国家，都十分重视对国际金融产业资本的吸收与利用。例如，1870—1914 年，加拿大吸收利用的国际金融产业资本占其国内资本使用总量的比重达 40% 左右；1861—1900 年，澳大利亚吸收利用的国际金融产业大约占国内资本使用总量的 37%；1885—1914 年，挪威吸收利用的国际金融产业资本大致占其国内资本使用总量的 29%，而 1920—1929 年，该比重上升到

31%（苏布拉塔·贾塔克，1989）。中国自1978年改革开放以来，至2013年底，实际利用国际资本超过14000亿美元，其中有30%以上属于国际金融产业资本。随着金融自由化、全球经济一体化进程的加快推进，金融产业资本的国际循环，已成为促进各国金融深化的一种重要途径。

11.4.2 金融产业资本国际循环途径

概括来讲，金融产业资本的国际循环主要有三种实现途径，分别是国际信贷投资、国际证券投资和国际直接投资。

(1) 国际信贷投资

国际信贷是指一国金融企业以信贷交易的方式对金融资本需求国的政府、企业和居民所提供的一种信用，是一种跨国信用。它是金融产业资本最主要的国际循环形式。为了保障金融资本的安全回收，一国金融机构提供国际性的抵押和担保贷款，一般只面向外国政府和实力雄厚的大型企业。中小企业由于信用条件较差，很难从国际性金融企业获得信贷支持。

(2) 国际证券投资

国际证券投资是指一国金融企业通过在国际资本市场上购买有价证券，将部分金融产业资本投入资本需求国的实体部门，而实现的金融产业资本的循环和增值过程。例如，在国际债券市场上，一国金融企业可以购买资本需求国的中长期债券，这些债券可能是资本需求国政府、银行或工商企业发行的。或在国际股票市场上，一国金融企业购买资本需求国企业的股票。在金融产业资本的国际证券投资中，投资的金融企业只能得到债券和股票的回报（包括买卖价差和股利）。如果没有达到国际控股权的标准，它对参与投资的国际金融企业来讲，没有任何实质性的控制权和管理权，也不参与投资国企业的经营管理。

(3) 国际直接投资

国际直接投资是指一国金融企业将部分金融资本直接投资到资本需求国的国民经济领域，进行生产性投资而实现金融资本跨国循环和增值的过程。国际直接投资通常可以采取四种方式进行：第一，在国外投资创办实体企业或分支机构，设立跨国（境）服务的金融分支企业；第二，与资本接受国或其他国家共同出资，建立合资合营性质的金融企业，也可能是非金融性质的实体企业①；第三，在国际产权交易市场上，直接收购外国金融公司；第四，购买外国金融公司的股票，并达到一定比例以上的股权，拥有实质性的控制权。例如，美国规定，凡是拥有外国企业股权超过10%者均属于国际直接投资，这一原则同样适用于金融企业。

从国际金融产业资本的接受国来看，不同形式的金融产业资本国际循环有其不同的运行特点（王定祥，2006）：

第一，在不同路径的金融产业资本循环中，资本需求国对金融产业资本的支配权有明显的差异。在国际信贷投资中，资本需求国企业只能根据双方签订的国际借贷协议，有条件地决定借款，并按时还本付息，甚至有些国际借贷还附加了一些政治条件；在国际证券投资中，资本需求国虽然能够自主使用国际金融资本，但在金融自由化和国内金融市场开放的条件下，却无法完全有效控制国际金融资本的自由进出，以及这种进出对自身经济所带来的各种冲击。在国际直接投资中，资本需求国政府可以借助产业、财政、税收等政策，对国际金融产业资本的入境循环施加一定的影响。

第二，在不同的金融产业资本国际循环中，资本需求国所承担的责任或义务有差异。国际信贷投资需要肩负还本付息的责任和义务，还本付息具有强制性和刚性约束；国际证券投资不需要还本付息（债券除外），接受投资国企业只是根据企业的经营业绩，与国际金融企业一起分享股息或红利。在国际直接投资中，还本付息没有强制性的约束，每年的"还本"通过折旧的方式，每年的偿还额为折旧及利润汇出之和，全部偿还额为资本的重置投资与总利润之和。

第三，在不同的金融产业资本国际循环中，资本的稳定性不相同。在国际信贷中，资本的流动性较弱，国际中长期贷款的流动性更弱；在国际证券投资中，资本的波动性最大，流动性最强，因而稳定性也最差；相对来讲，在国际直接投资中，资本的波动性最小，而稳定性最强。

显然，当一国经济体向外国金融企业适度开放时，会对该国经济增长和经济发展产生比较显著的促进作用（王定祥，2006；冉光和，2007）。例如，如果资本输入国存在着较大的储蓄缺口，利用国际金融产业资本，

---

① 金融产业资本参与国际直接投资的企业既可以是金融企业，也可以是非金融企业。

就会满足资本输入国实体经济主体的投资需求,通过"资本要素效应"作用于社会生产函数,从而对资本输入国产出形成促进作用。又如,通过吸收先进的国际金融企业的资本,还可以提高资本输入国的全要素生产率,提高资本输入国金融机构的经营管理能力,并以此促进经济增长。但是,如果资本输入国吸收了过多的短期国际金融资本,这些短期国际金融资本就会以其投机性及其破坏性对资本输入国的金融与经济活动产生显著的负面影响。因为短期国际金融资本往往是利用利差或汇率预期来进行短期的投机性投资,并非长期性国际投资。但是,短期国际金融资本具有较强的流动性和安全性,可以在短期内实现价值增值,在很大程度上受国际金融企业的青睐。Pattillo et al.(2002)的研究表明,引入过多的短期投机性金融资本会加剧短期偿债压力,还会因为"国际游资"的异常变化而给东道国金融市场带来巨大的风险,从而对经济增长产生负面影响。所以,在金融自由化条件下,资本输入国更应当谨慎地开放金融市场,同时,要不断地优化国际性金融产业资本的利用结构。由于金融产业资本的国际循环,既可能会给国际金融企业自身带来显著的收益,促进资本输出国的金融产业国际化,提高其金融产业的国际竞争力,也可能隐藏着巨大的风险,包括金融风险、经济风险、道德风险、政治风险、法律风险等。从事跨国金融资本循环的金融企业一旦对这些风险认识或防范不够,往往会蒙受巨大的经济损失。所以,促进金融产业资本的国际循环,需要金融企业提高对国际循环风险的识别和预测能力,加强对风险的监控,权衡风险和收益的关系,以便提升自身的全球竞争力。

第12章 金融产业的运行机制

在市场经济条件下,一套完善的金融产业运行机制是实现金融产业化发展和金融产业可持续发展的保障,也是金融产业经济学研究的重点。深入研究金融产业的运行机制有助于加深对金融产业发展特征和变化规律的认识和把握,进而有利于改革现存的金融体制,完善金融产业发展的外部生态环境,确保金融产业健康运行。本章将重点讨论金融产业运行机制的基本内涵、基本目标和构成要素,并对金融产业的企业经营机制、内部控制机制、外部约束机制和自我调节机制等构成要素进行具体阐述。

12.1 金融产业运行机制概述

"机制"一词最早来源于希腊文,原指机器的构造和工作原理,即机器由哪些部分组成,为什么由这些部分组成,机器是怎样工作的,为什么要这样工作。后来,"机制"一词在经济学、政治学、社会学等领域得到广泛应用,泛指一个工作系统的组织或部分之间相互作用、相互联系和调节的方式。在理想状态下,当外部条件发生不确定性变化时,一个有着良好机制的社会经济系统能自动地迅速做出反应,调整原来的战略和措施,实现优化目标。研究金融产业的运行机制就是要探索一个新的能够促使整个金融产业充满活力、运转良好、保持高效的金融产业内在机理。

12.1.1 金融产业运行机制的内涵

从广义上讲,运行机制是指在人类社会有规律的活动中,引导和制约这些活动的行为准则和制度安排,是对影响这些活动的各种因素及其相互关系,以及这些因素产生影响、发挥功能的作用过程、作用原理及其运行方式的总称。金融作为现代经济的核心,其本身就是对资金融通行为及运行机制的总称。在金融市场化和经济全球化不断推进的国际形势下，金融改革必须把金融作为相对独立的产业部门，实行产业化经营管理，制定产业化经营及管理目标，选择科学合适的产业化经营管理模式，建立产业化经营管理运行机制，这既是金融产业化发展的前提，又是金融产业可持续发展的基础。金融产业化发展必须建立一套协调、灵活、高效的产业运行机制予以支撑。金融产业的运行机制主要包含以下几个层面的含义：第一，它是金融产业化发展的运行机制，必须而且能够促进金融的产业化进程；第二，它是金融产业可持续发展的运行机制，必须而且能够保证金融产业化发展的稳定性、有序性和可持续性；第三，它是在促进国民经济可持续发展的基础上实现金融产业利益目标的运行机制，必须而且能够帮助金融产业实现利益最大化；第四，它是促进国民经济可持续发展与社会和谐稳定的运行机制，必须而且能够推动国民经济各产业同步协调发展，能够带动全社会整体利益的逐步提高（温涛等，2004）。

基于以上分析，我们可以将金融产业运行机制定义为：金融产业运行机制是指在金融产业化发展进程中自然产生并被社会广泛接受和认可的行为规范和行为准则，是对金融产业系统内部各构成要素及其相互作用关系、作用原理及作用过程的总称。金融产业系统内各构成要素均以促进国民经济可持续发展为基础，以实现金融产业利益目标和社会利益最大化为内在要求，以金融产业持续的、稳健的运转为外在表现形式，各构成要素之间相互作用、相互影响。这一定义将成为我们深入研究金融产业运行机制的逻辑起点。

12.1.2 金融产业运行机制的目标

从系统学理论来看，任何系统的运行都有其特定的运行目标，系统内的一切活动都必须围绕这一运行目标而展开。金融产业作为整个经济系统中重要的子系统之一，必然有其运行目标。金融产业运行机制就是要围绕这一目标展开活动，根据目标要求设计不同的运行机制。因此，研究金融产业运行机制必须确定金融产业的运行目标。

金融产业是对涵盖各类金融企业、金融行业的立体型金融组织体系及其运行机制的总称。金融企业以经营金融产品和提供金融服务为主要业务活动，以市场化运作为基础，以追求利润最大化为基本目标。金融产业化发展就是指在国民经济中将金融作为相对独立的产业部门加以发展的过程。在社会主义市场经济条件下，金融作为相对独立的产业的发展，应该以追求利润最大化为基本目标，以追求企业价值最大化为长远目标，以追求社会利益最大化为最终目标。

第一，企业利润最大化是金融产业化发展的基本目标。如果金融企业不能实现盈利，不能获得足够多的利润，金融产业化发展就会成为无稽之谈。盈利是金融企业经营管理的核心，是金融企业赖以生产和发展的前提和动力。以银行业为例，银行类金融机构放贷出去的企业贷款如果不能按期收回，大量的不良贷款就将严重影响银行的资金周转，其盈利性目标就难以实现。如果金融机构不能在经营金融商品和提供金融服务的活动中获得超额利润，甚至不能实现基本的盈亏平衡，那么金融企业就将陷入经营危机，企业的基本运转将难以为继，最终将波及整个金融产业。因此，为了促进金融产业健康持续发展和维持社会稳定，盈利性目标必然成为金融产业运行的基本目标。盈利性目标的基本内涵是金融产业在促进国民经济可持续发展的基础上实现金融企业利润最大化，进而实现金融产业的利益最大化。

第二，企业价值最大化是金融产业化发展的长远目标。在市场经济条件下，金融产业化发展应该把金融企业市场价值最大化放在首位。所谓市场价值，就是指金融企业在出售时所能获得的最高价格。企业在市场上出售时，其最高买卖价格就是企业的市场价值。在一般情况下，企业的市场价值并不等于账面价值，而是由企业的基本内涵价值所决定的。正如马克思主义政治经济学原理所说，市场价格由内涵价值所决定，价格是价值的具体表现，企业的市场价格围绕企业的内涵价值上下波动，在理想状态下企业市场价格刚好等于企业的内涵价值。要实现金融企业价值最大化，正确的企业价值观是基础。企业价值观作为企业文化的核心，以无形的精神特质渗透在企业的日常管理中，凝聚着企业的长远目标、道德规范和价值取向等内容，是企业管理得以有效实施的重要因素（姚建新，2007）。随着金融市场化和经济国际化的不断推进，金融业的竞争也日趋激烈，金融产业的可持续发展不仅需要有严格的金融管理制度和适应市场需求的金融产品服务创新，而且需要有得到社会认可的金融企业价值理念。

第三，社会利益最大化是金融产业化发展的最终目标。金融产业作为社会经济系统中重要的服务性产业之一，它在社会分工中的主要任务是为全社会提供高效优质的金融服务。当然，金融产业提供金融服务的前提是金融产业自身稳健运行。社会利益最大化目标的实质就是要求金融产业正确处理好个体与整体的、金融产业与实体经济的利益。因此，金融产业的运行要准确定位金融产业在社会经济系统中的地位，要正确处理好金融产业发展和社会整体利益的协调关系。金融产业促进社会利益最大化的基本方式和路径表现在两个方面：一是金融企业主动承担社会责任，向社会群众特别是贫困群体进行公益捐赠，帮助他们早日脱贫，从而实现社会利益最大化；二是根据"外部经济"理论，金融产业运行的目标是要通过制定规范的产业经营制度，促使金融产业在发展过程中产生正的外部经济效应，从而带动实体产业和其他相关利益群体共同发展，最终促进国民经济的可持续发展。

对于整个金融产业而言，在确定了金融产业运行的基本目标、长远目标和最终目标后，要使这些目标成为产业内部全体成员的共同目标，促使全体成员真正围绕这些目标开展经营活动，还必须建立一套科学有效的评价标准和管理模式。在社会主义市场经济条件下，通过建立一定的运行机制促使产业内部全体成员自觉地朝这些目标努力，对实现这些目标具有重要的战略意义。金融产业的运行机制就是以社会公认的行为准则和行为规范，对金融产业内部全体成员合法、正当的行为给予激励，对不合理、非法的行为给予惩罚，从而确保产业内部成员的行为不违背金融产业的整体目标，不损害金融产业及其他产业的基本利益。也就是说，金融产业运行机制要确保金融产业利益与实体经济利益相一致，确保金融产业内部的个体利益与整体利益相协调。

12.1.3 金融产业运行机制的原则

金融产业是一个复杂的经济系统，要保证其健康有效运转，实现金融产业运行总目标，金融产业的运行就必须遵循以下几条基本原则。

（1）合法性原则

在金融产业化发展过程中，为实现金融产业目标而进行的所有经营活动都必须符合法律、依据法律，不得与法律法规相抵触。这主要体现在以下几个方面：一是金融产业的主体必须知晓法律、遵守法律，主动接受相关法律法规的约束和制裁；二是金融企业内部制度的制定必须以宪法、中国人民银行法、商业银行法、证券法、保险法、票据法、担保法等一系列相关法律法规为基础，金融产业内部制度不得与国家法律法规相悖，不能超越国家相关法律法规所限定的范围；三是金融产业必须合法开展经营活动，无论是金融产业的内部经营活动，还是金融产业与其他产业间的往来活动，都必须以国家的法律法规作为行动准则。

(2) 安全性原则

金融产业是一个高风险产业，金融产业的运行应该把确保整个金融体系的安全稳健作为其运行的重要原则。金融产业的安全稳健与风险防范及风险管理是紧密联系在一起的，有效的风险防范与风险管理是金融产业安全稳健的前提和基础。金融企业在追求经营利润的同时，要加强金融风险的防范与管理，只有将金融风险控制在可承受范围之内，金融产业才能实现健康发展。一旦金融企业爆发经营风险，产生信用秩序混乱，就会形成"多米诺骨牌效应"，轻则可能导致银行挤兑，重则可能引发金融危机，进而对金融系统的稳健运行和国民经济的持续增长产生阻碍。

(3) 一致性原则

金融产业存在和发展的目标就是满足经济社会的发展需要，促进经济社会的稳健发展。因此，一致性原则要求金融产业的运行必须兼顾经济社会全局，保证个体利益与整体利益、局部利益与全局利益的高度一致。一方面，金融产业要搞好产业内部经营活动，完成社会分工中金融产业应当承担的基本责任，实现金融产业自身的可持续发展；另一方面，金融产业的运行要促进国民经济繁荣、社会安定和环境优化。金融产业作为一个社会资源配置平台，通过资源的优化配置、产业结构的调整和升级，促进社会物质文明、精神文明和生态文明的同步提高，促进国民经济持续稳定的均衡增长。

(4) 协调性原则

正如前文所述，金融产业由银行业、保险业、证券业、信托业等不同的金融行业组成，金融产业的持续健康发展必须以各类金融行业的协调发展为基础。协调性原则的实质就是某一金融行业的发展不能以牺牲其他金融行业的利益为代价。因此，协调性原则要求金融产业将稀缺的金融资源合理配置到各个金融行业，实现金融资源的优化配置和高效利用，进而促进金融行业的协调同步发展。

(5) 竞争性原则

垄断并非高效，有竞争才有动力。金融产业运行必须建立公平竞争的金融生态环境，通过竞争实现金融企业和金融产业的健康发展。打破垄断，鼓励金融企业在合理适度竞争的基础上提供高效优质的金融服务；同时防止过度的、无序的金融竞争，无规则的竞争不但不会促进金融产业发展，反而会导致金融秩序混乱，削弱金融产业的金融服务功能，或导致大规模的金融集中和垄断，从而不利于国民经济发展。竞争性原则包括两个层面的含义：一是要求同一金融行业内的不同金融企业间实现适度竞争，二是金融产业内不同金融行业间要实现适度竞争。

12.1.4 金融产业运行机制的要素

明确了金融产业运行机制的目标和原则以后，金融产业运行机制设计就是要保障这些目标的实现和这些原则的遵守。一个功能完善的金融产业运行机制至少应当包括以下几个构成要素：金融产业的企业经营机制、金融产业的内部控制机制、金融产业的外部约束机制、金融产业的自我调节机制。这几个部分相互联系、相互配合、相互协调、相互制约、相辅相成，共同构成金融产业运行机制有机整体，促进金融产业目标的实现，保障金融产业稳健运行，进而推动国民经济可持续发展。金融产业运行机制的构成要素可用图12-1加以总结。

```
                        ┌─── 企业决策机制
              ┌ 企业经营机制 ┼─── 企业激励机制
              │         └─── 企业创新机制
              │
              │         ┌─── 金融产业内控
              ├ 内部控制机制 ┼─── 金融市场内控
  金融产业       │         └─── 金融企业内控
  的运行机制 ─┤
              │         ┌─── 政府约束机制
              │         ├─── 社会约束机制
              ├ 外部约束机制 ┼
              │         ├─── 市场约束机制
              │         └─── 国际约束机制
              │
              │         ┌─── 组织结构调节
              │         ├─── 社会关系调节
              └ 自我调节机制 ┼
                        ├─── 经济关系调节
                        └─── 行业自我约束
```

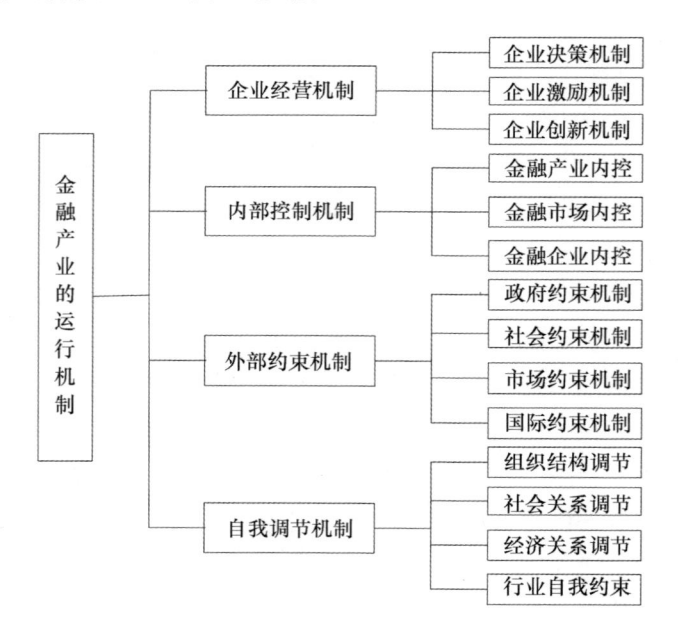

图12-1 金融产业运行机制的构成要素

12.2 金融产业的企业经营机制

金融产业的企业经营机制是指金融企业经营的各生产要素和生产环节之间，因分工与协作而形成的相互作用、相互制约、相互联结的具体形式和调节方式，是对金融企业商品生产、商品交换活动赖以存在的社会经济关系的总称。金融企业经营机制主要包括企业决策机制、企业激励机制和企业创新机制等基本内容。

12.2.1 金融企业的决策机制

领导决策是企业经营管理过程中的核心环节，科学有效的决策是企业成功的关键和保障。企业决策机制是否科学有效，直接关系到企业的可持续发展能力和市场竞争力。所谓决策，就是指面对复杂多变的市场环境，企业管理者根据市场信息在多种可行方案中进行分析和决断，选择最优的实践方案。

（1）企业决策机制

归纳起来，金融企业的决策机制主要有分散型决策机制、层级式决策机制和分散型层级决策机制三种模式。第一，分散型决策机制。明确决策主体是金融企业决策机制构建的核心环节，是企业能否良性运转的关键。分散型决策是指每个决策主体相互独立、互不重叠、互不影响地进行决策。分散型决策机制有三个明显的优点：一是该决策机制下的决策主体能很好地控制和利用自己的劳动资源，因为这种决策的结果与决策主体的个人效益直接相关；二是相对独立的决策权是保障决策主体进行决策的根本动力，避免出现"搭便车"现象；三是相互独立的决策过程使得决策主体能直接地、敏捷地搜集自己所需要的信息，并迅速地做出决定和处理，决策的效率较高。当然，这种决策机制也存在明显的缺陷，比如这种建立在个人基础上的决策在很大程度上受个人决策能力的影响；这种决策完全通过市场行为来实现，交易费用较高，会增大企业的决策成本。第二，层级式决策机制。层级式决策机制是指企业的决策权根据企业组织结构进行层级分配，不同层级的决策者拥有不同的决策权力。因此，层级式决策有两个显著的优点：一是该决策模式可以充分发挥群体决策的优势，能有效克服和避免个人决策的不足和缺陷；二是该决策模式通过内部分工与协作，大大减少了决策的交易费用，降低了企业决策成本。同样地，层级式决策机制也有显著的缺陷：一是这种自上而下的决策过程很容易导致决策者出现"不作为"和"搭便车"现象，决策的准确性和时效性难以保证；二是在这种层级决策机制下，决策信息从下往上逐层传输和整理，很容易出现信息扭曲、遗漏等问题，到达最高决策者的信息不完全、不准确，导致最高决策者决策失误。第三，分散型层级决策机制。顾名思义，分散型层级决策机制是分散型决策机制和层级式决策机制的有机结合，是建立在分散型决策机制基础上的层级式决策机制（王冠忠、陈力昌，2010）。因此，分散型层级决策机制既有分散型决策机制的优点，又包含了层级式决策机制的优点，是现代企业最常用的、最有效的决策模式。

（2）企业决策机制设计思路。

① 树立正确的企业决策理念。决策理念是决策者的行动指南，是影响决策行为的关键因素。现代金融企业的决策以群体决策为主，即层级式决策机制，更需要有统一的决策思想。现代金融企业的决策理念至少应该包括：一是可持续发展理念，即任何决策都要以实现企业的可持续发展为目标，要处理好企业短期利益与长远利益、个人利益与集团利益的关系；二是科学的决策理论，即任何决策行为都要尽可能地采用科学的决策方法、决策手段和决策程序；三是企业的社会责任观念，即企业决策的经济效益与社会效益要一致，不能以牺牲社会利益来换取企业经济效益；四是企业利益平衡理念，即决策要处理好企业利益相关者的利益关系，提高某些利益者的经济利益，不以损害其他人的经济利益为代价。

② 制定企业决策的配套制度。与企业决策相关的配套制度主要有五个方面：一是权责制度，即金融企业决策主体所拥有的权力和应承担的责任；二是企业决策程序和方法，金融企业应根据决策类型的不同来制定相应的决策程序，选择科学的决策方法，以提高决策的科学性、准确性和快捷性；三是信息沟通制度，一套科学合理的信息沟通制度对群体决策具有重要的作用；四是激励约束制度，激励约束制度的主要目的就是提高决策者的决策效率，防范决策者的私利行为；五是决策评价制度，对企业决策活动实施定期和不定期的评价，有助于企业管理层对决策方法和决策主体的及时调整，有助于企业决策经验和教训的积累。

③ 构建科学合理的决策组织体系。现代金融企业科学决策的前提就是要建立科学的、合理的决策组织体系。构建科学合理的决策组织体系，一要保证每个决策主体都具备一定的决策知识和决策能力，能有效搜集决策所需要的专业信息；二要科学分配决策权力，对不同层级的决策主体赋予不同范围的决策权力。比如董事会做战略决策、重大事件处理决策等，高级经营者做管理决策，下级经营管理者做日常生产经营活动相关决策（郑克国，2007）。一个分工明确、权责清晰、结构合理的企业决策组织体系，有利于企业科学、快捷地完成决策活动，提高企业决策效率和效益。

④ 完善企业治理结构，强化决策的制衡机制。从利益均衡角度来讲，企业的决策机制必须建立在制衡机制的基础上。建立决策的制衡机制可以从公司治理结构入手，因此公司治理结构是协调股东和其他利益相关者之间关系的一种制度，其本身就是一种制衡机制（谢雄标、葛莉，2004）。建立企业决策的制衡机制必须做好以下几个方面的工作：一是切实加强股东大会的职能，提高中小股东在股东大会中的地位；二是增加职工代表在董事会、监事会中的比例，并制定相关的制度文件对职工代表在董事会、监事会中的权力加以保护；三是强化董事会与经营者之间的委托代理关系；四是稳固和强化独立董事制度，并切实保护独立董事的权力和利益。

12.2.2 金融企业的激励机制

激励机制在金融企业经营管理和发展过程中具有重要的作用。在金融企业经营与运行中建立激励机制，其目的就是要使金融企业具有充分的市场适应能力和开拓创新精神，从而使金融产业保持优质高效运行。在市场经济条件下，激励机制有别于行政命令机制，激励手段的结果是激励主体事先可以预料到的，而行政命令手段的结果具有不确定性。在金融企业经营管理过程中，凡是积极进取的行为都应该得到认可、鼓励和奖赏，凡是消极堕落的行为都应该受到反对、制止和惩罚。选择合适的激励方式是建立一套有效的激励机制的核心环节。正确的激励方式可以提高企业经营效益，错误的激励方式不但不能促进企业发展，反而可能会起到适得其反的作用。金融企业的经营管理者如何运用不同的激励方式，最大限度地调动企业客户的激情与欲望，调动企业员工的工作积极性，对提高企业经营效益至关重要。

一般来说，金融企业经营的激励方式主要包括物质性激励和非物质性激励，具体包括六个方面。

(1) 物质激励

物质激励的常用手段包括年终奖、绩效工资、业绩提成、岗位津贴、出差补助、工作餐补贴、节假日红包等多种手段。金融企业要防止把物质激励变成福利待遇，物质激励要与企业绩效相挂钩，按照员工对企业目标和任务的贡献大小好坏实施不同层次的奖惩。金融企业的物质激励需要系统性、多样性的手段，员工薪酬可以采用"底薪＋提成"、年薪制、年终分红、股票期权"年薪＋股票""底薪＋业绩提成＋年终奖"等多种方式，同时配以购物卡、提货卡、餐补、交通费用补贴等多种形式的福利。

(2) 奖罚激励

奖罚激励是企业管理者鼓励优秀，鞭策平庸，淘汰落后的关键环节，主要包括物质奖励、假期奖励、职位晋升、公开表扬等奖励手段，以及口头警告、点名批评、记过处分、奖金减扣、开除职位等惩罚手段。金融企业实施奖罚激励，可以建立"首位晋升、末位淘汰"制度，一方面应以业绩优胜者为典型并从中晋升企业中上层管理人员，同时配合物质利益激励重心，弘扬正气，表彰先进，带动中间；另一方面也应特别重视对极个别的反面典型给予严厉的批评教育及必要的经济制裁和政纪处分。

(3) 目标激励

金融企业的目标是企业管理者和员工共同努力的方向。金融企业实施目标激励既要注重企业的经营目标，又要兼顾金融行业和金融产业的目标，企业目标不能有悖于行业目标和产业目标。同时，要注意目标的科学性和可操作性，要与员工个体的切身利益密切相关。另外，企业经营目标既要有总目标，又要有子目标；既要有长期目标，又要有阶段性目标；既要有定量目标，也要有定性目标。

(4) 情感激励

任何人都有自己不同的情感诉求，情感是影响个人行为最直接、最核心的因素。情感激励就是通过建立企业管理层与员工、企业所有者与经营者、企业员工与员工之间相互信任、相互支持、和睦共处的感情关系来调动企业所有者、经营管理者和员工的工作积极性，增强企业员工的自豪感和归属感，从而促进企业所有的利益相关者都"力往一处使"。其中，最核心的关系是企业管理者与企业员工之间的感情关系。企业领导者必须坚持以人为本的基本原则，尊重每个员工的意愿和诉求，主动关心和了解员工的各种需求，树立人人平等的工作、人际关系。

（5）信任激励

信任激励是以企业经营管理者为主的企业激励主体通过用自己的信任、尊重、理解和支持等情感对以企业员工和客户为主的激励对象进行激励的一种管理方式。信任是唤起企业员工和客户忠诚度与创新能力的最有效、最廉价的激励方式，只有赢得了每位员工、每位客户的高度信任和忠诚，企业才能最大限度地激发企业员工的工作积极性和创造性，才能充分高效利用社会资源，才能不断提升企业的社会认可度和企业价值，从而在市场竞争中立于不败之地。

（6）榜样激励

榜样激励也即行为激励，是非物质性激励中的重要一种。人是感性动物，每个人的情感很容易受到他人行为的支配和影响，从而改变自己的行为。企业管理者应该根据企业经营目标，有针对性地挖掘典型、塑造先进，并通过企业海报、电子显示屏等媒介或企业晨会、周会等活动宣传员工的优秀事迹和模范行为，并配以一定的物质或精神奖励，引发其他员工的内省和共鸣，从而建立争先创优的企业文化，带领企业所有员工积极向先进靠齐。

12.2.3 金融企业的创新机制

在市场经济条件下，推动企业发展的最重要的运行机制就是企业创新机制。创新机制是金融企业发展的持续动力，是金融企业实现经营目标的关键。在激烈的市场竞争环境下，金融企业只有不断进行企业管理创新、企业组织创新、金融产品创新、金融服务创新等创新活动，才能满足客户多元化的金融需求，才能不断提升市场竞争力，促进企业可持续发展。

（1）创新是金融企业发展的核心

创新对金融企业发展的重要意义主要体现在以下几个方面：第一，管理创新是金融企业加强科学管理的内在要求。科学管理是金融企业生存和发展的基础，在社会主义市场经济条件下，金融企业之间的竞争在一定程度上就是金融企业管理的竞争。金融企业管理创新不仅需要制定科学的、系统的、有效的管理制度，还需要形成良性的管理机制，管理机制和管理制度创新对金融企业管理至关重要。第二，产品创新和服务创新是金融企业可持续发展的基本动力。不断革新的金融工具、金融产品和金融服务方式或融资技术不仅能满足各类客户对金融产品和金融服务的多样化需求，还能扩大金融企业的业务经营范围和发展空间，增加金融企业的业务收入来源，推进金融企业规模扩张和质量提升。第三，组织创新是金融企业法人治理结构有效运转的重要前提。法人治理结构是一种相互联系、相互制约，通过有效制衡实现金融企业规范运行，保证企业持续、健康发展的一种制度安排。金融企业要正确处理好法人治理结构内部的多元关系，要按照现代企业制度的要求创新金融企业内部组织结构，建立健全适应市场经济发展和体现现代企业特征的企业良性运作机制和有效管理机制。第四，创新机制是金融企业乃至金融产业提高市场竞争力的客观需要。在当今世界经济全球化、市场化的大背景下，市场竞争日趋激烈，金融企业既面临着国内同类企业的激烈竞争，又面临着国外同类企业进入中国金融市场而引发的竞争。金融企业周围的竞争环境复杂多变，唯有不断加强产品创新、服务创新、管理创新等一系列创新活动，才能在激烈的市场竞争中立于不败之地。金融产业是一个高风险产业，创新也并非总是有利于金融产业发展，我们必须正确处理好这一问题，否则后果非常严重。伴随着金融创新对金融产业发展越来越重要的促进作用，金融创新负作用的破坏力和危害性也不断增加，对经济金融稳健发展的潜在威胁也越来越大。当然，金融产业发展也不能因为创新可能带来的潜在威胁而拒绝创新。从总体上说，金融创新活动对金融产业发展还是利大于弊的，金融创新对产业发展的积极推动作用要远超其消极阻碍作用，金融创新所带来的收益也远高于其所带来的风险。在金融创新过程中，必须加强金融监管，随时随地防范并化解金融创新可能引发的金融风险。

(3) 金融企业创新机制的构成

金融企业创新机制的设计是一项复杂的、系统的工程。从结构上看，金融企业创新机制包括人才、决策、保障、激励、信息、技术六个方面。其中，创新的本体是人才；创新的空间定位靠决策；创新的生存条件靠保障；创新的时间延续靠激励；创新的高度靠信息；创新的深度靠技术。从构成要素上看，金融企业创新机制体系主要由企业创新的动力机制、运行机制和发展机制共同构成。

其一，金融企业创新动力机制。金融企业创新动力机制是指在市场经济条件下能推动金融企业进行产品创新和服务创新从而实现稳健运行并达到既定目标的一种作用力。概括而言，金融企业的创新也主要由市场拉动、科技支撑和政策引导三种力量共同推进，三者缺一不可。仅有市场需求，没有技术支撑，企业创新就无法实现；有市场有技术，但没有政策激励，再好的市场再先进的科技都无法有效地、持续地推进金融企业创新。其中，市场拉动主要指社会多样化的金融需求和激烈的市场竞争所导致的金融创新。随着国内的经济发展和社会进步，金融需求多样化趋势愈演愈烈，同时国外金融企业不断进入中国市场，金融市场竞争日趋激烈。为了迎合市场需求并在市场竞争中占据主动，金融企业不得不开发新的金融资源，创新金融产品和金融服务，占领新的金融市场和金融领域。科技支撑是指随着科学技术的不断进步，金融企业将越来越多的先进科学技术引入金融产品的开发设计和金融服务的改进创新中。政策引导一方面是指金融企业通过制定各种政策措施激发员工的创新积极性、鼓励和支持员工创新金融服务；另一方面是指为了加快金融产业和其他实体产业协调同步发展，相关政府部门制定相关政策措施，鼓励金融企业大力培养金融创新人才、研发金融创新产品，为实体经济产业提供优质的金融产品、高效的金融服务。

其二，金融企业创新运行机制。一个良好的、健全的创新运行机制能够使金融企业的创新活动在科学的决策下持续不断地、高质高效地运行。任何一项创新都是创新者在某些特定的环境下突然由某一件事情或某一个事物促发灵感，并由灵感渐渐衍化为创新思想。当创新思想形成以后，就需要对创新思想的可行性加以论证和评估。创新项目的领导者需要对创新思想进行系统性评估，并拟订创新项目的可行性分析报告，详细陈述该创新思想的可行性依据、必备的基本条件、可能遇到的问题及改进措施、创新项目的具体实现方法等。当创新项目确定以后，就需要对项目实施开发。企业就应该成立专门的组织或团队，联合人力、资金、技术等多种要素，将创新思想付诸实践，创造出新的产品或服务。因此，金融企业在建设创新运行机制时应建立一套能够科学决策、正确指挥、严密控制、及时反馈的组织结构、人才结构、制度框架；应形成一个能充分调动各种创新所需的资源，能协调管理创新过程中诸多环节的组织系统，实现各种创新资源的充分、高效利用，进而促进金融企业创新的顺利进行和长久发展。

其三，金融企业创新发展机制。金融企业创新发展机制是在经济利润的驱使和市场竞争的鞭策下，金融企业充分挖掘、发展和利用内部资源，并广泛开发、引进和吸纳外部金融资源，加强人才、技术、资金、信息等各种资源储备，不断谋求创新发展的机制（李军、张尚琼，2006）。在金融需求日益多元化、复杂化，科学技术飞速发展和市场竞争日益激烈的今天，金融企业只有不断地研发新的金融产品，不断创新金融服务手段，不断创新企业管理模式，不断积累高级金融人才，才能在激烈的市场竞争中立于不败之地，并实现可持续发展。金融企业要实现源源不断的创新，首先需要不断培养和引进高层次金融人才，强化金融人才优势。随着经济全球化和金融市场化进程的不断加快，现代金融企业的竞争归根结底就是金融人才的竞争，金融企业只有拥有雄厚的人才储备，才能拥有竞争优势，才能在激烈的市场竞争中处于主导地位。金融企业应该不断创新人才引进机制，创新人才培训机制、人才管理机制，不仅要能够招揽贤才，而且要能留住贤才。其次，金融企业要在技术和信息资源储备上大做文章。一方面，金融企业要建立内部学习积累机制，鼓励员工不断总结经验，提高自身技术水平，定期召开员工经验交流会，进而提高金融企业的整体创新能力；另一方面，金融企业必须成立技术与信息搜集部门，专门负责搜集相关技术和信息资料，跟踪国内外先进技术和发展动态，同时设立先进技术引进基金及时引进国内外先进技术。最后，金融企业需要不断扩宽融资渠道，加大研发经费投入。金融企业开展的每一项创新活动都需要大笔的研发资金投入、管理资金投入等，雄厚的科技创新资金储备是金融企业创新机制建设的必要条件。

12.3 金融产业的内控机制

对于金融产业而言，内控机制是对金融产业内部自我生成的控制金融风险、金融混乱和波动现象，推进金融产业发展的法律法规、规章制度、管理办法及运行机制的总称。一个合理有效的金融产业内控机制是金融产业在市场经济条件下更好更快地服务于实体经济并实现自我持续健康发展的前提和基础。

12.3.1 金融产业内控机制的设计规范

金融产业内控机制是否科学合理、是否切实可行是影响金融产业健康运行的关键因素。要使金融产业内控机制科学合理和切实可行，在设计金融产业内控机制时必须明确内部控制的目标和设计的基本原则。

（1）金融产业内控机制设计目标

明确金融产业内控机制的目标，对于金融产业的内控机制建设是十分重要的。金融产业内控机制的设计必须同时达到以下三个基本的目标：一是科学合理。金融产业内控机制既是对金融产业政策法规的执行，也是对金融产业政策法规的补充和延伸，设计出来的金融产业内控机制必须符合金融产业及其组织运行的客观规律，必须满足市场经济发展的需要，要在理论上符合科学逻辑，在结构和总量上实现最优（冉光和等，2004）。这不仅要求每一项内控机制都达到科学合理的目标，还要求整个金融产业内控机制达到科学合理的目标。金融产业的内控机制体现的是一种生产关系，必须与当前阶段的金融产业生产力相适应。只有不断适应金融产业生产力发展要求的金融产业内控机制才是最科学、最合理的。在设计金融产业内控机制时，应该进行充分的调查、反复实践和修正，使之无限接近金融产业的运行规律和市场经济运行规律。二是切实可行。切实可行这一目标要求设计出来的金融产业内控机制简单有效，便于操作、考核和评价。在具体设计过程中，内控机制应在能控制所有风险产生源的基础上，尽可能做到简洁易懂，便于操作。能用量化指标衡量业绩并体现制度的，尽可能用量化指标来予以描述，使设计出来的金融产业内控机制在实际贯彻执行过程中能切合实际，容易操作，便于执行和进行考核评价。三是低成本高收益。这一基本目标要求在设计金融产业内控机制时不仅其设计总成本最小，还要求内控机制执行总成本最小。一方面，实现这一目标，不仅要求提高内控机制的设计工作质量和工作效率，还要求设计出的制度条款尽可能避免不必要的且执行成本高的制度措施。另一方面，所设计的内控机制通过业务职能部门的贯彻实施不仅能够有效地规范业务程序和员工行为，提高员工工作效率和金融资源运营质量，还能够最大限度地将各个环节出现的金融风险控制到最低程度。

（2）金融产业内控机制设计原则

按照恰当的原则设计金融产业内控机制是金融产业内控机制建设取得成功的关键。设计金融产业内控机制要严格遵守全面性原则、审慎性原则、及时性原则、有效性原则和相对独立性原则。其中，全面性原则要求内控机制的设计全面渗透到金融行业、金融企业各项业务过程和操作环节，覆盖所有的部门、岗位、人员、财力、物力，不能有任何死角和空白。审慎性原则要求内控机制的设计要以审慎经营为出发点，充分考虑各业务环节的潜在风险及大小、容易发生的问题及难易程度，设立适当的操作程序和控制步骤来防范和减少风险，并设计出相应的补救措施。及时性原则要求金融产业内控机制要随时根据新型业务种类和范围的发展、经济金融形势变化进行及时调整和更改，确保内控机制的全面和有效。有效性原则要求各种内控机制必须符合国家和监管部门的法律、规章制度，必须具有高度权威性，所有内部构成单位必须严格遵照执行，不能有任何例外，任何人都不能有超越制度和违反规章的特权，应一视同仁。相对独立性原则是指金融产业内控机制的设计部门和执行部门要相对独立于内控机制的检查和评价部门，直接操作人员与直接控制人员要适度分离，保证内部控制各环节相对独立；金融产业内控机制的设计、执行、检查、测评应该分别由金融产业内的相关系统独立实施完成。

12.3.2 金融产业内控机制的设计思路

金融产业内控机制的设计可以从金融产业、金融市场和金融企业三个"自上而下"的不同层次分别展开。

（1）金融产业内控机制设计

金融产业内控机制设计可以从金融产业成长总量、金融产业结构、金融产业布局、金融产业组织、金融产业发展效率与效益等几个方面考虑。一是金融产业成长总量的内控机制设计。金融产业成长是金融不断深化的过程，金融产业成长越快，金融深化程度越高，累积的金融泡沫和金融风险就可能越多。金融产业成长总量的内部控制主要体现为金融产业成长总量与经济增长总量保持大致相适应的局面，并反映于内控机制的监视中。二是金融产业结构的内控机制设计。金融产业结构取决于实体经济产业结构，金融产业结构随着实体经济产业结构的调整而调整。金融产业结构的内部控制是金融产业自律协会通过内部控制办法引导金融产业结构向合理优化方向发展，并体现在内控机制上。金融产业结构的内控点应该选择不同的金融企业结构、不同的金融商品结构、不同的金融交易主体结构。三是金融产业布局的内控机制设计。中国地域广阔，不同地区不同省份的经济发展水平和层次差异明显，从东部沿海地区到中部地区再到西部欠发达地区，金融产业组织的数量和结构都呈现出逐渐降低的趋势，进而导致金融发展水平出现地区不均衡。金融产业布局的内部控制就是金融产业自律协会要根据国家金融调节政策，通过内部控制办法适当加大对落后地区金融产业组织的支持力度，促进金融产业组织在全国范围内按经济发展要求协调发展。四是金融产业组织的内控机制设计。金融产业组织包括金融企业和金融市场，金融产业协会应该通过行业协会监视金融企业的经营活动、资产质量、经营绩效等，监控金融市场不良交易行为，防范和控制各种潜在的金融风险，促进金融产业持续健康发展。对金融产业组织的内部控制应该选择多个有效的控制点，在内控机制上加以考虑并予以执行。五是金融产业发展效率与效益的内控机制设计。金融产业的整体运营并非所有金融产业的简单加总，而是在不同企业协调运营、功能结构互补、有序竞争的过程中实现的。要实现金融产业整体效率和效益的最大化，就必须处理好金融产业组织间的互动关系和竞争关系。设计金融产业内控机制的目的就是要防止不良竞争和垄断，规范金融产业组织运作秩序，促进金融产业组织之间实现协调统一。因此，金融产业整体发展效率和效益的内控机制应该重点体现金融产业组织的竞争规则、市场交易规则等。

（2）金融市场内控机制设计

金融市场是金融产业的核心，金融市场内控机制可以从金融市场主体、金融市场交易秩序、金融交易程序、金融商品交易种类、金融市场交易所、金融市场信息披露等多个方面进行。第一，金融市场主体的内控机制设计。金融市场主体的交易目的、交易行为、交易理念和诚信水平都会对金融市场的运营产生重大影响，金融市场内控机制的设计应该重点考虑金融市场主体，且将金融市场主体的资信审查、市场准入审批、市场资格认定、信用评级、违纪处罚等作为内控机制设计的重要监控点，对此设计出一些定量的指标和定性的指标体系加以考核与评价。第二，金融市场交易秩序的内控机制设计。对金融市场交易秩序进行监控对促进金融市场健康发展有着至关重要的作用。金融市场交易秩序内控机制的设计要在相关法律法规的主体精神的基础上,根据金融市场交易的实际情况,选择合适的风险监控点,设计出合理的交易规则并在内控制度上加以体现。第三,金融交易程序的内控机制设计。金融交易程序是由多个环节组成的一个复杂过程,每个环节都将是内部控制的重点和关键,金融交易程序的内控机制设计应该在每一个环节上找准关键人员,明确责任和权力,并制定相应的考核标准,在内控机制上加以反映并予以执行。第四,金融商品交易种类的内控制度设计。对上市的金融商品应该将风险控制点选择在数量、结构、信用等级和市场接受度上,数量要适度,质量要高,结构要合理,能满足市场需求。第五,金融市场信息披露的内控机制设计。金融市场信息披露是引导投资者做出正确的投资决策和选择交易行为的重要途径,是促进金融市场健康发展的基础。因此,金融市场应该在企业信息披露方面进行重点内控机制设计,制定请求会计事务所等中介组织协助审核企业财务报告、市场主体对财务信息实施广泛监督、交易所做出监督处理等控制办法,并在内控机制上加以体现并予以执行。

(3) 金融企业内控机制设计

金融企业内控机制设计可以从整体和单项两个层面分别进行。

①金融企业总体内控机制设计。金融企业总体内控机制设计主要分为静态结构和动态结构两方面。静态结构是一个包括业务项目、业务流程和项目组织在内的三维立体结构。其中,业务项目是内控机制的基本单位。一个金融企业内控业务项目的数量多寡应该根据企业的发展目标和管理来决定,各业务项目内控机制设计应根据管理要求和特点进行区别设计。业务流程是金融企业经营过程的一个阶段,每个作业流程都有一个相应的任务,由不同的企业员工去完成,设计业务流程内控机制应该按照"流程、作业、任务"目标的依次关系进行。组织维度是具有共同行动目标的人员群体。金融企业由若干不同层次的部门组成,每个部门的每个员工都应该参与内控机制设计。动态结构是指内控机制制定、执行的动态过程。在内控机制设计好以后就交由业务部门贯彻执行,职能部门对执行情况进行计量或测试,对计量或测试结果进行分析和报告,如果测试结果与内控机制要求不相符,就应该立即分析原因并采取相应的补救措施进行直接或间接

干预，使金融企业内控机制在动态发展过程中不断趋于完善。

②金融企业单项内控机制设计。金融企业单项内控机制设计可以分为三个角度：一是按职能部门逐个设计，形成各职能部门的内控机制。首先要明确各部门的业务性质、种类、流程、任务及关键控制点，明确各部门每位员工的责任和权力，并制定具体的业绩考核标准及考核指标；其次要建立各部门之间内控信息联系和沟通机制，建立部门间纵向或横向的协调小组；区分各部门的常规性、非常规性和混合性业务事件，重点控制常规性业务，同时对非常规性和混合性业务活动制定相应的预防、控制条款；最后对设计好的内控机制进行符合性和实质性测试，并不断加以修订、调整和增补，确保部门内控机制科学有效。二是按业务范围和业务种类逐个设计内控机制。按照金融业务项目设计内控机制，首先要准确把握每项金融业务的组织维度和流程维度，选准控制点，从组织和流程两方面制定相应的内控机制，建立完善的信息沟通以及监督机制；其次，制定项目内控机制的执行测试方法，并形成测试报告，设计内控机制的执行与测试、测试报告等运作机制与规范，在此基础上进行业务项目内控机制的最后修订与增补程序（冉光和等，2004）。三是按照业务作业流程进行设计。首先明确所涉及的各项作业及不同作业之间的相互关系，然后制定各项作业的参考标准以及考核指标，明确每一项作业的任务及任务完成情况考核指标，最后科学地将作业分配落实到相应的一个或几个员工身上。业务流程内控机制设计好后应进行符合性测试，不断重复修正、完善与执行。

12.3.3　金融产业内控机制的实施程序

金融产业内控机制的实施大致可分为五个阶段：一是金融产业内控机制标准设计。金融产业内控机制标准实质上也就是内控制度，或是通过内控机制所反映出来的规范性文件，是用来衡量实际绩效而预先制定的参考依据，体现的是金融产业组织的计划目标、规章制度等。二是金融产业内控机制执行结果衡量。金融产业内控系统中相关职能部门根据已经确定的内控机制标准，衡量内控机制实际执行的程度和执行效果，对执行结果进行准确客观的计量，然后将计量结果及时、准确、完整地向主管部门报告。三是金融产业内控机制执行差异识别与分析。这里的差异专指金融产业内控机制实际执行结果与内控目标间的差距，或者是实际执行结果偏离内控目标的异化现象。差异识别和分析环节首先要准确、客观地识别内控机制实际执行结果的差异；然后着重分析产生差异的主要原因，以及不同因素对差异的影响程度；同时也要考察这种差异可能产生的后果和影响，以及影响的程度大小。四是金融产业内控机制的检查与评价。检查和评价是对金融产业内控机制实施确定的参考标准、计量或测试结果、差异识别与分析、纠偏措施等全过程进行全面完整的检查与评价。具体程序为：首先对内控机制设计的适当性、科学性进行检查测试，然后对内控机制的实际执行情况进行计量和测试，最后是对两种检查结果进行综合评价。五是采取纠偏和改进措施。内控机制本身也是一种纠正偏差、保证金融产业组织目标顺利实现的措施之一，但这只是一种预防性措施，如果不履行或者不完全履行同样会产生偏差。金融产业内部控制的最后环节，也是最关键的环节，是要在差异识别和分析等前面环节的基础上制定差异的纠正措施，并对以前的内控机制进行适度调整和修订，并在以后的运营过程中加以贯彻执行。

综上所述，金融产业内部控制是一个持续的循环过程，在这个过程中以设计、执行、检评和改进为核心环节，大致可用图 12-2 加以简单描述。

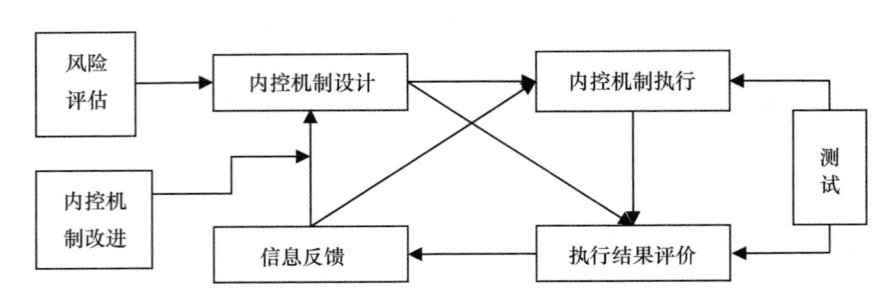

图 12-2 金融产业内部控制实施过程

12.4 金融产业的外部约束机制

金融产业化发展不仅需要内部控制机制，还需要外部约束机制。金融产业内部控制机制和外部约束机制的协调配合是金融产业稳健运行的基础。所谓金融产业外部约束机制，是指金融产业在经营过程中因受到内外部环境的制约而不断规范自我行为的一种机制,是金融产业内在要求与外部条件共同作用、相互统一的结果。归纳而言,金融产业的外在约束机制主要包括政府约束机制、社会约束机制、市场约束机制和国际约束机制四个方面。

12.4.1 金融产业的政府约束机制

政府是经济系统中最重要的参与主体,在整个宏观经济发展中起着非常重要的作用。在经济运行过程中,政府扮演的重要角色之一就是监管者,对一切经济金融活动进行监管。政府对金融产业发展和运行的约束主要是通过行政手段、法律手段和经济手段对金融企业的经营活动进行监管。其中,行政手段是指政府部门通过行政机构采取带有强制性的行政命令、指示、规定等措施来调节和管理金融产业的手段;行政手段具有权威性、强制性、垂直性、非经济利益性和封闭性等特点。法律手段是指政府依靠各种法律法规包括从国家宪法到银行法、证券法、保险法、信托法、公司法、税法、会计法等制度性文件来规范金融经济活动,保障经济政策目标的实现;法律手段一般具有权威性、强制性、规范性和稳定性等特点。经济手段是指政府从保证社会稳定和经济持续增长的目的出发,在自觉依据和运用价值规律的基础上借助于经济杠杆的调节作用对金融产业的经营活动进行宏观调控;经济手段一般具有间接性、利益性、关联性、技术性等特点。政府对经济金融活动的合理约束不但可以推动经济金融的持续健康发展,而且可以保证社会秩序的和谐稳定。但是,这个前提是政府对金融产业的约束是合理的、适度的约束。一方面,政府对金融产业的过分干预会使得金融企业管理者对企业生命周期缺乏良好准确的预期,往往容易助长短期行为,不利于金融产业的长期发展;另一方面,各级政府对金融市场和社会缺乏有效的管理,经常出现缺位、错位、越位、不到位等现象,对市场竞争过程中的各种违法行为处理不当或不及时。因此,政府对金融产业的约束必须建立在市场经济规律基础上,运用合适的手段在恰当的时期对金融经营活动实施有效的、适度的监管,促进金融产业可持续发展。

12.4.2 金融产业的社会约束机制

从前面的分析中可以看出,政府部门对金融企业的监管和约束难免存在一些局限，因而需要社会约束加以配合协调，共同推动金融产业稳健发展。所谓社会约束是指社会力量出于维护社会稳定和对自身利益的密切关注，以及在购买金融产品与服务和对金融企业信誉、作风和实力的评价基础上，对金融企业施加直接的、间接的、有形的、无形的约束。广义的社会约束的监管主体包括金融企业的利益相关者，如债权人、股东等，金融行业自律协会、会计事务所等金融中介机构、新闻媒体等多个方面。社会约束监管主体利用广播电台、影视传媒、报刊书籍、网络等大众传媒工具对经营不稳健的金融企业施加压力和监督，督促金融企业改进管理模式和经营理念。社会力量或从自身利益出发自觉监督金融企业行为，或从社会利益角度出发披露金融企业的违规行为，因此社会力量对金融企业的监管具有较高的独立性，能够有效地提高约束效率和减少约束成本。另外，像会计事务所等专业的社会中介对金融企业经营管理方面的分析更具专业性、科学性，可以为政府监管提供有效的参考信息，有助于提高监管的有效性。社会约束监管主体可以通过转移存款、转保等方式迅速采取行动来约束金融企业的行为，对金融企业的监督时效性特别强。社会约束有助于培养金融产业良性循环的文化氛围，有助于形成金融产业可持续发展的道德规范。从某种意义上讲，社会约束是政府约束的有效补充，二者的联合是提高监管效率、实现金融产业稳健发展的关键。

12.4.3　金融产业的市场约束机制

在市场经济体制下，金融企业也必须遵守"优胜劣汰"的基本规律，盈利企业可以长期发展，亏损企业则自动被淘汰。金融产业可持续发展必须面临一种硬性的市场约束，所谓市场约束是指在市场化的环境下，金融企业的利益相关者出于对自身利益的关注，会借助强化信息披露和有关社会中介如会计事务所、审计事务所等的帮助，通过提供监控和实施对金融企业经营活动的约束，把管理落后或不稳健的企业逐出市场等手段来促进金融企业安全、稳健经营。利益相关者对利益所在金融企业的经营活动的约束依赖于其自身所掌握的信息和对这些信息的判断，因此一个有效的市场约束要求金融企业所提供的信息必须准确、全面和及时。由此可见，一个有效的市场约束机制必须具备三个基本条件。一是需要建立完善的金融企业信息披露制度。完善的信息披露制度对提高金融企业约束程度具有极强的现实意义,只有金融企业定期地、及时地公开企业关于资产负债、资本运营、风险状态等有意义有价值的财务信息,利益相关者才能准确地评价金融企业的经营状态和抗风险能力。二是必须减少政府的保护和干预,防止监管宽容。在市场竞争环境下,有效的政府监管仍必不可少。为了市场约束机制能够很好地运行,政府对金融企业的监管必须严格执行统一的标准和制度,防止监管宽容。只要是被市场淘汰的金融企业,不论是国有或国有控股金融企业,还是股份制金融企业或民营金融企业,监管部门必须按照合法程序对其加以清算关闭,终止其法人地位。三是必须建立严格的、合理的市场进退政策。必须制定严格的金融市场准入制度,只有当金融企业达到或超过最低门槛时才允许其依法进入金融市场,依法从事金融产品和服务的经营活动。市场退出一般是指不能实现自负盈亏的金融企业在经过一系列救助措施后仍然无法维持正常的经营运转,有关监管部门通过法律手段或行政手段要求金融企业清算倒闭从而终止其法人地位的一种方法。在市场竞争中,因资金周转困难而无法正常经营的金融企业就不得不退出市场。

12.4.4 金融产业的国际约束机制

随着中国对外开放程度的不断加深和经济全球化的逐渐深化,我国金融企业参与国际金融市场的竞争必然受到国际准则的约束。所谓国际准则是被普遍接受并共同遵守的国际市场经济运行的规则和惯例,如巴塞尔协议、国际会计准则、国际审计准则、有效银行监管核心原则、证券监管的目标与原则等制度文件。国际约束就是对国际准则的遵守和执行,国际准则对金融产业的约束是一种规范化的、国际化的制度约束。

在国际约束条件下,首先必须参照国际标准对金融企业进行产权结构改革,调整优化金融结构。国际化的金融企业产权结构具备以下特点:确立股份制金融企业的法人,股东以自己的投入股本对企业的负债负有限责任,金融企业以自己的资产对企业负有限责任。只有拥有这种"负有限责任"制度的金融企业才能真正以"经济人"身份进入国际市场(冉光和等,2004)。国际化的金融结构应该包括金融组织结构、金融工具结构、金融利率结构、金融业务结构、金融市场结构等多个方面,而且每个方面都趋于协调、合理。金融组织结构是指金融机构的设置和金融机构内部的组织状况；金融工具结构是指在金融市场上进行交易的各种金融工具的比重和范围；金融利率结构是指各种金融产品和金融服务的价格情况、收益情况和期限组合等；金融业务结构与金融工具结构相似，是指各种金融服务的比重和范围；金融市场结构是指长短期金融市场、票据市场、外汇市场、黄金市场等各种金融市场的发展状况和在金融市场中的重要程度。其次，在国际约束条件下要实现金融产业可持续发展必须参照国际标准建立健全金融企业的行为准则，规范金融企业的业务范围，有所为有所不为。

12.5 金融产业的自我调节机制

金融产业在持续发展过程中需要主动理顺产业内外的各种关系，健全自身机理和完善自身机体。因此，金融产业的稳健运行不仅需要完善的内部控制机制和外部约束机制，还需要有一个健全的自我调节机制。金融产业的自我调节机制是金融产业为了实现产业目标而逐渐培养起来的对自身机体和行为不断完善的一种自制力。概括来讲，金融产业的自我调节机制主要包括组织结构调节、社会关系调节、经济关系调节和行业自我约束四个方面。

12.5.1 金融产业的组织结构调节

金融产业的组织结构调节实际上就是金融产业发展过程中的产业结构优化问题。在不同的经济体制和不同的经济发展阶段，应该有不同的金融组织结构，金融组织结构的调整和优化必须适应当前经济发展的要求。因此，随着金融产业化进程的不断推进，金融组织结构调整优化应该是一个动态的过程，随着我国经济社会发展状况的改变而改变，而且必须与金融产业本身的发展水平相适应。金融产业组织结构调节的目的就是通过对现有金融资源进行整合、再分配以及再创造，从而形成一个涵盖银行、证券、保险、信托在内的，包括国有独资、国有控股、股份合作制、民营制乃至民间地下金融的一个种类齐全、功能健全、结构合理的金融组织体系。当前，我国金融产业组织结构调节必须重点发展证券类金融企业、保险类金融企业和信托类投资企业，调整金融产业结构；要适度合理地发展民营金融企业，改善金融产业资本结构；要大力发展新型农村金融机构，规范民间金融，建立健全农村金融组织体系，协调城市金融与农村金融的互动关系；要协调好各金融行业、各金融企业之间的互动关系，提高整体金融服务质量和服务效率；要规范政府行为，提高金融产业的市场化程度和市场竞争力。

12.5.2 金融产业的社会关系调节

众所周知，金融产业是市场经济环境下最大的、最重要的服务性产业。作为现代经济的核心，金融与其他经济社会活动都有直接或间接的相互作用关系。因此，金融产业的发展不仅影响到一个国家或地区的经济可持续发展，而且金融产业牵涉到社会生活的多个方面，对国计民生、政治稳定、社会和谐乃至国家安全都会产生重要影响。金融产业的持续健康发展是一个国家或地区经济持续健康发展的基础，是社会稳定和人民安居乐业的保障。要实现金融产业的稳健运行，必须要求金融产业主动调节好金融与其他社会活动的关系。1997年亚洲金融风暴、2000年拉美金融危机、2008年全球金融危机及随后的欧债危机等一系列事实告诉我们，金融产业动荡和金融形势的恶化最终将导致金融危机、经济崩溃，引起社会不稳定甚至危及国家安全。也正因此，研究金融产业可持续发展不能仅考虑金融产业自身的结构调整和经济利益调整，更重要的是从宏观整体出发，从社会稳定、政治稳定和国家安全的高度对金融产业进行全局规划，使其科学发展，要充分考虑金融产业与社会整体利益的相互关系，形成并健全金融产业与社会整体利益的协调机制。

12.5.3 金融产业的经济关系调节

金融产业是宏观经济系统中众多产业中的一种，其核心组成部分——金融企业也只是众多企业中的一部分。在金融产业化发展过程中，要正确处理好金融产业与其他产业之间、金融产业内部各金融行业之间、金融行业与金融企业之间、金融企业与实体企业之间、同类金融企业之间的经济利益关系。金融产业与其他产业之间是一种相互支持、相互依存、相互促进的互动关系，金融产业为其他产业提供资金支持和服务，其他产业对金融产品和服务的需求又反过来刺激金融创新，进而促进金融产业发展，金融产业必须协调处理好与其他产业之间的经济利益关系。金融产业内各金融行业之间的关系亦是如此。

随着科学技术的不断进步和社会金融需求的不断复杂化，银行业、证券业、保险业、信托业、担保业、租赁业等金融行业之间既存在业务交叉重叠，又存在合作互补，只有处理好各金融行业间的经济利益关系，金融产业的整体利益才能得到保障。在市场经济条件下，各金融企业之间是平等竞争关系，各自为了实现利润最大化而在客户、市场、服务、技术、资源上展开全面激烈竞争，金融产业要做的就是调节金融企业之间的经济利益关系，监督并禁止不正当竞争和非法竞争在产业内部出现，使它们之间的竞争合法化和良性化。金融产业与金融企业之间的经济利益关系是整体与个体之间的关系，金融产业的经济利益有赖于单个金融企业经济利益的实现，但金融产业的经济利益又不直接等于所有金融企业经济利益的简单相加，可能某个或某些金融企业的经济利益与金融产业的经济利益目标不相符，金融产业必须调整好二者之间的经济利益目标并使其趋于一致，做到既激励金融企业的积极性和创造性，又能实现整个金融产业的经济利益最大化。

12.5.4 金融产业的行业自我约束

金融产业的行业自我约束是指金融企业为了维护公平的竞争环境，自发组织建立的行业自律协会，制定行业行为规范和章程，对成员企业的经营活动和业务范围进行组织、引导、监管、协调和控制的一种行业管理模式。中央银行要引导和支持金融产业依据国家有关法律法规制定行业行为规范，逐步建立和完善符合中国国情、适应市场经济发展需要的金融行业自律组织，加强行业内的互相监督和约束，引导金融产业内各行业形成一种公平竞争、自查自纠、合法经营、良性互动、协同发展的金融市场秩序。近年来，随着我国金融产业的行业自律协会的建立及其功能完善，金融秩序逐渐趋于和谐稳定。金融产业行业自我约束的内容主要包括：①市场监管。金融行业自律协会对各会员企业或机构的经营活动和业务范围、类型进行监督和管理，保障企业之间竞争的公平性和合法性，维护金融市场的高效运行。②协作服务。金融行业自律协会或行业工会对各会员企业和机构开展协作提供帮助和支持，为各会员企业和机构提供低成本甚至无偿的服务，促进行业内各企业协同发展。③调解与仲裁。主要指金融行业自律组织对各会员企业的不正当竞争和不合法活动进行必要的制裁,并对行业内各会员企业间、会员企业与客户之间的矛盾、纠纷、争议进行协商、调解和仲裁。④联络与沟通。金融行业自律协会作为中观内控主体,在金融产业发展过程中起着重要的联络沟通作用,它们一方面需要贯彻执行、转达金融行业自律协会的自律指令和方案措施,同时将下属会员企业的困难、想法等向上级部门转达。⑤行业利益保护。指金融行业自律组织或工会组织代表行业内各会员企业向政府或金融监管部门提出利益主张,并对侵犯本行业内金融企业的外部势力予以抵制,从而有效地保证本行业内各会员企业的基本经济利益不受侵犯。

第 13 章　金融产业的运行绩效

要使金融产业实现良性循环，就必须建立科学的绩效评价体系，提高金融资源的配置效率，以实现经济的健康、快速成长。金融产业绩效是指金融产业资本与实体产业资本融合及循环后所产生的金融产业自身效益和效率以及实体经济提升的效益和效率的总和。一方面，金融产业作为金融产业部门实现盈利的基本介质和手段，是通过金融产业在其自身资本循环（或通过转化成实体产业的资本循环）过程中实现最大化增值来进行和完成的。通俗地讲，以最低的金融产业资本循环成本获取最大化的金融产业资本循环增值，从而实现金融企业利润最大化目标。另一方面，通过金融产业资本的运用及循环，实现实体经济的效益和效率的提升，就是金融产业资本循环的绩效问题。要提高金融产业的绩效，金融企业必须实现持续、稳健经营，进而实现金融产业可持续发展。金融产业发展的基本目标在于实现金融产业资本循环绩效的优化，最终目标是促进国民经济可持续发展。本章将着重分析金融产业绩效的内涵、绩效的管理、绩效的评估以及绩效提升的实现路径。

13.1　金融产业绩效的内涵

绩效既是微观经济主体追求的基本目标，又是经济学研究的永恒主题，金融产业经济学离不开对这一主题的探讨。金融产业的绩效是隶属于经济效率的一个重要范畴。所以，研究金融产业绩效的内涵，需要从经济效率的概念出发寻找其逻辑起点。

13.1.1　经济绩效的概念界定

经济学的效率概念起源于资源的稀缺性，相对于人们的无限需要，资源的供给总是稀缺的。这就客观地存在着如何配置、选择和节约供给有限的稀缺资源,以尽可能地生产出更多的产品,并满足人们的物质和精神方面的需要之效率问题。因而效率(efficiency)通常被界定为"最有效地使用社会资源以满足人类的愿望和需要"(萨缪尔森,1999),或"社会能从其稀缺资源中得到最多东西"(曼昆,1999),或"如何通过最少的投入,得到最大的回报"(周升业,2002)。从这个意义上讲,经济学是关于选择的科学、节约的科学和效率的科学。

美国经济学家萨缪尔森曾指出:"经济学是研究人和社会如何进行选择,来使用可以有其他用途的稀缺的资源以便生产各种商品,并在现在或将来把商品分配给社会的各个成员或集团以供消费之用。"(萨缪尔森,1993)萨缪尔森关于经济学内涵的概括,通常包括如下五个方面的内容:①经济资源是稀缺的,任何社会都不例外,稀缺性从根本上决定了有效利用资源的重要性;②经济学是选择的科学,任何人和社会(包括家庭、厂商、政府、涉外部门)都要进行选择,都要进行核算,以便使资源得到有效利用;③厂商选择有限的具有多种用途的资源用以生产什么、生产多少,以获得利润最大;④家庭选择有限收入用于购买什么商品,购买多少商品,以取得效用最大化;⑤政府和涉外部门选择资源合理配置的最佳方案,并通过具体实施,实现社会福利最大化的目标。这些主体基本上涵盖了社会经济主体的各个方面。所以,就整个经济社会而言,是如何将稀缺的资源进行最合理的配置,换取最大的效用;就经济社会的各个主体来说,是如何用最少的付出或成本,合理地换取各自所最需的效用(周升业,2002)。因此,经济学(economics)就其过程来讲是通过选择追求效率的科学。[①] 从某种意义上讲,一部人类文明的发展史就是一部社会经济发展史,推动社会经济持续向前发展的动力实际上就是经济效率的不断提高。表13-1列出了不同效率理论流派对于效率的不同定义。

---

① 宏观经济学通过国民经济总量及其相互关系的研究,探讨如何实现充分就业、币值和物价稳定、经济增长、国际收支平衡的宏观经济目标,以达到全社会福利最大化的目的;微观经济学主要利用消费者剩余、无差异曲线、生产可能性曲线、预算约束曲线等一系列分析工具,研究厂商如何最为有效地利用有限的资源,研究消费者如何使有限的收入达到最大的满足,实际上就是研究效率。

表 13-1　　　　　　　　　　　效率理论流派的观点

理论流派	创始人	代表作	主要观点
亚当·斯密效率理论	亚当·斯密（Adam Smith）	国民财富的性质和原因研究（1776）	投资者在"看不见的手"的引导下，为了追求最大利润和消费最优，必然带来效率的增加
边际学派效率理论	杰文斯（W. S. Jevons）门格尔（K. Menger）		为获得最大经济效益，人们会对资源做重新配置，将资源从获利较少的用途转到获利较多的用途上。边际收益相等导致社会资源配置最优
旧福利经济理论的庇古效率标准	庇古（Pigou）	福利经济学（1920）	资源最优配置的标准即效率标准是边际私人纯产值和边际社会纯产值相等，同时国民经济各个部门的边际社会纯产值相等。通过竞争和社会经济资源的自由转移，经济资源在各个部门的配置达到最优状态即效率状态
新福利经济学理论的帕累托效率标准	帕累托（Pareto）	政治经济学教程	资源处于效率配置时，再没有任何方法能使某些人福利增加而又不减少其他人福利，即社会经济福利已经不能不在牺牲其他人经济福利的条件下得到进一步增加
补偿原则论卡尔多—希克斯标准	卡尔多（Kaldor）希克斯（Hicks）	经济学的福利命题和个人间的效用比较（1930）	如果发生一种经济变化，使受益者对其所得利益的估价高于受损者对其所损失的估价，即受益者补偿损失者的利益有余，则这种变化意味着效率的增加，补偿可以自然地进行
萨缪尔森检验	柏格森·萨缪尔森（Beigson-Samuelson）		要考察一种状况是否优于另一种状况，必须是在这种状况的每一种商品组合与另一种状况的分配相比较时，前者至少能使一个人有利而不对任何人不利。此时状况为有效率，而后者为没有效率
社会主义条件下效率实现可能性问题分析	米塞斯（L. E. Miss）阿瑟·奥肯（A. M. Okun）		一种观点认为，社会主义不可能有效率；另一种观点认为，社会主义在理论上存在实现效率的可能性，能实现资源最优，实现效率的手段可以是经济计划、价格机制和竞争解决法

资料来源：周四军《中国商业银行效率研究》，学位论文，湖南大学，2006 年。

综上所述，经济效率在本质上揭示的是投入与产出或成本与收益之间的关系。这里的产出或收益指的就是能够为人们提供满足的有用物，最终的经济产出就是人们的满足即效用。而投入或成本就是指在一定的技术水平条件下生产一定产品所需的生产资源，包括人力资源、物质资源和技术资源。经济社会的发展就是在有限资源的前提下，尽可能多、尽可能好地生产和提供有用产品。所以，经济效率（economic efficiency）指的就是现有生产资源与它们所提供的人类满足之间的对比关系。如果讲一个经济单位"有效率"，就是指这个经济单位用一定的技术和生产资源为人们提供了最大可能的满足。[①] 同样地，称一个人的经济行为有效率，也就是指花费较少的成本，取得了较大效用。所以，研究个别企业的效率问题，主要是研究该企业是否利用一定的生产资源生产出了最大量的产出，或者是在生产一定量产出时实现了"成本最小"，这就是微观生产效率。而就整个社会而言，经济效率揭示的就是全部生产资源与所有人的总经济福利之间的对比关系。研究整个社会的经济效率，主要就是研究在给定技术效率前提下，经济资源是否在不同生产目的之间得到了合理的配置，使其最大限度地满足了人们的各种需要，这就是宏观配置效率。

13.1.2 金融产业绩效的内涵

金融产业绩效是指金融产业资本运用与实体产业资本融合及循环后产生的金融产业自身效益和效率以及实体经济提升的效益和效率的总和。从经济学的角度来看，实体经济指的是从事包括物质的、精神的产品和服务的生产、流通等。实体经济是人类赖以生存和发展的基础，而金融产业资本的运作则是以分配和交换活动产生增值。从经济与金融的关系原理来看，经济决定金融，金融制约经济发展。实体产业绩效决定金融产业绩效，实体企业绩效决定金融企业绩效，实体经济资本绩效决定金融产业资本绩效；如果实体资本运作绩效差，实体企业绩效差，实体产业绩效低，就会导致金融产业资本绩效低，金融企业绩效低，金融产业绩效低；如果金融产业资本绩效低，金融企业绩效差，金融产业绩效低，就会导致实体资本绩效差，实体企业绩效低，制约实体产业发展；如果形成不良循环，

---

① 萨缪尔森用生产可能性边界（production-possibility frontier）表示一个经济体实现了效率，当生产处于该边界以内的任意点时，都是缺乏效率的。

资金循环链中断，就会导致金融产业危机、社会危机，最终导致政府危机。因此，根据经济效率的基本内涵，考察金融产业的绩效可以从三个层次进行：一是具体到金融企业自身的投入（投资）与产出（收益回报）关系的绩效考察；二是通过金融产业资本循环推动储蓄向投资转化的考察；三是金融产业在促进国民经济发展中的一般作用考察。我们将这三个层次的金融产业循环绩效分别归结为微观生产绩效、中观配置绩效、宏观功能绩效，并以此作为本专著的一个全新的绩效分析框架。

金融产业的微观生产绩效是指通过一定的金融产业投资及其循环过程最终给金融企业带来的价值增值的比例关系。也就是说，它泛指金融企业的金融产业投入与产出或成本与收益之间的关系。对于主要依靠直接融资的金融企业（如证券公司、投资基金）更多的是依赖市场的发展来提高效率；而对于间接融资的金融企业（如银行、保险公司）则更多的是依靠内部管理来提高效率。前者是一个市场范畴，后者是一个组织或管理范畴。因此，在这里，我们主要讨论以银行为代表的金融产业配置绩效。金融产业配置在银行业的经营活动中表现为频繁地流入和流出，由于银行的主要功能是融资中介，而不是生产具体有形产品，因此，其投入与产出不太容易界定。目前在理论界有三种判别法（周升业，2002）（如表13-2所示）：

第一种是生产法（production-approach）。它把经营成本看作银行投入，包括劳动力成本、固定资产成本（如营业大楼和设备等）；银行的产出则用每一类业务账户的数量来测算，如工商贷款、抵押贷款、存款等。这种方法把银行业经营过程类比为工商企业生产过程，比较直观。但它存在的明显问题是，以账户数量作为产出检测单位，隐含着任何类型的账户的成本都相同，而实际上各类账户的成本并不相同。

第二种是中介法（intermediation-approach）。该方法认为，金融企业的生产过程实际上是金融媒介的作用过程，即吸纳资金，随后贷出资金或投资。因此，银行的投入应用存款以及劳动力成本和有形资产的余额来表示，而产出则用各类贷款和投资的货币金额或用总资产金额来衡量。这种方法既表达了银行的金融媒介功能，又强调了市场占有的思想。即在同样的成本下，作为产出的贷款和投资越多，则银行效率越高。其缺点是没有考虑风险和潜在的损失。显然，一个贷款和投资的产出比率很高的银行可能有着比产出效率较低的银行更高的风险和更低的贷款质量。

第三种是收益产出检测法（revenue output measure approach）。它把银行经营收入作为产出指标，把各类存款作为投入指标。这种方法把利润和收益作为衡量效率的中心，既考虑了市场占有率又兼顾了银行的资产质量和效益。

表13-2　　　　　　　　金融产业的微观生产绩效判别方法

判别方法	金融企业投入	金融企业产出	优缺点
生产法（production approach）	经营成本，包括劳动力成本、固定资产成本	用每一类业务账户的数量来测算。如工商贷款、抵押贷款、存款等	把金融企业经营过程类比为工商企业生产过程，比较直观，但存在着明显的问题，即实际上各类账户的成本并不相同
中介法（intermediation approach）	存款以及劳动力成本和有形资产的余额	用各类贷款和投资的货币金额、总资产金额来衡量	既表达了金融企业的金融媒介功能，又强调了市场占有思想。其缺点是没有考虑风险和潜在的损失
收益产出检测法（revenue output measure approach）	各类存款及金融产品	金融企业经营收入	把利润和收益作为衡量效率的中心，既考虑了市场占有率又兼顾了金融企业的资产质量和效益

资料来源：周升业《金融资金运行分析：机制·效率·信息》，中国金融出版社2002年版。

金融产业微观生产绩效状态是由金融产业投入与产出以及各种形式投入要素组合差异而引致的。它有三种存在形式：一是金融产业规模绩效。是指金融企业在最节省成本的状态下利用一定规模的金融产业所提供的最大化产出，即金融企业在扩张规模时，其单位成本状况是：如果其产出的增长高于成本的增长，则金融产业的循环处于规模效率状态，即金融企业可通过扩大投资规模提高产出及盈利水平；反之，若产出增长率低于成本增长率，则金融产业运行处于规模无效率状态。如果产出增长与成本增长相等，则金融产业运行处于不变规模效率状态。二是金融产业运行范围绩效。它是指金融企业是否采取了最节省投入成本的贷款或投资组合。在给定产出水平上，如果进行多种组合投资的成本低于单项贷款或投资成本，那么，多种组合投资的金融产业运行就存在范围效率。反之，则存在范围不经济。三是金融产业运行的 X 效率。它是指在给定的产出水平组合条件下，金融企业是否以节省成本的方式进行贷款和投资。X 效率[①]判别标准是，如果金融企业没能以最节省成本的方式生产出既定产出，那么金融企业则处于 X 低效状态，它或者浪费了它所使用的投入，或者在产出时使用了错误的组合。所以，如果金融企业经营管理不科学，就会导致金融产业循环处于 X 效率状态。

金融产业中观配置绩效则是指在社会储蓄存量一定的条件下，通过自身的循环运动，实现将储蓄向投资的转化，以满足社会经济发展对资金的需求。储蓄—投资转化机制是社会经济持续健康发展的重要机制。从转化主体来看[②]，储蓄向投资转化有财政主导形式和金融主导形式。财政主导形式主要是通过税收集中一部分储蓄资源，通过政府的计划机制直接将储蓄转化为投资。

而金融主导形式（如图 13-1 所示）则更多地通过金融企业（也可由金融市场直接转化）在市场上吸收储蓄资源（形成金融产业），并通过贷款或投资活动（金融产业循环）等市场运作机制将其转化为社会投资，进而实现储蓄资源在全社会的配置。从当前世界各国发展的实践来看，储蓄向投资转化的变化趋势是由财政主导型向金融主导型过渡。实践反复证明，以计划和行政力量占主导的财政转化机制大多效率低下，资源浪费严重。金融主导的储蓄投资转化形式富有效率且体现出强大的生命力。这是因为通过金融产业组织和金融市场促进储蓄向投资转化，更能节省将储蓄转化为投资的交易费用。根据前面的研究，这种交易费用的节约主要体现在三个方面：一是节约储蓄者与投资者的发现成本；二是节约储蓄者与投资者的谈判成本；三是节约储蓄者与投资者的契约实施费用。所有这些交易费用虽然都由金融企业承担，但金融企业通过规模经营和科学管理，完全可以摊薄单位交易成本。而金融企业正是通过专业化组织金融产业的良性循环，实现将储蓄资源向社会投资的转化，并在这一转化过程中实现自

---

① X 效率指的是一种内部管理低效率状态，其特征是运行成本高、收益低。
② 从环节上划分，将储蓄转化为投资还有直接形式和间接形式之分；从载体上划分，储蓄向投资转化有实物形式和货币形式。但随着货币经济的发展和社会分工的细化，储蓄向投资转化绝大部分表现为货币形式。

身的盈利目标。同样，金融产业循环的微观效率直接决定了储蓄向投资转化的效率。如果金融产业循环效率高，那么储蓄向投资转化的速度和质量就高，社会利用量就会增加。反之，金融产业循环效率低，通过金融产业组织路径的储蓄向投资转化的速度和质量就会下降，社会利用总量就会减少。因此，如果金融企业能够以较低的成本和较高的经济效益顺利完成储蓄向投资的转化，从而实现储蓄资源的最优配置，就意味着金融产业循环中观效率得到提高。判别金融产业循环的中观效率，就是要看它能否通过自身的循环运动使金融储蓄者与实际投资者尽快相遇，以及由此形成的增值收益大于运行成本①（郭守杰，2002）。

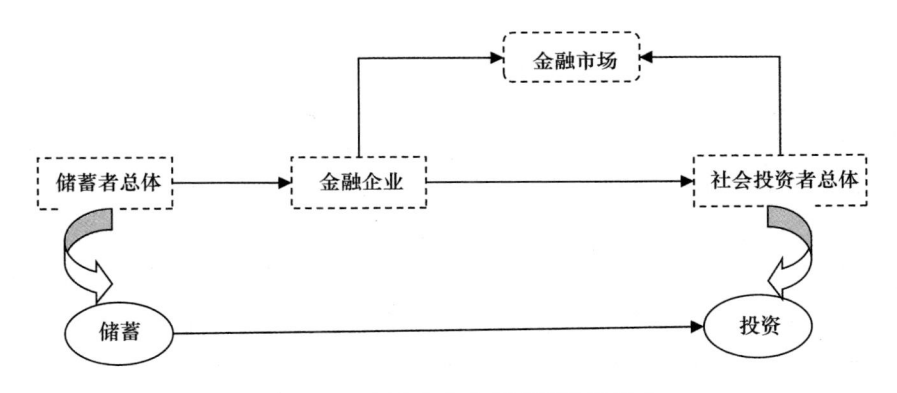

图 13-1 金融产业中观配置绩效模式

金融产业循环的宏观功能绩效，是指通过金融产业循环实现促进经济增长和经济发展的功能。如果体现出来的这种功能强，那么金融产业循环的宏观功能效率就高。虽然目前理论界尚无直接研究金融产业循环与经济增长关系的文献，但这种关系大多隐含在金融发展②对经济增长贡献的研究文献中。Merton（1995）基于金融系统基本功能的视角，分析了金融发

---

① 其成本包括显性成本和隐性成本（或称地下成本）。显性成本是资金需求者为了获得一定数量的资金所支付的直接交易成本。如国有企业为了获得银行贷款所支付的利息。隐性成本则是指资金需求者为了获得一定数量的资金而不得不支付的间接交易成本。例如，一些中小企业为了得到银行贷款而不得不支付一些"价外费用"。显性成本从名义上讲对所有的资金需求者都是一致的。但隐性成本对不同的资金需求者则可能完全不同，差异会很大。

② 金融发展是指金融企业和金融市场的发展，并通过利率和汇率等杠杆促使储蓄以更高的比例转化为投资，提高资金的使用效率和配置效率，以形成技术进步来促进经济增长。

展对经济增长的作用。他认为,金融系统的主要功能有动员储蓄,资产保值,促进商品和证券交易,分散和共担风险,配置资源,监督管理者,实施公司控制,促进产品和服务的交换。上述功能有利于资本形成进而促进经济的长期增长。Levine（1997）、Romer（1990）、Philippe Aghionand 和 Peter Howiff（1992）、Muhammad 和 Umer（2010）、Chen（2013）等人则认为,金融系统的上述功能是通过积累和技术进步实现的,并最终促进经济增长。因为从长期来看,积累水平和技术进步是支撑一国经济潜在增长的关键因素（沈坤荣、孙文杰,2004；傅晓霞、吴利学,2013）。在此理论基础上,国内外大量文献从实证角度（Gelb,1989；Levine,1997；谈儒勇,1999；宾国强,1999；沈坤荣,2000；周丽丽等,2014；王仁祥,2014）论证发现,金融发展和经济增长之间的确存在显著的正相关关系,或者有显著的正向作用。

事实上,金融业是依赖金融产业的良性循环而不断积累、壮大和发展起来的,金融发展促进经济增长的基本着力点仍然表现为将金融产业转化为实体经济部门的投资和消费。具体说来,金融产业循环对经济增长的作用路径体现在三个方面：一是动员储蓄。即通过动员储蓄形成金融企业的金融产业来源；二是配置资源,就是通过金融产业的运用将储蓄转化为投资,并从中形成金融产业循环增值的源泉；三是便利交易,金融产业的循环过程加快了社会资金的流转和商品的流通,加强了金融产业部门动员储蓄向投资转化的优势,同时从中获取了大量的利润。上述功能都可通过积累形成[①]、技术创新[②]和市场需求增长来影响经济的增长。

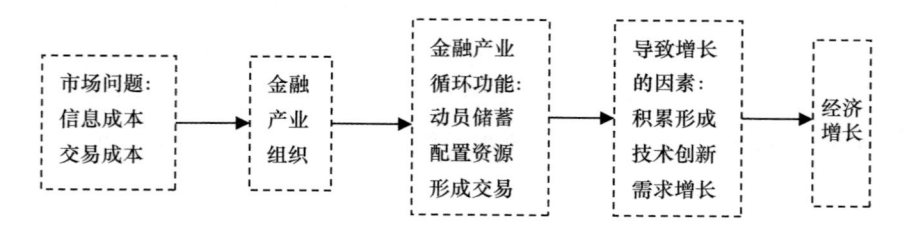

图 13 - 2　金融产业循环促进经济增长的路径

[①]　Paul Romer（1986）和 Lucas（1988）研究表明,金融企业所发挥的功能通过影响形成率来影响经济的稳定增长,它通过改变储蓄率和储蓄再分配来影响积累。

[②]　Romer（1990）和 Petter Howiff（1992）等在经济增长模型中论证了金融体系的功能,它们通过改变技术创新比率来影响经济的稳定增长。

13.2 金融产业的绩效管理

金融产业配置的基本目标是整体提升金融产业的绩效。根据经济与金融的关系原理，金融产业绩效提升的基本点在于实体产业绩效的提升，在此基础上，金融产业进行科学的绩效管理，提高金融产业资本的运行效率，从而为实体产业的发展提供有效的资金来源，金融产业的绩效管理关系到经济与金融良性循环的形成。因此，在金融产业配置过程中，必须进行配置绩效的考核与评价，对于金融企业自身来说，绩效管理是保障其实现经营目标的基础；同时，监管部门也只有在科学的绩效管理措施支持下才能保障金融产业的安全、高效运行，促进实体产业的发展。

13.2.1 绩效管理的基本概念界定

绩效管理（performance management），是指各级管理者和员工为了达到组织目标而共同参与的绩效计划制订、绩效辅导沟通、绩效考核评价、绩效结果应用、绩效目标提升的持续循环过程，绩效管理的目的是持续提升个人、部门和组织的绩效（刘向东、孙道银，2008）。在绩效管理的循环过程中，绩效计划制订是绩效管理的基础环节，若没有一个合理的绩效计划，便无法进行有效的绩效管理；绩效辅导沟通是绩效管理的重要环节，辅导沟通决定了绩效管理措施能否落到实处；绩效考核评价是绩效管理的核心环节，它直接决定着绩效管理能否长期维持和进行下去；绩效结果应用是绩效管理取得成效的关键，结果应用通过激励与约束机制保障了绩效管理取得应有的成效。

绩效管理发挥效果的机制是，对组织或个人设定合理目标，建立有效的激励约束机制，使员工向着组织期望的方向努力，从而提高个人和组织绩效；通过定期有效的绩效评估，肯定成绩，指出不足，对组织目标达成做出贡献的行为和结果进行奖励，对不符合组织发展目标的行为和结果进行一定的约束；通过这样的激励机制促使员工自我开发提高能力素质，改进工作方法从而达到更高的个人和组织绩效水平（刘思春、蒙利，2008）。可以看出，在绩效管理发挥效果的机制中，绩效考核是发挥效用的关键，只有建立公平公正的评估系统，对员工和组织的绩效做出准确的衡量，才能对业绩优异者进行奖励，对绩效低下者进行鞭策。如果没有绩效评估系统或者绩效评估结果不准确，那么将导致激励对象错位，整个激励系统就不可能发挥作用了。

13.2.2 金融产业绩效管理的内涵

根据金融产业绩效的基本内涵，可以从三个角度考察金融产业绩效管理：一是具体到金融企业自身的投入（投资）与产出（收益回报）关系的绩效考察；二是从金融产业资本循环推动储蓄向投资转化的角度考察；三是金融产业在促进国民经济发展中的一般作用考察。因此，可以将这三个角度归结为微观生产绩效管理、中观配置绩效管理及宏观功能绩效管理。

微观生产绩效管理是指金融企业的管理者和员工为了达到企业收益最大化而共同参与的绩效管理过程。金融企业根据自身的经营目标来制订绩效计划，绩效管理的实施过程基于绩效计划，主要由领导负责，并在实施过程中与员工进行沟通、激励员工，使其能够在实施过程中表达自己的意见，并对领导者进行反馈。而绩效考核则是绩效管理的核心环节，金融企业应根据自身特点来制定绩效考核标准，不同的考核标准直接影响着绩效管理的结果。在完成绩效考核之后，需要将信息反馈给管理者，从而不断完善绩效考核机制，提高金融企业自身的经营效益。

中观配置绩效管理是指金融产业和金融监管者为了促进储蓄向投资转化以满足社会经济发展需要而共同参与的绩效管理过程。因此其绩效管理计划主要着眼于投资储蓄的转化率，在其绩效管理过程中，金融监管部门起着重要的调节作用，金融产业将绩效考核结果反馈给金融监管者之后，不断完善政策的制定及金融产业的运行，从而提升金融产业的中观配置绩效。

宏观功能绩效管理是指金融产业和政府为了通过金融产业循环促进经济增长和经济发展而共同参与的绩效管理过程。其绩效管理的核心在于如何通过有效的金融产业资本循环来促进实体产业绩效的提高，进而推动经济增长，主要从动员储蓄、配置资源和便利交易三个方面进行考核。通过金融产业与政府的绩效管理，加速金融产业资本的循环，促进经济增长。

13.2.3 金融产业的绩效管理方法

金融产业的绩效考核是绩效管理的核心环节，从理论上看，有多种考核方法，归纳起来，大致有以下几种方法。

一是关键成功因素法。关键成功因素法是基于企业远景、战略与核心价值观，对企业运营过程中的若干关键成功要素进行提炼与归纳，从而建立企业关键业绩评价指标体系和绩效管理系统的程序和方法，其重点是提取关键业绩指标（Key Performance Indicator，KPI）。关键业绩指标是对公司及组织运作过程中关键成功要素的提炼和归纳，是通过对组织内部某一流程的输入端、输出端的关键参数进行设置、取样、计算、分析，以衡量流程绩效的一种目标式量化管理指标，是把企业战略目标分解为可运作的远景目标工具。KPI 由上而下主要分为三个层次：企业级、部门级和员工级。在运用 KPI 对金融产业绩效进行考核时，首先对总部的 KPI 进行分解，然后逐层分解到基层部门，从而实现战略目标。

在确定关键业绩指标时有一个重要的原则，即 SMART 原则。S 代表具体（Specific），指绩效评估要切中特定的工作指标，不能笼统；M 代表可度量（Measurable），指绩效指标是数量化或者行为化的，验证这些绩效指标的数据或者信息是可以获得的；A 代表可实现（Attainable），指绩效指标在付出努力的情况下是可以实现的，避免设立过高或过低的目标；R 代表现实性（Realistic），指绩效指标是实实在在的，是可以证明和观察的；T 代表有时限（Time bound），指完成绩效指标的特定期限。

二是 EVA 方法，即经济增加值（Economic Value Added，EVA）方法。1991 年，美国 Stern Stewart 咨询公司在吸收剩余收益（RI）指标的合理内核的基础上建立起了经济增加值（EVA）指标：经济增加值 = 税后净营业利润 − 债务和资本成本。从经济增加值的计算公式中可以看出，经济增加值即经济学中的经济利润，它是对真正"经济"利润的评价。它在一定程度上消除了会计制度不合理的地方，成为评估公司价值创造的一个有效方法。经济增加值作为金融产业获利性的衡量指标，具有以下特点：第一，经济增加值考虑了金融产业权益资本成本，也即资本成本；第二，经济增加值对会计资料进行了必要的调整，将会计利润转换为经济利润，从而更为真实准确地反映了金融产业的绩效；第三，经济增加值着眼于长期发展，避免了决策的次优化和短视行为；第四，金融产业的绩效改善是同自身价值的提高相联系的，因而经济增加值可以作为价值创造的驱动力。

三是平衡记分卡。平衡记分卡（Balanced Score Card）最先由 Robert

S. Kaplan 和 David R. Norton 于 1992 年提出，该方法主要从四个维度对企业进行全面的考核，突破了传统绩效考核重视财务指标的局限性，将更多的非财务性指标作为辅助指标，从而将公司宏观层面的战略意图转化成为操作层面的衡量指标，实现了将公司的远景和当期考核的有机结合。

平衡记分卡的框架体系包括四部分：组织学习与成长性；内部经营过程；客户满意度；财务结果。其核心思想是通过四个部分之间相互驱动的因果关系，解决企业长期生命力问题，提高企业内部战略管理素质与能力。

平衡记分卡为金融产业提供了绩效管理的两种途径。首先是在金融产业绩效管理体系设计上提供了多维度思维。目前金融产业的绩效考评视角主要局限于内部，较少从行业的角度予以关注。其次是注重财务指标与非财务指标的平衡使用，金融产业长期以来将绩效考评重点集中在财务指标上，忽视了非财务指标的重要性，从而弱化了绩效管理的效果。

在金融产业绩效管理的实践中主要由微观生产绩效管理、中观配置绩效管理、宏观功能绩效管理三个层次构成。

第一，微观生产绩效管理。从金融产业绩效的定义可以发现，金融产业的绩效主要是金融产业自身效益和效率以及实体经济提升的效益和效率的总和。因此，从微观的角度来看，金融产业的绩效管理主要着眼于金融企业的绩效管理。盈利性作为金融企业的一个重要特征，其经济效益是绩效考核的重要指标。金融企业通过对自身经营设立合理的目标，在总行的统一部署下，将目标逐步分解到基层部门中，并督促各级单位完成所设立的目标，提高金融企业的资金运行效率。在绩效管理中，应当提高员工对绩效管理的认识，使员工深刻认识绩效管理的目的和作用，这也是金融企业绩效管理能否成功执行到位的关键。此外，建立科学的风险预警系统也是保障金融企业绩效管理有效运行的一个重要方面，金融企业的绩效管理本质上是一个动态的管理过程，因此必须完善金融企业的组织管理系统，从而保障经营目标的实现。总而言之，金融产业的微观生产绩效管理不仅依赖于金融企业绩效考核目标的科学制定，同时也依赖于内部管理体系的完善。

第二，中观配置绩效管理。金融产业的中观绩效目标在于如何有效地将金融企业所吸收的储蓄转化为社会投资，从而实现储蓄资源在全社会的合理配置。尽管从转化主体来看，主要有财政主导形式和金融主导形式，但从世界各国的实践来看，金融主导形式更有效，更能节省转化过程中的交易费用。在金融主导形式下，金融企业所吸收的储蓄主要通过金融市场转化为社会投资。在金融产业中观配置绩效管理中，金融监管者起到了重要的作用，如何规范金融市场的有效运行，如何引导金融企业实现较高的储蓄投资转化率是绩效管理的核心。因此，金融监管者在确保金融企业资本率充足、风险监管体系完善的同时，应加强现场检查，对金融企业的经营进行科学指导，提高经营效率。在得到金融企业绩效考核结果反馈之后，对其进行分析，不断制定完善金融政策及相关法律体系，规范金融市场的运作，确保金融产业的有效运行，进而提高金融资源的配置绩效。

第三，宏观功能绩效管理。宏观功能绩效管理的主体为政府与金融产业，目标在于通过金融产业资本循环来促进实体产业绩效的提高，推动经济增长。从金融与经济的关系来看，经济决定金融，金融制约经济发展。因此在宏观功能绩效管理中，一方面，政府应创造出良好的社会投资环境，制定公平的市场规则，促进实体产业绩效的提高，为金融产业资本的有效循环提供客观基础；另一方面，要利用金融产业资本的形成来促进经济增长，就应当消除内生金融抑制和防止外生金融过度现象，调整优化金融产业资本结构，提升金融产业资本的质量和水平（王定祥，2009），对金融产业进行有效监管，不断完善存款保险制度，促进民间金融和非正规金融的健康发展。

13.3 金融产业的绩效评估

在明确金融产业的绩效管理内容后，就需要转入对金融产业配置绩效评价标准的讨论，以便用一个合理的尺度度量和评价现实的金融产业绩效。

13.3.1 金融产业绩效的评价标准

（1）微观生产绩效的评价标准

金融产业循环的根本动因和目标是实现金融产业价值的最大化增值。因此，微观的金融产业循环效率的高低就应以其价值增值的幅度、速度和增值的持久性程度为衡量标准。金融产业循环的价值增值虽然从微观和表面上看，是通过有价证券的低买高卖或借贷的还本付息实现的，但由于货币的价值必须以实物的价值作为基础，因此，从宏观和实质的角度来讲，金融产业循环的价值增值只能建立在实体经济部门价值增值的基础上。金融产业被配置到经济效益越好的部门和项目上，其价值增值的幅度就越大；向这些部门配置的速度越快，价值增值的速度就越快，其最终的投入产出率也就越高。所以，从这个意义上讲，金融产业微观生产效率的提高，在外部取决于实体经济部门效益的提高，在内部则取决于金融企业的技术效率和配置效率，即金融企业的内部管理及其配置机制。

（2）中观配置绩效的评价标准

金融产业循环在中观层次上是指实现动员储蓄真正向投资转化的过程，而这一过程是通过金融产业自身的信用交易和信用配置来完成的。所以，评价金融产业中观层次上的效率，应以金融产业循环实现的动员储蓄转化为投资的速度和质量为标准。如果金融企业动员储蓄向投资的转化速度越快，并且转化质量高，那么金融产业循环的中观效率就越高。但需要指出的是，这里的速度和质量并非可以完全统一，指的是储蓄投资转化速度快，并不一定意味着转化质量高。其转化的质量不仅取决于金融企业遵循国家产业政策和制度法规将金融产业配置到效益较高的部门、行业和地区，而且取决于金融产业的最终使用单位所能够实现的真实效益。所以，转化的预期质量往往影响转化的速度。若预期的转化质量较差，理性的金融企业就会偏好实行贷款配给或采取其他谨慎性的运作行为，收缩金融产业的循环规模。

（3）宏观功能绩效的评价标准

金融产业作为社会中的重要组成部分，是经济发展重要的投入要素之一。金融产业循环最终会通过实际部门对金融产业的运用从而形成投资和消费需求，增加社会总供给，刺激经济增长，促进经济发展。但是，当金融产业循环规模过大，超过了实体经济部门的实物（或称实体产业）所能匹配和相互适应的范围，过多的金融产业就会引起剩余投资与消费需求，导致需求过旺，物价上涨，通货膨胀，经济过热，甚至出现经济停滞和物价上涨的"滞胀"现象。反之，当金融产业循环规模过小，实体产业部门动员就会不足，并引致投资、消费和出口下降，经济出现衰退，物价表现为通货紧缩，从而影响经济的可持续增长。所以，金融产业循环的宏观功能效率，应以物价的基本稳定和经济的可持续增长作为价值标准。

13.3.2 金融产业绩效的评价指标

（1）微观绩效指标

金融企业投入与产出比较，是金融产业循环的微观效率分析的重要基石。从短期来看，金融企业利润水平是反映金融产业产出最直接的指标；从长期来看，金融产业可持续稳健运行是金融企业追求的重要目标。因此，如何求得收益最大与风险最低是金融企业在推进金融产业循环中一个无法回避的问题，金融企业风险的发生就是利润的间接减少，将风险降至最低程度，也是金融产业获取收益的一种体现。利润与风险的有机统一是设计金融产业微观生产效率指标体系的基本准则。因而，其指标体系应当包括以下几个具体指标。

① 股东收益率（return on equity capital，ROE）。它是税后净利润与总股本的比率，并可进一步分解为：

股东收益率 = 净利润率 × 资产利用率 × 股本乘数

其中，净利润率 = 税后净利润/总营业收入

资产利用率 = 总营业收入/总资产

股本乘数 = 总资产/总股本

设置该指标的目的在于，考察金融企业在一定的可接受的风险水平上最大限度地实现所有者的权益，即股东的权益。股东收益率中的每一部分都反映了金融企业对金融产业的运营状况。净利润率反映了成本控制与服务定价政策的效率；资产利用率反映了金融企业资产组合与收益率；股本乘数反映了金融企业融资渠道（债务或股票）的选择。

② 资产收益率（return on assets，ROA）。它是税后净利润与总资产的比率，又称资产利润率。并可进一步分解为：

资产收益率 = 净利息收益率 + 净非利息收益率 – 影响净收入的特殊交易

其中，净利息收益率 = （利息收入 – 利息支出）/总资产

净非利息收益率 = （非利息收入 – 非利息支出）/总资产

影响净收入的特殊交易 = 特殊收入与支出项目[①]/总资产

ROA 是管理效率指标,反映金融企业将金融资产转化为净利润的能力。并且,从该指标的各组成部分分析,有助于了解影响金融产业循环效率的结构性原因所在,以便进一步采取措施提高金融产业运行效率,达到投入最少、收入最多的最终效率目标。

③ 净营运效率比率（net operating margin,NOM）。它是金融企业营业利润与总资产的比率。用公式可表示为:

$$净营运效率比率 = \frac{总营业收入 - 总营业费用}{总资产} \times 100\%$$

它反映了金融企业管理层与职员使收益（主要来自于贷款、投资以及服务费）增长大于成本（主要是存款及借款利息以及员工工资与福利等）增长的能力,既是一个盈利性比率指标,又是一个效率比率指标。

④ 人均创利率。该指标是税后净利润与金融企业在职职工人数的比率。用公式表示为:

$$人均创利率 = \frac{税后净利润}{在职职工人数} \times 100\%$$

该指标反映了金融企业人均创造净利润的能力,是评价金融企业劳动生产效率的重要指标。从表 13-3 可以发现 2009—2012 年中国国有四大商业银行的资产收益率、净营运效率比率、人均创利率都处于不断上升的趋势中,经营效率稳步提升。

表 13-3　　　　国有四大商业银行经营效率的历史比较

年份	资产收益率（%）				净营运效率比率（%）				人均创利率（万元/人）			
	工商银行	农业银行	中国银行	建设银行	工商银行	农业银行	中国银行	建设银行	工商银行	农业银行	中国银行	建设银行
2009	1.10	0.73	0.90	1.11	1.41	0.83	1.19	1.43	3.34	1.47	2.67	3.54
2010	1.23	0.93	1.06	1.25	1.59	1.16	1.38	1.61	4.18	1.97	3.46	4.30
2011	1.35	1.05	1.12	1.38	1.75	1.35	1.44	1.77	5.10	2.50	4.40	5.14
2012	1.36	1.10	1.16	1.39	1.75	1.41	1.50	1.79	5.59	2.90	4.74	5.45

资料来源:各年《中国金融年鉴》。

---

① 金融企业特殊收入与支出项目包括贷款损失、赋税、证券收益或者损失以及额外收入或损失。

⑤ 成本费用净利率。该指标是金融企业净利润与成本费用总额的比率，用公式表示为：

$$成本费用净利率 = \frac{税后净利润}{成本费用总额} \times 100\%$$

它反映了金融企业总体在金融产业循环周转中所发生的耗费与获得的收益之间的关系，其中，成本费用包括营业成本、营业税金及附加、利息支出、所得税等。这一比率越高，说明金融企业为获取金融产业循环收益而付出的代价越小，金融产业循环的获利能力就越强。

⑥ 流动资产比率。它是指金融企业各种储备资产占总资产的比率。其计算公式为：

$$流动资产比率 = \frac{储备资产}{总资产} \times 100\%$$

其中，金融企业储备资产通常包括库存现金、在央行的存款准备金、存放同业存款和各种短期有价证券。由于金融产业循环面临的首要风险是流动性风险，金融企业保持适当的流动资产，其目的在于应付客户的提现和借贷的需要，防止流动性风险的发生。它反映了金融企业金融产业转化为资产的存在结构。

⑦ 不良资产比率。它是指金融企业不能按期收回本息的资产与全部资产的比率。其计算公式为：

$$不良资产比率 = \frac{有问题资产}{资产总额} \times 100\%$$

其中，有问题资产因金融企业不同而异，如商业银行主要是不良贷款，包括逾期贷款、呆滞贷款、呆账贷款；按贷款五级分类依次分为正常、关注、次级、可疑、损失贷款，其中后三类为不良资产。而保险、证券、基金等公司的不良资产大多数是以不良证券形式存在的。该指标反映了金融产业的运行质量或风险状况。该比值越高，金融产业运行质量就越低，风险就越大。反之，该比值越低，金融产业运行质量就越高。从表13-4可以看出，从2010年到2012年，中国银行产业的金融机构不良贷款率不断下降，有利于金融产业绩效的提升。

表13-4　　　　2010—2012年银行业金融机构不良贷款统计　　　单位：亿元；%

	2010	2011	2012
不良贷款余额	12437.0	10533.4	10746.3
次级贷款余额	5852.5	4784.3	5270.6
可疑贷款余额	4967.8	4400.9	4386.7
损失贷款余额	1616.7	1348.1	1089.0
不良贷款率	2.4	1.8	1.6
次级贷款率	1.1	0.8	0.8
可疑贷款率	1.0	0.7	0.6
损失贷款率	0.3	0.2	0.2

资料来源：各年《中国金融年鉴》。

(2) 中观绩效指标

前文述及，金融产业循环的中观层次目标是动员储蓄向投资的转化，并且这种转化是通过金融产业自身的循环运动来实现的。由于所研究的金融产业循环泛指金融企业通过运用金融实现价值增值，这种储蓄投资转化机制主要是间接转化机制，故衡量金融产业循环的储蓄投资转化效率，通常可用下列指标来反映和分析。

① 存贷差额。它是用商业银行各年的存款余额减去各年贷款余额后的剩余。如果差额为正，表示存差，就意味着一部分储蓄资源并未通过贷款动员转化为社会投资。如果这种存差越大，金融企业动员储蓄向投资的转化效率就越低。在金融市场证券投资选择余地狭小的背景下，这种存差就更能近似地反映出储蓄向投资转化的速度过于缓慢的特征。从图13-3可

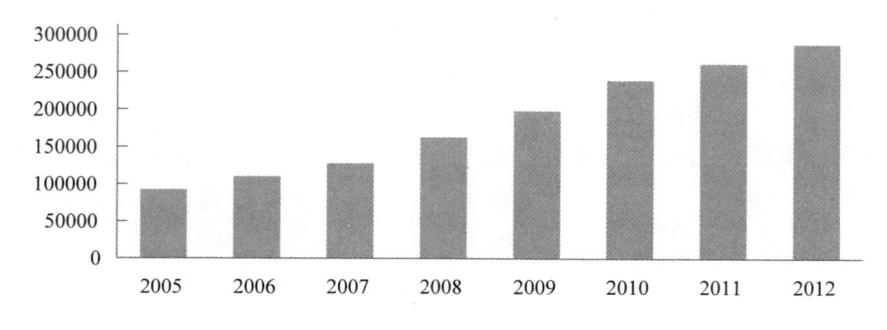

图13-3　中国金融机构人民币存贷差

资料来源：历年的《中国金融年鉴》。

以看出 2005—2012 年中国金融机构人民币存贷差不断上升，说明金融机构在动员储蓄向投资转化的效率方面不断降低，经营效率有待提高。

② 贷款对存款的弹性系数。它是贷款增长率与存款增长率的比率。用公式表示为：

$$贷款对存款的弹性系数 = \frac{贷款增长率}{存款增长率} \times 100\%$$

该指标是用以反映通过贷款促进储蓄向投资转化的速度指标，数值越高，其动员储蓄向投资转化的速度就越快。

③ 投资储蓄弹性。它是社会投资率对储蓄率的比率，用公式表示为：

$$投资储蓄弹性 = \frac{投资率}{储蓄率} \times 100\%$$

该指标用以反映社会投资对储蓄的变化弹性。该比值越高，储蓄向投资转化的速度就越快。反之则越慢。

④ 信贷向企业流动是否畅通。它反映企业向银行取得贷款的难易程度。如果信贷向企业流动不畅通，说明企业向银行贷款就困难，银行信贷循环的中观效率就会下降。该指标为调查指标，它反映的是非金融企业部门筹集资金的难易程度，衡量的是非金融部门获得信贷的隐性成本。如果信贷向企业的流动比较容易，则说明企业取得信贷的隐性成本比较小。

⑤ 银行对大小企业能否平等对待。如果银行对大小企业能平等地给予信贷（但前提是符合银行"三性"经营原则），那么，银行信贷循环的中观效率就高。反之，若银行对大小企业实行信贷差别对待，就会使储蓄向投资转化的速度和质量下降。该指标反映了中小企业获得信贷的难易程度。如果银行部门能够平等地对待中小企业的融资需求，则说明中小企业取得信贷的隐性成本比较小，有利于中小企业的形成。

⑥ 动员储蓄转化为投资的成本。对于企业来讲，它包括贷款利息和交易成本。企业在向银行贷款时，若贷款利息和交易成本越高，则意味着银行信贷转化为社会投资的成本越高，企业就会减少贷款，从而缩小金融产业循环规模。

（3）宏观绩效指标

由于金融产业循环的宏观目标是通过与实体产业部门的融合，共同促进经济的适度增长和可持续发展，并在此过程中实现自身的持续循环和良性增值，因此，通常我们可选用以下指标来衡量金融产业配置的宏观绩效。

① 金融产业比率。它是金融产业投资额与当年 GDP 绝对额的比率。该比值越高，金融产业支持经济发展的程度就越高。如银行信贷规模与 GDP 的比值，称为信贷比率，它是反映信贷支持经济深度的重要指标。从图 13-4 可以看出中国金融机构信贷支持经济的力度基本处于稳定状态。

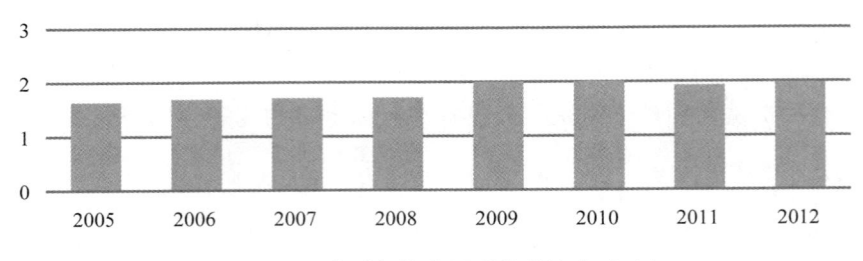

图 13-4　金融机构人民币信贷比率（%）

资料来源：历年的《中国金融年鉴》。

② 金融产业对 GDP 的弹性。它是指金融产业投放增长率与 GDP 增长率的比值。该比值越高，说明 GDP 对金融产业依赖程度越深。

③ 单位金融产业实现的 GDP 均值。它是衡量单位金融产业实现 GDP 的重要的效率指标。它用当年 GDP 与当年金融产业投放规模的比值求得，用以反映金融产业的宏观产出效率。

④ 金融产业媒介流通的速度。它是衡量金融产业实现商品交换次数的重要指标。一般可用各年的社会商品销售总额与当年的金融产业投放总规模的比值求得，用以考察金融产业媒介商品流通的效率。

⑤ 与通货膨胀的相关性。金融产业投向实体产业部门，通常会形成投资需求和消费需求，从而推动物价发生变化。如果金融产业投放过多，物价就会持续增长，从而引发通货膨胀。此时，金融产业的宏观循环效率就会降低。因此，我们可以通过考察历年通货膨胀率和金融产业循环总量（或投放量）之间的相关性，得出金融产业循环对物价变动的总体效应。

⑥ 与经济波动的相关性。金融产业循环作为经济增长的重要因素，金融产业循环的宏观经济效应的最终目的是追求国民经济的可持续增长。如果经济增长出现偏离目标的剧烈波动，我们可以从一个侧面考察金融产业的循环是不是影响经济波动的重要因素，如果从实证的角度证明相关性

强，说明金融产业投放速度的不均衡对经济产生了负面影响。如果金融产业投放速度不均衡是引起经济异常波动的一个原因，则说明其宏观功能绩效明显降低。

13.3.3　金融产业绩效的评价方法

金融产业绩效的评价是一项复杂的系统性工程。从理论上讲，有多种方法可供选用，并且不同层次的效率评价，也有不同的方法。归纳起来，大致有以下几种方法。

（1）参照比较法

参照比较法是从描述性统计分析的角度，先确定一批业绩最优的金融企业的金融产业运行的平均效率，然后以此为参照和比较标准，计算所要考察的金融企业的金融产业循环效率指标值，并与参照金融企业效率值进行比较分析。如果被考察金融企业金融运行效率接近甚至超过参照金融企业效率值，则认为被考察金融企业的金融产业循环是有效率的；反之则效率低下。一般地，考察一国总体金融产业循环效率，需要与世界排名前面的几家金融企业的效率进行比较，并把它们作为考察参照对象。如果考察国内各个金融产业的循环效率，既可以将国内业绩最佳的金融企业作为参照对象，也可以选择全球业绩最好的金融企业作为参照对象，以此进行比较，寻找差距，给出效率评价结论。不过，需要注意的是，这种方法的运用，必须注意参照对象与待比较的考察对象之间在指标和统计口径上的可比性，它关系到方法运用的有效性。

通常，金融学家们常用两种方法确定比较标准：一是找出最优经营银行（最有效率金融企业）投入价格与产出组合。一家金融企业的生产效率状态由其自身成本的比例与最佳经营金融企业的比例进行比较，此被称为数据封闭分析（Ferryand Lovell，1990）。二是确定一条成本疆界曲线（Timme，1991；Baner，1992），即运用回归分析的统计技术，考察有效率银行的成本、产出和投入价格的关系，尽量运用数据画出一条最恰当的曲线来描述。这条成本疆界曲线的经济含义是：在平均意义上，有效率银行在给定一组投入价格和产出水平时的成本耗费状态。一家金融企业的成本偏离成本疆界有两个原因：第一，金融企业处于 X 无效率状态，它的成本高于有效率银行；第二，有统计误差或存在非金融企业所能控制的成本性因素。参照比较法是一种常用的分析方法，但它仅适用于金融产业循环的微观生产效率分析和评价，也就是考察金融企业的投入产出关系及其效率。

（2）模型估计法

这种方法是通过建立生产函数模型来评估金融产业循环的微观效率。它着重从金融企业的角度予以考察，这就需要确定金融企业的投入与产出，同时还要找出其最佳业务边界（即最大生产可能性曲线）以评价其业绩是否有效率。例如，考察银行的经营效率，不少学者将银行向客户提供的服务流量作为银行产出。而计量服务流量主要有两种方法：生产方法和中介方法。生产方法将存贷款账户的数量作为银行的产出，中介方法则将银行作为存款人和贷款人之间融通资金的金融中介，因而以银行贷款和投资的金额代表产出，而以劳动力和存款表示投入。这种方法把存款作为投入，同时考虑了经营成本和利息成本，这也是它不同于生产方法之处（Goddard et al., 2001）。生产方法和中介方法都不是完美的，它们可以相互补充（Berger and Humphrey, 1997）。同样，理论界产生了两大类确定最佳业务边界的方法——参数方法和非参数方法。参数方法可进一步分为三种：一是随机边界方法（SFA），由 Aigner et al.（1977）、Meeusen 和 Vanden Broeck（1977）分别独立发展而成。它界定了成本、利润或生产函数的形式，并且允许误差项中包括无效率因素。它为区分两种成分而对误差项分布所做的两个假设是：①无效率，用 μ 表示，它服从非对称半正态分布，这一假设的逻辑是，无效率只能使成本增加，因而会超出最佳边界水平；②随机误差项，用 v 表示，因为随机波动可增加或减少成本，所以随机误差项服从对称标准正态分布（Bauer et al., 1993）。二是自由分布方法（DFA），它假定在所有时间内效率差别是稳定的，对每家金融企业估计的效率是其平均剩余和在边界线上的行业平均剩余之间的差额。三是原边界方法（TFA），由 Clark 和 Siems（2002）发展而成，在他们的研究中，TFA 被用于考察银行业中表外业务的 X 效率，它为单个银行提供了估计总体效率水平的方法。与界定生产效率函数形式的参数方法不同，非参数方法对生产边界的限制较少（姚树洁，2004）。非参数方法又分为数据包络分析（DEA）和自由处置壳（FDH）。DEA 是一种线性的程序化方法，被用来估计决策单位的效率。它直接基于一组特定的公司数据而不是一种特定的函数形式界定生产边界。与最优业务边界的差幅一同反映一家公司的无效率（Charnes et al.，1978）。在金融机构效率研究中，Ferrier 和 Lovell（1990）及 Alyetal（1990）使用过这种方法。FDH 是 DEA 的一种特例，它只是放松了凸性假定而已（Berger and Humphrey，1997）。参数方法的主要缺陷是为最佳效率边界设定了函数形式，因而可能导致效率计量出现偏差（Berger and Humphrey，1997）。非参数方法的缺陷是忽略了随机误差项的影响，并且忽略了价格对效率的影响，只是说明了技术效率（Berger and Mester，1997）。显然，从金融产业循环的微观生产效率考察，就需要至少从单一金融机构整体角度研究其投入、产出和最佳业务边界，因而上述方法是适用的。此外，金融产业循环的微观生产效率还可根据产业组织理论的"SCP 分析范式"，建立起相应的计量模型，并探讨各变量对金融企业金融产业循环绩效的影响，据此作为评价的根据。

（3）动态计量模型分析法

动态计量模型分析法是通过选用与金融产业运行相关的各时间序列建立动态计量模型，以考察金融产业运行对宏观经济变量是否有显著影响和因果关系。它通常要筛选指标、建立模型，并对各指标进行稳定性检验和因果关系检验。所以，它主要适用于对金融产业循环的中观和宏观效率的评估和分析。王定祥（2006）使用动态计量模型分析法研究银行业循环对宏观经济的具体影响。

（4）主成分分析法

主成分分析法是设法将原来的指标重新组合成一组新的互相无关的几个综合指标来替代原来指标，同时根据实际需要从中选取几个较少的综合指标尽可能地反映原来指标信息的一种多元统计分析方法。其基本原理如下：

设 $X = (X_1, X_2, \cdots, X_p)$ 是 P 维随机向量，其中，$X_j = (X_{1j}, X_{2j}, \cdots, X_{nj})$，$j = 1, 2, \cdots, p$。若对变量 X_1，X_2，$\cdots$，X_p 做变换，产生新的 P 个变量 F_1，F_2，$\cdots$，F_p，并使其满足：

第一，每个新的变量 F_j 都是原有变量 X_1，X_2，$\cdots$，X_p 的线性组合，即 $F_j = h_{j1}X_1 + h_{j2}X_2 + \cdots + h_{jp}X_p$

且要求：$\sum h_{ji}^2 = 1 (i = 1, 2, \cdots, p; j = 1, 2, \cdots, p)$。

第二，各个新的变量之间互不相关，即 $\text{Cov}(F_i F_j) = 0$ （$i \neq j$；$i, j = 1, 2, \cdots, p$）。

第三，在上述条件下，各个新变量的方差尽可能大，但新旧变量的方差和不变，即 $\sum_{j=1}^{p} \text{Var} X_j = \sum \text{Var} F_j$

显而易见，新变量是在原来变量的基础上产生的，二者的关系依然是一种简单的线性关系，且新变量之间互不相关，使各个新变量的意义独立、明确；新变量 $F_1, F_2, \cdots, F_p$ 依次代表了最大变异的方向，或者说体现了变量的绝大部分信息。在这里，我们分别称 $F_1, F_2, \cdots, F_p$ 为第1，第2，…第 p 个主成分。当 $F_{k+1}, F_{k+2}, \cdots, F_p$ 的方差之和很小时，$F_1, F_2, \cdots, F_k (k<p)$ 中 k 个主成分就基本上反映出原变量 $X_1, X_2, \cdots, X_p$ 所含的有关信息。

所以，主成分分析法的基本步骤是：①针对问题选择科学的指标并搜集资料；②对原始指标数据进行标准化处理；③求指标数据间的相关系数矩阵 R；④求相关系数矩阵 R 的特征根与特征向量；⑤计算各主成分的方差贡献率 a_j 及累计贡献率 $\sum^{k} \lambda j$；⑥求主成分 F，并确定主成分的个数 K；⑦合成各主成分，得到综合评价值。在进行综合评价时，每个主成分用它的贡献率做权数，进行线性加权求和，就可以求出综合评价值。

用主成分分析法来评估金融产业循环效率，主要有四个优点：一是评估既可以充分利用尽可能全面的信息，又不特别依赖于某一单项指标，从而避免因某个指标选择不当而影响整个分析过程；二是在确定综合评价水平时，在用原来的单项指标线性表示综合指标的过程中，各原指标的权数不带人的主观意识，比较科学客观，从而提高了评价结果的可比性与准确性；三是由于将各原指标联系成一个有机整体，便于反映这些指标的综合效能，有利于被评估对象的比较；四是步骤规范，整个过程都可通过计算机处理，提高了评估程度和运算速度。一般地，衡量金融产业的中观配置效率就可以在资料充足和允许的情况下采用主成分分析法进行综合评估（曾国平、苏宏，2010）。

13.4 金融产业的绩效提升

金融产业绩效管理与绩效评估的最终目的在于帮助决策机构改进金融

产业运行中的问题，从而实现配置绩效的提升。从目前国内外金融发展态势看，不断提升金融产业的绩效必须做到以下几个方面。

13.4.1 构建和谐的金融产业生态环境

金融产业是一种具有生态学特征的有生命力的组织系统。在这个组织系统内，各种金融企业组织"为了生存与发展，与其生存环境之间及内部金融组织相互之间在长期的密切联系和相互作用过程中，通过分工、合作所形成的具有一定结构特征，执行一定功能的动态平衡系统"（徐诺金，2005）。一个金融产业生态系统是由金融生态环境、金融生态主体和金融生态调节三个部分有机组成的。金融产业生态是在一定的政治、经济、文化、制度环境下形成的，具有鲜明的制度结构特征，良好的金融产业生态有利于金融产业生态的结构和功能的优化、生产力的提高。由于政治、经济、文化的许多特征是通过法律制度来体现的，对金融产业的发展而言，信用制度又是法律制度最核心的部分，它对金融产业生态的影响最直接也最重要。有关分析表明，中国当前不仅在金融交易领域，而且在整个社会经济交易过程中都暴露出市场参与者的信用意识和观念的严重缺乏，交易主体的失信行为是造成中国金融产业交易成本畸高和循环效率低下的重要原因。因此，加快信用制度建设，完善社会信用体系便成为治理中国金融产业低效运行的重要举措。

（1）通过各种途径强化全体公民的信用意识和信用观念

市场经济是建立在信用之上的经济，信用的基础在很大程度上是基于交易主体之间相互的制度约束以及道德规范，讲信用是全体公民在经济活动中最基本的社会公德，它能从根本上降低交易成本、提升经济效率，是促进经济交易顺利进行和不断扩大的基础。良好的信用秩序有利于从根本上提高金融交易活动的质量和金融的运行效率。信用意识和理念既可以通过各种宣传和典型示范来强化，还可以通过在全体公民中频繁开展信用教育和培训来实现，这是一个长期的过程，需要几代人的不懈努力。

（2）加强信用立法，用法制确保信用制度的完善

信用作为市场经济的一个准则，除了需要通过教育普及外，还需要用制度和法律来规范人们的行为。通俗地讲，信用虽然是一个道德、理念问题，但每个交易主体都存在着机会主义行为倾向，都有利己之心，因而社会信用体系的建立就需要法制来保障。信用法规的作用是创造一个信用开

放、公平享有、公平使用的制度环境。也就是说，社会对每一个信用主体都应建立起信用档案制度，并向社会公开；对失信行为要实施相应的惩罚，使其支付足够的违约成本；对守信行为要实施公平的补偿和奖励。如果在经济交易中，失信行为得不到法律应有的惩罚，那么，个别的失信行为就很可能演变成一种普遍的社会现象。如果诚实守信的交易行为得不到法律的有效保护，最终将使信用行为逐渐成为经济交易中的一种稀缺资源。从西方发达国家的经验来看，建立社会信用体系也是立法先行，即使立法条件不成熟，也要通过颁布部门规章来进行信用规范。信用立法的核心是保护债权，明确债权债务双方的权利和义务的法律关系。从中国金融交易的实际情况来看，应明确金融企业对有关欠债不还的债务人（企业和个人）享有无条件的破产起诉权，金融企业的债权人也应具有对金融企业的破产起诉权，将金融交易行为置于法律监督之中。信用立法的一个重要内容是，要对失信行为建立起严格的惩罚机制，增大失信成本，从而间接褒扬坚守信用的行为。

（3）建立和完善包括企业和个人在内的信用档案和信用担保制度

信用档案是反映企业和个人终身信用的活动记录。应该用法律加以规定，只要某个经济交易主体出现了一次失信行为，他以后都不能得到授信，这种规定具有遏制失信的功能，需要有信用档案制度加以配套。西方发达国家（如美国）往往也通过信用档案制度来约束经济主体的信用行为，实践证明很有成效。按照西方国家的经验，可以建立一个信用档案管理的中介机构，建立信用数据库，向使用信用档案的金融企业提供有偿服务。金融企业在发放贷款或投资时，只要发现授信主体有失信的历史记录，就可以终止其授信行为。此外，为了鼓励有成长潜力的经济主体的发展，还应建立起信用担保制度，通过对信用担保人的约束和激励来扩大信用交易量，分散信用风险，促进经济金融健康发展。

（4）建立信用监管体系，促进信用中介机构的市场化发展

首先，应由政府出面建立严格的信用监管体系。具体说来，政府应积极促进信用约束和惩罚机制的建立，推动相关立法工作的进行；促使信用行业的规范发展，对与信用活动有关的注册会计师、律师和信用评级机构等专业服务领域进行监督，坚决杜绝信用中介机构失信行为的发生，以及对发生失信行为的中介机构进行严厉的处罚，维护广大投资者的利益。其

次，大力鼓励信用中介行业的发展。信用是一种重要的经济信息，为建立和管理信用信息，信用中介市场化发展是一种客观的要求。由于信用评估是建立在企业或个人信用历史记录基础上的，应推动信用中介机构的信用数据库建设，促进信用中介机构依法提供信用信息有偿服务，待条件成熟时再建立与信用中介机构的信用信息共享机制，使信用信息真正服务于社会经济和金融的发展。

13.4.2 加快培育高素质金融产业主体

产权和公司治理结构问题是制约金融产业绩效的核心问题，要从根本上提高金融产业配置的微观绩效，就需要从改革金融企业产权和公司治理结构入手培育高素质的现代金融企业。

（1）推进金融产权改革的步伐

与金融产业配置绩效密切相关的金融产权，是由权能、利益和责任有机构成的统一体。① 金融产权是由对金融财产的占有权、使用权、收益权、处置权和交易权构成的既能分解又能集合的权利束。金融财产的利益和责任是金融产权主体对产权的效用及对称性承担的义务与责任。权利束是金融产权主体的行为环境，利益是金融产权主体的行为动机，责任是金融产权主体的行为约束，三者的组合和有机统一构成了金融产权模式（如图 13-5 所示）。

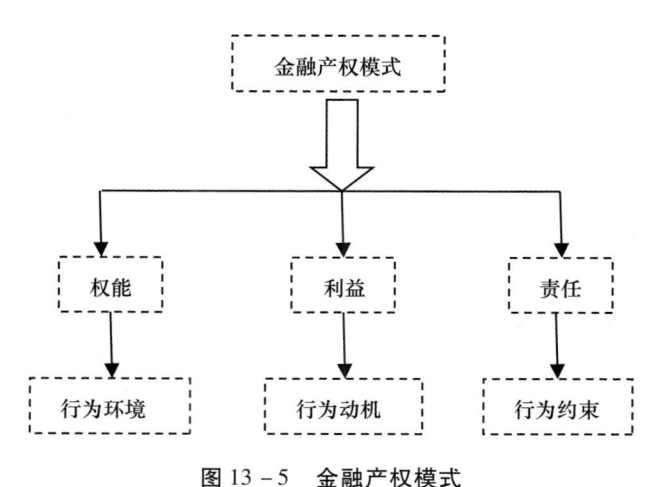

图 13-5　金融产权模式

---

① 实际上，任何一项产权，它都包括了权利、利益和责任三项内容。

金融产业的运行过程客观上需要有明晰的产权制度加以保证与约束。其原因在于：一是金融产业的稀缺性。人们对金融产业的需求欲望是无限的，而一定时期内金融产业的供给（排除中央银行无限制地发行货币）是有限的。金融产业需求的无限性与供给的有限性，决定了人们运用金融产业的排他性，从而需要界定金融产业的产权边界。二是无论储蓄者还是真实投资者，他们都存在"机会主义行为倾向"[①]，只要这种倾向存在，就会影响金融产业的良性循环，这就需要在交易过程中实施严格谈判、签约和监督执行，以对融资双方进行约束和规范。三是与金融企业进行金融交易的储蓄者和真实投资者作为金融产业行为人都存在着有限理性与信息的非对称性。四是金融产业运行环境的不确定性和复杂性。从产权结构优化的角度看，金融产权改革牵涉到两个方面的内容：一是在既有的国有金融产权之外培育、扶持一批主体明确、边界清楚的金融产权企业，完善金融产权结构，因而其核心是打破垄断的市场结构，因为"市场结构越是垄断性的，市场的交易费用就越高，资源配置的效率就越低"（张杰，1998）。

中国金融产业市场一直是国有金融一统天下的垄断性市场，解决这一产权结构的途径就是增加新的金融产权主体，让更多的非国有金融企业进入金融产业的交易市场。具体措施可以包括：适应中国经济多元化和非国有经济日益发展的要求，打造一批民营性的金融企业，建立一批以产融结合为核心的金融财团，引入一批外资金融机构，鼓励非正规金融企业的成长，优化多层次的金融产权增量结构。二是改革国有金融机构的产权。对国有金融机构的产权改革既不能走完全私有化道路，又不能简单实行委托代理制。例如中国国有商业银行是股权与债权的混合经营体，改革的关键是对其核心进行股份化，并通过股权的债权化经营，借助委托代理制，将监督机制内置于经营者的利益追求行为之中（周升业，2004）。也就是说，需要在国有银行股权多元化改革的基础上，建立起一套科学的、分工严谨和责权明确的管理制度，使委托者（董事长）与代理者（经理层）的目标和动机相吻合，代理者不一定是所有者，但可通过让生产成果与其利益挂钩的方式完成委托者的任务。根据中国国有银行的实际情况，其产权改革应当遵循循序渐进的原则，总体上可以分三步走：第一步是国有独资公司

---

① 机会主义行为是一种"分配性努力"而非"生产性努力"。如金融活动中的投机行为、隐瞒行为、金融寻租以及金融不付费、搭便车行为等都属于机会主义行为倾向。

体制。按照"产权明晰、权责分明、政企分开、管理科学"的原则,将国有银行转变为真正意义上的金融企业,转变的标志是国家以出资额为限,对国有银行承担有限责任。第二步是进行股份制改革。按照"全面规划、标本兼治、国家控股、广泛参股、分类进行、分期实施"的原则,对具备条件的国有商业银行进行股份制改造。全面规划就是按照建立现代银行制度的要求,提出分年度改组目标;标本兼治就是要在解决好历史问题和开拓业务领域的基础上进行股份制改造;国家控股就是要求国家先绝对控股,国家股保持在51%以上,经过一定时期后可相对控股;广泛参股,即可采取"股权分散、比例控制、法人持股、基金转换"的模式,在国家控股的前提下,按一定比例广泛吸取企业、金融机构和地方政府等参股。分类进行就是要对各类金融企业分别制定符合实际的改革方案。第三步是创造条件让企业上市。经过股份制改造后,国有金融企业可按规范的程序,分步骤逐渐在海内外上市融资。

(2) 完善金融企业公司治理结构

培养高质量金融企业的核心是在产权明晰的基础上建立起现代金融企业制度,而规范的公司治理结构的建立则是建立现代金融企业制度的核心。一般地讲,公司治理结构主要包括公司管理层、董事会、股东(债权人)之间的关系、公司的营运体系和公司的内部控制体系等内容。一个有效的金融企业治理结构应明确股东与公司法人决策层(董事会)以及决策层与经理层的权责利关系,建立有效的监督和激励机制,确保企业信息披露的及时可靠,建立股东和其他利益相关者的利益保障机制和风险防范机制。中国国有商业银行不良贷款产生的一个重要根源就在于,在内部治理上所有者与经营者定位不清。各行的经营者究竟是代表国家以所有者的身份治理银行,还是以受聘经营者的身份管理银行,在政策上界定不准,在实践中关系不顺。实际上,国有银行高级管理人员是以所有者和经营者的双重身份出现的。正是这种双重身份导致了在国有银行难以建立起有效的监督制约机制。国有银行外派监事会制度虽然发挥了一定的作用,但由于监事会所关心的核心问题是银行财务的真实性,不能全面体现监事会的职能。为此,国有银行就需要按照"治理与管理分开、治理高于管理"的原则,以董事会和监事会为核心,构建起法人治理结构,即需要建立一个向出资人负责的董事会,建立一个向董事会负责的经营管理层,建立一个代表股东和债权人利益的监督经营管理层的监事会,从而建立一个体现所有权、经营权、监督权彻底分离与制衡的机制。为了避免股东主导的内部人对银行利益的侵蚀,需要通过股权多元化建立起严格约束控股股东权力的机制,把股东的权力控制在对银行重大事项的表决权和在一定程度的建议与质询权上,不允许其干预银行的正常经营,银行董事会需要做好在银行发展战略,确保银行依法审慎经营,提高银行的透明度,监督银行管理层诚信经营等方面的工作。此外,为了避免银行经营者及内部员工的道德风险和自利行为,应当在产权安排中给予员工应有的地位,可考虑给予他们一定的剩余索取权(如职工持股计划)和一定的剩余控制权(如采用共同参与经营模式),使其个人利益与银行的命运一体化,从而提高他们勤奋经营的积极性。

13.4.3 建立市场主导的金融商品价格机制

利率作为金融商品的价格,具有牵一发而动全身的功效。利率杠杆在金融产业形成与配置过程中发挥着基础性作用,它不仅决定着金融产业利差收益的大小,而且会引导金融产业的循环结构和投资选择的调整,从而影响金融产业的循环效率。要实现利率杠杆的这种功能,首先必须推进中国的利率市场化进程。然而,推进利率市场化并不等于完全放开利率,交由市场来决定。实际上,政府不施加一定影响的市场利率制度是不存在的。这是因为金融产业循环的宏观货币环境是信用货币而非金本位,在金本位条件下,有黄金储备作为后盾,货币发行有其物质基础,货币有其资源稀缺的天性,利率可由供求双方的市场力量均衡来决定。但在信用货币条件下,货币发行和货币创造没有黄金储备作为基础,社会货币总量的合理性主要由货币管理部门的理性程度决定。由于经济的复杂性以及政府其他意图的干扰,货币发行几乎不可能做到完全理性,因而,严格来讲,货币也就丧失了资源稀缺的天性,其价格的形成,除了受市场供求双方力量的影响外,还受到第三只手——政府的影响。正因为如此,现代市场经济国家,无一例外地都实行在政府影响下由市场供求双方相互作用而形成的利率体系。世界各国的利率体系是不相同的,但是在政府的调控下,由市场供求关系所决定的利率体制是非常相似的。

西方国家的利率体系比较经典的是"利率通道"管理模式(周升业,

2004），即以央行的准备金利率和最后贷款利率为上、下限，形成利率调控通道。上、下限的经济含义是：商业银行将多余的头寸存入中央银行，安全风险系数为零，如果商业银行对某一经济实体贷款收益小于或等于存款于央行的准备金利率水平，商业银行则不愿放款而考虑将资金存入央行。当商业银行头寸不足时，在一定的条件下，它可以向央行申请再贷款，再贷款利率成为商业银行筹资成本的重要参考价格。如果商业银行从市场上贷款的成本高于中央银行再贷款的成本，则商业银行更愿意从中央银行再贷款。而同业拆借利率反映了金融机构之间的资金余缺状况，其水平介于"上下通道"之间，央行盯住此目标，通过公开市场业务调整基础货币供应量，使同业拆借利率水平在"上下通道"之间波动，以此调剂市场货币需求（孙旭、陈嘉，2005）。中央银行调节货币需求的关键在于确定合理的"上下通道"，并根据金融市场双方供求状况，来确定再贷款利率水平。然而这种模式的一个前提是存、贷款利率逐步放开，并通过充分的市场均衡达到资本价格的真实水平，并通过调控同业拆借利率水平，综合实现中央银行的金融宏观调控意图。

基于上述"利率通道"管理模式，中国利率管理体制改革第一步需要完成的就是消除利率管制，中央银行主要负责制定和调整再贴现率、再贷款率、存款准备金率等基本指标，而其他利率应交由市场上的资金供求双方依据信用交易来确定。具体做法包括：①逐步放宽直接融资（主要是债券、票据承兑贴现）的利率限制，允许利率在一定幅度内浮动，待条件成熟后①全部放开，利率由发债主体和票据贴现承兑双方自行决定；②在全国统一货币市场基础上形成真正的同业拆借市场利率；③建立起一个主要由市场供求决定且富有弹性的有效汇率机制，促使开放的外部经济影响及时反映到利率上来；④建立利率与证券价格、国际市场价格相联系的机制，使利率的变动可以影响证券价格的波动，能够与金融机构在筹集国外资金时的资金价格相联系，并推动金融产业国际循环和最大化增值的积极性。

13.4.4 完善金融产业主体的自我约束机制

依靠市场力量的硬预算约束是企业高效运作的必要条件之一。只有实

---

① 利率市场化的条件：一是现代企业制度普遍推行；二是金融化程度高，金融资产结构合理；三是有一个通风型的市场规则。

施硬预算约束，亏损企业才会破产，并为必要的经济更新和增长创造条件（伊萨克森，1996）。硬化金融企业的预算约束是化解金融风险，进而提高金融产业循环效率的必要措施。在硬预算约束的问题上，转轨经济学存在两种主要的观点，即"华盛顿共识"（Washington consensus）和渐进—制度观点（evolutionary-institutiona list perspective）（Rolanel，2000）。"华盛顿共识"将硬预算约束视作一个外生的政策选择，是一个随时可以引入的政策变量，实施与否取决于改革者的意愿，由此决定了软预算约束的决定权完全在政府手中，政府可通过认识的提高而一夜之间实现预算的硬化。而渐进—制度观点将硬预算约束视作经济制度选择的内生变量，硬预算约束与承诺的可信性相关，硬预算约束是为此目标而引进的一系列制度共同作用的内生结果（施华强、彭兴韵，2005）。显然，华盛顿共识强调了改革的政治意愿和决心，渐进—制度观点则强调了具体改革方案之间的协调、配合对硬预算约束的重要性。在解决中国金融企业尤其是商业银行的软预算约束时，既要稳步推进预算硬约束，又必须结合中国转轨过程的特殊性和金融发展的具体实际，着眼于长期的制度建设和切实可行的政策选择。本专著认为，硬化中国金融企业的预算约束的政策含义至少应包括以下几个方面。

（1）树立金融相对稳定的理念，充分发挥市场的硬约束功能

长期以来，我们过分看重金融体系的绝对稳定和正外部性，却不惜牺牲经济效率。但有研究表明[①]，机构倒闭是一个具有竞争和创新精神的市场机制不可或缺的组成部分，金融稳定并非追求"零机构倒闭"的体制。这可从美、日两国追求金融稳定性的目标差异中看出一些区别。美国金融监督寻求的是金融机构在市场约束下的健康，追求一种动态的稳定，每年既有一些旧的金融机构倒闭，也有一些新的金融机构进入；而日本的金融监管追求的是"银行不倒"的目标。但是，20世纪90年代以来，两国金融系统抗风险的能力却大相径庭，美国金融系统的抗风险能力远远超过了日本金融系统。鉴于此，我们可以在金融的绝对稳定（零倒闭）和机构倒闭（不稳定）之间寻求一种符合中国实际的相对稳定状态。当然，不追求零倒闭的相对稳定体制并不是说监管部门不用努力去减少机构倒闭的数

---

① 英国金融服务局（FSA）主席霍华德·戴维斯（Howard Davis）2003年2月在伦敦城市大学的演讲。

量。相反，金融监管部门还应投入大量的资源努力减少或避免金融机构倒闭，并尽量减轻金融机构倒闭所产生的负外部性。虽然监管部门并不能完全消除金融危机，但是却可以通过有效的制度安排和尽职尽责的监管，减少金融危机发生的频率和影响范围。要树立金融相对稳定的理念，还必须充分发挥市场对金融企业的约束力。充分信息是市场约束发挥作用的前提条件，然而在金融领域，严重的信息不对称会导致逆向选择和道德风险，使市场的约束作用弱化。因此，监管部门应当督促金融企业及时、准确、充分地披露相关经营信息，并对其信息做出相应的反应，为市场约束创造良好的条件和制度基础。

（2）消除国有银行作为国有企业实施软预算约束支持体的角色

财政和金融是中国对国有企业软预算约束支持的两大方式。财政是通过政府预算向其提供补贴或给予税收优惠；金融则是通过政府强制银行向不符合放贷条件的国有企业放贷，或在借款国有企业出现违反还款条件的情况下，银行不能使之破产。这种国有银行充当国有企业软预算约束的支持体反过来强化了银行自身的软预算约束。因此，硬化国有商业银行预算约束需要从根本上弱化银行作为国有企业软预算约束支持体的角色，将政策性业务彻底分离给政策性银行经营，并从制度上保证商业银行进行完全独立的商业化经营。而要从根本上消除国有银行作为国有企业软预算约束支持体的作用，还必须同时对国有企业进行根本性的市场化改革，硬化国有企业预算约束。国有企业预算软约束改革的滞后必然通过国有银行信贷刚性依赖导致银行不良贷款的持续恶化。

（3）适当降低金融产业的市场集中度

硬化金融企业预算约束首先需要降低单个金融企业破产的负外部性。金融企业的市场集中度越高，无论其正外部性还是负外部性也就越大，当其经营陷入困境时，就越有可能让监管部门产生"监管宽容"。而"监管宽容"就会使金融企业在竞争中违背谨慎经营原则，展开不合理的竞争，进而中央银行会滥用最后贷款人的职能（施华强等，2003）。所以，采取适当措施降低金融产业的市场集中度十分必要。Dewatripont and Maskin（1995）的研究表明，分散型银行结构在控制银行软预算约束方面优于集中型银行结构，因为分散型银行结构可以降低单个银行倒闭的负外部性。以此类推，分散型的金融产业结构是硬化金融企业预算约束的重要路径。

而中国的市场结构是国有银行处于垄断地位,这是一个不争的事实,对如何降低中国银行业的市场集中度,目前学术界存在着严重的分歧。① 本专著偏向在强化监管的前提下,适当放松金融业的准入限制,通过经济体系内生出一批民营金融企业来降低市场集中度,而不是对现有国有银行的规模进行"瘦身"(即拆分上市)。这一方面是因为与国际大型银行相比,中国国有银行规模并不算大,况且,国有银行效率低下并非与规模过大有着紧密的联系,根本的问题出在管理体制上。另一方面,降低银行集中度并不意味着银行规模越小越好。银行业的特性要求其具有一定的规模以抵御风险(Kolari & Zardkoohi, 1987)。而中国城市商业银行规模小,并且其营业范围受到严格的地域限制,从增加竞争和抗风险能力上看,应当逐步放宽对经营业绩较好、内部控制较完善的城市商业银行的营业地域限制,同时为它们建立通过市场筹集资金的渠道,使城市商业银行在良性竞争中逐步集中,从而降低中国金融业的市场集中度。

(4) 完善金融企业的市场退出机制

完善的金融企业市场退出机制既能减少单个金融企业倒闭的负外部性,又能减少监管部门实施软预算约束的成本。但是缺乏有效的市场退出机制不仅不能使经营不善的金融企业在市场上得到应有的惩罚,而且有可能进一步导致更多的软预算约束。如一家金融企业在出了问题需要进行破产倒闭时,在没有市场退出机制约束的情况下,监管部门就有可能会要求其他运营状况良好的金融企业接管这家问题企业,从而接管的金融企业便会背上巨额的债务负担,这就成为一个软预算约束体。所以,建立有效的金融企业退出机制需要引入真正的市场规则,通过市场竞争实现金融企业的优胜劣汰,从而最终达到金融资源优化配置的目的。② 同时,还必须制定完善的金融企业间的风险隔离措施,以减少某一家金融企业退出市场时

---

① 徐滇庆(2002)认为,应该放松银行的准入限制,大力发展民营银行;彭兴韵(2002)则认为,应将四大国有商业银行进行分解,在利用市场机制对银行结构进行重组的基础上推动商业银行治理结构的改革。而吴敬琏(2003)则反对这一思路,认为这会形成进一步改革的阻碍力量,会对国有独资商业银行的存续部分造成更多的经营压力;李扬(2003)则从国有独资商业银行竞争力的角度反对将银行分拆上市。

② 当然,金融机构毕竟不同于一般的企业,金融机构的市场退出所经历的法律阶段与一般的企业不同(崔之元,1999)。这个认识是20世纪30年代爆发的严重经济危机带来的最深刻的教训。成熟市场经济国家在较长的时期里曾经在发挥市场的作用并减少商业银行倒闭的负外部性方面做出了许多有益的尝试,这些做法值得我们进一步深入研究和借鉴(施华强等,2003)。

给其他企业所带来的不良影响。存款保险制度就是其中很好的制度安排之一。

20世纪30年代以来世界各国的实践表明,存款保险制度从总体上增进了许多国家金融体系的稳定性。但是,存款保险制度发挥作用需要有两个重要的前提:一是完善的监管,合同执行力强。在监管薄弱、合同执行能力弱和腐败较为盛行的国家,明确的存款保险方案会导致银行过度冒险,降低市场约束,增加金融体系的脆弱性(世界银行报告小组,2002)。二是良好的设计。一个设计完善的存款保险制度[①]可以从增强商业银行的内部控制建设,提高对银行监管的效率以及加强市场约束几个方面增加银行体系的稳定性(贾林青、贾辰歌,2014)。根据这些研究,中国有必要创造相应的条件加快建立存款保险制度,以推进商业银行硬预算约束。

(5)政府应当适当从金融领域的直接经营活动中退出

在中国,政府作为国有金融企业的所有者是形成国有金融企业软预算约束的产权基础。它不仅阻碍了国有金融企业建立现代企业制度和改善公司治理结构的步伐,而且为国有金融企业提供了隐性担保,使国有金融企业在存在巨额的不良资产和盈利性较低的情况下仍能源源不断地吸收存款,保持充分的流动性。所以,政府适当退出对于硬化金融企业预算约束具有非同寻常的意义。在中国,政府退出不仅需要对包括国有商业银行、各城市商业银行在内的银行进行产权结构改革,而且包括对国有保险公司、国有信托投资公司等实施产权结构改革。政府退出的一个前提是对国有金融企业的大量存量不良资产进行有效处置。施华强(2003)的研究表明,大量不良资产强化了国有独资银行的软预算约束,因而采取各种方式处置不良资产对硬化商业银行软预算约束具有积极的意义。[②] 对国有金融企业存在的存量不良资产,应分清责任,属政策性原因引起的不良资产应由政府承担,属经营性和市场原因引起的不良资产则应由金融企业自身承担。

---

① 截至2011年底,全球已有111个国家建立了存款保险制度。2014年11月30日,中国发布《存款保险条例(征求意见稿)》,于2015年推出该制度。

② 目前我国国有商业银行处置不良资产的方法主要有催收清收、贷款重组、依法收贷、债权转股权、收取抵债资产、申请破产、呆账核销等。

13.4.5　尽快建立有效的金融产业监控体系

鉴于金融产业的风险聚集性和破产的负外部性，金融企业仅仅依赖市场力量的自我约束是不够的，这就使得建立一套独立于政府的监管体系成为必要。根据金融产业组织的风险特征，应该建立"四位一体"的监管体系。

（1）自我监督

自我监督是指金融企业股东从金融企业内部对其进行监督制约。从国际经验来看，金融企业内部监督的实施主要有两种模式：一是英美模式；二是德日模式。英美模式主要通过独立董事、审计委员会和外聘审计师对金融企业进行监督；而德日模式则主要通过设立监事会行使金融企业内部监督职责。中国金融企业可采用适合中国国情的双重监督治理模式。鉴于独立董事和审计委员会的主要职责是对金融企业经营状况进行监督，内设在董事会之下；监事会既监管金融企业具体的管理活动，也对董事会和高级管理层进行监督，是与董事会并列的机构。因此，中国金融企业应在充分发挥独立董事和审计委员会的内部监督职能的基础上，加强监事会的监督职能，包括加强监事会的独立性，赋予监事会一定程度的管理人员罢免权，建立监事会的选拔考核和责任追究制度等。

（2）市场监督

市场监督是指存款人、投资者、交易所、社会舆论等通过金融融资市场的信号显示机制、控制市场的退出机制与金融企业的声誉机制对金融企业实施的外部约束。现代产权理论指出，只要产权是可以交易的，那么不管产权的初始分布格局如何，都可以通过产权交易来改善资源配置结构，提高社会福利水平（科斯，1937）。因此，在国有控股的结构下允许金融企业进行产权交易，可以用市场"用脚投票"的机制来约束金融企业稳健经营。与此同时，要使投资者、存款人、交易所、社会舆论对金融企业进行有效的制约，完善的金融企业信息披露制度的建立是必不可少的。充分的信息披露有利于各利益相关者通过合理评估金融企业的价值来做出经济决策，存款者可以决定是否将钱继续存入某银行，投资者可以决定是否购买某金融企业的股票等。中国国有银行要进行股份制改造并上市融资，就必须提高信息披露的质量，不仅要充分披露重要的表外交易、或有交易和关联交易信息，也要加强对诸如银行目标与战略、股东与债权人之间的交叉担保、股东与员工和其他利益相关者之间的重要关系等非传统财务信息的披露（阎庆民，2005；贺建刚等，2013）。由此可见，市场监督是通过利益相关者利用充分的信息对金融企业实施"用脚投票"机制加以约束的。

（3）产业自律监督

金融作为一种行业或产业，需要从组织上建立一个金融行业或产业公会（又称协会），如银行业协会、证券业协会、保险业协会等。金融同业协会可以制定同业公约，加强对金融业或整个金融产业的自律管理与监督，协调各金融企业之间的利益关系，并为国家的金融监管部门提供充分的行业信息，以促进整个金融产业的持续健康发展。

（4）监管机构的监督

它是金融监管部门从防范系统性风险和维护金融产业稳定运营的角度出发，代表债权人利益对金融企业实施的一种外部监管。为强化监管部门对金融企业的监督治理作用，监管部门应当注意以下几个问题：一是应对金融企业股东进行严格监督，防止其利用权力与信息优势侵害其他利益相关者尤其是存款人与被保险人的利益。如不能抽逃、挪用存款资金，不能强迫金融企业在亏损条件下分红等。二是在加强法人监管的前提下应强化对金融企业各分支机构进行监管。三是对金融企业"内部人"的监督。通过强化监管避免金融企业内部人控制及内部管理不善给金融企业造成的重大损失，进而影响到债权人的利益。如果发生"内部人"侵害金融企业整体利益的情况，监管部门应追究实施侵害行为的股东、董事以及高级管理人员的责任，追索相关损失。四是监管要适度。监管本身也会产生道德风险，因此需要合理设计监管制度。既要通过制度设计来加强金融企业信息披露的质量，减少乃至消除债权人参与公司治理的信息不对称障碍，并借此提高债权人参与监督的积极性；也要防止过度监督，通过增加监管措施的弹性影响各利益相关者的收益与成本函数，进而将监管者的要求内化为金融企业自身的行为，实现监督的激励相容。① 五是监管部门要解决好自

---

① 激励相容的金融监管，强调的是金融监管不能仅仅从监管的目标出发，而应当参照金融企业的经营目标，将金融企业的内部管理和市场约束纳入监管的范畴，引导这两种力量来支持监管目标的实现。激励相容监管的最终目标是强调金融企业的商业目标与监管部门监管目标的一致和协调，也就是符合投资者和银行经营利润最大化目标的监管。

身的治理问题，建立一整套科学有效的内部治理结构和激励约束机制，实现对监管机构及其工作人员的激励约束，使其真正代表债权人利益进行合理有效的监管。金融监管滞后是导致金融危机的重要因素。例如，监管部门监督体系的缺陷，容易使金融企业在追求自身利益时低估金融创新的风险，从而导致金融危机的产生。

第 14 章 金融产业的风险控制

关于金融产业，目前学术界普遍认同冉光和等（2004）最先做出的定义，即通常是对以经营金融商品和服务为手段，以追求利润为目标，以市场运作为基础的金融组织体系及运行机制的总称。而金融产业风险是指由于时间的推移金融产业的收益与成本发生变化而导致整个产业受益或受损的不确定性。市场经济中金融风险是紧随着金融产业发展过程的，如何把金融产业风险控制在最低或可承受的范围内是金融企业、居民和政府都必须面对的问题。本章将通过对金融产业的风险形成、风险监测、风险预警和风险化解做深入系统的研究，从而科学地提出金融产业风险控制的方案，为整个金融产业的健康发展提出相应的决策建议。

14.1 金融产业的风险形成

从已有的文献来看，国内外关于金融产业风险的解释有很多，比较典型的包括：①克罗凯特（Crodkett，1997）认为，"金融风险是金融资产价格的不正常活动，或大量的经济和金融机构背负巨额债务及其资产负债结构恶化使得它们在经济冲击下极为脆弱并可能严重地影响宏观经济的正常运行"。②格利茨（Galitz，1998）认为，"金融风险是对暴露于风险中的任何金融实体在资本财务经营方面所造成的冲击"。① ③陈立新（1997）认为，金融资本风险是资产的所有者或投资者，在投资和融资过程中，因偶发性或不确定因素所引起的收入的不确定性和资产损失的可能性。④冉

---

① 格利茨对金融风险所下的定义在西方有一定的代表性。但是，20世纪90年代以来许多国家和地区接连发生的金融危机表明，在当代金融领域里不仅存在着微观金融活动的风险，还存在着宏观金融活动的风险。

光和（2004）认为，金融产业风险是对以经营金融商品和服务为手段，以追求利润为目标，以市场运作为基础的金融组织体系及运行机制风险的总称。⑤宋凌峰（2007）提出，金融风险代表的是经济体系中主要部门的资产价值在未来一定时期内所具有的不确定性。⑥张屹山（2007）则认为，金融风险是指一个国家范围内的系统性金融风险。⑦Gray 和 Malone（2008）认为，金融风险是一种对整体经济和金融稳定均会产生影响的风险冲击，其产生和发展不仅会影响本国，而且会影响其他国家或地区，并产生连锁反应。⑧王平和陈柳钦（2009）认为，金融风险是指经济活动中由资金筹措和运用所产生的风险，即在由不确定性引起的资金筹措和运用中形成损失的可能性。⑨殷孟波和郑宇（2010）将伴随着金融深化活动而在金融、经济体系内产生的风险称为金融风险。综上所述，我们认为"金融产业风险"，是指金融产业中的各种主体，在金融活动中因经济、金融制度、金融资本运行与金融资本管理等各种因素的不确定变动而使主体的实际收益与预期收益目标发生偏差，从而导致其资本遭受损失的可能性。

金融产业风险主要表现在信用风险、利率和汇率风险、流动性风险、财务风险、市场风险、法律风险、法人结构治理风险、政治风险等几个方面。从宏观角度来看，金融和经济可谓是相辅相成、紧密联系的。经济的发展决定着金融的发展，而金融的发展程度也制约或促进着经济的发展。一旦金融产业风险发生，无论对金融产业本身，还是对实体经济都有可能导致比较严重的后果，轻则金融产业中个别主体出现经营困难、破产，如果风险加剧则有可能进一步导致整个金融产业出现危机，进而影响实体经济的发展，更有甚者可能会引起政府破产和社会动荡。在定义金融产业风险概念和了解金融产业风险的表现及后果之后，我们来探究金融产业风险是怎么形成的。

14.1.1 经济周期波动所造成的金融产业风险

从金融危机的经济周期角度来看，金融机构的经营状况会对经济周期做出内生性反映。也即金融产业风险或危机并不仅仅是因为受金融系统的外部冲击或政策错误所造成的，而往往是经济和金融系统周期性内生的。下面我们从美国的固定投资增长率与 GDP 增长率的关系来直观地认识经济的周期性对金融产业的影响。

从图 14-1 中我们可以看到，在经济系统中，固定资产投资增长率与 GDP 增长率呈现出高度的吻合，此一规律也适合金融产业风险。按照经济周期理论，在经济恢复期，多数投资者对融资采取谨慎的态度；而在经济繁荣期，市场产生的过分的乐观情绪会提高投资者的利润预期，进而激发了人们过度的投资举动（因为自有资本不足，投资者追加的资金主要来源于银行和金融机构的贷款）。随着市场投资情绪的进一步高涨，部分非理性投资者开始采取较为冒险的做法进行融资，结果是随着信贷需求的增加，利率开始上升，金融市场主体对利率变动的敏感程度逐渐增加。利率的上升将导致那些冒险融资者的财务状况恶化，部分投资者的短期现金流量赤字转为长期现金流量赤字，资产现值也开始下降，投资开始变得无利可图。随着上述市场情况的变化，一方面是投资者对自身财务状况恶化的忧虑，另一方面是政府顾虑经济中的泡沫成分会引起通货膨胀。此时，当少数市场主体因经营不善而倒闭时，则很可能成为引发市场恐慌的导火索，将部分忧虑演变成全面的恐慌，最初的局部倒闭、破产事件就会演变成全局性的系统性风险或危机。

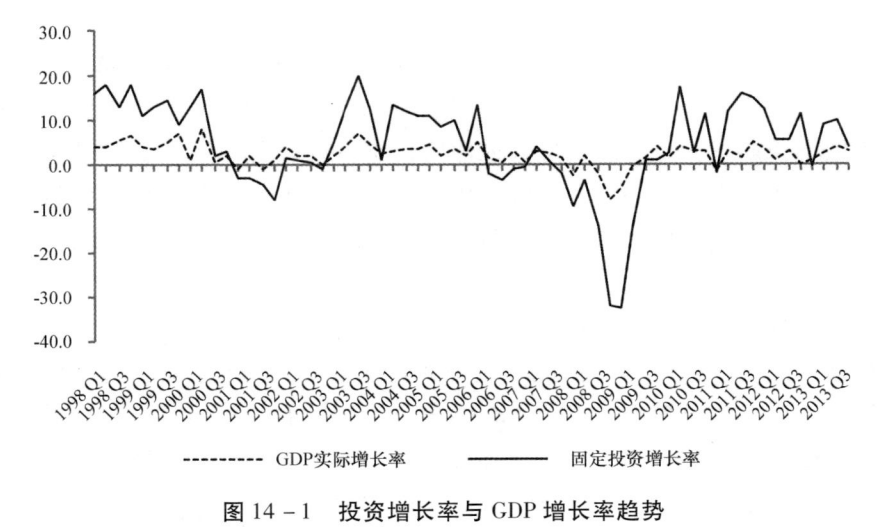

图 14-1 投资增长率与 GDP 增长率趋势

资料来源：U. S. Department of Commerce.

14.1.2 金融市场上有限理性造成的金融产业风险

有限理性往往是引发金融产业风险的主要原因之一。在经济繁荣期，不断涌现的投资机会加上融资渠道的通畅使得人们的投资兴趣不断增强，投资信心不断高涨，成功者的示范效应更是让人们淡忘了投资的风险。与此同时，在这种乐观的氛围中，金融机构也会一反往日谨慎的作风，开始扩大融资规模，增加长期融资比重。然而，随着时间的推移，金融机构资产流动性必然降低。以上过程在羊群效应的作用下可以自我加强，并最终形成市场的全面疯狂。在投机狂热时期，即使每一个市场参与者都是理性的，但由于信息不对称和处理信息能力有别，并不能保证市场整体是理性的。在投机高潮期，即使一部分人能够像圈内人那样得以胜利脱逃，但大部分人或整体却依然难逃失败的命运。而且，人们的其他非理性行为也可能导致金融体系出现脆弱性，当环境发生变化后，人们会产生等待观望或无以应对的倾向；有时人们也会做出把自己的某些希望寄托在尚未发生的同时又与自己毫不相干的事情上，或忽视那些自己不喜欢或不想承认的事实等等不理性的行为。尤其是当有新的投资者进入某一领域时，原有的投资者为了维持市场份额和预期利润而扩大投资规模，随着投资规模的扩大，投资的边际利润率呈现出下降趋势，这样投资者原来的长期投资计划很快会被短期行为所取代。当经济欣欣向荣的景象受到某些因素的扰动，并有大量金融资产变成不良资产后，市场的脆弱性就会开始凸显，任何信息都会被当成"噪声"受到质疑。危机过后，即使投资者能搜集到大量的关于经济长期发展趋势的信息，但他们仍难以准确预测经济远期变动的趋势，也无法做出准确的投资决策。危机过后经济开始复苏，谨慎的投资行为被人们所抛弃，投资者又开始从事不谨慎的投资，短期行为日益盛行，直到又一次危机的来临。

根据行为金融学的研究，人们在日常的生活中存在很多根据情绪来决定自己经济或金融行为的情况。例如一份来自26个国际证券交易所的研究报告表明，清晨阳光带来的好心情会导致较高的股票回报，阳光充足的白天会使人们更加乐观，因此接下来更有可能购买股票；还有研究显示，当交易者的睡眠模式由于夏时制时钟变化而被打乱时，股票市场的股票价格会下跌；足球比赛结果与投资者的情绪是呈强相关的，在世界杯失利以后，失利国家的股票价格显著下跌了。诺奖得主罗伯特·希勒也在《非理性繁荣》中提到："投资者投资时的情绪状态是导致牛市最重要的一个因素。" 2008年中国股市泡沫的破灭就是一个群体非理性爆发的典型案例。

中国股市在 2007 年 10 月到 2008 年 10 月期间经历了自成立以来最大的熊市。上证指数在此期间从 2007 年 10 月 16 日的 6124.04 点跌到了 2008 年 10 月 28 日的 1664.93 点。很多股民因此损失严重，倾家荡产的也不在少数。而在此之前，上证指数一度从 2005 年的 998.23 点上涨到 2007 年的 6124.04 点，可谓一波牛市。投资者的非理性对这波牛市起到了推波助澜的作用，当时，受中国宏观经济行情和奥运会等利好消息的影响，中国居民纷纷涌入股市。2007 年 5 月 30 日，中国股市开户数达到 1 亿户，到年底超过了 1.3 亿户。而在这些开户的投资者中，很多人连基本的金融常识都不具备。更多的是受身边人和一些消息的影响来进行投资，对股市盲目乐观，却不对整个经济环境、上市公司财务情况、经营情况做深入的了解。虽然股市整体市盈率已经被这些盲目乐观的情绪炒到了非常高的49.9，但是绝大部分投资者依然对此视而不见，致使股市泡沫越吹越大，最终由于国家采取"从紧"的货币政策与"三防"的目标，股市泡沫彻底破灭，很多盲目的投资者损失惨重。2014 年 7 月至 2015 年 6 月中国股市又出现异常的波动，其间中国宏观经济增长不断下行，而股票市场却异常火爆，股价指数异常波动，完全有悖经济学原理。

14.1.3　囚徒困境与挤兑行为导致金融产业风险

囚徒困境是非零和博弈中具有代表性的例子，反映了个人最佳选择并非团体最佳选择。虽然囚徒困境本身只是模型性质的，但现实中的价格竞争、环境保护等方面也频繁出现类似情况。在金融产业风险中，挤兑这一现象就是囚徒困境的一个具体表现。

对从事信贷业务的金融产业主体而言，只需要用一小部分流动性资产满足正常的取款需要，剩余的资产则是长期性、非流动性的。由于银行类金融机构对存款人的债权实施"先来先取"的一般性政策，因此即使银行类金融机构具备债务清偿能力，风险共享的存款契约仍可能助长存款人的恐慌性挤兑，从而使金融机构的流动性资产枯竭，金融机构会停止兑付。在正常的情况下，金融机构的流动性负债量应与资本价值大致相当。在后者枯竭的情况下，金融机构会丧失清偿能力，因为以折价的方式处理非流动性资产会带来资金缺口。在金融机构倒闭后，存款者不一定能够得到全额赔付。因此，无论金融机构当时的经营状态怎么样，存款人都会抢先排队取款，此时，任何事件都会引发挤兑行为。

在信息不对称的情况下，任何能改变存款人对金融机构信任的风险状况因素都会引发挤兑潮，如经济衰退的迹象、某个银行破产清算、一组特别借款人资产净值的下降等。需要特别指出的是，在不能确定非市场定价的金融产品的价值时，社会公众对健康金融体系的认知极易受个别失败案例的影响，因此任何一个金融机构的失败都会引发金融机构之间的传染性挤兑现象。当某一特殊事件导致存款提现速度加快时，每一个理性的储户都会赶紧加入挤兑行列，即使他们相信该金融机构的经营是健康的，而且所有的存款人都知道不挤兑更有利于整体的利益，但是每个存款人都是自私的，挤兑行为仍然会发生。这种个体理性所导致的集体非理性的现象即为"囚徒困境"所揭示的一种博弈均衡解释。由于市场信心崩溃所引发的挤兑行为直接促进了金融产业风险的显性化。

Northern Rock（北岩银行）是英国主要经营房地产的银行，它在次贷危机早期因遭到挤兑而倒闭。2007年9月17日，新一周的首个工作日，北岩银行的股价下跌了将近70%，而严重的客户挤兑则导致了30多亿英镑的资金流出，该行存款总量亦不过240亿英镑。全国各地慌乱的投资者挤满了北岩银行在英国的70家分行提取存款。由于面临严重的资金短缺而陷入挤兑风潮的北岩银行正打算分割出售其持有的价值1000亿英镑的抵押贷款债权。由于信用风险给北岩银行所带来的潜在严重损失预期，从导致公众对其失去信心到出现挤兑行为，北岩银行头寸不足，于是流动性危机越演越烈，最后被迫倒闭。

从北岩银行的倒闭来看，挤兑行为是其破产的直接原因，虽然北岩银行的经营尤其是在房贷业务上的经营有着非常严重的失误，但是如果没有发生挤兑风潮而使北岩银行的现金严重流出，那么北岩银行还不会立刻破产，甚至有可能在次贷危机之后恢复正常运营。正是挤兑这一个体理性行为，导致了银行破产这一集体非理性结果。

14.1.4　逆向选择和道德风险导致金融产业风险

阿克洛夫（Akerlof，1970）的旧车市场模型（lemons model）开创了逆向选择理论的先河。在旧车市场上，逆向选择问题来自于买者和卖者有关车的质量信息的不对称，卖者知道车的真实质量，买者不知道，只知道车的平均质量，因而只愿意根据平均质量支付价格，但这样一来，质量高于平均水平的卖者就会退出交易，只有质量低的卖者进入市场。结果是，市场上出售的旧车的质量下降，买者愿意支付的价格进一步下降，更多的较高质量的车退出市场，依此不断循环下去。

在金融产业借贷活动中，逆向选择这一现象是比较普遍的。一方面，借款人为了得到贷款，有可能尽量隐藏自身的信息，或者进行信息的伪造，金融机构难以准确掌握借款人的资信状况，金融机构只能根据市场平均利率水平向借款人发放贷款。然而，这种资金的定价方式并不能反映借款人的全部信息，最后会迫使预期收益低，但风险低的借款人由于借款成本高于预期水平而退出信贷市场，留下来的则是愿意支付高利率的高风险借款人。另一方面，较高的贷款利率会降低借款人的投资收益，间接地鼓励借款人投资于回报率高但风险高的项目，从而使得金融机构的风险水平随着利率的提高而增加。正是由于借款人和金融机构之间的信息不对称，导致了利率这一平均资产价格将质量更高的借款人逐出了市场，将质量更低的借款人留了下来，出现了金融市场的"逆向选择"。另外，金融机构也有可能在高预期利润的驱使下，将信贷资金投向高风险、高收益的项目，使逆向选择效应得到持续增强，导致金融市场的风险增大。在发展中国家金融的实际运行中，由于逆向选择问题特别严重[①]，银行和信用社往往采取"信贷配给"来减轻逆向选择问题（张杰，2003），但这也只能解决部分问题，因为它同样不能消除信息的不对称问题，信贷市场上的高风险、低效率的借款人依然不会绝迹，这也是金融体系面临的潜在风险因素。

道德风险的概念应用广泛，金融体系的道德风险主要表现在金融机构在金融市场上同借款人、存款人、金融机构股东与金融机构经营者及政府等金融主体间的博弈关系上。从借款人的行为来看，借款人为了获得贷款，有可能更改自身的信息，而在贷款发放后，借款人还会在自身利益的驱动下采取隐瞒行动信息等办法来欺骗金融机构，进而有可能导致风险的发生；从金融机构经营者的行为来看，其利益与委托人的利益有可能出现不一致的情况，代理人（经营者）很可能会从事一些有损于委托人（股东和存款人）的利益而对自己有利的事情，最终使金融机构受到潜在风险的威胁。

---

① 这是由发展中国家金融业务特性所决定的。

具有100多年历史的巴林银行的破产讲述了道德风险如何使一个资产良好的金融机构在一个月之内被拖入资不抵债的深渊。1992年7月，巴林银行新加坡分行的首席交易员尼克·里森（Nick Lessen）开始进行日经指数（日本版本的道·琼斯股票指数）的投机活动。1992年末，里森的损失已达300万美元，他将这些损失转入了一个秘密账户，从而骗过了他的上司。他甚至欺骗他的上司，称他已经获得了巨额盈利。由于巴林银行内部控制制度的漏洞，他得以继续负责新加坡交易所的交易，并且掌管这些交易的账簿。事态发展对里森相当不利。1994年末的损失超过2.5亿美元。1995年1—2月，他输掉了整个银行。1995年1月17日发生了神户大地震，当天，他的损失达到了7500万美元，当周周末的损失超过1.5亿美元。2月23日的股市下跌使得他的损失进一步达到2.5亿美元。他立刻逃离了新加坡。3天后，他现身法兰克福机场。最终，里森的全部损失高达13亿美元，吞噬掉了整个巴林银行的资本，导致了该银行的破产。之后，里森在新加坡因其行为而遭到起诉并被收监。1999年获释后，他对自己的行为表示了道歉。

从制度上看，巴林银行最根本的问题在于交易与清算角色的混淆。里森同时担任巴林新加坡期货交易部与清算部经理。一般来说，银行给予交易员一定额度的风险许可。但是，为防止交易员将其所属银行暴露在过多的风险中，许可额度制定得相当有限。而通过清算部门每天的结算工作，银行对其交易员和风险情况予以有效了解并掌握。但不幸的是，里森一人却身兼交易与清算二职，从而使里森的道德风险大大增加，这也就导致了监管失效，从而导致了破产的悲剧。

为规避金融机构实际操作者的道德风险，金融机构健全机构内的防火墙制度是一个切实可行的办法。通过这项制度来实现各项业务在人员、财务和账户上的分离，相应的信息系统在程序、数据、运行上的隔离，并在各部门的业务和管理流程中做到系统信息、数据查阅必须有相应的审批流程和授权。

上述的道德风险主要立足于客户的角度，而道德风险同样可能发生在金融机构身上。金融机构的道德风险还可能因金融安全网的制度性保障而膨胀，因为金融业在国民经济中的独特地位使得金融机构在出现问题时还有金融安全网的保护。① 因此，对金融机构经营管理者来说，"从众行为"是在

---

① 如阻止银行、信用社金融风险发生的存款保险制度（正规的或隐含的）、最后贷款人制度等等。

不确定情况下获取收益与持续生存能力的一种"理性"选择，如其经营成功，则市场占有率和利润都会得到提高或维持，而当金融产业中大部分金融机构陷入困境时，政府的选择只能是进行救助（翟金林，2011）。

表 14 – 1　　　　　　　　一些国家的银行救助成本

国家	时期（年）	成本占 GDP 比重（%）
阿根廷	1980—1982	55
印度尼西亚	1997—2002	50
智利	1981—1983	41
泰国	1997—2002	33
韩国	1997—2002	27
马来西亚	1997—2002	16
委内瑞拉	1994—1997	22
墨西哥	1995	19
日本	1990—2002	20
捷克	1989—1991	12
芬兰	1991—1994	11
匈牙利	1991—1995	10
巴西	1994—1996	13
挪威	1987—1993	8
俄罗斯	1998	5—7
瑞典	1991—1994	4
美国	1984—1991	3

资料来源：Daniela Klingebiel and Luc Laewen, eds., Managing the Real and Fiscal Effects of Banking Crises, World Bank Discussion Paper No. 428 (Washington: World Bank, 2002).

　　由表 14 - 1 可以看出一些国家为救助银行所花费的成本。要救助大银行，国家需要付出的成本是非常巨大的，但是，如果选择不救助，那么国家又将会承担甚至比救助成本更大的经济损失和其他损失，所以，一旦大银行陷入困境，国家就有可能被迫选择救助。但是在 2008 年次贷危机之后的 2010 年 7 月 15 日，美国首都华盛顿国会山公布了《多德—弗兰克法案》，其核心内容之一即为扩大监管部门权力，破解金融机构"大而不能倒"的困局，允许分拆陷入困境的所谓"大到不能倒"（Too big to fall）的金融机构，这样便从制度上对大型金融机构以"大而不倒"为出发点的道德风险进行了有效的约束。

14.2 金融产业的风险监测

通过前面的分析可以知道，金融产业发展必然会面临资本风险问题，如果不采取有效的措施进行监控与防范，而任其不断积累，将给经济发展带来巨大的危害。因此，建立和完善金融产业风险的预警与防范机制，充分发挥其风险监控功能，对于防范和控制金融产业风险，提高金融产业监管效率具有十分重要的意义。本节将在上一节所揭示的金融产业风险形成机制的基础上，分析金融产业风险监测的思路与内容。

14.2.1 金融产业风险监测的基本思路

金融产业风险监测是一个系统的工程，是指金融产业及其管理部门所涉及各个环节和行为进程中设立的各种采集、测评、调节、控制、更正的风险管理综合体。金融产业风险监测要对金融产业市场主体的各种行为提供完善的、全面的决策依据，为未来风险控制和失误改正提供行为准则，也为各种监控提供手段和工具。构造良好的金融产业风险监测机制，必须明确其基本思路。

图 14 - 2 显示了金融产业风险监测的构建思路，构建一个完善的金融产业风险监测体系必须做到以下四个方面。

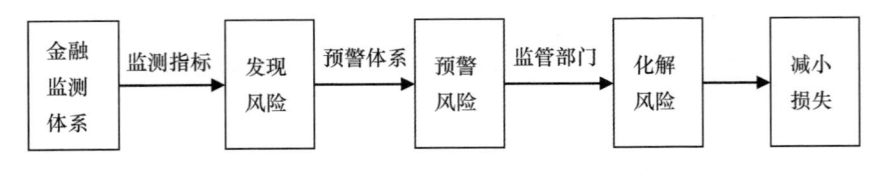

金融监测体系 →(监测指标)→ 发现风险 →(预警体系)→ 预警风险 →(监管部门)→ 化解风险 → 减小损失

图 14 - 2　风险监测体系流程示意图

（1）从事后的风险化解转向事前的风险预防

通过建立和健全金融产业风险监测体系，充分发挥其功能，从而使金融监管体系更为快速有效地从事后的发现和化解风险，尽快转向事前预警和风险预防，减少相应的损失。制定措施，尽可能避免或减少正常的金融机构转化为问题金融机构；对问题金融机构应及时采取必要的应对措施，以防止和控制问题机构转化为危机机构。风险监测体系应处于金融产业风险防范的首位，它是金融产业安全、有效运行的重要保证。但是，从多数发展中国家的实际监管实践来看，由于金融产业风险监测体系的缺乏，金融监管的导向功能无法发挥，金融监管部门就只能充当"消防队"的角色，等到问题暴露以后再去处理，从而只能起到纠正问题及降低风险损失的作用，难以起到事先预防风险的功效。建立健全科学合理的金融产业风险监测体系，树立以预防为主的风险监管理念，将有助于确立具有前瞻性的监管体制，增强监管部门潜在风险的识别能力，增强防范措施制定的科学有效性，使监管部门在监管过程中充当"保健医生"角色，提高监管工作效率，保证监管工作质量。

（2）有效分配金融监管资源

实行差别化监管。金融监管需要以有限的监管资源（人力、物力及时间）实施高效的监管，从而防止因个别金融机构破产倒闭而引发整个金融产业的混乱。在金融监管资源有限的约束条件下，发达国家的金融监管部门往往实行以问题金融机构管理为导向的差别监管方式。使用这种监管方式，首先需要采用科学的方法将金融机构分为正常机构和问题机构，然后对正常机构实施一般性监管，对问题机构实施专门性监管，从而达到金融监管资源的优化配置。差别化监管是银行业差别化发展的客观需要，美国自1980年以来对大、小银行进行了差别化管理，按照一定的时间和内在逻辑顺序规律将其概括为三个阶段：第一，对小银行设立较高的资本充足率要求；第二，逐步放宽对小银行的资本要求；第三，加大对大银行不同类风险控制的基本要求。这一差别化资本监管过程的演进符合不同规模、不同阶段银行所表现出的风险特征。同时，对不同规模银行资本监管的差异也可作为调节不同规模银行盈利水平和收入结构的一种手段，促进整个银行业的良性竞争。中国目前对金融机构的检查采取的是不论金融机构的实际规模、实际经营状况如何[①]，对其

[①] 王婉婷：《美国大、小商业银行资本监管差异化分析》，《财经科学》2012年第10期。

实施同样的例行检查。此种方式是与过去较为简单的金融业务结构相适应的，但是已经不能适应监管今天业务多样化、结构复杂化的金融产业之需。若仍采取以往的检查方式和频率，势必会影响检查的深度与广度。因此，通过金融产业风险监测体系的运转，识别、发现高风险的金融机构和高风险的业务领域，科学地对问题的轻重程度进行区分，从而尽早发出预警信号，及时采取防范和控制措施，最大限度地减轻监管负担，实现对金融机构的分类差别化管理。这样，才能更为有效地分配监管资源，重点强化对高风险机构的监管，避免将监管资源浪费在正常机构之上，最终起到防微杜渐的效果。

(3) 强化现场金融检查的计划性和协调性

目前，许多国家对金融产业主体的现场监测与非现场检查还没有形成一个相互协调的统一整体，从而使整体监管过程缺乏明确的目标和重心，进而缺乏效率。现场检查不能为非现场监测提供印证和反馈，非现场监测不能为现场检查提供风险信号和范围指导。通过风险监测体系所提供的有关信息，如金融机构各类预警指标前后期的变化，不同机构各类预警指标的比较等，可以为检查人员提供制定现场检查计划及检查重点的参考，同时为现场检查提供风险信息和目标导向，增加监管部门现场检查工作的主动性和针对性，并通过现场检查为预警系统提供实际证据和信息反馈，最后形成科学的监管结论，采取富有针对性的监管行为。如此一来，现场监测和非现场检查便成为一个有机的整体，避免一些不必要的常规检查，同时加强了对问题机构的监管，进而扭转当前现场检查往往只能起到非现场检查所起的作用的局面，以利于金融监管部门监管职能的有效发挥。现金业务经营的场所，如酒吧，人们都知道，由不止一人来掌管现金，就可以大大降低欺诈的可能性。交易操作也是如此，不应当将后台管理和前台交易混为一谈。前面提到的巴林银行的管理层就严重违背了这一原则。不幸的是，尼克·里森并不是唯一的一个。大和银行纽约分行的井口俊英（Toshihide Iguchi）在其同时管理债券市场交易和后台的 11 年中，使大和银行损失高达 11 亿美元。1995 年 7 月，井口俊英向他的上级承认了自己的损失，但是该银行的管理者并没有向监管部门报告。最终，大和银行被处以 3.4 亿美元的罚款，并被逐出美国国境。滨中泰男（Yasuo Hamanaka）是亿万富翁俱乐部的另一位成员。1996 年 7 月，他给住友商社（一家顶级的日本交易公司）带来了 26 亿美元的损失，超过了里森和井口俊英的损失记录。约翰·鲁斯纳克（John Rusnak）在 1997 年至 2002 年 2 月被抓获期间，给爱尔兰联合银行所造成的损失为 6.91 亿美元。这些事件说明现场监测和非现场监测一定要形成有机的整体，否则就有可能形成监测盲区，造成损失。

（4）保障金融风险监控的持续性与动态性

任何一种风险都会经过从生成和演化到临近和显现，再到作用和破坏的渐进过程，对于不同性质、处在不同阶段的风险应采用不同的控制方法。在一个完整的金融产业风险监测体系中，对风险信号的动态监测也表现为一种持续性的过程活动，即在一定时间区间内对特定目标或范围进行的连续性采集和监测行为。根据金融产业的风险预警要求，这种风险信号的监测可以分为常规监测、特殊监测、随机监测等。常规监测是按一定时间间隔在固定地点进行风险信号的采集和监测，其中常规动态检测是对金融产业风险经常性检测的最有效手段，它有助于提高对金融产业风险状态和发展测评的准确性和及时性。特殊监测是对特定对象进行的非常规监测。最常见的形式是对风险载体或目标进行跟踪追测和信号采集，这种非常规的跟踪追测方式对突发性事件也同样适用。特殊检测便于提高金融产业对风险突发性的防范能力，也可提高金融产业风险化解能力。随机监测是根据金融产业业务的实际情况，按照需要进行随机抽样监测以对指定的范围进行突然性的风险信号采集，从而发现多种变异因素对风险演化进程所造成的影响，及时修正风险测评的数据误差。在风险监测的持续性和动态性方面，美国联邦银行存款保险公司的预警系统可谓是世界上做得最先进、最为完善的，它包括 OSS 系统、UBPS 系统、USS 系统、CAEL 系统四个主要子系统。通过四大子系统的协同检测，联邦银行存款保险公司的预警系统满足了监控的有效性需要，很好地将监测的持续性和动态性结合在一起。

14.2.2 金融产业风险监测的主要内容

根据金融产业风险监测的基本思路，可以将金融产业风险监测的有机构成分为五个部分：风险监测目标、风险评估与分析标准、风险信号与识别、中间控制过程、调节传导机制。

(1) 金融产业风险监测目标

金融产业风险监测包括微观和宏观两个层面，无论是微观层面还是宏观层面金融风险监测体系的建立，都必须首先明确风险监测的最终目标。金融产业风险的微观监测机制的目标同产业主体经营管理的目标是一致的，即如何保证金融产业主体在利润最大化的同时，保障资金的流动性和安全性。在金融产业主体的运营中，尽管存在着极大的不确定性，然而机遇与调整是并存的，不确定性也确保了机遇的存在，风险与收益之间也存在着对称的关系。对运营风险的实时、准确的感知及判断，是保证金融产业主体利润最大化在一定约束条件下实现的关键环节。金融产业风险的微观监测目标可以通过完整的风险监测机制来实现，风险监测机制主要包括机构组织、行为效率、投资决策、资产管理、财务过程、目标成长、资本流动、机构法律等多个方面。金融产业风险的宏观监测目标则从属于整个金融产业风险控制的目标——适应性、安全性和盈利性。金融产业风险的宏观监测要能够及时发现实体产业、金融产业发展的非适应性和不协调性问题，保障金融产业组织体系运行的有效性及健全性，并维护整个金融产业的经济效益。

(2) 金融产业风险评估与分析标准

金融产业风险监测体系要在金融产业运行时，对金融产业主体的事前、事中风险进行正确分类和评估，以便有效判断决策的正确与否、环境与市场是否可以得到保障、资产转化条件是否具备等，从而将金融风险尽早杜绝在事前，防患于未然。目前在国内的金融产业中已经建立了一些风险评估与分析模型，而国际上对于金融资本风险也多采用数理模型的评估模式。但是，这些模式均要求金融产业在一个完整的法律环境中运行，并有一个系统中介服务体系提供相关的风险监测支持。因此，建立金融产业风险监测体系必须根据金融产业所处的宏观环境和市场，结合风险预警目标和风险管理队伍的综合能力，选择科学合理的风险评估与分析模式，以保证机构对金融风险的结构分类、程度测评、结果分析和转化可以做出准确判断，及时做出风险控制和管理的指令。2013年，全新的《巴塞尔协议 III》诞生，它对金融产业的评估标准做了比较全面和详细的规定：第一，提高资本充足率要求。《巴塞尔协议 III》要求一级资本充足率从现行的4%上调至6%，对资本充足率的资本缓冲要求在2019年之前从8%逐步升至10.5%。第二，严格资本扣除限制。对于少数股权、商誉、递延税资产、对金融机构普通股的非并表投资、债务工具和其他投资性资产的未实现收益、拨备额与预期亏损之差、固定收益养老基金资产和负债等计入资本的要求有所改变。第三，扩大风险资产覆盖范围。提高"再资产证券化风险暴露"的资本要求、增加压力状态下的风险价值、提高交易业务的资本要求等。第四，引入杠杆率。为弥补资本充足率要求下无法反映表内外总资产的扩张情况的不足，减少对资产通过加权系数转换后计算资本要求所带来的漏洞，推出了杠杆率。第五，加强流动性管理，降低银行体系的流动性风险，引入了流动性监管指标，包括流动性覆盖率和净稳定资产比率。同时，巴塞尔委员会提出了其他辅助监测工具，包括合同期限错配、融资集中度、可用的无变现障碍资产和与市场有关的监测工具等。

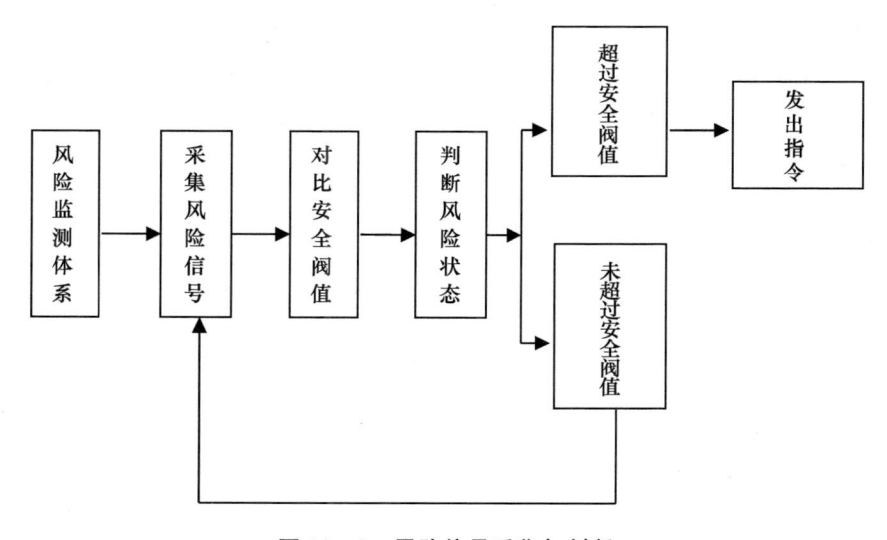

图 14-3 风险信号采集与判断

（3）金融产业风险信号与识别

金融产业风险监测体系必须具备超强的金融风险感知和预测能力，以便对各种潜在风险及其演化趋势做出准确判断，及时准确地对金融风险种类和大小做出测评，同时根据金融风险控制标准与转化方向发出风险预警通知。因此，金融产业及风险管理部门必须根据各种金融风险的形成过程和途径建立风险识别和监测信号，并根据历史经验制定各类金融风险定量的安全阀值，从而根据风险信号的采集来判断风险的状态，当某些因素的量化数值超过安全阀值时，就及时发出金融风险控制指令，从而实施有效的金融风险管理，达到吸纳和转化风险的目的。

为了给各国金融监管提供统一模板，国际货币基金组织（IMF）一直致力于金融稳健指标指南的编制。关于指标的数据编制与发布，2006年IMF正式颁布了《金融稳健性指标编制指南》，为各国在制定风险指标体系时提供了一个非常有价值的参考。表14-2和表14-3显示了金融稳健性核心类指标和金融稳健性鼓励类指标，根据这些指标的内涵以及与实体经济的关系可以建立风险信号的采集与识别。

表14-2　　　　　　　　　　金融稳健性核心类指标

存款吸收机构	核心类指标
资本充足率	监管资本/风险加权资产
	监管一级资本/风险加权资产
	不良贷款减去准备金/资本
资产质量	不良贷款/全部贷款总额
	部门贷款/全部贷款
收益和利润	资产回报率
	股本回报率
	利差收入/总收入
	非利息支出/总收入
流动性	流动性资产/总资产（流动性资产比率）
	流动性资产/短期负债
对市场风险的敏感性	外汇净敞口头寸/资本

资料来源：鞠学祯《〈金融稳健性指标编制指南〉简介》，《中国统计》2014年第1期。

表 14 – 3　　　　　　　　　　金融稳健性鼓励类指标

机构类型	鼓励类指标
存款吸收机构	资本/资产
	大额风险暴露/资本
	按地区分布的贷款/全部贷款
	金融衍生工具中的总资产头寸/资本
	金融衍生工具中的总负债头寸/资本
	交易收入/总收入
	人员支出/非利息支出
	参考贷款利率与存款利率之差
	最高与最低同业拆借利率之差
	客户存款/全部（非同业拆借）贷款
	外汇计值贷款/总贷款
	外汇计值负债/总负债
	股本净敞口头寸/资本
其他金融公司	资产/金融体系总资产
	资产/GDP
非金融公司部门	总负债/股本
	股本回报率
	收益/利息和本金支出
	外汇风险暴露净额/股本
	破产保护的申请数量
住户	住户债务/GDP
	住户还本付息总支出/收入
市场流动性	证券市场的平均方差
	证券资产平均日换手率
房地产市场	房地产价格
	住房房地产贷款/总贷款
	商业房地产贷款/总贷款

资料来源：鞠学祯《〈金融稳健性指标编制指南〉简介》,《中国统计》2014 年第 1 期。

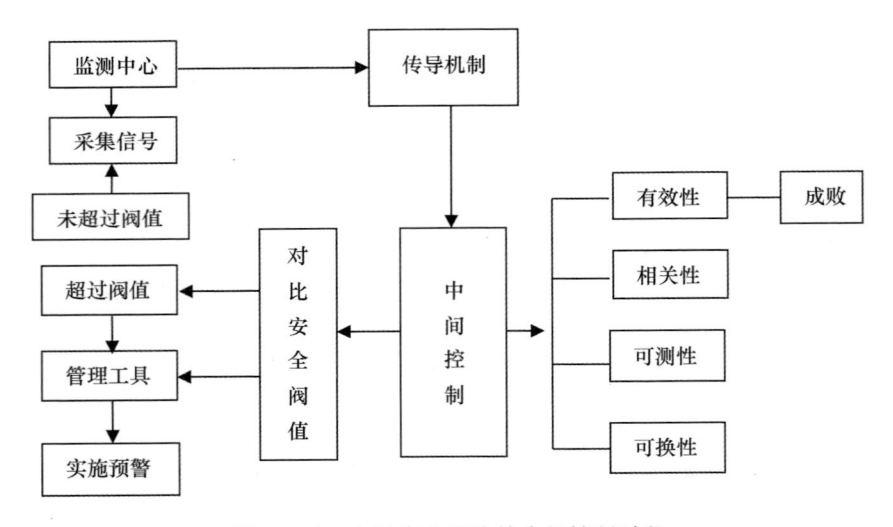

(4) 金融产业风险的中间控制过程

金融产业风险的中间控制过程是金融风险监测机制的一个重要组成部分，充分体现了对风险管理的阶段性要求。金融产业主体及其管理部门可以在充分分析金融产业风险的表现和类型以后，对风险原因进行深入挖掘，找出金融产业风险的根源，并通过设立一些风险中间控制行为来连接风险管理工具，通过中间控制过程对不同阶段的风险发出不同的控制指令，从而提高风险转化的效率和风险控制效果。风险的中间控制应该具有相关性、可测性、可换性和有效性，其中有效性直接关系到风险管理的成败。金融风险中间控制过程可以由金融产业以组织和体制形式来实施和完成，也可以建立相应的计算机控制系统，对金融产业各种风险的因素、信号和参数进行实时定量采集、测评和判断，以保证风险中间控制过程的准确和高效。在互联网已经普及的今天，用计算机控制系统对金融产业进行实时监控的做法已经得到广泛应用。

图 14-4 金融产业风险的中间控制过程

(5) 金融产业风险的调节传导机制

根据图 14-5 可以看出，金融产业风险监测的调节传导机制是金融产业风险控制的基本保证，调节传导机制必须包括两个基本功能：一是及时将所采集到的各种风险信号传递到金融产业风险监测中心，同时将监测中心做出的风险管理和控制指令及时准确地传递到风险管理部门；二是及时将对风险预警及管理后的实际效果评价结果反馈给监测中心，以便发现风险监测指令的问题和不足，做出对风险监测及管理行为和工具的修正或调整，再将这些指令准确地传递到承接部门。一个有效的调节传导机制，能够达到及时控制金融业务经营质量和总量的要求，提高金融机构自身的运行能力和优化自身的结构，以改善所持资本的质量和状态，保障金融市场的安全、稳定、有序运行。

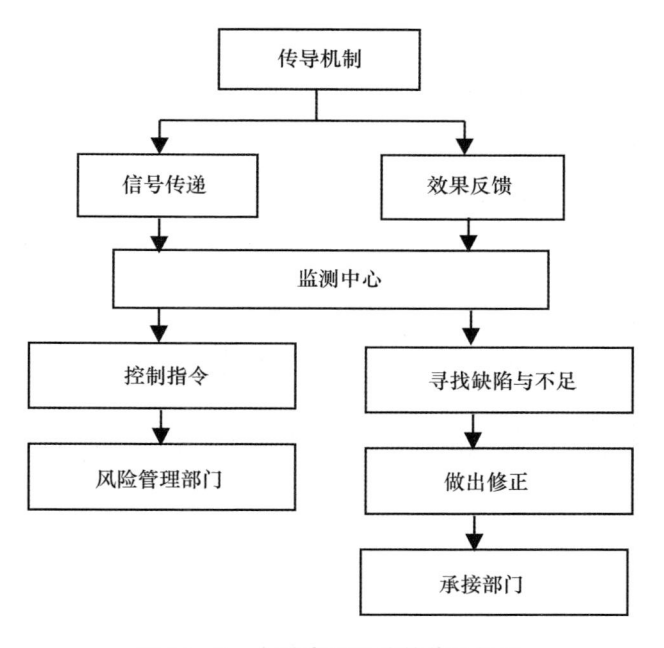

图 14-5　金融产业风险的传导机制

14.3　金融产业的风险预警

如果对金融产业风险有明确的认识和把握，在针对自身实际选定风险预警机制的有机构成后，金融产业及其管理部门是可以根据所处环境和现实要求，构建一个完整和有效的风险预警机制来保证资本运行安全。

14.3.1 金融产业风险的信息与传导

金融产业风险预警首先必须确定风险预警指标。预警离不开指标，建立金融产业风险预警系统，其指标体系的研究和设置是最关键的部分，也是难点，指标体系直接决定了预警的质量和功效。恰当地选择指标并构造指标体系不仅能正确评价金融产业当前的运行状态，而且能准确预测未来的发展趋势并及时反映金融调控效果。如图 14-6 所示，在确定监测指标体系以后，就可以展开信息采集工作了。信息搜集与整理来源于金融监测过程，通过金融监测活动采集关于金融产业未来运行态势预测信息和分析评价的反馈信息，对所采集的信息进行加工整理得到调整后的时序资料，作为预警的依据。

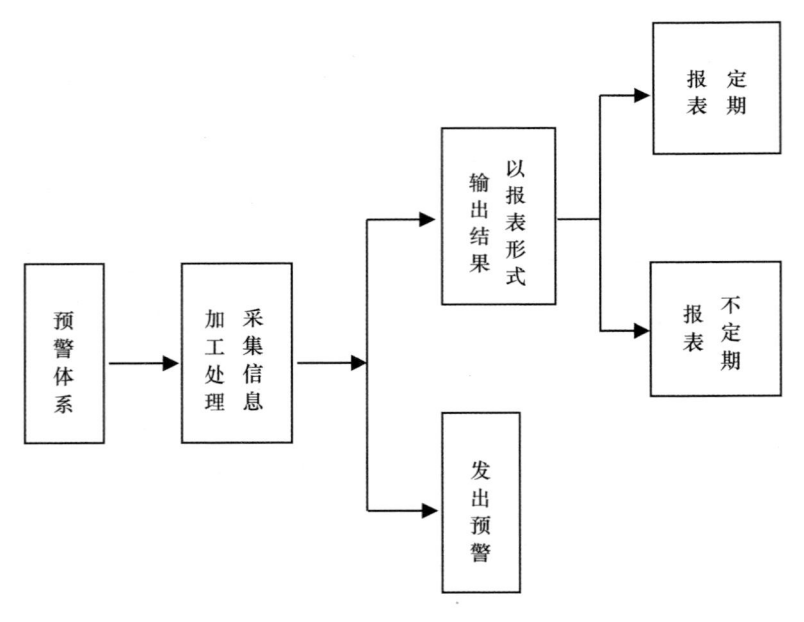

图 14-6 风险信息采集与处理流程

在金融产业的风险预警机制中，信息的传递同样至关重要，其传递流程主要包括两个有机部分：一是原始资料的传递和处理。在金融产业风险预警处理部门接收到一些原始资料后，需要将监测结果输出或显示出来，通常采用的方法是以报表形式输出结果，包括定期报表和不定期报表。二是警情预报的传递。在金融产业风险预警机制运行中必须保持顺畅的交流渠道，因为金融产业的运行情况瞬息万变，即使警情已经发觉，但是如果没有预报或预报传递不及时也可能酿成危机。随着电子技术和信息技术的广泛应用，金融产业领域可以通过电子技术和信息技术来为风险信号采集和传送服务，在风险动态监测、数据处理、资料记录、警情预报上，信息技术的作用已经非常普遍。

14.3.2 金融产业风险的感知与识别

风险识别是金融产业风险控制部门对金融产业运行过程中预期风险和事实风险的类型及其根源做出判断。属于金融产业风险预警流程的第二阶段，是风险监控的基础工作，能否进行正确的风险识别对金融产业风险预警与控制成败影响极大。

由表 14-4 可以看出，金融产业风险识别的基本要求，首先是正确判断风险的类型，其次是根据第一步所判断出的类型准确找出该类型金融风险的根源。金融风险主要分为信用风险，市场风险，行业风险，流动性风险，法律、法规或政策风险，人事风险，自然灾害或突发事件等。在现实经济生活中，各种类型的风险又总是交织在一起（金融产业内部运营的各种风险问题与金融产业外部环境的各种风险问题往往是相互作用的），生成金融风险的机理及原因错综复杂，因此，风险识别正确与否，对于金融产业风险管理和控制的有效性意义重大。金融产业风险的识别主要有两个基本要求：首先是正确判断金融风险的类型；其次是准确寻找风险的根源。两者相辅相成，不能孤立地进行分析和评价，因为不同的风险根源影响和制约着不同的风险类型，而不同的风险类型又是对不同的风险根源的"反射"（陈松林，1997）。所以，金融产业风险预警机制必须对风险拥有有效的感知能力，进而对各种潜在风险及其状态演化做出判断，同时对风险的临近和显现做出警戒，一旦发现异常，就立即根据风险信号的采集来判断其所处状态，对风险做出预判，并根据风险控制标准与转化方向发出相应指令，对风险的状况及其变化做到"心中有数"，以便风险管理部门实施有效的风险管理，达到吸纳和转化风险的目的。

表 14-4　　　　　　　　　　中国金融稳健指标评价体系

一级指标	二级指标	三级指标
宏观环境 a	GDP a_1	GDP增长率 a_{11}
	通货膨胀 a_2	通货膨胀率 a_{21}
	失业率 a_3	失业率 a_{31}
	国际收支 a_4	外汇储备增长率 a_{41}
		经常项目差额/GDP a_{42}
	外债结构 a_5	短期外债比重 a_{51}
		外债负债率 a_{52}
		外债债务率 a_{53}
	固定资产投资 a_6	固定资产投资增长率 a_{61}
	财政收入 a_7	财政收入增长率 a_{71}
		财政收入/GDP a_{72}
	金融资产 a_8	金融相关比率 a_{81}
		贷款余额/GDP a_{82}
	广义货币 a_9	M2/GDP a_{91}
金融机构 b	资本充足率 b_1	资本充足率达标资产比率 b_{11}
	贷款质量 b_2	不良贷款/资本 b_{21}
		不良贷款拨备覆盖率 b_{22}
		不良贷款/全部贷款 b_{23}
		次级贷款比率 b_{24}
		可疑贷款比率 b_{25}
		损失贷款比率 b_{26}
	收益 b_3	资产利润率 b_{31}
		资本收益率 b_{32}
		存贷款利率差 b_{33}
市场风险 c	证券市场 c_1	证券平均换手率 c_{11}
		证券化率 c_{12}
		证券市场市盈率 c_{13}
		债券存量/GDP c_{14}
	期货与保险 c_2	期货成交额 c_{21}
		保险深度 c_{22}
	房地产 c_3	房地产投资率 c_{31}

资料来源：朱远程《金融稳健性指标体系构建及实证研究》，《商业时代》2010年第34期。

14.3.3 金融产业风险的度量与评价

在风险预警体系中，必须做出与预警指标体系相适应的合理测度，作为衡量产业正常运行的标准，并以此判别金融产业是否出现警情及其严重程度。我们定义金融产业预警体系中的合理测度为"临界值"，用于判断产业运行中将发生的警情及其严重程度的等级界限。"临界值"是划分有无警戒的界限值。其中无警的界限称为安全警线，预警区间的上下限称为预警线。

如图14-7所示，"临界值"的设定是金融风险预警系统的重要环节。当其中一项及以上的指标偏离其正常水平并超过某一"临界值"时，我们就把它当作金融产业风险将在某一特定期间内发生的预警信号。如果我们设定的临界值偏离正常水平过大，那么预警系统则会出现风险感知迟滞，在危机来临之前未发出预警信号；而临界值偏离正常值太小，则又会使预警系统对风险感知过度，过于频繁地发出错误信号。鉴于此，我们应根据各种指标的具体情况，选择能使该指标错误信号与正确信号比率最小的临界值，即该指标最为理想的临界值。金融产业运行"正常"或"不正常"本身就是一个非常模糊的概念，"正常"与"不正常"之间没有明显的界线，确定"正常"或"不正常"及其程度涉及许多因素，不仅要考虑到金融产业本身的运行，而且要涉及各主体的反应以及人的主观评价。因此，"临界值"的确定不仅需要依据国际公认标准、历史经验、专家意见，而且要结合具体国情和经济运行的实际情况进行综合的考虑确定。在确定各类警区的临界值基础上，便可观察警情指标的实际值及其变动区间，并将处理结果与临界值进行比较，然后确定是否发出或发出相应等级的警情预报。

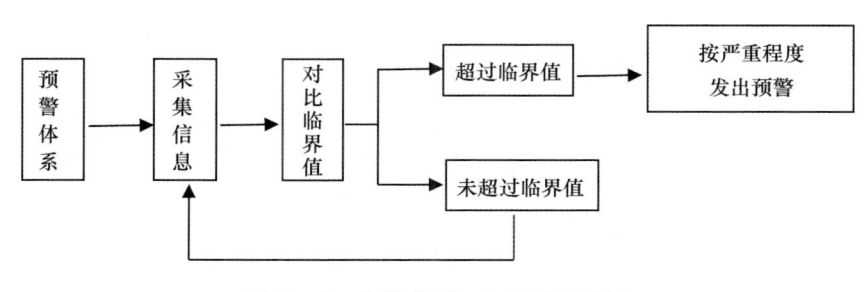

图14-7 预警体系工作流程示意图

14.3.4 金融产业风险的控制与决策

在对金融风险信息采集、处理、识别和评价后,负责日常风险预警和管理的部门就应当对本阶段内的风险状态做出一份金融风险预警报告,提出对风险的应对措施,呈报具体决策部门,并由决策部门最终制定风险控制决策。对于整个金融产业而言,为了保证对金融产生风险实施预警和管理的实效,需要同时建立健全金融机构分层次的决策体系,并制定不同层次的决策目标和任务,并承担自己的监督和指令执行责任。

金融产业风险预警和管理决策的第一层次由金融产业风险监管部门和行业自律组织组成,主要负责金融产业的整体调控、决策导向、监督控制,检查相关管理部门在实施风险预警和执行风险管理时是否及时、准确、有效和完善,检讨金融风险宏观预警机制是否存在缺陷和不足,督促管理部门和研究部门对其做出修正与调整。金融产业风险预警和管理决策的第二层次由金融机构风险控制委员会和机构董事会组成,主要负责金融机构的风险控制战略、决定机构风险偏好、确定风险界限、预警实施、环境判断、投资决策、过程管理,采集风险信号和测评各种数据,对金融机构可能面临的风险种类、状态、作用和演化做出全面的、综合的评价,并根据市场与资本要求对风险做出处理、控制并发出相应的实施指令,负责

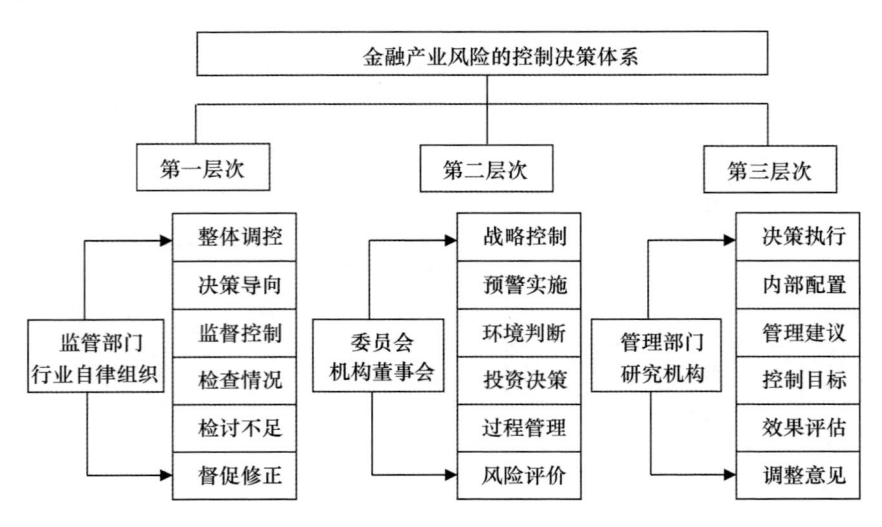

图 14-8　金融产业风险的控制决策体系

完成对风险吸收、转化、控制的全部管理工作。风险预警和管理决策的第三层次是由金融机构内部的风险管理部门和研究机构组成，是金融机构风险预警机制的具体执行人，主要负责预警机制中的各个操作环节，如制定具体的风险控制制度和程序；建立风险预警管理结构和人员配置；对风险预警和风险管理提出调整意见，以保证董事会各项措施得到有效执行等。

14.3.5　金融产业风险的预警与管理

一方面，金融产业风险预警系统在建立以后，并非就此固定下来，一成不变，因为随着经济、金融形势的变化，特别是制度性因素的不断改变，有些指标的作用可能会发生变化，对指标的权重必须做出相应的调整，甚至对有些过时的指标加以剔除。对各指标预测能力的自我检验可以围绕以下几个点来进行：正确信号发出率、信号未发出率、错误信号发出率、警报等级差错率等。当然，对预警指标体系的调整也应当慎重，应该避免频繁地调整日常监测工作指标。另一方面，预警体系一旦实施风险预警，就需要不断对风险管理措施进行动态反馈和报告。反馈报告与风险的度量和判断紧密相关，是金融产业定期通过其管理信息系统将调整后的风险报告传送给风险管理部门或其他股东的必要程序。随着金融机构在风险调整的基础上寻求各种方式以增进其经营能力和股东盈利，根据风险预警和管理反馈报告实施风险动态控制与转化，日益成为风险预警程序中的关键一环。确认金融机构当前使用的风险管理系统和技术是否有效和正确是反馈报告中另一个关键环节。此外，在建立完善的风险预警监测和监控系统的同时，正规的检查和复核程序同样是风险预警与反馈程序不可或缺的环节。而完成正规的检查和复核程序则需要金融机构通过内部和外部审计独立完成对风险预警程序的检查。对外部审计员来说，这意味着工作重点从检查金融机构财务记录的完整性扩展到评价其风险信息的完整性；对内部审计员来说，这种变化甚至更大。因为风险管理职能将承担检查其操作相关条规和程序是否一致的任务，因此现行内部审计需要更高水平的专业技术才能有效地了解和检查风险预警和管理情况。

14.4 金融产业的风险化解

金融产业风险的预警与防范机制主要针对的是如何在金融风险发生的早期就识别风险,并采取有效措施控制风险,以预防为主。而对于已有的存量金融风险问题,仅仅依靠预警与防范机制的建立是无法消化的。尤其是当金融机构处于严重的风险状态下,其自身运行已经陷于困境时,如何化解已有的金融风险,并对危机金融机构进行合理的救援,帮助其渡过难关,对于保持金融产业的生态平衡和可持续发展具有特别重要的意义。金融产业风险的化解机制是对金融产业积聚的风险采取合理的手段予以转移、化解,保障其安全运行的行为准则与行为模式,它应包括建立金融产业不良债权处置的长效机制、健全金融产业主体的法人治理结构、完善金融产业主体的保障机制和构造金融产业主体的退出机制四个方面的内容。

14.4.1 建立金融产业不良债权处置的长效机制

对于金融产业不良资产的处置,国外有许多可以借鉴的经验。20世纪八九十年代,美国储蓄和贷款机构发生了大面积倒闭,美国为化解银行不良资产,于1989年8月成立了重组信托公司(RTC),它是联邦存款保险公司(FDIC)的一个附属机构。FDIC和RTC清理破产银行的基本措施主要有购买和接管、存款支付、营业银行援助,它们处理资产的具体方法有:公开拍卖和暗盘竞标、资产管理合同、证券化股本合资。瑞典则灵活采取了多个资产管理公司分散处理的方式(白玲,2003),对两家问题严重的银行各自设立国有资产管理公司,在处理部分不良资产后,将其合并成为一家资产管理公司,对于经营状况相对较好的银行,由银行自身设立下属的资产管理公司。资产管理公司在购买银行不良资产后,主要运用理顺债权债务关系、重组资产、把握出售时机等策略,仅用5年时间就完成了不良资产的处置(王元龙、赵怀勇,1999)。东欧转轨国家——匈牙利和波兰,处置不良资产的做法对于中国非常有借鉴价值,它们对不良资产的整顿实施了长期的战略措施:第一阶段,国家通过发行贷款清理政府债券筹集资金,统一收购被清理银行所剥离的不良资产;第二阶段,国家将发行的注资重整政府债券转让给银行,并与银行签订银行整顿协议,对问题银行注资完成重组。同时，政府减免或延长部分国有企业对国家的未偿债务，以发行专项政府债券的方式抵付其对银行的未偿债务，交由国家财产局和国家持股公司管理。第三阶段，为避免外资的巨大冲击，中央银行限制国外投资者对银行控股权的收购，实行国有商业银行民营化。而波兰政府为利用国外银行先进的管理技术和银行业重组经验，在世界银行的资助和协助下，还选取外资银行与国内银行配对组成姊妹银行，帮助处置不良资产（王成莹，2006）。

从国外不良资产处置的经验来看，金融产业不良资产的消化往往需要按计划、有步骤地开展。具体来说，建立金融产业不良债权处置的长效机制可以从以下几个方面入手：第一，设置专门机构对金融产业的不良债权进行专业化的处置。从国外处置不良资产的经验中我们可以知道国外金融产业不良资产重组的主体大致分为三类，即政府、银行和第三方。而无论哪一主体进行资产重组，都设立了专门机构，采取不同于商业银行正常业务的特殊手段来实现对不良资产的重组。[①] 其原因在于：首先，不良资产规模十分庞大，金融体系内部正常的呆账核销或者未来的盈利已经不能化解这些不良资产；其次，由于分业经营的限制，专业人员匮乏。二者共同导致金融机构在处理不良资产时遇到了过多的制约与阻碍。

第二，金融产业不良债权重组需要建立以政府资源为主，其他资源为辅的模式。金融资产剥离与重组必然涉及损失的承担与大量资金的注入。从各国化解金融产业不良资产的经验和做法来看，政府资源是最主要的渠道，政府是大量资金的提供者和损失的承担者，而其他资源，如金融产业自身资源、新的投资者等处于相对次要地位。[②] 此外，各国金融产业的现实情况也表明，金融产业不良资产的形成总是与政府的经济政策导向有着密切联系，在很多情况下，不良资产的形成也正是这种导向或指令的结果。当然，在金融机构不良资产重组的过程中，其自身的未来盈利也可以冲销一部分不良资产，但大凡重组，都是在金融机构本身的能力无法解决当前困境的情况下才进行的。如果没有政府的财政支持，金融产业大规模

---

① 美国在处理储蓄贷款机构的不良资产时，成立了重组信托公司，波兰成立了工业发展局，韩国成立了资产管理公司，泰国成立了金融重组局，印尼成立了银行重组局，墨西哥成立了rol-savnoa资产管理公司等。

② 如泰国注资391亿美元、马来西亚注资123亿美元、印尼注资171亿美元、韩国注资576亿美元，占国内生产总值的比重分别达到31%、17%、31%和19%。

的资产重组就很难实施。

第三，金融产业不良债权处置要做到立法支持、政策配套、制度创新的有机结合。其中，立法支持是能否成功处置不良资产的重要保障，政策配套和制度创新是不良资产处置顺利实施的基础。金融机构不良资产剥离和重组是一项系统工程，对外部环境要求最主要的方面是：首先要有相应的立法支持，以确立专业处置机构的法律地位和具有相应权力的配套政策，以便有效顺利地剥离和处置不良资产；其次是实施制度创新，以改变目前体制和运作不适应不良资产剥离和处置的方面，进而推动和促进不良资产剥离和处置工作。

14.4.2　健全金融产业主体的法人治理结构

解决金融产业风险问题的另一个重要手段是建立健全金融产业主体的法人治理结构。现代金融机构普遍存在多层次的产权利益主体，造成其出现多头管理与缺位管理并存的局面，同时也带来了金融产业内部运营风险问题。当金融产业经营状况较好时，各利益主体竞相争夺利益；而当经营困难、出现问题时，各利益主体就会相互推卸责任。随着市场经济的逐步发展与成熟，利益主体中各级政府和监管部门对金融产业的干预和利益索取应逐步降低，并最终消失。作为产业主体的金融机构内部人控制问题是目前的关键问题，如何将产权制度中的激励机制与约束机制有机统一起来，既能调动经营者的积极性又能实施有效的监管，是问题的症结所在。然而其困境则在于，无论是行业主管部门（中国人民银行）、地方政府都不能做到让经营者所获权益与其承担的责任密切相关，经营者不可能完全拥有金融机构的控制权。虽然完全的控制权能够最大限度地激励经营者，但是此时的金融机构已不再是集体性质的企业，而成为经营者所有的企业。从发展趋势来看，要想使金融产业健康发展，应按产权制度的要求，建立真正的法人治理结构，在机构成员间形成相互制衡的关系网络，各权力层次独立行使相应的职权，各负其责，不得兼任。需要特别强调的是，各级地方政府要像对待其他企业一样对待金融机构，使其拥有充分的自主权，不得随意干预其活动。中国人民银行作为业务监管部门要做到不越位，但是在应当执行监管职能之时，也不能懈怠；而且监管不是分管，也不是主管，不能干预金融机构的日常工作。

14.4.3 完善金融产业主体的保障机制

金融产业主体的保障机制应当做到对于问题金融机构,根据其问题的严重程度和该金融机构的合作意愿及自身控制和化解风险的能力等,采取相应措施予以调整和救助。在对问题金融机构的实际处理当中,监管部门应遵循救助成本最小化、救助措施市场化等原则,结合问题机构的实际情况,将单个金融机构的风险控制在局部范围内,保护存款人利益和正当的信用链条,避免出现金融产业的系统性风险。

监管部门对问题金融机构所采取的实质性补救措施要视其具体问题而定,一般来说包括如下几个方面的内容。

(1) 提供最后贷款人援助方式

最后贷款人的主要意旨是提供短期融资,因此其贷款期限不宜过长,一般应在1—2个月以内。其贷款利率一般应高于基准利率和银行同业拆借利率,但又不宜过高,既要避免受救援者的道德风险,又不能违背最后贷款人的初衷,防止流动性资金不足演变成为无力偿债的事件(吴平魁、彭苏苏,2005)。金融机构由于暂时流动性困难而申请救援时,中央银行可通过贴现窗口向其提供援助,也可以通过债券回购方式进行,受援金融机构在流动性问题得到缓解后应立即偿还资金。必要的时候还可以在征得国务院同意的情况下紧急发行货币。

(2) 建立存款保险公司援助方式

主要有三种:一是资金支持方式。当投保机构出现暂时性支付困难时,存款保险公司可通过贷款的方式为其提供资金支持,从而帮助其渡过难关。二是重组方式。由存款保险公司组织其他投保人进行协商或采用投标方式,购买或承担问题存款机构的所有资产与负债,必要时存款保险公司还可对购买机构给予相应支持。三是接管或关闭方式。由于接管或关闭问题存款机构的社会影响面比较大,存款保险公司应依法行事,按程序操作(马齐林,2005)。在美国,联邦存款保险公司向储户提供了担保,即银行无论发生什么情况,储户在该银行的10万美元以内的存款都可以得到足额偿付。储户有了足额的存款保险保障,即使他们担心银行的健康程度,也不必赶赴银行提款,因为无论发生什么情况,其存款的价值都会保持不变。在存款保险公司成立之前的1930—1933年,每年破产的银行数目平均超过 2000 家。而在 1934 年存款保险公司成立之后,直到 1981 年,每年平均破产的银行不超过 15 家。

(3) 采取收入维持协议援助方式

为了鼓励经营状况良好的金融机构兼并有困难的金融机构,金融监管部门应通过收入维持协议保证被收购资产具有一定的市场回报率,即收购盈利资产的收益与收购平均成本之间的差额由中央银行支付给收购方,中央银行同时承担利率风险。① 如果利率下降到收购成本低于盈利资产收益,那么,收益差应由收购方返还中央银行。在美国,1981—1983 年,美联储和联邦存款保险公司采用收入维持协议帮助解决了 11 宗互助储蓄银行的兼并。这些问题银行被并入了其他金融机构,在技术上它们没有破产,所以存款人和一般债权人都没有产生任何损失,但这些濒临破产的银行的高层领导被要求辞职(徐诺金,2001a)。

(4) 设计净值证明书援助方式

该种方式主要是针对那些内部管理良好,有一定偿付能力,因利率变化而出现暂时性财务亏损的金融机构。符合条件的金融机构需要从金融监管部门或存款保险公司获得净值证明文件,证明其一部分现行损失可以作为用于报告和监管目的的资本。

(5) 实施资本金延缓方案

该方案旨在通过暂缓资本充足率要求,救助那些因贷款于农业部门而陷入困境的金融机构,只适用于管理良好、经营稳健的机构。符合条件的金融机构,其资本充足率至少为 4%,其资本状况恶化必须是由金融产业外部风险问题所引致,而不是由于自身管理不当、营运费用超额或股息超额(徐诺金,2001b)。

14.4.4　构建金融产业主体的退出机制

在 14.1 节中,我们通过一些案例提到了一旦金融机构尤其是大型金融机构发生风险,那么救助成本是非常高的,严重的甚至可以高达一个国家 GDP 的一半以上。2006 年,焦瑾璞在中国第二届金融改革高层论坛上指出:"截至 2005 年底,中国至少花费五万亿人民币救助问题金

---

① 最好是建立存款保险公司,由存款保险公司在金融监管部门的支持下展开这一救援模式。

融机构。"而2005年全国GDP为18.5万亿元,这是一个相当大的代价。随着2008年美国次贷危机和2009年欧洲债务危机的爆发,我们也可以看到,一些大型金融机构的救助成本已经超过国家国力所能承受的范围,所以在国家无力挽救的情况下,金融机构的退出成为一个必要而且较为妥善的方法,同时也对优化整个金融生态环境有着非常重大的意义(张引,2006)。构造金融产业主体退出机制的具体实施手段包括如下几点。

(1) 收购

收购是指一家金融机构经监管部门批准,以出资方式按照法定程序对一家或几家金融机构取得所有权的行为。被收购的金融机构此后会丧失法人资格,其债权债务关系由收购方承担。美国对问题银行所采取的资产负债收购继承方式(P&A)是一种可以借鉴的方式。P&A一般通过招标方式选择健全的机构,由健全的机构收购破产机构的资产与负债,继承所有的资产与存款等。主要有两种具体模式:一种是收购所有资产与负债的整体接收方式(whole bank),另一种是只收购健全资产的收购方式(clean bank)。这种方式的优点是被收购方债权人的利益得到了保护,社会影响小,操作程序比较简单易行。当然,为了防止收购机构不会被所转移过来的风险拖垮,形成更大的风险,必须确保收购方有实力通过未来的经营收益逐步吸收、化解所转移过来的风险。自从2008年美国次贷危机爆发以来,国际经济金融形势复杂多变,全球金融机构频繁爆出巨额投资及交易亏损的消息。国内外金融机构也出现了并购热潮,其中比较引人瞩目的是国内银行并购案例——招商银行并购永隆银行。2008年5月30日招商银行正式与永隆银行控股股东伍氏家族签署买卖协议,议定以每股156.5港元的价格有条件并购永隆银行53.12%的股权。这是招商银行历史上首次实现真正意义上的并购,也是国内迄今最大、香港自2000年以来最大的银行控股权并购案例。

(2) 合并

合并是指两个及以上的金融机构经监管部门批准,依照法定程序变为一个金融机构的行为。合并对于稳定金融机构存款及促进金融机构的健康发展都是有利的,能够较大限度地保护债权人的利益,且不易引起社会动荡。2005年8月1日,被证监会宣布关闭清算整整3个月之后,中国建银投资有限责任公司(简称"建银投资")在深圳与南方证券清算组签订资产收购协议。根据该协议,在承接央行 87 亿元再贷款的前提下,建银投资以 3.5 亿元收购南方证券类资产,南方证券终于迎来"变脸重生"的历史性日子。建银投资向南方证券注入 87 亿元资金,以清偿南方证券的债务。南方证券的债务近 250 亿元,建银投资亦将作为债权人参与南方证券破产清算。尽管建银投资不是优先债权人,但在南方证券所余资产清算中,可获得部分清偿。2005 年 9 月 28 日,在原南方证券的基础上重组形成的注册资本 15 亿元人民币的中国建银投资证券有限责任公司在深圳宣布成立,南方证券正式退出历史舞台(祁敬宇、祁邵斌,2011)。

(3) 破产

破产是司法机关通过司法程序对金融机构实施市场退出的方式。该方式的优点在于可减轻最后贷款人和监管部门的偿债负担,其缺点是处理不好会造成较大的社会震动。但是,破产追债也会波及一批资金实力薄弱但具有发展潜力的中小企业,对经济发展造成负面影响。在目前中国尚未建立存款保险体系的情况下,会损伤机构债权人对整个金融体系稳定的信心,甚至有可能引发较大的金融恐慌。2008 年 9 月 15 日,拥有 158 年历史的美国第四大投资银行——雷曼兄弟控股公司申请破产保护。美国当地时间 2010 年 3 月 11 日晚,一份历时一年,耗资 3800 万美元,长达 2200 多页的"雷曼兄弟破产调查报告"公之于世。该报告由美国破产法庭委托 Jenner & Block 律师事务所律师、检察官安东·沃卢卡斯(Anton R. Valukas)完成。该报告表明,为不断延迟"绝症"发病期来临,雷曼通过"回购 105"大量融资,并用令人眼花缭乱的"会计手段",粉饰资产负债表,造成净杠杆比率健康的假象,简直就是安然"幽灵"的再现。然而,这种"融资"终不能挽救雷曼的命运。①

(4) 撤销

撤销是指金融监管部门对那些资产损失严重且没有金融机构愿意收购或兼并的金融机构实施的行政强制性退出。撤销属于行政行为,它强调行业主管部门在金融机构市场退出中的主导地位。其中,典型代表是美国在处理问题金融机构的市场退出时所采用的存款偿付模式。它通常由联邦存

---

① http://business.sohu.com/20100316/n270857163.shtml。

款保险公司和清算信托公司直接偿付破产机构保险存款或由一家财务状况良好的机构代理偿付，前者称为直接存款偿付，后者称为保险存款转移。当联邦存款保险公司和清算信托公司找不到收购者，或收购与接管的成本过高时，通常采用存款偿付方式来处置破产银行。此种模式具有明显的优点和缺点，其优点是可以减少许多不必要的司法纠纷，提高退出和清算效率，其缺点是不利于最大限度地保护债权人的利益，操作程序比较复杂。而且，在整个金融产业没有建立存款保险制度以前，撤销事宜处理不好，会造成较大的社会震动（许传华，2004）。

总之，为了减少破产清算的可能性，最大限度地保护存款人的权益，金融监管部门应完善监管手段，在金融产业主体出现高风险经营的苗头之时予以制止，并及时采取补救措施，尽量避免其因发生资不抵债而走入破产清算的环节。

第 15 章　金融产业的发展战略

在竞争日益激烈的市场经济条件下，科学的发展战略是金融产业发展的基础，是金融及金融产业可持续发展的关键。金融产业是一个国家或地区的核心产业，牵涉范围非常广，构建金融产业的发展战略体系应该从多方面着手。在宏观上，金融产业的发展战略要直接服从于国民经济可持续发展；在微观上，它又必须建立在金融企业可持续发展的基础上，是在时间和空间约束之下，基于金融系统内部各构成要素相互协调和金融产业与实体产业系统之间相互协调、和谐统一的发展战略。因此，本章将重点探讨金融产业发展的竞争战略、诚信战略、创新战略、产权战略、市场战略和人才战略等发展战略，从而构建科学的金融产业发展战略体系。

15.1　金融产业的竞争战略

15.1.1　树立以核心竞争力为本的金融产业观

在市场经济条件下，没有核心竞争力的产业是不可能持续发展的。所谓核心竞争力，是指竞争主体为获取和保持可持续竞争优势所拥有的关键资源与核心能力的最佳整合，是不可以模仿、交易或替代的，只能靠不断学习、创造、积累和市场磨炼来建立和强化的具有价值性和独特性的竞争力（冉光和等，2004）。金融产业核心竞争力是指通过金融产业制度变革和金融产业政策调整，将不同金融企业的核心竞争力加以有效整合而形成的金融产业综合竞争力。核心竞争力是竞争获胜的前提和关键，竞争战略的制定和实施必须围绕核心竞争力展开。要树立以核心竞争力为本的金融产业持续发展理念。金融产业的核心竞争力内生于整个金融系统，金融产业制度、金融产业政策与金融企业竞争力三者是相辅相成的，要通过观念更新，从增强金融制度、政策和企业核心竞争力的角度推进金融创新，全方位提升整个金融产业的核心竞争力。

一是要改变"金融业是附属于政府部门，依附于实体产业"等传统观念，把金融产业作为一个独立的服务性产业，并对其进行产业化的科学规划、合理布局和系统建设。

二是要加快金融产业从计划经济向市场经济转变，摒弃依靠政府支持、行业垄断来维持市场竞争力的传统观念，逐步建立高度市场化的、开放的、公平合法竞争的金融产业制度和产业政策，促进金融企业形成核心竞争力。

三是要加快经营模式转变，抛弃原有的片面追求大规模、多网点、多业务的外延式的、传统的粗放式经营模式，逐步建立以客户为中心，以科技为手段、以效益为目标的内涵式、现代化的集约型产业发展经营理念。

四是改变以有形资产竞争为主的传统理念，树立"无形资产"优于"有形资产"、"人力资本"优于"物质资本"、"隐性知识"优于"显性知识"、"软性资源"优于"硬性资源"、"创造需求"优于"满足需求"的无形竞争力观，重点通过加强人力资本、提升服务意识、积累无形资产、增强创新能力、推进产品差异化等方式来提升金融企业的核心竞争力。

15.1.2 构建充满活力的完善的金融市场体系

在现代市场经济条件下，完善的金融市场体系是社会主义市场经济可持续发展的基础。与此同时，金融市场自身的发展也变得越来越复杂，变化的速度也越来越快。一般来讲，金融产业的市场体系越完善，金融产业的核心竞争力就越强大。在完善信贷市场、资本市场、外汇市场等传统金融市场的同时，构建充满活力的、健全的金融市场体系还应该重点在以下几个方面做文章。

（1）加快科技与金融的协调和融合，构建多层次的科技金融市场体系

科技与金融的深度融合与有机协调是现代经济金融持续健康发展的动力源泉之一，科技金融市场体系是一个为金融资本与科技创新长期有效融合服务的多元化资金保障体系。从当前的实践来看，推进科技金融发展需要加快培育和完善科技金融三级市场体系，形成金融资本在科技领域创新

与在推广领域充满市场活力的自我增值与资金循环体系（封北麟，2014）。科技金融发展具有非常强的不确定性和外溢性，单纯依靠市场力量通常需要一个缓慢且代价高昂的过程，因此财政支持必不可少。加快科技金融市场发展的措施主要有：加强科技金融发展的组织领导，建立政府、科技企业、金融机构的沟通协调机制；设立政府专项资金，推动全国性科技企业征信体系建设，并联合工商、税务等其他部门实现数据信息的跨区域、跨部门共享；加大财政支持力度，推进包括科技信贷、科技债券、科技股票等在内的多层次科技金融市场的发展；以政府采购形式培育和发展优质的科技金融中介组织，以财政补贴形式奖励科技金融创新的突出贡献者，以风险基金的形式为积极开展金融服务创新的金融机构提供风险损失补偿；设立政府全资或参股的政策性保险机构和再保险机构，鼓励商业保险企业为科技企业提供"科技创新险""新产品开发险"等保险品种，以政策性金融的方式带动科技保险体系建设。

（2）多管齐下发展消费金融，完善消费金融市场体系

消费金融一般指以消费者为主要目标客户的金融产品与金融服务，具有广义与狭义之分。狭义的消费金融特指消费信贷，是指主要用于日常生活消费，以及汽车、教育、医疗等大宗支出中的个人中短期贷款；广义消费金融包括消费信贷、住房抵押贷款等等，即向消费者发放的用于购买住宅并以所购住宅为抵押品的贷款（祝红梅，2012）。完善消费金融体系，一是要颁布并完善与消费金融有关的法律法规，为消费金融健康发展营造良好的外部环境。完善的法律体系是消费金融健康发展的必要条件和重要基础。必须加快制定相关法律，以具体措施保护消费金融机构的债权；以全国个人征信系统建设为核心，加强各类信用信息保有部门的沟通协作，整合居民各种信用信息资源，加快建立信用整理、归集和共享机制，完善个人信用评估体系。二是要加快发展多层次、多元化的消费金融供给主体。多层次、多元化的消费金融供给主体有利于满足消费者的多层次金融需求，发展消费金融市场应建立多元化的消费金融供给主体。适度放宽汽车金融公司、消费金融公司的发起主体范围，适度降低消费金融组织的设立门槛，鼓励和引入民间资本、外国资本参与消费金融建设；鼓励各类商业银行扩大对县域、农村地区的机构下沉力度，引导小额贷款公司和村镇银行等新型农村金融机构开展消费金融业务，推进农村消费金融市场发

展；规范微商、电商平台，引导网络消费金融健康发展。三是丰富消费金融产品和服务种类。建立包括个人住房贷款、汽车贷款、信用卡贷款、耐用消费品贷款、装修贷款、短期资金周转贷款、助学贷款、旅游贷款、婚庆贷款、医疗贷款、农用机械消费贷款等多种产品类型的消费金融产品体系；培育信贷消费意识，普及消费信贷文化，适度开展无担保和无抵押的小额信贷业务；引进如林权抵押、土地承包经营权抵押等多种抵押担保方式，建立多种消费金融合作平台，提高消费金融服务的匹配度和适应性。

（3）强化可持续金融理念，推进碳金融市场体系建设

碳金融市场的兴起源于国际气候政策的变化以及《联合国气候变化框架公约》和《京都协定书》的制定。碳金融市场的发展和壮大对完善金融市场体系具有重要的作用。一是要强化碳金融市场法律法规的出台与政策的支持，如《碳排放交易法》《碳金融市场监管法》等，从制度上构建碳金融市场法律框架，指引碳金融市场正确前行。二是要构建科学的碳金融市场结构。碳金融市场结构包括市场主体、市场工具、市场中介、组织方式和市场监管五大体系。碳金融市场主体主要有政府、企业、居民、金融机构和中央银行；碳金融市场工具主要有清洁发展（CDM）项目产生的核证减排量（CERS）现货、CERS期货和期权、配额现货、强度配额期货和期权等（盛春光，2013）；碳金融市场中介主要有投资银行、认证机构、评估机构、仲裁机构等；碳金融市场组织方式主要有场外交易、场内交易或分散交易三种；碳金融市场监管体系包括碳金融法律法规、集中决策治理模式和分权式治理模式、碳金融监管部门、碳金融监管工具等。三是要构建多层次多类型的碳金融市场。加快发展碳股票市场、碳债券市场和碳基金市场等主要的碳资本市场，扩宽环保企业的融资渠道；应逐步建立中国特色的碳排放期货期权市场，提高碳金融市场的功能性、流动性和复杂性。

15.1.3 优化金融产业运行的科学决策体系

科学的金融决策体系是提高金融产业政策核心竞争力的有效手段。优化金融决策体系主要从以下几个方面入手。

（1）构建适应市场经济需要的金融决策系统

尽管金融体制进行了多次改革，但现行的金融决策系统仍受计划经济

的严重影响，与市场经济不相适应，主要表现为：一方面是现行金融决策过于集中，金融企业缺乏自主决策权；另一方面是现行金融决策过于宏观，更多地关注金融危机的防范，而缺乏金融危机的应急处理策略。构建适应市场经济需要的金融决策系统，首先各类金融机构可以根据经济区域划分设置分支机构或下属机构，在加强金融监管的同时下放经营自主决策权，允许金融企业进行自主决策和金融创新，并鼓励不同的金融企业之间交流学习和互助互促。其次应借鉴国内外的历史经验和教训，成立金融风险防范和危机应急处理机构，并制定详细的权责划分、处理方案、操作手段、操作流程、注意事项等。

（2）提高金融产业政策的协调性和实效性

金融产业政策的协调性既包括金融产业政策与其他政策之间的协调性，也包括金融产业内部各金融行业政策的协调性。一是要完善国有金融产权制度和金融产业组织内部的治理结构，使得金融产业组织成为企业化经营的市场主体。二是要调整财税政策，统一境内同行业下各金融企业的税负结构和税负比例，为金融产业化发展创造公平的竞争环境。三是要探索建立以中国人民银行、中国金融监督管理委员会、财政部为核心的国家金融产业政策协调体系。四是要强化金融产业政策与经济金融发展实际的有机结合。强化政策性金融的功能性作用，弥补市场失灵或市场不健全所导致的金融脱轨现象。

（3）增加金融产业政策的人力资本含量

目前，中国学界和政界对金融政策的研究不够重视，而且研究能力也偏弱，很多金融决策都是靠那些缺乏社会经验的在校博硕士研究生或者国外同行专家在论文中所提供的政策建议，很少有专门的金融政策研究，而且这些政策建议往往都是"纸上谈兵"，与金融市场的实际情况不相吻合，政策建议缺乏实际可操作性。建立金融竞争战略，必须加强金融政策研究。首先，应该充实和壮大中国人民银行金融政策研究所，鼓励和支持有一定金融系统工作经验的人员到中国人民银行金融政策研究所从事金融政策研究；其次，建立集一流大学特别是专业财经院校、金融企业、科研机构于一体的金融政策研究集团，与政府金融政策研究形成互补互促、公平竞争的研究格局；最后，建立金融政策研究人才基金，进一步加大金融政策研究的人才经费投入，提高金融产业政策制定的人力资本含量。

15.1.4 改善金融产业的金融企业经营管理

金融企业可持续发展是金融产业可持续发展的基础。培育适应市场化竞争需要的可持续发展的金融企业和实体企业以及构建良性互动的经济关系是国民经济可持续发展的基础。科学的、先进的经营管理是金融企业提升核心竞争力的关键，要提升金融企业的核心竞争力，就必须完善金融企业的经营管理。

（1）提升企业经营理念，提高金融企业管理竞争力

此前，中国金融企业的经营理念是一种以个体效益为目标，以政府为中心，以产品为导向的大一统经营理念。在市场经济条件下，中国金融企业的经营理念必须发生变化，应该向以社会效益为目标，以客户为中心，以需求为导向的现代化经营理念转变。金融企业应该将企业员工的行为统一到企业的经营理念上来，并将企业的经营理论进行及时有效的表达和传播，达到对内凝聚员工，对外争取资源的理想状态。

（2）加强企业文化建设，提高金融企业的形象竞争力

提高金融企业的形象竞争力，关键在于塑造独具特色的企业文化。企业文化是一种非正式制度性因素，可以通过意识形态和理念来培养企业家精神，约束企业员工的行为，鼓励员工的生产积极性。行为文化是金融文化的表层，包括金融企业的外观、服务的表象、员工的形象等，金融产业的高风险性也决定了金融企业要比其他企业更注重文化建设。金融企业在规范企业员工的行为时，可以从员工行为准则、员工行为公约、员工礼仪规范等多个方面进行。独特的企业文化是金融企业的"软实力"，有利于金融企业内部凝聚力的形成，有利于金融企业形成竞争优势并提高企业竞争层次。

（3）加快企业内部变革，提高金融企业组织竞争力

一是加快金融企业组织结构变革。在全球金融经济一体化和WTO框架下，金融企业要想在国际竞争市场上占有一席之地，必须创建高效的企业组织结构，增强企业协调、整合各种金融资源的能力，创新金融产品和金融服务种类，为客户提供多样化的、高质量的金融产品和快捷的、综合化的金融服务。二是要创新金融企业管理模式。科学的金融企业管理模式是增加企业竞争力的关键。金融企业应该以客户为中心，实行业务拓展、

审计监督水平化、风险防范管理垂直化，从而建立起一套完整的传导、执行、监控、反馈并进行处理的现代化企业管理模式。

（4）加强金融产品和服务的创新升级，提高日常经营竞争力

金融产品和金融服务是金融企业日常经营中最重要的竞争源。一是要加快金融产品和金融服务的创新。随着社会对金融产品和金融服务需求的多样化发展，金融企业的经营策略必须以满足市场需求为导向，在企业自身能力和条件允许的情况下根据市场需求特征创新金融产品和金融服务，并根据市场需求变化趋势适时调整金融产品结构和金融服务方式，使得金融产品和金融服务具有智能化、市场化、独创性、高弹性等特征，以便形成并长期保持这种竞争优势。二是塑造金融企业独特的金融品牌。品牌是一个金融企业的科技水平、产品特色、服务信誉、管理能力、营销艺术、文化底蕴和社会形象的浓缩，也是一个金融企业综合实力的体现，它决定着金融企业竞争优势的强弱。金融企业应根据自己的经营战略和营销方针，准确把握市场定位，形成独具特色的品牌。

15.2 金融产业的诚信战略

金融市场上的一切活动都是建立在信用基础之上的，信用问题是金融产业健康发展的关键，金融产业所面临的信用问题就是全社会信用问题的集中体现。金融产业可持续发展必须建立和完善金融产业信用制度，金融企业要实现诚信化经营。因此，诚信战略是金融产业发展战略的重点

15.2.1 完善诚信制度化的法规体系

信用法律法规体系的不健全或缺失是中国信用关系弱化的根本原因，金融产业诚信战略要求必须完善信用法律法规体系。完善诚信制度化的法规体系，主要从以下几方面入手。

（1）颁布统一的信用法律法规

首先，应该将信用置于法律的高度，尽快修订和颁布《中华人民共和国信用法》，制定详细的信用管理体制模式，明确各信用管理机构、信用中介结构、信用担保机构、信用行为当事人的基本权利和相应的义务，明确失信行为应当承担的法律责任和对失信行为的处罚细则（李春海，

2006)。其次，可以借鉴国外先进经验，尽快制定《公正信用报告》《公共信用信息管理条例》等相关的制度文件；重点制定或修改现行的有关经济金融的信用制度、信用法规、信用章程等，形成"法律＋章程＋细则＋条例＋其他"的系统性信用法律法规体系。

（2）制定诚信的金融行业自律规范

目前，中国金融行业的信用信息管理与共享机制并不完善，在实际运用过程中还存在诸多问题，比如，不同银行的信用登记咨询系统与其他银行的信用评定系统之间不通融，各个银行的信用评价标准不统一，信用信息不能实现共享，等等。考虑到各金融企业经营业务的种类差异，金融行业自律协会可以根据金融企业种类来具体制定统一的信用评价标准，行业内各金融企业采用同一信用管理软件或系统，各个金融企业必须将所有的信用信息录入管理系统并交由行业自律协会管理，在行业自律协会的允许下可以查询其他企业所提交的信用信息。金融行业自律协会有权在不违法的情况下公开金融企业的某些信用信息，接受媒体跟踪和社会监督。

（3）出台征信管理行政法规

首先，在现有行政机关中指定或新成立一个全国统一的征信监督管理行政部门。其次，出台相关的行政管理办法，明确征信监管部门的权责范围和基本条件，规范征信监管部门的行为，制定征信监管部门过失行为、恶意行为的行政处罚办法。另外，以法律的形式明确征信管理部门可以公开企业、个人、组织的信用数据范围，以及信用数据公开的方式和手段、公开时限等等；对不予配合，不依法提供信息数据，或提供虚假信用数据的企业和个人，制定相应的行政处罚办法（项俊波，2005）。

15.2.2 建立完善的社会信用管理体系

建立完善的社会信用管理体系有助于促进信用管理科学化和规范化，有利于缩减信用信息生产成本和管理成本。建立和完善社会信用管理体系可以从以下几个方面入手。

（1）构建征信服务网络体系

首先，积极建立企业信用评级制度。由各级政府的金融工作领导小组牵头，以当地金融管理机构为主，统一企业诚信资格的客观标准，根据企业连续三年的财务指标对企业进行诚信资格认定，对符合诚信资格认定标准的企业予以挂牌公示，并进行定期或不定期的实地考察，随时关注其信用发展动态。其次，建立社会化综合性的个人信用制度。个人信用评价体系包括基本指标和补充指标两个方面的内容，其中基本指标主要有个人所拥有的各种有形资产和各种无形资产，工作性质及其收入水平，所在地区和经济往来圈子，历史信用记录等；补充指标包括健康状况、工作背景、家庭婚姻状况等。最后，建立健全金融机构信用管理制度。

（2）扶持规范信用中介机构

从理论上讲，信用中介机构可以是盈利性的，也可以是非盈利性的。前者主要由某些专门从事信用评价并向社会各界有偿提供信用信息的盈利性机构组成，后者主要由中国人民银行全国个人及企业信用评价中心或者省级政府专门成立的信用评价中心组成。在当前中国的法律制度建设下，盈利性信用中介结构可能会存在诸多问题，不利于管理，非盈利性信用中介机构是最切合当前中国实际的。政府部门要制定相关的法律法规或规范性章程，对信用中介机构的执业资格、业务权限等做出明确、严格的界定，规范信用中介机构的运作，依法监管信用中介的职业道德。尽快建立所有企业和个人的信用档案及不良行为登记制度，并对信用档案的记录、移交、管理、披露与查询使用，以及评级机构与被评级单位的责任和权益做出明确的规定（乔英玮，2008）。

（3）建立科学的信用评价机制

科学的信用评价机制是信用管理体系的重要组成部分，只有在科学的评价机制下才能对金融市场主体的信用做出客观的评价。在行业自律制度、法律法规允许的范围内，信用中介机构可以制定本行业的信用规范和信用评价制度，制定详细的、社会公认的信用评价体系，选择科学的评价方法，对企业、金融机构和个人等各类市场主体的信用信息进行数据分析和资信评定，并形成相应的信用评价报告和可供查询的数据库。

15.2.3 尽快构建诚信的金融服务体系

优化金融信用环境，构建诚信的金融服务体系，可以从以下几个方面展开。

（1）建立诚信政府

尽管政府不直接提供金融服务，但政府是金融系统中非常重要的一个组成部门。将政府置于法律之下，将法律置于社会公平公正的原则之下，建立服务型政府，增强政府服务功能。在可能的范围内将政策措施法制化，限制政府对微观经济的不合理干预，政府对宏观经济的调控必须将信用的维护放在首位。积极推行决策民主化、政务公开化、政策透明化，规范公务员尤其是政府官员的行为，以科学的、法律化的规划代替政府官员的随意决策。

（2）金融企业要守信

每个金融企业都应该建立健全其内控机制和信用管理制度。首先，金融企业应该加强企业的内控机制建设，优化企业内部组织结构，全面防范内部违法乱纪行为，重点整治高息揽存、篡改合同、乱开账户、泄漏私人信息、非法扣留结算资金等金融机构失信行为，完善金融机构信息披露制度，采取多种手段、从多种渠道加强对金融企业内部的监管力度。与此同时，要加强金融行业自律和行业内部管理，从制度上建立起防范信用风险的防火墙，在全社会范围内树立金融行业讲诚信、重操守的良好形象。

（3）建立金融员工诚信考核机制

每个金融企业根据内部的结构特点，建立专门的员工信用评价考核体系。制定一套可以量化的评价指标体系，重点对金融企业高管人员、中层干部、客户经理和一般业务人员的个人品质、信用记录进行全方位的评价。在法律允许的范围内，各金融企业联合建立信用信息共享平台，将各个金融企业员工的"失信"行为向金融产业内的所有企业予以曝光，从而促进企业员工提高诚信自律意识，有效防范金融工作员工的道德风险（王瑛，2007）。

15.2.4 强化诚信的激励和约束机制

诚信的激励机制就是要对诚实守信的行为进行物质上的或精神上的表扬或表彰，诚信的约束机制是对失信行为进行相应的曝光批评或经济制裁，以达到惩治的目的。目前，诚信的激励和约束机制主要可以采用"自我约束+舆论约束+对方约束+社会约束+制度强制"的模式。

（1）严惩失信行为

在完善法制体系的同时，加大对"失信"者的惩罚力度，对恶意失信且所涉金额较大的行为给予刑事惩罚，提高"失信违约"成本。首先要建立和加强企业失信行为的防范和预警机制,对有逃废债行为倾向的企业或个人采取防范性限制措施,停止对其的一切金融服务。其次,建立金融系统共享的诚信数据库,将那些不讲信用的企业纳入黑名单,并根据其失信的程度和原因进行分级,对黑名单中的严重失信企业进行媒体公开曝光并停止贷款,对其他黑名单企业实行"不贷款、少贷款、不开户、不结算、限期整改、收取违约金"等各种不同层级的制裁,对恶意逃废债务构成违法的企业高级管理人员和直接负责人,追究其法律责任(韩缨,2005)。

(2)激励诚信行为

在对失信行为进行惩罚的同时,也应该对诚信行为进行鼓励。在法律允许的范围内和企业自身能力允许的条件下,对诚实守信的企业,在信贷金额、信贷利率、信贷程序等方面给予特殊优惠和特别支持。将诚实守信作为社会主义精神文明建设的核心内容,充分利用社会舆论的强大约束力量,通过广播、电视、报纸、网络等各种新闻媒介工具及时地、客观地报道诚实守信的先进单位、先进个人、先进事迹,大力弘扬契约精神,营造诚实、守信的信用文化和道德风尚。

15.2.5 弘扬社会主义的诚信价值观

实施金融产业诚信化发展战略,在注重信用制度化建设的同时,更应重视诚信的社会价值观培养,价值观是人们行为决策的根源,什么样的价值观将产生什么样的社会行为。

(1)加强金融职工的诚信教育,树立诚信的职业道德观

由金融行业协会牵头,所有金融企业参与,深入开展以诚实守信为核心的职业道德教育,各金融企业加快形成"以诚信做人,以诚信立业"的金融企业诚信文化。加强金融从业人员的诚信教育,帮助员工树立正确的世界观、人生观、价值观,增强员工的责任感,引导员工正确对待个人手中的权力,不失职,不渎职。

(2)加强信用的研究和教育

加强信用研究和教育的方式有很多,其中重要的是从伦理学和金融学两个方面展开的,前者是为了在全社会弘扬诚信的社会风气,后者是在金融产业领域实施专业信用教育。伦理学意义上的信用教育,一方面可以加强对公民的诚信道德教育,并强化社会典型案例宣传教育,在社区开设免

费的伦理讲座和宣传会，在大学开设全校公共选修的信用伦理课。金融学意义上的信用教育，可以借鉴西方发达国家的经验，针对金融、经济、会计等经济管理类专业的学生开设信用必修课程，甚至可以开设信用管理专业；同时，积极开展信用职业技术教育和短期培训，尤其是对政府金融管理部门和金融企业工作人员进行在职信用教育。

15.3 金融产业的创新战略

金融创新，即金融机构或金融管理机构为了追求微观利益或宏观效益，金融监管部门改革现有金融体制和金融制度、重新规划金融空间布局，金融企业开发新的金融产品和金融服务、改变内部组织结构，以获得现有金融体制和金融工具无法取得的潜在利润。狭义的金融创新包括金融制度创新、金融产品创新、金融技术创新，广义的金融创新还包括金融理念创新、金融市场创新、金融组织创新、金融营销创新和机构配置创新等。

15.3.1 金融制度创新

所有合法的金融活动都是在一定的金融制度框架下展开的（阮震，2010）。所谓金融制度创新，是指金融管理法律法规的改变以及这种改变所引起的金融组织结构、金融交易方式等金融环境和经营内容的改变。总体来讲，金融制度创新包括金融交易制度创新、金融组织制度创新和金融监管制度创新三个方面。第一，金融交易制度创新。金融交易制度创新是指围绕金融交易运作方式进行的制度创新，就是要创造新的交易载体，改变金融交易流程，增加金融交易内容。第二，金融组织制度创新。金融组织制度创新包括单个金融组织创新和金融组织结构或体系的创新。第三，金融监管制度创新。金融监管制度创新包括两个方面。一方面是放松金融管制，以创造适宜的金融创新环境；另一方面是加强和完善金融监管，确保金融创新规范有序进行。

从金融制度创新主体来看，金融制度创新可以分为"需求诱导型"创新和"供给主导型"创新两种。在中国当前经济发展阶段，自上而下的"供给主导型"创新已经过时，而自下而上的"需求诱导型"创新实现难度又非常大,因此,地方政府最有可能成为金融制度创新的主体,成为连接中央政府制度供给和微观主体制度需求的重要纽带。杨瑞龙(1998)提出了一种有别于"需求诱导型"创新和"供给主导型"创新的"中间扩散型"制度变迁方式。作为沟通权力中心的制度供给意愿与微观主体制度需求的中介,经济利益独立的地方政府很有可能突破权力中心所设置的制度创新壁垒,使权力中心的利益最大化与保护有效率的产权结构达成一致。在中间扩散型制度变迁模式中,地方政府的介入使微观主体的金融制度需求得到最大的满足,加速金融制度创新的步伐。当市场经济发展到一个比较高的水平时,微观主体将有足够的经济实力承担金融创新的成本,此时政府应主动地、合理地减少对市场的干预,微观主体将成为金融制度创新的先锋,从而将中间扩散型制度变迁发展到需求诱导型制度变迁上。因此,我国金融制度变迁与制度创新的路径应该是:由改革初期的"供给主导型"制度变迁模式逐渐向"中间扩散型"制度变迁模式转变,最后发展到"需求诱导型"制度变迁模式(范书义,2009)。

15.3.2 金融产品创新

金融产品创新是指商业银行为了满足企业和投资者多样化的金融需求,创造具有不同流动性、收益性和安全性的金融产品组合。金融产品创新的主要目的是降低成本、规避风险、占领新市场、获取高额利润等。金融创新产品一般又被称为金融衍生产品,主要包括金融远期、期货、期权、互换、可转换债券、资产转让合同等多种产品。金融产品创新是一把双刃剑,银行在进行金融产品创新的过程中必须进行细致化的分析,准确把握产品市场定位,尽可能地控制并降低风险,发挥出金融产品创新的积极效应(曹蒸蒸,2009)。

(1)建立健全金融产品创新管理体系

一是要开展以客户为中心的金融产品创新实践。针对客户群体差异推出差别化的金融产品服务,从而避免产品开发的重复性与同质化,同时还要加强银行、保险、证券行业的合作力度,扩大产品种类与业务范围,以有效增强金融产品服务的竞争力(徐秀梅,2013)。二是要构建金融产品创新的组织和人力保障。全新的金融产品的开发可以采用项目小组制度,由高层领导挂帅,联合各相关部门,并由与新产品性质最为接近的部门负责协调工作。在新产品开发出来后，由主管部门具体负责对产品进行维护、挖潜、改进和重新组合（周梅，2009）。

（2）完善与金融产品创新相适应的配套制度体系

金融产品创新的科学性、技术性及市场性要求其必须有相应的配套制度加以保障和推动。首先要建立健全而有效率的组织结构体系，通过金融改革为金融产品创新创造良好的体制环境；其次要建立灵活的价格机制，通过弹性的定价策略发挥金融产品的竞争优势；最后要建立有效的营销机制，以确保金融创新产品能快速占有市场份额，实现产品效益的大幅提升（张健生，2005）。

（3）着力协调金融产品创新与金融监管之间的关系

金融产品创新的实现需要合理完善的金融监管环境作为依托。目前国际金融创新的趋势是稳步有序放松利率管制、完善人民币汇率形成机制以及加强金融监管。从监管理念来看，由"法无规定即禁止"到"法无禁止皆可为"的转变，将为商业银行自主创新创造更大的空间；从监管模式上看，对金融产品创新的监管应坚持目标导向原则，给予商业银行在规定的监管标准内从事自主创新的权利；同时还要针对金融产品创新建立合理的绩效考核制度，创造银行业健康的竞争环境（魏岩，2009）。

（4）注重金融产品创新的信息披露制度建设

信息披露制度的建立健全可以帮助投资者提高自身的风险抵御能力，有利于商业银行对市场风险进行有效管理，也有利于金融监管部门实时把握市场运行状况并确保市场秩序稳定。信息披露制度建设应着重从以下几个方面展开：一是要对财务状况等重要信息进行全面的实质性披露；二是信息披露要针对市场交易中不确定领域的关键指标提供准确的信息支持；三是要鼓励商业银行引入敏感性分析手段，以使投资者能够针对未来市场变化预期形成自主判断。此外，金融产品创新的信息披露制度应兼顾不同时点的纵向比较和不同机构的横向比较。

15.3.3 金融技术创新

金融技术创新，是指商业银行通过知识、科技及管理模式的创新及应用，进而为客户提供新型金融产品及服务，从而提高其核心竞争力并实现市场价值。根据其具体存在形式可划分为信息技术的创新、以科技为依托的产品和服务创新，以及风险管理技术的创新（陈宏会，2013）。目前我国商业银行已全面实现了证券交易电子化、资金划拨电子化、信息管理电子化及办公自动化，同时出现了网络金融与新型电子业务，在技术方面基本实现了与国际金融业的接轨。同时，我国各商业银行还依托网络技术支持，拓宽了服务范围，其中最典型的是网上银行服务。

（1）实现金融信息化技术攻关

金融信息化的技术攻关，需要在以下方面有所突破：第一，集中力量进行关键技术攻关，这些关键技术包括金融信息风险评估技术、数据挖掘与辅助决策技术、金融信息安全技术等；第二，加紧制定金融信息化领域的主要业务规范、产品标准和技术标准，加大计算机网络等基础设施建设力度；第三，实现网络化经营，大力发展网络金融；第四，促进金融信息系统安全保密的自动化、网络化。

（2）建立健全金融技术创新成本—收益评估机制

其一，金融技术的创新是以市场需求为导向的，这也决定了商业银行必须畅通信息沟通渠道以听取客户建议，并在此基础上改进金融服务及金融产品，从而提高客户的满意度。其二，金融技术的创新必须建立在效益提升的基础上，因此要建立起科学合理的成本—收益核算体系，不仅要在金融技术创新产品投放市场前对其进行成本估算，还要准确分析金融技术创新的产出效益，从而准确把握盈亏点。其三，商业银行还要进一步完善客户信息管理系统，对客户的消费习惯、收支频率、投资动向进行跟踪预测，并以此为信息基础调整金融服务项目及产品的研发方向，进一步突出商业银行作为投资理财中心的市场定位。

（3）完善金融技术创新保障机制

商业银行加速金融技术创新发展进程必然要营造良好的内部环境。专业人才是开展技术创新的先导力量，这要求商业银行必须拥有一支专业素质高、技术水平先进的研发队伍，从而为技术创新提供强大的智力支持，因此商业银行需要积极培育和引进复合型技术创新人才，并为其营造良好的干事创业的环境。同时还要完善人才激励考核机制，通过物质激励和精神激励调动专业人才创新的积极性，强化科技人员的分工协作意识，最大限度地发挥专业技术人才的创造力（周旭，2007）。

15.4 金融产业的产权战略

金融产权主要指个人或组织对各类金融资产进行处置的权利,包括金融资产消费、运用金融资产获取收入和金融资产的让渡,金融资产的获益及让渡需要通过交换,实际上就是权利的互相转让。产权制度受生产力水平、生产方式以及经济组织形式等因素的影响,因此必须对其进行动态调整和合理安排,从而保证相关要素的优化配置。

15.4.1 构筑金融诚信的产权基础

产权是交易实现的前提条件,也是诚信存在和发展的基础,构建诚信的产权基础对金融产业的诚信化发展至关重要。

(1) 产权主体人格化

产权主体的人格化既是诚信的法律基础,也是市场经济顺利发展的前提。要以效率最大化原则为指导进一步完善社会主义市场经济的产权结构,明确在市场经济条件下政府的基本职能是社会公平的实现、公共产品的供给以及交易成本的降低,应稳步推动政府及其所代表的产权从竞争性行业中退出。

(2) 实施产权主体人格化基础上的国有产权改革

按照产权主体人格化标准不断深化包括国有商业金融机构在内的国有产权改革。坚持产权平等的思想,根据"抓大放小""先易后难"的原则继续优化所有制结构,并不断完善现代公司法人治理结构,通过将与"绩效"挂钩的经营者收入再"入股"和建立"经理市场"的方法,实现经营者的双重激励—约束机制,进而形成市场博弈中人格化的国有产权主体。

(3) 构建公平竞争的产权法律保障体系

产权基础的建立必须有完善的公平竞争法律体系作为保障,从而确保不同的产权主体能够有权利和机会进行平等的市场博弈,这不仅要防范国有产权借助其垄断优势对非国有产权形成限制以及在"集体利益"名义下侵占个人合法权益,同时也要避免非国有产权对国有产权的侵害。具体到金融产业而言,一方面要对国有金融、民营金融和外资金融实行一视同仁的"国民待遇",另一方面还要赋予金融产业与实体产业平等的发展权利(熊德平,2003)。

15.4.2 加快国有银行股权化改革

为建立适应现代金融竞争需要的经营管理体制并不断提高自身的核心竞争力,国有商业银行应进一步深化股份制改革。

(1) 实施混业经营模式

要紧随世界金融业发展趋势,充分利用资本市场逐步实现金融业的混业经营。要依托资本市场兼并重组的基本功能来实现资源的优化配置,国有商业银行可通过参股、控股保险、证券等非银行性金融机构并组建金融控股公司,进而对非银行性金融机构股权进行合理的资本调度,充分发挥国有银行金融控股公司与其附属异业子公司的比较优势,促进不同业务的相互渗透,实现综合性金融服务企业的规模经济和范围经济,提高我国金融业的整体效益和竞争水平(孙立,2010)。

(2) 实施股权激励机制

要积极探索实施股权激励机制,不断提高银行的经营效益。股权激励主要是通过股权形式赋予企业经营者一定的经济权利,使其以股东身份参与企业发展决策、分享企业利润并承担经营风险,从而稳定忠诚地服务于企业长期发展战略。股权激励有利于完善公司治理结构、提高企业管理效率、降低代理成本、增强公司的核心凝聚力与市场竞争力。国有银行通过股份制改造和上市等手段已具备了实施股权激励机制的现实基础,下一步可采用股票期权、员工购股计划、期股奖励等措施来整合管理者与股东的利益,使他们共同关注银行的长期价值,避免短期行为,不断提升银行的经营管理水平(孙立,2010)。

(3) 引入战略投资者,实施股权化改革

在银行国有控股的基础上,应积极引进战略投资者以分散股权,实现银行股权的多元化。战略投资者包括境外投资者和民营战略投资者,具体分为国际金融机构、外国金融机构、各种民营资本等。同时,要对实现股份多元化的国有银行进行规范化的公司制改造,使银行建立起健全、科学的法人治理结构并及时进行创新,最终建立起现代商业银行制度。科学的法人治理结构要有效解决金融企业的两个基本问题:一是投资者(股东)

的投资回报问题,即协调股东与企业的利益关系,法人治理结构要从制度上保障股东的控制权和利益;二是企业内各利益集团的关系协调问题,包括经理层对员工的管理,以及对高层领导者的制约。

15.4.3 实施政策性金融战略重组

政策银行国有一体化,即将现存的国家开发银行、中国农业发展银行和中国进出口银行三家政策性银行合并为一家银行,集中办理各项政策性业务,以支持国家重点建设,推动经济结构调整,促进国民经济持续、快速、健康发展。消除政策性金融业务之间相互切块、资金配置上"画地为牢"的弊端,充分发挥整体资金使用的优势,更有利于中国人民银行实施政策性金融机构监管上的可控性货币政策。对于若干确实需要商业银行代为办理的业务,应在平等自愿、互利互惠原则的指导下签订具备法律效力的代理协议,这不仅可以使政策性银行在扶贫开发等注重社会效益的领域发挥基础性长效功能,也可以使商业银行安心追求利润最大化的目标。政策性银行的组织架构可沿用总分支行模式,并按照原有三家银行的业务分类及归属关系,在政策性银行内部设置对应的业务部门,其他部门则应根据实际需要坚持从简从有原则来设置。政策性银行工作人员的配备可采取自愿与考试相结合的方式,按照不低于国家公务员的标准择优录用。同时,政策性银行在业务经营过程中要坚持有借有还的原则,避免"第二财政"现象的出现;对于各贷款项目要从调查、审批、检查、回收等各环节进行评估、论证与考核,做到职责分明。此外,还要加强国有银行反腐倡廉的力度,注重法治思维与监督氛围的形成。

15.4.4 构建明晰化的金融产权制度

产权主体明确与产权关系的明晰既是委托代理关系形成的前提,也是法人治理结构建立和运行的基础。构建明晰化的金融产权制度对于优化配置金融资源和促进金融产业可持续发展具有十分重要的意义。

(1) 建立多元化的金融主体产权体系

国有金融制度的垄断性不仅使我国金融发展面临着"市场风险"和"信用风险",也将使其面临着多层次委托代理所引发的"制度风险"。因此要不断打破所有制与行业之间的界限,打破国有金融机构的垄断地位,降低金融业务的经营准入门槛,通过投资、兼并、收购、参股等形式改组、改造和改制国有商业性金融机构,创造多元金融主体平等参与市场竞争的局面。同时还要加大民营金融机构的扶持力度,重点引入与国际惯例接轨的组建、管理及运营模式,实行金融机构高起点、内涵式的发展。

(2) 进一步深化金融产权制度改革

要不断完善金融企业的内部产权治理结构,尤其是要明晰出资、所有、经营三方的权责关系以及金融资源占有权、所有权、使用权、支配权之间的关系,建立"公开透明、自由选择、自愿交换、产权平等"的权责制衡机制,加快金融产权交易市场的建设,有效杜绝所有权虚置现象,保证各类产权主体能够平等参与市场竞争(庄智燊,2010)。

(3) 不断完善金融产权法律法规体系

建立完善的金融产权制度,需要从国家层面建立完整明晰的产权交易制度体系,尽快指定权威规范并适应市场经济发展趋势的"产权交易法",同时还要进一步完善现行的金融管理、金融组织以及金融运营等方面的法律,明确各类经济主体之间的金融产权边界及其产权交换过程中的金融产权关系,保护金融资源产权所有制的合法利益,以防侵犯金融产权主体的利益。

(4) 着力加强金融产权交易市场建设力度

金融资源的产权界定主要包括政府界定、市场界定和法律界定三种形式。仅依靠政府界定和法律界定会存在低效率、多漏洞等问题,因此要加快金融产权交易市场建设进程,同时还要严格执行产权交易市场制度,国有、集体资产除经国有资产监督部门批准的定向交易外,均要通过公开招标、拍卖等竞价方式进入产权市场进行交易,鼓励民营、外资等非公经济企业开展交易活动,激活产权市场业务。

15.4.5 加强金融产权交易的监管

强化产权交易监管力度有利于促进交易过程公开透明、防止交易管理体制混乱,随着产权交易范围的扩大,如何完善产权交易业务的监管职能是推动产权交易业务有序开展的重要保障,应明确财政部门作为产权交易业务监管主体的地位。将财政部门作为金融产权交易监管主体具有以下几方面的优势:一是范围广泛,有利于产权业务职能的拓展,产权交易业务包括了国有企业产权转让和集体、中外合资及其他类型企事业单位的国有资产转让，将财政部门作为监管主体有利于构建"大产权"框架体系，扩大产权交易范围；二是方便管理，避免暗箱操作，财政部门作为公有资产监管主体在产权交易过程中可以最大限度地保证"公正、公开、透明"，并有效规避"管卖结合、暗箱操作"等现象的发生；三是有利于资产盘活，做到保值增值，产权交易部门作为实行公共资产处置的重要职能部门，有义务实现公共资产的保值增值，从财政增收角度确定以财政部门作为监管机构也符合促进公共资产增值的逻辑。

15.5 金融产业的市场战略

在市场经济条件下，金融市场是金融产业发展的载体，市场战略是金融产业发展战略的核心，一个科学完善的市场战略有助于金融产业在激烈的市场竞争中实现可持续发展。

15.5.1 优化金融产业的市场结构

从中国金融市场结构的现状出发，建立高效的多层次的协调机制，促进金融市场结构的调整与优化，应着重从以下方面入手。

（1）创新及优化金融产品结构，满足多元化的金融产品需求

金融市场结构最重要的就是金融产品结构，因为金融产品乃是金融市场活动的直接对象，金融产品供给与需求的高度协调一致是金融市场结构优化的目标和标志。金融产品结构主要指金融产品期限、利率、组合形式等。为了满足多元化的金融产品需求，应该创新金融产品，开发出不同期限（短期、中期、长期）、不同利率（零息、低息、高息）、不同金额（小额、大额、高额）、不同组合（单一产品、复合产品、套餐产品）的金融产品，丰富金融产品种类，优化金融产品结构。

（2）优化金融市场地域空间布局，推动城乡金融市场协调发展

金融市场二元结构突出是中国金融二元结构的明显特征，当前城乡金融市场发展失调有进一步加剧的趋势，这就要求政府从农业产业化发展以及农村经济战略调整的大局出发，围绕国家金融发展和金融改革的总体目标，尽快制定实施农村金融市场改革的整体发展战略和具体实施规划。

（3）优化金融市场融资模式，实现直接融资与间接融资的协调发展

一般而言，国家直接和间接融资在总融资规模中所占的比重受到该国经济体制、金融市场化程度、融资环境、经济主体融资、社会文化传统等多方面因素的制约，内含着筹资方、投资方以及其他市场参与主体的互相博弈。就中国的实际情况来看，现阶段要使市场在金融资源配置中发挥基础性作用，就必须扩大直接融资的比重。例如非金融企业在银行间市场发行债务融资工具，可以为企业提供另一种融资途径，这种融资途径相比直接融资更高效、融资成本更低。对中小企业的融资也应给予支持，如通过信用担保的方式，为中小企业顺利融资提供支持，推动银行和信用担保机构之间的合作，不断完善中小企业的信用担保体系，降低中小企业的融资成本。

（4）优化金融产业结构，促进金融产业与实体产业的协调发展

金融市场和实体市场是市场经济的两个不可分割的有机组成部分，市场要能优化资源配置，必须有金融市场和实体市场的配合。金融市场的发展完善要以制度建设和产品创新为手段，以增强金融市场功能为着力点，加快构建多层次的金融市场体系，充分发挥金融市场多层次配置资源的作用。优化金融产业结构，其实质就是要促进证券业、银行业、保险业、信托业等金融行业的协调发展。对于股票市场，应建立多层次市场体系，在发展主板市场的同时，不断推进创业板市场，完善投资者结构，同时不断完善股票发行和退市制度；针对债券市场，重点要加快企业债券和金融债券的发展，不断优化债券市场的结构（宋翔，2014）。

15.5.2 强化金融产业规模化发展

金融产业规模化发展主要指针对经济发展对金融产业的实际需求，依靠产业政策和市场机制，通过制度创新优化金融产业结构，有效降低金融交易的风险损失和交易成本，从而在金融企业规模经营的基础上实现金融产业规模收益的最大化（熊德平等，2003）。金融产业的规模化发展不仅需要"量"的积累，而且需要找寻其内在的"质"的特征。金融产业规模化发展必须与经济发展相适应，国民经济多样性、多层次、大规模、高增速的发展要求金融产业必须保持与之协调的规模、形式、结构及成长性。金融产业的最佳规模应建立在最优结构的基础上，金融企业的集合构成了

金融产业，但金融产业规模并不是金融企业规模的简单汇总，而是对金融企业规模进行有效整合，这就要求不断提升金融产业的组织化程度。

金融产业规模化发展可以从以下方面做起：一是依靠市场机制和产业政策优化金融结构。可根据实体产业发展及区域经济结构调整的要求，制定差别化、有针对性的金融产业结构政策以保证金融产业规模和经济发展的实际需要相一致；通过金融创新和金融监管等配套措施的引入发挥市场机制在金融结构优化中的主导作用；同时还要完善相关的法律法规，规范金融市场行为，实现金融产业"寡头主导，大中小并存，良性合作竞争"的发展格局。二是建立健全金融产业规模化发展的准市场组织。按照"小的做精，大的做强，以精促强，以强带大，以精带大"的原则，根据实体产业发展与区域经济产业结构特征，制定与之相适应的大中小并存、形式多样的金融产业组织化发展战略；鼓励金融企业与国内国际金融企业建立诸如信息联盟、交易联盟等多种模式的金融企业战略联盟，加强政策性金融机构与商业性金融、内资金融机构与外资金融机构之间的全面合作；鼓励建立跨银行、证券、保险、信托等各金融行业的大型金融集团，以资本经营扩大金融业务范围。三是在不同层次上实现金融企业规模化经营。按照"打破垄断、经济合理、精简高效"的原则，对国有商业银行进行股份制改革，按照业务需求和能力对金融机构进行重新整合，同时逐步扩大其他类国有金融机构，实现一体化规模经营；积极促进产业资本与金融资本的融合，尤其是要鼓励产业资本参与国有金融的股份制改造；围绕提升产业核心竞争力的目标，通过收购、参股、合并、兼并等方式推动金融企业的战略重组与战略联合。

15.5.3 建立金融市场的开放机制

要进一步加强国内国际金融市场的交流互动，着力完善国内金融市场的对外服务功能，推动中国建立具有对外金融交易服务能力、境内外协同参与并具有一定国际影响力的现代金融市场。具体应做好以下几个方面的工作：第一，要进一步开放金融市场，顺应世界金融市场结构优化的潮流。中国金融市场结构的调整与优化必须充分观察和应对国际金融环境变化所带来的机遇和挑战，不能闭门造车。第二，要充分认识到世界金融市场结构已经出现了多层化与复杂化的变化，中国金融市场结构的调整与优化必须与世界同步，不断满足国际金融市场环境变化对中国金融市场结构调整与优化的要求。第三，要积极适应国际金融市场结构改革的大环境以及全球化深入发展的新趋势，循序渐进、积极稳妥地扩大金融市场对外开放范围。同时还要积极搭建我国金融市场与国际金融市场的沟通交流平台，充分利用国际金融市场资源来提升我国金融市场的国际影响力。

15.5.4 优化金融市场的外部环境

金融市场的外部环境包括健全的金融法规、良好的市场秩序以及规范的金融监管体系。

金融法规的完善是金融市场发展的制度保障，也是金融市场持续健康发展的基本前提。金融法规的完善可以有效约束各类金融机构的经营行为，使金融组织的市场活动能够在法律制度框架内展开，从而最大限度地降低金融经营过程中的负面影响，抑制市场投机行为的出现，保障金融市场良性有序竞争。良好的金融市场秩序主要指各类金融机构能够本着平等互利的原则以合法手段取得经济利润，同时具有良好的商业道德和经营品质，实现追求自身利益最大化与承担社会责任及义务的统一。简而言之，如果金融机构的经营行为稳健，彼此竞争有序，整个金融市场的发展就自然是健康的。规范的金融监管是指金融市场的监督管理部门依据金融法规对金融机构的经营行为予以监督管理，进而在保持金融机构竞争活力的同时，能够及时控制金融风险，消除金融市场发展中的不确定性，减少金融波动，为金融市场的健康发展创造优良的金融环境。

从中国的实际来看，现阶段金融环境的改善仍需突出政府的主导地位和主体责任，特别是政府在规划、创造、引导金融环境方面应履行应尽的职责。首先，政府要不断优化金融产业发展的法律制度环境。应由中国人民银行牵头建立针对系统性金融风险的预警机制和处置预案，同时建立健全维护金融债权安全的政府督查机制，以有效遏制企业逃废银行债务的不良行为。其次要建立以政府诚信和效率提升为核心的社会信用体系。这要求政府提高自身的诚信水平和办事效率，同时还要发挥政府在加强社会信用体系和社会诚信文化建设中的作用，帮助提高企业特别是中小企业的诚信资质，从而净化社会信用环境。最后还要依靠政府推动构建多层次的金融市场体系。政府要积极维护金融市场公平竞争的环境，严厉打击各类金融犯罪和非法金融活动，确保政府监管与市场自治之间的协调互动，进而实现金融市场参与主体之间的关系协调乃至整个金融市场环境的和谐（张丽拉，2011）。

15.6 金融产业的人才战略

现代市场竞争归根结底还是人才的竞争。金融产业是知识密集型产业，要在激烈的市场竞争中立于不败之地必须源源不断地引进高端金融人才，需要制定完善的人才培养战略和引进战略。

15.6.1 建立科学的人才评价体系

根据业务模式、专业技能的要求，建立科学的人才评价体系。在借鉴国际职业资格和国际金融标准的基础上，着力打造行业从业资格、专业技术职称、特定职业资质"三位一体"的金融人才评价体系。一是要制定金融领域的人才评价标准，并基于金融业务"混业经营、分业监管"的发展趋势，加快建立和完善满足金融机构业务转型需求的专业化、精细化、顾问式服务的金融人才队伍。二是要完善金融营销人才评价机制，以客户发展能力、市场拓展能力和创效能力为评级重点，突出对质量、业务流量、服务水平、客户满意度、诚信水平等要素的考察。三是要建立健全资格认证和等级考试管理制度，要按照人才职业发展规律，结合业务流程、专业技能和岗位设置的实际需求，科学合理地划分金融人才的职业类别并合理设置职业资格，努力建立与国际接轨的职业资格认证体系。四是要建设金融人才信息库，整合金融人才信息资源，构建互动、高效、便利、安全的金融人才公共信息平台和公共服务平台。适应金融业务集约化、信息化的发展趋势，以提升业务素质和职业技能为核心，以从事金融产品开发、金融产品营销、客户服务为中心，以信息系统建设、推广、维护以及技术保障工作中的高级技术人员为补充，打造高技能金融人才队伍。

15.6.2 构建人才职业化成长通道

金融产业是一个高技术、高风险的产业，是一个牵涉范围广泛的基础性产业，金融专业人才的培养也有别于其他产业部门，金融产业人才的成长需要专业化的职业成长通道。

一是在建设金融机构标准化职位体系的基础上,通过职位分析和职位评级打通金融机构内部的人才通道(齐小东,2010),为金融人才提供明确具体的职业规划及自我发展路径。金融机构应基于标准化职业体系及人才成长通道,从招聘调配、培训发展、绩效管理、人力资源规划等方面建立完善的专业人才管理制度,从而实现专业人才的职业化成长。

二是通过激励机制的完善来激发金融人才的积极性,这需要以金融人才市场特征为基础,以用人单位为实施主体不断完善金融行业从业薪酬的市场化形成机制,还可以探索实施金融机构高管和关键岗位职工持股、期权、企业年金等与经营业务相挂钩的激励手段,并不断完善各类金融人才业绩贡献与资质升档、职级晋升、福利待遇、荣誉称号相挂钩的激励机制。

三是实现不同类型金融机构金融人才的合理配置,这要求金融管理部门以金融行业的发展目标为导向,通过以市场化手段为主、行政手段调控为辅来实现金融人才在我国银行业、保险业、证券业之间的自由流动与优化配置,同时要重点加强跨行业复合型金融人才的培养和储备(马坚波,2011)。

15.6.3 加强本土金融人才培养力度

本土金融人才是金融产业人才的重要来源,因此加强本土金融人才的培养应该是金融产业人才战略的核心组成部分。

一是从重视金融理论知识传授向重视理论与实务并重转变。金融教育活动开展的关键是要培养出大批善于资金运作并具有风险防范能力的实用型金融从业人才。要将"引进来和走出去"结合起来,鼓励专业教师通过与金融机构有关人员的合作交流来提高其对现代金融实务知识的熟练运用程度,同时也要使教师的知识结构及教学研究能力能够紧跟金融发展的客观实际,实现金融理论与实务知识的不断更新。

二是从培养单一的专门型人才向培养复合型人才转变。金融的混合经营趋势要求拥有了解国内外各类相关金融产品知识的复合型高端人才。结合未来金融产业化发展的需求,以"产业+金融"、金融信息化、金融国际化、电子商务金融等领域的复合型人才培养为核心,抓住银行、证券、保险等金融机构逐渐进入混业经营的契机,培养和吸纳并掌握银行、证券、保险、信托等多种专业知识和运作技术,能胜任为客户提供多途径、多方位理财咨询和策划的跨行业人才。

三是建立金融人才分类分层培训制度。应针对不同培训对象和培训需求形成规范化、体系化、标准化的教育培训制度,具体包括新员工培训、重点岗位培训、从业资格培训、在岗提升培训、晋级培训、转岗培训等培训制度;对国内急需的金融专业人才,应由单位出资、政府补贴,重点在信息技术、产品开发、财务运营、风险管理、法律意识等领域开展职业培训;同时还可以选派有发展潜力的年轻干部、技术人员到国外金融机构学习进修,以提升其处理国际金融业务的能力(齐小东,2010)。

四是完善高级金融人才培育机制。要以市场需求为依据确立金融人才的培养目标与培养模式,贯彻实施金融人才培养过程中的分工协作原则,通过优势互补实现各层次金融人才的培养目标。同时要把高层次金融教育作为金融人才培养的重要渠道,打造高素质的金融管理人才和专业技术人才队伍,努力推动金融创新和金融发展(王凌、马嫩霞,2010)。

15.6.4 大力引进海外高端金融人才

毋庸置疑,发达国家的金融产业化发展水平要明显高于发展中国家,金融技术、金融产品、经营理念等都要先进于发展中国家。像中国这种处于市场经济发展初期的发展中国家,金融产业发展更需要不断地从国外引进高端金融人才,从而带动本土金融人才的成长。

一是要在坚持自主培育的原则下,配套实施海外高层次金融人才引进计划,大力吸引海内外具有战略开拓能力和现代管理水平,熟悉国际国内金融市场,并具有应对金融市场复杂局面和丰富实践经验与领导才能的高层次金融管理人才,以及能进行金融产品创新和金融监管的高层次金融专业人才(王凌、马嫩霞,2010),具体包括拥有海外背景的国际金融分析师、国际注册会计师、保险精算师、证券经纪人、财务总监、投资银行、风险投资、企业重组与收购兼并、资产证券化、网络管理、期货和金融创新等专业人才,从而提升我国金融产业发展的国际视野,以及处理国际金融事务、参与国际金融市场竞争的能力。

二是要建设引进国外人才的服务平台,这需要充分利用我国驻外代表机构在人才信息收集推荐方面的巨大优势，形成由驻外领馆、专业协会等构成的人才信息网络，为金融引智计划的实施提供良好的源头服务。同时还要不断完善海外人才供需信息平台建设，通过多种媒介手段及时发布用人单位需求信息和海外人才求职信息，完善服务流程，实现全方位、全过程、集成化服务。

三是要破除人才引进的体制机制障碍。对现有的政策法规进行完善，扫除海外国际金融人才在国内工作的政策障碍，重点解决海外人才在国内的申报项目、职称和职业资格评定、知识产权保护、落户、医疗待遇、社会保险、配偶安置、子女入学等方面的制度障碍。

第 16 章　金融产业的空间布局

系统研究金融产业的空间布局，有助于全民认识金融产业空间结构，有助于引导金融产业结构的优化升级，有助于金融产业的合理规划布局。随着经济金融发展水平区域差异越来越明显，金融资源配置的不平衡性也日益显现，这就有一个空间布局的问题。空间布局状况直接影响到金融产业及国民经济的可持续发展。因此，金融产业空间布局也是我们探讨金融产业发展的重点问题之一。本章将着重讨论金融产业空间布局的内涵与原则，金融产业空间布局的依据，金融产业空间布局的方法以及金融产业空间布局的规划。

16.1　金融产业空间布局的内涵及原则

金融产业空间合理布局是区域经济发展的基础，区域经济是金融产业空间布局的条件，区域经济的协调在很大程度上只有借助于区域金融合作才能得以实现，经济一体化和金融一体化密不可分、相互依存、相互促进（戴小平等，2013）。本节将对金融产业空间布局的含义、原则等进行系统而深入的研究，阐述金融产业空间布局的内涵，以此构建一套科学完善的金融产业空间布局理论体系。

16.1.1　金融产业空间布局的内涵
随着金融自由化的加速演进和信息技术的快速发展，地理空间的相对距离逐渐缩小，距离因素的影响看似弱化了，实则区域金融产业发展却呈现出极端的不规则性和异质性。在金融产业领域内，空间与距离的影响作用依旧明显且非常重要，因此，关于金融产业空间布局的研究也非常受学者的青睐。目前,国内外学者对金融产业空间布局的研究主要集中在以下两个方面。

(1) 金融机构区位分布

Friedmann(1986)认为,金融机构选址存在明显的层级性:服务于当地市场的机构定位于级别较低的城市;服务于国内市场的机构定位于国内级别较高的大城市;从事国际金融服务的机构则倾向于选择少数国际性大都市。Porteous(1995)则对"银行业区位模型"进行了理论分析,在他看来,如果在不考虑价格竞争的情况下,借贷市场潜力呈现出不均匀的空间分布状态,那么将产生银行业的集聚。Economists Advisory Group(1998)详细讨论了经营地点对不同种类金融机构包括银行业、证券业、保险业竞争能力的影响。Berkoz和Eyuboglu(2007)认为,从事前台服务活动的银行和其他金融服务机构,由于需要与客户直接接触和密切沟通,有集聚于城市中心的趋势;而那些不需要当面接触的后台支持服务功能,则有分散于区域边缘的趋势。Smith(2007)等人研究了传统银行和可替代的金融服务提供者之间的空间关系,发现可替代的金融服务提供者位于传统银行服务供应不足的地方。

(2) 金融产业空间集聚

Daly(1984)从全球视野出发对金融中心进行了划分,分别为全球、地带、区域、国家金融中心,其重要性也依次降低。Poon(2003)进一步研究发现,世界金融资本城市的等级倾向不断加强。随着金融产业空间等级化进程的加快,金融中心地位日益攀升,业已成为金融空间系统的节点和核心,与此同时,这些节点和核心根据其在金融空间系统中的相对地位进而形成有层级的空间结构。张凤超(2005)侧重从城市职能的角度将城市划分为三种金融级别类型,依次为金融支点、金融增长极和金融中心,这个观点也得到了冉光和(2007)等学者的支持。林彰平等(2006)通过对广州市金融产业空间格局进行实证调研发现,金融产业向城市中心区集聚和向城市新区扩散现象并存。彭宝玉等(2009)则对中国银行业空间结构的变化趋势进行了研究,结果发现,东部沿海地区银行机构网点的份额显著上升,中部六省出现明显下降趋势,同时,上海、北京等金融中心城市集中趋势显著,金融中心效应日益突出。

所谓金融产业空间布局,是指一个国家或地区金融产业及金融产业内各部门在地域上的空间分布与动态组合的经济现象,其合理与否直接关系到金融产业的可持续发展及在国民经济中作用的发挥。在静态上看,金融产业空间布局是指金融产业的各个部门或要素在空间上的分布态势和地域上的组合情况。从动态上看,金融产业空间布局则表现为各种金融资源、金融要素以及金融企业为选择最佳区位而形成的在空间地域上的转移、流动或重新组合的配置与再配置过程。具体而言,它包括以下几个方面的含义。第一,金融产业空间布局是金融产业在地域空间上的分布状况;第二,金融产业空间布局是金融产业的地域分工与协作关系,是金融产业的地域优化组合;第三,金融产业空间布局是对金融产业在地理空间上的协调与组织;第四,金融产业空间布局是对金融产业区域集群的战略部署和规划。合理的金融产业空间布局,既有利于金融资源的充分利用和保持良好的金融生态环境,又能够提供更多的金融产品和更好的金融服务,为该国或该地区的经济和社会发展服务(戴小平等,2013)。

16.1.2 金融产业空间布局的基本原则

金融产业空间布局一方面要充分考虑金融产业本身的经济效益,另一方面也要综合考虑社会效益。我们根据金融产业的自身特点,确定了以下金融产业空间布局的基本原则。

(1) 成本最低原则

成本最低化,又称成本极小化、最低成本点。成本最低化是指根据企业成本管理的目标和任务,通过科学合理地分析控制成本的各种可能因素,进而制定可以实现的企业最低成本目标,并以此为依据进行有效管理,使企业实际管理结果达到最低成本目标(李宇红,2008)。进行空间布局的动机之一就是实现成本最低化,一直以来,成本最低化都被区位论作为企业经营的目标原则之一。同一般产业一样,金融产业也以追求利润最大化为首要目标,因此,必须树立效益优先、集约经营的理念,坚决贯彻成本最低化的经营原则。具体到金融产业的空间布局上,必须考虑不同区域金融机构网点的固定资产投入及其日常维护费用、场地租金、雇员薪金等等,成本的最低化必然能节省更多的资本。贯彻成本最低化原则,就要通过改革金融机构网点投入产出最大化的现有途径,以各种低成本的方式尽最大可能提升现有金融机构网点的运营效率;与此同时,进一步优化金融产业营业网点的整体空间布局结构，科学、合理地实施营业网点总量控制，努力减少由于营业网点规模盲目扩张而导致的成本负担过重和资源过度浪费。

（2）绩效最优原则

顾名思义，绩效是"绩"与"效"的组合。这里的"绩"是指金融产业的业绩。金融产业同其他产业一样，其收入在很大程度上与其所拥有的市场区域大小有关。由于成本的最低化不一定可以带来更多的效益，只有收入的稳步提高才能从根本上带来效益的最优化。因此，收入是区位布局决策时必须考虑的另一个关键因素。同时，当地的居民收入水平、人口密度以及经济发展状况也是影响金融产业空间布局的重要因素，充分贯彻业绩最优的原则，意味着金融机构在进行空间布局时应综合考虑当地市场区位因素和宏观经济因素，有必要选择收入水平高、人口密集、交通发达的区域。这里的"效"则是指金融产业的效率。金融产业空间布局主要是对金融资源的配置，其最终的目的是达到物尽其用、人尽其才，也就是要通过金融资源在不同地区、不同所有者之间的重新分配，进一步优化金融资源配置效率。在金融产业进行空间布局时，遵循效率优先的原则，能够保证金融资源的合理配置，形成健康快速发展的金融产业。如果偏离效率，一味地追求公平，就有可能造成金融资源的错配，影响金融产业发展进程。

（3）风险可控原则

风险可控是指在一定条件下，通过对风险进行事前识别、预测，并采取一系列措施和手段，可以有效防范、化解风险，以减少损失。随着金融产业空间布局的不断深入，金融产业所面对的信用风险、操作风险和市场风险也更加复杂。与此同时，随着金融产业资金在国内、国际金融市场上自由流动，风险跨区域、跨国传播和蔓延的趋势也日渐明显。由于金融产业在国民经济中的特殊性，金融产业风险的可控性事关整个国家经济的可持续稳定发展。若金融产业空间布局不当，出现金融资源错配，将有可能引发大规模的金融风险，进而危及金融体系的安全和经济的平稳快速发展。因此，必须坚持风险可控原则，对必要信息掌握充分，提高对风险的全面认识，对于经营过程中可能存在的风险要及早制订计划，并提前做好应对的措施，一定要做到风险完全可控，从而将可能出现的各种损失控制在可以承受的范围之内。其中,最重要的就是做好风险管理制度先行,防控机制健全,保障金融体系健康稳定运行,实现未雨绸缪,防患于未然。

(4) 可持续发展原则

人类赖以生存和发展的环境承载能力是有限的,因此,节约资源和保护环境是产业布局时必须首要考虑的因素,以防止自然资源的浪费和对生态环境的破坏。就金融领域而言,金融产业可持续发展是指金融产业部门在促进国民经济可持续发展的前提下实现产业利益的最大化及不断发展的过程(冉光和,2004)。在金融产业空间布局上坚持可持续发展原则,关键是要处理好公平性、持续性和共同性等问题。公平性是指金融产业空间布局不仅要保证当代人对金融产品及服务的需求,也要保证金融资源分配和利用在代际上的公平,利用市场机制适度地开发金融资源,实现金融产业的金融资源供需平衡和良性循环(冉光和,2004)。持续性是指金融产业空间布局必须以实体经济为基础,以服务实体经济为目的,一旦脱离实体经济的需要而过度发展,往往容易导致金融泡沫,金融泡沫一旦被刺破,金融危机就不可避免,进而对实体经济产生影响深远的破坏作用。共同性则是指在公平性和持续性的基础上,金融产业空间布局必须考虑全社会经济发展的总体目标,从而将局部利益与整体利益结合起来,局部金融产业的空间布局只有服从整个国家经济发展的需要,才能实现金融产业和国民经济的可持续发展。

(5) 区域均衡原则

金融产业的空间发展有其规律性,它的一般发展过程是:首先在某一区域集中,形成金融集聚甚至金融集群,然后再向其他区域扩散。分阶段来看,处于低级阶段的金融产业发展,一般表现出集中式发展的极核发展形态;而处于高级阶段的金融产业发展,则通常表现出缩小地区间经济发展差距的全面发展形态。因此,任何国家或地区在进行金融产业空间布局时都应该以遵循金融产业空间发展的自然规律为前提和基础。具体而言,如果一个国家经济水平尚处于低级阶段,其金融产业空间布局就应优先考虑发展那些在地理、交通和经济方面较为优越的地区;如果一个国家经济发展已经到了高级阶段,其金融产业空间布局则应重点考虑发展那些经济、社会比较落后的地区,进一步缩小地区经济差距。也就是说,效率和协调是金融产业空间布局必须重点考虑的问题,它们绝不是孤立、对立的，而是一个问题的两个方面，其目的都是保证整个金融产业的可持续发展，只是在不同阶段的发展重点有所不同而已。金融产业空间布局的最终目标在于实现金融产业空间分布合理化，进而达到国家整体利益而不是地区局部利益的最优，因此，对一个国家金融产业的空间布局必须统筹兼顾、全面考虑。

16.2　金融产业空间布局的依据

所谓金融产业空间布局的依据，是指影响金融产业空间布局的主导因素。本节以金融产业自身发展特点为基础，同时结合社会经济发展的变化规律，从经济、资源、环境以及市场四个因素入手，为金融产业进行正确的空间布局提供依据。

16.2.1　经济因素

金融在现代经济中处于核心地位，金融产业发展与经济发展总是相互伴生的，高速增长的经济发展催生了旺盛的资金需求市场，这为金融产业发展提供了必要的前提和条件。经济依据主要包括产业集聚和产业结构两个方面。产业集聚是指在某一特定地理区域内，某一产业的资本要素在空间范围内不断汇聚的过程。产业结构，亦称国民经济的部门结构，是指国民经济各产业的构成及各产业之间的相互联系和比例关系。

（1）产业集聚需要获得金融产业集聚的资本供给

在区域产业集聚过程中，区域金融资本的形成、积累发挥着至关重要的作用，金融产业的重要性不言而喻。产业集聚和金融产业集聚是一种中观区域层面上的关系，是宏观层面的经济发展和金融发展关系的具体表现。一方面，产业集聚为金融产业集聚提供了发展空间；另一方面，金融产业集聚则为产业集聚提供了动力和源泉（黄解宇，2011）。另外，产业集聚也需要金融成长提高其要素生产力。从根本上说，生产率提高最重要的内动力源于技术进步，而通过金融产业的快速成长则可以加快各种金融信息的传递速度、扩大金融信息分布范围以及减少金融信息传递成本，促进资本跨区域、跨国自由流动，从而成为带动产业集聚区要素生产力提高的重要因素之一。

(2) 产业结构调整将影响金融产业空间布局

随着技术的不断进步，产业结构也随之逐渐调整和趋于完善，尤其是新技术的出现，直接催生出一系列新的产业部门。这些新兴的产业部门对于寻求金融服务支持的要求各有不同，因而对金融产业空间布局有了不同的指向性，这就必然会极大地影响金融产业的空间布局状况。传统的三次产业结构的变化就是最好的佐证。由于技术的进步带动了生产力的提高，传统的三次产业结构也随之发生变动，这极大地改变了人类从事生产、生活的地域和方式，而传统的三次产业对于金融产业的服务需求也有所不同，这将导致金融产业围绕产业结构的变化而不断调整规划布局，从而对金融产业空间布局产生深远的影响。

16.2.2 资源因素

资源因素包括自然资源和金融资源两个方面。自然资源是对那些被输入生产过程，或直接进入消耗过程，变成有用途的，从而产生经济价值以提高人类当前和未来福利的物质与能量的总称。所谓金融资源，是指金融领域中有关金融主体与客体的数量、规模、结构、分布及其相互作用关系的一系列对象的总和。资源因素对金融产业的空间布局具有重要的影响。

(1) 自然资源对金融产业空间布局的间接影响

自然资源对金融产业空间布局的影响，主要是通过实体产业发挥作用的。一般来说，实体产业空间布局与自然资源有着较为直接的关系。那些农业自然资源、工业自然资源以及旅游业自然资源较丰富的地区，容易集中分布以采掘业、材料工业为主的重工业，以农产品为原料的轻加工业，以及以旅游为主的服务业，从而有利于形成产业集聚。而这些实体经济的发展都离不开金融产业的配套支持和服务，由此也对金融产业空间布局产生了一定的影响。

(2) 金融资源对金融产业空间布局的直接影响

在金融功能主义者看来，金融产业是指以全社会金融资源为利用对象，以提供金融商品和服务为手段方式，以实现金融功能为目的，并最终获得收益的金融组织的集合体（孙伟祖，2006）。因此，金融产业发展的核心问题在于如何配置金融资源，各种不同金融资源的配置状况、配置效率决定了金融产业发展的程度，同时也对金融产业空间布局造成直接影响。而影响的方式则为金融资源的流动，一般有两种情况：一是金融资源表现为权力的派生物，如金融制度、金融政策、金融业务经营许可证等，这涉及金融产业布局规划问题；二是金融资源表现为生产经营中的实际要素，如金融人才、货币资金、金融信息、金融技术等，这体现了市场的需要。

16.2.3 环境因素

环境因素包括自然环境和金融生态环境两个方面。自然环境是指人们赖以生存和发展的各种自然因素的总和。所谓金融生态环境，是指影响金融主体成长、运行和发展的经济、社会、文化、习俗等制度安排。金融生态环境可进一步分为软环境和硬环境。软环境是指由文化传统、价值观念、社会习俗、道德规范和意识形态等构成的潜在规则；硬环境是指由政治、经济以及法律制度构成的具有强制性的正式规则（徐诺金，2005）。

（1）自然环境对金融产业空间布局的间接影响

同自然资源一样，自然环境也主要通过实体产业对金融产业的空间布局造成影响。例如，制造业、建筑业发展需要稳固的地质基础、开阔的场地以及便利的运输路线，大规模的现代化农业分布在利于耕作、灌溉的平原地区，这些地方都是最优的产业布局场地。而山地、丘陵由于地势起伏、交通不便，影响对外的经济联系，不宜发展大型产业。同时，气候除对农业布局的影响较大外，对航海海空、露天采矿以及旅游业等的影响较大。而这些实体经济的发展也对金融产业提出了区域化、多样化的需求，进而影响到整个金融产业的区位选择和空间布局。

（2）金融生态环境对金融产业空间布局的直接影响

从根本上说，经济决定金融，金融是为经济服务的。金融产业的存在和发展，虽然有其自身利益的驱动，但从本质上说是为经济发展、生产和人民生活服务的。所以，金融生态环境为金融产业的生存和发展提供了巨大的空间。同时，金融生态环境的诸多要素，又在很大程度上决定了金融产业的生存条件、分布状况、运行方式和发展方向。如果一个地方的金融税收制度比较宽松或者具有税收方面的许多优惠条件，大量金融机构和优秀金融人才自然会闻讯而来，从而影响金融产业布局状况。可以说，金融产业合理的空间布局离不开所依赖的金融生态环境。

16.2.4 市场因素

随着商品经济的发展，市场已经成为影响产业布局的一个越来越重要的条件（苏东水，2010）。市场因素包括市场需求和市场竞争。市场需求是指一定的顾客在一定的地区、一定的时间、一定的市场营销环境和一定的市场营销计划下对某种商品或服务愿意而且能够购买的数量。市场竞争是指在市场经济环境中，企业以各自利益为出发点，为获得良好的产销条件、拥有更多的市场资源而展开竞争，最终目的是实现企业的优胜劣汰和生产要素的优化配置。

（1）市场需求影响金融产业空间布局

企业区位选择理论认为，供给和需求是影响企业区位选择决策的主要因素。金融产品的市场需求量是金融产业布局的重要空间引力。因此，在金融产业的空间布局上应重视市场需求，必须以一定范围内的市场对金融产品的需求量为前提。同时，市场的需求结构则会制约金融产业空间布局的部门规模和结构。在不同的区域，市场的需求状况不同，需求的结构也不同，这直接影响着金融产业规模的大小及金融企业目标的定位，决定了金融产品和服务的种类与结构，同时也是形成核心金融产业、辅助金融产业以及支撑金融产业的指南。

（2）市场竞争影响金融产业的空间布局

市场竞争通常包括所在区域内竞争对手的数量、布局、市场份额、地理位置等。只有了解竞争对手的详细状况和自身竞争环境，进而分析竞争对手的优势和劣势，同时总结自身的长处和不足，才能扬长避短。目前，由于金融产品和服务的同质化现象严重，金融市场正面临着异常激烈的竞争局面。金融机构在进行空间布局规划时，首要步骤是对现有市场进行调查和预测，以充分了解市场的需求状况；其次是根据企业自身的发展定位，确定科学合理的空间布局规模；同时，面对千变万化的市场行情，应做到及时调整企业结构，以适应市场变化的需要。

16.3 金融产业空间布局的方法

金融产业空间布局一般侧重从三个层面加以考虑，分别是金融产业空间分布评估、空间区位选择以及空间布局效率评价。针对金融产业空间分布评估，一般采用集中度分析、均衡度分析以及产业专门化分析方法；而采用聚类分析法则能够得到金融产业空间区位的最佳分类结果；数据包络分析法可以用来测度金融产业空间布局的整体效率。

16.3.1 金融产业空间分布评估方法

金融产业空间分布评估是对产业集中度、产业均衡度以及产业专门化进行分析，分别采用集中率、标准差系数和区位商指数等方法来进行判断。

（1）产业集中率

在计量集中度的各指标中，集中率是一个简便且使用广泛的常用指标。它是指规模最大的前几个地区某产业的有关数值，如利润额、销售额、从业人数等在全国范围内所占的总份额。产业集中率的计算公式为：

$$CR_n = \frac{\sum_{i=1}^{n} X_i}{\sum_{i=1}^{N} X_i} \quad (i = 1, 2, \cdots, n) \tag{16.1}$$

其中，CR_n 为集中率，X_i 为一个产业中第 i 个企业的有关数值，N 是全部企业数目，即产业中的企业总数，n 为地区数，其值取决于计算的需要，一般取 1、3、5 或者 10% 和 20% 的地区。

该指标是借用市场集中率来分析地理集中现象的。其最大的特点在于，它可以直接给出规模最大的一个或几个地区所占的比重，由此判断一个产业的地理集中程度。该指标的优点是其含义直观易懂、计算方便快捷，能够将产业集中度指向具体的地区；其缺点则是没有考虑到产业集中的影响因素，n 的取值不同也会影响结论的稳健性。

（2）标准差系数

标准差系数表示各地区某产业所占份额对全国范围该产业平均分布的偏离程度。通过采用各地区产业份额（s_i^k）的标准差除以平均份额 $\frac{1}{N}$ 来计算。用公式表示为：

$$VCO_k = \frac{STD_k}{\frac{1}{N}} \tag{16.2}$$

$$STD_k = \sqrt{\frac{N\sum(s_i^k)^2 - (\sum s_i^k)^2}{N(N-1)}} \quad (16.3)$$

式中，VCO_k 为标准差系数，STD_k 为各地区产业份额的标准差，N 为地区个数，s_i^k 为第 i 个地区 k 产业在全国 k 产业中所占的份额，该份额可通过总产值、增加值或从业人数计算得到。

标准差系数反映了某产业的现有地区分布对于地区平均分布的偏差程度。偏差值越大，表明地区产业分布越集中；偏差值越小，表明地区产业分布越分散。该指标的优点是指标含义比较直观、计算方便易行；其缺点则是未能揭示出造成这种偏差的深层原因。

（3）区位商指数

区位商，又称专门化率，由哈盖特（P. Haggett）首先提出，用以衡量某区域要素的空间分布状况，或者反映某产业部门的专业化程度。其计算公式为：

$$LQ_{ij} = \frac{L_{ij}/L_i}{L_j/L} = \frac{L_{ij}/L_j}{L_i/L} \quad (16.4)$$

其中，LQ_{ij} 为区位商或专业化率；L_{ij} 为 i 地区 j 部门的就业人数；L_i 为 i 地区的总就业人数；L_j 为全国 j 部门的就业人数；L 为全国的总就业人数。

一般认为，若 $LQ_{ij} > 1$，说明该部门产品除用以区内消费外，还可以对外输出，属于专业化部门；若 $LQ_{ij} < 1$，说明该部门的产品尚不能满足区内需要，必须从区外输入，属于非专门化部门；若 $LQ_{ij} = 1$，说明该部门产品供需平衡。所以，只有 LQ_{ij} 值大于 1 的部门才构成地区的专门化部门。LQ_{ij} 值越大，说明该部门的专门化程度越高；反之亦然。

16.3.2　金融产业空间区位选择方法

在对金融产业空间分布现状进行宏观评估的基础上，进一步对金融产业在不同的空间区位之间加以选择布局，这里侧重从两方面介绍金融产业空间区位选择方法：一是聚类分析方法；二是常用选址布局模型。

（1）聚类分析方法

所谓聚类分析，是指按照数据本身结构特征对数据进行分类，从而选择出产业布局最佳区位的一种方法。聚类分析的实质在于，按照"距离"的远近，将数据有效地分成若干类别，类别内部的差异被尽可能地缩小，类别间的差异则尽可能地放大，最终判断出产业布局的最佳区位选择。

① 主要距离测度公式。在聚类分析之前，常用距离来测度样品之间的相似程度。两点距离公式可以从不同角度进行定义，存在以下几个主要的距离公式。

a. 欧式距离。假设有两个 n 维样本 $x_1 = (x_{11}, x_{12}, \cdots, x_{1n})$ 和 $x_2 = (x_{21}, x_{22}, \cdots, x_{2n})$，则它们的欧氏距离为：

$$d(x_1, x_2) = \sqrt{\sum_{j=1}^{n} (x_{1j} - x_{2j})^2} \tag{16.5}$$

b. 闵可夫斯基距离。两个 n 维样本 $x_1 = (x_{11}, x_{12}, \cdots, x_{1n})$ 和 $x_2 = (x_{21}, x_{22}, \cdots, x_{2n})$ 的闵可夫斯基距离为：

$$m(x_1, x_2) = \left(\sum_{j=1}^{n} |x_{1j} - x_{2j}|^p\right)^{\frac{1}{p}} \tag{16.6}$$

c. 余弦距离。两个 n 维样本 $x_1 = (x_{11}, x_{12}, \cdots, x_{1n})$ 和 $x_2 = (x_{21}, x_{22}, \cdots, x_{2n})$ 的余弦距离为：

$$d(x_1, x_2) = \left(1 - \frac{x_1 x_2^T}{\sqrt{x_1 x_1^T} \sqrt{x_2 x_2^T}}\right) \tag{16.7}$$

② K-MEANS 聚类分析法。K-MEANS 属于非层次聚类法的一种，日常运用也最为常见，其基本算法如下：

假设样本集合用 $\{Z\}$ 表示，第 t 次迭代过程中第 j 类的样本集合用 $S_j(t)$ 表示，N_j 表示 $S_j(t)$ 中的样本数，$Z_j(t)$ 表示第 k 次迭代中第 j 个类中心（$j = 1, 2, \cdots, K$）。详细步骤如下：

第一，假设要聚成 K 个类，随即选定 K 个类中心 $Z_j(1), Z_j(2), \cdots, Z_j(K)$。

第二，在第 k 次迭代中，对所有样本 Z，设 $\|Z - Z_t(t)\| = \min_{1 \leq j \leq t} \{\|Z - Z_t(t)\|^2\}$，则 $Z \in Z_t(t)$。

第三，设第 k 次迭代后，第 j 个类中心为 $Z_j(t+1)(j=1, 2, \cdots, K)$，求

$$\min \frac{N_j}{\sum_{z \in S_j(t)} \frac{1}{\|z - z_j(t+1)\|^2}} \quad (j = 1, 2, \cdots, K) \tag{16.8}$$

得 $S_j(t+1)$ 新的类中心为 $Z_j(t+1)$。

第四，对所有 $j = 1, 2, \cdots, K$，若 $Z_j(t+1) = Z_j(t)$，或 $Z_j(t+1)$ 和 $Z_j(t)$ 之间的距离小于某一给定阈值则终止，否则将继续。

(2）常用选址布局模型

在实际应用中，金融机构会根据自身战略设定各种选址布局模型，其目的在于精准地预测分支机构的未来市场占有率、预期盈利能力和业务拓展能力等。目前常用的金融机构选址布局模型包括区位配置模型、双变量模型以及综合建模方案等。

① 区位配置模型。所谓区位配置模型，是指通过分析供给、需求系统的空间相互作用，以实现空间网络布局的最优化。基本思路是根据一个地区金融需求的空间分布情况，基于一定的效率标准，决定服务该市场的金融机构最优区位布局。效率标准一般指最小化服务距离（或经济距离）。区位配置模型的算法包括 P-中心问题、中心服务范围确定、中心资源分配范围等。

在研究中，首先要建立约束条件并确定目标函数，假设在 m 个候选的地址中，选择 P 个金融网点，为 n 个需求点服务，目标是使金融网点到需求点之间的总距离（时间或费用）最小，则"P-中心问题"可以描述为：

$$\min(\sum_{i=1}^{n}\sum_{j=1}^{m} w_i \times d_{ij} \times \chi_{ij})$$

$$s.t. \sum_{j=1}^{m}\chi_{ij} = 1, \sum_{j=1}^{m} y_j = P \tag{16.9}$$

其中，i 为需求点位置；n 为需求点数量；j 为候选地址位置；m 为候选地址数量；P 为待确定金融网点的数量；i 为需求点位置。

② 双变量模型。双变量模型主要是运用网络技术进行区位选点。其主要程序有：选定有业务潜力的区位点——对其他金融分支机构的点进行确认和定位——通过主要街道将这些点链接起来——计算相邻点距离和往来时间——找出所有需求潜力点和金融机构空间的最少往来时间——考虑金融企业产品、员工素质和数量、周边环境等因素，综合确定区位点位置。在此类模型设置方面，也可以参考商业区位的相关模型。

如美国学者威廉·雷利（1931）在调查美国 150 多个城市的基础上提出了"零售引力法则"，若以 D_{ab} 表示 a 城，计算 a 城与 b 城间的商圈均衡点（或者说是 a 区域商圈的限度，可以用该点沿公路到 b 区域的历程来衡量）；d 表示城镇 a 和 b 的里程距离；P_a 表示 a 区域人口规模；P_b 表示 b 区域人口规模，则表达公式为：

$$D_{ab} = \frac{d}{1 + \sqrt{P_a/P_b}} \quad (16.10)$$

其公式含义为,假设在两个区域之间设立一个中间点,在这一个中间点上,两个区域的商店对该地居民的吸引力完全相同,那么这一地点到两个商店的距离就是两个商店吸引顾客的地理区域。

③综合建模方案。在实践过程中,随着数学理论、网络技术、空间分析技术的发展,除了传统建模方法外,还产生了许多新兴的量化办法,如包括"最大覆盖选址技术"等在内的基于网络优化技术对于多节点网络优化的专用算法;依托地理信息系统来实现的空间分析技术分析模型,包括空间数据的空间特征分析、非空间特征分析、空间特征和非空间特征联合分析等。而一些富有创新性的金融机构则将这些新型技术、策略加以集成,形成了一些各具风格的综合建模方案。

16.3.3 金融产业空间效率评价方法

数据包络分析(Data Envelopment Analysis,DEA)是评价金融产业空间布局效率的有效方法。DEA 方法的基本原理是:设有 n 个决策单元 DMU_j ($j=1,2,\cdots,n$),它们的投入和产出向量分别为:$X_j = (x_{1j}, x_{2j}, \cdots, x_{mj})^T > 0$,$Y_j = (y_{1j}, y_{2j}, \cdots, y_{sj})^T > 0$,$j=1,2,\cdots,n$。要对 DMU 进行评价,必须把所有的投入和产出看作只有一个投入总体和一个产出总体的生产过程,因此便需要赋予每个投入和产出恰当的权重。假设投入和产出的权向量分别为 $v = (v_1, v_2, \cdots, v_m)^T$ 和 $u = (u_1, u_2, \cdots, u_s)^T$,则第 j 个决策单元 DMU_j 的效率评价指数可以表示为:

$$\theta_j = \frac{u^T Y_j}{v^T X_j} = \frac{\sum_{r=1}^{s} u_r y_{rj}}{\sum_{i=1}^{m} v_i x_{ij}} \quad (j=1,2,\cdots,n) \quad (16.11)$$

(1)规模报酬不变的 DEA 模型(CCR)

根据效率评价指数可知,我们总可以选取适当的权向量使得 $\theta_j \leq 1$。如果想了解某个决策单元,假设其为 DMU_o ($o \in \{1, 2, \cdots, n\}$),它在这 n 个决策单元中是不是相对"最优"的,可以考察当 u 和 v 尽可能变化时,θ_o 的最大值究竟为多少?为了测得 θ_o 的值,Charnes 等人于 1978 年提出了如下的 CCR 模型:

$$\text{Minimize} \quad \theta_o - \varepsilon \left(\sum_{i=1}^{m} s_i^- + \sum_{r=1}^{s} s_r^+ \right)$$

$$\text{subject to} \quad \sum_{j=1}^{n} x_{ij} \lambda_j + s_i^- = \theta_o x_{io} \quad (i = 1, 2, \cdots, m) \quad (6.12)$$

$$\sum_{j=1}^{n} y_{rj} \lambda_j - s_r^+ = y_{ro} \quad (r = 1, 2, \cdots, s)$$

$$\lambda_j, s_i^-, s_r^+ \geq 0, \forall i, j, r$$

其中，ε 为非阿基米德无穷小量；x_{io} 和 y_{ro} 分别为决策单元的投入和产出指标；x_{ij} 和 y_{rj} 分别表示第 j 个 DMU 的输入列向量和输出列向量；λ_j 为各单位组合系数；θ_o 为效率评价指数，s_i^-、s_r^+ 是投入和产出的松弛向量。根据上述模型给出被评价决策单元 $DMU_o(o \in \{1, 2, \cdots, n\})$ 有效性的定义：若 $\theta_o^* = 1$，则称 DMU_o 为弱 DEA 有效；若 $\theta_o^* = 1$，且 $s_i^- = 0$，$s_r^+ = 0$ 成立，则称 DMU_o 为 DEA 有效；若 $\theta_o^* < 1$，则称 DMU_o 为非 DEA 有效。

（2）规模报酬可变的 DEA 模型（BCC）

CCR 模型是假设生产过程属于固定规模收益，即当投入量以等比例增加时，产出量应以等比例增加。然而实际的生产过程亦可能属于规模报酬递增或者规模报酬递减的状态。为了分析决策单元的规模报酬变化情况，Banker, Charnes 与 Cooper 以生产可能集的四个公理以及 Shepard 距离函数为基础在 1984 年提出了一个可变规模收益的模型，后来被称为 BCC 模型。线性形式的 BCC 模型可表示为：

$$\text{Maximize} \quad \theta_o - \varepsilon \left(\sum_{i=1}^{m} s_i^- + \sum_{r=1}^{s} s_r^+ \right)$$

$$\text{subject to} \quad \sum_{j=1}^{n} x_{ij} \lambda_j + s_i^- = \theta_o x_{io} \quad (i = 1, 2, \cdots, m)$$

$$\sum_{j=1}^{n} y_{rj} \lambda_j - s_r^+ = y_{ro} \quad (r = 1, 2, \cdots, s) \quad (6.13)$$

$$\sum_{j=1}^{n} \lambda_j = 1$$

$$\lambda_j, s_i^-, s_r^+ \geq 0, \forall i, j, r$$

其中，ε 为非阿基米德无穷小量；x_{io} 和 y_{ro} 分别为决策单元的投入和产出指标；x_{ij} 和 y_{rj} 分别为第 j 个 DMU 的输入列向量和输出列向量；λ_j 为各单位组合系数；θ_o 为效率评价指数，s_i^-、s_r^+ 是投入和产出的松弛向量。用 u_o^* 代表模型中的最优解，当且仅当在某个最优解的情况下有 $u_o^* = 0$，投入产出组合 (x_o, y_o) 规模收益不变；当且仅当在所有最优解的情况下都有 $u_o^* < 0$，投入产出组合 (x_o, y_o) 规模收益递增；当且仅当在所有最优解的情况下都有 $u_o^* > 0$，投入产出组合 (x_o, y_o) 规模收益递减。

（3）超效率模型

为了实现决策单元的完全排序，Andersen 和 Petersen（1993）从效率边界中剔除被评价的决策单元，以剩余的决策单元为基础，重新计算剔除的决策单元到新的效率边界的距离。由于剔除的决策单元不被效率边界所包围，对于有效的决策单元而言，其计算出来的新效率值就会大于 1，而对于无效的决策单元而言，其所得的效率值不变，仍小于 1，从而使得全体决策单元可以实现完全排序。由于有效的决策单元效率大于 1，就有了超效率（Super-efficiency）的概念。基于 CCR 模型的超效率 DEA 模型为：

$$\begin{aligned} &\text{Minimize}\quad \theta \\ &\text{subject to}\quad \sum_{\substack{j=1 \\ j \neq o}}^{n} x_{ij}\lambda_j \leq x_{io} \quad (i=1,2,\cdots,m) \\ &\qquad\qquad\quad \sum_{\substack{j=1 \\ j \neq o}}^{n} y_{rj}\lambda_j \geq y_{ro} \quad (r=1,2,\cdots,s) \\ &\qquad\qquad\quad \lambda_j \geq 0, j \neq o \end{aligned} \qquad (6.14)$$

其中，x_{io} 和 y_{ro} 分别为决策单元的投入和产出指标；x_{ij} 和 y_{rj} 分别表示第 j 个 DMU 的输入列向量和输出列向量；λ_j 为各单位组合系数；在实证分析中，常被用作效益评价的主要指标包括 θ_o、s_i^-、s_r^+，θ_o 为效率评价指数，s_i^-、s_r^+ 是投入和产出的松弛向量。Banker 和 Chang（2006）证实超效率极易受离群值的影响，因此该方法可以用来检测数据集中是否存在离群值。

16.4 金融产业空间布局的规划

金融产业作为从事资金融通和信用活动的产业，主要包括银行、证券、保险、信托、期货以及私募金融、互联网金融等业态，在现代经济中具有优化资源配置、调节经济运行的基础性作用。进一步优化金融产业区域空间布局，构建和完善现代金融体系，提升金融创新能力和服务水平，既是促进经济发展、维护经济安全的重要保障，也是培育我国经济新增长点、加快经济转型升级的重要举措。因此，为加快金融产业发展，本节尝试对金融产业中银行业、证券业、保险业以及信托业四个主要领域进行空间布局规划。

16.4.1 银行业空间布局规划

近年来，银行业金融机构空间布局所存在的问题逐步开始显现，极大地影响了银行的效率，降低了银行的竞争力，又无法满足居民日益多样化的需求。如何进行产业的空间布局优化，更好地发挥银行的渠道功能，在激烈的竞争中不断发展壮大，成为银行业金融机构当前必须解决的问题。

（1）分布现状

由于篇幅的限制，我们仅对2005—2014年我国各地区[①]的银行业机构数量占比和2014年我国分地区银行业金融机构数量、从业人员、资产总额占比的空间分布进行分析。

① 2005—2014年我国各地区银行业机构数量的空间分布。我们按照传统的划分方法，将我国分为东部、中部、西部和东北部。从图16-1中可以看出，在过去10年中，东部地区银行业机构数量一直远高于其他地区，并且有进一步上升的趋势；而中、西部地区，尤其是中部地区，银行业金融机构数量有进一步收缩的趋势；东北地区银行业机构数量则一直保持平稳。进一步分析来看，全国各大区域间银行业机构数量处于不断的动态调整之中，东部与其他地区的差距有进一步拉大的可能。

② 2014年我国各地区银行业金融机构的空间分布。截至2014年底，银行业金融机构网点共计21.8万个，从业人员372.2万人，较上年分别

---

① 全国各地区包括东部地区、中部地区、西部地区和东北地区。东部地区10个省（直辖市），包括北京、天津、河北、上海、江苏、浙江、福建、山东、广东和海南；中部地区6个省，包括山西、安徽、江西、河南、湖北和湖南；西部地区12个省（自治区、直辖市），包括内蒙古、广西、重庆、四川、贵州、云南、西藏、陕西、甘肃、青海、宁夏和新疆；东北地区3个省，包括辽宁、吉林和黑龙江。

◇◇ 金融产业经济学研究

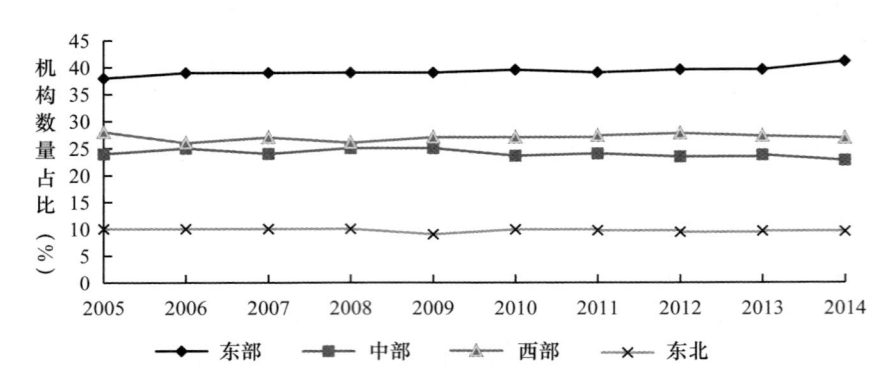

图 16-1　2005—2014 年我国分地区银行业机构数量的空间分布

增加 0.9 万个和 15.5 万人；资产总额为 154.7 万亿元，同比增长 10.4%。① 分地区看，中部、西部和东北地区银行业资产规模增长速度高于全国平均水平，占全国的份额同比分别提高 0.2、0.2 和 0.1 个百分点；分省份看，北京、上海、广东、江苏、浙江五省（直辖市）银行业资产总额均超过 10 万亿元，北京、福建、西藏三省（自治区、直辖市）银行业资产总额增速超过 20%。

表 16-1　　　　　　　2014 年末分地区银行业的空间分布　　　　　　单位:%

	营业网点			法人机构个数占比
	机构个数占比	从业人数占比	资产总额占比	
东部	41.0	45.2	58.4	37.2
中部	22.7	20.3	15.3	23.9
西部	26.8	23.8	19.3	30.2
东北	9.5	10.7	7.0	8.7
合计	100	100	100	100

资料来源：2014 年中国区域金融运行报告。

---

① 全国各地区银行业金融机构包括国家开发银行和政策性银行、大型商业银行、股份制商业银行、城市商业银行、农村商业银行、农村合作银行、农村信用社、新型农村金融机构、邮政储蓄银行、外资银行和非银行金融机构。各地区金融机构汇总数据不包括大型商业银行、股份制商业银行、国家开发银行和政策性银行金融机构总部的相关数据。

(2) 主要问题

从空间布局总体上说，主要存在以下两个方面的问题。

① 区域布局不均衡。目前，东部地区银行业网点数量、从业人员数量和资产规模占比与其他地区相比是最高的，而中部、西部以及东北部地区在这三个方面则相对较少。同时，尽管国家引导东部地区的银行业金融机构在中、西部地区设立分支机构和营业网点，对西部地区产业发展十分重视，也取得了一定的成效。但与东部地区相比，这些地区银行业总体实力仍不强，对银行业的政策扶持力度还不够，地区银行机构规模实力还存在较大差距。

② 城乡布局不协调。当前，我国农村经济发展需要大量的金融支持，然而，我国现行银行业发展空间布局极其不合理，金融资源分布失衡，城乡统筹有待加深，农村整体金融体系发展不健全，农村地区的金融深化水平还有待大力提高。主要表现为农村金融机构网点减少、覆盖率下降、金融供给不足、竞争不充分等。与此同时，大量的银行业机构（包括村镇银行等新型农村金融机构）普遍位于城市商业中心地区，其布局的支农惠农性没有得到体现。

(3) 总体目标

银行产业空间布局的总体目标是实现银行业金融资源和实体经济的资源在空间上的有效配置。从根本上讲，银行产业空间布局的目标可以分为两个，即效率目标和公平目标。

① 效率目标。银行业金融机构空间布局合理与否直接关系到银行业效率的高低。因此，银行业金融机构在进行空间布局时，应遵循效率目标，综合考虑当地宏观经济因素和区位因素，进而实现行业经济的快速增长和良好的宏观效益。

② 公平目标。在任何时候效率和公平都是银行业金融机构空间布局必须考虑的问题，其目的是保证整个金融产业的可持续发展。因此，银行业金融机构空间布局应考虑重点发展那些经济落后的地区，缩小地区间的经济差距，实现国家整体空间布局的最优化。

(4) 主要任务

银行业应按照"成本最低、绩效最优、风险可控、可持续发展、区域均衡"的原则进行合理布局。银行业布局的重点是在与区域金融中心完美匹配的同时，为主导产业和实体经济服务、为区域经济带协调可持续发展提供金融资源，并进一步统筹城乡协调发展，引导县域经济、推动农村经济发展，促进银行业服务充分，倡导良好有序的竞争局面。

① 要做好与区域金融中心建设相匹配的规划。在以间接融资为主的金融体系中，区域金融中心的建设离不开辖内银行业金融机构。作为资本市场上最为重要的金融中介机构，银行业的兴盛与一个城市金融业的发展有着极其密切的关系，是推动一个城市、一个区域金融业发展的重要力量。银行业金融机构应加快推进支付结算体系、社会信用体系、银行网点体系、银行后台服务等金融基础设施一体化建设，逐步推进金融服务功能一体化。同时也应深刻把握金融需求多元化的机遇，大力发展境外、区内、区外三个市场联动业务，进一步完善区域分工，实行错位发展，优化区域内金融资源配置。

② 为主导产业和实体经济做好服务规划。实体经济发展与金融发展是相互依赖、相互依存的，一方面实体经济发展决定着金融业的发展与提升，另一方面金融业的发展与提升反过来又会支持实体经济的发展。主导产业在产业结构中处于主要的支配地位，对国民经济的驱动作用较大，具有较大的增长潜力。当前我国制造业面临着产业升级，即从制造业大国升级为制造业强国的历史重任，这也倒逼着传统银行金融服务加快转型。银行业金融机构要进一步解放思想，更新信贷观念，加强股权投资、债券投资、风险投资等协调并进，充分认识主导产业对产业结构、信贷结构、经济发展及金融业发展的重要作用；同时建立贴近市场、以客户为中心的经营管理体制，要进一步优化金融服务，为实体经济发展创造良好的金融生态环境。

③ 为各个层次经济带发展做好金融服务规划。围绕经济新常态，国家"一带一路"倡议、建设长江经济带和京津冀协同发展的推进迫切需要银行业金融机构的大力支持。银行业应加快空间布局，通过在经济带沿线地区设立分支机构，努力推动降低社会融资成本；积极创新金融支持方式，加大信贷服务机制创新，加快信用风险管理方式创新，进一步探索融资产品创新；同时，积极引导和推动银行业把支持国家和区域发展战略作为深化改革和转型发展的一项持续性重点工作。在此基础上，从空间分配上不断优化银行业空间布局，为重点经济的发展与成长提供强大的金融资源支持。

④ 做好统筹城乡金融协调发展规划。党的十八大报告明确提出，解决好"三农"（农村、农业、农民）问题是我国党政工作的重中之重，统筹城乡发展，实现城乡发展一体化是实现"三农"目标，解决"三农"问题的

根本方式与途径。我国城乡金融发展特点及规律不同，城镇间金融发展水平差距也比较大。应进一步优化城乡银行业金融机构空间布局，重点扩大农村贫困地区银行金融服务覆盖面，解决金融服务空白村镇问题；针对城乡一体化建设项目所需中长期建设资金，可通过银政合作方式、农民住房抵押贷款、土地承包经营权质押贷款等不断创新金融服务产品，走出"三农"发展的融资困境；坚持"城市金融反哺农村金融"的发展方式，逐步引导并促进金融资源"上山下乡"，建立并完善金融资源反哺长效机制。

⑤ 加快银行业互联网空间发展规划。随着金融业改革步伐的加快，特别是利率市场化降低了银行资产扩张的盈利空间，通过垂直细分的方式集约化服务客户，谋求更大的中间业务收入成为"互联网＋"背景下银行业发展的必然选择。银行业积极布局互联网金融，加快互联网与金融的融合创新，也是顺应金融市场化、网络化、订制化趋势，通过建立适应互联网金融发展的运行机制，有助于其进一步拓展互联网金融市场，抢占市场先机。银行业布局互联网金融的绝对优势在于资金，依托优势，可以选择两种运营模式：一是由传统电商或支付平台提供数据，由银行提供资金，共同合作完成金融服务；二是选择通过自己搭建、完善平台的方式获取数据、布局互联网金融。不管哪一种模式，其核心均在于通过网络实现融资服务和现实消费的融合发展。

16.4.2 证券业空间布局规划

经过短短二十多年的发展，中国证券业已逐渐成为金融体系的重要组成部分。在新的历史时期，国民经济持续稳定增长、加快转变经济发展方式、社会财富增长和社会保障体系建设、深化金融体制改革特别是加快发展多层次资本市场、金融结构调整和系统性风险防范为证券业发展带来了重要的战略机遇。当前，应进一步优化证券业的空间布局，充分发挥证券业在加快多层次资本市场建设、服务于经济发展方式转变和经济结构战略性调整、服务于创新驱动国家战略的实施、服务于居民财产性收入增加中的关键作用，维护金融稳定，助推中国经济转型升级、科学发展，助力实现"中国梦"。

（1）分布现状

限于篇幅，我们仅对2005—2014年我国各地区的证券业国内股票筹资额占比和2014年我国各地区证券业金融机构数量和筹资额占比的空间分布进行分析。

① 2005—2014年我国各地区证券业国内股票筹资额占比的空间分布。从图16-2中可以看出，在过去10年中，东部地区证券业国内股票筹资额占比一直远高于其余三大地区，占据了绝大部分的全国份额，但目前这种优势呈现出逐年波动式下滑的趋势；而其余地区占比的变化趋势则呈现出逐年波动上升的趋势，尤其是西部地区，证券业发展十分迅速，在2013年一度达到了24.7%，也实现了对中部地区的超越；中部地区的变化趋势相对较为平稳，东北地区证券业总体来说处于较低水平。进一步分析来看，全国各地区证券业国内股票筹资额处于不断动态调整之中，东部与其余三大地区的差距在逐渐缩小。

② 2014年我国各地区证券业金融机构、筹资额占比的空间分布。截至2014年底，境内上市公司（A、B股）总数为2613家，较上年增加124家。从地区分布来看，东、中、西、东北部地区各自的上市公司数量占全国的比重分别为65.7%、14.3%、14.5%、5.5%。其中，东部地区较上年末上升0.6个百分点，中部和西部地区较上年末分别下降0.4和0.2个百分点，东北部地区与上年末持平（见表16-2）。2014年，各类企业和金融机构在境内外股票市场上通过发行、增发、配股、权证行权等方式累计筹资7059.6亿元，较上年增长82.6%。分地区看，东部和东北部地区A股筹资额占全国的比重较上年分别上升6.7和0.9个百分点，中部和西部地区占比较上年分别下降2.4和5.2个百分点。

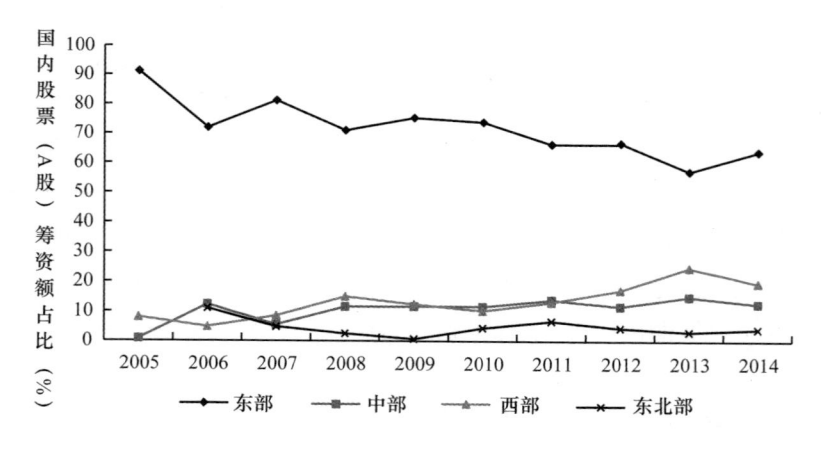

图16-2 2005—2014年我国分地区证券业国内股票（A股）筹资额占比的空间分布

表16-2　　　　　　2014年末分地区证券业的空间分布　　　　　　单位:%

项目	东部	中部	西部	东北部	全国
总部设在辖内的证券公司数	70.0	10.0	15.0	5.0	100
总部设在辖内的基金公司数	98	0	2	0	100
总部设在辖内的期货公司数	72.4	9.9	10.5	7.2	100
年末境内上市公司数	65.7	14.3	14.5	5.5	100
年末境外上市公司数	84.8	8.2	4.5	2.5	100
当年国内股票（A股）筹资额	64.0	12.5	19.5	4.0	100
当年发行H股筹资额	29.0	0.7	6.6	63.7	100
当年国内债券筹资额	71.2	10.7	14.3	3.8	100
其中，短期融资券筹资额	71.3	8.9	15.3	4.5	100
中期票据筹资额	81.0	6.9	9.0	3.1	100

资料来源：2014年中国区域金融运行报告。

（2）主要问题

从空间布局总体上说，严重的区域差异是证券业发展面临的主要问题，具体表现在以下几个方面。

① 上市公司发展的区域差异性。据统计，截至2014年末，我国境内上市公司（A、B股）总数为2613家。其中，广东省上市公司共计390家，在全国排名第一，浙江省上市公司共计266家，在全国排名第二，广东省与浙江省两者构成第一梯度；北京、上海、山东、江苏4省市构成第二梯度；辽宁、湖北、四川、福建4省构成第三梯度；重庆、河北、黑龙江、吉林、河南、安徽、湖南7省市构成第四梯度；其余为第五梯度。东部沿海的第一、二梯度的6省市上市公司共计占全国上市公司的57.9%，其余19省市的内陆地区共计占全国上市公司的34.3%。

② 证券中介机构的区域差异性。2014年末，全国各地区共有证券公司120家，70%的证券公司集中在东部地区。分省份看，广东、上海和北京三省（直辖市）证券公司数量分别为23家、21家和19家，分居全国前三位。证券公司营业部的区域分布也存在着不平衡现象，据调查，广东一省所占证券公司数量是我国证券公司总数的14.7%，而东部沿海主要地区如北京、上海、广东、山东、江苏、浙江、辽宁7省市的证券公司合计占

全国的 52.3%，广大的内陆地区 19 省（自治区、直辖市）仅占 30% 左右。

③ 证券业投资者的区域差异性。我国证券投资者的地区分布极不平衡，截至 2013 年底，上海、深圳两市 A 股账户开户数（包括个人股民和机构投资者股民）前三位分别是上海、广东和江苏，其中上海的开户数占比达到全国的 10.6%。其余位居前列的地区有深圳、北京、浙江、山东等沿海和经济发达地区。而中、西部地区除四川、湖北和湖南外，其余所占比重较低。与此同时，我国证券投资者多为个体投资，并且占据着绝对多数的地位，因此，上述数量指标基本上可以反映出在我国证券市场上个体投资者主要的区域分布特性。

（3）总体目标

证券业的战略目标是实现跨越式发展，成为国内金融体系中举足轻重的核心产业，成为社会经济发展的支柱产业，成为国民经济转型的重要驱动力，显著提升了证券行业服务实体经济的能力，显著提升了直接融资的比重，显著提升了投资者合法权益保护水平，显著提升了创新创业能力，显著提升了风险控制水平，显著提升了服务多层次资本市场的水平，显著提升了服务中国企业"走出去"的能力，显著提升了行业的社会形象，实现了证券业与经济社会和谐共进的可持续发展。

（4）主要任务

为实现证券业在区域间的均衡发展，证券业空间布局的基本任务是：积极利用证券市场支持中西部地区的发展，鼓励支持证券公司在中、西部地区布局营业网点，加强行业合作、促进金融业全面转型升级。

① 做好证券市场支持中、西部地区发展规划。目前，我国区域经济发展极其不平衡，广大的中、西部地区经济发展水平及市场竞争力均不如东部发达地区。中、西部地区经济发展基础薄弱，产业结构分配不合理，产业附加值较低，产业间横向与纵向联系不强，产业链条断裂，现存资源耗费与现存经济增量不协调，企业竞争力远低于东部地区企业。为了更好地发展中、西部地区经济，为中、西部地区筹集更多的发展资金，我国政府应该出台更多的优惠政策，利用证券市场为中、西部地区发展筹措资金。如通过信贷资产证券化与支持实体经济发展相结合，支持中、西部地区铁路、水利等重点领域的建设；赋予中、西部地区相对宽松的上市空间；积

极提倡东部地区企业与中、西部地区企业利用证券市场进行资源综合利用、资产重组、优势联合，保障中西部地区经济发展的资金需要，促进区域经济协调发展。

② 鼓励支持证券公司在中、西部地区布局营业网点。近年来，我国经济一直保持着高速增长，城乡居民（尤其是中、西部地区和二、三线城市）人均收入有了较大幅度的提高，而伴随着居民财富的快速积累，也产生了相应的新的金融服务需求。目前，在全国 2003 个县级城市（不含市辖区）中，大约有超过 60% 的地区没有证券分支机构，对应的金融服务渠道也无从谈起。实际上，经济发达省份证券业的竞争之激烈早已显现，而中、西部地区和二、三线城市相对存在着竞争不足的现象，这些地区由于边际投入成本低、佣金率相对较高，对于各大券商应该具有较大的吸引力。证券企业应该积极推进与中、西部地区和二、三线城市的战略合作，通过将公司产业链条不断向下延伸，努力抢占市场先机；同时鼓励分公司、营业部通过与区（县）、乡镇等建立合作关系，进一步推进业务落地，深挖各类潜在的资本市场需求。

③ 加强行业合作促进证券业全面转型升级。证券业在某一个地区的发展离不开与当地其他金融行业的密切合作。大力推动证券业与银行、保险、信托等金融行业在金融工具、金融产品、金融服务创新方面的合作，实现资源共享、优势互补，优化社会融资结构，提高金融资源配置效率。共同推动金融衍生品市场发展，完善金融体系的风险管理功能。通过行业合作，构建现代金融体系，改变金融业态，支撑国民经济更好、更快地发展。支持国内其他金融机构与证券经营机构进行相互持股试点，支持符合条件的证券经营机构与国内其他金融机构以控股、参股方式探索综合经营。

④ 加快证券业互联网空间发展规划。随着互联网金融的兴起，证券公司传统的经纪、投行、资管、衍生品等业务的发展受到不小的冲击，由此倒逼证券业的互联网化转型已成为大势所趋。证券业布局互联网空间的发展在本质上是进行金融产品创新，其方式是通过新的制度设计和产品研发来构建互联网金融生态以进一步深挖用户价值，从而实现互联网金融新模式的发展。目前，一方面应支持具备互联网证券业务试点资格的券商率先在构建账户、打造平台和整合产品上进行探索，在推进业

务互联网化的同时，推动传统服务的转型升级；另一方面鼓励互联网企业布局证券服务领域，发挥互联网企业和券商之间的优势互补，以弥补券商作为传统金融机构互联网思维的不足，促进"互联网+"时代证券业的融合发展。

16.4.3 保险业空间布局规划

保险是现代市场经济发展风险管理与产业发展的基本手段，是社会治理水平、社会经济发展程度与社会文明程度的重要标志。我国保险业在从恢复到现在的 20 多年时间里，保险行业在保费收入规模、保险资产规模、保险市场结构、保险产品等各个方面都发生了翻天覆地的变化，而在这一系列的变化中保险业的空间布局发生着不断调整。但从总体上看，我国保险业仍处于发展的初级阶段，空间布局还存在诸多不合理现象，不能适应全面深化改革和经济社会发展的需要，与现代保险服务业的要求还有较大差距。如何进一步优化保险业的空间布局，更好地发挥保险业的保障功能，成为保险业当前必须解决的问题。

(1) 分布现状

由于篇幅的限制，我们仅对 2005—2014 年我国各地区的保险业机构数量占比和 2014 年我国分地区保险业公司机构数量、保费收入占比的空间分布进行分析。

① 2005—2014 年我国各地区保费收入规模的空间分布。从图 16-3 可以看出，在过去 10 年中，东部地区保险收入一直高于其他三大地区的总和，但其在全国保险收入中所占比重呈现出逐年下滑的趋势；中部地区的保费收入从最初的略高于西部地区到 2013 年被西部地区超越，表明西部地区保险业在近年来发展较为迅速；东北部地区保险收入呈逐年下滑的态势，直到 2014 年才有所好转，这与国家的重视和政策干预密切相关。总的来看，东部地区与其他地区的差距逐步缩小，但依旧十分明显，形势仍然不容乐观。

② 2014 年我国各地区保费收入规模的空间分布。2014 年末，全国保险法人公司和分支机构分别有 178 家和 1585 家，较上年分别增加 11 家和 19 家，保险法人公司和分支机构地区分布占比基本稳定（见表 16-3）；保险业总资产突破 10 万亿元，同比增长 22.6%，较上年提高 9.9 个百分

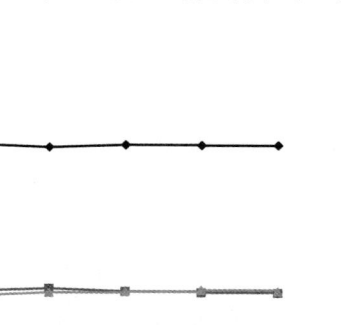

图 16-3　2005—2014 年我国分地区保险业保险收入规模占比的空间分布

点；保险业实现保费收入 2 万亿元，同比增长 17.5%，增速较上年提高 6.3 个百分点。从各地区来看，东部、中部、西部和东北部地区保费收入同比分别增长 17.6%、16.6%、15.3% 和 25.2%，较上年分别提高 6.6 个、7.2 个、1.7 个和 13.5 个百分点。

表 16-3　　　　　2014 年末分地区保险业的空间分布　　　　单位：%

项目	东部	中部	西部	东北部	全国
总部设在辖内的保险公司数	87.1	3.4	5.6	3.9	100
其中：财产险经营主体	80.3	4.9	9.9	4.9	100
人身险经营主体	88.5	3.3	3.3	4.9	100
保险公司分支机构数	44.6	19.8	24.4	11.2	100
其中：财产险公司分支机构	42.8	19.5	27.0	10.7	100
人身险公司分支机构	45.6	20.3	22.4	11.7	100
保费收入	54.4	18.7	19.0	7.9	100
其中：财产险保费收入	54.6	17.3	21.2	6.9	100
人身险保费收入	54.3	19.4	17.8	8.5	100
各类赔款给付	57.9	17.0	18.0	7.1	100

资料来源：2014 年中国区域金融运行报告。

(2) 主要问题

从空间布局总体上说，主要存在以下两个方面的问题。

① 保险市场多元化结构并存。在我国保险行业落后地区，保险市场呈现出完全垄断格局，主要由中国人寿与中国人保垄断了整个保险行业，其他保险公司均未设立分支结构；在保险行业发展水平居中地区，保险市场呈现出明显的寡头垄断格局，主要由几大保险公司占据着绝对市场份额；在保险行业发达地区，保险市场呈现出垄断竞争的市场结构，市场参与主体数量较多。

② 保险市场对外开放承受能力较低。保险行业市场化较好的区域，在与外资保险公司的合作与竞争中习得先进技术与经验，对于提高自身经济管理水平具有重要作用，当自身经营水平与能力提升后，也必将增强自身对外开放的承受能力。一个地区拥有丰富的保险资源是极大的优势，但如果市场化程度处于较低水平，导致对外开放能力较差，那么极易受到外资保险公司的巨大冲击，从而不利于地区保险业的健康发展。

③ 保险市场经营风险结构不合理。对于某一家保险公司而言，若有实力在全国多个地区建立起保险网络，则可根据各地区的实际情况发展有所区别，进行业务交叉和亏损弥补，从而达到分散公司经营风险的目的。对整个保险行业来说，分散风险也是最基本的经营原则，区域业务发展得越平衡，越有利于保险产业的风险分散，从而增强整个保险资金的安全性和稳定性。

(3) 发展目标

保险是我国政府、企业及居民财富管理和风险管理的基本方式与手段，是保障我国国民经济持续健康发展和人民生活水平稳步提高的重要渠道。目前，我国的保险深度只达到5%，保险密度基本保持在3500元/人左右，保险业的社会"稳定器"与经济"助推器"作用还有待加强。《国务院关于加快发展现代保险服务业的若干意见》（国发〔2014〕29号）要求，到2020年，我国将基本建成功能完善、保障全面、诚信规范、安全稳健，且具有较强服务能力、创新能力与国际竞争力，并适应当下经济发展需求的现代保险服务业，实现从保险大国向保险强国的升级。

(4) 主要任务

目前，我国保险业区域发展极其不均衡，有必要加以统筹协调发展，进一步优化其空间布局。

① 继续发挥东部地区保险增长极的作用。我国东部地区凭借其优良的经济条件，已经发展成为我国的一个重要的增长极。东部地区保险市场是我国保险业发展的主力军，占据了全国保险业保费收入的一半以上。东部地区在快速发展中完成了总量积累，现阶段应致力于把提高经济效益、开展集约化经营确立为保险企业的经济管理目标，只有这样，才能突破保险业向纵深发展的瓶颈。东部地区保险业发展应该在增长极中培育更多的保险增长点，逐步形成一个由中心城市和先进地区组成的辐射网络，将先进的保险技术、经营理念和市场经验等传递给周边落后地区，带动其保险业的发展。同时，东部地区发达的保险市场还可以给予保险发展落后的中、西部地区以技术和人才支持，以推动中、西部保险业的发展。

② 制定实施促进中、西部地区保险业发展规划。中、西部地区保险业发展同东部地区相比差距悬殊，因此，要实现保险业协调可持续发展，必须加快中、西部地区保险业的发展速度。具体建议如下：首先，实行适度倾斜的保险市场经营政策。保监会可采取必要措施，鼓励保险公司去中、西部地区开展业务，比如降低该地区保险市场的准入门槛，给予恰当的税收优惠政策等。其次，实施适度倾斜的保险资金运用政策。保险业应站在服务经济社会发展全局的高度，加大对中、西部地区保险资金投放力度，允许更多的保险资金直接进入生产领域，对中、西部地区分支机构下放一部分资金运用权，支持和促进中、西部地区经济发展。建设长江经济带和"一带一路"倡议的提出，将推动西部地区形成中国新的经济增长极，我国保险业发展的地区间差异将得到改变。

③ 做好地区经济与保险业协调发展规划。地区经济的增长与发展是保险业发展的基础，保险业也将推动地区经济的进一步发展。当前，我国各地区经济发展不协调，因此要实现区域保险业的均衡协调发展，必须在东部地区经济持续发展的同时加快中、西部地区经济建设，从而改善中、西部地区保险业发展的基础。反过来，保险业的健康发展也将更好地支持和服务于地方经济发展。具体而言，可通过设立区域性保险公司，缓解建设资金匮乏与地方经济发展的严重矛盾，这也容易得到地方政府的大力支持，从而促进保险业发展的良性循环。与此同时，按照《中国保险业发展"十二五"规划纲要》的要求，建立一批国家或区域性保险中心，这也将

在更大程度和范围上推进区域经济与区域保险市场的协调发展。

④ 深化保险业市场发展区域分类监管改革。进一步深化保险监管改革，增强市场主体的自主权，是防范系统性、区域性保险金融风险的必要措施。保险监管部门根据保险业在地区之间发展水平的差异和政策支持的不同，对监管的侧重也不一样。如果某地区保险业发展水平较高，则可以相对地放松市场管制，进一步强化市场和竞争的因素，增强其对外开放的承受能力以适应国际化发展的需要；相反，如果某地区保险业发展水平较为落后，那么政府必须给予其必要的政策倾斜和资金支持，促进保险业与实体经济的紧密结合，形成良性循环的发展态势。总之，应该根据各地区保险业发展水平的差异，以及所面临的不同问题，制定差异化的保险业发展模式和发展目标，实行分类监管。

⑤ 加快出台保险业互联网空间发展规划。在"互联网+"计划持续发酵的背景下，互联网保险业务正成为保险企业竞相追逐的领域，这也为保险业带来了新的机遇和挑战。保险业在抓住机遇、蓬勃发展的同时，切忌不切合实际的冒进，这是保险业布局互联网空间成功的关键。在"互联网+"战略的引领下，保险公司可结合自身特点和市场需求，从多个渠道向互联网靠近，具体而言，一是要通过建立综合金融服务平台整合资源争取市场份额，二是要通过已积累的资源参与区域经济发展，从而打开局面，三是要加强与具有互联网基因的公司的合作。与此同时，保险业在互联网中的展业风险也不容忽视，如操作风险、产品风险、信息安全风险等，这些问题都需要在实践中加以解决。

16.4.4 信托业空间布局规划

信托与银行、保险、证券一起构成了现代金融体系。信托业经过多年的高速增长，已成为我国投融资体系中举足轻重的金融部门。但是，目前信托机构的业务布局被人为地限制在本地区，造成了我国信托市场独特的行政性垄断特点，割裂了区域金融资源与信托业务发展之间的联系。如何进一步优化信托业的空间布局，更好地发挥信托业的渠道功能，成为信托业必须解决的问题。

（1）分布现状

由于篇幅的限制，我们仅对2008—2014年我国各地区的信托业营业收入占比和2014年我国分地区信托业公司机构数量、营业收入、净资产、净利润、注册资本和当年新增信托项目数量占比的空间分布进行分析。

① 2008—2014年我国各地区信托业营业收入占比的空间分布。从图16-4可以看出，在2008年到2014年这7年中，东部地区信托收入一直高于其他三大地区的总和，但其在全国的占比呈现出逐年下滑的趋势；中部地区的信托业发展较为缓慢，营业收入占比有下滑的迹象；西部和东北部地区则呈逐年上升的趋势，尤其是西部地区，不仅实现了自身的发展，而且完成了对中部地区的超越。总的来看，其他地区与东部地区的差距正逐步缩小，但形势依旧不容乐观。

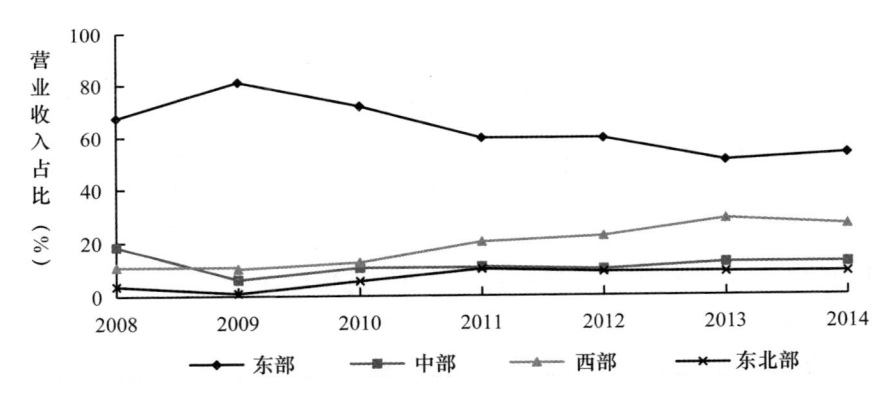

图16-4 2008—2014年中国分地区信托业营业收入占比的空间分布

② 2014年我国各地区信托业的空间分布。从表16-4中各地区信托业的分布情况看，截至2014年末，无论是信托机构数量、机构总资产、营业收入、从业人员数量，还是信托资产规模，东部地区都占有绝对的优势，而中、西部地区以及东北部地区信托产品的规模和数量加在一起也比不上东部地区。可见，我国信托业发展呈现出明显的"区域级差"特征，这与我国经济发展区域不平衡格局基本一致：东部地区占据主导地位，而中、西部地区则相对"地位不高"。进一步分析，这种趋势说明了信托业发展与经济发展具有极强的正相关性，即经济越发达，信托越发展；反之亦然。

表 16-4　　　　　　　2014 年末分地区信托业的空间分布　　　　　　单位:%

项目	东部	中部	西部	东北部	全国
机构数量	52.2	14.9	28.4	4.5	100
营业收入	53.2	12.0	26.3	8.5	100
净资产	55.0	12.5	25.8	6.7	100
净利润	53.5	11.9	25.8	8.8	100
注册资本	58.6	11.3	22.2	7.9	100
当年新增信托项目	47.9	16.1	29.2	6.8	100

资料来源：根据 2014 年各信托公司财务数据计算整理得出。

(2) 主要问题

从空间布局总体上说，通过五次整顿后，各家信托公司的业务被限制在本地范围内，这直接造成了我国信托市场独特的行政性垄断特点。

① 信托跨区域开展业务的限制。新的《信托公司管理办法》规定未经中国银行业监督管理委员会批准，信托公司不得设立或变相设立分支机构。这使得信托资金在不同地区之间的余缺调节受到了制约，阻碍了信托制度与信托功能的释放，制约了信托资源的优化配置。

② 信托产品进入门槛的限制。《信托公司集合资金信托计划管理办法》将委托人限定为合格投资者，合格投资者意味着极高的投资门槛，按此标准，西部经济欠发达地区符合条件的自然人更少，再加上异地发行限制，使得西部欠发达地区信托公司的产品发行更加困难。

③ 信托产品流通机制的滞后。尽管现行的制度规定信托产品的受益权可以转让，但转让方式、转让价格、转让手续和转让场所等在相关法律法规中均无明确规定，从而使资金信托产品的流动性，特别是机构委托人大额信托合同的转让严重缺乏操作性。

(3) 发展目标

总体来看，我国信托业正处在新一轮的高速发展时期，通过进一步优化空间布局，其发展主要有两个目标。

① 不断增强信托公司自主管理能力。"新两规"颁布后，信托公司与银行机构密切合作进入了高速发展期。但随着合作的深入，银行占据了银信理财产品的主导地位，囊括了项目资源配备、产品设计和销售以及客户

渠道等，而信托公司扮演的仅仅是一个平台的角色，其议价能力较弱、获利极为微薄。所谓主动管理类信托，是指信托公司在信托管理中占据主导地位，在项目决策、产品设计和后期服务等方面发挥着决定性作用，并进一步承担营业性信托业务。这将从根本上改变信托公司以往的经营发展模式，推动信托公司盈利模式的改变，进而促进整个信托业的发展。

② 顺利实现信托公司市场角色的转变。"十二五"规划的一个重要转变在于实现从"国富"到"民富"的转变，近年来，随着我国中产阶层扩大、居民财富快速增加，相应的私人财富管理需求越来越大。预计将会有大量居民储蓄转向投资或理财产品，私人财富管理的业务空间将进一步扩大。未来信托公司主营业务基本可以分为资产管理和财富管理。从目前情况来看，资产管理主要依靠主动管理能力进而提供各种期限、收益和风险选择的金融理财产品；而财富管理则是围绕客户的理财需求进而提供专业化顾问式的定制服务。因此，及时调整信托公司的业务结构，有利于把握未来发展的正确方向。

（4）主要任务

目前，我国区域信托市场发展的不平衡性已经严重阻碍了信托业的健康发展以及区域经济的稳定繁荣。为进一步统筹区域信托业的协调发展，优化信托业空间布局，主要面临着以下任务。

① 做好信托业区域协调发展规划。制约信托业快速发展的瓶颈在于区域欠协调、不平衡。促进区域信托业协调发展的关键在于实现信托业与区域经济发展的良性循环。以产品创新为例，信托业必须根据区域经济发展的实际情况进行产品创新，产品创新计划的制定要结合区域发展规划，在促进区域经济发展的同时实现自身的可持续发展。具体而言，东部地区应该利用先发优势，率先实行信托业的转型升级，减少对融资项目的过度依赖，努力向专业的财富管理机构转变，大力培育核心竞争力。而对于经济发展处于起步阶段的中、西部地区来说，由于居民收入水平普遍较低，可通过适当降低最低认购金额，增加这些地区居民的投资渠道，进一步加快这些地区信托业的快速发展。

② 制定信托公司异地展业的规划。目前，受限于相关规定，信托公司于异地设立的营业部都归总部统一管理，这虽然极大地强化了信托公司的风险控制，但这种模式既不利于信托公司的经营管理，也不利于监管部门

的监管。要想成为现代金融体系的支柱，信托业必须参与区域竞争甚至全球竞争，不准在异地设立分公司和营业部门的规定仅仅是暂时性的和过渡性的。同时，沿海地区和中、西部地区投资者的实力和投资风险意识不同，如不遵循当地信托市场的特点，必然会出现各种矛盾，不利于行业的发展。因此，无论是从强化监管的角度还是从促进行业发展的角度，都应尽快放开关于信托公司异地设立分支机构和开展业务的限制。

③ 建立信托产品受益权转让的流通机制。一方面，信托行业有着爆发式超常的增长速度，现在已属于仅次于银行业的第二大体量金融子行业，但其流动性仍然是其发展中的软肋。另一方面，客户的诉求与信托公司并不一致，客户在追求低风险、高回报的同时，灵活地退出机制仍是客户所看重的一点。因此，建立良好的信托产品流通平台至关重要。第一，应确定信托受益权合同作为有价证券的法律地位；第二，借鉴股权、债券和基金等有价证券的流通机制，制定信托产品流通细则，对转让方式、转让价格等制定具体办法；第三，建立针对信托产品的交易市场，建立集中的交易系统，完善信托产品的流通机制。

④ 加快制定信托业互联网空间发展规划。信托作为传统金融行业，在互联网金融的后端（产品、账户）上有一定的优势。随着"互联网＋"计划的全面推广，积极规划布局信托业互联网空间发展，是信托业谋求创新发展，逐步向互联网金融前端延伸的必然选择。具体而言，信托业布局互联网金融的大致思路如下：首先是通过网络平台加大宣传并推送热销产品，让客户实时了解各类理财产品信息；其次是推出对接信托资源的产品，将互联网的普惠性与信托产品结合起来，实现信托产品的销售和转让；再次是深入创新产品方面，使信托业在"产业＋互联网＋金融"的发展模式中寻找创新机会；最后是自建互联网平台运营业务，进一步推动信托业务创新与转型。

第 17 章　金融产业国际化发展

随着全球经济与金融一体化的快速发展，经济资源在全球实现了优化配置，而推动经济全球化的一支重要力量就是金融产业发展的国际化，本章以中国金融产业国际化为研究对象，重点分析中国金融产业实现国际化发展的战略目标、战略思路、战略规划以及战略的实施。

17.1　金融产业国际化发展的战略目标

作为金融产业升级与发展的核心思想，中国金融产业国际化发展的主要战略目标包括三个方面。

17.1.1　提升金融产业国际竞争力

金融产业的国际化发展是指一个国家或地区的金融企业、金融组织与国外金融企业、金融组织相互竞争的过程，本国金融企业、金融组织在这一竞争过程中实现与国际金融市场相互融合。对于金融业相对落后的中国而言，它必然要经历一个从资本开放到金融市场开放，再从金融市场开放到参与国际金融竞争的阶段，而资本开放是金融产业实现国际化发展的初步阶段，资本开放是指允许资本跨境自由流动，即取消资本账户的限制和其他一切壁垒，通常用一国资本账户开放的程度和时间长短来衡量其开放度，而金融市场开放标志着一国金融产业进入了国际化发展的中级阶段，它是指允许外资金融企业在本国从事银行、证券、保险、信托业，参与国际金融市场的竞争则是指本国的金融企业走向国际金融市场。而参与国际金融市场的竞争则是金融产业国际化发展的高级阶段。因此，金融产业国际化发展的进程就是一个从封闭走向开放、从参与国内竞争到参与国际竞争的过程，也只有经历过国际金融市场的充分竞争，本国金融产业才可能培育起较强的国际竞争力。

金融产业的国际化发展是增强金融产业竞争力的重要手段，并通过金融产业竞争力的增强带动国家竞争力的提升。国家竞争力是一个国家在开放的市场环境与竞争性市场条件下所能创造的物质财富与精神财富以及实现国民财务可持续增长的能力与水平，而金融产业国际竞争力是一个国家竞争力的重要组成部分。金融产业的国际竞争力是该国产业和企业参与国际竞争所必不可少的组成部分，它决定着产业和企业参与国际竞争的潜能。在国家竞争力提升与崛起的过程中，都伴随着实体产业与金融产业的不断国际化，而金融产业的国际化发展又会进一步强化一国实体产业的国际竞争力与国家竞争力。以美国为例，在美元成为世界货币之后，美国迅速成为世界金融的中心，在国际资本的推动下，美国拥有全球最大的资本市场和金融衍生品交易市场，美国的金融产业奠定了全球领先的地位，在高度发达的金融产业的推动下，美国的金融市场也培育出了众多具有国际影响力的企业。因此，金融产业的国际化不仅有助于提升金融产业的国际竞争力，也有助于实体经济的发展和国家竞争力的提升。一方面，强大的金融产业不仅表现为完善的金融市场体系、优良的金融基础设施和严格的金融监管体制，还能为国家实体产业的发展提供多样化、可持续和低成本融资服务和保障，从而促进一国实体产业，提高一国的生存和发展能力。另一方面，强大的金融产业还可以为一国国民财富的增长与配置提供更丰富的产品服务和选择。

17.1.2　实现经济资源配置国际化

金融产业的重要功能之一就是对各种经济资源进行配置。在市场经济运行的过程中，资产盈余部门和资产短缺部门经常是并存的，如何将社会闲置资本快速地转化为投资则直接影响着经济的稳定发展，而金融产业通过金融中介机构和金融市场，借助资本的力量，将经济资源从低效率部门转移到高效率部门，从而使社会稀缺的经济资源能最有效地配置在效率最高或效用最大的部门或领域，实现资源的合理配置和有效利用。金融产业配置资源的功能主要通过市场价格与交易行为来实现，金融市场上证券价格波动往往包含着许多隐含的信息，这些信息不仅包含着特定企业和相关行业的发展状况，也包含着整体经济的运行情况，金融产业根据这些信息引导资本流向那些有发展潜力、能够为投资者带来更多利益的部门。因此，金融产业天然地具有引导资源跨部门配置的功能，当资本跨国流动的障碍被消除之后，金融产业还可以引导资源实现跨国配置的功能。20世纪70年代以来，西方发达国家兴起了一股金融自由化的浪潮，发达国家的监管部门放宽了对金融产业部门和金融市场的管制，实现了汇率浮动合法化，取消了利率上限限制，为资本的国际流动创造了诸多有利条件，国际金融市场正在形成一个密切联系的整体市场，国际资本可以自由地在这些开放市场之间流动，从而带动了经济资源配置的国际化。

金融产业实现经济资源配置的国际化主要通过以下三种渠道：

一是金融资本聚敛的国际化。金融资本聚敛是指通过金融企业、借助金融市场、使用金融工具将众多分散的社会资金积聚起来，通过实体产业部门投入社会再生产。经济中各单位的闲置资金相对来说较为零散，不足以满足大规模的投资需求，而金融企业正是通过金融市场完成了资金的汇聚。金融产业的国际化发展可使金融产业更加充分地利用国际金融市场，加速实现资本的汇聚。

二是金融交易的国际化。金融市场的全球化已经成为当今世界的一种重要趋势，在这一趋势的推动下，金融企业的跨国布局与跨国经营成为金融产业国际化发展的必然选择。传统的以银行借贷为主的间接金融市场正让位于直接的证券买卖和发行。以欧洲美元市场为例，伦敦国际金融中心的崛起和欧洲货币市场的发展，让更多的国际金融企业参与到银行间拆借、定期存单发行和各国大银行的银团贷款活动中，主要发达国家以及发展中国家的商业银行都通过欧洲货币市场筹集或运用短期资金；一些跨国公司被获准进入国际货币市场，通过发行短期商业票据来融通资金，参与国际金融市场的交易，金融市场的一体化给市场注入了更多的流动性。

三是资产配置的国际化。在相对封闭的经济体中，投资者的资金主要配置在国内，而金融产业的国际化发展无疑给予投资者更多的选择，跨国公司、保险公司、投资银行、投资基金，以及部分个人投资者也能够进入国际金融市场，利用国际金融市场的各种投资工具，建立跨国的资产投资组合，实现投资风险的分散化，以获取稳定的投资收益与回报。在这种国际投资示范作用的带动下，许多本土的金融机构与金融企业不断向全球市场扩散,并通过代理本国或国外客户业务与投资,推动了先进产业的快速发展与成长。

17.1.3 推动人民币成为国际货币

货币国际化是指允许一国货币通过不同方式跨越国界,在境外自由流通,成为国际普遍认可的计价、交易结算和国际储备货币的过程。伴随着中国经济的快速崛起与强大,实现人民币国际化将大大减少中国对其他世界货币的依赖性,减少单一世界货币对本国经济的冲击和影响,降低单一国际储备货币所导致的风险和波动,获得国际金融体系的话语权和参与规则制定的影响力。历史上,美元的国际化伴随着第二次世界大战后美国经济实力的大幅提升,日元的国际化起步于20世纪70年代日本经济和国际贸易的快速增长,欧元的国际化则是以德、法两国的经济联合为背景。到目前为止,世界三大储备货币美元、欧元、日元与三大经济体在世界经济中的排序基本吻合,因此,从经济总量和国际贸易规模等指标来看,人民币已经具备国际化的实力与基础。然而,要想推动人民币国际化,必须借助金融产业的国际化发展。

首先,主要的国际货币都是全天候交易,发展人民币离岸金融市场可以让人民币成为全球储备货币。若一国货币要想成为主要的国际货币,成为世界各国在贸易和投资中普遍使用的货币,就必须满足方便、安全、低成本等方面的要求,即各国的使用者在金融市场上能够方便、安全地进行兑换、融资、结算、支付等活动。这就需要一个离岸的人民币金融市场。国际经验表明,各主要世界货币的国际化进程都伴随着其境内外离岸金融市场的发展,因为离岸市场更能满足投资者和贸易者的交易便利,因此,金融产业的国际化将意味着有更多的国内金融企业走出国内金融市场,走向离岸金融市场,为世界各国的贸易者、投资者提供更多的人民币离岸金融服务。因为相较于外国金融企业而言,国内的金融企业具备提供人民币离岸金融服务的比较优势,这些服务包括为融资者提供短期人民币的借贷服务,在离岸金融市场上发行人民币计价的金融工具,为境外贸易商提供人民币的结算服务。

其次,人民币的国际化必须依托于国内资本市场的开放与发展。在资本项目不可兑换的情况下,人民币作为国际货币的投资工具功能将受到极大的制约，人民币成为国际货币的渠道就只有贸易顺差的方式，这种方式显然具有不可持续性，因此，消除对资本账户的管制、放开国内金融市场是人民币国际化的基本条件之一。资本账户的开放包括允许居民和非居民自由换汇、允许非居民投资进入境内的资本市场，放松对银行和企业外债的管制等；货币市场、资本市场的产品设计及对冲工具的发展和逐步开放，也是海外投资者参与人民币市场的重要条件。要想扩大人民币国际化的规模和范围，把境外市场对人民币的需求增长保持在可持续的水平上，就必须增加境外投资者对人民币的投资渠道，让境外实体企业和金融企业持有人民币资金可以获得除存款以外的资产配置途径，包括货币市场、债券市场和股票市场。

此外，随着利率市场化和金融产业的国际化发展，人民币利率将成为外汇产品市场化定价的一个基础，人民币汇率的弹性会增加，外汇远期、外汇期货、外汇互换等对冲工具的出现将大大丰富海外投资者和跨国公司参与人民币外汇交易的积极性，这就需要本国金融企业能够设计出适合投资者需求的金融产品与工具。

17.2 金融产业国际化发展的战略思路

金融产业国际化发展的战略思路是制定中国金融产业国际化发展战略的出发点，基于中国金融产业的发展现状，推动中国金融产业面向国际竞争的基本思路如下。

17.2.1 减少国际资本流动的管制

在经济自由化和资本流动自由化的大背景下，关于资本管制与资本流动是学界、政府监管部门长期关注的问题。Forbes（2005）探讨了资本管制的微观经济效应，他认为资本管制，无论是实施流出限制还是流入限制，最终都会减少资本供给，提高社会融资成本，增强金融约束；资本管制会直接影响金融市场秩序，导致经济资源和资本的无效配置；管制的存在还会扭曲企业和个人的决策，因为经济部门必须花大量的时间和资源去规避管制；资本管制的执行非常困难且成本很高，即使在那些制度健全的发达国家，资本管制的效果也是很差的。因此，资本管制政策不仅能够直接影响投资进而改变总产出水平,而且会扭曲一国的市场竞争规则,并直接或间接地影响一国的产出水平与经济增长。随着全球经济和金融的日益一体化,许多全球性的投资和商业机会稍纵即逝,资本项目管制使得本国企业和居民海外投融资以及本国银行开展海外金融业务面临着很大的机会成本,随着中国国际地位及融入世界经济一体化程度的升高,资本管制成为制约中国金融产业国际化发展的一个主要障碍,如何稳妥、有序地放松资本管制,逐步推进资本项目可兑换,是推动金融产业国际化发展的重大问题,因为资本自由流动可以倒逼金融企业创新其金融产品与服务,并主动与国际金融市场接轨,在国际金融市场上展开竞争。

逐步减少对资本流动的管制,实现资本项目的完全开放可以遵循以下思路:

一是逐步增加境内外企业向银行间融资市场的投资额度,提高 QFII 的投资额度。可以先允许外国的清算银行、参加清算的银行进入国内银行间的货币交易市场,并在宏观经济条件符合预期的情况下,允许国际金融组织、主权基金、养老金、捐赠基金、共同基金、保险公司、投资银行等金融企业进入本国货币市场,允许其投资于国内的银行间债券市场,同时考虑将银行间债券市场与证券交易所的债券市场打通。

二是在推动境外人民币融资市场的同时,逐步向非居民开放境内的人民币融资市场。允许外国企业在境内通过发行债券、股票和借款等方式进行人民币融资,允许这些外国企业将其所融资金兑换成外汇。允许外国企业在中国境内进行人民币的融资和使用,不会造成对汇率的冲击;如果这些外国企业将其融得的资金以人民币形式汇出境外使用,会减少境内的货币供应量;如果外国企业将融得的资金兑换成外汇出境,会促使中国外汇储备增量出现下降,给境内资本市场的对外开放提供更多的空间。

三是逐步放松对国内个人和企业换汇限制和汇出管制,大幅提高居民个人和企业的换汇额度,适度放松居民换汇额度有助于外汇流出,不仅有助于减少流动性过剩所产生的政策压力,还可以降低央行对冲操作成本。

总之,放松资本流动的管制,可以让本国的金融企业逐步适应国际金融市场的竞争,从而在风险控制、资本管理、市场开发等方面汲取国际竞争对手的先进经验,为金融产业应对全面的国际化奠定基础。

17.2.2 推动金融产业的创新发展

金融产业创新是金融业各种要素的重新组合，它是金融企业和金融管理者基于追求微观经济利益和宏观经济效益的动机，对金融产品、金融市场和金融制度安排等进行创造性的变革与开发活动。金融创新的触发可以是市场主导型的，也可以是制度诱致性的。市场主导型的金融创新起源于微观金融市场，金融企业为实现利润最大化的目标，不断主动优化和整合金融要素，通过创新金融工具、创新融资方式、引入新的支付清算工具以及更新的金融组织及管理方法等，建立新的商业经营模式。诱致性的金融创新是伴随着微观金融企业的金融创新而诱发的金融市场、金融监管部门被动的适应性金融变革。

(1) 跟踪国际金融市场上金融产品的创新，带动本国金融产业的服务创新

金融产业的发展史就是一个不断创新的历史，20世纪60年代，西方国家的金融企业为逃避金融管制、提高利润率，掀起了金融产品创新的浪潮，并推出了大量创新性金融工具，如平行贷款、出口信用、可赎回债券、可转换证券等等；70年代后，为了防范利率、汇率、通货膨胀等风险，有的金融企业又推出了外汇远期、利率期货，以及自动转账服务、联邦住宅抵押贷款等金融产品；80年代后，金融企业为了扩大融资渠道，推出了货币互换、期权交易、零息债券、动产抵押债券等新的金融产品；金融产品创新不断朝着多样化、衍生化发展。从世界各国金融创新的历程看，金融产品创新一般采取自下而上、以市场为主导的创新模式，同西方发达国家金融产业的创新能力相比，中国金融产业的创新活动还处在较低水平，可以先采取跟随和模仿的创新战略，借鉴和学习西方发达国家的金融工具创新，在对已有金融创新工具进行充分吸收和掌握的基础上，推动金融企业与研发机构、高等学校、政府部门之间开展联合研发的方式，推动金融创新，联合研发能综合发挥产、学、研、官的合作优势，推动金融产业的创新发展。

(2) 积极引进国际金融市场新技术，推动本国金融市场的业务创新

熊彼特在其《经济发展理论》中指出，新技术发明、应用和推广是经济发展和企业进步的动力。20世纪70年代以电子计算机、遗传工程、光

导纤维、激光、海洋开发为主要特征的新科技革命，不仅大大提高了社会生产力，也使世界经济格局发生了深刻的变化。而电子信息技术和通信技术在金融市场上的运用，改变了人们传统的金融理念，扩大了金融企业的交易范围，使金融市场突破了时间和空间的限制，金融企业的交易成本也大大降低，金融企业能够快速实现经营上的规模经济，提高了整个金融市场的运行效率。如自动转账服务、超级可转让支付命令账户、货币市场存款账户、利率互换、货币互换等诸多形形色色的支付工具与金融工具都是基于现代电子计算机技术而创新出来的；而自动清算所、环球银行间金融电讯协会、电子资金转账系统、电子财务管理系统也是在现代通信技术的基础上创新出来的，它们的出现使得金融企业的支付与清算效率成百倍地提高。因此，中国的金融产业要密切跟踪信息技术革命对金融市场的影响，加快金融企业对新技术的吸收和应用，推动金融产业的创新性发展。

17.2.3　引导金融企业的跨国经营

经济与金融全球化是不可逆转的世界潮流，走出国门参与国际竞争是中国金融产业的必然选择；实施国际化发展战略、提高综合竞争能力已成为社会经济发展对中国金融产业提出的必然要求。随着近年来中国金融业对外开放程度的提高，中国的金融企业面临着海外金融企业的激烈竞争和挑战。唯有顺应历史潮流，主动迎接挑战，中国金融产业才能不断提升核心竞争力。国际化发展是指金融企业按照国际规则，参与国际金融市场，直接或间接地销售金融产品和提供金融服务。推进中国金融企业国际化发展战略，优化中国金融产品结构的最终目标是建立独立自主的强大而高效的金融产业，提高中国人民币的国际化，实现中国在国际金融新秩序中的话语权与决定权。金融企业的国际化发展战略应遵循以下思路。

首先，金融企业应抓住金融市场全面开放的机会，做好挑战的前期准备，巩固本国金融企业的本土核心竞争优势，再到海外市场上适应竞争更加激烈的外部环境，进而开拓国际金融市场的金融业务与服务。目前，金融企业的国际化经营方向将主要以银行信贷、保险服务、投资咨询等传统金融业务为主，而没有真正在产品创新上实现与国际金融市场的接轨，因此，应当充分利用国内金融市场对外开放的时机，放松银行、证券、保险三大支柱金融行业的外资准入限制，允许外资金融企业有序进入国内金融市场，加快推进利率市场化改革，扩大银行存、贷款利率浮动范围，实现贷款定价的自主化，逐步推动银行存款利率的市场化，进一步扩大市场化利率覆盖的范围，并最终实现全面的利率市场化，扩大汇率波动的区间，增强金融企业应对利率波动和汇率浮动的风险控制能力，瞄准高端创新金融产品的研发，遵循国际金融竞争的基本规则。

其次，鼓励金融企业制定并实施"走出去"的海外发展战略。若要实现金融产业的国际化，就必须将金融企业的服务网络延伸到国际市场上，这是中国金融企业在开放金融经济条件下发展壮大的必然选择。在金融机构"走出去"的初级阶段，可以通过引入海外资本参股本国金融企业的方式，吸收和借鉴外国金融机构的先进经营理念与经验，然后在周边区域国家建立相应的分支机构，通过大规模在海外开设分支机构或建立代理关系，摸索海外分支金融企业的试运营经验，结合我国对外贸易扩展对国际化金融服务的需求，选择本地化的业务发展方式和服务分支机构的扩展策略，在促进自身发展的同时，更好地服务国际金融市场，实现以资本国际化为特征的跨国经营。

此外，鉴于中国的证券与保险行业发育不够成熟、资本实力相对落后的现实，应当制定有针对性的国际化发展战略，引导本国的证券、保险公司制定循序渐进的全球化扩张策略，可以采取国际并购的方式，进入国际资本市场；待时机成熟，再通过扩展海外分支机构，选择在境外金融中心上市或是通过资本运作参股或控股国外机构来达到国际化经营的目标。

17.3 金融产业国际化发展的战略规划

金融产业国际化发展的目的是通过引导本国金融企业参与国际金融竞争，提高中国金融产业的竞争力，本节将结合国际金融市场的演变趋势，针对本国金融产业的发展动态，从金融全球化、金融企业混业化、金融组织集团化、金融监管国际化的角度，提出金融产业国际化发展的战略规划。

17.3.1 金融企业的混业经营战略

依据现代金融产业子行业的业务范围以及服务产品，可以将其分为银行业、证券业、保险业、信托业。这些产业是现代金融的主要支柱产业。由于各国历史上都曾在法律上对金融企业的业务做出限制，金融企业根据法律规定进行相互的业务分割，并按照各自特定的业务范围和经营方式进行专业化经营，从而形成了金融业的"分业经营"体制。具体而言，金融业分业经营就是指银行业、证券业、保险业、信托业等各类金融企业只能在法定授权范围内经营金融业务，不允许跨行业经营行为。作为与金融"分业经营"相对应的概念，金融业的"混业经营"是指银行业、证券业、保险业、信托业等金融各业之间相互融合、兼业经营的一种金融制度或经营模式。20世纪80年代，传统的分业经营模式受到了全面冲击和挑战，混业经营的竞争优势越来越明显，至20世纪末，西方主要国家先后形成了金融综合经营体制。以曾经长期实行分业经营的美国金融产业为例，1999年美国国会通过《金融服务现代化法》，从而正式确立了美国金融混业经营的法律体制，结束其长期的金融分业经营历史，也标志着国际金融业进入混业经营时代。

目前，中国金融业还处于初级发展阶段，现行金融法确立了金融业"分业经营"的基本原则，和混业经营模式相比，分业经营虽然具有专业化程度高、风险隔离到位的优势，但同已经实现了混业经营的国际金融产业相比，其业务过分单一、市场分割碎化、竞争能力低下的劣势也非常明显，因此，适应国际金融产业发展的最新趋势，中国金融产业由分业经营转向混业经营势在必行。

首先，混业经营模式的比较优势明显。在混业经营的体制框架下，法律对商业银行等金融企业在信贷业务期限、直接融资业务、非银行业务、商业性业务等不做或较少做出法律限制，这样就可以给金融企业以更大的发展空间，只要银行类金融企业在法律授权范围内依法规范经营，就可以在经营银行业务的同时兼营信托、证券、保险等金融服务业务，银行资本也可以与其他资本进行联合经营，通过这种联合可以迅速地将实力较弱的中国证券业与保险行业做大做强。此外，混业经营模式可以具有多样性的选择，如银行业、保险业、证券业之间实现多元交叉式的混合经营，在组织形式上既可以实行金融控股公司制，也可以采取母、子公司制来实现多样化的综合经营。

其次，混业经营有助于提高金融企业的竞争力。在金融全球化和国际化的背景下，金融混业经营可以为客户提供全方位的支持与服务，并能够打通资本市场与货币市场之间的联系，使得金融机构实现银行信贷、保险、证券投资等金融业务的有效组合，降低企业经营成本，实现规模经济，提高金融企业的整体竞争力与资本实力；实行混业经营对金融企业的风险控制有着更高的要求，金融企业必须具备有效的内控机制和风险防范意识，要有完备的金融监管法律体系和较高的金融监管效率。此外，混业经营在处理大数据方面具有更加突出的优势，资金供求双方沟通能力大为提高，成本也大为降低；而金融电子化水平的提高使得各种金融创新成为可能，为金融机构实现混业经营提供了重要的技术基础。2006年第十届全国人民代表大会明确提出要"完善金融企业规范运作的基本制度，稳步推进金融业综合经营试点"，这意味着中国金融业的未来发展方向就是要参与国际金融市场竞争，要全面实现混业经营体制。

17.3.2　金融企业集团化发展战略

金融企业的集团化发展是世界金融业发展的普遍趋势。自20世纪80年代以来，金融创新、信息技术革命和金融全球化得到了快速发展。银行业、证券业和保险业都发生了巨大变化，金融业的竞争格局以及金融市场的结构都发生了巨大变化。以银行业为例，由于受金融脱媒、巴塞尔资本协议等因素的影响，商业银行为扩大收入来源而积极开拓如证券、保险代理，以及金融资产管理等新的业务领域。金融企业纷纷采用金融控股公司等集团化的组织形式，因为集团化的发展方式能够更好地适应新的市场竞争环境，通过组织集团化的安排，金融企业可以有效利用现有的人、财、物，以及技术设施、客户信息等资源，以降低经营成本，提高经营效益。金融企业集团化发展可以获得协同效应，当商业银行、证券公司和保险公司共享客户群体时，现有的营销网络资源也会被充分利用；金融企业的集团化可以通过并购以实现规模经济。因此大型金融企业通过实施集团化战略，可以扩大经营规模和业务范围，从而实现增加收入、提高效益、增强竞争力的目标。

鉴于金融企业集团化发展的优势，可供选择的集团化发展模式包括以下四种：

一是金融控股公司集团化模式。该模式的特点是由一家金融集团公司作为控股股东,由该金融集团发起设立多家金融机构,其中包括商业银行、证券公司、保险公司等具有独立法人资格的子公司,这些子公司在各自的行业领域里从事金融经营活动,并独自承担相应的民事责任,金融集团公司董事会有权决定或影响子公司最高管理层的任免决定及重大决策。采用此种模式如中国平安(保险)集团股份有限公司,该集团公司旗下控股的子公司包括平安产险、平安寿险、平安证券、平安信托、平安银行等多家金融机构,是一个融保险、银行、证券、信托等多元金融业务为一体的综合金融服务集团。

二是银行控股公司制的集团化发展模式。该模式与前者最大的不同是由一家实力较强、历史悠久的银行集团作为控股股东,该银行控股集团作为多家金融子公司的发起人,对旗下的子公司拥有控股权,各子公司拥有独立的法人资格和地位,并承担相应的民事责任。采用这种模式的如汇丰控股集团公司,该公司是由香港上海汇丰银行经过多年发展而成立的一家银行控股集团公司,而香港上海汇丰银行于1865年3月在香港开业,现在该集团公司已经是一个在全球拥有涵盖银行、证券、保险、基金、资产管理等多个行业的银行控股集团公司,2013年末该集团公司的总资产达到26713亿美元。

三是非金融控股公司制的集团化发展模式。该模式的主要特征是集团的控股公司是一个非金融企业的经济实体。采用该模式的如招商局集团公司,该集团公司的主要业务是交通运输,除了交通运输业务以外,该集团公司还控股了招商银行、招商证券、招商基金等金融子公司,2014年末该集团公司总资产达到5.35万亿元人民币。

四是联合体型的集团化发展模式。该模式的主要特征是金融集团最高控制层是一个管理委员会,管理委员会的成员一般是由大股东或其代表、受聘的管理专家组成,它管理、控制着集团旗下的各个金融子公司。

17.3.3 金融产业的优化调整战略

根据金融中介和金融市场在金融体系中重要性程度的差别,金融体系被分为金融中介主导型与金融市场主导型的金融体系。在金融中介主导型的金融体系中,由于银行是最重要的金融中介机构,该体系也被称为银行主导型金融体系,和金融市场主导型的金融体系相比,银行等金融中介机构在标准化信息搜集和处理方面具有明显的比较优势,而金融市场在事前信息搜集、事后监督融资方面的激励机制较弱,较难有效地克服金融交易中的信息不对称问题。但是银行主导型金融结构也可能存在一定的弊端,因为银行是企业最主要的外部融资来源,银行等金融中介对企业的影响力较大,它可能无法平滑信贷周期波动对企业发展所产生的负面影响。而且,银行在经营方面具有天生的谨慎倾向性,使得银行主导型金融体系不利于企业创新和成长。与之相比,金融市场更能提供丰富灵活的风险管理工具,并可以根据客户需要设计出不同的金融风险产品,金融体系的整体功能也能得到最大限度的发挥。

中国的金融体系是典型的银行主导型的金融体系,与之相适应,中国金融产业的结构也是偏重于银行主导型的,中国人民银行关于社会融资总规模的最新统计结果显示,贷款类融资占比超过了80%,银行类金融企业的资产占比超过了70%。这种银行独大的金融产业结构正面临着诸多问题,如国有大型商业银行占比过高、中小金融企业发育迟缓,信贷资金过分向国有经济部门倾斜,民营经济部门和中小企业的信贷投入严重不足,全社会融资结构和国民经济的部门结构不匹配等主要问题,调整中国金融产业结构,使之更好地服务于实体经济已经成为当务之急。实证研究揭示了一个基本的事实,若一个国家或地区的人均收入水平高,金融市场在其金融体系中就更为活跃(Demirgüc-Kunt & Levine, 2001;林毅夫等,2006)。因此,中国金融产业结构的优化调整不仅要考虑其金融功能的优化,而且要结合金融结构演变的国际趋势与规律进行分析。

为了达到促进实体经济稳定增长的目标,中国金融产业结构优化调整战略的基本方向如下:第一,在提高国有大型商业银行效率的同时,给中小银行以更大的成长空间。无论是何种金融体系与金融结构,银行的金融中介功能都是无可替代的,而国有大型商业银行面临的主要问题就是激励不足,通过转变国有资本的运营管理体制,借鉴新加坡国有资本的营运方式,减少国家直接参与国有银行的运营。消除对民营资本进入银行领域的制度歧视,建立配套的存款保险制度,鼓励中小银行的成长与发展。

第二,培育多层次的金融市场,提高资本市场在金融体系中的地位与作用。金融市场特别是资本市场因其风险共担、利益共享的特点,容易组织动员经济资源从事创新创业活动,并天然地具有推动高新技术产业和战略新兴产业发展的优势。从全球范围来看，在过去30多年里，计算机、互联网、通信技术和生物制药这四大新兴产业，都是依靠资本市场的培育和推动迅速成长起来的；发达国家的经验也进一步表明，资本市场在推动国家经济转型和战略新兴产业发展中起到了不可替代的关键性作用。

第三，鼓励风险资本市场的发展。中国的风险投资市场刚刚步入了一个迅猛发展的初期阶段，无论是PE机构数量，还是管理规模都有极大的提升空间，政府部门要制定相应的产业培养规划，完善风险投资的法律体系，引进国外风险投资管理的先进经验，发挥风险资本在技术创新、经济转型和产业升级中的推动与支持作用。

17.3.4　金融产业监管国际化战略

金融产业监管是对金融监管部门依法运用权力对金融企业和金融活动实施规制和约束，促使其稳健运行的一系列行为的总称。金融产业监管作为政府对金融市场中金融企业及其行为的监督、管理和约束、规范，是随着社会经济的发展和金融市场及金融企业的变化，而不断进行主动或被动的调整、修正与发展、演变的。在金融全球化、金融自由化与资产证券化快速发展的背景下，要求实现金融产业监管本身的国际化，以更好地提高金融企业运行和金融资源配置的效率，保证金融市场的稳定，并促进经济稳定持续发展。

首先，要接受和执行国际金融监管的一般原则和准则。改变单一内向的监管策略，采取综合性、国际性的监管策略，在监管手段、监管政策方面与国际金融监管的发展趋势保持一致，努力向金融监管的国际先进水平看齐。在监管政策取向上，要从国际金融监管规则的整体出发考虑，实现监管政策的平衡与协调。因此，金融产业的监管覆盖面应该包括国内金融业、国内金融业的国外分支机构和本国境内的外国金融企业。在监管内容范围上，要适应金融业跨国经营所产生的新需要，防范和化解新风险，特别是国家风险，要把国家风险管理作为金融监管部门关注的首要问题。在监管法律手段上，应该比照国际标准来设计和安排监管手段，监管法规应该接受和执行国际金融监管的一般原则和准则，认真落实"巴塞尔协议体系"要求，要求各金融企业建立有效的内部评级系统、内部风险评估机制和内部风险评估体系，金融企业的各项会计、审计制度应该与国际接轨。

其次，加强金融监管的国际协调与合作。金融产业具有较强的负外部效应，金融企业的破产倒闭容易产生连锁反应，并通过货币信用紧缩破坏经济增长的基础。在金融市场一体化的背景下，金融危机的国际传染性变得更强，在应对全面的国际金融危机方面，个别政府的监管往往显得苍白无力；随着经济金融化、金融全球化和金融自由化的快速发展，基于不同国家相互分割的监管框架，已经不能适应金融业务发展的需要，这就需要加强金融监管的国际协调与合作，金融监管的国际协调与合作，主要是指国际经济组织、金融组织与各国以及各国之间在金融政策、金融行动等方面采取共同步骤和措施，通过相互间的协调与合作，达到协同干预、管理与调节金融产业运行并提高其运行效益的目的。因此，中国的金融监管部门要加强与国际金融组织和国外金融监管机构在金融产业的发展战略、金融产业监管的政策取向等方面的沟通，使得本国金融监管体制与国际金融监管的体制相互协调。

此外，要树立金融产业功能型监管理念。功能型监管强调从金融企业功能的角度实施相应的金融监管，由管理专家和管理程序对金融企业的不同业务进行监管，其监管的目的是使金融企业更好地发挥其应有的功能。功能型监管的优点主要体现为：管理技术水平高、部门间协调性好，能及时发现管理中的问题并迅速解决，能容易地判断金融企业资产组合的风险，能有效克服多种监管机构所导致的重复和交叉监管的弊端，监管部门应使用统一的尺度来监管各类金融企业，创造公平竞争的市场环境。

17.4 金融产业国际化发展的战略实施

17.4.1 推动金融企业混业经营改革

金融企业由分业经营向混业经营的转变是国际金融市场长期发展的结果，它经历了由初级业务合作到高级一体化整合的发展阶段。随着中国金融体系的逐步深化与发展，不同金融机构之间的业务合作更加频繁，实现混业经营的制度需求也不断增强，由分业经营制度向更高层次的混业经营制度演进成为中国金融产业发展的趋势与战略选择。

首先，坚持市场化与效率优先的原则推动金融企业的混业经营改革。必须以市场需求为导向，坚持自愿和互利原则，允许不同金融企业在组织架构、业务层次、产品开发、市场目标、战略定位等方面保持金融机构的自身特点与比较优势,并能快速识别金融消费者不同的市场需求。避免国家行政部门干预金融企业,特别是国有金融企业的混业经营改革,防止国有金融企业在组建金融控股公司时乱甩包袱。混业经营改革要在提高各类金融机构专业化服务水平的前提下,循序渐进地提高金融机构复合经营的程度与水平,对于申请同一执业证照运营的混业经营机构,应遵循比较优势的原则拓展其在不同专业领域的市场业务,避免一味求大求全的外延式混业发展模式;对于控股金融公司制的混业经营模式,控股母公司要加强对其控股子公司经营战略的制定与实施的监督和管理,但也要减少金融控股公司过度干预子公司的经营管理业务;在鼓励金融控股公司在各类金融市场上采取金融创新行为的同时,要密切关注此类金融创新可能产生的金融风险,公平公正公开地评价与审核各类大型金融机构之间的并购交易,努力保证在提高效率的前提下推进金融机构以并购重组的方式发挥混业经营的规模经济、范围经济和协同效应。在混业经营改革过程中,要建立有效的金融风险防火墙,防止混业经营可能产生的金融风险传染效应,确保大型系统性的重要金融机构经营的稳健性,避免系统性金融危机的发生与蔓延。

其次,通过混业经营改革实现金融企业的内涵式发展。借鉴国外混业经营发展的先进经验,在设立金融控股公司时,在充分评价集团公司既定的发展战略与市场定位的基础上,选择本集团最有竞争优势的金融细分市场设立控股子公司,在该公司设立和开展经营的初级阶段,可以采用内源性的培育模式扶持控股子公司的初期成长,即利用控股集团其他子公司的金融服务需求帮助新设控股子公司的业务拓展,特别是在融资业务方面,主要依靠集团内部融资支持新设子公司对资本扩张的需求;在资源集约化经营的基础上,通过整合、拆分、剥离等方式组建新的子公司。在控股子公司的中期发展阶段,则鼓励其追求内涵式的业务发展模式,既要提高金融服务的专业性,又能提高金融服务的复合程度,保证客户能够在金融控股集团内部享受到"一站式"的立体服务,从而实现内涵式的一体化发展,建立统一的企业文化,充分延伸集团的品牌价值,推动金融控股公司实现高度一体化的经营发展,最大限度地实现混业经营的范围经济、规模经济和协同效应,促进金融控股公司混业经营的深入发展。

最后，通过混业经营改革促进金融企业的外延式扩张。鼓励金融企业通过横向合并、重组、收购等方式实现跨领域经营。金融企业跨行业的并购行为要服务于集团公司的总体规划战略，从优化集团业务布局的角度出发，综合考虑并购活动对集团的品牌建设、金融产品创新、公司治理结构、内部风险控制的影响，充分整合跨领域金融资源，把被收购金融企业的主营业务逐步整合为金融控股公司的支柱业务。金融机构在实施横向并购时要尊重被收购企业的企业文化和员工权益，认真评估并购活动对原有金融机构运作模式、销售网络和客户资源的影响，充分利用并购后的客户资源共享最大化金融机构的内在价值。虽然外延式扩张的成本相对较低、组建相对简单，但是要注意外延式扩张可能产生的风险，要筑牢金融控股集团的业务风险防火墙，防止混业经营可能引发的系统性金融风险。

17.4.2 鼓励本国金融企业的海外并购

随着金融一体化以及金融自由化的不断深入，金融企业集团化发展的趋势日趋明显，而兼并与收购是迅速实现集团化发展的重要手段。20世纪90年代以来，全球金融业（主要是银行业）掀起了并购浪潮，此次并购浪潮对美国、日本、欧洲和东亚、拉美等国和地区的金融产业产生了重要和深远的影响。在当前世界范围内金融业并购浪潮持续发展的背景下，如何准确把握金融业并购的发展规律，利用中国金融市场对外全面开放的机会，制定有效的海外并购政策措施，对提升我国金融业的国际竞争力具有十分重要的现实意义。

首先，要制定缜密的海外并购策略。金融企业在实施海外并购过程中，不仅涉及股东、董事会以及管理层等多方利益相关者，还要考虑是否符合东道国的法律规定，更要考虑企业文化、社会习惯的国际差异，海外并购要想获得预期中的效果，必须兼顾各方利益，力争实现多赢。金融企业实施跨国并购必须充分考虑以下三个方面的因素：一是保持被并购金融企业的客户忠诚度，利用并购所产生的合力效应让客户能够继续追随和享受本国金融企业的金融产品与服务；二是要发挥内部优势，即通过海外并购扩大集团的客户总量，增加集团的经营利润；三是通过海外并购增强自身的竞争优势，即海外并购后金融企业集团的主业竞争优势要能够得到明显提升。本土金融企业实施海外并购，要本着循序渐进的原则，决不可草率冲动行事。通过跨国并购，金融集团能够充分利用国际金融资源，在全球范围内有效配置金融资源，提高金融产业的国际竞争力，加快金融业的国际化进程。

其次，并购目标区域的选择要有利于本国跨国公司的经营与跨国贸易。我国金融业的跨国并购可以优先考虑中国对外贸易与对外投资集中的国家和地区，如亚洲、欧洲与美国等国家和地区。将这些国家与地区作为我国金融业跨国并购的重点地区，将有利于中国金融业实行跨国并购后的经营与业务拓展。通过跨国并购，中国金融企业还可以通过资金支持和信息服务促进本国跨国公司的发展，并与之形成共同推动中国经济国际化发展的合力。此外，并购后的海外机构可以提供有关东道国的全面信息，从而使本国企业做到心中有数，缩短调查和了解东道国的过程，降低海外投资的风险。与此同时，中国金融业还应加大对欧洲与美国银行业的并购，利用其成熟和开放的市场环境，投身于全球金融业的竞争，增强自身的竞争力，加快我国金融业的国际化进程。

最后，应当以国内大型商业银行作为跨国并购的发起主体。一方面，国内的大型商业银行有着雄厚的资本实力，这为并购提供了资金上的可能性；另一方面，国内银行业仍以分业经营模式为主，通过跨国并购有助于增强其自身竞争优势。从并购目标方的企业性质来看，中国金融业在现阶段应注意加强对非银行类金融企业的并购。由于国际银行业的混业经营已经相当成熟，发达国家的金融企业积累了长期混业经营的优势，因此，国外的证券公司、保险公司具有更适应混业经营与混业监管的体制，并有着较丰富的经验，通过对此类外国金融企业的并购，可规避中国金融企业分业经营、分业监管体制的不足，充分发挥混业经营的优势，积极参与国际竞争。

17.4.3　培育多层次的资本市场体系

多层次的资本市场体系是市场主导型的金融产业体系发展的重要基础，要汲取国际资本市场发展的先进经验，结合中国金融体系的自身条件与资源禀赋，构建与中国经济转型相适应、能与国际金融市场体系接轨的多层次资本市场体系；多层次资本市场体系的建设应当有利于提高金融资本的配置效率，促进经济增长。在多层次资本市场的总体设计上，必须坚持定位准确、层次清晰、分工明确、定价有效、监管到位的基本原则，既要有高标准、严要求的与国际主流交易所系统接轨，又要有入市门槛较低、包容性强、旨在满足中小企业融资需求的中小板和创业板的市场交易体系，实现交易所市场与场外交易市场协调发展，各层次的资本市场之间功能互补、层层递进。

第一层次的资本市场是由深圳证券交易所和上海证券交易所构成的主板市场。沪深主板市场发展的整体目标定位不仅是我国多层次资本市场体系的核心市场，还应是全球的重要与核心的资本市场。主板市场的制度设计应向全球主要国际金融中心和地区的主板市场的制度标准看齐，其发展定位是鼓励和吸引全世界优秀成熟的大型企业在两大交易所上市，允许包括本土的国有企业、民营企业，以及国外企业进行股票发行和交易，开发可以方便海外投资者的股票存托凭证，提高股票、债券、股指期货等重要交易工具的市场流动性。建立规范的集中信息披露、集中竞价交易制度、集中结算制度，主板市场的上市门槛和监管体制应与国际主要证券交易所基本一致，允许海外的机构投资者进入中国的主板市场。

第二层次的资本市场是由深圳中小企业板和创业板市场所组成。该市场体系应定位于为具有高成长性、有创新特色、主业突出、科技含量高的中小企业和创业企业提供融资渠道和平台，主要解决中小企业和创业企业融资发展问题，是促进特色中小企业和创业企业迅速成长的全国乃至全球性股票交易市场。该市场的上市门槛应低于主板市场，但在信息披露和交易监管方面，要遵守与主板市场同样的集中竞价交易制度、集中信息披露制度、集中结算制度等规范高效的运营制度。创业板市场与中小板市场在发行上市条件、交易机制等方面要保持与主板市场之间的差异性，鼓励有创新能力的中小型科技企业优先上市。此外，第二层次的资本市场应该有更灵活的退出机制。

第三层次为全国统一的场外市场体系，即"三板市场"。可以在全国代办股份转让系统的基础上整合现有的新、旧三板市场，该市场应定位于服务区域性中小企业，即旨在为尚未符合中小企业板和创业板上市标准的地方性创新型企业提供融资需求服务，其主要的市场功能是发挥其上市项目的"孵化器"功能，即为主板市场、中小板市场、创业板市场输送可上市的高质量的上市公司。三板市场也应设置一定的门槛，在上市门槛方面，公司选择的标准可以低于创业板上市公司，但在投资者准入方面可以高于创业板市场的准入标准，实行比创业板市场更加宽松的信息披露和监管制度。借鉴发达国家区域资本市场发展的成功经验，引入所谓"做市商"制度，指定具备一定实力和信誉的证券经营法人作为特许交易商，不断向公众投资者报出某些特定证券的买卖价格，提高三板市场的交易活跃程度。

17.4.4 加强金融监管的国际化合作

金融一体化加强了全球金融产业的相互联系，而国际资本流动又加剧了金融监管的难度与复杂性，为了应对金融产业国际化发展所带来的金融风险，加强各国监管部门的协调与合作成为控制金融风险、抑制金融危机的国际传播的重要手段。

首先，要建立跨国金融监管合作的国际性规范和制度规定。要有效解决金融产业跨国发展所产生的金融风险问题，必须依靠多个国家监管部门的共同努力，需要各成员共同提出切实可行的监管规则与行动方案，这是制定国际金融监管规则所必须遵守的前提条件。因此，可以由现有的国际金融组织，如国际货币基金组织、世界银行以及有国际影响力的区域性国际金融组织作为制定国际金融监管规则的发起人，从整体角度协调各国监管部门的监管行为，广泛听取非主导监管国家的意见与建议，制定能够涵盖大多数国家的情况和利益，能适应不同的监管环境的监管规则，国际监管规则在一定程度上应照顾到多数国家的利益诉求，使之符合各国的金融监管要求。要制定与国际金融监管规则相配套的干预程序与操作手册，使得国际金融监管合作制度化、程序化，保证国际金融监管的客观性和公正性，并保持国际金融监管与干预机制的稳定性。在监管合作中，当各国监管部门存在意见分歧时，应当采取谈判方式解决分歧，只有当国际社会中大多数监管部门主动参与国际金融监管规则的制定，才可以推广所制定的国际监管条款，并在这些制度与规范的基础上开展合作与协调。

其次，加强多国金融监管部门的信息沟通与信息共享。获取充分有效的实时信息是提高金融监管效率的一个重要条件，及时获得金融机构的经营信息、金融市场的交易信息是发现金融风险和问题的关键，国际金融监管部门应该以前瞻性视角确定共享信息，国际监管机构和政府部门应当制定共同的、可操作的、能计量的金融信息统计指标，共同商定全球系统性重要金融机构的确定标准，加强这些系统性重要国际金融机构的信息公开与共享，建立广泛覆盖的国际金融信息的传递与交流网络，在个别成员国的金融机构和金融市场出现可能冲击和影响国际金融市场的重大事件时，要做好事先的信息发布工作以及事后沟通工作，避免因信息不对称而引发资本集中外逃现象，及时发现新兴市场经济国家的宏观经济稳定性、金融体系脆弱性、金融市场流动性中所存在的问题和风险，防范区域性金融危机的发生，发挥区域性金融机构救助所在地区成员国金融危机的作用，促进区域经济与金融数据和信息的交流，监管国际资本流动特别是国际热钱的流向，建立一个开放国家金融监管的合作网络，建立有效的国际金融危机预警机制，防范金融风险的国际传播。建立各种层次的国际多边交流与对话机制，建立可供国际共享的世界智库机构，为国际金融提供共同监管的决策参考，使得各国监管部门能够基于监管规则去约束被监管者，加深参与国监管部门对国际金融监管规则的理解，并愿意在国际金融监管规则的指导下积极共享监管信息。

第 18 章 金融产业的有效监管

金融产业的创新和金融市场的全球化发展在加强金融企业的竞争、提高金融效率的同时，也大大加速了金融市场的波动和金融风险的跨国传染。从 20 世纪 30 年代的大萧条到 21 世纪初的美国次贷危机，许多发达国家与发展中国家经历了严重的金融危机，出现了金融企业大规模破产、股票市场崩溃、货币急剧贬值现象。面对日益频繁爆发的金融危机，世界各国政府和金融监管部门开始重新反思金融产业的监管制度，力图构建一个可以防范金融产业崩溃、促进金融产业稳健发展的制度框架，在保证金融产业可持续成长的同时，运用有效的监管手段使金融危机发生的概率降低。本章转入对金融产业监管的内涵、目标、原则、体系以及机制进行研究。

18.1 金融产业监管的内涵

18.1.1 金融产业监管的内涵

监管是与市场行为相对的一种政府干预行为。从各国经济发展的历史经验来看，关于市场秩序与政府干预的争论一直存在，重农学派的经济学家魁奈在其"自然秩序"理论中主张价格机制与市场竞争是市场经济活动的根本保障，经济自由是社会经济秩序的基本准则，而保护所有者的产权安全是社会经济秩序的制度保障，政府干预行为应根据自然秩序的要求，在法律授权的前提下对市场行为进行干预。庇古作为福利经济学的代表，指出利己行为并不一定能够达到全社会福利的最大化，天赋的自由制度必须由特定的法律予以限制和保障，即通过某种形式的政府干预行为来限制那些具有负外部性的行为或个人。此后，学者尝试从政府行为的功能性视角对政府监管行为给予解释,认为政府可以对市场失败做出矫正,政府监管市场就是要及时发现市场缺陷,维护市场体系的长期可持续发展。20世纪80年代以后,世界各国掀起了经济自由化、金融自由化的浪潮,金融发展过程中监管、放松监管、再监管的现象交替出现,然而市场失灵、信息不对称、外部性等现象的存在,使得人们对政府干预给予了越来越广泛的认知和支持,政府监管的方法及有效性成为集中讨论的焦点。

金融产业的监管是与中央银行职能的发展密切相关的,英格兰银行作为最早出现的中央银行,是从商业银行的"最后贷款人"向金融监管者转变的最早尝试者。20世纪60年代之前,中央银行的主要职能是维持银行券与黄金自由兑换的比价以及代理国库,而对银行业的监管发展得非常缓慢。随着银行业的不断发展,银行的交易规模日趋扩大,对银行业监管的重要性逐渐显现,1863年美国《国民银行法》对银行的最低资本额、最低准备金等做出了详细的规定,1933年美国的银行修正法案对持股公司的监管、银行存款利率、分支机构设立、联邦存款保险制度进行了规范,并奠定了证券业与银行业分业经营的法律基础。之后美国陆续颁布了《证券法》《证券交易法》《银行持股公司法》《证券投资者保护法》,金融产业的发展被纳入全面监管的框架中。在美国的示范效应下,欧洲等发达国家也纷纷对金融产业实施了严格的监管。

总结各国对金融产业监管的历史经验,可以对金融产业监管内涵做出定义,即金融产业监管是对金融产业监督和管理的统称,是指一国政府和金融监管部门根据法律授权对金融业实施监督和管理的过程和行为,金融产业监管的对象是一国金融组织机构以及由此形成的金融市场体系。金融产业监管的基本内涵包括以下四点:

第一,金融产业的监管是在法律授权的前提下,由政府或金融监管部门对金融产业组织和金融市场体系实施监督和管理。在以市场经济制度为基本经济制度的环境中,给予各类经济主体充分的市场自由是保持市场效率的重要保障,因此金融监管部门在对金融产业进行监管时,必须得到相关法律的授权,对被监管者的各类业务行为须有明确的法律规范,因此金融监管的法律法规必须对金融企业"应当怎样"开展业务经营做出明确的法律规定,对金融企业违反法律规定的行为应当受到的处罚和制裁做出明确规定,金融监管者自身也必须受到法律的约束,监管者必须依法律规定和法定程序实施监管，在充分保障债权人、投资者、金融企业的自由与权益的前提下，依法依规对金融产业组织和金融市场体系实施监督和管理，在没有得到法律授权时，金融监管部门无权对金融产业组织和金融市场体系进行非法的干预或监管。

第二，金融产业监管的目的是维护金融体系的安全性、保证金融市场的公平竞争、维护存款者和投资者的合法权益。金融产业是现代经济体系中的核心产业部门，金融业的稳定与健康发展对一个国家经济稳定的意义重大，在金融一体化和经济全球化的背景下，金融交易更趋复杂化，各类、各国金融企业间相互影响的可能性大大增加，金融危机跨国传染的可能性明显增大，金融产业所面临的系统性风险也明显增加，防范金融风险的扩散和金融危机的爆发是金融监管部门的首要任务；世界银行专家 Millandand Long 和 Dimitri Vittas（1992）主张金融监管最终要实现三个目标，即金融体系的稳定性、效率性和公平性，其中金融体系的公平性与稳定性是金融监管的核心，效率性是金融监管的生命，金融监管就是在这三个目标之间寻求平衡。

第三，金融产业监管的内容包括金融企业的市场准入与退出、内部控制、资产与负债经营等各方面。其中金融企业的设立、更名、迁址、法人资格审查、撤并、经营业务范围界定、资本金审验等属于行政监管的范畴，而信贷规模、资产负债比例、现金、信贷资产质量、经营风险的监管、结算则属于业务监管的范畴。其中行政监管的重点在于审查金融企业是否合规，其监管的内容涉及金融企业的审批、金融市场监管、社会信用监控、金融创新规范化监管，以及中央银行基础货币监管、信贷资金管理、结算纪律监管、外汇外债监管等方面；而业务监管的内容主要涉及对金融企业的资本金充足性、资产流动性、资产风险性、经营效应等方面的监管，其监管的重点在于控制金融产业扩张过程中所产生的风险，抑制金融企业盲目扩张信贷所产生的系统性风险。

第四，金融产业监管的实施主体包括政府监管部门和非政府监管部门，其中政府监管部门由政府监管机构和准政府监管机构构成，而非政府监管部门则由行业自律组织、社会中介组织构成。政府监管部门借助法律授予的权力，对商业银行业、信托业、证券投资业、保险业等依法实施监管，制定金融产业监管的各种法律规章并负责监督这些法规的实施，如果金融组织或相关个人违反了这些法律法规，则会受到法律法规的处罚；非政府监管部门的监管权力虽然不是来自于政府，但该部门在金融产业组织中具有行业领导地位，它可以借助内部纪律和行业规制对违规者进行惩戒和处罚。

18.1.2 金融产业监管与管制

基于金融产业发展过程中可能存在的外部负效应、信息不对称和自然垄断现象，对金融产业实施有效的监管是非常必要的，然而需要强调的是金融产业监管不同于金融产业管制，两者之间的区别与联系体现在以下三个方面：

其一，金融产业监管是政府或监管部门依据法律授权对金融企业的经营行为进行约束和规范，被约束的金融企业可以在金融法律法规授权的许可范围内展开自由交易与竞争，它遵循法无禁止即可行的原则，一旦金融企业违反了相关法律法规，就会受到相应的处罚。而金融产业管制是以制裁手段对个人或金融组织自由决策的一种强制性限制，金融产业管制就是以限制金融企业或个人主体决策为目的而运用这种强制力，它是行政机构制定并执行的直接干预市场机制或间接改变企业和消费者供需决策的一般规则或特殊行为，政府管制的依据是各种规则，而这些规则明确规定了被管制者的决策限制。因此，金融产业监管的指向是那些违规违法行为或可能会增加整个金融产业系统性风险的不良行为，而金融产业管制则是为了干预自由市场竞争。

其二，有效的金融产业监管对金融市场的新进入者采取一视同仁的态度，而金融产业管制则可能存在严重的准入歧视。金融产业的管制者，通常对新的进入者持有怀疑的传统视点，在金融产业管制严格的国家，管制者通常要求新的进入者能够拿出证明他们对债权人、投资者长期负责任的证据，如项目的盈利性、申请人的经验、社会声望等，而这些管制规定可能超出了现有准入法律规定。以中国银行业的准入为例，对于民营资本而言，尽管许多申请者可能都满足了银行设立的各项法律准入要求，但仅仅因为缺乏管制者的信任，这些民营资本仍然很难得到政府部门派发的营业执照。因此，金融产业监管可以使各类新进入者得到平等的国民待遇，而金融产业管制则可能制造隐性的准入限制，从而使得金融市场无法实现充分竞争。

其三，金融产业监管的成本主要由行政执法成本构成，其监管的效率可以用成本收益理论模型来解释，对金融产业监管所产生的预期收益等于监管的边际成本，是最理想的金融监管强度，此时对金融产业监管的效率也达到最优。而金融产业管制所产生的成本包括道德风险、福利损失和管制的动态成本。在金融产业被普遍管制的环境中，获得政府许可进入金融市场的金融企业会得到政府部门的隐性担保，从而可能使不诚实者和投机者充斥着整个金融市场；在金融管制的状态下，金融企业将面临更少的服务选择和更高的产品价格，这会导致社会福利的损失；过度的金融产业管制会引发寻租现象，从而导致政府管制部门产生腐败行为。因此，有效的金融产业监管有助于增强金融市场竞争、提高金融效率，而过度的金融产业管制则会降低金融效率，导致寻租行为盛行和社会福利损失。

18.2 金融产业监管的目标

由于金融企业自身资产负债结构的特点，使得金融体系具有天然的脆弱性，相对于其他工商企业而言，金融产业更容易受到危机的传染，鉴于金融产业自身的高风险性和强烈的外部性属性，确保金融产业在安全性、流动性、盈利性、稳定性的前提下可持续运营一直是金融产业监管的核心任务，因此，金融产业监管目标必须围绕上述核心任务确定。

18.2.1 保障金融产业组织体系的安全

金融产业在现代经济社会中具有举足轻重的地位，保证金融产业组织体系的稳定与安全，防止系统危机或崩溃的发生是金融产业监管部门的首要目标。金融产业监管的根本任务之一是防范和化解金融产业运行所产生的各种金融风险，防止金融危机的爆发，保障国家的金融安全，维护广大存款人、委托者、投资者、投保人的利益，保护国家整体利益，维护正常的社会信用秩序和金融秩序，维护公众财产安全和社会稳定，促进金融产业的可持续发展。由于金融产业的可持续发展是以众多金融企业的稳健经营和持续发展为基础的，在金融产业的监管过程中，要促进各金融企业不断加强管理，改善经营，提高效益，增强自身的竞争实力，防范和化解各种金融风险,保证金融体系的安全,维护金融产业的可持续发展。因为金融企业破产所产生的冲击首先会对金融企业自身的发展产生负面影响,但如果个别金融企业的倒闭所产生的链式反应冲击到整个金融产业组织体系时,则会对实体经济部门和整个国民经济产生非常严重的影响。在金融产业结构越复杂、金融组织间的彼此联系越紧密的情况下,这种冲击和影响就越难以估计。因此,绝大多数国家的政府和金融监管部门都会把保持金融产业组织体系的稳定作为金融产业监管的首要目标。历史经验与实证研究表明,及时、有效的金融监管可以大大减少金融市场上的信息不对称现象和败德行为的发生,降低金融交易的波动性,可以有效促进金融产业健康稳定的发展。

以银行业为例,在中央银行以及存款保险公司成立之前,银行业应对金融危机的能力非常有限,那时无论是单个银行,还是整个银行体系为应对流动性危机而持有的自有储备资产是非常有限的,因此每当经济衰退冲击到商业银行时,银行业依靠自有储备资产往往很难应付存款客户的挤兑需求,所以经常发生银行业的支付危机,这不仅会严重影响存款人的利益,银行支付危机所产生的信贷紧缩对国民经济的负面影响也是持久的;在缺乏金融监管部门支持的情况下,银行业的整体价值会受到广大社会公众的质疑,一家商业银行的支付困难非常容易产生连锁性的多米诺骨牌效应,支付困难就会很快波及银行业,从而引发整个行业的危机,并加重经济危机的程度和复苏难度。在中央银行制度和存款保险制度出现之后,银行业抵御流动性风险和金融危机的能力发生了巨大的变化,各国金融监管部门都建立了法定存款准备金制度,即要求商业银行除了保持一定的自有储备资产之外,还要向中央银行缴存一定比例的准备金存款,作为对银行流动性的一个补充和支持,中央银行也自然成为商业银行的最后贷款人,即商业银行在流动性极度匮乏的情况下从中央银行借款,以满足存款人的需要和紧急信贷需求。除此之外,为增强存款人对整个银行业的信心,多数国家还建立了存款保险制度,受到存款保险保护的银行机构不会因为个别银行出现流动性问题而陷入恐慌,也不会对整个银行业失去信心,公众利益和银行体系的稳定性之间的联系不再那么强烈。以上事实表明,最后贷款人和存款保险监管制度的建立,不仅为银行业的正常稳定运行提供了保障,还为监管部门应对银行业风险提供了更多的工具选择。

处于经济转型期的国家,其资金需求方式会随着经济结构、产业结构的调整而不断发生改变,原本主导金融系统的某些金融行业可能会渐渐衰落,而一些新的金融行业会应运而生,这就要求金融监管部门准确掌握金融产业发展模式变迁的特征,制定有针对性的监管政策,否则就会产生金融动荡,影响人们对未来经济发展的预期,进而影响金融系统的稳定运行。以中国的金融产业为例,一方面,银行业一直在整个金融产业中占有绝对地位,在银行中介所主导的金融体系中,银行在金融资本的分配中扮演着极为重要的角色,它承担着全社会信贷资金动员、积聚与分配的职能,如果银行部门不能够有效、合理、安全地配置这些社会信贷资本,金融风险就会过于集中于银行的信贷市场,这种风险如不能及时化解,必将对整个国家的金融体系产生难以估量的影响。另一方面,由于企业过度依靠银行的信贷支持,银行部门信贷的周期性波动往往会对企业部门的投资行为产生强烈的影响;在银行紧缩信贷时,企业的合理投资需求不能够得到满足;而在银行扩张信贷时,企业又容易出现投资过度的现象。因此,扶持和发展由市场主导的金融产业和组织显得非常必要,需要强调的是,市场主导型金融系统的突出优势就是,市场可以有效分散风险,可以获得更高的收益,且投资组合策略更加灵活,投资者可以根据自己的风险偏好、预期收益和流动性偏好等因素来选择和优化自己的资产投资组合。而金融市场也可以提供多样化的金融产品,它可以使国际投资者有更多的投资选择,因此金融市场对国际资本的吸引力越强,该国利用国际资本发展本国经济的能力也越强;但市场主导型金融系统的主要缺点也很明显,过度繁荣的金融市场会使投资者的资产更多地暴露在风险之下,由于金融市场上金融工具的价格信息是公开的,金融资产价格的波动会对企业的经营行为、投资者福利、国家金融安全产生非常重要的影响,而这些影响通过复杂的金融市场体系的不断扩散和放大,有时会对社会产生恐慌性的影响,因此整个金融体系的脆弱性也会加大。

总之,金融监管部门应该通过日常监管来保证金融产业部门正常、稳定、健康的经营活动从而保障金融体系的安全,维持一个稳定、健全、高效的金融产业组织体系,促进金融产业各部门的协调和整体可持续发展。

18.2.2 为金融企业创造公平的竞争环境

金融产业监管不是要遏制市场竞争,而是通过鼓励金融企业的合法竞争来提高金融效率。一般而言，金融效率与经济增长之间具有密切联系，Harber（1996）研究表明，金融市场效率的提高可以有效地推动经济增长，因为较高的金融市场效率有助于提高投资率、降低工业结构集中度、提高经济增长能力。而合理的金融产业监管制度有助于实现金融企业的适度竞争，形成有利于金融企业适度竞争的环境和产业格局，有助于规范市场竞争秩序，防止过度竞争和破坏性竞争，从而促进金融企业在安全有序的基础上健康发展。如果金融产业监管过严或过度，必然会阻碍金融企业的竞争和创新，从而削弱一个国家金融业的市场竞争力，不利于金融业的健康发展。需要指出的是，金融企业间的无序竞争会破坏金融秩序，引发金融市场的动荡，降低整个金融市场的运行效率。众所周知，金融风险是与金融乃至金融产业的发展相伴随的，防范和约束金融风险是金融产业监管的一个重要目标。所以，要确保金融产业可持续发展，必须对金融产业发展进程进行持久监管，将金融产业所面临的金融风险约束到可承受的范围和最小限度内，因此对金融产业的监管是为了保证金融产业能够持续健康发展。为此，金融产业监管部门需要制定和完善一系列的审慎监管法规，保证金融企业在平等的条件下开展竞争，维护金融市场的公平竞争，保持金融体系的稳定，抑制和防范金融风险，引导金融机构提高金融服务质量，增强金融体系的包容性，为社会公众提供种类丰富、价格合理、可持续的金融产品与金融服务。

促进金融产业的有序竞争与实施有效的金融监管既是矛盾的又是统一的。银行业的历史发展表明，起源于中央银行的金融产业监管制度，就是市场竞争的"副产品"，一次次的银行危机、金融危机都在告诫各国监管部门，放任竞争的自由市场经济极有可能危害到存款人、债权人、投资者的利益，如果不对其采取行之有效的金融监管，势必会对社会经济发展产生不利的影响，建立全面、有效的金融产业监管体系成为一种国际共识。在中央银行制度在世界各国逐步确立之后，对银行产业的监管日趋成熟与系统，该监管系统在多次银行危机中的积极作用也得到世界各国的承认。然而，在市场经济与金融发展过程中，商业银行总会在利益的驱使下产生某些违规的冲动与行为，以谋求自身利益的最大化，而金融监管部门为保障债权人的权益、稳定金融秩序、维护公平竞争、维持经济稳定，需要不断根据金融市场的变化，不断改进现有的金融监管手段与方法，修订已有的金融法律法规，以约束和规范金融产业的发展。因此，金融产业竞争与金融产业监管之间的对立统一关系，直接导致了金融工具的创新和金融企业的演进，从而带动了金融产业的不断发展。

通过金融产业监管来保证金融市场的适度竞争，需要监管部门准确把握金融产业发展的趋势，树立功能型的产业监管理念。所谓功能型监管，就是依据金融体系的基本功能来设计金融产业的监管机制，金融产业的终极目标就是稳定地为社会经济发展提供金融资本，因此对金融产业的监管应当有利于目标的实现。以分业经营模式向混业经营模式转变的历史经验为例，1933年美国的《道格拉斯—斯蒂格尔法》通过之后，美国形成了商业银行与投资银行分业经营的产业格局，然而，经过60年的金融发展与演变，分业经营的弊端越来越明显，银行业、证券业、保险业的彼此分离削弱了细分金融行业和整体金融产业的竞争优势，对金融效率的抑制作用也愈来愈突出。1999年美国国会通过了《金融服务现代化法案》，该法案取消了1933年的银行修正法案，允许商业银行、证券公司、保险公司成为联营企业，允许同一金融机构从事金融业务的混业经营。将该法案命名为《金融服务现代化法案》彰显了功能型监管的理念，即通过提升整体金融产业的效率来推动金融服务的现代化。功能型监管模式的突出优点就是它从提高金融产业效率的角度出发，要求各类金融机构，不管其所从事的具体业务领域为何，都必须遵循共同的法律准则，即保护存款人、投资者、消费者的金融权益，功能型监管模式更有利于加强金融企业的专业化程度，提高金融市场的适度竞争。

18.2.3 保护债权人与消费者合法权益

保护债权人与消费者的合法权益就是保护金融消费者在享受金融服务或进行金融活动中的利益不受侵害。相对于金融市场而言，存款人、投资者和金融消费者在资金规模、信息取得、经济地位等各方面都居于弱势地位，而他们又是金融产业的发展基础和支撑者，所以金融产业监管部门应对债权人和消费者的利益提供必要的保护，并把保护债权人和金融消费者的利益作为金融产业监管的一个重要目标。各国金融产业发展的实践表明，保护债权人和金融消费者的权益已经是全世界金融监管立法关注的重点，而以保护投资者利益为核心的金融市场信息披露制度是有效的监管手段之一。由于金融市场上的信息不对称问题，处于信息弱势一方的消费者往往会遭受损失，而处于信息优势的一方会创造更大的金融风险来损害处于弱势地位的消费者的利益。因此金融产业监管的目标之一就是消除金融市场给债权人和消费者所带来的在处理金融信息方面的不对称性，以避免因这种信息不对称性而造成的金融交易的不公平性。在金融交易的结构和程序日益复杂的背景下，金融企业活动的透明度会降低，而一般公众由于缺乏专业的金融知识，很容易被违规的金融企业所诱导甚至被欺骗，因此，消费者利益保护应当作为对金融产业监管的长期目标之一。

对债权人和金融消费者的保护包括两层基本含义：一是对债权人本金的保护，二是保护消费者获得与其所承担风险相匹配的收益率。根据经典金融理论的假设，金融市场中的消费者都应当是符合经济学上理性人假设的。金融消费者会事先根据自身的风险偏好程度选择进入金融产业中的某个子行业，当其成为某个子行业的消费者后，他们有权获得一个与行业平均收益状况相近的社会资本收益率。因此对金融消费者进行保护的目的就在于尽可能使其至少获得该行业的社会资本收益率，因为资本是有成本的，金融消费者承担相应的风险，就应当获得与其所承担的风险相匹配的市场平均收益率。那些为了保护金融系统的稳定而牺牲消费者利益的监管行为，从长期来看最终是会侵害金融本身利益的，所以金融监管部门不仅要权衡风险和收益的问题，而且要将金融消费者的利益保护作为金融产业监管的重要目标。

对债权人和金融消费者利益保护的主要监管工具是建立金融消费者保护法，制定更为明确的金融行业行为标准，以促使市场的公平和透明；建立完善的金融行业规范，建立旨在保护金融消费者的金融产业监管政策机制。该机制应当做到：①保护存款人利益。银行作为间接金融市场上重要的金融企业，其资金来源的主要渠道是广大储户的各种存款，作为银行的债权人，存款者是无法充分了解银行资金运用情况的，因此在银行出现支付困难时，存款人是通过挤兑的方式来保全自身利益的，然而这种方式只能保全一部分存款者的利益，因此通过存款保险制度可以保障更广泛的债权人的利益。②保护证券投资者的利益。证券市场承担着为整个金融市场提供流动性的角色，而广大证券投资者是整个市场流动性的提供者，因此保护证券投资者的利益就是保护整个金融市场的流动性，对证券投资者利益的保护主要通过证券市场的信息披露制度、集体诉讼制度、民事赔偿制度等实现。信息披露制度让上市公司置于全社会的监督之下；集体诉讼制度可以让投资者借助金融中介机构追诉上市公司的违规行为；民事赔偿制度则可以让受害的投资者对违规上市公司甚至相关自然人的财产进行追诉。③保护金融消费者的利益。多数金融资产属于风险资产，其收益率都具有不确定性的特点，而一些金融衍生工具的风险则可能更高；不仅如此，有许多金融资产是在金融企业的柜台上进行交易的，其流动性受到了一定的限制，因此，保护金融消费者的权益就是要科学合理地对消费者进行风险偏好评价，并根据该评价为消费者提供相应的金融产品与服务，对于风险较高、运行复杂的衍生金融产品，要制定严格的消费者准入标准，禁止不负责任地向消费者兜售高风险的金融产品。

18.3 金融产业监管原则

18.3.1 依法监管原则

依法监管是金融产业监管的基本原则。所谓依法监管，是指对金融产业的监管必须在法律授权的前提下进行，它不仅是对某一具体监管行为的规定，而且是对整个监管活动的约束与指导。依法监管要从以下四个方面入手。

第一，依法监管的前提条件是有法可依。金融产业监管要想达到保障安全、保护竞争、提高效率的目标，就必须对监管者的权力做出明确且清晰的法律规定，而建立和完善金融产业监管的法律法规体系是依法监管的前提条件，只有在健全的法律法规的指导下，监管者才可能依法进行监管，真正做到有法可依。因此，要树立依法监管的理念，为监管者制定具体的、可操作的法律法规，同时完善金融产业监管所需的配套制度。依法监管必须在法律中明确执行金融产业监管的行为主体、监管权力的内容与范围，对金融企业的监管活动必须由相应的主体承担。对法律法规禁止的金融交易行为，金融监管部门要及时发现，妥善处置；对于金融法规没有限制的交易行为，金融监管部门应当采取包容的态度予以引导和观察。

第二，依法监管要明确监管范围。依法监管要求监管部门必须在法律规定的范围内行使职权，必须严格依照法律规定进行监管，不得超出法律授权的范围。金融市场上时常出现的监管越位与监管缺位，其主要原因就是金融产业监管部门对监管行为的边界掌握得不够准确，因此，相关的金融法规在授予监管部门监管权力的同时，必须对监管部门的监管客体、监管程序、执法方式、操作流程等做出明确的规定，使得监管能够依法做出，从而解决监管缺位和监管越位问题。对于实行分业监管模式的国家，各个监管部门要加强彼此的沟通与协调合作，对部门间的合作方式要做出详细规定并予以严格执行。监管部门必须在法律规定的范围内执行监管任务，不允许监管者超越监管范围。

第三，监管者对违法行为的惩处要能够起到震慑作用。追逐利润是金融企业永恒的动机，金融企业在逐利的过程中越过监管边界是时常出现的情况，因此，金融监管部门不仅需要有及时发现违规行为的能力，而且要对违规者给予相应的惩罚，这种惩罚既要达到让违规者得不偿失的结果，同时也要对有类似动机的投机者产生强力震慑作用。在2008年波及全球的美国次贷危机中，许多美国的商业银行在抵押贷款打包出售的过程中犯有严重过失，致使大量高风险的资产进入美国债券市场，通过资产证券化的方式迅速向整个金融市场扩散，美国政府为此向美洲银行开出了166.5亿美元的罚单，美国监管部门希望以此惩罚、告诫那些不负责任的商业银行和其他金融企业。金融产业中各金融企业只有严格依法经营和守法经营才能保证尽量减小风险，同时只有依法监管才能确保金融企业的经营安全。

第四，监管者要保持金融产业监管的一致性与稳定性。各国的金融产业监管体制虽不同，但金融监管的目标和原则是基本一致的。保持金融产业监管的一致性与稳定性的实质就是依法监管，即保持现有金融监管法律体系的稳定性，不能因经济发展的一时之需就擅自改变对现有金融法律法规体系的解释与执行，尽可能地减少行政部门对金融司法以及执法体系的干预，真正实现法律面前人人平等，防止因频繁变更法律条文而可能产生的利益输送行为，应建立对监管者的权力监督机制，避免监管者监管行为的随意性。金融产业的特殊地位与影响，决定了金融企业必须受到国家金融管理部门的有力监管，并保持监管者的权威性、严肃性、强制性和一贯性。任何金融企业、金融市场和金融领域都应当受到适当而充分的监管或监控，真正做到依法监管，保证金融产业创新与金融产业监管的同步性。

18.3.2 审慎监管原则

所谓审慎监管是指监管主体在对被监管者进行监管检查中，必须根据当时的经济金融环境和金融企业所面临的经营环境条件，对监管所查出的问题做出符合情况的判断，并提出切实可行的处理意见，确保金融企业对问题与风险进行正确及时的防范与处理。在金融产业监管中，监管主体必须坚持审慎原则，对金融企业所面临的信用风险、利率风险、操作风险、流动性风险、市场风险等进行有效监管，利用科学的方法评估和监测金融企业的资产质量，督促金融企业加强内部控制建设。对金融产业的审慎监管主要体现在微观与宏观两方面。

（1）微观审慎监管

微观审慎监管是从金融风险产生的源头出发，对金融机构、金融产业的微观个体行为进行监管，从市场经营与市场交易的微观环节来识别可能的金融风险行为，防止个别金融企业的个体金融风险演变成为区域性、系统性的金融危机。微观审慎监管的重点在于对金融机构和金融企业自身资产价值变化的关注与监管，特别是其资产负债情况的变化，其资产价值发生变化，使其权益价值发生变化，包括股权和债权价值的变化，所以，金融机构的资产负债表会反映其所面临的金融风险。因此，微观审慎监管强调金融机构和金融市场信息的公开性与真实性，它要求金融机构、金融企业和金融市场及时公开其经营与交易信息，金融监管部门在汇集了上述金融信息之后，就会对一国金融体系的总体运行状况有所了解和把握，并能够通过一定的技术分析系统发现其中存在的整体趋势与潜在问题，微观审慎监管将金融风险看成是外生冲击，单家机构的风险水平主要取决于其自身风险暴露程度和管理水平，虽然金融市场上的各个金融企业之间的风险是不相关的，但它们彼此之间的风险敞口则可能具有一定的相关性，微观审慎监管就是依据这一特点而采取的自下而上的监管原则。

（2）宏观审慎监管

该原则是从宏观经济发展的总体出发，强调金融系统是一个有别于经济体系的独立经济系统，它的运行既受自身金融体系结构的影响，也受宏观经济运行的影响，越是发达的金融体系，宏观经济对金融产业的冲击作用就越强。宏观审慎监管通过维持宏观资产价格的稳定实现金融系统的稳健运行，它强调将金融体系视作一个特殊系统进行宏观风险管理。宏观审慎监管主要依靠货币政策、财政政策、产业政策等政策工具来减少金融体系的顺周期波动，重点防范系统性金融风险。国际清算银行的 Claudio Borio（2010）指出，宏观审慎监管包括一系列框架，它们在各方面都不同，如成功的标准，工具与系统性风险如何接近，对它的贡献如何，总体和部门方法的平衡，规则和相机抉择的平衡。建立和完善宏观审慎监管框架，应开发出宏观审慎监管工具，探索推进实施逆向的贷款损失拨备及资本要求等举措，借助加强跨市场、跨行业的全面监管维护金融体系的稳定，促进经济平稳和可持续发展。从监管目标的角度来看，宏观审慎监管目标涵盖了微观审慎目标，因为宏观审慎目标包括使实体经济所遇到的损失最小化，并把保护存款人、投资者、金融消费者权益作为监管的重点，尽可能减少系统性金融危机对他们利益的侵蚀和影响。

18.3.3　适度竞争原则

所谓适度竞争原则就是金融监管部门在实施金融监管时，不能影响金融市场基本制度与结构。金融市场是一个高度流动的市场，任何扭曲市场机制与竞争行为的监管制度安排，不仅可能会直接影响金融产业的运行效率，而且会对实体产业部门产生重大的影响。金融产业监管不可能完全消灭金融风险，更不能抑制金融市场的公平竞争。保持金融产业组织体系的高度竞争活力也是金融产业监管的一个根本目标。为维持金融企业高度的竞争活力，一方面金融产业监管主体要维持良好的市场竞争秩序，保持充分的市场透明度，保证金融企业之间的适度竞争；另一方面要鼓励被监管的金融企业积极创新，提高支持经济发展的综合服务能力。如果金融产业监管过严或过度，抑制了金融竞争与金融创新，则必然会阻碍金融产业的健康发展，削弱国家金融产业的市场竞争力，说明这种监管阻碍了社会生产力的发展，金融产业监管是不适度的。反之，如果金融产业监管不到位，使得金融产业市场出现恶性竞争，引起金融秩序的混乱，加剧金融风险，同样说明金融产业监管没能坚持适度原则。

保持产业内部各金融企业的适度竞争，是促进金融产业持续发展的根本条件，垄断会使金融产业畸形发展、资源配置效率受损、资源浪费加剧，金融产业应防止垄断的产生。金融产业监管应对易形成垄断的行业和企业进行适当限制，从市场准入、市场退出等方面严格把关，以维持金融产业内金融企业的适当数量，保持产业内部适宜的竞争态势。适度竞争的金融产业体系能够为债权人和消费者提供高质量、多样化、高效率的金融产品和服务，同时保持金融产品和服务的价格在一个合理的水平上。因此，对金融产业监管要审时度势，适时调整改革措施，调节金融监督管理力度，要尽量促使各个不同的金融市场和金融行业之间的监管标准具有公平性，使之能够促进金融产业市场的运行效率，增加金融企业的竞争能力，确保金融产业能够满足社会经济发展的需要。坚持适度竞争的监管原则，应当做到在约束金融企业经营行为的同时，不影响金融产业的创新能力。激烈的金融市场竞争可以促使金融企业不断进行创新，通过推出新的金融产品、金融服务在市场上获得竞争优势，而这些金融创新又能够满足投资者、消费者的新需求，不仅如此，金融创新能够引导社会资源流向经济发展最需要的领域。因此，金融产业监管部门在实施监管的同时，必须保证金融资本能够在各个金融行业和金融市场之间自由流动，甚至在各国之间也能够自由流动，确保其监管行为不会对金融企业和金融产业的经营管理和创新活动造成过度限制，不会提高金融企业满足客户需求的金融产品和服务的价格，不会使被监管的金融企业在与其他金融企业和金融行业的同质竞争中处于比较劣势地位。要通过对金融业的监管，使得金融组织和金融市场能够根据经济形势、社会变迁、技术进步等方面的变化，进行灵活的产业调整，以适应新的市场竞争环境。

18.3.4　前瞻监管原则

前瞻监管原则的基本出发点就是防患于未然。各国历次金融危机的惨痛教训表明，金融危机的事后救助与处理成本是非常高的。以美国次贷危机为例，为救助美国 AIG，美国政府投入了超过 1000 亿美元的资金，考虑到为缓解次贷危机而实施的多次量化宽松政策，美国政府投入的资金将超过一万亿美元。沉重的经验教训要求金融监管部门在危机爆发之前就能够识别出金融体系中所存在的风险与问题，建立相应的金融指标统计体系，完善金融监管的预警机制，对问题金融机构采取预防性的监管措施，加大对区域性、系统性金融机构的动态监管，保证监管政策的连续性与稳定性，提高金融监管部门的监管技术与监管水平，及时跟踪金融市场与金融发展的最新形势与特点。

提高金融市场和金融企业的透明度，是实现金融产业监管前瞻性的必要保障。金融市场具有极高的外部性，金融市场波动又与金融市场和金融企业的信息披露紧密相关，通过信息披露制度，金融监管部门能够及时、真实地掌握金融企业和金融市场的变化，从而采取前瞻性的调控措施。因此，必须要求金融企业向客户充分披露其提供的产品、服务的相关信息，包括客户和金融企业的权利义务关系、产品结构、收益情况、风险特征等等，以方便投资者在不同的金融企业和金融产品之间进行选择；金融企业要向社会披露其主要财务信息和经营管理情况，包括股权结构、董事会、管理层、财务报表、业务发展等情况，这样可以使金融监管部门及时了解金融企业的资产质量和潜在问题，并通过公众监督及时发现金融企业所存在的风险与问题。信息披露可以减少金融市场上的信息不对称情况，便于监管部门引导公众预期，加强金融产业监管的前瞻性。

实现前瞻性监管需要金融监管部门展开广泛的部门合作和国际合作。金融产业的监管是通过多层次监管体系和机制共同协作来实施和完成的，特别是在实施分业监管模式的国家，各个监管部门在对应的金融行业领域行使监管权力，这种监管容易形成监管的真空地带，特别是在金融业发展处在由分业经营向混业经营转变的过程中，更容易出现监管缺位的现象，此时加强金融监管部门之间的合作就非常必要，通过法律授权相应的监管部门统筹协调各行业监管部门之间的分工与合作，利用磋商协调机制在各类监管部门之间传递工作信息，落实交叉业务领域的监管职责，建立金融机构的定期与非定期的信息反馈制度，金融信息的收集与传递系统，加强监管部门的跨国合作与交流。在面对全球性金融危机时，一国监管部门的力量毕竟是有限的，通过区域和多边金融合作，制定共同的金融产业监管的国际准则，可以防范金融风险的跨国传播，巴塞尔系列协议的诞生正是国际金融监管合作的结晶与体现。各国的金融产业监管部门通过与巴塞尔委员会、国际证券监管组织联合会、国际清算银行、国际会计准则委员会等国际组织的沟通与合作，尽量避免国际金融监管政策的矛盾与冲突，在地域经济联系比较紧密的国家之间寻求建立跨国监管的联动机制，加强各国金融监管部门之间的信息共享。

18.4 金融产业监管体系

由于各国金融产业深化和发展程度不同,产业经营方式不同,产业组织结构和体系不相同,因而所选择的金融产业监管的制度模式也不相同,由此决定了各国的金融产业监管体系有着或多或少的区别。本节主要从中央银行监管体系、金融行业监管体系、金融企业自律监管体系和社会公众监管体系四个方面对金融产业监管展开分析。

18.4.1 金融产业的中央银行监管体系

中央银行是整个金融体系中最重要的监管部门,虽然各个国家中央银行的独立程度有所不同,但多数国家的中央银行均按经济区划设立中央银行分支机构,这是淡化政府干预,提高金融产业监管效率以及完善金融产业监管系统的一个重要举措。中央银行对金融产业监管的基本授权主要包括:①中央银行对本外币、内外资、境内境外金融企业、表内表外业务、现场非现场的统一监管,对整个金融产业监管的全面授权。②中央银行负责完善金融产业监管的顶层体系建设,这包括金融机构日常经营监管制度、金融市场的风险预警制度、金融机构资信评级制度、金融监管部门的责任分工制度、信息沟通制度、档案管理制度和报告报表制度等。③中央银行总行与分行之间有明确的监管职权划分,要明晰中央银行总行和分行之间的任务分工与行政地位,各分行要服从总行的行政命令,总行要给予分行一定的法律授权,并指导分行金融监管政策的执行。④中央银行对金融产业监管与金融产业服务实行双轨运行,并在多个监管职能部门之间逐步形成定期联系制度和重要事项通报制度,既有明确分工,又有通力合作。

中央银行监管系统对金融产业监管的处置授权包括:第一,对日常监管中所发现的各种违法违规问题,中央银行视情节轻重依法进行处理和处罚。具体有警告、通报批评、罚款、没收非法所得、责令停止经营部分业务、责令撤换责任人、实行接管、吊销经营金融业务许可证等处罚方式。第二,对金融企业的一般性问题,要求其限期纠正;对金融企业的违法违规行为,除责令其限期纠正之外,还要视情节轻重,依法对违规的金融企业给予相应的处罚。第三,对问题金融企业的处理,应视其违规行为的影响而定；当存款性金融机构可能发生偿付困难时，中央银行可以根据具体情况对问题金融机构采取强制性接管措施，待其经营困境得到缓解时再将经营管理权交还。第四，除了直接接管外，中央银行还有权通过行业协调的方式，指定其他的金融机构或行业组织支持问题金融机构，如采取为其提供临时贷款等方式进行紧急救助。第五，对于采取了相应救援措施后仍然无法正常运营的金融机构，中央银行有权力组织其他金融机构对其进行兼并或收购；当金融机构确因经营危机需要实施破产时，中央银行有责任采取保护性结算措施，防止系统性金融危机蔓延，维护金融体系的安全。

18.4.2 金融产业的行业监管体系

行业监管体系一般可分为两大类：金融行业监管体系和金融行业自律监管体系。

（1）金融行业监管体系

在分业监管制度模式下，一般说来，银行业由中央银行负责监管，证券业（市场）由证监会负责监管，保险业（市场）由保监会负责监管等，这样就形成了各自行业的行政监管主体。不同的金融监管部门各负其责、各司其职，这种多元化分业的金融产业监管体制与分业监管相适应。从国际金融产业的发展情况看，分业经营是全球金融产业发展的一个阶段，分业监管又是金融产业监管的最初形式，这就客观地形成了一种"分业经营、分业监管"的金融运行模式。其特点是，多个监管主体并存，各监管主体既有分工又有合作。通过分业监管制度模式可以有效减少信用扩张风险，防止资金因过多地流向投机部门而导致经济秩序紊乱。但分业监管制度也存在着明显的缺陷，主要是在各业监管主体缺乏合作或协作不良时，监管效率低，监管成本高。一般说来，分业监管制度模式适用于分业经营的金融产业，在金融法规不健全，金融市场尚不成熟，金融创新处于较低层次，金融监管水平较低，特别是证券、保险、信托产业的发展水平尚处于初级阶段时，更适宜采用该模式。在这种金融产业发展状况下，实行"分业经营、分业监管"模式有利于金融监管部门对金融产业的风险加以扼制与监管，能保证金融企业的规范稳健运营，可以有力地保障广大存款人、投保者、投资者和社会公众的利益，促进金融产业的持续发展。随着金融产业的发展实施金融综合监管是必然趋势。

（2）金融行业自律监管体系

金融行业自律监管系统主要指金融同业公会或协会，如银行业协会、证券业协会、保险业协会、信托业协会等（如图18-1所示）。金融同业公会可以制定同业公约，并通过加强行业管理，主动协调多方面的关系，从而有效地沟通监管部门与金融企业之间的信息，促进金融企业之间的协作和共同发展。这种单元化的监管系统与统一的监管体制相适应。随着国际金融产业化、一体化、自由化、全球化发展进程的加快，金融产业实行混业经营是全球金融发展的最终经营目标模式。这是因为金融产业毕竟是一个各业间关联度极高的行业，混业经营充分体现了该行业在金融市场内部相互沟通的基本要求，有利于提高金融市场配置资源的效率，同时也有助于产业资本与金融资本的融合，降低金融产业体系的风险，在此基础上，就不存在实行分业监管的体制基础，而必须实行统一监管的制度模式。其特点是由一家监管部门实施全面全程监管。但是，实行统一监管，需要严格的金融运行环境，高度发达的金融市场，金融企业具有较强的自我约束机制和成熟的经营管理水平，金融监管主体（部门）具有较强的协调和监管能力，金融法制健全等等。只有满足这些环境要求，才能采用"混业经营、统一监管"的金融产业运行模式。

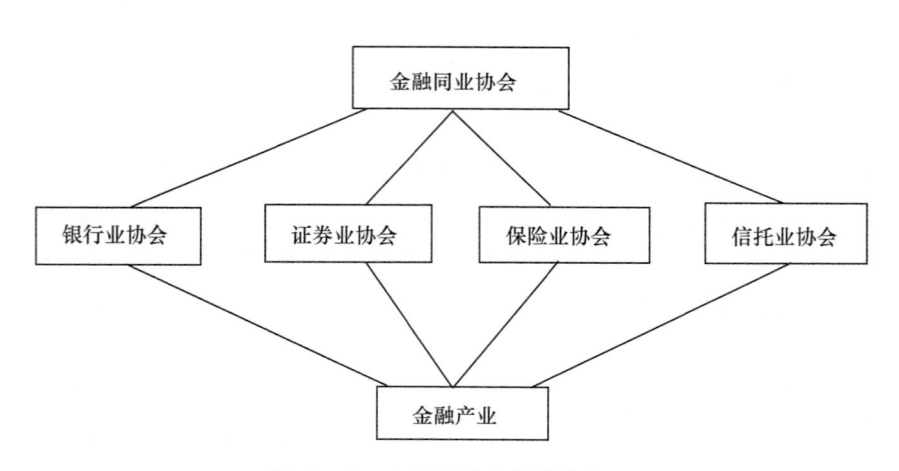

图18-1 金融行业自律监管体系

18.4.3 金融产业的企业自律体系

构成金融产业细胞的金融企业，既是被监管的对象，也是金融产业自律监管的主体。良好的金融企业自律监管体系是一个国家金融产业法定监管体系的重要补充，处理好法定监管与自律监管的关系，有助于促进金融企业自律监管的规范发展，完善金融行业的同业公约和规章制度，良好的金融企业自律在客观上起着稳定金融竞争秩序，辅助金融监管的功能。一般来说，金融企业的监管可从内部自律和外部监管两个方面入手，完善的自律监管是外部监管有效发挥作用的基础，良好的金融产业监管离不开外部监管和金融企业的自律，二者的统一才是有效的监管方式。从20世纪80年代以来不断蔓延的金融企业危机来看，其爆发的原因固然是多方面的，但是金融企业自身的自律监管较弱、投机倾向强、内部管理混乱、风险测控手段滞后等无疑是造成危机的主要原因之一。所以金融企业自律监管的根本途径应是严格制定和执行科学有效的内控机制，这是金融产业监管的第一道"防火墙"。在金融企业的内控机制中，控制环境是整个内控机制的基础，良好的控制环境能够提高内控机制的有效性，为实现控制制度目标提供了重要保障。

金融企业要成功实施自律，首先要充分认知金融产业政策，认真学习金融法律法规，以安全性、流动性、效益性为内容，合理划分企业内部职责和权限，建立严格的内部授权和内部审批制度，建立独立的会计与风险核算体系，建立合理的内部治理结构。金融企业要完善公司内部的治理结构，加强企业内部审计部门和稽核部门对企业经营行为的干预，保证内部控制机构的独立性和权威性，对于跨区域、跨国性的金融机构，要在系统内部设立跨地区的监管分部，加强被稽查单位对内控部门的行为约束。加强金融机构的金融基础设施建设，完善金融企业的网络信息化建设，建立相对集中的数据处理中心，完善金融机构内控的非现场监测条件，要根据金融企业的发展形势，不断修改和完善金融企业的内控制度，根据金融机构自身发展与外部金融环境的变化，不断对金融企业内控制度进行动态调整，提高金融机构守法的自觉性，增强金融企业的自律、自查、自管、自正的自律监管能力；提高金融机构的内部管理水平，减少金融机构之间不正当的市场竞争，促使金融机构自觉自愿地规范个别行为，主动与金融监管部门共同维护金融体系的稳定与安全。

金融企业自律监管需要一定的外部市场环境，即金融市场必须是一个自由竞争的市场，而不是一个被政府或某些大型金融企业所操纵的市场。

可见金融企业要自律，金融市场必须回归自由市场的本原，否则自律不仅是没必要的，也是不可能做到的。因此，金融行业的规范化发展，其长期着眼点应该放在金融企业的自律上，金融产业监管的重心也要转向有利于金融企业自律的形成。

18.4.4 金融产业的公众监督体系

随着金融发展与金融深化，金融活动已经渗透和影响到众多民众和家庭，防范金融风险，没有全社会各个方面的参与是不可能的。健全金融产业发展中的社会舆论监督系统是完善金融企业外部监督职能的重要内容。金融产业中各类金融企业的经营行为、公众形象、服务质量等，都应当接受社会公众的监督。阳光是最好的杀毒剂，借助社会公众的舆论监督可以有效地减少金融机构的投机行为，借助社会舆论监督，建立严肃的社会举报制度和查处制度，培育具有独立与自治精神的新闻媒体，可以形成对金融机构广泛的社会震慑，监督金融市场和金融机构依法经营和规范行事。由于金融市场具有较强的专业性，要培育具有高超专业水平的金融财经媒体，发挥财经媒体的传播、分析、监督作用，使之成为监管部门与金融机构之间、资金短缺者与资金盈余者之间、金融企业与消费者之间的信息中介，发达的财经媒体与信息网络有利于金融信息及时、准确地传播。

鼓励会计师事务所、律师事务所、民间研究机构等社会中介机构参与对金融企业的社会监管。通过建立健全集体诉讼代理制度和"吹哨人"制度，引入社会力量监督金融企业与金融市场的运营。集体诉讼制度作为一种诉讼代理制度，在保护证券市场投资者权益方面具有非常积极的作用，要允许那些在金融市场上受到金融企业误导或欺诈的投资者和消费者，将维护自身权益的诉讼代理权利委托给律师所，发挥律师事务所和会计师事务所的专业力量，保护处于信息弱势的消费者与投资者。允许公民个人监督由政府控股或资助的金融企业的经营，发挥广大社会公众的力量，监督国有金融企业的金融交易行为，对那些自愿揭露"家丑"的行为给予物质奖励。鼓励民间研究机构自由开展独立的经济与金融研究，在公正、客观、中立的前提下，允许民间研究机构发布其撰写的研究报告。培养投资者和消费者的维权意识，以法律的手段保护自身权益，普及金融法律知识，提高投资者和消费者的法律素质，通过多种渠道帮助投资者和消费者了解保护自身权利的方法和途径，让投资者和消费者能够利用法律武器进行自我保护，监督金融企业和金融市场的违规与侵权行为。

媒体对金融产业的监管是一种重要的社会监管形式，媒体可以凭借其高度的职业敏感性和特有的报道权利，揭示和挖掘隐藏在金融企业已披露信息背后的更深层次的信息，媒体对问题金融企业的跟踪报道和信息披露，可以为金融监管部门和社会公众提供检查的线索和方向，媒体可以成为广大公众和投资者利益的维护者和代言人，代表分散和弱小的公众与强大的金融企业相抗衡。媒体利用新闻报道的方式将那些违规的金融企业推向风口浪尖，迫使监管部门采取行动。媒体还是监管者宣传监管理念和教育债权人、投资者和消费者的一个重要平台，为避免社会公众被某些带有特别企图的媒体所误导，监管部门要对媒体影响市场的舆论能力给予恰当的引导和制衡，保护媒体合规、公正的金融报道，纠正新闻媒体片面失实的报道，监管部门可以指定那些负责任的社会媒体作为定点的信息披露代理机构。

18.5 金融产业监管机制

金融产业监管机制是指金融产业监管中各构成要素之间相互制约、相互影响的关系总和。畅通的金融产业监管机制是对金融产业进行有效监管的基础，它一般包括金融产业监管的系统操作机制、金融产业监管的风险预警机制、金融产业监管的风险减震机制等内容。

18.5.1 金融产业监管的系统操作机制

金融产业监管的操作机制是由金融产业监管操作系统的运行及其内部各要素之间的关系构成的。一般说来，一个有效的监管操作系统应具备以下三个基本条件：一是有一套行之有效的管理制度和监管指标体系、高效的监管部门和高素质的监管人才队伍。只有上述条件完全具备，金融产业监管的操作系统才会灵活有效地运转起来。二是能够获得和处理最大限度的信息，金融市场的高频交易往往会产生巨量的信息，这些信息不仅是金融监管部门实施监管的重要依据，而且是金融监管部门预警危机的重要手段。三是有高效的金融清算系统，金融清算系统是金融基础设施的重要组成部分，高效的清算系统不仅可以保持金融企业充分的流动性，还可以在金融危机中作为有效预警和打击国际投机者的工具。

在市场经济条件下，金融产业监管的系统操作机制是由两个子系统的运作构成的：①政府职能部门的监管运作系统。如中央银行、证监会、保监会、立法、司法、检察机关，还包括审计机构等政府执法部门。如中央银行、证监会、保监会、立法、司法、检察机关以及审计机构等政府执法部门。从总体来看，政府部门的金融监管要健全法律框架，这样才能为金融市场提供一个明确的行为标准；建立严格的金融企业以及高级管理人员的市场准入规范，培育合格健康的金融企业家；改善金融企业的内部治理结构，维护金融市场公平、优良的竞争秩序；强化对金融机构自身风险和可持续财务能力的监管；提早发现问题金融机构并及时诊断，以确保整个金融产业组织体系的安全；健全金融企业和金融市场的信息披露制度，严格查处金融机构的违法违规活动，认真落实金融违法案件的司法执行措施。市场经济条件下的政府监管属于间接管制，是一种经济、行政和法律手段并用的灵活有效的模式。②金融产业监管网络主体间的协调运作系统。金融产业监管涉及部门多、方面广、操作复杂。为提高金融产业监管的有效性，减少金融监管成本，防止出现金融监管漏洞，应当建立跨部门监管主体间的协商机制，如规范化的部门协调制度、监管负责人的定期联系制度、金融监管资料信息共享制度等。建立有关监管部门负责人的定期联席会议制度，解决监管中所出现的漏洞和冲突，就出现的监管真空及时采取有针对性的措施，明确划分各监管主体的职责范围，积极协调创新金融业务的监管归属，形成监管合力，提高监管效率和水平。

各金融监管部门的协调配合主要包括以下四个方面：一是各金融监管部门之间的沟通、配合与协作；二是各监管部门同各级政府的有关部门，如工商、公安、审计、税务、财政、司法等部门的协调配合；三是各监管部门同社会中介机构、行业自律组织之间的协调配合；四是各监管部门内部各职能单位的协调配合。只有这四个方面的协作监管机制运作起来，金融产业监管网络体系才会形成整体合力。

18.5.2 金融产业监管的风险预警机制

金融产业监管的风险预警机制的核心是金融产业监管的风险预警监

控体系。该体系的构架主要有四个组成部分：金融产业信息收集系统、金融产业信息分析评估系统、金融产业监管报告生成系统、金融产业风险监测处理系统（结构如图18-2所示）。

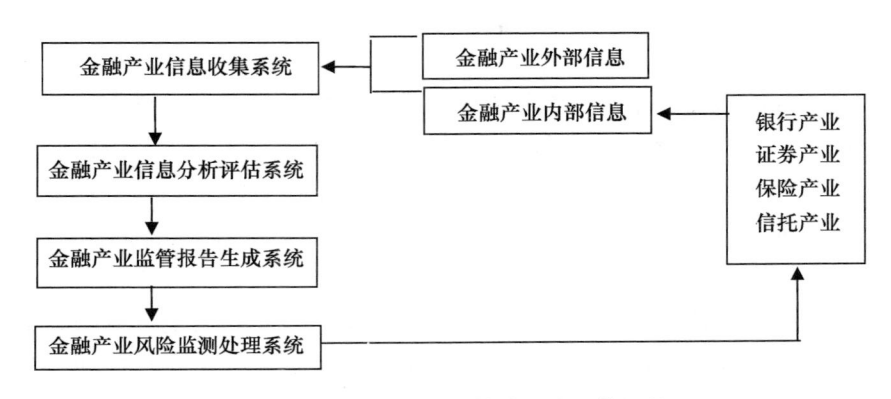

图 18-2　金融产业监管的风险预警机制

(1) 金融产业信息收集系统

该系统负责收集与金融产业运行有关的各项信息，包括金融产业内部信息、金融产业外部信息。其具体内容包括以下四个方面：① 反映金融机构状况的信息。如企业的资产负债表、现金流量表、损益表，另外还包括金融案件带给该企业的损失状况、违规经营情况、内控制度的完善和执行情况。② 反映区域金融产业状况的信息。对区域金融产业信息的收集主要是区域内金融企业支付能力状况、区域内金融企业的总体经营状况、区域内金融企业高风险机构的统计数据、个别金融企业危机的处理情况，以及区域内金融产业运行秩序状况等。③ 有关国家宏观金融产业运行状况的信息。主要包括货币乘数的变化状况、实际汇率的升降程度、实际利率的升降、股价运行态势，国内贷款与GDP之比的变化状况，广义货币余额对国际储备比率的升降，银行不良资产状况，金融资源存量和流量，金融产业组织体系的结构、规模、分布，金融产业总体效益，金融产业发展的延续性，金融产业与实体产业的协调发展状况等。④ 有关金融产业的外部信息。主要包括物价指数、企业景气指数、社会稳定指数，以及个人收入水平等数据信息。

(2) 信息分析评估系统

该系统负责处理金融产业运行所产生的各种信息，形成具体的指标数据，以便为监管报告的生成提供依据。这些指标数据主要包括流动性指标、信用风险指标、资本风险指标、经营性指标、风险自补能力指标、参考性指标、企业经营状况和个人收入状况指标、社会经济发展状况指标、其他指标等（张吉光，2011）。

（3）监管报告生成系统

该系统的主要功能是形成对金融机构监管的书面报告。对于那些稳健经营的金融机构要予以肯定和鼓励，对于问题金融机构和个人提出警告，对于具有严重风险的金融企业提出严重警告和限期整改；而对于资不抵债且已无偿债能力的金融企业给予包括破产倒闭清算在内的处置措施。

（4）风险监测处理系统

该系统负责传达金融监管部门的指令性报告，并对发生危机的金融企业进行处理。风险监测处理的方法常见的有风险规避、风险转移和风险处理等。应由中央政府牵头，建立由多部门参加的金融产业预警组织系统，负责对宏观金融产业的预警和监测。对于区域性金融产业，按一国经济区域的划分，由中央银行各区域分行牵头，会同区域内的证券、保险监管部门、审计部门和各金融企业的内控职能部门组成区域金融产业预警系统，负责本区域金融产业风险预警和防范。对于单个金融企业，在外部监测的补充下，主要由金融企业的内控职能部门来完成风险的预警与监测。

18.5.3 金融产业监管的风险减震机制

在金融风险的影响因素不断增加的开放市场经济条件下，有必要构筑一国金融产业监管的风险减震机制，以加固金融产业化发展的风险防线。这种机制主要包括以下几种。

（1）最后贷款人制度

确立最后贷款人制度旨在稳定市场参与者的信心，帮助金融产业机构化解流动性风险。最后贷款人制度作为央行对问题金融企业的一种重要救助手段，其内容不仅仅指中央银行提供流动性的信用救助，还包括在提供信用支持时的增资扩股、对问题金融企业的接管和重组等措施。结合最后贷款人制度在金融发达国家的成功实践，可从以下几个方面对该制度加以进一步完善：首先，为消除金融企业对央行最后贷款人制度的过度依赖心理，对可纳入央行援助的标准进行严格保密，参考国际标准救助问题金融机构；在事后阶段，向公众充分披露最后贷款人制度的相关救助信息，以加大公众对政府的信心。其次，构建信息交流机制。参照国际经验，可以签订一个由各类监管部门参与的"谅解备忘录"，互通信息，这是一种比较经济的可行之法。最后，要改变央行在最后贷款人制度运用上的"有求必应"，最后贷款人制度的扶持对象应做到客观公正，并在具体操作中明确央行的权责范围，避免发生监管权力碰撞或者权力架空的现象。

（2）存款保险制度

由于道德风险的存在，存款保险制度必须通过科学合理的制度设计以减轻对金融企业所承受风险的影响。由于保险范围、保险额度和保险费率是存款保险制度设计的关键要素，且对金融企业风险较为敏感，因此完善存款保险制度的设计与功能必须考虑以下三点：首先，存款保险范围决定着存款保险制度的成员资格，存款保险范围越广，所应承担的赔付风险也越大，因此在确定存款保险范围时要充分考虑其与存款保险目标、存款保险环境的相容性。其次，合理确定最高保险限额。存款保险限额的设置是存款保险制度的重要组成部分，不但能保障大多数存款人的根本利益，还会使存款人在做出存款决策时更加谨慎，从而在一定程度上发挥存款人的市场约束作用。对于保险限额的确定既要以保障大多数人的利益为根本目标，也要考虑减轻金融企业的负担。最后，存款保险制度的核心要素是存款保险费率的设定，合理的保险费率能够大幅降低道德风险问题发生的概率。国际通用的是风险差别费率定价法，该定价法能够有效抑制存款保险制度所带来的道德风险，从而减小金融企业为寻求高额利润而不惜承受高风险的概率。

（3）破产清算制度

破产清算制度是金融企业市场退出的最终环节。指宣告该机构破产以后，由清算组接管该机构，对破产企业财产进行清算、评估、处理和分配。严格的破产清算程序能够有效地避免金融企业逃费逃债行为，提高债务清偿率。处置不良资产的做法主要有两种：一是个别金融企业出现偿付危机后，可以由问题金融企业与存款保险公司联合制定债权清收和资产处置计划，而存款保险公司可以作为处置问题金融企业的常设机构，负责处理倒闭金融企业的不良资产。二是由政府监管部门成立特设的资产管理机构，负责处理金融企业的不良资产。此外，对金融企业不良贷款，可以通过不良资产证券化、贷款重组等多种方式进行处理。

第 19 章　金融产业的宏观调控

金融产业虽不像实体产业那样为社会提供了有形的实物商品,但金融产业发挥着将社会资本配置于实体经济部门的功能,正是金融产业的资本配置功能推动着一国经济社会的发展;金融产业又是具有极强外部性的产业,它的不稳定会对整个国民经济的运行产生强烈的冲击和影响,因此保持金融产业资本有效配置正是金融产业宏观调控的出发点,本章将对金融产业的宏观调控目标、调控体系、调控工具和运行机制展开深入研究。

19.1　金融产业宏观调控的目标

鉴于金融产业在国民经济中的重要地位,对金融产业进行宏观调控的总体目标就是要让金融产业服务于经济社会发展的功能得到更好的发挥,因此金融产业宏观调控的目标可以概括为以下三个方面。

19.1.1　促进金融产业的可持续发展

金融产业可持续发展主张利用市场机制对金融产业进行宏观调控,合理适度地开发利用金融资源,保证金融消费者对金融产品及服务的需求,并实现金融产业资本的良性循环。金融产业可持续发展与国民经济可持续发展息息相关。

金融产业宏观调控对于促进金融产业可持续发展具有多方面的战略意义,其主要表现是:①金融产业可持续发展是实现金融可持续发展的根本。在充分竞争的市场经济条件下,金融企业是金融市场的主体和细胞,金融产业作为一个独立的产业部门,只有摆脱超经济的约束力量,才可能遵循一般产业的发展规律,实现金融产业的可持续发展。因此,金融产业化发展是金融可持续发展的前提，要实现金融的可持续发展，必须实现金融产业的可持续发展。②金融产业可持续发展的目标在于金融可持续发展。只有当各金融企业得到持续发展，金融产业才可能持续发展。金融产业可持续发展要以金融可持续发展为最终目标，以金融产业的可持续发展带动金融的可持续发展。围绕该目标的实现，要求金融管理部门对金融产业进行合理的干预与调控，而过松或过重的金融干预势必使金融产业"过度发展"或受到压制，金融产业可持续发展的目标也就不可能实现。③金融产业的可持续发展可以有效促进国民经济的可持续发展。当今金融已广泛渗透、扩散于经济之中，金融产业本身又属于国民经济的重要产业部门，其可持续发展既是国民经济可持续发展的重要组成部分，又能通过其金融中介功能、产业结构调整功能、资产避险功能、引导投资与消费功能诱导和推动国民经济相关产业部门的发展；金融产业可持续发展还必须依赖国民经济其他产业的可持续发展。因此，金融产业可持续发展是以国民经济可持续发展为目标的，而国民经济可持续发展又是以金融产业可持续发展为条件的，彼此建立起良性循环的金融与经济的发展关系。

促进金融产业可持续发展不仅要在数量上实现金融资源的持续增长，还要提高金融资源的品质，把有限的金融资源用到关键的经济发展部门，实现金融资金的盈利性、流动性和安全性。通过建立明晰的金融产权关系，培育多元化金融市场主体，构建合理的金融产业结构，建立规范的金融市场体系，健全市场化利率运行机制，强化金融产业的有效监管，创造良好的金融产业发展环境；通过培育金融机构的核心竞争力推动金融产业的可持续发展，加快金融市场建设，优化货币、财政政策的决策体系，改善金融企业的经营管理；通过构建金融诚信化的产权基础，强化信用的社会激励和约束机制，弘扬全社会诚实信用的价值理念；构建金融产业规模化发展的准市场组织，依靠金融创新实现金融产业规模化发展，实施金融产业规模化发展战略；通过主动参加国际和地区性经济与金融组织，全面开展与区域化货币联盟的金融合作，实施金融产业区域化发展战略。通过坚持积极稳妥适时适度的一体化发展原则，完善金融产业的法律法规制度及其调控体系（冉光和等，2007）。

19.1.2 实现金融产业的普惠性发展

普惠性金融是联合国扶贫开发署在宣传2005年"国际小额信贷年"

时提出的，这一理念强调金融发展的包容性。普惠性金融最早起源于联合国扶贫开发署的小额信贷实践活动，该活动的主要扶持目标就是广大落后的发展中国家的农村贫困人群，这些农村贫困人群长期得不到正规金融机构的金融服务，也无法得到帮助其摆脱贫困的信贷支持。小额信贷的成功向世界证明了穷人也是有信用能力的，应当向处于社会弱势地位的穷人开放金融市场，从而使穷人也有机会参与经济的发展，实现社会的共同富裕。联合国 2006 年出版的《建设普惠性金融体系》（*Building Inclusive Financial Sectors for Development*）指出，普惠性金融体系是以小额信贷为起点，同时涉及微观、中观和宏观层面金融政策的"新方法"体系，它强调应把可持续发展的小额信贷组织纳入正规金融体系，要把那些长期被排斥于传统金融服务和经济增长轨道之外的低收入人口纳入现代金融服务范围，让他们共同分享经济增长所带来的福利改善。

普惠性金融产业体系应该包括以下三个层次的内涵：①普惠性金融体系倾向于向更多的人提供金融服务。传统的金融理论认为，农村地区的贫困农民是没有信贷偿还能力的，他们也不可能成为商业性金融机构的服务对象，而普惠性金融理论主张弱势群体也是有信贷偿还能力的，只要对现有金融体系进行创新，就可以让这些弱势群体享受到现代化的金融服务。②普惠性金融体系强调信贷公平的理念。普惠性金融理论认为，将农村贫困人群排斥在现代金融体系之外是不公平的，许多人陷入贫困是和这些人群长期得不到公平的信贷机会有关联的，只有消除了信贷不公，让这些社会弱势群体也能享受到公平的信贷服务，就有可能实现社会的共同富裕，建立和谐社会与和谐世界。③建立普惠性金融产业体系的主要任务就是为传统金融企业服务不到的微小企业和贫困人口提供机会，通过信贷服务使这些贫困人口摆脱贫困。

金融产业宏观调控的重要目标之一就是建立普惠性金融产业组织，这一体系框架主要包括：①金融企业服务对象具有广泛的包容性。普惠性金融体系的服务对象涵盖一切有金融需求的地区和社会群体，既包括贫困者、中低收入者，也包括富裕户和大中小企业，其中特别关注的是贫困者和低收入者，他们金融需求的满足与否决定着这一体系是否具有普惠性。②金融产业组织的包容性。调控者要致力于建设一个由多种产权结构、多种组织形式、多种经营业态组成的金融产业组织体系，其中包括了商业性银行业、投资银行业、保险业、信托业、金融中介业等多种多样的金融组织体系。③金融市场的包容性。金融市场是金融产业中的重要一环，包容性的金融市场应当包括多层次、多类型的互补市场体系，这一市场体系既包含场内交易市场、场外交易市场，也包含一级市场、二级市场、三级市场和四级市场，还包括议价市场和公开市场，借助这些金融市场的各个子市场，金融产业可以为消费者提供具有包容性的金融产品与服务。④金融产业调控的包容性。主要指的是政府的宏观政策和相应的法律、法规框架要具有充分的包容性，旨在为各类金融产业组织提供一个平等、宽容的市场竞争环境，鼓励金融组织机构为满足弱势群体多样化的金融需求，为弱势群体提供与其他客户平等享受现代金融服务的机会和权利。

普惠性金融强调包容性和公平性，普惠性金融产业体系认同的是将包括穷人在内的金融服务有机地融于微观、中观和宏观三个层面的金融产业体系中，这种包容性的金融产业体系能够针对发展中国家的绝大多数人，特别是那些传统金融难以惠及的贫困和偏远地区的客户。构建普惠性金融产业调控体系必须改变传统金融体系中为控制风险而使资金更多地流向大企业的机制，应激励金融企业采用多种不同的渠道为目前仍被传统金融排斥在外的贫困和弱势群体提供多层次的金融服务。

19.1.3 保持金融产业的均衡性发展

以商业银行的诞生为标志的金融产业经历了曲折的发展过程，在金融体系演进的漫长过程中，金融产业逐渐分化成两种发展模式。一种是以金融市场为主导的美国模式，另一种是以金融中介（主要是商业银行等间接金融企业）为主导的德国模式。在金融中介主导型的金融产业体系中，银行类的金融中介机构在金融产业体系中具有举足轻重的地位，它们在处理标准化信息方面更容易产生规模收益，但该模式在处理不确定性、产品创新和资金的可获得性方面存在一定的缺陷。在银行主导的经济体系中，由于银行信贷是企业获得外部资金来源的主要甚至是唯一渠道，企业对银行信贷具有极强的依赖性，如果企业不能够有效利用这些资金，那么银行就会承担极大的信贷风险。以20世纪90年代中国银行业巨额的坏账为例，许多国有企业向国有商业银行借入了大量的信贷资金，而这些信贷资金没有得到有效利用，从而使银行形成了大量的不良资产。在市场主导型的金融产业体系中，金融市场在搜集和加工标准化的市场信息时显得更有效率，多层次的金融市场可以让投资者根据自身对风险以及流动性的偏好，选择对其最有利的资产投资组合，从而有效地降低风险、稳定收益。由于金融市场可提供充分的流动性和多样化的金融产品，更容易吸引国际资金流入，进而提高国际经济领域的资本配置效率。但市场主导型的金融系统主要依靠各类金融市场，因此金融市场的波动性比较大，整个金融体系的脆弱性加大，而且各国金融市场之间互相影响的机会也大大增加。

对金融产业实施宏观调控的目标之一就是要推进金融产业结构的优化，为促进金融产业的均衡化发展，宏观调控应当围绕以下三个方面展开：第一，金融产业的宏观调控要有助于增强金融体系的创新支持能力。经济发展的动力在于创新，而推动创新的源泉之一就是金融市场，因此保持金融市场对创新产业和企业的激励动力是金融产业调控必须关注的重点，发达国家金融市场的演进历程表明，充分发展的金融市场（特别是资本市场）是推动一国科技创新的重要力量，因此调控要着重推动金融市场的发展与建设，充分发挥资本市场对国家经济转型和战略性新兴产业的推动作用。第二，金融产业的宏观调控要有助于提高金融产业的资本配置效率。各国金融发展的实践表明，无论是市场主导型的金融体系，还是金融中介主导型的金融体系，都可以在经济发展的过程中发挥关键性的作用，只要该金融体系具备足够的效率与功能，因此，既要发挥中介型金融体系的资金动员与配置效率，也要重视金融市场的价格形成机制，利用市场化的利率体系充分提升金融资本和经济资源的配置效率与水平。第三，金融产业的宏观调控要有助于防范金融结构失衡所带来的金融风险。金融中介主导型的金融产业体系，其金融风险主要集中在银行，特别是大型商业银行，这种金融风险会通过金融中介之间的链式关系传递和扩散，因此金融风险防范的重点在银行，特别是大型商业银行；而金融市场主导型的金融产业体系主要通过金融市场的波动性和流动性来扩散风险，因此，调控的重点在于避免金融市场流动性枯竭和金融市场的过度波动。

总之，通过宏观调控实现金融产业的均衡发展，就是要让两种资本配置机制在金融产业的发展过程中实现均衡发展，并使这两种机制能够协调和互补，从而使金融产业能够更好地为实体经济服务。

19.2 金融产业宏观调控体系

要实现金融产业可持续、普惠性和均衡发展的宏观调控目标，必须建立完善的金融产业宏观调控体系，该体系的基本内容包括金融产业宏观调控的组织体系、市场体系和政策体系，其中金融产业宏观调控的组织体系主要强调的是调控实施行为的主体，金融产业宏观调控的市场体系主要是指实施调控所依赖和针对的金融市场，而金融产业宏观调控的政策体系则主要包含金融产业政策。

19.2.1 金融产业宏观调控的组织体系

中央银行是对金融产业实施宏观调控的最重要的行为主体。中央银行的职能定位经历了两个阶段的变化。第一个时期是 17 世纪中后期至 20 世纪初，此时中央银行的职能是金融稳定和货币发行。Bernanke（2013）认为，中央银行的主要任务就是保证金融稳定，当金融体系处于不稳定状态时，中央银行就应该增加货币的供应量，那个时期，美国的商业银行还处于一种充分竞争的状态，整个银行市场也处在一种非常不稳定的状态，而金本位制的存在使得货币发行处于一种分散的状态，中央银行成立的初衷就是通过一家法律授权的商业银行来垄断国家的货币发行权力以及一部分政府部门的融资业务。不仅如此，为了解决当时银行券的流通问题，中央银行还必须处理各银行票据交换和清算事宜、保证各银行的支付和对问题银行的最后救助以及处理融资支付问题，从而保证整个社会金融秩序的稳定。鉴于中央银行在金融稳定发展中所起到的重要作用，从 20 世纪 20 年代开始，国际社会分别于 1920 年、1922 年召开布鲁塞尔国际会议和日内瓦国际会议，这两次会议建议各国建立统一的中央银行，以维持货币价值的稳定。正是在这一会议精神的倡导下，世界上各个国家掀起了成立中央银行的高潮，而这一时期成立中央银行的主要目的是统一货币发行，维持物价稳定，因为当时各国政府融资的需求对物价稳定形成了干扰。在此后的 50 多年发展历程中，中央银行逐渐被赋予"政府的银行""银行的银行"等相关职能。到 20 世纪 90 年代之后，中央银行作为"政府的银行"的融资功能已经消失，转而具有了"宏观调控并熨平经济波动"及特殊时期的"促进经济增长"的功能（李永宁，2014）。然而，2008年金融危机的爆发和随之而来的大衰退，又重新赋予中央银行金融稳定的调控职能，Bernanke（2013）和Ricardo Reis（2013）在回顾中央银行的历史和中央银行职能设计时，再一次肯定中央银行在金融市场和金融产业调控中具有不可替代的重要地位，即中央银行不只是要扮演一个"灭火员"的角色，而是要尽量避免资产泡沫的积聚与金融的毁灭性破坏。

除了中央银行以外，得到中央政府授权的其他政府部门也可以担当金融产业调控者的角色。在金融产业发展水平相对落后的国家和地区，那些得到政府授权的监管机构和政府部门也会参与对金融市场和金融产业的调控，这些机构和部门在金融产业宏观调控中居于次要地位，它们所选择的调控政策一般具有过渡性和区域性的特点。以中国村镇银行业的发展为例，银行监管部门正是在得到中央银行和中央政府授权的情况下，对村镇银行的区域布局与贷款投放实施动态调控，以达到鼓励村镇银行在农业人口占比较高的西部地区实现跨越式发展。

19.2.2 金融产业宏观调控的市场体系

（1）货币市场体系

中央银行对金融产业进行宏观调控的操作工具可以分为一般性调控工具和有针对性的调控工具，而货币市场是中央银行对金融产业实施宏观调控的重要场所之一。从世界各国金融产业宏观调控的实践来看，一般性的调控措施主要由中央银行在货币市场上依托于准备金工具来推动和实施，中央银行运用一般性政策工具的目的在于通过对商业银行法定准备金比例的调整，来影响整个金融市场上的货币供应数量。中央银行货币调控的政策体系由政策工具的选择、中介目标的选定、货币政策的调整规则等构成。根据中央银行所选择的政策工具的特点，可以将货币政策的调控程序分为准备金总量和利率操作程序，即价格型和数量型的调控模式。价格型的调控模式也被称为利率性调控模式，中央银行运用政策工具调控金融市场的基准利率，并试图引导货币市场利率，进而作用于商业银行利率定价行为和公众投资、消费行为。数量型调控模式则主要以货币量为中介目标，通过一定的政策工具影响货币量，进而影响整个金融市场和金融产业的运行趋势。有针对性的调控工具往往是在金融产业发展出现结构性问题时，由中央银行对特定的金融行业所实施的具有直接干预特点的调控措施，旨在纠正或影响金融产业存在的局部失衡问题。

（2）外汇市场体系

外汇市场体系的调控目标是实现经济的外部均衡、减缓货币冲击对金融产业产生破坏性效应。外汇市场的基本结构可以分为四个层次：第一层次是客户与外汇银行之间的交易市场，第二层次是外汇银行与外汇交易经纪商之间的交易市场，第三层次是外汇银行与外汇银行之间的交易市场，第四层次是外汇银行与中央银行之间的交易市场。中央银行在外汇市场上是最重要的一类市场主体，它的交易动机和存在目标就是维持外汇市场的稳定发展，防止投机性交易的冲击，虽然浮动汇率合法化早在20世纪50年代就已经实现，但是世界各国的中央银行都不会对货币汇率的剧烈波动置之不理，通常都会根据国内经济发展的需要，对本币汇率进行一定的干预，尽量减少短期因素所导致的汇率大起大落，为国际贸易和资本流动提供一个稳定的市场预期，减少汇率波动对各国国际收支平衡的影响；并通过一系列的金融市场操作，借以打通外汇市场与货币市场之间的联系，中央银行可以灵活地运用外汇市场这一调节工具为金融机构提供一个稳定的市场环境与广阔的活动空间。

（3）资本市场体系

长期以来，金融产业的宏观调控主要是围绕货币市场和外汇市场展开的，直接针对或依托于资本市场的宏观调控比较少，然而，国际金融市场的高度证券化发展和2008年以来的美国金融危机，都凸显了对资本市场实施调控与监管的重要性。过度自由的股票市场和金融衍生品市场都应该终结，必须建立各个国家或地区虚拟经济与实体经济一体化的宏观调控体系，其中最重要的是要求金融产业宏观调控的核心从货币总量调控走向资本市场调控（钱津，2010）。建立虚实经济一体化的宏观调控体系，需要建立虚拟经济资本市场的直接调控机制，在实体经济资本运作的基础上实施对证券市场的政府干预活动。在经济金融高度一体化的条件下，政府部门作为社会的理性代表，必须通过其强大的干预力量对资本市场的非理性行为进行调控和约束，不能任由各类资本市场兴风作浪、为所欲为，金融产业调控部门应当理性地对待金融衍生品市场的创新与发展，适当遏制脱离实体经济需求的金融衍生品市场创新与泛滥，避免高风险金融衍生品的过度膨胀，在保证资本市场健康发展的同时，维护资本市场秩序的稳定。

19.2.3 金融产业宏观调控的政策体系

金融产业宏观调控的政策体系主要由产业结构政策、产业组织政策和投资者保护政策所构成。金融产业政策的调控目标是建立与经济发展相适应的金融组织体系，形成能够有效提高资源配置效率的金融产业结构，从而使投资者的利益得到切实的保护。金融产业宏观调控的政策体系是金融产业政策目标得以实施的保障，为了使金融产业政策产生既定的效果，必须借助必要的配套手段和措施。

金融产业结构政策是由政府部门制定的旨在推进金融产业结构调整与优化，促进金融产业可持续发展的各项政策措施。金融产业结构政策的根本目的在于遵循金融产业升级过程中金融产业结构演变的规律，及时制定指导金融产业结构规划的政策措施，以提高金融产业的运行效率，适时推进金融产业结构调整和优化升级，以增强其服务实体经济的能力，为国民经济发展提供种类丰富、价格合理、充分包容的金融产品与服务。金融产业结构政策的核心内容就是选择重点发展的金融产业，根据国际经验，政府可根据社会经济与金融发展的特点，首先确定若干优先扶持和重点培育的金融产业，再通过各种支持手段促进这些金融产业优先发展和健康发展，并带动其他相关金融产业的发展。金融产业结构政策主要包括金融产业结构调整政策、战略性金融产业扶植政策、主导性金融产业选择政策、幼小金融产业保护政策等。其中，主导性金融产业选择政策和金融产业结构调整政策是产业结构政策的重点和核心。

金融产业组织政策旨在协调金融市场竞争与经济规模之间的矛盾，由政府部门制定指导和干预金融市场行为、调整金融产业结构、调整金融企业间关系的政策，借助这些特定政策措施，促使金融产业组织能够充分展开有效的市场竞争，形成有利于金融资源优化配置的有效竞争状态。金融产业组织政策主要是为了解决产业内部各金融企业规模经济效应与企业之间竞争活力的冲突，使金融市场结构趋于合理，获得最优的金融产业绩效。根据传统的 SCP 产业组织理论，可以从政策手段上将金融产业组织政策分为以下三个方面：①市场结构控制政策，即通过检测、监督，协调金融产业的市场结构变迁，适时调整金融市场集中度，降低金融市场进入门槛和金融壁垒，减少不合理不合法的金融产品差异，达到维护金融市场结构合理的目的。②市场行为调整政策，即通过约束、监督、管制金融市场行为，促使金融企业的价格制定、产品和技术开发、组织结构调整等市场行为符合相关的金融法律规范。③金融资源配置政策，通过一定的手段引导和改变某些金融企业的金融资源错配、乱配现象，达到金融资源的优化配置状态（张泽一，2010）。

金融产业投资者保护政策。Rajan 和 Zingales（1998）的研究显示，投资者法律保护的增强能够激励外部投资者的投资意愿，使得他们更愿意投资金融资本市场，从而推动包括资本市场在内的整个金融行业的发展，充分保护投资者的利益不仅可以便利金融交易，还能够降低企业家的外部融资成本，并最终带动整体经济的增长。投资者保护政策主要包括信息披露、禁止市场欺诈、禁止市场操纵等政策。就信息披露政策而言，应当提高上市公司关于信息质量、披露内容、披露方式、披露时间、披露频率等的要求，因为高质量的信息披露是保护投资者的前提性基础；对存在制作虚假招股说明书、认股书、公司债券募集办法来发行股票或公司债券的上市公司，应责令其停止发行，退还所募集的资金及其利息，构成犯罪的要追究刑事责任；禁止内幕交易行为和操纵市场行为，保护大多数投资者的利益，防止大多数投资者在非法的证券交易中受到侵害。

19.3　金融产业宏观调控的工具

选择正确的调控工具是实现金融产业调控目标的重要保障，金融产业宏观调控可供选择的工具主要包括以下四种。

19.3.1　金融产业宏观调控的利率工具

利率是资金的价格，也是影响金融企业资产结构与投融资行为的重要因素。选择与运用利率工具实施对金融产业的宏观调控，是政府部门调控和引导金融企业的重要手段，根据各国对金融产业进行利率调控的经验来看，基准利率和利率走廊是一国央行常用的调控工具。

（1）基准利率工具

利率是影响金融企业和投资者行为的重要经济变量，在一个完整的金融市场体系中，有着同业拆借利率、债券市场利率、存贷款利率、资本市场收益率等多种不同的市场利率。作为一个有机的整体，金融市场上各种金融产品的利率是紧密相联的，这些金融产品的利率可以按照时间和风险维度进行分类，其中不同到期期限的金融资产在利率上的分布情况被称为利率的期限结构，而包含不同风险溢价的金融产品的利率差异则被称为利率的风险结构，在利率形成机制完全依赖于市场化的情况下，各种市场利率之间存在着相互联系、相互影响的关系。基准利率在众多市场利率中具有非常重要的地位和作用，基准利率是以金融市场供求为基础形成的基础性市场利率，它对其他各种利率起着影响和制约作用，是金融资产定价的依据，基准收益率曲线是市场上各类金融资产定价的参考，也是金融企业调整其投融资行为的重要参数。Wooldridge（2001）指出，政府债券的独特性决定它常被作为金融市场的基准利率，而国债的利率一般被认为是无风险利率，因为国债利率期限结构的变动反映了微观经济主体对未来经济状况的通胀水平的预期，所以它能够提供对宏观调控有用的政策信息。许多发达国家对金融市场调控的经验表明，调控者通过公开市场交易来影响基准利率，可以对整个金融市场上的短期利率水平产生直接的影响，并借助金融市场的传递功能对长期利率水平产生影响，这种影响不仅可以改变消费者的消费预期以及投资者的投资预期，还能对金融企业的信贷行为产生重大影响。美国的金融产业在2008年次贷危机中遭遇了毁灭性的打击，美国银行间拆借市场的短期借贷利率飙升，整个货币市场的流动性迅速枯竭，为了快速拯救美国金融业和迅速衰退的美国经济，美国联邦储备体系不仅启动了多轮量化宽松政策，还将联邦基金的再贷款利率降低到接近零利率水平，其目的一方面是避免更多的金融企业陷入流动性危机，另一方面通过降低基准利率的方式帮助受到重创的金融企业恢复放贷信心与能力。由此可见，发挥中央银行对基准利率的影响力，不仅可以调控金融企业的行为，而且可以成为调控经济的重要手段。

（2）利率走廊

所谓利率走廊（亦可称为利率通道），是指中央银行通过一系列的货币政策工具，将市场利率稳定在一个目标区域内，从而为金融产业发展和经济增长提供一个稳定的金融市场环境。一般而言，中央银行通常会通过对银行同业拆借市场利率的干预来引导市场利率沿着政策预期的通道或走廊运行。利率走廊依据的基本假设是银行以利润最大化为经营目标，并通过成本最小化的方式来实现该经营目标。为了获得最大化的利润，商业银行不会在同业拆借市场上以高于中央银行再贷款利率的成本借入资金，也不会以低于中央银行再贷款利率水平借出资金。作为控制隔夜利率的政策操作系统，利率走廊具有高效与伸缩性强的优势，可以限制政策利率的游走，并将利率政策与流动性政策相分离，有助于中央银行实现利率政策目标。特别是从2008年美国次贷危机以来，美联储等央行利用利率走廊系统可以分离利率政策与流动性政策的优点，成功地实施了包括量化宽松在内的非常规货币政策，既保证了向金融市场注入足够的流动性，又能够将拆借市场利率稳定地控制在目标利率走廊附近。20世纪90年代，由于信息技术的不断发展，以及银行机构的规避导致基础货币和准备金需求大幅减少，央行采用诸如存款准备金制度、公开市场业务等传统的货币政策执行框架以实现利率政策目标的能力受到质疑。加拿大、英国、日本、澳大利亚等发达国家的中央银行都抛弃了准备金制度，转而采用利率走廊系统（刘义圣等，2012）。

19.3.2　金融产业宏观调控的汇率工具

汇率是一个国家货币的对外价格，在经济全球化时代，汇率的波动不仅直接影响国家的涉外经济活动，而且会对国家的金融市场和产业环境产生重大的影响。如何积极地运用汇率手段，为国家的金融产业发展提供稳定的外部环境，以使其更好地为国民经济发展服务，是政府调控部门的重要职责之一。

设定汇率目标区是调控金融产业的重要工具之一。汇率目标区起源于对固定汇率制度的缺陷以及汇率过度波动的讨论，布雷顿森林体系解体之后，国际货币体系进入了一个浮动汇率合法化的时代，资本的跨国流动更加频繁，然而，资本流动和汇率的大幅波动，引发了经济学界对汇率波动有效性的讨论，在布雷顿森林体系解体之后，国际货币体系进入了一个浮动汇率合法化的时代，资本的跨国流动更加频繁，然而，资本流动和汇率的大幅波动，引发了经济学界对汇率波动有效性的讨论，多数学者认为，汇率波动通常会通过资产替代效应、进出口贸易效应来影响一国的金融市场，而汇率的剧烈波动又会对金融市场的稳定性产生强烈的影响。1985

年，威廉姆森和伯格斯坦正式提出了汇率目标区方案，作为对当时国际宏观经济政策协调的建议。汇率目标区是指将汇率的浮动限制在一定区间内，是一种介于固定汇率制与浮动汇率制之间的汇率制度，它既兼顾汇率的灵活性和稳定性，使得中央银行能够运用汇率工具来调节国际收支，实现政府预定的外部均衡目标，也兼顾了内部均衡目标。为实现上述政策目标，中央银行的汇率目标区干预可以分为两种：一种是边际区的汇率干预，另一种是目标区内的汇率干预。第一种干预方式就是当市场汇率的波动触及政府设定的汇率边际区的上限或下限时所采取的干预，该干预的主要目的是防止市场汇率的波动超出政府设定的调控目标范围；第二种干预方式是一种微调式的干预，其目的在于引导汇率在一个稳定的区间内波动。由于汇率目标区既具有浮动汇率制的优点，又具有固定汇率制的稳定性，这在一定程度上提高了货币政策的独立性。与此同时，中央银行具有更大的选择性，它可以通过边际内干预使汇率的移动方向与金融产业发展所需的外部环境和本国经济发展目标相一致，从而大大增强了中央银行调控的自主性。

干预汇率的形成机制是又一个调控金融产业的重要工具。和汇率目标区相比，干预汇率的形成机制是为了影响汇率形成过程中所涉及的市场交易、市场预期、交易工具等因素，从而使市场汇率的形成指向政府设定的汇率目标，通过配合使用该政策工具可以使中央银行干预目标汇率区的努力达到事半功倍的效果，从而有效地保卫目标汇率区。从中央银行的干预内容来看，可以将干预行为分为实质性干预和非实质性干预，实质性干预包括设定外汇市场的准入门槛、确定外汇报价的基准银行、参与外汇市场的外汇买卖等；非实质性干预包括发布汇率走势的研究报告、表述中央银行汇率预期声明等；从干预的方向来看，可以将干预分为冲销式干预与非冲销式干预两种。冲销式干预的特点就是在采取对冲市场汇率波动的外汇干预行为的同时，在货币市场上采取相反的操作手段，对冲汇率干预对货币供应量的影响；非冲销式干预则恰好相反，即中央银行放任汇率干预手段对中央银行资产负债表以及货币供应量的影响。一般而言，当国内均衡目标和国际均衡目标同等重要时，中央银行会采取冲销式干预手段，而当外部均衡目标优于内部均衡目标时，中央银行则倾向于采用非冲销式干预手段。非冲销式干预的渠道以货币市场为主。Musas（1981）认为，中央银行的冲销式干预通常不会改变当前的货币供给,但却传递了明确的信号,那就是中央银行想通过实施紧缩的货币政策来改变本币的汇率水平。因此,冲销式干预本身就发出未来紧缩货币政策的信号。对汇率形成机制的干预,可以保证汇率波动的稳定性,减少投机性资本流动对金融市场和金融产业的冲击,增强中央银行和金融调控部门对金融市场的控制力。

19.3.3 金融产业宏观调控的税收工具

金融产业作为现代市场经济的核心产业,具有高负债性、高风险性、经营同质性等特点,其自身发展对宏观经济政策尤其是税收政策的影响非常敏感,税收政策不仅直接影响着金融机构的产品成本与经营绩效,还会对金融产业结构、发展规模产生一定的影响。因此,科学合理地运用税收政策工具对金融产业健康发展的意义重大。通过适当的税收政策,政府不仅可以有效调节金融产业的结构,还可以激发金融产业的创新意愿,从而提升金融产业的整体效率。

(1) 增值税

增值税是一种流转税,它以商品或应税劳务在流转过程中的增值额部分作为课税依据,有增值才征税,没增值不征税,增值税实行价外税,也就是由消费者负担。从发达国家的实际做法来看,多数国家通常对金融业的非主营金融业务课以增值税,对核心金融业务不征收增值税。例如欧盟各国、加拿大、澳大利亚、新西兰等国家通常对商业银行、保险公司、证券公司、投资基金等机构的主营金融业务免征增值税,对于金融企业的一些辅助性业务,如提供保险箱服务、证券或者收藏品的安全保管服务等,则征增值税。

(2) 营业税

营业税是对金融企业的营业收入进行课税,根据金融机构营业特点的不同,金融企业计税营业额的确定主要有三种方法:一是按照收入全额来确定,二是按照借贷利息的差额来确定,三是按照金融商品买卖差价来确定。此外,融资租赁公司的计税营业额,是依照从租金收入和价外费用中减去出租货物的实际成本的金额计算的。保险业的计税营业额通常为保险公司向保户收取的全部保险费和为同业提供相关服务所收取的手续费。政府部门可以对上述计税所依据的内容进行调整,以增加和减少金融机构的税收负担,从而达到定向激励金融保险业的目的。

(3) 企业所得税

企业所得税是当今各国政府普遍采用的直接税,是针对金融企业的经营所得及其他所得课征的税收,各国在对金融企业征收所得税的政策上并无实质性的区别,只存在税率、征收方式等细微差异。金融企业所得税作为一种重要的直接税,其主要特点有三个:一是税收负担难以转嫁,因为它直接针对企业的所得收入增收,所以很难通过其他方式转嫁给其他部门或个人;二是税收弹性好,由于企业收入具有一定的弹性,在经济繁荣时收入多,政府的税收就多,反之亦然,因此它具有自动稳定期的功能;三是在免税收入上政府具有一定的调整权力,政府部门可以根据金融机构的实际情况对所得收入的扣减项目做出有针对性的规定,鼓励政府扶持的金融机构的成长,限制政府不鼓励的金融机构的发展。

(4) 金融交易税

金融交易税是诺贝尔经济学奖得主詹姆斯·托宾在1972年首次提出的,但其思想源于凯恩斯(1936),他认为,对股票市场的金融交易课税将会增加股票投机的成本,从而有助于将投资目的由投机转向生产。在布雷顿森林体系解体之后,全球进入了一个浮动汇率合法化的时代,然而,外汇市场的过度投机又引发了人们的担忧,为了抑制国际热钱流动对一些国家外汇市场的负面冲击,詹姆斯·托宾主张征收货币交易税,他意识到全球外汇市场的交易规模和实际上国际贸易需要的外汇交易额具有极大的差距,前者是后者的几十倍甚至百倍,其中大部分交易是投机性的外汇交易,外汇价格变动弹性远大于进出口商品价格供求弹性,过度频繁的投机性交易、规模惊人的国际游资扰动极大地破坏了宏观经济环境的稳定性,也影响了金融产业发展的外部环境,因此,征收"托宾税"被认为有助于减少金融产业的脆弱性,减缓外汇市场的波动性,有利于维护政府在金融产业政策方面的执行力。

19.3.4 金融产业宏观调控的法律工具

(1) 约束金融产业主体的法律工具

金融产业属于高风险行业,同时又具有较强的负外部性影响。因此对金融机构的经营主体设置必要的法律限制不仅可以控制金融产业的运营风险和负外部性，而且对于保护存款者、债权人、投资者、金融消费者都有着事半功倍的作用，因此世界各国都对金融机构的经营主体有着严格的资格认定与准入规则如制定商业银行法、证券法、保险法。例如，《日本金融商品交易法》将金融商品交易业分为金融商品交易业、投资咨询及代理业、投资运用业，并对金融商品的流通性、信息披露的必要性和强制性大小、金融消费者保护的必要性等做出了详细的规定：《韩国资本市场法》将金融投资业分为金融投资买卖业、投资中介业、集合投资业、全权委托投资业、投资咨询业和信托业六种行业（杨东，2013），根据各行业的特点对其市场准入、资本金、高级管理者的任职资格、营业场所、营业安全条件都做出了明确的规定，构建了具有差别化的统合规制体系，以便对金融产业进行分类约束与调控。

（2）调控金融产业行为的法律工具

在自由的金融市场上，金融产品的公平交易是形成均衡价格的必备条件，而保证供需双方的平等交易又有赖于市场的充分竞争和充分信息。根据这一原则对金融产业部门的行为进行调控，将有助于规制金融企业欺诈客户的交易行为。因此各国对金融产业的市场交易、信息披露等方面有着严格的法律规定，金融机构必须对金融商品的性质、各种风险、违约责任、偿付时间等进行详细说明和披露，此外，金融机构对有价证券的市场行情变动、销售者或其他人的业务或财务状况的变化以及法律政策变化等信息做出临时性补充说明，对不履行说明义务、做不实说明或进行误导性说明的金融企业，应当追求其法律责任。其目的就是要尽量减少金融市场上的信息不充分现象，通过对金融企业违规行为的查处与调控，可以保证金融市场实现完全信息，使得金融市场的价格发现功能或公正价格形成功能得以正常发挥，为金融市场主体间的平等交易和公平竞争创造前提。

（3）保护债权人和投资者的法律工具

随着金融创新的深化、金融混业、金融组织集团化的加剧，存款人、投保人、受益人等在财力和专业能力等方面处于弱势地位，通过专门的法律工具对债权人和投资者予以保护，可以避免其非理性行为对金融市场功能的破坏和扭曲，在具体实践环节，世界各国通常将个人投资者与机构投资者相分离，并将这一新的金融消费者与存款人、投保人、受益人等传统金融消费者统合成为新的金融主体即金融消费者予以保护。即先将金融零售市场上金融企业的交易相对人界定为客户，再将财力、专业能力、风险承受能力、协商能力和获得救济能力与金融企业相当的交易相对人界定为特定投资者或专业客户，以实现金融消费者保护和金融市场功能保护的目标。遵循"投资者分化"路径形成的金融消费者概念，既有利于保护一般金融消费者的利益，也有利于对金融产业实施有针对性的调控。

19.4　金融产业宏观调控的机制

对金融产业的调控需要通过一定的内在机制来引导和约束金融企业的行为，该机制的主要内容包括以下四个方面。

19.4.1　金融产业宏观调控的利率传导机制

利率传导机制是中央银行或政府部门调控金融产业发展的重要渠道与机制，调控部门通过影响金融企业的资金成本以实现其最终的调控目标，而中央银行对金融产业宏观调控的利率传导机制发挥着重要的作用。中央银行对利率的调控主要是通过运用货币政策工具来实现的，即通过公开市场操作、存款准备金率、央行再贷款等政策手段引导金融市场上基准利率（主要是银行拆借利率）的水平与波动方向，从而影响金融企业特别是商业银行的资金拆借成本。当中央银行降低其在货币市场上的拆借利率时，商业银行更愿意向中央银行进行资金的拆借，整个货币市场的拆借利率就将随之下降。短期市场利率的变化通过货币市场和资本市场内在关联机制影响金融市场上的存贷款利率、新的借贷合同、期货交易、远期利率协议等金融工具的长期利率水平。利率期限结构的变化又会迅速波及整个金融市场，引起各种金融资产价格的变动，进而引起实体经济中投资、消费的变化。

通过利率传导机制调控金融产业需要满足以下三个基本条件：

第一，金融企业等市场主体享有充分的自主权。金融机构的经济自主权是响应利率政策调控的基本前提，利率是金融市场上最重要的价格符号，只有在经济充分自主与自由的情况下，金融机构才可能对任何细小的利率变化做出及时快速的反应。如果市场主体不具备充分的经济自由，甚至存在严重的市场管制时，整个市场价格体系包括利率体系的形成就会被扭曲，金融企业的资产配置与负债结构也随之被扭曲，中央银行的调控意图无法正确地被市场主体所感知，它所采取的调控政策也无法得以顺利实现。

第二，金融市场具有完善的利率体系，利率的形成是完全市场化的。市场利率包含着复杂的数量、期限和风险结构等要素，其中，货币市场利率主要是金融市场上短期借贷的风向标，它反映着人们短期借贷行为的变化和市场预期；资本市场利率主要反映的是长期借贷行为的变化和预期，短期利率的变化只有通过长期利率的变化才能最终对社会经济的发展产生实质性的影响。中央银行能够直接调控的仅仅是短期利率而已，并通过其对短期利率的影响来对整个金融市场及金融企业的借贷行为产生影响，这就需要一个既包括货币市场利率、资本市场收益率，又包括大额批发利率、小额零售利率等众多市场利率共同构成的完整的市场利率体系，并借助各个金融子市场的相互联系传递中央银行运用利率工具调控金融产业的政策信号，实现其最终的调控目标。

第三，货币部门对利率进行间接调控。虽然中央银行具有法律授予的货币发行与金融调控的权力，但是中央银行的调控行为也必须采用市场操作的方式，而非强制或者管制的手段，政府应当完全放弃对利率的直接管制，并在利率市场化的前提条件下对利率进行间接调控。在市场机制的作用下，中央银行通过制定利率政策，制约市场主体利率决定权限；确定由基准利率直接影响市场利率水平；通过公开市场业务、再贴现率和存款准备金率，间接影响利率价格水平等。即便是在金融形势急剧恶化、金融秩序极度混乱的时期，货币部门也应当尽可能地采取市场化的干预办法，而不是重新回归利率管制的旧路，因为一旦中央银行直接对市场利率进行定价，那么既有的金融市场及利率体系的职能就会部分甚至完全丧失，各个市场主体在接受利率信号时将完全陷入被动状态，中央银行对金融产业的调控效果也将受到抑制。

19.4.2 金融产业宏观调控的产业联动机制

金融产业是专门从事货币资金经营的产业部门，主要从事金融产品销售活动和金融服务提供活动，其经营媒介为货币和金融工具，根据金融产业经营领域和服务特点的不同，可以将金融产业的子行业体系划分为银行业、证券业、保险业、信托业、基金业五大行业。银行业主要提供信贷与支付服务，它具有信用创造的功能，是金融产业最基本的细分行业；证券业提供的是证券服务，其内容包括证券发行与承销服务、证券交易中介服务、证券投资咨询服务、资产并购与管理服务等；保险业旨在为风险厌恶者提供防损、减损等保障客户资产与生命安全的金融服务，根据不同的保险标的可以将保险业务划分为产险服务和寿险服务两种，前者的保险标的是某种资产，如房地产、流动资产等，后者的保险标的是人的生命或健康；信托业是信托部门接受客户的委托，代替委托单位或个人经营、管理或处理货币资金或其他财产的行业；基金业提供的投资管理或资产管理服务，包括投资资产组合管理、年金管理等，该行业主要是为没有投资经验和风险管理能力的投资者提供一揽子投资服务，基金机构是证券市场上重要的机构投资者之一。这五个金融行业之间彼此联系、相互依托，银行业为其他行业提供信贷资金和支付服务，证券业为整个市场提供流动性和投资工具，保险业为其他行业提供资产保全和风险补偿，信托业和基金业提供专业的资产管理与投资服务。政府部门或中央银行对金融产业的宏观调控措施，会通过各个金融子行业之间的联动机制发挥作用，并通过金融产业与实体经济部门的相互关系影响宏观经济的发展。本书用图 19-1 来表示金融产业宏观调控措施所产生的产业联动效应。

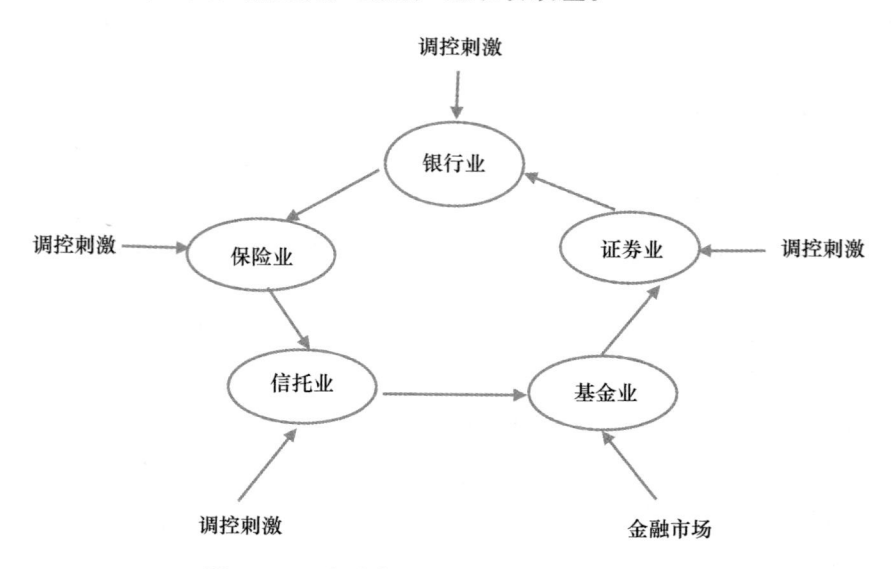

图 19-1　金融产业宏观调控的产业联动机制

图 19-1 显示，无论初始的调控刺激措施是针对哪个金融行业的，该措施都会通过产业间的联动关系，并借助金融市场上各个金融企业的资金期限结构、风险收益结构和流动性强弱的变化产生相应的政策效果。当初始的调控刺激主要针对银行业时，银行的资金借贷行为会发生相应的变化。以扩张性调控为例，当中央银行降低市场基准利率时，整体金融市场的利率水平会随之下降，较低的利率水平有利于刺激投资、抑制储蓄，从而有利于带动企业、家庭、政府部门的支出增加，从而刺激经济的增长；利率的变化还会对资本市场产生影响，当市场利率下降时，人们对风险资产的偏好会增强，购买股票等风险资产的意愿就会增加，股市上涨所产生的财富效应也会刺激居民消费支出增加。不仅如此，利率水平的变化还会对国际资本流动产生影响。总之，当初始的调控刺激来自于证券市场时，各个金融企业资金筹集的难易条件会发生变化，可供金融企业投资的金融工具的种类、数量也会随之发生改变，各个金融企业的资产配置结构会因此做出调整。

19.4.3 金融产业宏观调控的结构转换机制

政府调控部门采取的各种调控措施都要借助金融企业的结构转换机制来产生最终的调控效果，该机制主要包括以下三个方面的内容。

（1）流动性偏好的结构转换

对资产的流动性偏好是多数金融企业的选择。根据凯恩斯的货币需求理论，流动性偏好是人们对手中持有现金的偏好，流动性偏好与利率负相关，利率是人们愿意放弃流动性偏好而获取的报酬。凯恩斯强调货币需求则是由人们的流动性偏好所决定的。如果人们偏好流动性强的资产，他们持有的现金货币数量就会增加，此时货币需求会大于货币的供给，市场利率就会上升；相反地，当人们偏好流动性弱的资产时，此时货币需求会小于货币供给，市场利率则会下降。当金融市场上的借贷利率较高时，人们则愿意为了获取较高的利息收入而暂时放弃流动性，整个金融市场上投资者对流动性偏好的变化将直接改变金融企业的资产配置行为。因此，中央银行或政府调控部门可以通过一定的调控手段和政策工具，改变金融市场上的资金供求关系，影响整个金融市场和金融企业的流动性偏好，进而达到对金融产业的调控目标。

(2) 利率期限结构的转换

利率期限结构是金融企业进行资产定价、金融产品设计、套期保值和风险管理、套利以及投机决策的基准。一般通常用政府债券的收益率曲线来表征利率期限结构的特征。在满足投资者对债券期限没有偏好、所有市场参与者都有相同的预期、不同期限的债券可以完全替代、金融市场是完全竞争的条件下，当收益率曲线向上倾斜时，则表明市场预期短期利率在未来会呈现上升趋势；当收益率曲线向下倾斜时，则表明市场预期短期利率在未来将下降；当收益率曲线呈水平状态时，则表明市场预期短期利率在未来将保持不变。一般而言，如果短期利率水平现在呈上升趋势，那么未来往往会更高。根据利率期限结构转换的特点，金融市场上固定收益证券的投资者被假定为理性投资者，其投资组合会随着他们对市场利率变动的预测进行调整，中央银行和调控部门就可以通过市场调控，引导投资者和金融企业对未来短期利率的预期，进而改变投资者和金融企业的资产组合。

(3) 资产的风险收益结构转换

根据高风险高收益的一般规律，长期投资收益率要高于短期投资收益率。因为长期投资的不确定性因素更多，风险更大，利率波动性更高，所以长期投资所要求的利率补偿也相应越高。因此，影响投资结构的两大因素为投资者的预期和风险水平。出于规避风险的本能，投资者更愿意进行短期投资，而长期投资则需给予更高的利率补偿，即长期投资应获得的风险报酬。如果某个投资者的投资行为是为了提高短期支付能力，他可能会选择持有短期投资工具。因此，调控者可以通过改变金融市场投资工具的资产收益率的风险结构来影响金融企业的投资行为。

19.4.4 金融产业宏观调控的政策引导机制

金融产业宏观调控是通过政府调控部门的影响力对金融企业的观念意识、市场行为等加以引导，使之与调控政策目标趋于一致，这一过程的实现有赖于各种政策引导机制的运行与推动。图19-2显示的是金融产业宏观调控的政策引导机制的基本原理。

首先，政府调控部门要引导金融企业树立可持续发展的理念。金融企业作为金融产品与金融服务的提供者，是实现金融产业可持续发展的关键性力量，金融企业成功与否的关键在于是否具备可持续发展的理念，可持续发展理念应当成为金融企业主要的发展战略导向，也是金融产业可持续发展的必要条件。如果金融企业的战略目光短浅，滥用和浪费金融资源，则将导致金融企业自身以及整个金融产业可持续发展遭到严重的威胁。因此，政府调控部门就要引导金融企业树立可持续发展的理念，引导金融企业从长远的角度制订自身的发展规划，不过分追逐短期利益，不过度利用金融杠杆来实现金融企业的扩张，提高产品的品牌形象和信誉，追求可持续的经济利润。

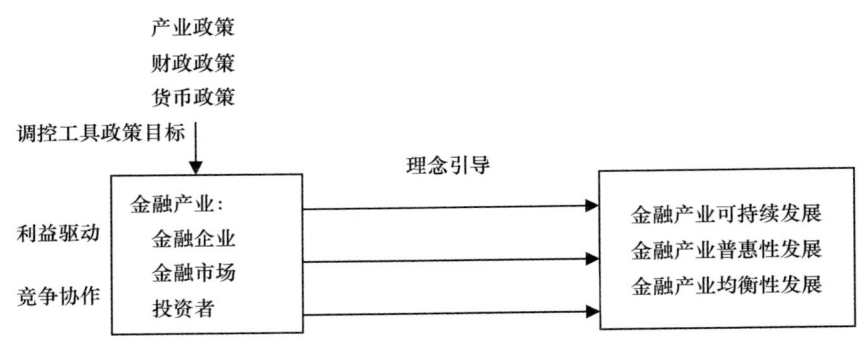

图 19-2　金融产业宏观调控的政策引导机制

其次，调控政策应当有利于金融企业之间竞争协作关系的发展。理论与实践的发展都已经证明，充分竞争的市场结构是经济资源配置的最优选择，因此调控政策应当朝着促进金融市场向充分竞争的市场格局转变，政府在对金融企业的市场准入方面应当采取一视同仁的做法，将政府部门的金融产品采购订单分配给多个金融企业，鼓励金融企业展开公平的市场竞争。与此同时，政府调控部门可以采取相应的激励措施，推动鼓励金融企业之间进行金融协作与市场合作，提高金融产业的整体服务能力与水平。

最后，调控手段的选择要与金融企业的逐利动机相契合。金融企业是以"利润最大化"为目标的特殊企业。因此，政府对金融产业的调控措施要能够与金融企业和金融市场的逐利动机相契合，通过相应的政策设计，给予金融企业和金融市场一定的利益刺激，使得金融企业和金融市场在与政府部门的调控互动中得到一定的利益补偿，例如，为了实现金融的普惠性发展，政府可以通过必要的税收手段，补贴那些向弱势群体和欠发达地区提供金融产品与服务的金融企业,激励金融企业能够提供更具有包容性的金融产品与服务;给予承担公共金融服务职能的金融企业以必要的融资便利,使它们有能力提供具有公共产品性质的金融服务,如美国证监会就曾长期给予房利美和房地美在金融市场上发行债券的便利,以使其在资产证券化市场上能够具有持续向商业银行收购住房抵押贷款的债权;中国人民银行也曾利用常备借贷便利,为中国工商银行、中国建设银行、中国银行、中国农业银行、中国交通银行提供大量低息贷款,引导这些大型商业银行降低市场利率水平,为企业和国民经济发展创造更为宽松的金融市场环境。

第 20 章　金融产业可持续发展

在经济全球化的背景下，金融产业化发展是市场经济发展的必然趋势，是金融可持续发展的基本前提和必要条件。把金融业作为国民经济中独立的产业部门，实行产业化经营管理，配套产业化的政策与制度，建立产业化的运行机制，选择产业化的发展模式，是金融可持续发展的前提条件。因此，本章将重点讨论金融产业可持续发展的基本内涵、形成机理及模式选择。

20.1　金融产业可持续发展的内涵

金融可持续发展是国民经济可持续发展的基础，金融可持续发展又必须依赖金融产业的可持续发展。只有金融产业实现了可持续发展才有金融可持续发展。本节将对金融产业可持续发展的含义、标志、条件等进行全面的论述，明确金融产业可持续发展的内涵，以此构建一套科学完善的金融产业可持续发展理论体系。

20.1.1　金融产业可持续发展的含义

随着我国社会主义市场经济体制的改革与深化，金融对国民经济发展具有不可替代的作用，国民经济持续发展离不开金融的服务和支撑。但是，由于我国金融发展历程短，金融发展面临着许多问题，比如金融机构运行机制不健全，金融机构行政化性质显著，行政干预金融的现象时常发生；金融行业内控机制不完善，金融业经营管理水平低下，区域金融发展水平参差不齐，金融产品和服务无法满足国民经济发展的需要；国家金融监管制度不完善，监管体系缺失等。这些问题都严重影响着我国金融可持续发展。对此，国内学者已经注意到了金融及金融产业可持续发展的重要作用。冉光和（1995）首次提出了农村金融产业化发展的战略思想，认为农村金融产业化是指农村金融作为为农村提供金融服务的独立的产业部门的发展过程，并于1997年深入研究了金融产业化发展的运行机制。胡章宏（1997）提出了金融可持续发展能力的概念，认为金融可持续发展能力是指按照可持续发展的目标要求，促进金融质性发展和量性发展的能力，主要包括金融可持续发展系统内部的发展能力和外部的发展能力；在此基础上，胡章宏（1998）提出了金融可持续发展的基本理论和中国金融可持续发展的基础与发展战略。白钦先（1998）研究了金融资源的重要性和金融可持续发展与国家安全的关系，提出了金融可持续发展的理论及战略原则。

金融发展由金融量性发展和金融质性发展两部分构成，其中金融量性发展是金融质性发展的前提和基础，同时金融量性发展又需要金融质性发展予以协调，二者之间既相互抵触又相辅相成。其中，金融质性发展不仅包含原有金融产业发展理论体系中已有的诸如金融产业市场完善、金融产业结构变化等纯经济内涵，还包括原理体系中所没有的诸如金融产业结构空间差异、金融产业制度变革、金融产业观念转变、金融产业环境异化以及金融产业努力程度高低等非经济方面的内涵（邓浩、曾敏军，2007）。金融可持续发展就是指以可持续发展理论为指导，在协调量性金融发展和质性金融发展的前提下，对金融资源的永续开发和合理利用所引起的金融自身各相关要素及其整体功能的不断深化与发展，进而实现一个国家或一个地区在较长时期内实现金融综合效益的最大化。金融产业可持续发展是指在遵循金融发展和内在客观规律的前提下，以追求和保证金融产业发展能力的持久性和发展状态的连续性为目标，不断完善金融市场机制，健全金融市场体系，提高金融企业经营效率，根据区域金融资源禀赋特征和层次而合理、适度、有效地开发利用金融资源，从而保证经济和金融能长期有效运行和健康发展。金融产业可持续发展是指在不损害后代人利益的前提下，金融产业的市场主体科学运用市场机制，合理适度地开发和利用金融资源，满足当代人对金融产品及服务的需求，维持金融资源的供求平衡、良性循环和最大化增长，形成一国资本实力雄厚的强大的金融产业（冉光和、王定祥、熊德平，2004）。这具体体现在以下几个方面：一是金融产业可持续发展是量性金融发展与质性金融发展的有机统一；二是金融产业可持续发展是金融产业微观效率与整体效率的协调结合；三是金融可持续发展是相对稳定发展与跳跃式发展并存的金融产业发展。

20.1.2　金融产业可持续发展的标志

具体来看，金融产业可持续发展具有以下几个典型的标志。

（1）金融资源的适度开发利用

金融资源特别是货币资金这一核心金融资源，是一定时期的价值积累和凝结，是对其他各种资源特别是自然资源的索取权、支配权和拥有权（白钦先，2001）。金融资源具有广泛传递和自我增值的功能，它能够脱离真实生存和交易而具有一定程度的虚拟性，很少受国别和地理因素的局限。金融资源通过运用金融工具为投机、投资和泡沫经济的形成提供了可能。金融资源的高度流动性和金融信息的高速扩散性，使得一国对金融资源难以进行准确统计、难以做到适度开发与合理利用，难免会在金融资源的开发与利用问题上造成一定的盲目性（冉光和等，2004）。在金融产业可持续发展的条件下，当代人既不应对金融资源进行过度开发和利用，也不应对金融资源开发和利用不足从而无法满足当代人对金融资源的基本需求，也就是说，当代人要在维护代际公平的基础上对金融资源实现适度开发和利用。所以，金融资源的适度开发与合理利用是金融产业可持续发展的一个重要标志。

（2）金融产业结构的优化升级

所谓金融产业是指由金融企业组成的以金融资源为利用对象，经过其加工以后能为社会提供特有功能和规模的金融产品和服务，并通过市场交换为社会及其自身带来收益的金融组织的集合。金融产业结构反映了金融产业中不同金融行业的发展状况和重要程度，反映了金融体系的特征和金融功能与效率（秦池江，1995）。从市场方面看，金融产业结构主要表现为货币市场、资本市场、黄金市场和外汇市场及其各子市场的发展状况及相互关系；从金融机构方面看，金融产业结构是指银行、证券、保险、信托等不同金融行业在整个金融产业中的比重、地位与发展状况，包括企业规模、机构数量等等（卫彦琦，2012）；从金融工具方面看，金融产业结构主要表现为基础金融工具、衍生金融工具的市场推广、规模和运用的市场渗透率，金融工具的创新状况等（付一书，2010）。金融产业结构的优化会提高金融组织对金融功能的承载效率，从而进一步促进金融发展水平的提高和金融功能的扩展与提升。因此，在金融产业可持续发展条件下，金融产业内部各组成部分的构成比例趋于合理，且各行各业均发展良好，而且彼此之间形成了相互协调、相互补充的协同发展机制，整体金融功能逐步提升。

（3）金融产业内控制度的健全与完善

金融产业内控制度是对金融产业内部自我生成的控制金融风险、金融混乱和波动现象，推进金融产业发展的法律法规、规章制度、管理办法及运行机制的总称。各金融企业能稳健经营，在自我防范风险中健康成长，是金融产业内控制度完善的标志，也是金融产业可持续发展的基础。在金融产业可持续发展状态下，各金融企业能够迅速地对市场信息做出准确反映，能够准确地判断并控制风险，能够主动规范经营方式和经营行为从而防范和化解各种金融风险，在保证经营安全性、流动性的前提下保证盈利，并实现利润最大化，从而在激烈的市场竞争中保持其核心竞争力。从四大金融行业来看，银行业内控制度的侧重点在于银行资产的质量；证券业内控制度的侧重点在于市场信息充分，控制交易成本和风险；保险业内控制度的侧重点在于对保险风险的识别；信托业内控制度的侧重点在于选择良好的理财方向，规范自身的投融资行为。作为金融产业十分重要、占比大的两个组成部分，银行业和证券业的内控制度完善与否对金融产业的可持续发展起着决定性作用。总之，在金融产业可持续发展条件下，不仅金融产业及各行业内控制度较为完善，而且各行业之间在内控制度上还能实现相互协调、相互合作，使得整体金融产业的内控制度和谐统一。

（4）金融资源的优化配置和高效利用

在金融产业可持续发展的状态下，金融资源的配置效率和配置效益均实现最优。主要原因包括两个方面：一是金融资源的优化配置以金融资源的永续开发和合理利用为基础，金融资源的永续开发是金融资源优化配置的条件；二是金融资源的优化配置又取决于金融行业间的协调配合，取决于社会经济资源在各产业、各部门间的合理配置和高效利用。只有各金融行业实现协调运行，金融资源实现优化配置，才能最大限度地调动其他社会经济资源，才能快速地推进社会经济及金融可持续发展，从而实现金融资源的优化配置。同样地，在金融产业可持续发展条件下，由金融资源启用的社会资源和自然资源在实体经济部门的配置状态也达到均衡。所谓资源配置的均衡性是指满足经济金融主体真实的有效率的产出需要，并能够动用现有的生产能力为社会生产出质优价廉的物质产品和精神产品，使社会总体资源配置结构、配置状态、配置效益达到最优。在金融产业实现可持续发展后，金融资源的配置效率也实现最优，金融资源的配置比例、结构、数量均达到理想的均衡水平。

（5）金融风险处于可承受范围

一方面，经济系统健康发展，金融产业发展所依赖的宏观背景和外部环境良好，金融产业所面临的各种风险较低，金融产业可持续发展具备良好的基本条件。另一方面，完善的金融产业内控制度可以有效降低金融产业经营风险，从而降低整个金融产业所面临的金融风险。金融与金融产业是一把"双刃剑"，金融产业的可持续发展可以促进国民经济的可持续发展，但金融产业本身所固有的脆弱性和高风险性又使得金融产业的过度超前或滞后都将延缓甚至阻碍经济发展。正是金融产业的脆弱性使得金融产业可持续发展存在着现实的困难，而克服金融产业脆弱性和高风险性只能通过实施金融产业外部监管和内部控制，把金融产业潜在的系统风险降至可承受范围。只要金融产业实现了可持续发展，金融风险也就被限定在可控范围之内了，金融产业就会促使国民经济健康可持续发展。

20.1.3 金融产业可持续发展的条件

要实现金融产业可持续发展必须具备一些基本条件，具体包括以下几个方面。

（1）健全的产业金融制度

金融制度是一个国家用法律形式确立的金融体系结构，以及组成这一体系的各类金融企业的业务范围、职责分工，各金融企业间的相互联系。金融产业可持续发展必须以健全的市场金融制度为依托，以完善的产业金融制度为基础。市场金融制度是对金融企业在经营管理过程中，以市场需求为导向经营金融产品和提供金融服务，以实现利润最大化和企业价值最大化为目标的各种金融政策、金融法规、金融制度等的总称。产业金融制度是对金融企业以产业化发展为目标，以市场机制为基础所制定的各种现代金融企业制度的总称。市场金融制度为金融产业发展提供了有序的市场环境与竞争规则,产业金融制度确立了金融企业的组织形式及运行机制等(顾春静,2008)。在市场经济条件下,市场经济决定了金融制度的市场特征,形成了符合市场经济要求的市场金融制度,在健全的市场金融制度下衍生出了产业金融制度,产业金融制度的形成是市场金融制度完善的标志。在产业金融制度健全和完善以后,金融就会按产业化发展模式进行经营管理,从而实现可持续发展。

(2) 完善的产业运行机制

金融产业运行机制是对在市场金融制度下,组成金融产业的各金融企业之间,以及金融企业内部各要素之间相互联系、相互协调、相互促进、相互制约关系的总称。要实现金融产业可持续发展,首先要求金融资源在各金融企业之间进行合理的分配,然后按照各类金融企业所特有的资源配置与引导功能将金融资源优化配置到各类实体经济部门,实现一国或地区整体资源的优化配置和高效利用;其次,金融产业可持续发展必须要求各金融企业按照产业运行规律和市场规则,为社会提供优质高效的金融产品和金融服务;最后,各类金融企业内部需要按照现代企业制度的要求规范经营管理,制定科学的管理制度和规则,建立权责明确、产权明晰、管理民主、风险自控的现代金融企业运行模式。特别是在当前分业经营体制下,银行业、证券业、保险业、信托业各类金融企业之间的业务既有交叉又有区别,各产业的业务经营范围侧重点大不相同,因此各类金融企业必须相互协调、相互合作,集中精力发展自己的主导业务,并为其他金融企业提供必要的支持,从而形成一种相互补充、互利互惠的协同发展关系。总之,把金融业作为独立的产业部门并实行产业化经营管理,确定产业化经营目标,制定产业化管理模式,建立产业化运行机制是金融可持续发展的前提条件。

(3) 金融资源的适度开发与利用

众所周知,可持续发展就是要合理开发和利用稀缺的自然资源,要保证自然资源的代际公平。因此,充足有效的金融资源是金融可持续发展的最基本条件。然而,金融资源的永续开发和利用不完全等同于自然资源的永续开发和利用。自然资源的永续开发和利用主要依靠现代科学技术来提高资源利用效率或生产替代资源;金融资源的永续开发和利用主要在于适应经济社会发展的需要,以及在金融产业自身发展规律的基础上适度、适时地开发和利用金融资源,既避免对金融资源的开发和利用失去控制,造成金融资源的过度开发和利用,又避免人为地压制金融资源开发和利用程度,导致部分当前潜在的可开发金融资源被闲置浪费。要实现金融资源的永续开发和利用,不仅需要提高人们的认识和判断,而且要有制度保障,离开制度的变革和创新,金融资源的永续开发和利用是难以实现的。因此,金融资源的永续开发和利用的社会性比人的主观能动性更强。

(4) 优化的金融产业结构

一般来说,金融产业结构是由实体经济产业结构所决定的,金融产业结构随着实体经济产业结构的变化而不断调整着;但金融产业结构一旦形成,它在短期内是比较稳定的,它反过来会制约实体经济产业结构的调整和优化,影响各种生产要素和资源的优化配置。因此,优化的金融产业结构不但会影响金融产业的可持续发展,而且会影响国民经济的可持续发展。关于金融产业结构是否合理,目前还没有一套科学的、公认的量化标准,而且金融产业结构调整本身就是一个跟随着实体经济产业部门金融需求的变化而不断调整的过程。衡量金融产业结构是否合理的关键在于在经济可持续发展的前提下,现有金融产业内部的数量、结构、比例是否适当,是否协调,是否有利于金融市场发展水平和金融市场功能的不断提高,是否能满足经济可持续发展的需要,是否有利于社会资源的优化配置和高效利用,是否有利于金融产业内各行业的协同发展,是否有利于有效防范和化解金融风险,是否有利于经济和金融的良性互助与协调。凡是符合上述"有利于"要求的金融产业结构都可以认为是合理的。只要一国或地区的金融产业能够实现可持续发展,那么该国或地区的金融产业结构就是趋于优化状态的,具有可持续发展所要求的合理性。因此,优化的金融产业结构是金融产业可持续发展的显著特征和必备条件。

(5) 有效的金融产业监管

金融资源固有的脆弱性决定了金融产业运行的脆弱性,金融产业的脆弱性主要表现在金融市场的内在不稳定性和外在不稳定性上。金融市场的不稳定性主要表现为银行挤兑、经济泡沫化、次级债等金融现象。无论金融产业多么发达,受各种不确定性因素的影响,金融产业也会产生各种各样的风险。导致金融市场不稳定的因素主要有:①信息不对称。信息不对称直接导致经济行为人产生"代理人问题""道德风险"和"逆向选择",从而产生信用风险。②经济决策主体的有限理性。有限理性就是人的行为是有意识的,是理性的。产生有限理性的原因有两个方面:一是环境是复杂的,人们在做决策时面临的是一个复杂的、不确定的环境,随着交易的逐渐增多,不确定性就越来越大,信息也就越来越不完全;二是人对环境的计算能力和识别能力是有限的,人不可能无所不知,信息总会有不对称的一面。而且由于受情境的影响,人们在做决策时很容易做出非理性的判断和决策。③投机行为。自由放任的投机行为会加重金融市场的不稳定性。为了实现金融产业的可持续发展,必须加强对金融内在不稳定性进行有效适度监管,如果监管过度,金融产业的发展将受到压制;如果监管过松,金融产业会过早自由化,在经济金融发展水平不高时,过早的金融自由化会导致更多的金融风险,对经济金融的可持续发展产生破坏性影响。

20.2 金融产业可持续发展的机理

20.2.1 中国金融产业化发展的历程回顾

自改革开放以来,中国金融体制改革不断深化,金融产业经历了由简单行政化运行到基本实现市场化运行,金融产业化水平不断提高。中国金融产业化发展历程大致可分为以下三个阶段。

(1) 1978—1993年,中央银行地位确立及新的金融体系初步形成

1978年,中国人民银行从财政部分离出来实现独立办公。1979年,中国银行从中国人民银行中独立出来,成为前所未有的外汇专业银行;中国农业银行恢复设立,成为承担农业金融业务的专业银行;农信社也普遍恢复,成为中国农业银行的基层机构;中国建设银行从财政部独立出来,成为中国人民银行所属固定资产投资贷款专业银行。专业银行从中国人民银行分离出来,为中国人民银行向市场化经济条件下的中央银行转变创造了条件。1983年9月,国务院颁布了《国务院关于中国人民银行专门行使中央银行职能的决定》,明确了中国人民银行的中央银行地位(吴敬琏,2010)。除专业银行以外,还开始建立多种形式的银行和非银行金融机构。1984年以后,地方银行、信托投资公司和金融租赁公司等金融机构开始建立。1980年底,中国人民保险公司恢复了省级分支机构,1988年中国平

安保险公司在深圳成立，1987年建立了中国交通银行和中信实业银行两个全国性的股份制商业银行，组建了招商银行等地方性银行。这些机构开始在计划经济和市场经济的夹缝中尝试按照市场经济的规则开展金融活动。1990年和1991年先后成立上海证券交易所和深圳证券交易所并正式开业，标志着中国证券市场开始形成。经过这一系列的改革，中国涵盖银行、证券、保险等金融行业在内的金融市场体系的轮廓初现，中国的金融体系与市场经济国家在形式上已经接近，中国金融产业化发展的基础初步形成，但在实质上与市场经济体制下的金融体系仍有巨大的差距。

（2）1994—2001年，社会主义市场经济体制下的金融产业化

在这一时期内，中国基本建立起服务于社会主义市场经济运行的现代金融体制，中国金融体系也沿着从"计划"到"市场"的方向逐渐前进。党的十四届三中全会做出了《中共中央关于建立社会主义市场经济体制若干问题的决定》，确立了建立社会主义市场经济的改革方向，这同时也加快了金融体制改革进程。在这一时期，中国新成立了国家开发银行、中国进出口银行、中国农业发展银行三家政策性银行，实现了商业性贷款与政策性贷款的分离；将原有的中国银行、中国农业银行、中国工商银行和中国建设银行四家专业银行转为国有独资商业银行，实行商业化经营；增设了中国民生银行等非国有独资的股份制银行；新成立了一些证券和保险公司，金融体系逐渐趋于完善。与此同时，中国金融监管体系也日趋完善。中国先后颁布和实施了《中华人民共和国中国人民银行法》《中华人民共和国商业银行法》《中华人民共和国证券法》《中华人民共和国保险法》等金融法律法规，并相继成立了"证监会"和"保监会"等金融监管会，初步形成了以金融法律为核心，金融法规、规章和规范性文件相配套，多层次的金融监管法律体系框架。这一时期金融市场得到了空前发展，中国证券市场从无到有，从小到大，有力地推动了国有企业改革和发展；1996年4月，中国人民银行正式开办了公开市场业务，标志着一个由货币市场、资本市场和外汇市场构成的金融市场体系初步形成（吴伟华，2006）。

（3）2002年至今，在开放经济条件下的金融产业化

2001年中国成功加入WTO，从此必须严格遵循全球贸易体制的各项规定，履行入世时的相关承诺，逐步放开了受管制的金融市场。2003年，中国政府以国有商业银行改制为中心进行了新一轮银行业改革，中国建设

银行、中国银行和中国工商银行先后在上海和香港证券交易所上市，中国农业银行也于2009年改制成股份有限公司。与此同时，包括进一步整顿中小银行金融机构、完善农村金融体系、推动政策性商业化改革等一系列金融稳定措施也陆续出台。2003年，中国"银监会"成立，主要负责监管银行、金融资产管理公司、信托投资公司及其他存款类金融机构，维护银行业的合法稳健运行，从而将中国人民银行过去的银行业监管职能剥离出来。这样一来，银监会与1992年建立的证监会和1999年建立的保监会一起，形成了鼎足而立、"一行三会"的监管格局。2007年，上海银行间同业拆借利率（SHIBOR）正式推出，标志着中国利率市场化改革正式拉开帷幕。随着对外开放力度的不断加大，以及金融体制改革的不断深化，金融产业化发展已经形成不可逆转的态势。

20.2.2 金融产业可持续发展的机理分析

金融产业化发展是指将金融产业作为相对独立的产业部门，金融企业以客户为中心，以市场需求为导向，以实现利益最大化为目标，对金融资源实现合理适度开发和利用，进而实现金融产业资本的良性循环、最大化增值。金融产业可持续发展的机理可以从微观和宏观两个角度进行阐述和分析。

（1）基于微观视角的分析

从微观层面讲，金融可以被看作一个独立的经济系统，金融可持续发展有其内部独特的形成机理。从金融系统构成来看，金融系统从下而上分别包括金融企业、金融行业、金融产业等几个不同的层次。因此，金融可持续发展是一个以金融资源的永续开发和利用为核心的循环系统，可以简单地描述为：金融企业可持续发展→金融行业可持续发展→金融产业可持续发展→金融可持续发展→金融企业可持续发展。金融可持续发展又为金融企业可持续发展创造了良好的生态环境，为金融企业可持续发展奠定了基础。因此，可以认为金融系统的可持续发展过程是一个封闭的循环过程，每一层级的可持续发展都为下一层级的可持续发展创造条件和奠定基础。金融可持续发展的形成机理是指为了实现金融可持续发展，金融系统结构内的金融企业、金融行业等基本金融主体的运营方式及各金融主体在市场经济条件下公平竞争、良性互动的运行规则和原理。金融产业可持续发展的微观机理如图20-1所示。

第20章 金融产业可持续发展

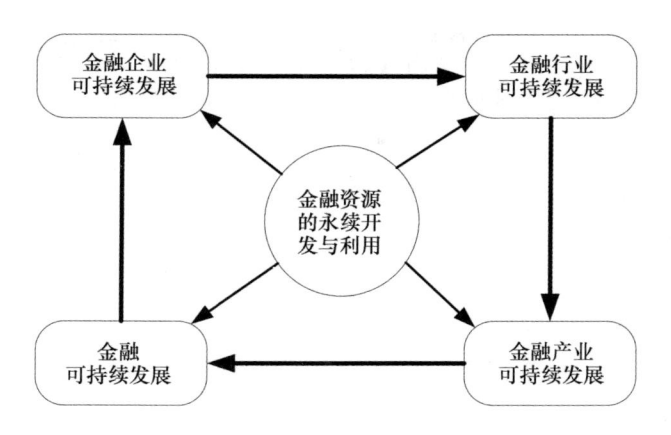

图 20-1 金融产业可持续发展的微观机理

首先，金融资源的永续开发和利用是实现金融可持续发展的基本条件。金融发展必须维持在金融资源和金融环境可承受的范围之内，金融及金融产业的可持续发展必须建立在金融资源的永续开发和利用的基础之上。在良好的运行环境和状态下，金融资源是可再生和永续利用的资源，但在特定的制度和技术水平下，金融资源又同自然资源一样是稀缺的。金融资源的永续开发和利用是在适应经济和社会发展要求，以及金融产业自身发展规律的基础上合理、适度、适时的开发和利用，既要避免对金融资源的开发和利用失去应有的节制，形成对金融资源的过度开发和利用，又要避免对金融资源的开发和利用程度被人为地压制到低于当期潜在的可开发金融资源存量，从而导致金融资源的闲置浪费。其次，金融企业可持续发展是实现金融可持续发展的基础。金融企业是金融产业的微观细胞，只有在全部或绝大多数金融企业实现可持续发展的前提下才有可能实现金融可持续发展。在市场经济条件下，同类型的不同金融企业在对金融资源实施合理适度开发与利用的基础上展开合法的、公平的竞争，优胜劣汰。随着金融体制改革的不断深化，金融市场准入条件逐步放开，原有金融企业的规模不断扩大，新进企业的数量不断增多，金融市场竞争越来越激烈。金融企业要实现可持续发展，必须不断优化组织结构，不断创新金融产品和金融服务，提高金融产品和服务的数量和质量，提高企业的市场竞争力。再次，金融行业和金融产业的可持续发展是实现金融可持续发展的中间目标。金融产业由银行业、证券业、保险业和信托业等多个不同的金融行业有机组成，各金融行业又由无数个金融企业组成。金融企业可持续发展会促进金融行业可持续发展，实现可持续发展的不同金融行业在市场经济条件下公平竞争，相互补充，相互制约，形成一种互利互惠的行业经济关系，进而推进金融产业可持续发展。最后，金融可持续发展是金融产业可持续发展的终极目标。在市场经济体制下，金融产业严格按照市场机制运行，不断优化产业结构，健全金融产业制度，强化金融产业内部控制，有效防范和化解金融风险，从而实现金融产业可持续发展。金融产业实现可持续发展以后，金融产业与实体产业间相互促进、相互制约的产业经济关系趋于协调，金融经济与实体经济实现协同发展，进而实现金融可持续发展和国民经济可持续发展。

（2）基于宏观视角的分析

从宏观层面讲，金融产业是国民经济系统中最重要、最核心的产业部门。金融产业的可持续发展必须是在政府宏观调控和有效监管的条件下，按照市场经济运行机制，虚拟经济系统与实体经济系统通过市场作用实现互动，建立相互依赖、相互制约、相互促进、平等互利、信用合作的产业经济关系，从而实现金融产业可持续发展和国民经济可持续发展。金融产业可持续发展的宏观机理可用图 20 - 2 表示。

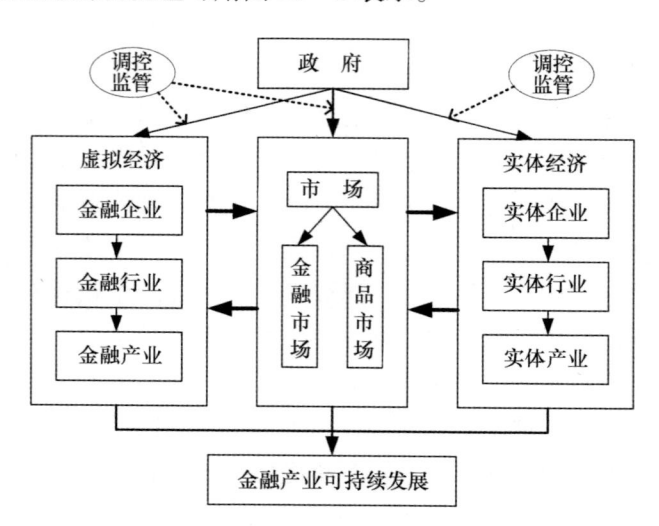

图 20 - 2　金融产业可持续发展的宏观机理

①政府的宏观调控和监管是金融产业可持续发展的先决条件。政府对金融产业的宏观调控是指综合运用经济手段、法律手段和行政手段，调节金融市场变量，保证金融体系稳健运行。金融监管是对金融监督和金融管理的总称，其本质上是一种具有特定内涵和特征的政府规制行为。金融监督是指金融监管部门对金融机构实施全面的、经常性的检查和督促，以此促进金融机构依法稳健经营、安全可靠和健康发展；金融管理是金融监管部门依法对金融机构及其经营活动实行的领导、组织、控制和协调等一系列活动（姜爱林、陈海秋，2007）。金融调控就是要协调虚拟经济和实体经济之间的关系，防止二者之间发生冲突和分离，实现社会资源、自然资源的高效利用和国民经济的健康发展。因此，若金融调控得当，金融产业运行稳健，必然会有力地促进消费、投资和生产等实体经济活动的扩张，从而促进宏观经济的持续发展；反之，如果金融调控不当，金融资源配置不合理，金融产业结构失衡，金融产业运行就会不稳定甚至引发金融风暴，对实体经济造成巨大冲击。

②健全的市场是金融产业可持续发展的载体。在市场经济体制下，金融产业的可持续发展必须以一个健全的市场为载体，因为金融产业内部的结构优化、金融产业与实体产业之间的资源要素交换、流通等一系列活动都只能在一个有效的、健全的市场中实现。这里的市场不仅指金融市场，还包括除金融市场以外的其他产品市场和要素市场等。金融企业所开展的一切活动都必须以满足市场金融需求为前提，根据市场需求特征不断创新金融产品和金融服务。一个健全的市场可以为金融产业发展提供完善的市场价格机制、竞争机制、供求机制和进退机制，可以为金融产业发展营造良好的外部市场环境，可以为金融产业发展提供准确的市场供求信息，从而为金融产业可持续发展奠定基础。

③金融产业与实体产业的良性互动是金融产业可持续发展的关键。金融产业与实体产业之间是一种相互依存、相互制约、相互促进的关系。实体产业部门的发展为金融产业发展提供了充足的闲置资源，创造了巨大的金融市场需求；金融产业发展为实体产业部门提供充足的金融资本、金融商品和金融服务。只有当实体产业部门的产出和收入水平提高了，它对金融产品和服务的需求才会不断扩张，金融产业才会获得更广阔的市场空间。一旦实体产业脱离了金融产业的金融支持，实体产业就会因为资金匮

乏而放缓发展速度甚至发展停滞。总体来说，实体产业规模和结构决定了金融产业的规模和结构，金融产业发展水平制约着实体产业的发展水平。金融产业的盈利不能以牺牲实体产业的利益为代价，而是要在不断提高实体经济产业部门利益的前提下，尽可能提高金融产业的盈利能力。实体经济产业在获取利润的过程中也不能以牺牲金融产业的利益为代价，而应该在促进金融产业发展的同时尽可能提高自身的盈利水平。只有金融产业和实体产业之间实现了良性互动，金融及金融产业的可持续发展才有保障。

20.3 金融产业可持续发展的模式

金融产业发展模式的选择不仅影响着金融产业自身的可持续发展，还影响着整个宏观经济的协调可持续发展。从严格意义上讲，金融产业可持续发展模式的选择不应该是一成不变的，它将随着国家政治、经济、社会条件、发展时期等影响因素的变化而改变。可供金融产业选择的可持续发展模式较多，本专著将主要从现代金融企业模式、有效金融市场模式、科学金融体系模式和规范有效政府模式四个方面论述当前中国金融产业可持续发展的模式。

20.3.1 金融产业可持续发展的现代金融企业模式

金融企业是金融产业的核心组成部分，是金融产业的灵魂。现代金融企业模式主要包括金融企业经营模式、管理模式和发展模式三个方面的内容。

（1）金融企业经营模式

金融企业经营模式选择与金融企业的资源禀赋、资本结构、管理水平、监管体制等密切相关，现代金融企业所选择的经营模式必须与企业所拥有的资源禀赋相适应，且能最大限度地发挥企业的竞争优势。只有金融企业经营模式实现最优，才能实现金融企业和金融产业的可持续发展。总体来看，常见的企业经营模式主要有专业化经营模式和混业经营模式两种。一是金融企业专业化经营模式。金融企业专业化经营模式就是指金融企业根据国家相关法律法规或者行业分工，选择在某一个特定的金融领域开展业务的专业化分工模式。专业化经营模式可以有效地扼制金融企业的投资冲动和投机冲动，降低金融企业的经营风险，但是这种经营模式不利于金融企业扩大经营规模，企业规模经济效益低，企业核心市场竞争力薄弱，企业发展空间小。而且随着经济社会发展的日益复杂化，专业化经营模式对企业发展的局限性日益扩大。二是金融企业混业经营模式。金融企业混业经营模式是指不同行业金融企业的业务相互渗透、相互交叉、相互补充，各金融企业可以在法律允许的范围内，利用各种创新的金融工具、创新形式突破专业化经营壁垒而开展经营业务。混业经营模式可以有助于金融企业充分有效地利用整体金融资源，企业内部各部门之间的信息交流充分、及时，业务收缩和扩张可以机动灵活地加以调整，从而有利于提高金融企业经营效率，有利于金融企业降低自身的经营风险。但是，混业经营容易形成金融市场垄断，产生不公平竞争，规模过大的混业经营往往因为内部协调困难而导致更大的金融风险，危及社会公共金融安全网。随着全球金融一体化和自由化的不断高涨，混业经营模式已经成为国际金融企业发展的主导趋势。尽管如此，混业经营模式也并非适用于任何国家的金融产业，在确定可持续发展的金融企业发展模式之前必须充分考虑当前的基本国情、经济社会发展水平、金融企业资源禀赋特征、社会化分工程度等。在经济发展水平较低，经济金融化程度不高、风险防范及监控机制不健全的情况下，选择专业化经营模式可能更有助于金融产业的可持续发展；反之，在经济发展水平、经济金融化程度、金融自由化程度较高，风险防范及监控机制比较健全的情况下，选择混业经营模式可以降低交易成本，加速资本周转，提高金融资源配置效率，进而有助于金融产业可持续发展。因此，选择混业经营模式必须具备以下几个前提条件：一是较高的经济和金融发展水平。经济发展水平越高，社会对金融产品和服务的需求就越大，金融企业多样化的金融服务才有市场。金融发展水平越高，经济的金融化程度和金融自由化程度越高，金融创新能力和创新效率越高，金融工具种类越齐全，可供金融产业选择的资产组合和服务手段也就越丰富。二是健全的金融风险防范和监控机制。在混业经营模式下，金融企业面临的金融风险可能更大，没有健全的金融风险防范和监控机制，混业经营只会加剧金融风险，阻碍金融产业可持续发展。三是充分的专业化分工。不同金融行业的本原业务、资本运作、风险防范监控机制各不相同，充分的专业化分工有助于保证单项业务取得高效率，在此基础上实现混业经营才可能发挥"1+1>2"的协同效应，才有助于实现利润的最大化。从目前来看，中国金融业发展已经逐渐步入法治轨道，相关金融法律法规日益健全和完善，以中央银行、证监会、保监会等为主体的富有权威性的金融监管体系已经基本形成并逐渐趋于完善，经济和金融发展水平、金融企业管理水平都得到空前提高，金融产业结构也日趋合理，因此可以认为我国已经具备了金融企业混业经营的最基本条件，金融业从分业经营走向混业经营应该成为中国金融体制改革的最终选择和历史的必然选择。尽管如此，我国金融体制改革仍需继续努力，加强金融产业内控制度建设和自我约束机制的形成。

（2）金融企业管理模式

在资源禀赋和技术水平不变的情况下，运用科学的管理手段、建立高效的管理组织可以提高金融资源配置效率，进而促进金融及金融产业的健康可持续发展。金融企业管理模式的核心内容包括以下几方面：

① 科学的企业战略。战略管理对金融企业发展乃至金融产业发展的影响都是方向性的和全局性的。金融产业可持续发展的战略目标管理应该以金融行业自律组织和政府部门为战略管理主体，以整合金融企业目标和金融行业目标为逻辑起点，主要有制定战略规划、实施战略、评价战略实施效果等几个步骤。第一步是制定与金融资源禀赋特点相适应的金融企业战略规划。实施金融企业战略管理之前，首先要明确企业的战略目标，分析金融企业所面临的外部机遇、挑战和威胁，明确金融企业的内部优势和弱势，制定可行的战略方案，从中选择最优的方案并予以实施。金融企业的战略目标应以金融企业的可持续发展为核心，必须选择与企业资源构成特点相适应的经营模式、组织结构、发展模式，保证金融企业的各项业务活动都围绕这一战略目标展开，从而实现企业利润最大化。第二步是确定具体的金融企业战略步骤并加以实施。无论企业发展战略制定的多么科学和完美，若不能有效实施仍不能保障企业的稳健运行。在企业战略实施过程中，要协调好企业内部最高管理层、中层管理层和基层管理层之间的权力和职责，协调好管理部门和业务部门之间的关系，通过制定一系列的管理办法和规章制度确保企业发展战略目标的顺利实现。第三步是对金融企业发展战略实施效果进行客观评价和调整。金融企业战略评价是对金融企业发展水平、经营效率和效益、潜在的风险、暴露出的问题等方面进行综合

评价，分析战略实施效果与既定目标间的差距及产生这种差距的原因，对企业发展过程中所出现的问题及时采取纠正措施。

② 理性的企业决策。决策贯穿于金融企业经营管理活动的每一个环节，决策水平的高低对金融企业和金融产业的发展具有重要的影响作用，一个错误决策对金融企业和金融产业发展所带来的危害可能是灾难性的，甚至是毁灭性的。金融企业建立健全科学的企业决策制度，需要有两个基本条件：一是理性的决策者。决策过程实际上就是一个发现问题、分析问题、确定目标、确定标准、拟订方案、选择方案和实施方案的过程，决策者必须善于发现问题、抓住机遇、避免危机。一个合格的、优秀的金融企业决策者不仅需要有理性的头脑，还应该有长期在金融机构执业和任职的经历，具备金融决策管理者所必备的知识框架结构。为了保证决策的科学性和准确性，不能仅依靠某一个决策者的知识、经验、判断力、价值观和直觉，应该加强金融企业决策部门之间的沟通与合作，增加彼此之间的交流和协作，提倡实施群体决策的管理模式。二是动态的金融产业信息评价体系。金融产业信息是决策者做出决策的重要参考依据，只有在掌握全面、准确信息的情况下，企业决策者才能做出科学的决策。为了保障金融企业决策的前瞻性、科学性和合理性，需要建立金融企业信息收集和分析部门，对决策所需的各种信息进行收集、整理和分析，充分把握金融企业的发展现状、问题和趋势，充分了解金融企业发展的内外部环境。

③ 弹性的奖惩机制。对于任何企业而言，如何充分调动企业员工的工作积极性和创造力，对企业的经营效率和效益都有着直接的影响。企业常用的激励措施主要有薪酬激励、精神激励和工作激励等，对不同层次的企业员工应该采用不同的激励措施或是多种激励措施的组合。针对高级管理人员，可以采用薪酬激励，如年薪制和股票期权制，将高级管理人员的经济利益与企业的绩效相挂钩。针对普通员工，应以薪酬激励为核心，配合使用精神激励，实行年终奖、利润分红、职位晋升、年休假等多种激励手段，把企业的发展目标与员工的个人需求有机结合起来，从而提升企业的内部凝聚力、向心力和推动力。努力打造现代企业文化，以良好的形象、优质的服务置身于社会和市场中，激发员工的自豪感和使命感，营造良好的企业文化氛围。当然，激励和约束、奖励和惩罚永远都是相辅相成的，企业在对员工实施奖励措施的同时也应该制定相应的惩罚措施。惩罚制度

执行的目的就是要约束企业员工的行为，可以采用经济手段、法律手段和行政手段予以实施。针对员工的一般过失行为，适当给予口头警告或经济处罚；对于违反公司章程、破坏企业公众形象的违规行为，可以采用适当的行政处罚或者辞退处罚，并要求赔偿企业相应的经济损失；对于违反有关金融法律法规的违法行为，企业应该配合监管部门予以处理。

（3）金融企业发展模式

选择最优的发展模式是金融企业在市场竞争中立于不败之地和实现可持续发展的必要条件和现实选择。根据生产要素投入与产出比例以及企业规模扩张方式的不同，企业的发展模式可以分为粗放型发展模式和集约型发展模式。对金融企业而言，粗放型发展模式是指金融企业以扩大市场占比为主导目标，通过扩张资产数量，扩大企业规模谋求金融企业发展。这种发展模式的实质是以数量的增长为核心，强调企业发展的规模效应，希望通过快速的规模扩张实现中短期资产规模最大化。以粗放型发展模式实现金融企业成长，消耗较高，成本较高，产品质量很难提升，经济效益较低，企业可持续发展能力较弱。根据企业成本理论和规模报酬理论可知，企业规模扩张到一定程度以后，企业的长期平均成本会由递减转为递增，由规模报酬递增转为规模报酬递减。企业的规模应该适度，并非越大越好，大规模企业并不一定比小规模企业的经济效益高。上述分析表明，金融企业要实现可持续发展，必须改变企业发展模式，走集约化发展道路，集约型发展模式应该是金融企业发展模式的最理想选择。所谓集约型发展模式，是指金融企业以提高经济效益和增加效益为主导目标，依靠组织创新和技术进步，对金融企业的人力资本和金融资源要素进行必要的集中和优化配置，提高企业经营要素的质量，提高单位经营效益，从而促进金融企业的长期稳健发展。金融产业可持续发展的集约型金融企业发展模式应该包括以下基本内容：

① 现代化企业经营管理制度。高效的经营管理活动是金融企业集约型发展的基础，灵活的企业经营机制能够增强金融企业特有的市场洞察力，及时发现并开拓潜在的金融产品市场，并制定相应的市场扩张与竞争战略。高效的管理活动可以充分预见金融企业发展过程中所可能出现的有利因素和不利因素，从而制定切实可行的企业发展战略，整合企业的所有资源要素，全面提升金融企业的资产质量、盈利水平、企业规模、抗风险能

力和可持续发展能力。

② 持续的金融创新。金融企业的创新主要包括金融技术创新、金融业务创新。金融技术创新是金融企业集约型发展的重要方式，特指伴随着科学技术和管理理念的发展，为了降低金融交易成本，提高金融交易效率而在金融交易手段、交易方法和物质条件等方面发生的变化和创新。金融技术创新为资金融通提供了方便快捷的金融工具，丰富了投资者的资产组合，有利于规避各种金融风险。金融技术创新有助于充分利用企业的资本要素，提高单位资本的收益和利润。金融业务创新是指新产品的开发和创造。一方面，金融业务创新可以更好地满足客户多样化的金融需求，增加金融中介功能，降低社会金融交易成本。另一方面，金融业务创新有助于金融企业在保持资产规模不变的情况下寻求新的利润增长点，提高金融资源的配置效率。

③ 高效的资本要素利用率。集约型发展模式的核心就是要不断优化配置金融资源，提高金融资源利用率，提高金融企业的经济效益。集约型发展模式并不排斥金融企业规模的扩张，但金融企业的规模扩张必须在提高效率和效益的前提下进行。一方面，金融企业应该加强企业员工业务技能培训，提高员工的综合素质，同时建立有效的激励约束机制，优化企业人力资本；另一方面，金融企业应该优化资本结构，提高金融资产质量，加速资本周转，优化企业货币资本要素。

20.3.2 金融产业可持续发展的有效金融市场模式

有效的金融市场模式是金融产业可持续发展的基础。金融产业可持续发展就是要维持金融资源的供需平衡和良性循环，而金融资源的配置效率依赖于金融市场模式的发展和建设。

（1）完善的市场机制

完善的市场机制至少应该包括价格机制、供求机制、竞争机制和市场进退机制等多个方面。

① 弹性的价格机制。价格机制是在市场竞争过程中，市场上某种商品供求变动引起该商品市场价格变动的作用过程和相互关系。价格机制主要通过市场价格信息来反映商品的市场供求关系，并通过市场价格来调节该商品的生产和流通，从而实现资源的优化配置。市场价格机制越完善，价

格体系越富有弹性，市场交易者对价格的反应就越敏锐，价格的调节功能就越强。

②健全的供求机制。供求机制是指通过商品、服务和社会资源供求的矛盾运动来影响各种生产要素组合的一种机制。在利益驱动下，金融商品和服务需求方与供给方相互作用，使得金融资源的配置更有效率。供求机制主要通过市场需求量、市场供给量及市场价格来调节社会需求和生产，最终实现供求均衡。

③充分有效的市场竞争机制。竞争机制是各经济主体为了自身利益而相互竞争，由此形成的经济内部的必然联系和相互影响。完全竞争市场结构的市场效率是最高的，资源配置效果和社会福利均是最优的。垄断的市场格局会扭曲价格机制，降低金融资源配置效率，不利于金融产业的可持续发展。因此，要提高金融资源配置效率，促进金融产业和国民经济持续健康发展，就必须保持充分的市场竞争。

④完善的市场进退机制。金融市场进入壁垒主要有经济壁垒、技术壁垒和制度壁垒三个方面，经济壁垒和技术壁垒是市场竞争的结果，制度壁垒属于政府干预行为之一。金融市场进入机制应该以经济壁垒和技术壁垒为主，以制度壁垒为辅，三者相互补充。同样地，金融市场退出也有市场强制退出和政府强制退出两种，两种退出机制各有利弊，当金融企业因经营不善而处于破产边缘时，应采用社会成本最小化的退出机制使其退出市场。

（2）有效的金融市场活动

有效的金融市场活动有助于刺激金融产业发展。在一个高效的金融市场上，金融市场参与主体众多，交易容易达成，金融市场交易总量较大且交易频率较高，现代化的金融市场管理和良好的市场交易秩序使得市场的平均交易成本较低；金融商品种类及数量众多，市场交易者能够在金融市场上购买到自己满意的金融商品，交易者可以享受到满意的金融服务。在高效的金融市场上，金融机构能够高效地将闲散的资金从盈余者手中转移到资金短缺者手中，金融资源利用效率和经济效益都得到了最大化的发挥。反之，在一个低效的金融市场上，市场参与主体和商品种类都较少，市场主体的金融需求不旺，金融市场的交易成本较高，金融市场资源配置功能薄弱，金融产业发展缓慢。

(3) 高度深化的金融市场

金融市场深化程度越高，金融市场自我调节能力越高越快，金融市场波动就越小。在一个高效的金融市场上，市场价格调节能力和制约能力较强，能够促进金融商品价格波动幅度趋于稳定，并能够迅速平息价格的异常波动；反之，在低效的金融市场上，市场价格自动调节缓慢，金融商品价格很可能会长时间处于非均衡状态。金融市场深化程度越高，价格发现功能越强大，金融商品价格越能够迅速反映市场供求状况，金融中介机构可以根据商品价格来对自己的经营活动进行科学的决策，可以高效地将社会资金在系统内实现迅速转移和分配，从而实现金融商品供求均衡，进而稳定金融商品的市场价格。随着金融市场融资深度和融资广度的增加，投资者可以利用多种金融工具组合来减少风险，金融企业不断根据市场利率和汇率水平的变化，调整自己的投资成本和投资收益，追求利润最大化。因此，较大的市场深度和广度是有效金融市场的核心。

(4) 合理的金融市场结构

金融市场的形成是资金融通不断发展深化的结果，在经济运行过程中，资金盈余者和资金短缺者是并存的，金融市场能为二者提供资金融通平台。根据金融市场融资方式，可以简单地将金融市场分为直接金融市场和间接金融市场。直接金融市场是指资金供求双方直接进行融资所形成的金融市场，在直接金融市场上，筹资者通过委托投资银行发行股票或债券，投资者出资购买股票或者债券，从而将资金直接从投资者手中转移到筹资者手中，不需要任何金融中介机构；间接金融市场是指以银行等金融机构作为信用中介进行融资所形成的市场，在间接金融市场上，资金供给者先把闲余资金以存款等形式借给银行等金融机构，二者形成债权债务关系，然后由银行等机构把资金提供给资金需求者，又与资金需求者之间形成债权债务关系，通过信用中介的传递将资金从供给者手中转移到需求者手中。直接金融市场上主要包括证券公司、证券承销商、证券交易所等金融机构；间接金融市场主要有商业银行、政策性银行等银行类金融机构，以及信托机构、保险机构、租赁公司、财务公司、信用合作组织等非银行金融机构。直接金融市场和间接金融市场的协调关系（即最合理的市场比例）直接关系着金融市场体系的稳定和发展。

(5) 持续的金融创新能力

金融创新是指改革现有的金融体制、扩大金融业务范围、扩充金融服务种类、开发新的金融工具,以获取现有金融体制、经营活动和金融工具所无法取得的潜在经济利润,是一个以盈利为目的而进行的持续不断、缓慢进行的发展过程(皮天雷,2009)。在一般情况下,金融创新主要包括金融制度创新、金融技术创新、金融产品创新等几个方面。所谓金融制度,就是指有关金融交易的全部制度安排或规则的集合(张炜,2004)。金融制度创新是指作为金融管理法律法规的改变以及这种变革所引起的金融经营环境与经营内容上的创新,包括金融组织制度创新和金融监管制度创新等。简单地说,金融制度创新的实质就是引入新的金融制度因素或对原有金融制度进行重构(陈柳钦,2005、2007)。金融制度创新是提高金融效率的保障,是金融创新的内在动力,有利于消除信息不完全和信息不对称的现象。金融技术创新是指伴随着科学技术和管理理念的发展,为了降低金融交易成本,提高金融交易效率而在金融交易手段、交易方法和物质条件等方面所发生的变化和创新。金融产品就是各种不同的金融工具和金融服务,简而言之就是金融交易的对象,金融产品创新是创造或引进新的金融产品。金融创新更新了原有的不适应现代金融发展所需要的金融组织、金融机构和金融市场,扩宽了金融产业的发展空间,推动了金融产业结构调整与优化,提高了金融调控效率。当然,随着金融创新的不断深化,金融系统的各种风险都可能随之增大,在创新的同时需要强化金融产业监控。

20.3.3　金融产业可持续发展的科学金融体系模式

金融体系是一个经济体中资金流动的基本框架,是金融工具、金融市场、金融企业等各金融要素所构成的综合体。科学的金融体系是金融产业可持续发展的基本条件。一个科学的金融体系应该包括金融企业体系、金融市场体系、金融调控体系、金融监管体系和金融环境系统五个重要组成部分。

(1) 金融企业体系

金融企业是指业务经营需要取得金融监管部门所授予的金融业务经营许可证的企业,主要包括银行类金融企业、证券类金融企业、保险类金融企业和信托类金融企业等。金融企业体系越健全,金融市场运行越稳健,金融产业发展动力就越强。随着经济社会的发展,金融需求呈现出明显的多样化，从而促使新型金融企业不断产生和发展，金融企业类型和企业数量越来越多。一方面，越来越多的金融企业进入市场，市场竞争会愈益激烈，会促使金融企业不断创新、不断提高金融产品和服务的质量，提高经营效益，从而促进金融产业的发展；另一方面，金融企业数量越多，相应的金融产品和服务数量也越多，金融需求方可以根据自己的偏好选择最满意的、最合适的金融产品和服务，从而实现个人及社会效用的最大化。当然，金融企业类型和数量并非越多越好，而应根据经济社会发展的需要予以确定，不能超过经济承载能力，也不能远超于社会金融需求水平，最理想的状态就是全社会金融供给与金融需求实现均衡。要实现金融产业可持续发展，必须构建一套科学的、完整的现代金融企业体系，营造一种良性竞争的金融市场环境。一个完整的现代金融企业体系应该至少包括银行类企业、证券类企业、保险类企业和其他类金融企业，具体可用图20-3表示。

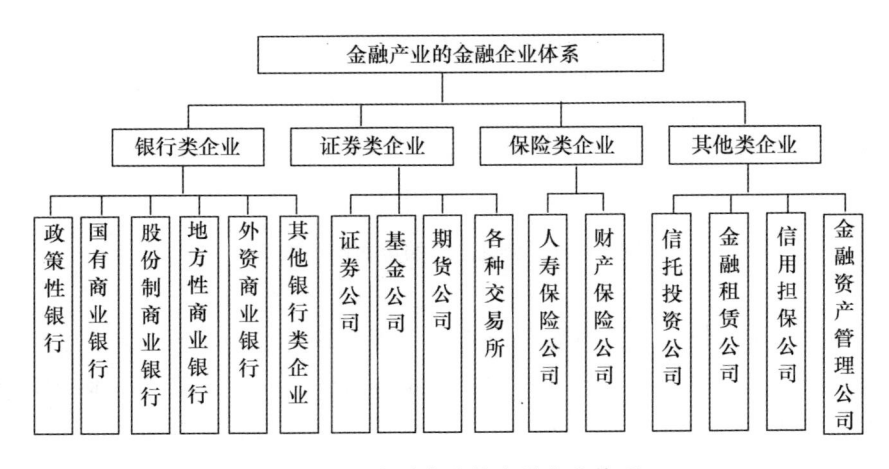

图20-3　金融产业的金融企业体系

（2）金融市场体系

金融市场就是资金供求双方通过信用工具进行交易而实现资金融通的市场，是交易金融资产并确定金融资产价格的一种机制。在一般情况下，可以将金融市场分为货币市场、资本市场、外汇市场和黄金市场。资本市场是指金融工具期限较长的市场，包括中长期银行信贷市场和股票市场、债券市场、保险市场、融资租赁市场等；货币市场是指短期（一般期限在一年以下）金融工具的交易市场，主要包括商业票据市场、银行承兑汇票市场、同业拆借市场、回购协议市场、大额可转让存单市场、政府债券市场等；外汇市场是指经营外币和以外币计价的票据等有价证券买卖的市场，是国际上从事外汇买卖、调剂外汇供求的交易场所；黄金市场是指集中进行黄金买卖和金币兑换的金融市场。金融市场体系就是由以上各种金融子市场构成的，一个科学的、健全的金融市场体系应该包括以上全部金融市场，具体可用图20-4来表示。

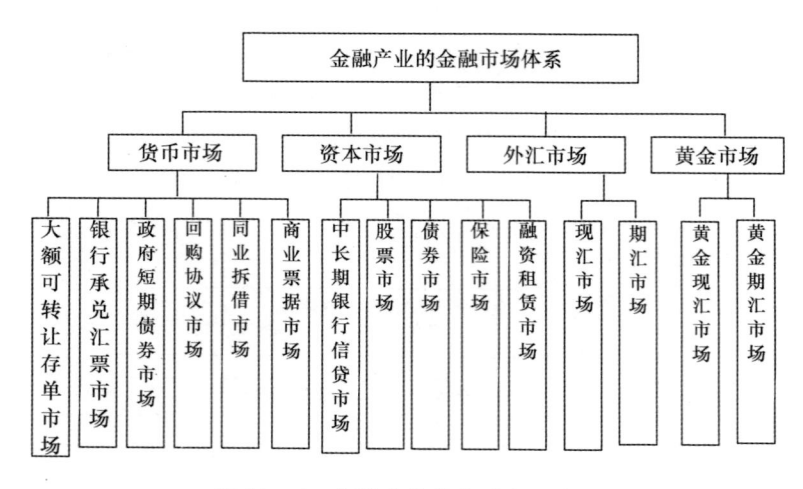

图20-4 金融产业的金融市场体系

尽管货币市场、股票市场和证券市场等各种金融市场具有不同的金融功能，驱动各金融子市场发展的影响因素也各不相同，但在一个健全的金融市场体系中，由于金融市场参与主体的统一以及各种可以在不同市场间实现套利的金融工具的存在，各金融市场之间具有相对稳定、密切的长期均衡关系和短期因果关系。就短期而言，各金融市场之间存在着相互影响效应；从长期来看，各个金融市场的金融商品价格或收益率具有稳定的无套利均衡关系，即使这种无套利均衡关系被打破，健全的金融市场也能够迅速进行调整从而恢复到以前的均衡状态。

（3）金融调控体系

金融调控是指国家相关部门综合运用经济、法律和行政等手段，调节金融市场变量，保证金融体系稳健运行。在现代经济生活中，金融调控职能主要由中央银行履行，中央银行通过货币政策来控制货币总量及结构，通过保持货币供求总量和结构的平衡来促进社会总需求和总供给的均衡。金融调控就是通过调整货币经济（也称虚拟经济）的结构和总量来对实体经济产生影响。虚拟经济与实体经济既相互独立，又相互作用、相互制约，虚拟经济服从和服务于实体经济，实体经济反作用于虚拟经济，促进虚拟经济创新。金融调控就是要协调虚拟经济和实体经济之间的关系，防止二者之间发生冲突和分离，实现社会资源、自然资源的高效利用和国民经济的健康发展。

金融调控的主要内容包括三个方面：一是中央银行制定和实施货币政策。中央银行综合运用基础利率、法定存款准备金率、公开市场业务、再贴现率等货币政策工具调节全社会的货币供求。二是制定和实施汇率政策，选择适当的汇率机制促进人民币汇率达到合理水平且保持稳定，从而促使国民经济在国内外同时实现平衡。三是维护金融体系的稳健运行。调节金融市场结构、化解金融系统风险、防范金融危机、促进金融产业可持续发展。综合来看，金融调控体系包括货币政策、财政政策、汇率政策以及金融维护等多个方面，一套完整的金融调控体系可以用图 20-5 加以描述。

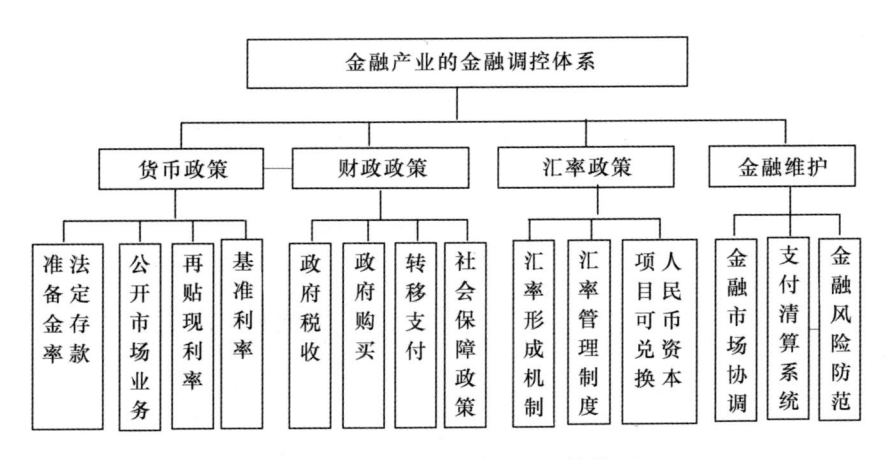

图 20-5　金融产业的金融调控体系

（4）金融监管体系

金融监管体系是指为了实现特定的经济社会目标，而对金融活动施加影响的一个整套机制和组织机构的总和。目前，我国实行的仍是银行业、证券业、保险业的分业经营和监管。但是，随着我国金融业混业经营的发展，以及金融创新的不断加快，金融控股公司逐渐成为金融机构的重要组成形式，现有的分业监管体制很难适应金融产业发展和金融国际化的需要，进一步改革和完善金融监管体系是必要的。从长远发展目标来看，要实现金融产业化发展和金融可持续发展，金融监管体系必须进行适应性改革，变分业监管为统一监管，建立统一监管、分工协作的现代金融监管体系。中国金融监管体系改革的目标应该是建立一个统一的金融监管机构——中国金融监督管理委员会（简称"中国金监会"），中国金监会直属于国务院，由国务委员或国务院副总理担任负责人（曹凤岐，2009）。中国金监会负责统一制定金融业的发展规划、金融法律法规、协调监管政策和监管标准，监测和评估金融风险，对中国金融机构和金融市场进行统一监管；现有的银监会、证监会和保监会成为金监会的下属局，仍然分别对银行业、证券业和保险业进行监督和管理，中国金监会负责协调银监局、证监局和保监局之间的关系；中央银行继续履行部分监管职能，除了制定和执行货币政策以外还负责监管货币市场和外汇市场。综上所述，金融产业可持续发展的现代金融监管体系可用图 20-6 来表示。

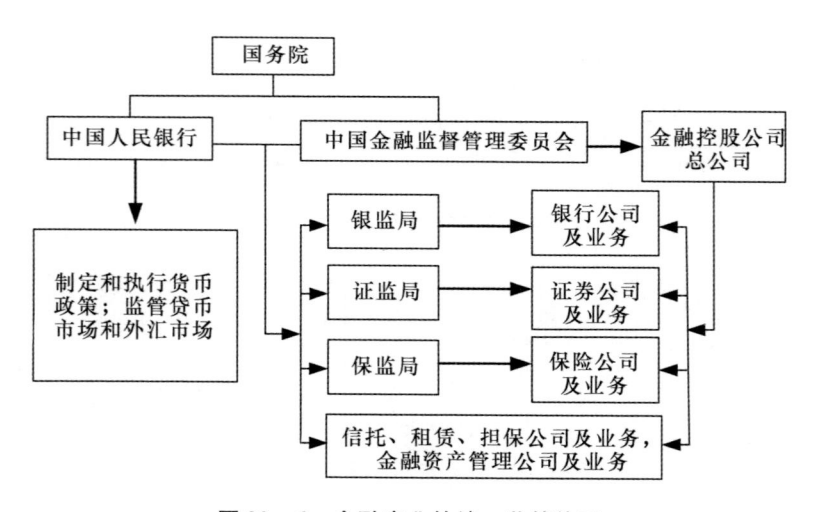

图 20-6 金融产业的统一监管体系

（5）金融环境系统

金融环境是金融活动所依赖的外部条件，指一个国家在一定的金融体制和金融制度下，影响金融市场主体活动的各种要素的集合。金融环境主要包括自然环境、政治环境、经济环境、法律环境、政策环境和信用环境等几个方面（如图20-7所示）。

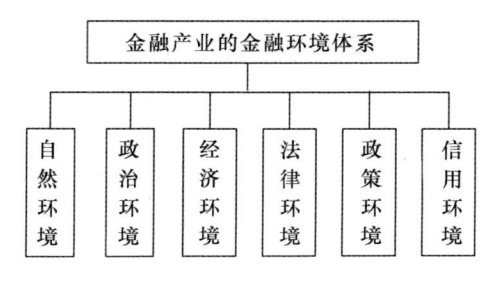

图 20-7 金融产业的金融环境系统

在一般情况下，各种外部环境共同影响着金融产业的发展，但在不同的时期和不同的地区，各外部环境对金融产业发展影响程度的作用机理各不相同。一是自然环境。自然环境对金融活动开展及金融产业发展的影响可以是直接的，也可以是间接的。自然环境越优越的地方越适合于金融产业的发展，城市相比偏远乡村更有助于金融产业集聚，大城市比小城镇更适合成为金融中心。随着科学技术的进步和金融创新的推进，特别是互联网金融的不断发展，自然环境对金融产业发展的影响程度越来越小。二是政治环境。政治稳定是经济增长的基础和前提，政治环境对经济金融发展的影响是不可忽视的。如果政治局面不稳定，政治动荡不安会引起社会动乱，将严重阻碍经济金融的发展，甚至可能会引发金融危机。三是经济环境。金融是现代经济的核心，金融内生于经济又服务于经济，因此宏观经济发展水平直接影响着金融发展水平。国民经济发展水平越高，社会对金融的需求越大，金融产业的发展空间就越大。四是法律环境。法律环境的完善程度决定着金融产业发展水平和速度，法律的执行情况特别是产权保护情况决定了金融产业的发展效率。法律法规的有效贯彻执行也是良好法律环境的一个重要标志，只有得到有效的贯彻执行，法律才能发挥出其应有的效应。五是政策环境。虽然政策与法律有着密切的联系，法律法规通常是从政策演变而来的，许多法律法规在颁布之前都以政策的形式存在，但政策的灵活性和时效性比法律法规要强（沈炳熙，2004）。金融政策的稳定性、透明度和对金融活动的支持力度都会对金融产业的发展产生重要的影响。如果政策缺乏连续性、稳定性，许多金融活动就无法持续进行下去；金融政策公开透明，金融市场主体参与金融活动就有章可循，金融市场交易则井然有序。六是信用环境。市场经济必须建立在信用的基础之上，任何经济交易都须借助信用来实现。信用秩序正常就可以维持经济交易活动正常开展，进而维护整个经济活动的正常进行；反之，信用失常就会打乱正常的市场秩序，并且加深金融风险（李格非，2002）。

20.3.4 金融产业可持续发展的规范有效政府模式

无论是在计划经济还是市场经济条件下，政府都是宏观经济系统中的重要参与者之一，政府是金融政策、金融法律法规制定的主体。从发达国家金融产业发展的经验来看，结合当前我国的经济和金融发展现状，要实现金融产业可持续发展，政府的公共管理和服务模式必须做出相应的调整。金融产业可持续发展的规范有效的政府模式包括法治型政府模式、服务型政府模式和效能型政府模式。

（1）法治型政府模式

法治型政府模式就是要政府主动接受法律制度的约束和控制，通过对政府的限制来保证人民的权利。用法律制度治理国家，用强制的手段约束政府行为，建设法治型政府要求政府在执政理念上树立"权力来自法、行使依据法、有权必有责、用权受监督、违法受追究"的观念（郭祥玉，2003），要求政府必须在具有普遍性、相对稳定的、能够真正体现实质正义的法律指导下施政。建设法治型政府的根本目的是要建设有所为有所不为的"有限政府"，而非任何事务都管的"全能政府"，因此要求政府在施政过程中对内依法规范和约束政府及政府工作人员的个人行为，对外依法运用合理的法律手段管理经济和社会事务，用法律制约权力，用权力制约权利。法治型政府建设的最终目标是建设与市场经济体制和现代化社会相适应的政府管理体制和管理模式，要求政府改革成为市场经济主体和全社会服务的公共管理和公共服务机构，改革成为能代表和反映广大人民群众利益的公共服务型政府。

构建法治型政府的前提条件之一是必须扎实做好行政立法工作，建立完善的法律体系。法律是政府行使公共权力的基本依据，是政府民主执政的约束条件，只有用法律明确规定需要调整的社会关系和需要规范的社会行为，行政执法才能做到有据可循。完善的法律体系可以促使政府由人治向法治转变，法治的逐渐成熟会促使政府主动改变在金融产业可持续发展过程和国民经济协调发展进程中的角色定位和执政模式。完善法律体系需要做好以下三个方面的工作：一是要完善立法程序，提高立法工作的公开性和透明度。通过媒体发布公告、组织专家咨询论证，召开立法听证会，广泛征求广大人民群众的意见和建议，提高公民的参与程度。二是必须严格规范性文件的制定、审核、颁布和备案程序，制定严格的规范性文件的前置性审查制度和备案制度，提高规范性文件的质量。三是要加快和深化行政审批制度改革，加快清理不符合市场经济发展的行政审批事项，严格控制新设立审批事项，减少政府对经济事务的行政干预。

构建法治型政府的前提条件之二是规范行政执法行为，真正实现依法执政。建设法治型政府要求各级政府、工作部门、各级领导、各政府职员必须严格依法决策、依法行政、依法办事、为群众提供合法的公共服务。所制定的任何法律、法规、规章等制度性文件只有在得到全面、准确地贯彻执行后才可能达到预期效果。一是要大力而广泛地开展法治教育，树立依法治权依法行政的意识，树立法律至上和法律面前人人平等的观念。二是要强化领导干部和行政执法人员的法律培训工作。把领导干部学法工作放在首位，通过多种手段促使政府领导干部学习本部门工作所可能涉及的一切法律法规，使各级领导干部都能熟练掌握和运用法律手段管理经济社会事务。同时，还应该强化行政执法人员的法律培训工作，提高行政执法人员的综合素质和执法水平。三是要切实做到依法决策。各级政府、各级领导干部、各行政部门、各政府职员都必须在法定的权限范围内按照法定程序行使决策权，任何决策行为都不得与法律制度及政策相抵触。需要建立重大决策法律分析和专家咨询论证制度，建立决策信息公开制度，建立违法决策追究制度。

构建法治型政府的前提条件之三是加强行政执法监督。不受监督的权力必然会产生各种腐败，监督的力度越大，滥用权力的现象就越少，因此加强行政执法监督是建设法治型政府的保障。建设法治型政府，不仅需要自觉接受人大、政协、社会、群众等各种外部监督，还需要不断完善政府内部的监督约束机制，同时加强第三方专门机构的督查和审核力度。加强行政执法监督，首先需要不断完善行政执法的监督制度，包括法律法规执行情况报告制度和不定期检查制度、执法主体的资格审查制度和证件管理制度、行政执法的个人权责制度和部门协调制度、违法处理结果公开制度等。其次需要展开行政复议工作，要求各行政部门不断完善行政复议工作制度，严格按照《中华人民共和国行政复议法》履行行政复议职责，切实把好行政复议事件的法律关、程序关和事实关，提高办案质量和办案效率。

（2）服务型政府模式

服务型政府模式是把服务作为社会治理价值体系的核心和政府职能构建重心的一种政府模式（施雪华，2010），是一种通过充分发挥政府的公共服务功能从而实现政府与市场之间互动管理的政府模式（谢斌等，2011）。服务型政府的服务宗旨和目的是遵从民意，通过贯彻执行国家法律法规和各种政策文件，在工作内容、工作程序和工作方式上公平公正地为公民、社会组织和社会提供方便、有效的帮助，进而促进社会的和谐稳定；服务型政府的服务对象具有普遍性，应覆盖全社会而非某一类人或某一个地区；应该公平地对待所有的企业和公民，公平地对待不同类型的区域和每一个公民，并且为弱势群体提供特殊帮助；服务型政府的服务内容由民意决定，服务方式应该公开透明，体现民主并接受群众监督。服务型政府是"以民为本"的政府、负责任的政府、透明的政府，是民主参与、适度分权的政府，是职能有限、廉洁高效的政府。它着眼于社会公正、社会发展和责任政府三个方面，"以人为本、执政为民"是其基本的治理理念，以"向人民学习、为人民服务、请人民批评、让人民满意"为基本要求，服务理念贯穿于政府执政过程的各个方面和环节。与传统政府模式相比，服务型政府的价值导向发生了根本性调整，职能体系发生了结构性变化，组织结构进行了全局性改组（施雪华，2010）。建设服务型政府不仅在于实现政府管理职能的转变，而且在于政府管理理念和管理方式的改变；不仅涉及政府机构的调整和整合，而且涉及政府职能和资源的整合；不仅在于政府应该为金融产业发展提供良好的外部环境，而且在于政府要为金融发展和经济增长、社会民生提供优质的公共产品和社会服务。

具体来讲，建设服务型政府必须做好以下几个方面的工作：①转变政府职能是建设服务型政府的核心和精髓。政府职能转变主要有职能转移、职能下放、职能整合、职能加强等基本方面。职能转移就是要准确划清政府和市场的界限，在市场经济条件下的服务型政府应该是有所为有所不为的"有限型"政府，政府只在市场失灵的情况下实施调控、干预和管理，其余则交由市场自行调节。职能下放就是要处理好中央和地方之间的关系，要实现适度分权。职能整合就是正确处理好部门与部门之间的关系，可以通过一些现代化的信息技术实现部门职责整合和技术资源整合，而非机械简单的机构整合。职能加强是要处理好政府宏观管理和微观运行的关系，加强科学的宏观调控。②健全公民参与机制，畅通公民参与渠道。尽管提供社会公共服务是政府的基本职能，然而，其服务内容和服务方式却取决于公民意愿和要求而非政府意志。服务型政府必须主动接受社会各阶层的监督、批评，要将服务的管理理念和群众利益放在首位，以满足社会服务需求为基本目的。因此，建设服务型政府必须建立健全全民参与机制，扩宽公民参与渠道，引导和鼓励全体公民积极参与，使所有公民有权利、有机会表达和选择各自所需要的一切社会服务。③加快电子政务建设，实现政务公开。服务型政府不仅要追求政府服务效率，而且要遵循公平、公开、公正的基本原则，电子政务模式对政府政务公开具有积极作用，是政府实现公平、公正、公开施正的有效手段之一。电子政务建设应以公众服务导向的服务性政府为基本目标，加强政府的宏观引导和科学系统的规划。

（3）效能型政府模式

与市场经济发展相适应的政府必须是效能型政府。政府效能是政府部门完成政府职能所规范的目标的程度及其产生行政效益的综合评价体系，是政府效率和政府效益的有机统一。政府效率是政府的投入产出或成本效果之比，政府效益是政府执政的实际效果与目标之间的实现程度，是政府行政管理结果。片面地追求政府高效率极容易形成高成本高速度低效能和高成本低速度低效能并存的行政管理体制。效能型政府强调效率与公平相统一，要在社会公平的基础上追求高效率；效能型政府强调效率与民主相协调，要在民主的基础上追求高效率；效能型政府强调政府与市场互补，政府的职责是宏观调控和弥补市场失灵。因此，只有效能型政府才能真正适应市场经济发展的需要，才能为市场经济条件下各产业发展提供高效优质的公共服务，进而促进国民经济健康发展与可持续发展。

首先，效能型政府建设需要提高政府素质，转变政府管理理念。一个综合素质低下的政府不可能适应社会主义市场经济和对外开放的要求，更不可能适应建设美丽中国和实现中国梦的基本要求。一方面，提高所有公务员的综合素质是提高政府素质的基础和前提。一是要设定严格的公务员门槛，对新加入的公务员实施严格的综合素质测评，合格者方能上岗；二是要加强在岗公务员的后续素质教育和技能培训，废除"铁饭碗"制度，实施末位淘汰制；三是要创立学习型组织，鼓励公务员参加多样化的学习交流活动。另一方面，转变政府管理理念是建设效能型政府的核心环节。一是要实现从"官本位"到"民本位"的转变，真正做到立党为公，执政为民，全心全意为人民服务；二是要实现从"暗箱"到"透明"的转变，政府的所有政务活动（国家机密除外）都应当向社会公众开放，主动接受公众的监督；三是要实现从"权力"到"责任"的转变，用责任来制约官员行为，提高政府效能。在效能型政府下，政府和企业的关系不再是领导和被领导的关系，而是服务与被服务的关系；在管理和服务过程中，政府应该尽最大努力做到不"缺位"、不"错位"、不"越位"；政府与社会组织间应该实现良性互动，实现"强强联合"和共同治理。

其次，效能型政府建设需要建立科学的政府绩效评价体系。政府绩效评价是提升政府效能的基本手段，是行政效能监察和效能型政府建设的重点。一套科学的、全面的绩效评价体系是实施政府绩效评价的前提；恰当的、客观的评价模式是实施政府绩效评价的基础；一套系统的、完善的评价制度是实施政府绩效评价的关键。在绩效评价制度建设方面，可以设立岗位责任制、首问责任制和限时完成制等指标；在政风建设方面，可以设立廉洁奉公、遵纪守法等指标；政府绩效评价指标体系建设要以实现管理目标为基础，要注重定性指标与定量指标相结合。一个科学的评价指标体系不能全由定性指标构成，必须有几项能反映部门单位业绩的量化指标，尽可能地采用比较的方法和百分比加以表示。在评价模式选择方面，可以采用"5+N"评价模式，"5"主要是指德、能、勤、廉、绩五个方面，"N"是由岗位的特殊性决定的。这种模式有效地将普遍性和特殊性完美地结合在一起，充分考虑了各岗位工作内容和性质的差异。

再次，效能型政府建设需要制定严密的政府权力运行程序。政府权力的运行程序是指政府权力运行的先后次序和具体步骤。严密的程序是实现政府权力规范高效廉洁运行的最有力保障，只有按照严密的程序执政，才能保证政府权力运行有序。制定严密的、科学的政府权力运行程序，应该根据各部门的职责权限和职权性质来设计具体的运行程序，对行使权力的方式、步骤、时限等做出明确、具体的设定，并建立配套的审批制度、时限制度、考核制度等，强化事前程序、事中程序和事后程序的设计和运用。

最后，效能型政府建设需要建立一个廉价政府。从某种意义上说，政府的执政行为也是一种经济活动，也要进行成本—收益分析，只有收益高于成本才是最有效的。因此，政府也同样存在着降低成本、提高效益的要求，加强行政建设既要进行效能建设也要进行廉政建设。效能建设和廉政建设实际上就如同勤政和廉政的关系一样，勤政和廉政二者同等重要，缺一不可，勤政是廉政的基础，廉政是勤政的保障（闫建，2009）。没有勤政的廉政，必然导致故步自封、不思进取，不是真正的廉政；没有廉政的勤政，则必然以权谋私、弄虚作假，不是真正的勤政。推进金融产业可持续发展，必须切实转变政府职能，精简政府机构，建立一个办事高效、运转协调、行为规范的政府体系，为整个金融产业和国民经济的可持续发展提供价廉质优的公共服务。

参考文献

安虎森：《空间经济学教程》，经济科学出版社 2006 年版。
安翔：《我国农村金融发展与农村经济增长问题研究——兼论以农村信用社改制为主题的县域金融重构》，学位论文，浙江大学，2005 年。
安烨：《货币银行学》，上海财经大学出版社 2006 年版。
巴曙松、沈长征：《国际金融监管改革趋势与中国金融监管改革的政策选择》，《西南金融》2013 年第 8 期。
巴曙松：《中国金融结构的变迁与宏观金融政策的调整》，《投资研究》1997 年第 8 期。
白钦先：《百年金融的历史性变迁》，《国际金融研究》2003 年第 2 期。
白钦先：《金融结构、金融功能演进与金融发展理论的研究历程》，《经济评论》2005 年第 3 期。
白钦先：《金融可持续发展研究导论》，中国金融出版社 2001 年版。
白钦先：《论金融可持续发展》，《金融时报》1998 年 6 月 7 日。
宾国强：《实际利率、金融深化与中国的经济增长》，《经济科学》1999 年第 3 期。
曹凤岐：《改革和完善中国金融监管体系》，《北京大学学报》（哲学社会科学版）2009 年第 7 期。
曹蒸蒸：《我国商业银行金融创新力评价》，《金融理论与实践》2009 年第 5 期。
陈宏会：《中国商业银行金融创新研究》，学位论文，东北师范大学，2013 年。
陈建军：《困惑与思考：我国旅行社业研究的理论缺失与理论创新》，《社会科学家》2007 年第 9 期。

陈金明：《中国金融发展与经济增长研究》，学位论文，中国社会科学院研究生院，2002年。

陈立新：《市场经济条件下的金融风险与防范机制的建立》，《甘肃城市金融》1996年第12期。

陈柳钦：《金融、金融制度和金融制度创新》，《南通大学学报》（社会科学版）2007年第1期。

陈柳钦：《我国金融制度创新的理论分析与实践选择》，《北华大学学报》（社会科学版）2005年第2期。

陈伟忠：《金融经济学教程》，中国金融出版社2008年版。

陈颖：《金融产业集聚与上海国际金融中心建设》，《中国经贸》2009年第22期。

崔满红：《金融资源理论研究》，中国财政经济出版社2002年版。

崔之元：《看不见的手范式的悖论》，经济科学出版社1999年版。

戴伯勋：《现代产业经济学》，经济管理出版社2001年版。

戴小平、付一书：《金融产业发展研究——兼论上海国际金融中心建设》，复旦大学出版社2013年版。

邓浩、曾敏军：《浅论金融创新与金融产业可持续发展》，《科技信息》2007年第30期。

蒂克尔：《金融与区位》，[英]克拉克、费尔德曼、格特勒主编：《牛津经济地理学手册》，刘卫东等译，商务印书馆2010年版。

丁惠炯：《内蒙古技能型人才培养与使用政策实施研究》，学位论文，吉林大学，2013年。

丁忠民：《中国农村金融市场成长机制与模式研究》，学位论文，西南大学，2008年。

杜传忠：《产业组织演进中的企业合作：兼论新经济条件下的产业组织合作范式》，《中国工业经济》2004年第6期。

范剑勇：《市场一体化、地区专业化与产业集聚趋势：兼谈对地区差距的影响》，《中国社会科学》2004年第6期。

方贤明：《制度变迁与金融结构调整》，中国金融出版社1999年版。

封北麟：《我国科技金融市场体系的构建及财政支持研究》，《经济研究参考》2014年第15期。

冯邦彦、彭薇：《香港与伦敦、纽约国际金融中心比较研究》，《亚太经济》2012 年第 3 期。

付一书：《上海金融产业结构优化布局与调整》，《上海金融学院学报》2010 年第 3 期。

傅晓霞、吴利学：《技术差距、创新路径与经济赶超——基于后发国家的内生技术进步模型》，《经济研究》2013 年第 6 期。

高鸿业：《西方经济学》，中国经济出版社 1996 年版。

高鸿鹰、武康平：《集聚效应、集聚效率与城市规模分布变化》，《统计研究》2007 年第 3 期。

戈德史密斯：《金融结构与发展》，中国社会科学出版社 1993 年版。

葛敏、许长新：《金融产业生态系统的生态承载力研究》，《经济问题》2007 年第 9 期。

龚维敬：《美国垄断资本集中》，上海人民出版社 2004 年版。

顾春静：《农村金融可持续发展的产业组织创新研究》，学位论文，扬州大学，2008 年。

管仁勤：《虚拟经济：含义、特征和发展机理》，《社会科学》2003 年第 3 期。

郭守杰：《无奈的循环：中国储蓄—投资转化机制与效率研究》，经济科学出版社 2003 年版。

郭祥玉：《全面推进依法行政，加快建设法治型政府》，《行政论坛》2003 年第 11 期。

国务院办公厅：《国务院办公厅关于金融支持经济结构调整和转型升级的指导意见》，2013 年。

韩缨：《着力构建完善的金融诚信体系》，《银企合作》2005 年第 4 期。

郝艳洁：《我国中小企业典当融资的博弈分析研究》，学位论文，河南大学，2012 年。

何亮：《上市公司高层管理者政治背景对国有资产并购行为影响的实证研究》，学位论文，西南交通大学，2014 年。

贺建刚等：《金字塔结构、审计质量和管理层讨论与分析——基于会计重述视角》，《审计研究》2013 年第 6 期。

洪银兴、郑江淮：《反哺农业的产业组织与市场组织：基于农产品价值链的分析》,《管理世界》2009 年第 5 期。

洪银兴:《企业重组的资本经营路径》,《管理世界》1998 年第 3 期。

胡坚、杨素兰:《国际金融中心评估指标体系的构建》,《北京大学学报》(哲学社会科学版)2003 年第 5 期。

胡立君、石军伟:《产业结构与产业组织互动关系的实现机理研究》,《中国工业经济》2005 年第 5 期。

胡章宏:《金融可持续发展论》,中国金融出版社 1998 年版。

胡章宏:《论金融可持续发展能力的评价与建设》,《当代财经》1997 年第 11 期。

黄纯纯:《公司上市、关系贷款与银企关系的重建》,《管理世界》2003 年第 12 期。

黄解宇、杨再斌:《金融集聚论——金融中心形成的理论和实践解析》,中国社会科学出版社 2006 年版。

黄解宇:《金融集聚的内在动因分析》,《工业技术经济》2011 年第 3 期。

黄肖琦、柴敏:《新经济地理学视角下的 FDI 区位选择:基于中国省际面板数据的实证分析》,《管理世界》2006 年第 10 期。

黄颖丽:《浅论禁止垄断协议及除外制度》,《经济师》2008 年第 3 期。

纪成君、刘宏超:《中国煤炭产业市场结构分析与产业组织政策》,《产业经济研究》2005 年第 5 期。

贾林青、贾辰歆:《论存款保险在我国金融安全网中的法律定位》,《保险研究》2014 年第 3 期。

江其务:《论中国金融发展中的组织结构优化问题——面对金融国际化潮流的一种思考》,《财贸经济》2002 年第 3 期。

江世银:《论信息不对称条件下的消费信贷市场》,《经济研究》2000 年第 6 期。

姜爱林、陈海秋:《金融监管的若干理论问题研究概述》,《青岛科技大学学报》(社会科学版)2007 年第 4 期。

鞠学祯:《金融稳健性指标编制指南简介》,《中国统计》2014 年第 1 期。

康宏亮、段剑南、蔡昆阳:《试论我国反垄断法律制度》,《中国法律网》2005 年 9 月 1 日。

劳平、白剑眉:《金融结构变迁的理论分析》,《厦门大学学报》(哲学社会科学版）2005 年第 3 期。

芳平：《金融结构历史演变的初步考察》，《国际金融研究》2003 年第 6 期。

李春海：《对金融诚信建设问题的思考》，《黑龙江金融》2006 年第 7 期。

李芳芳：《金融产业集聚与区域经济增长》，《晋阳学刊》2013 年第 6 期。

李格非：《金融环境论略》，《武汉理工大学学报》（社会科学版）2002 年第 2 期。

李海舰、魏恒：《新型产业组织分析范式构建研究：从 SCP 到 DIM》，《中国工业经济》2007 年第 7 期。

李豪明：《英美银行监管制度比较与借鉴》，中国金融出版社 1998 年版。

李红娟：《反垄断执行机构体系的四种模式》，《人民网》2006 年 9 月 28 日。

李健、贾玉革：《金融结构的评价标准与分析指标研究》，《金融研究》2005 年第 4 期。

李健：《论中国金融发展中的结构制约》，《财贸经济》2003 年第 8 期。

李敬、冉光和、温涛：《金融影响经济增长的内在机制——基于劳动分工理论的分析》，《金融研究》2007 年第 6 期。

李敬：《中国区域金融发展差异研究——基于劳动分工理论的视角》，中国经济出版社 2008 年版。

李军、张尚琼：《企业竞争力创新机制的新制度经济学解释》，《生产力研究》2006 年第 5 期。

李军：《区域金融产业资本聚集差距问题及实证研究》，学位论文，西南大学，2012 年。

李蕊：《高新技术企业知识产权保护问题研究》，学位论文，吉林大学，2011 年。

李石凯：《美国银行机构和银行市场全球化状况分析》，《国际金融研究》2006 年第 4 期。

李晓义、李建标：《互惠、信任与治理效率：基于比较制度实验的研究》，《南开经济研究》2009 年第 1 期。

李学武：《治理金融行业过度竞争刻不容缓》，《甘肃金融》1999 年第 7 期。

李扬:《稳步推进银行公司治理结构改革》,《中国城市金融》2003年第1期。

李永宁、黄明皓、王晓峰:《从大萧条到大衰退看中央银行职能的转变》,《西安交通大学学报》(社会科学版)2014年第2期。

李宇红:《高校建立教学设备维修成本核算机制的研究》,《卫生职业教育》2008年第8期。

李悦:《产业经济学学科定位与理论框架》,《人民日报》2007年2月9日。

李志辉:《中国银行业的发展与变迁》,格致出版社、上海人民出版社2008年版。

梁琦、詹亦军:《地方专业化、技术进步和产业升级:来自长三角的证据》,《经济理论与经济管理》2006年第1期。

两角良彦:《产业政策理论》,日本经济新闻社1996年版。

林毅夫、孙希芳、姜烨:《经济发展中的最优金融结构理论初探》,《经济研究》2009年第8期。

林毅夫:《金融改革与农村经济发展》,"北京大学经济研究中心讨论稿NO. c20E13026",2003年。

林毅夫:《经济学研究方法与中国经济学科发展》,《经济研究》2001年第4期。

林毅夫:《银行业结构与经济增长》,《经济研究》2008年第9期。

林毅夫:《中小企业与中小银行》,《经济学消息报》2002年11月2日。

林彰平、闫小培:《转型期广州市金融服务业的空间格局变动》,《地理学报》2006年第8期。

刘海龙、吴冲锋、郑立辉:《期权套利定价方法的推广与比较》,《系统工程学报》2002年第3期。

刘海龙、吴冲锋:《期权定价方法综述》,《管理科学学报》2002年第2期。

刘宏杰:《中国糖果行业的产业组织分析》,《产业经济研究》2005年第5期。

刘金全、刘志强:《中国货币政策非中性——货币—产出的因果关系和影响关系检验》,《吉林大学社会科学学报》2002年第4期。

刘力：《多元化经营及其对企业价值的影响》，《经济科学》1997 年第 3 期。

刘玲玲：《金融发展、银行债务与大股东隧道行为》，《兰州商学院学报》2012 年第 5 期。

刘明君：《经济发展理论与政策》，经济科学出版社 2004 年版。

刘文林：《对加强金融监管指导思想的思考》，《中国金融》2002 年第 1 期。

刘义圣、赵东喜：《利率走廊理论述评》，《经济学动态》2012 年第 7 期。

刘志彪、石奇：《产业经济学的研究方法和流派》，《产业经济研究》2003 年第 3 期。

楼昳江：《海外扩张：我国商业银行发展的战略选择》，《财经论丛》2002 年第 2 期。

陆大道：《关于"点—轴"空间结构系统的形成机理分析》，《地理科学》2002 年第 1 期。

陆家骝：《现代金融经济学》，东北财经大学出版社 2007 年版。

陆文喜、李国平：《中国区域金融发展的收敛性分析》，《数量经济技术经济研究》2004 年第 2 期。

罗必良：《新制度经济学》，山西经济出版社 2005 年版。

罗松山：《投资基金与金融体制变革》，经济管理出版社 2003 年版。

骆品亮、王安宇：《微软垄断案的启示：产业组织理论角度的思考》，《科研管理》2001 年第 6 期。

马春园：《区域化与差异化是金融业改革的必经之路》，《21 世纪经济报道》2011 年 12 月 30 日。

马广奇：《产业经济学在西方的发展及其在我国的构建》，《外国经济与管理》2000 年第 10 期。

马坚波：《我国高层次金融人才队伍的建设》，《职业》2011 年第 34 期。

马俊海、张维：《金融衍生工具定价中蒙特卡罗方法的近期应用分析》，《管理工程学报》2000 年第 2 期。

马孝先：《金融经济学》，清华大学出版社 2014 年版。

毛钟红：《保险产品的定价方法分析》，《广东技术师范学院学报》2008 年第 1 期。

孟钊兰、邵洪选：《金融结构与金融效率关系：甘肃例证》，《重庆工商大学学报》（社会科学版）2008年第5期。

聂勇：《过度竞争与农村小型金融企业退出》，《广西财经学院学报》2011年第6期。

潘英丽：《论金融中心形成的微观基础——金融机构的空间聚集》，《上海财经大学学报》2003年第1期。

潘正彦：《中国金融产业经济学——市场结构与市场行为》，上海社会科学院出版社2004年版。

彭宝玉：《中国银行业空间系统变化及其地方效应研究》，学位论文，河南大学，2009年。

彭贵敏：《房地产信托融资模式及利益均衡研究》，学位论文，武汉理工大学，2006年。

彭兴韵：《商业银行资产结构调整迢迢路》，《银行家》2002年第10期。

皮天雷：《金融创新与金融监管：当前金融危机下的解读》，《西南金融》2009年第6期。

齐小东：《金融人才的职业化成长模式及路径构建》，《金融发展研究》2010年第4期。

祁敬宇、祁邵斌：《金融监管案例评析》，首都经济贸易大学出版社2011年版。

钱津：《后危机时代：走向资本市场的宏观调控》，《广东社会科学》2010年第5期。

乔英玮：《规范金融秩序健全金融诚信体系》，《管理科学文摘》2005年第8期。

秦池江：《论金融产业与金融产业政策》，《财贸经济》1995年第9期。

冉光和、王定祥、温涛等：《金融产业资本论》，科学出版社2007年版。

冉光和、王定祥、熊德平：《金融产业可持续发展理论的内涵》，《管理世界》2004年第4期。

冉光和：《中国金融产业化运行机制研究》，《重庆金融》1998年第1期。

冉光和：《中国农村金融产业化发展问题研究》，《农业经济问题》1995年第12期。

冉光和等：《金融产业可持续发展理论研究》，商务印书馆2004年版。

饶余庆：《亚洲货币危机的影响与教训》，《开放导报》1997年第11期。

任英华、徐玲、游万海：《金融集聚影响因素空间计量模型及其应用》，《数量经济技术经济研究》2010年第5期。

阮震：《金融创新概论》，中国财政经济出版社2010年版。

邵全权、陈月：《保险保障基金制度效应分析：基于中国财险产业组织视角的研究》，《财经研究》2009年第9期。

沈炳熙：《努力完善金融环境》，《金融研究》2004年第7期。

沈军、白钦先：《金融结构、金融功能与金融效率——一个基于系统科学的新视角》，《财贸经济》2006年第1期。

沈坤荣、孙文杰：《投资效率、资本形成与宏观经济波动》，《中国社会科学》2004年第6期。

沈坤荣、汪建：《实际利率水平与中国经济增长》，《金融研究》2000年第8期。

盛春光：《碳金融市场发展与中国碳金融市场体系设计》，《商业研究》2013年第1期。

施华强、彭兴韵：《商业银行软预算约束与中国银行业改革》，《金融研究》2003年第10期。

施雪华：《"服务型政府"的基本涵义、理论基础和构建条件》，《社会科学》2010年第2期。

史晋川、叶敏：《制度扭曲环境中的金融安排：温州案例》，《经济理论与经济管理》2001年第1期。

史永东：《金融经济学》，东北财经大学出版社2012年版。

世界银行报告小组：《金融与增长——动荡条件下的政策选择》，经济科学出版社2001年版。

舒志军：《金融控股公司与资本经营》，《国际金融研究》1998年第6期。

宋立：《完善货币政策传导机制研究》，《经济研究参考》2003年第13期。

宋凌峰：《基于资产负债表的宏观金融风险分析》，学位论文，武汉大学，2007年。

宋翔：《虚拟经济与实体经济协调发展研究》，学位论文，安徽大学，2014年。

苏东水：《产业经济学》，高等教育出版社2010年版。

隋启炎：《美国跨国银行海外扩张及其影响》，《经济科学》1987 年第 1 期。

孙立：《中国国有商业银行产权制度改革研究》，学位论文，首都经济贸易大学，2010 年。

孙立坚：《金融经济学》，高等教育出版社 2004 年版。

孙伟祖、黄宁：《金融产业政策与金融产业发展：历史、原理与现实》，《上海金融》2007 年第 11 期。

孙伟祖：《金融产业演进与金融发展——基础理论的构建及延伸》，中国金融出版社 2006 年版。

孙伍琴：《论金融结构与实体经济的适应效率》，《管理世界》2004 年第 5 期。

谈儒勇：《中国金融发展和经济增长关系的实证研究》，《经济研究》1999 年第 10 期。

覃璇：《科技创新视角下我国大学衍生企业空间集聚研究》，学位论文，上海师范大学，2013 年。

谭庆华、吕玉红：《政策性金融的引导——虹吸—扩张机制及相关政策探讨》，《广东商学院学报》2004 年第 4 期。

唐旭：《论区域性金融中心的形成》，《城市金融论坛》1996 年第 7 期。

童文俊：《银行并购理论的发展：动因与绩效》，《世界经济情况》2004 年第 22 期。

童文俊：《中国银行业并购的动因与战略研究》，学位论文，复旦大学，2005 年。

汪同三：《中国宏观经济运行的深层次问题与宏观调控政策取向》，《财贸经济》2008 年第 7 期。

汪祖杰：《试论中国金融经济学及其发展方向》，《社会科学》1997 年第 7 期。

王保庆、李忠民：《金融中心建设的一般路径研究》，《现代经济探讨》2012 年第 4 期。

王保忠、黄解宇、王保庆：《我国金融集聚的形成机理研究》，《运城学院学报》2013 年第 2 期。

王朝阳、刘东民：《关于金融中心建设的若干思考》，《上海金融》2009 年第 2 期。

王定祥、李伶俐、冉光和：《金融资本形成与经济增长》，《经济研究》2009 年第 9 期。

王定祥：《金融产业资本循环理论与政策研究》，学位论文，西南大学，2006 年。

王冠忠、陈力昌：《新经济体制下的企业决策机制研究》，《决策咨询通讯》2010 年第 3 期。

王广谦：《金融中介学》，高等教育出版社 2003 年版。

王广谦：《中国金融发展中的结构问题分析》，《金融研究》2002 年第 5 期。

王欢：《创业板上市公司内部控制信息披露质量研究》，学位论文，对外经济贸易大学，2006 年。

王继红：《商业银行产品定价策略探析》，《经济视野》2013 年第 16 期。

王剑、徐康宁：《FDI 区位选择、产业聚集与产业异质：以江苏为例的研究》，《经济科学》2005 年第 4 期。

王江：《金融经济学》，中国人民大学出版社 2006 年版。

王力、黄育华：《中国建设国际金融中心的对策思考》，《中国城市经济》2004 年第 12 期。

王凌、马嫩霞：《对我国高端金融人才开发的思考》，《中国乡镇企业会计》2010 年第 4 期。

王平、陈柳钦：《基于知识管理的商业银行金融风险控制研究》，《西部经济管理论坛》2011 年第 6 期。

王仁祥：《金融中介、资本市场与经济增长的实证分析——基于 1993—2011 年数据的检验》，《软科学》2014 年第 2 期。

王世营、蔡军：《产业集群对中小城市空间形态的影响研究：以长江三角洲地区中小城市为例》，《城市规划》2006 年第 7 期。

王彤彤：《我国证券公司资本结构特点及优化建议——以中信证券为例》，《会计之友》2009 年第 1 期。

王曦、邹文理：《我国货币政策的最优度量指标》，《中山大学学报》2012 年第 1 期。

王晓晔：《德国控制企业合并的立法与实践》，《法律教育网》2006 年 10

月 20 日。

王瑛：《用科学发展观推进金融诚信建设的深层思考》，《银企信用》2007年第 4 期。

王莹：《基于软预算约束的金融稳定性研究》，学位论文，青岛大学，2010 年。

王颖捷：《金融产业组织的市场结构》，机械工业出版社 2004 年版。

卫彦琦：《我国金融产业结构与经济增长关系研究》，《中国城市经济》2012 年第 3 期。

魏岩：《关于金融创新产品的若干思考》，《现代金融》2009 年第 8 期。

温涛、冉光和、王煜宇：《金融产业可持续发展运行机制研究》，《金融理论与实践》2004 年第 1 期。

吴恒煜：《现代金融经济学进展综述》，《生产力研究》2002 年第 6 期。

吴敬琏：《当代中国经济改革教程》，上海远东出版社 2010 年版。

吴敬琏：《国有银行应选择"整体改制"》，《企业技术开发》2003 年第 5 期。

吴敬琏：《现代公司与企业改革》，天津人民出版社 1994 年版。

吴伟华：《中国金融产业化发展的思考》，《天津市财贸管理干部学院学报》2006 年第 3 期。

吴晓求：《证券投资学》，中国人民大学出版社 2012 年版。

吴晓求：《中国构建国际金融中心的路径探讨》，《金融研究》2010 年第 8 期。

武康平、张国胜：《数理经济学及其发展动态》，《北方工业大学学报》1996 年第 2 期。

夏斌：《对我国金融中心建设的几点思考》，《中国金融》2009 年第 18 期。

夏辉、苏立峰：《入世后外资银行在华发展及其进入路径的国际比较研究》，《中国软科学》2009 年第 9 期。

项俊波：《金融风险的防范与法律制度的完善》，《金融研究》2005 年第 8 期。

肖东平、陈华：《农村金融：美国的经验及中国的路径选择》，《中国经济时报》2006 年 4 月 10 日。

谢斌、李博、霍雅琴等：《论服务型政府体系的构成要素》，《陕西行政学院学报》2011年第1期。

谢雄标、葛莉：《论现代企业决策机制的构建》，《企业经济》2004年第9期。

邢婷婷：《创业板上市公司内部控制信息披露质量研究》，学位论文，南开大学，2013年。

熊德平、冉光和、温涛：《金融产业可持续发展的核心竞争力战略研究》，《江西财经大学学报》2003年第3期。

熊德平、冉光和、温涛：《我国金融产业规模化发展问题研究》，《上海金融》2003年第11期。

熊德平：《以产业组织创新推进温州金融改革》，《中国社会科学报》2012年4月16日。

熊鹭：《建立农村金融税收优惠政策的长效机制》，《中国金融》2010年第12期。

徐长生：《通货膨胀与发展中国家的经济起飞》，《经济学动态》1995年第4期。

徐滇庆：《金融改革路在何方》，北京大学出版社2002年版。

徐诺金：《论我国的金融生态问题》，《金融研究》2005年（a）第2期。

徐诺金：《论我国金融生态环境问题》，《金融研究》2005年（b）第11期。

徐诺金：《美国八九十年代银行危机：成因、处置方法及启示（二）》，《中国金融》2001年（b）第9期。

徐诺金：《美国八九十年代银行危机：成因、处置方法及启示（一）》，《中国金融》2001年（a）第8期。

徐秀梅、于杰：《银行金融产品创新发展策略探讨》，《中国管理信息化》2013年第14期。

许传华：《我国金融机构市场退出机制研究》，《财贸经济》2004年第9期。

闫建：《深入推进效能型政府建设的几点思考》，《公共问题研究》2009年第2期。

闫肃：《中国金融业税收政策研究》，学位论文，财政部财政科学研究所，2012年。

阎庆民：《银行业公司治理与外部监管》，《金融研究》2005 年第 9 期。

燕红忠、席晓军：《产业组织模块化及其应用》，《经济管理》2008 年第 11 期。

杨东：《论金融法的重构》，《清华法学》2013 年第 7 期。

杨公朴、夏大慰：《产业经济学教程》，上海财经大学出版社 2008 年版。

杨开忠：《改革开放以来中国区域发展的理论与实践》，科学出版社 2010 年版。

杨瑞龙：《我国制度变迁方式转换的三阶段论——兼论地方政府的制度创新行为》，《经济研究》1998 年第 1 期。

杨小凯、张永生：《新兴古典经济学和超边际分析》（修订版），中国人民大学出版社 2003 年版。

杨小凯：《经济学——新兴古典与新古典框架》，社会科学文献出版社 2003 年版。

杨志：《论资本的二重性》，经济科学出版社 2002 年版。

姚建新：《金融企业价值要素中员工价值的体现》，《中国金融家》2007 年第 5 期。

姚树洁、冯根福、姜春霞：《中国银行业效率的实证分析》，《经济研究》2004 年第 8 期。

殷孟波、邱宇：《基于最大化铸币税原则的宏观金融风险分析》，《金融研究》2010 年第 1 期。

余波、单树峰：《金融产品创新：理论、约束和策略》，《河南社会科学》2003 年第 4 期。

苑书义：《我国金融制度创新的路径选择》，《经济问题探索》2009 年第 8 期。

曾国平、王燕飞：《中国金融发展与产业结构变迁》，《财贸经济》2007 年第 8 期。

曾康霖：《金融经济学》，西南财经大学出版社 2002 年版。

翟金林：《银行系统性风险的成因及防范研究》，《南开学报》2001 年第 4 期。

张冰、冉光和、姚斌：《金融产业集聚与企业研发投入增长——基于金融功能视角的实证分析》，《经济问题探索》2012 年第 11 期。

张凤超：《金融产业成长及其规律探讨》，《当代经济研究》2003年第10期。

张凤超：《金融等别城市及其空间运动规律》，《东北师大学报》（自然科学版）2005年第1期。

张吉光：《商业银行操作风险识别与管理》，中国人民大学出版社2011年版。

张健生：《我国金融产品创新与供给改进探析》，《上海金融学院学报》2005年第5期。

张杰：《究竟是什么决定一国银行制度的选择？——重新解读中国国有银行改革的含义》，《货币金融》2005年第9期。

张杰：《中国金融制度的结构与变迁》，山西经济出版社1998年版。

张杰：《中国农村金融制度：结构、变迁与政策》，中国人民大学出版社2003年版。

张金林、付林、梁振雨：《商业银行产品定价理论综述》，《中南财经政法大学学报》2006年第3期。

张丽拉：《优化我国金融业发展环境的若干问题探讨》，《管理现代化》2011年第3期。

张顺明、赵华：《金融经济学》，首都经济贸易大学出版社2010年版。

张维迎：《博弈论与信息经济学》，上海三联书店、上海人民出版社1996年版。

张炜：《中国金融制度结构与制度创新》，中国金融出版社2004年版。

张屹山：《宏观金融风险形成的微观机理研究——数理模型、计量方法与智能模拟》，经济科学出版社2007年版。

张引：《论金融机构市场退出与优化金融生态》，《求索》2006年第5期。

张宗成：《期权定价理论及其运用》，《华中理工大学学报》（社会科学版）1999年第3期。

赵国杰、钟瑛：《构建适于中国应用的管理经济学新体系》，《天津商学院学报》1999年第4期。

赵旭：《国有商业银行行长人力资本定价分析》，《金融与经济》2006年第3期。

赵正堂：《金融型保险产品定价模型研究》，《厦门大学学报》（哲学社会科学版）2008年第4期。

郑长德、唐锐：《克鲁格曼与空间经济学》，《西南民族大学学报》（人文社会科学版）2008年第12期。

郑克国：《企业内生制度变迁与创新研究》，学位论文，吉林大学，2007年。

郑林：《产业经济学研究对象及其学科体系形成的思考》，《经济经纬》1991年第1期。

支燕、刘秉镰：《我国物流产业组织的特征分析：基于2002—2005年数据的实证研究》，《预测》2007年第4期。

中国经济增长与宏观稳定课题组张平、刘霞辉等：《外部冲击与中国的通货膨胀》，《经济研究》2008年第5期。

周丽丽、杨刚强、江洪：《中国金融发展速度与经济增长可持续性——基于区域差异的视角》，《中国软科学》2014年第2期。

周梅：《金融产品创新：历程、机制及策略》，《财贸经济》2009年第2期。

周升业：《金融市场学》，中国财政经济出版社2004年版。

周升业：《金融资金运行分析：机制·效率·信息》，中国金融出版社2002年版。

周四军：《中国商业银行效率研究》，学位论文，湖南大学，2006年。

周旭、朱卫东、张晨：《我国商业银行技术创新中的问题及对策》，《河南金融管理干部学院学报》2007年第2期。

朱守银、张照新、张海阳：《中国农村金融市场供给和需求——以传统农区为例》，《管理世界》2003年第3期。

朱英明：《产业空间结构与地区产业增长研究：基于长江三角洲城市群制造业的研究》，《经济地理》2006年第3期。

朱远程：《中国金融稳健指标体系构建及实证研究》，《商业时代》2010年第34期。

祝红梅：《中美消费金融市场比较分析》，《金融会计》2012年第3期。

庄智燊：《金融产业的可持续发展问题研究》，《科技市场经济》2010年第7期。

［德］马克思：《资本论》（第二、三卷），人民出版社2004年版。

［法］爱德华·肖:《经济发展中的金融深化》,邵伏军等译,上海三联书店 1988 年版。

［美］爱德华·夏皮罗:《宏观经济分析》,王文钧等译,中国社会科学出版社 1985 年版。

［美］富兰克林·艾伦、道格拉斯·盖尔:《比较金融系统》,王晋斌译,中国人民大学出版社 2002 年版。

［美］格里高利·曼昆:《经济学原理》,梁小民等译,北京大学出版社 1999 年版。

［美］罗伯特·J. 希勒:《非理性繁荣》,李心丹等译,中国人民大学出版社 2014 年版。

［美］罗纳德、I. 麦金农:《经济发展中的货币与资本》,卢骢译,上海人民出版社 1997 年版。

［美］纽曼、米尔盖特等:《新帕尔格雷夫货币金融大辞典》,胡坚译,经济科学出版社 2000 年版。

［美］萨缪尔森、诺德豪斯:《微观经济学》,于健译,华夏出版社 1999 年版。

［美］威廉姆森:《资本主义经济制度》,段毅才等译,商务印书馆 2004 年版。

［美］西奥多·W. 舒尔茨:《改造传统农业》,梁小民译,商务印书馆 1987 年版。

［挪威］伊萨克森:《理解市场经济》,张胜纪等译,商务印书馆 1996 年版。

［日］青木昌彦、［美］瑟达尔·丁克:《关系型融资制度及其在竞争中的可行性》,《经济社会体制比较》1997 年第 6 期。

［日］小宫隆太郎等:《日本的产业政策》,黄晓勇译,国际文化出版公司 1988 年版。

［瑞典］瑞斯托·劳拉詹楠:《金融地理学——金融家的视角》,孟晓晨等译,商务印书馆 2001 年版。

［印］苏布拉培·贾塔克:《发展经济学》,卢中原等译,商务印书馆 1989 年版。

［英］安德鲁·坎贝尔:《战略协同》,任通海等译,机械工业出版社 2000

年版。

［英］格利茨：《金融工程学》，唐旭等译，经济科学出版社1998年版。

［英］亚当·斯密：《国民财富的性质和原因的研究》，商务印书馆1981年版。

Abu-Bader, S. and Abu-Qarn, A. S. "Financial Development and Economic Growth: The Egyptian Experience." *Journal of Policy Modeling*, 2008, 30 (5).

Aigner, D., C. A. K. Lovell, Schmidt, P. "Formulation and Estimation of Stochastic Frontier Production Function Models." *Journal of Risk & Insurance*, 1977, 6 (1).

Allen, Linda, Anoop, R. "Operational Efficiency in Banking: An International Comparison." *Journal of Banking & Finance*, 1996, (20).

Alonso, W. *Location and Land Use: Toward a General Theory of Land Rent.* Harvard University Press, Cambridge, Mass, 1964.

Alt F. Uber. die messbarkeit des nutzens. Zeitschrift fur Nationalokonomie, 1936 (7).

Aly, H. Y., Rangan, N. "Technical, Scale, and Allocative Efficiencies in U. S. Banking: An Empirical Investigation." *Review of Economics & Statistics*, 1990, 72 (72).

Andersen, P., Petersen, N. C. "A Procedure for Ranking Efficient Units in Data Development Analysis." *Management Science*, 1993, 39.

Anderson, R. M. "An Elementary Core Equivalence Theorem." *Econometrica*, 1978, 46 (46).

Arrow, K. J. and Debreu, G. "Existence of an Equilibrium for a Competitive Economy." *Econometrica*, 1954, (22).

Asli Demirgüç-Kunt, Ross Levine. *Bank-based and Market-based Financial Systems: Cross-country Comparisons.* World Bank Publications, 1999.

Aumann, R. J. "Markets with a Continuum of Traders." *Econometrica*, 1964, (32).

Bachelier, L. "Théorie de la Speculation." *Annales Scientifiques de l'École Normale Supérieure*, 1900, 3 (17).

Bain, J. S. *Industrial Organization.* New York: John Wiley and Sons, 1959.

Bain, J. S. "Relation of Profit Rate to Industry Concentration: American Manufacturing, 1936 – 1940." *Quarterly Journal of Economics*, 1951, 65 (3).

Banker, R. D., Chang. H. "The Super-efficiency Procedure for Outlier Identification, Not for Ranking Efficient Units." *European Journal of Operational Research*, 2006, 175.

Barclay, M. J., Smith, C. W. "The Maturity Structure of Corporate Debt." *The Journal of Finance*, 1995, 50 (2).

Bauer, P. W., Berger, A. N. and Humphrey, D. B. "Efficiency and Productive Growth in US Banking," in Fried, H. O., Lovell, C. A. K. and Schmidt, S. S. (eds.), *The Measurement of Productive Efficiency: Techniques and Applications.* Oxford University Press, New York, 1993.

Ben S. Bernanke. "A Century of US Central Banking: Goals, Frameworks, Accountability." *Journal of Economic Perspectives*, 2013, 27 (4).

Bencivenga, V. R. and Smith, B. D. "Financial Intermediation and Endogenous Growth." *Review of Economics Studies*, 1991, 58 (2).

Berger, A. N., Humphrey, D. B. "Efficiency of Financial Institutions: International Survey and Directions for Future Research." *Social Science Electronic Publishing*, 1997, 98 (2).

Berger, Mester. "Inside the Black Box: What Explains Differences in the Efficiencies of Financial Institutions?" *Journal of Banking & Finance*, 1997, (21).

Berko, L., Eyuboglu, E. "Intrametropolitan Location of Producer-service FDI in Istanbul." *European Planning Studies*, 2007, 15 (3).

Black, F. "Capital Market Equilibrium with Restricted Borrowing." *Journal of Business*, 1972, 45 (3).

Black, Fischer and Myron S. Scholes. "The Pricing of Options and Corporate Liabilities." *Journal of Political Economy*, 1973, 81 (3).

Boot, A. and Thakor, A. V. "Banking Scope and Financial Innovation." *Review of Financial Studies*, Oxford University Press for Society for Financial Studies, 1997, 10 (4).

Boot, A., Thakor, A. V. "Financial System Architecture." Cepr Discussion Papers, 1997, 10 (3).

Boyd, J. H. and Smith, B. D. "Intermediation and the Equilibrium Allocation of Investment Capital: Implications for Economic Development." *Journal of Monetary Economics*, 1992, 30.

Brealey, R. A. & Kaplanis, E. C. "The Determination of Foreign Banking Location." *Journal of International Money and Finance*, 1996, 15 (4).

Brealey, R., Leland, H. E., Pyle, D. H. "Informational Asymmetries, Financial Structure, and Financial Intermediation." *Journal of Finance*, 1977, 32 (2).

Brown, D. J., Robinson, A. "Nonstandard Exchange Economies." *Econometrica*, 1975, 43 (1).

Bruno, M., Easterly, W. "Inflation Crises and Long-run Growth." Nber Working Papers, 1998, 41 (1).

Caioiniris, C. and J. Karenski. *The Bank Merger Wave of the 1990s: Nine Case Studies*. University of Illinois, 1996.

Caroline Fohlin. "Economic, Political, and Legal Factors in Financial System Development: International Patterns in Historical Perspective." *Social Science Electronic Publishing*, 2000, 62 (2).

César, Calderón, Liu, L. "The Direction of Causality between Financial Development and Economic Growth." *Journal of Development Economics*, 2003, 72 (3).

Charnes, A., Cooper, W. W., Rhodes, E. "Measuring the Efficiency of Decision Making Units." *European Journal of Operational Research*, 1978, 2 (78).

Chen, K. C., Wu, L., Wen, J. "The Relationship between Finance and Growth in China." *Global Finance Journal*, 2013, 24.

Clark, J. A., Siems, T. "X-Efficiency in Banking: Looking beyond the Balance Sheet." *Journal of Money Credit & Banking*, 2002, 34 (4).

Clark, J. M. "Toward a Concept of Workable Competition." *American Economic Review*, 1940, 30 (2).

Claudio Borio, Piti Disyatat. "Global Imbalances and the Financial Crisis: Reassessing the Role of International Finance." *Asian Economic Policy Review*, 2010, 5 (2).

Coffee, J. "Do Norms Matter?: A Cross-Country Examination of the Private Benefits of Control." Columbia Law School Working Paper, 2001.

Cournot, A. *Researches into the Mathematical Principles of the Theory of Wealth*. New York: Macmillan, 1838.

Crockett, A. "Why Is Financial Stability a Goal of Public Policy?" *General Information*, 1997, 82 (4).

Daly, M. T. "Environment Planning A. the Revolution in International Capital Markets: Urban Growth and Australian Cities." *Environment & Planning A*, 1984, 16 (8).

Daniela Klinggebiel, Luc Laewen, eds. "Managing the Real and Fiscal Effects of Banking Crises." Washington: World Bank Discussion Paper, 2002, No. 428.

Dean, J. *Managerial Economics*. New York: Prentice-Hall, Inc., 1951.

Debreu, G. "Economics with a Finite Set of Equilibria." *Econometrica*, 1970, (38).

Debreu, G. "Theory of Value." New York: Wiley, 1959.

Debreu, G. "Excess Demand Functions." *Journal of Mathematical Economics*, 1974 (1).

Demirguc-Kunt, A., Levine, R. *Financial Structure and Economic Growth: A Cross-Country Comparison of Banks, Markets, and Development*. Cambridge, Massachusetts: The MIT Press, 2001.

Dewatripoint, M. and Eric Maskin. "Credit and Efficiency in Centralized and Decentralized Economies." *Review of Economics Studies*, 1995.

Diamond, P. A., Mirrlees, J. "Optimal Taxation and Public Production." *American Economic Review*, 1971, (61).

Dupuit, J. "De la Measure de l' Utilite des Travaux Publics Annales des Ponts et Chaus'ees." 2nd Series, 1844 (8).

Dutta, J. and kapur, S. "Liquidity Preference and Financial Intermediation."

Reviews of Economic Studies, 1998, 65 (3).

Dziobek, C., Garrett, J. "Convergence of Financial Systems and Regulatory Policy Chanllenges in Europe and in the United States." Papers, 1998.

Edgeworth, F. Y. *Mathematical Psychics*. London: Rout-ledge and Kegan Paul, 1881.

Faria, J. R., Carneiro, F. G. "Does High Inflation Affect Growth in the Long and Short Run?" Social Science Electronic Publishing, 2001 (4).

Ferrier, G. D. and Lovell, C. A. K. "Measuring Cost Efficiency in Banking: Econometric and Linear Programming Evidence." *Journal of Econometrics*, 1990 (46).

Fisher, I. Mathematical Investigations in the Theory of Value and Price (1892), Appreciation and Interest (1896). A. M. Kelley, 1961.

Fisher, I. *The Theory of Interest*. New York: Liberty Fund, Inc., 1930.

Forbes, K. J. "The Microeconomic Evidence on Capital Control: No Free Lunch." NBER Working Paper No. 11372, 2005.

Franklin Allen, Anthony, M. Santomero. "The Theory of Financial Intermediation." *Journal of Banking & Finance*, 1997 (21).

Friedman, M. and Schwartz, A. "Money and Business Cycle." *Review of Economics and Statistics*, 1963 (45).

Friedman, John. "The World City Hypothesis." *Development & Change*, 1986, 17 (1).

Frisch, R. "Sur un Probleme d'Economie Pure." *Journal of the Royal Statistical Society*, 1927 (4).

Fry, M. J. "Sectoral Investment and Credit Policies." *Pakistan Development Review*, 1978, 17 (1).

Fry, M. J. "Money and Capital or Financial Deepening in Economic Developments? —Money and Monetary Policy in Less Developed Countries." Money & Monetary Policy in Less Developed Countries, 1980.

Galbis, V. "Financial Intermediation and Economic Growth in Less-developed Countries: A Theoretical Approach." *Journal of Development Studies*, 1977, 13 (2).

Gelb, A. H. "Financial Policies, Growth, and Efficiency." *Policy Research Working Paper*, 1989.

George A. Akerlof. "The Market for 'Lemons': Quality Uncertainty and the Market Mechanism." *The Quarterly Journal of Economics*, 1970, 84 (3).

Gerald T. Fox. Supply-Demand Analysis of Inflationary Economic Growth. Available at SSRN: http://ssrn.com/abstract = 1000038.

Goddard, J., Molyneux, P. and Wilson, J., *European Banking*, John Wiley & Sons, 2001.

Goldberg, L. G., Saunders, A. "The Determinants of Foreign Banking Activity in the United States." *Journal of Banking & Finance*, 1981, 5 (1).

Goldsmith, R. W. "Financial Structure and Development." *Studies in Comparative Economics*, 1969.

Gossen, H. H. "Entwiekelung der gesetze des mensehlichen Verkehrs und desdaraus fliessenden Regelnfur Mensehliehes Handeln." Braunsehweig: Fr. Viewew and Sohn, 1854.

Gray, D., Malone, S. *Macrofinancial Risk Analysis*. John Wiley & Sons, Ltd., England.

Greenwood, J. and Jovanovic, B. "Financial Development, Growth and the Distribution of Income." *Journal of Political Economy*, 1990, 98 (5).

Greenwood, J. and Smith, B. D. "Financial Markets in Development, and the Development of Financial Market." *Journal of Economic Dynamics and Control*, 1997, 21 (1).

Gregorio, J. D. "The Effects of Inflation on Economic Growth: Lessons from Latin America." Social Science Electronic Publishing, 1992, 36 (2 – 3).

Grossman, S. J. and Stiglitz, J. E. "On the Impossibility of Information-ally Efficient Markets." *The American Economic Review*, 1980, 70 (3).

Gurley, J. G., Shaw, E. S. "Financial Aspects of Economic Development." *American Economic Review*, 1955, 45 (4).

Hellman, T. "Development Finance as Institution Building: A New Approach to Poverty-oriented Banking." *Journal of Development Economics*, 1996, 50 (2).

Hicks, J. R., Allen, R. G. D. "A Reconsideration of the Theory of Value. Part I." *Economica*, 1934 (1).

Hicks, W. T. "Economic Aspects of Cooperative Marketing of Forest Products." *Journal of Forestry*, 1939, 37 (3).

Hippel, E. V. "Sticky Information and the Locus of Problem Solving: Implications for Innovation, Management Science." *Management Science*, 1994, 40 (4).

Howit, P., Aghion, P. "A Model of Growth through Creative Destruction." *Econometrica*, 1992, 60 (2).

Hunter, W. C., Timme, S. G. "Some Evidence on the Impact of Quasi-fixed Inputs on Bank Scale Economy Estimates." *Economic Review*, 1991, (5).

J. Mossin. "Equilibrium in a Capital Assets Market." *Econometrica*, 1966, 34 (4).

Jensen, M. C., Meckling, W. H. "Theory of the Firm: Managerial Behavior, Agency Costs, and Ownership Structure." *Rochester Studies in Economics & Policy Issues*, 1976, 3 (76).

Jevons, W. S. "The Theory of Political Economy." New York: Macmillan, 1871.

Jorion, P. *Value at Risk: The New Bemchmark in Controlling Market Risk*. Irwin, Chicago, 1997, (1).

Kakutani, S. "A Generalization of Brouwer's Fixed Point Theorem." *Duke Mathematical Journal*, 1941 (8).

Kapur. "An Analysis of the Supply of Euro-Currency Finance to Developing Countries." *Oxford Bulletin of Economics & Statistics*, 1977, 39 (3).

Keynes, J. M. *The General Theory of Employment, Interest and Money*. London: Macmillan, 1936.

Kindleberger, C. O. *The Formation of Financial Centers: A Study Comparative Economic History*. Princeton: Princeton University Press, 1974.

Kindleberger, C. P. *International Short-term Capital Movements*. New York: Auguustus Kelley, 1937.

King, R., R. Levine. "Finance and Growth: Schumpeter Might Be Right."

The Quarterly Journal of Economics, 1993, 108 (3).

Kolari, J., Zardkoohi, A. *Bank Costs, Structure and Performance*. Lexington: Lexington Books, 1987.

Kraus, A. and R. H. Litzenberger. "Skewness Preference and the Valuation of Risk Assets." *Journal of Finance*, 1976, 31 (4).

Laporta Rafael, L. Florencio. "Law and Finance." National Bureau of Economic Research Working Paper No. 5661, 1996.

Lee, Warren, F. *Agricultural Finance*. Iowa State University Press, 1980.

Leontief, W. W. *Input-Output Economics*. New York: Oxford University Press, 1966.

Levine, R. and Renelt, D. "A Sensitivity of Cross-Country Growth Regressions." *American Economic Review*, 1992, 82 (4).

Levine, R. "Financial Development and Economic Growth: Views and Agenda." *Journal of Economic Literature*, 1997, 35 (2).

Leyshon Andrew. "Geographies of Money and Finance I." *Progress in Human Geography*, 1995, 19 (3).

Lintner, J. "The Valuation of Risk Assets and the Selection of Risky Investments in Stock Portfolios and Capital Budgets." *Review of Economics and Statistics*, 1965 (47).

Lucas, R. E. "On the Mechanics of Economic Development." *Journal of Monetary Economics*, 1988, 22 (1).

Mantel, R. "On the Characterization of Aggregate Excess Demand." *Journal of Economica Theory*, 1974 (7).

Markowitz, H. M. "Portfolio Selection." *Journal of Finance*, 1952 (7).

Marshall, A. *Principle of Economies*. New York: Macmillian, 1890.

McCandless, G. T. and W. E. Weber. "Some Monetary Facts." *Federal Reserve Bank of Minneapolis Quarterly Review*, 1995 (3).

Mckinnon, R. I. *Money and Capital in Economic Development*. Washington D. C.: Brookings Institution, 1973.

Meeusen, W., Broeck, J. V. D. "Efficiency Estimation from Cobb-Douglas Production Functions with Composed Error." *International Economic Review*,

1977, 18 (2).

Merton, R. C. "A Functional Perspective of Financial Intermediation." *Financial Management*, 1995, 24 (2).

Merton, R. C. "Theory of Rational Option Pricing." *The Bell Journal of Economics and Management Science*, 1973, 4 (1).

Merton Robert. "A Functional Perspective of Financial Intermediation." *Financial Management*, 1995, 24 (2).

Millard Long, Dimitri Vittas. "Financial Regulation: Changing the Rules of the Game." *EDI Development Stuies*, 1992 (1).

Modigliani, F. and Miller, M. "The Cost of Capital, Corporation Finance and the Theory of Investment." *American Economic Review*, 1958, 48 (3).

Muhammad, S. D., Muhammad Umer. "The Bound Testing Approach for Co-Integration and Causality between Financial Development and Economic Growth in Case of Pakistan." *European Journal of Social Sciences*, 2010, 13 (4).

Mussa, M. *The Role of Official Intervention.* New York: Group of Thirty, 1981.

Myers, S. C. "The Capital Structure Puzzle." *Journal of Finance*, 1984, 39 (3).

Nielsen, J. F., Melicher, R. W. "A Financial Analysis of Acquisition and Merger Premiums." *Journal of Financial & Quantitative Analysis*, 1973, 8 (2).

Pagano, M. "Financial Markets and Growth: An Overview." *European Economic Review*, 1993, 37 (2-3).

Pareto, V. *Cours d'conomie Politique.* Lausanne: Rouge, 1896.

Pareto, V. *Manuel d'conomie Politique.* Paris: Giard, 1909.

Park, Y. S., Musa, E. *International Banking and Financial Centers.* Boston: Kluwer, 1989.

Patrick, H. T. "Financial Development and Economic Growth in Underdeveloped Countries." *Economic Development & Cultural Change*, 1966, 14 (2).

Pattillo, C. A., Poirson, H., Ricci, L. A. "External Debt and Growth." IMF Working Papers, 2002, 2 (3).

Poon, Jessie P. H. "Hierarchical Tendencies of Capital Markets among International Financial Centers." *Growth & Change*, 2003, 34 (2).

Porteous, D. J. *The Geography of Finance: Spatial Dimensions of Intermediary Behavior*. Alders Hot: Avebery, 1995.

Porteous, D. J. "The Geography of Finance: Spatial Dimensions of Intermediary Behavior." *Tijdschrift Voor Economische En Sociale Geografie*, 1997, 88 (5).

Porter, M. E. "The Competitive Advantage of Nations." *Competitive Intelligence Review*, 1990, 312 (1).

Radner, R. "Competitive Equilibrium under Uncertainty." *Econometrica*, 1968, (36).

Rajan, R. G., Zingales, L. "Which Capitalism? Lessons from the East Asian Crisis." *Journal of Applied Corporate Finance*, 1998, 11 (3).

Reilly, W. J. *The Law of Retail Gravitation*. New York: Knickerbocker Press, 1931.

René, M. Stulz, Rohan Williamson. "Culture, Openness, and Finance." *Journal of Financial Economics*, 2003, 70 (3).

Ricardo Reis, "Central Bank Design." *Journal of Economic Perspectives*, 2013, 27 (4).

Robert S. Kaplan, David R. Norton. "The Balanced Scorecard: Measures That Drive Performance." *Harward Business Review*, 1992, (1-2).

Romer, D. "A Simple General Equilibrium Version of the Baumol-Tobin Model." *Quaterly Journal of Economics*, 1986, 101 (4).

Romer, P. M. "Endogenous Technological Change." *Journal of Political Economy*, 1999, 98 (5).

Romer, P. M. "Increasing Returns and Long Run Growth." *Journal of Political Economy*, 1986, 94 (5).

Ross Levine. "Bank-Based or Market-Based Financial Systems: Which is Better?" *Journal of Financial Intermediation*, 2002, 11 (4).

Ross Levine. "Financial Development and Economic Growth: Views and Agenda." *Journal of Economic Literature*, 1997, (2).

Ross, S. A. "The Determination of Financial Structure: The Incentive-Signaling Approach." *The Bell Journal of Economics*, 1977, 8 (1).

Ross, S. "The Arbitrage Theory of Capital Pricing." *Journal of Economic Theory*, 1976, 13 (3).

Rubinstein, M. "An Aggregation Theorem for Securities Markets." *Journal of Financial Economics*, 1974, (1).

Rubinstein, M. "Securities Market Efficiency in an Arrow-Debreu Economy." *American Economic Review*, 1975, 6 (5).

Rumelet Rihcard. *Strategy, Structure and Economic Performance*. Harward University Press, 1974.

Rybczynski, T. M. "Financial Systems and Industrial Restructuring." *National Westminster Bank Quarterly Review*, 1988.

Samuelson, P. A. "A Note on the Pure Theory of Consumer' Behavior." *Economica*, 1937 (5).

Samuelson, P. "Proof that Properly Anticipated Prices Fluctuate Randomly." *Industrial Management Review*, 1965 (6).

Scarf, H. E. *On the Computation of Equilibrium Prices in: Ten Economic Studies in the Tradition of Irving Fisher*. New York: Wiley, 1967.

Scherer, F. M., Ross D., *Industrial Market Structure and Economic Performance*. Rand McNally, 1970.

Schreft, S. L. and Smith, B. D. "The Effects of Open Market Operations in a Model of Intermediation and Growth." *Review of Economic Studies*, 1998, 65 (3).

Shaffet, S. "A Test of Competition in Canadian Banking." *Journal of Money Credit and Banking*, 1993, (25).

Sharpe, W. F. "Capital Asset Prices: A Theory of Market Equilibrium under Conditions of Risk." *Journal of Finance*, 1964 (19).

Shaw Edward. *Financial Deeping in Economic Development*. Oxford: Oxford University Press, 1973.

Sikorski, T. M. *Financial Liberalization in Developing Countries*. Edward Elgar Publishing Company, 1996.

Slutsky E. Sulla. "Teoria del Bilancio del Consumatore." *Giornale degli Eeonomisti*, 1915 (51).

Smith, T. E., Smith, M. M., Wackes, J. "Alternative Financial Service Providers and the Spatial void Hypothesis." *Community Affairs Discussion Paper*, 2007, 38 (3).

Stark, O., Lucas, R. "Migration, Remittances and the Family." *Economic Development and Cultural Change*, 1988, 36 (3).

Stiglitz, J. E., Weiss, A. "Credit Rationing in Markets with Imperfect Information." Social Science Electronic Publishing, 1981, 71 (3).

Stiglitz, J. E. "Credit Markets and the Control of Capital." *Journal of Money Credit and Banking*, 1985, (17).

T. Nenova. "The Value of Corporate Votes and Control Benefits: A Cross-country Analysis." *Journal of Financial Economics*, 2003, (68).

Tawney, R. H. "Religion and the Rise of Capitalism." Transaction Publishers, 1998.

Thakor, A. "Capital Requirements, Monetary Policy, and Aggregate Bank Lending: Theory and Empirical Evidence." *Journal of Finance*, 1996, 51 (1).

Tobin, J. "Liquidity Preference as Behavior towards Risk." *The Review of Economic Studies*, 1958, 25 (2).

Tsai, K. S. "Imperfect Substitutes: The Local Political Economy of Informal Finance and Microfinance in Rural China and India." *World Development*, 2004, 32 (9).

Verdier Daniel. "The Political Origins of Banking Structures." *Policy History Newsletter 2*, 1997.

Von Neumann, J. and O. Morgenstern. *Theory of Games and Economic Behavior*. Princeton: Princeton University Press, 1944.

Wald, A. "Uber die Eindeutige Positive Losbarkeit der Neuen Prouktionsgleichungen." *Ergebnisse eines Mathematischen Kolloquiums*, 1934, (6).

Walras, L. *Elements d'Economie Politique Pure Lausanne*. L. Corbaz, 1874.

Williamson, O. E. *Market and Hierarchies: Analysis and Antitrust Implications. New York: The Free Press, 1975.

Wooldridge, P. D. "The Emergence of New Benchmark Yield Curve." *BIS Quarterly Review*, 2001 (12).

Yang, X. "The Division of Labor, Investment, and Capital." *Metroeconomica*, 1999 (20).

Zardkoohi, Kolari. "Branch Office Economies of Scale and Scope: Evidence from Savings Banks in Finland." *Journal of Banking Finance*, 1994 (18).

Zhao, X. B. "Spatial Restructuring of Financial Centers in Mainland China and Hong Kong: A Geography of Finance Perspective." *Urban Affairs Review*, 2003, 38 (4).